권리란
무엇인가

권리란 무엇인가

초판 1쇄 펴낸날 | 2023년 2월 28일

지은이 | 주디스 자비스 톰슨
옮긴이 | 이민열
펴낸이 | 고성환
펴낸곳 | (사)한국방송통신대학교출판문화원
　　　　서울특별시 종로구 이화장길 54 (03088)
　　　　전화 02-3668-4764
　　　　팩스 02-741-4570
　　　　홈페이지 http://press.knou.ac.kr
　　　　출판등록 1982. 6. 7. 제1-491호

출판위원장 | 박지호
편집 | 이두희
본문 디자인 | 티디디자인
표지 디자인 | 김민정

ISBN 978-89-20-04543-1 93190

값 49,000원

권리란 무엇인가

The Realm
of
Rights

주디스 자비스 톰슨 지음
이민열 옮김

에피스테메
EPISTEME

차례

제2부 어떤 것이 권리인가

일러두기

- 이 책은 1990년 미국 하버드대학교출판부에서 간행된 *The Realm of Rights* 를 저본으로 하였습니다.
- 이 책은 외래어표기법을 준수하였으나, 일부 외국인·지명은 옮긴이의 기존 규례를 따랐습니다.
- 원서의 이탤릭체는 **굵은 고딕**으로, 작은 대문자 고딕체는 얇은 고딕으로 표기 하였습니다.
- 1, 2, 3 ⋯으로 처리된 숫자 번호 주석은 모두 지은이의 것이며, ◆, ◆◆, ◆◆◆ 으로 처리된 기호 주석은 모두 옮긴이의 것입니다.

옮긴이 해제

이 책의 지은이, 주디스 자비스 톰슨(Judith Jarvis Thomson, 1929~2020)은 미국의 철학자로서 윤리학과 형이상학뿐만 아니라 권리 이론에 관한 뛰어난 업적을 남겼다. 톰슨의 윤리학, 형이상학, 권리 이론에 대한 광범위한 문헌 가운데에서도 《권리란 무엇인가(*The Realm of Rights*)》는 톰슨의 권리 이론을 집약한 책으로서 가장 중요한 책으로 꼽힌다.

톰슨은 이 책에서 권리에 대해 엄밀하고 체계적으로 논의를 진행해 나가면서, 쟁점마다 명확하게 결론을 이끌어 내고 원리를 정식화한다. 독자라면 누구나 지은이가 이끄는 대로 차근차근 따라간다면, 톰슨이 규명했다고 주장하는 것은 무엇이며 어떤 근거로 뒷받침하는지 쉽게 알 수 있다.

다만 이 책은 내용이 방대하므로 아래에서는 각 장별 주요 주장만을 간단히 요약하여 소개함으로써, 독자들이 논의 전체의 모습을 염두에 둔 상태에서 세부 내용을 이해하고 필요할 경우 쟁점을 다루는 곳을 쉽게 찾아볼 수 있도록 도움을 주고자 한다.

〈서론과 메타윤리적 논급〉에서는 몇 가지를 명시한다.

첫째, 권리 개념은 많은 도덕적 개념 중 하나에 불과하며 도덕의 영역은 권리의 영역보다 넓지만, 권리의 영역 안에 무엇이 있는가를 밝히는 일은 그것이 도덕의 다른 영역과 어떤 관계를 맺고 있는지도 알려 준다.

둘째, 이 책의 논증에서 근거로 거론한 기본적인 도덕적 판단은 주어진 것으로 기능할 것이다.

셋째, 이유 없음 논제는 이 책에서 주어진 것으로 기능하는 도덕적 판단을 비롯하여 '그 어떤 도덕적 판단도 아무런 진리치를 갖지 않는다'고 보기 때문에, 이유 없음 논제를 받아들인다면 이 책의 논증은 무의미한 것이 되겠지만, 그 논제는 틀렸으므로 그렇지 않다. 이유 없음 논제는 보통 사실-가치 논제를 발판으로 삼는다. 사실-가치 논제는 '그 어떤 사실 진술도 여하한 도덕적 판단을 필함하지 않는' 내용의 논제이다. 그러나 'X는 다른 사람들에게 고통을 야기하는 행위이다'라는 사실 명제는 '다른 사정이 동일하다면 X를 해서는 안 된다'라는 도덕 명제를 필함한다. 이는 '다른 사정이 동일하다면 다른 사람들에게 고통을 야기해서는 안 된다'는 도덕 명제 자체가 필연적 참인 명제이기 때문이다. 어떤 철학자들은 필연적 참을 분석적 참에 한정하지만, 둘을 같은 것으로 보는 주장을 비판하는 크립키를 비롯한 학자들의 설득력 있는 논의가 있다. 실제로 사람들은 재미로 아기를 죽을 때까지 고문하는 것이 그르다는 명제가 참임을 알기 위해 그런 모든 사안에 대한 경험적 조사를 할 필요성을 느끼지 않는다.

넷째, 그러나 특정한 도덕적 판단의 참은 그 판단이 필연적 참이라는 주관적 믿음에 의해 보증되지 않는다. 실제로 사형제 허용 여

8

부를 비롯한 많은 쟁점이 자명한 것으로 합의되지 않는다. 그러나 그렇다고 하여 이유 없음 논제를 채택하게 되지도 않는다. 도덕 그 자체 내부에서 좋고 나쁜 논증을 가려낼 수 있는 방법이 있기 때문이다. 그 방법 중 하나가 공통의 도덕적 근거와 확립된 사실적 근거를 확인하고 연관 짓기의 실패를 극복하는 것이다. 연관 짓기 실패의 첫 번째 종류는 자신이 믿는다는 것을 아는 명제들이 다른 명제들의 참을 지지하게끔 한다는 점을 깨닫지 못하는 것이다. 두 번째 종류는 자신이 믿는다는 것을 아는 명제들이 어떤 공통점을 갖고 있을 가능성(일반화·설명·단순화의 가능성)을 깨닫지 못하는 것이다. 이런 방법들을 활용하는 도덕적 논쟁을 통해 도덕적 진보가 가능하며, 이런 방법 중 중요한 것이 도덕 이론의 정립으로 구현된다. 도덕 이론은 구체적인 도덕적 판단인 대상 층위의 도덕적 판단뿐만 아니라 그 판단이 어떻게 정당화되는지 이유를 밝히는 도덕적 판단도 체계적으로 다루기 때문이다. 이 책은 권리 이론을 통해 권리를 바라보는 타당한 방식을 정립하는 것을 목적으로 쓰였다.

✦ · ✦ · ✦

　제1장(청구권, 특권 그리고 형성권)은 권리들의 기본 형태, 즉 그 권리들이 무엇에 대한 것인지를 규명한다. 호펠드의 연구에 기반하여 보면 권리의 가장 기본적인 형태는 청구권, 특권, 형성권, 면제권이다. 청구권은 어떤 존재가 다른 존재에 대하여 어떤 것이 성립되도록 할 것을 요하는 것이다. 특권이란 청구권에 상응하는 의무에 구속되어 있지 않음이다. 특권이 청구권을 함축하지 않음에 유의해야 한다. 형성권은 자기 자신의 행위에 의하여 어떤 사람의 권리를 변경할 수 있는 능력이다. 면제권은 어떤 존재의 행위에 의하여 자신

의 권리가 변경되지 않음이다. 이것을 모두 권리라고 보아야 할 좋은 이유가 있다. 이 기본 형태의 권리들이 함께 결합하여 복합 권리를 구성할 수 있다. 예컨대 이런저런 것을 할 자유는 그것을 할 특권과 그것을 하는데 간섭하지 않을 것을 요하는 청구권을 포함하는 복합 권리이다.

제2장(의무)은 청구권과 의무의 상응성을 밝힌다. X가 Y에 대하여 갖는 청구권은 Y의 행동이 그런 방식으로 제약됨과 동치이다. 좀 더 강하게 주장하면, X가 Y에 대하여 갖는 청구권은 Y의 행동을 그 방식으로 제약함이다. 호펠드적 의무란 그런 제약 자체를 가리킨다. 이와 같은 상응성 그리고 청구권이 상대방의 행동이 제약됨과 동치이거나 그 자체라는 이치는 법적 권리에서뿐만 아니라 도덕적 권리에서도 성립한다. 법적 권리와 도덕적 권리는 둘 다 권리속(genus)에 속하며, 그런 점에서 같은 구조를 갖기 때문이다. 이는 법적 권리와 도덕적 권리의 관계에 관하여 그 어떤 견해를 취하더라도 성립한다.

제3장(당위)은 청구권과 당위의 관계를 살펴본다. 첫째, "청구권에 상응하는 의무를 진다는 것은 그 의무 내용대로의 행위를 해야 하는 종합적·최종적 당위에 구속됨을 의미한다"는 논제는 틀렸다. 여러 청구권을 동시에 준수할 수 없음(적어도 어느 한 청구권은 제한할 수밖에 없음)에도 불구하고 어떤 것을 해야 하는 경우도 있고, 청구권을 준수하지 않는 다른 어떤 행위를 해야 하는 경우도 있기 때문이다. 둘째, "종합적·최종적으로 해야 하는 것이 있다면 그 해야 하는 것에 상응하는 청구권은 언제나 있기 마련이다"라는 논제도 틀렸다. 상응하는 청구권이 없다 하더라도 분명히 어떤 것을 해야 하는

경우가 있기 때문이다.

　이러한 결론을 피하기 위하여 청구권의 성립 여부나 내용 자체가 언제나 최종적 당위와 일치하도록 이해하는 방식도 제시될 수 있다. 그러나 그렇게 볼 경우 종합적·최종적으로 해야 하는 일이 청구권 제한에 해당하는 경우라고 할지라도 성립하는 것들을 설명하지 못한다. 청구권을 준수하지 못했을 경우, 우선 피치 못할 사정이었다고 하더라도 사전에 면제를 구해야만 하며, 또 보상해야 하는 경우가 있을 수 있다. 그리고 회한이나 죄책감이 발생한다.

　제4장(청구권의 집행)은 청구권은 어느 것이나 강제로 집행해도 된다는 논제가 틀렸다는 점을 밝힌다. 청구권 집행 수단 중에 그 자체로 또는 그것이 초래하는 결과 때문에 허용되지 않는 것도 있기 때문이다. 그러나 이렇게 구체적인 여건 때문에 그 상황에서 집행할 수 없다고 하더라도 청구권이 없다고 말할 수는 없다. 청구권이 있다고 하더라도 집행할 수 없는 경우가 있다. 다만 그런 경우에도 청구권을 제한하는 쪽은 사전 면제를 구하거나 보상해야 하고, 이에 대해 회한이나 죄책감을 느끼는 것이 적합하다.

　제5장(가치)은 청구권 제한을 정당화할 수 있는 근거를 살펴본다. 청구권을 제한하지 않을 때보다 제한할 때 충분히 훨씬 더 많은 선을 얻는 경우 오직 그 경우에만 청구권을 제한하는 것이 허용된다. 여기서 말하는 선(good)은 가치(value)와는 다르다. 선은 누군가에게 객관적으로 좋다는 관념이다. 어떤 행위나 사태는 특정한 개인 또는 개인들에게 좋거나 나쁠 수 있을 뿐이지, 단적으로 총체적으로 좋거나 나쁘다는 관념은 없다. 반면에 이와 대조되는 관념인 가치란 행위나 사태 집합에 담기는 긍정적인 것으로 삼인칭적인 관찰과 평가

를 이야기할 수 있는 것을 말한다. 단적으로 총체적으로 가치가 보태어진다거나 덜어진다고 이야기할 수 있고, 당연히 모두 더해 볼 수도 있다. 청구권 제한은 선의 충분히 큰 증분을 근거로 정당화될 수 있다. 그러나 가치의 큰 증분만을 근거로 정당화될 수는 없다.

이와 달리 가치가 청구권 제한을 정당화한다고 보는 대표적인 이론이 공리주의이다. 이때 결과-세트에 담긴 가치만 고려하는 이론을 결과주의적 행위 공리주의라고 할 수 있다. 행위-더하기-결과-세트에 담긴 가치 모두를 고려하는 이론은 비결과주의적 행위 공리주의이다. 그런데 결과주의적 행위 공리주의는 외과의가 다섯 명의 목숨을 살리기 위하여 한 명을 죽여 장기이식을 해야 한다고 말하게 되므로 타당하지 않다. 비결과주의적 행위 공리주의는 악당에 의한 다섯 건의 살인을 막기 위해 행위자가 한 건의 살인을 해야 한다고 말하게 되므로 타당하지 않다.

이런 사고실험에서 제시된 사안에서 외과의가 한 명을 죽이고 다섯 명에게 그 장기를 이식하는 행위로 나아가지 않아야 하는 이유는 외과의가 그렇게 행위함으로써 그 한 명의 어떤 청구권을 제한하게 될 것이며 그 청구권들을 제한할 경우 얻는 선(다섯 명의 생명을 구함)이 제한하지 않았을 경우의 선(한 명이 죽임을 당하지 않음)보다 충분히 훨씬 더 많다는 것이 참은 아니기 때문이다.

제6장(맞교환)은 청구권 제한을 정당화하기 위해 요구되는 선의 증분의 크기에 대해 더 자세히 살펴본다. 맞교환 이념이란 "청구권을 제한하지 않는 것이 청구권 보유자에게 좋은 정도보다 청구권 제한으로 좋아지는 이들이 청구권을 제한할 때 충분히 훨씬 더 좋은 경우 오직 그 경우에만 청구권을 제한하는 것이 허용된다"는 것이다. 이때 선의 맞교환은 어떤 원리에 의해 이루어지는가? 간단하게 제

시할 수 있는 정답은 없다. 선의 요구되는 증분은 청구권의 엄격성에 따라 달라지는 것으로 보이기 때문이다. 즉 청구권이 더 엄격할수록 요구되는 선의 증분은 더 크다. 이때 엄격성은 악화 원리와 비교 원리에 의해 정해진다.

악화 원리란 "만일 X가 Y에 대하여 Y가 알파를 할 것을 요하는 청구권을 가지고 있다면, Y가 알파를 하지 않는다면 Y가 X를 더 나쁘게 만들수록 Y가 알파를 할 것을 요하는 X의 Y에 대한 청구권은 더 엄격하다"는 원리이다. 비교 원리란 "X_1이 Y_1에 대하여 Y_1이 알파를 할 것을 요하는 청구권을 갖고 있으며, X_2가 Y_2에 대하여 Y_2가 베타를 할 것을 요하는 청구권을 가지고 있다고 가정하자. 그럴 경우 X_1의 Y_1에 대한 청구권은 X_2의 Y_2에 대한 청구권보다, Y_2가 베타를 하지 않는다면 Y_2가 X_2를 나쁘게 만드는 정도보다 Y_1이 알파를 하지 않는다면 Y_1이 X_1을 나쁘게 만드는 정도가 더 심할 경우 오직 그 경우에만 더 엄격하다"는 원리이다.

두 원리에서 나쁘게 만드는 정도는 문제되는 잘못 그 자체의 종류만을 따져 파악되는 것은 아니고 그러한 잘못을 함으로써 범하는 추가적인 잘못까지 고려하여 파악된다. 이 두 원리는 청구권 제한에서 엄격한 개인주의적 정당화를 요구하는 것이다. 즉 더 나쁘게 될 구체적인 개인이 존재하지 않고, 그저 아주 많은 수의 개인들이 얻을 가치의 총합이 청구권 제한으로 인한 가치의 상실의 총합보다 크다는 것은 청구권을 제한할 이유가 되지 못한다. 청구권을 제한하기 위해서는 문제된 청구권의 엄격성이 설정하는 문턱을 뛰어넘는 정도로 얻는 선의 증분이 큰 구체적인 개인이 존재해야 한다. 즉 청구권 제한에는 분배 제약이 있으며, 분배 제약은 청구권이 엄격할수록 더 엄격하다. 생명 박탈이나 신체 완전성의 중대한 침해를 배제하는 청구권처럼 최대한도로 엄격한 청구권은 같은 종류의 청구권 침해가 문제되는 경우가 아니라면, 청구권 제한으로 산출되는 선이 아무리 많더라도 제한할 수 없다.

제7장(트롤리 문제)에서는 트롤리 문제를 다루면서 모두에게 우위점을 주는 청구권 제한이 허용된다는 원리를 설명한다.

트롤리 문제란 다음과 같은 사안에서 지선 궤도로 트롤리의 방향을 돌려도 되는 이유를 해명하는 문제를 가리킨다: 다섯 명의 사람이 있는데 그들은 트롤리가 그들이 있는 곳에 도달하면 죽임을 당한다. 블로그는 지나가는 사람인데 당시에 우연히 궤도의 스위치 옆에 서 있게 되었다. 그는 스위치를 작동시킴으로써 트롤리를 오른쪽 지선 방향으로 바꿀 수 있다. 오른쪽 지선에는 한 사람만 있다. 그 사람은 블로그가 트롤리를 돌린다면 죽임을 당할 것이다.

트롤리 문제를 단지 다섯 명의 목숨이 한 명의 목숨보다 더 많은 가치라는 점에 의거해 해명한다면, 다섯 명을 살리기 위해 외과의가 한 명을 죽이는 장기이식 사안이나 악당이 다섯 명을 죽이는 것을 막기 위해 외과의가 한 명을 죽이는 사안에서 한 명을 죽여서는 안 된다는 점을 설명할 수 없다. 트롤리 사안에서 트롤리의 방향을 돌려도 되는 이유는, 그 상황이 발생한다면 그 시점에 블로그가 트롤리를 돌리는 것이—설사 그 상황이 발생한 시점에는 그가 누가 되었건 오른쪽 지선에 있을 한 사람에게는 블로그가 트롤리를 돌리는 것이 우위점이 되지 않을지라도—모두에게 우위점이 된다는 것에 있다. 여기서 우위점(advantage)이란 좋은 것을 얻을 높은 확률을 갖는 것이다.

◆ ◆ ◆

제8장(침입과 일차 재산)은 침입을 배제하는 청구권은, 도덕법을 준수할 능력을 갖추고 도덕법에 따른 요구를 할 권위를 가진 인간에게는, 근본적인 도덕적 권리임을 밝힌다. 침입이란 청구권을 제한하는 신체 침범이나 침해를 말한다. 각 개인은 경계를 가진 신체를 보유하며, 그러한 신체에 대한 침범이나 침해를 배제할 청구권을 가진다. 그러한 청구권의 원천은 해악, 공포, 모욕이 아니다. 해악, 공포, 모욕이 없어도 청구권 제한이 성립하는 경우가 있고, 그것들이 있어도 청구권 제한이 성립하지 않는 경우가 있기 때문이다. 침입으로 인해 발생한 해악, 공포, 모욕의 정도가 달라지더라도 청구권 제한이 있는지 여부는 달라지지 않는다. 따라서 신체 침입을 배제하는 청구권은 다른 근거에 파생되는 것이 아니라 도덕적으로 근본적이다. 그런 청구권이 없는 존재는 도덕법을 준수하고 도덕법에 따라 요구를 할 수 있는 권위를 가진 존재가 아니기 때문이다. 신체 침입을 배제할 청구권이 없는 존재는 벌이나 개미 같은 그저 군집의 한 성원에 불과한 경우이다. 그런 존재는 우리와는 근본적으로 다른 상상의 존재이다. 신체는 우리가 보유하는 것이지만 다른 것과는 달리 우리 자신과 훨씬 밀접하게 관련되어 있다. 그래서 신체는 일차 재산으로 칭할 수 있고, 집이나 신발과 같은 소유의 대상은 이차 재산으로 칭할 수 있다.

제9장(해악)은 "우리는 다른 사람들에 대하여, 그들이 우리에게 해악을 야기하지 않을 것을 요하는 청구권을 가진다"는 해악 논제를 논의하고 옹호하고, 이와 관련된 위험 논제나 고위험 논제를 거부한다.

해악 논제를 거부하면서 귀책사유가 있는 경우에만 청구권을 제한한다고 주장할 수도 있겠지만, 이는 당위의 객관적 개념에 어긋나는 이해를 초래한다. 즉, 막 해악을 야기할 행위를 하려고 하지만 그 행위가 누군가에게 해악을 야기하리라는 점을 모르는 사람에게 "그렇게 해서는 안 된다. 그렇게 하면 해악을 입을 사람의 청구권을 제한한다"고 의미 있게 말할 수 없게 된다. 따라서 주체가 귀책사유 없이 해악을 야기할 수 있다는 사실은 그 논제를 받아들이는 데 아무런 장벽도 되지 않는다.

그런데 보통 해악은 확실하지 않다. 그래서 "우리는 다른 사람들에 대하여, 그들이 우리에게 해악의 위험을 부과하지 않을 것을 요하는 청구권을 가진다"는 내용의 위험 논제도 타당하다고 생각할 수 있지만, 이는 어떤 행위도 하지 말 것을 요하는 청구권이 모든 각자에게 주어진다는 처음부터 모순적인 규범적 내용을 가진 권리를 담은 도덕법을 낳게 된다. 또한 이 논제를 간단히 수정한 고위험 논제, 즉 "우리는 다른 사람들에 대하여, 그들이 우리에게 해악의 높은 위험을 부과하지 않을 것을 요하는 청구권을 가진다"는 논제도 타당하지 않다. 이때 "높음"을 결정할, 절대적인 해악의 확률이나 심대성을 결정할 수 없기 때문이다. 따라서 위험을 부과해서는 안 된다는 당위는, 그와 같은 내용을 가진 청구권 자체가 있기 때문에 그런 청구권에서 나오는 것이 아니라, 다른 정당화 근거가 없다면 사람들을 열위점에 처하게 하는 것을 야기하는 일은 허용되지 않는다는 원리에서 나온다.

제10장(괴로움과 해악)은 괴로움 논제를 설명하고 옹호한다. 괴로움 논제란 "우리는 다른 사람들에 대하여, 그들이 우리에게 믿음이 매개하지 않는 괴로움을 야기하지 않을 것을 요하는 청구권을 가진다"는 것이다. 이 논제는 우리가 경험하는 느낌을 두 가지로 구분한다. 한 가지는 우리가 믿음을 매개하지 않고 그냥 갖는 느낌이고 다른 한 가지는 우리가 어떤 믿음을 갖기 때문에 갖는 느낌이다. 괴로움

논제는 전자에 속하면서 사람들이 싫어하는 느낌을 야기하지 않을 것을 요하는 청구권만을 가진다고 한다. 후자의 종류의 느낌을 배제하는 이유는 비합리적인 믿음을 통하여 자신의 청구권에 상응하는 의무를 상대방에게 지울 수 있다는 것, 스스로를 매우 예민하게 만듦으로써 이에 상응하는 의무를 생성할 수 있다는 것이 터무니없기 때문이다. 이는 도덕적 의분을 느끼는 도덕적 다수가 소수의 사생활을 규제할 헌법적 권리를 갖지는 못함을 시사한다. 그리고 해악 논제에서의 해악에는 믿음이 매개하지 않은 괴로움이 포함되지 않음을 보여준다. 마지막으로 청구권의 엄격성을 결정하는 데에도 괴로움은 아무런 요소가 되지 못함을 함의한다. 이와 관련된 논증을 통해 지위 악화와 재정 손실, 도덕적으로 나쁜 사람으로 타락시킴 자체는 그러한 결과를 초래한 수단에 청구권을 제한하는 성격이 내포되어 있지 않다면, 그 결과만으로는 청구권 제한이라고 할 수 없음을 알 수 있다.

제11장(자유)은 청구권의 범위에 관한 논의를 종합하여 한계 논제를 제시하면서 자유권의 구조를 밝힌다. 한계 논제란 다음과 같다.

> 한계 논제: X는 Y에 대하여, Y가 알파를 하지 않을 것을 요하는 청구권을 다음 중 어느 하나가 성립하는 경우 오직 그 경우에만 가진다.
>
> (i) X'의 청구권이 순수 사회적 청구권이다. 또는
>
> (ii) Y가 알파를 하는 것이
>
> (a) 그 자체가 Y가 X에게 침입을 범하는 것이거나 또는 X에게 해악이나 믿음이 매개하지 않는 괴로움을 야기하는 것이다. 또는

(b) 그것을 수단으로 하여 Y가 X에게 침입을 범하는 것이거나, X에게 해악이나 믿음이 매개하지 않는 괴로움을 야기하는 것이다.

이것은 순수 사회적 청구권의 세부적인 종류를 제외하고는 우리가 갖는 모든 청구권들의 지도를 그려 낸 것이다. 이 논제에 따르면 재산권은 순수 사회적 청구권에 속한다. 이 논제가 타당하다면 이 한계를 넘어서는 내용을 청구권의 내용으로 주장하는 것은 청구권에 속하지 않는 것을 속한다고 잘못 주장하는 것이다.

특권은 아무런 청구권도 함축하지 않으므로 자유권이 특권과 동치는 아니다. 자유권은 복합 권리이다. 그 복합체에는 특권(순수 사회적 특권과 자연적 특권)뿐만 아니라 불간섭에 대한 청구권 그리고 면제권도 포함된다. 자유권을 권리들의 복합체로 이해함으로써 "자유가 양도 불가능하다"는 것은 자유를 보유하는 지위를 어떤 행위에 의해서 보유할 수 없는 지위로 만들 형성권이 (자신을 포함하여) 누구에게도 없다는 면제권을 드러내는 것으로 이해할 수 있다. 형성권은 자유권에 포함되지 않으며 자유권에 포함된 특권을 행사하면서 함께 행사하는 형성권은 재산권과 같은 다른 권리에 있는 것이다.

제12장(언질 주기)은 형성권과 관련된 언질 주기가 무엇인지, 그것의 도덕적 함의(언질 주기 논제)를 해명한다.

청구권의 사회적 원천 중 하나는 사적 공약 즉 언질을 주는 것이다. 언질이란 무엇인가? 어떤 X 그리고 어떤 명제에 대해, Y가 X에게 그 명제가 참이라는 자신의 언질을 주는 경우 오직 그 경우에만 Y는 자신의 언질을 준 것이다. 여기서 어떤 명제가 참이라는 자신의 언질을 준다는 것은 무엇인가? 이는 주장 논제에 의해 해명된다.

주장 논제: Y가 X에게 어떤 명제를 단호히 주장하고 그리고

(i) 그 행동을 통해, Y가 X에게 그 명제의 참에 의지하라는 초청을 하고, 그리고

(ii) X가 그 초청을 수령하고 받아들인다(수용이 있다).

가 성립하는 경우 오직 그 경우에만 Y는 X에게 그 명제가 참이라는 자신의 언질을 주는 것이다.

주장 논제에 의해 언질 주기가 있었다고 하면 그 도덕적 함의는 무엇인가? 이는 언질 주기 논제로 설명된다.

언질 주기 논제: Y가 X에게 어떤 명제가 참이라는 자신의 언질을 준다면, X는 그렇게 함으로써 Y에 대하여 그 명제가 참일 것을 요하는 청구권을 취득한다.

약속하기는 언질 주기를 상위 속으로 하는 언질 주기의 한 종에 불과하다. 따라서 약속이라는 관행을 이용하지 않고도 언질을 줄 수 있다. 약속하기가 도덕적 함의를 가지는 이유는 본질적으로 언질 주기 논제에서 나온다. 약속을 둘러싼 사회적 이해가 약속이 도덕적 힘을 갖도록 하는 데 중대하게 개입한다는 견해는 두 가지 근거에서 잘못이다. 첫째, 약속을 하는 사람들이 할 것이나 해야 할 것에 관한 배경 가정이나 합의는 그 자체로는 약속이 도덕적 힘을 갖도록 만들 수 없다. 둘째, 약속하기는 두 사람 이상이 요구되는 것이 참이기는 하지만 두 사람보다 더 많은 사람이 요구되는 것은 아니다.

언질 주는 B는 언질 받는 A(언질을 수용할 지위에 있는 사람)가, A가 B에 대하여 언질로 준 명제가 참일 것을 요하는 청구권을 갖도록 만들 수 있는 그러한 방식으로 세계를 변경한다. 이것은 언질 주는

B 자신이 형성권, 메타 형성권, 형성권을 주는 형성권, 무대를 설치하는 형성권을 가졌어야만 함을 의미한다. 그 형성권의 원천은 무엇인가? 하나는 도덕법칙을 준수하여 행동할 수 있는 우리의 능력이다. 다른 하나는 자신이 말한 것에 의지하도록 하는 초청을 발령할 수 있는 능력이다.

제13장(이차 재산)은 "우리가 어떤 재산권들을 보유하며 그것들의 원천은 무엇인가"라는 질문을 다룬다.

이 질문에 답하려면 재산을 어떻게 취득할 수 있는가를 살펴보아야 한다. 일반적으로 받아들여지는 소유권은 기원을 갖는다 논제는 "X가 어떤 것을 소유하게 만든 무언가가 벌어진 경우 오직 그 경우에만 X는 어떤 것을 소유한다"고 말한다. 이 논제는 세상은 누군가가 소유한 상태로 창조되지 않았음을 의미한다. 이 논제를 받아들인다면 소유권의 이전이나 제작과 같은 어떤 행위를 함으로써 소유권이 취득되었다는 취득 도식을 상정하게 된다.

> 취득 도식: 만일 어떤 것이 소유되지 않은 것이라면, X가 그것에 알파를 하면, X는 그로써 그것을 소유하게 된다.

취득 도식에 대한 로크적 관념에 의하면 알파는 '자신의 노동을 첫 번째로 섞음'과 같은 것이 된다. 그런데 왜 이것이 알파로서 정당하게 포함될 수 있는가? 첫 번째로 노동을 섞음은 응분과 무관한 경우도 있으므로 응분에 호소해서는 그렇게 알파를 규정하는 것을 정당화할 수 없다. 첫 번째로 노동을 섞은 자에게 소유권을 주는 것이 효율성과 무관하거나 반대되는 경우도 있으므로 효율성도 그렇게 알파를 규정하는 것을 곧바로 정당화할 수 없다. 그리고 '첫 번째 노동 섞기가 항상 소유권을 생성하는 규칙을 채택하는 것이, 그 어떠한 양립 불가능한 규칙을 채택하는 것보다는 모든 것을 감안할 때 더 낫다'는 논제나 '첫 번째 노동 섞기가 항상 소유권을 생성하는 규칙을 채택하는 것은, 그와 양립 불가능한 여하한 규칙을 채택하는 것보다, 각자의 더 큰 선이 된다'는 논제도 반례를 쉽게 생각할 수 있으므로 틀렸다.

알파를 노동 섞기로 규정하지 않더라도 효율적 체계 논제와 같은 것이 취득 도식을 규정해 주리라고 주장할 수도 있을지 모르겠다. 효율적 체계 논제는 '사람들은 채택하면 가장 효율적인 규칙들의 '전체' 세트하에서 그들이 소유하게 될 것을 소유한다'고 말한다. 그러나 현실의 소유권 체계는 그와 같은 가장 효율적 체계가 아님에도 권리를 생성한다. 그러므로 효율적 체계 논제는 현실의 소유권 체계에 대한 해명이 될 수 없다.

모든 것을 종합하면 취득 도식에서 알파는 법외적으로 주어지는 것이 아니라 법이 정하는 것에 의해 전적으로 규정된다. 그러므로 효율적 체계 논제는 현실의 소유권 체계에 대한 해명이 될 수 없다.

제14장(권리 보유 중지하기)은 이전에는 가졌던 권리를 더 이상 가지지 않게 되는 경우가 어떤 경우이며, 특히 정부가 피치자들의 권리 보유를 중단시킬 권한을 어느 경우에 갖는지를 살펴본다.

우선 우리는 스스로 권리 보유를 중지하게끔 할 수 있다. 언질 주기는 청구권에 상응하는 의무를 지게 되므로, 특권 보유를 중단하게 하는 한 방식이다.

다음으로 동의도 권리 보유 중단의 원인이 된다. 첫째, 동의 수령자가 특권을 취득하므로 그로써 동의 제공자는 청구권 보유를 중지하게 된다. 이를 '만일 Y가 X가 어떤 명제가 참이 되도록 하는 것에 동의한다면 X는 그로써 Y에 대하여 그 명제가 참이 되도록 하는 특권을 취득한다'는 내용의 동의 제공 논제가 성립한다고 표현할 수 있다. 허가는 동의 제공과 언질 주기의 복합 행위로 이해할 수 있다. 예를 들어 내 샐러드를 상대방이 자유롭게 먹도록 허락하면, 샐러드를 먹을 특권과 함께 샐러드를 먹는 데 간섭하지 않도록 배제를 요하는 청구권까지 준 것이다. 둘째, 형성권을 주는 동의도 있다. '샐러드를 처분하도록 맡기는데 동의한다'는 동의는 샐러드와 관련된 다른 사람의 권리를 변경할 형성권을 부여한 것이다. 형성권을 부여하면 그에 상응한 결과로 더 이상 면제권을 가지지 않게 된다.

통치받는 이들의 권리를 박탈할 수 있는 정부의 권한에 대해서는 다음과 같은 원리에 의거해 이해하는 것이 타당하다.

> 자연적 특권에 대한 정부의 형성권 원리: 입법자는 다음과 같은 경우 오직 그 경우에만, 알파를 하는 법적 특권을 박탈함으로써 알파를 하는 자연적 특권을 박탈할 형성권을 가진다.
> (i) 입법자가 그 사회의 정당성 있는 입법자이다. 그리고
> (ii) 입법자가 법적 특권을 박탈한 것은 허용되는 방식으로 행위한 것이다.

(i)과 (ii)의 충족은 각각 고유한 문제이며 둘이 어떤 관계를 갖는지는 추가적인 이론화 작업이 필요하다. 그리고 이는 자연적 특권뿐만 아니라 다른 자연적이고 사회적인 권리에도 마찬가지로 적용된다.

양도 불가능한 권리가 아닌 이상 권리는 동의에 의해서 포기할 수도 있고, 어떤 경우에는 몰수될 수도 있다. 몰수의 대표적인 경우가 정당방위 사안에서 공격자가 자기 신체에 대한 간섭배제청구권을 몰수당하는 것이다. 왜 몰수당하는가? 답은 만일 공격자의 신체에

간섭함으로써 공격자의 공격이 중단되지 않는다면 공격자가 피해자의 청구권을 침해하게 되리라는 것이다. 바로 피해자의 청구권이 침해되리라는 것이 몰수의 이유이지, 공격자에게 귀책사유가 있다는 점이 몰수의 이유가 아니다. 따라서 청구권 몰수의 요건으로 공격적 작용을 하게 된 존재가 귀책사유가 있다는 것은 요건이 아니다. 즉 자신의 귀책사유 없이, 즉 무고하게 스스로 위협이 된 사람도 청구권이 몰수될 수 있다.

✦·✦·✦

이 책은 "당신의 이러한 행위는 나의 A라는 권리를 침해한다"라거나 "당신의 B라는 권리는 이 사안에서는 그보다 더 중요한 C라는 권리를 위해 뒤로 물러나야 한다"거나 "이 권리는 한낱 법률이 설정해 준 권리에 지나지 않고 따라서 얼마든지 변경할 수 있는 것이다"는 식의 진술이 타당한지 부당한지를 가려내 줄 수 있는 이론적 근거를 매우 명확한 형태로 제시하며, 그 같은 주제에 대하여 연구하는 학자나 논의하는 시민들에게 작업틀을 제공해 준다. 그 점에서 이 책은 개별 법학, 법철학, 정치철학, 도덕철학을 연구하는 사람뿐만 아니라, 스스로 권리를 부풀려 주장하지 않고 부풀려진 권리 주장은 온당하게 기각하며 반면에 정당한 권리 주장에는 그에 마땅한 응답을 해야 하는 입헌민주주의 사회의 시민에게도 꼭 필요한 책이다.

물론 이 책은 여전히 권리 이론의 중요하지만 일부에 대한 작업일 뿐이다. 예를 들어 이 책에서는 이차 재산권이 순수 사회적 권리라는 것만 밝히고 있을 뿐 순수 사회적 권리를 형성하거나 제한할 경우 준수해야 할 한계에 대해서는 논의하지 않았다. 그러나 그러한 한계도 중요한 논의의 대상이며 실제로 두 가지 중요한 한계를 생각해 볼 수 있다. 한 가지는 재산을 보유하거나 새로 획득하기 위해 어떤 노동이나 거래를 하는 사람이 그와 관련하여 자신의 삶의 기획을 불의하게 훼손당하지 않도록 해야 한다는 것이다.◆ 다른 하나는 법에 의해 인정된 재산권 보유자의 자의에 부당하게 복속함으로써 삶의 중요한 측면들이 강력한 반대 이유를 받을 만큼 훼손당하지 않아야 한다는 것이다.◆◆ 순수 사회적 권리의 형성과 제한에 부과되는 이러한 한계는 다른 도덕적 권리의 요구로부터 구성될 수 있다. 예를 들어 두 한계를 준수하지 않는 재산권의 형성과 제한은 직업의 자유를 비롯한 다른 자유를 부당하게 박탈할 것이다. 이를 더 정교하게 해명하는 일은 톰슨이 권리 보유 중지의 요건 중 하나로 이야기한, 정부가 "허용되는 방식으로 행위한 것"이라는 부분을 체계화하는 작업을 요구할 것이다. 그리고 이 작업에는 정부가 국민의 권리를 제한하기 위해서 정당하게 거론할 수 있는 선이 무엇이며 그 선의 충분히 큰 증분이 어느 정도이며 또 그에 적합한 분배적 제약이 무엇인가를 밝히는 일도 포함된다. 이러한 작업은 헌법학에서 이미 정립된 권리 제한 원칙을 정교화하는 방식으로 이루어질 때 가장 생산적일 것이다. 그러나 이 정교화는 톰슨의 틀을 참고할 때에야 체계적으로 이루어질 수 있다.

◆ 이는 (i) 거래 당사자가 무엇을 지불하고 받을지 사전에 알 수 있도록 할 것 (ii) 판매자는 최저유보가격(그 가격 이상이 아니라면 팔지 않겠다고 마음먹은 가격) 미만을 받고 팔도록 강제되지 않고 구매자는 그 재산이 자신에게 가치 있는 정도라고 여기는 가격 이상을 내도록 강제되지 않을 것 (iii) 판매자가 구매자에게 팔고 나서 과세된 이후 수익은 양의 값을 가지도록 할 것(즉, 생산적 노동이나 거래를 함으로써 그런 노동이나 거래를 하지 않는 경우와 비교해 오히려 처지가 나빠지도록 강제해서는 안 된다는 것)과 같은 요건으로 구성된다. Thomas M. Scanlon, *Why Does Inequality Matter?* (Oxford: Clerendon press, 2018) p. 131 참조.

◆◆ 이는 재산권 보유자가 비보유자에 대하여 중대한 기본권의 행사를 자신의 자의에 복속시키도록 하지 못할 것, 공공복리를 위해 쉽게 활용되고 공유될 수 있는 자원의 활용을 부당하게 배제하는 효과를 갖지 않게 할 것, 재산을 갖지 못한 이도 보편적으로 교육·취업의 기회와 인간다운 생활을 보장받기 위한 공공재정 조성을 위해 필요한 기여를 할 것과 같은 요건으로 구성된다. Ibid, pp. 148-150 참조.

물론 이 책의 논증에는 타당하지 않은 부분도 포함되어 있을 수 있다. 이를테면 톰슨은 제7장에서 '가상적 동의'는 실제로는 아무런 실질적인 역할을 하지 않는 관념, 도덕적으로 유의미하지 않은 관념 이라고 논한다. 이는 가상적 동의는 동의된 행위의 허용성을 확립하기 위한 충분조건도 필요조건도 아니기 때문이라고 한다. 정신을 잃은 데이비드의 목숨을 구하려면 그의 다리를 즉시 잘라 내야 하는데, 그를 깨우면 극심한 고통으로 정신이 혼미해서 어떠한 수술이라도 모두 거부할 것이라고 하여도(그래서 데이비드가 가상적으로 동의하지 않을 것이라고 하여도) 의사가 다리를 잘라 내는 것은 허용되므로, 가상적 동의는 행위 허용의 필요조건이 아니다. 또한 데이비드가 수컷 울새를 죽였기 때문에 목이 잘려야 마땅하다는 잘못된 생각을 품고 있어서 죽여도 되는가라고 물어본다면 동의할 것이라고 해도(그래서 데이비드가 가상적으로 동의할 것이라고 하여도) 그를 죽이는 것은 금지되므로 가상적 동의는 행위 허용의 충분조건이 아니다. 따라서 가상적 동의는 한낱 부수현상에 불과하며 그 부수현상 저변에 있는 진정한 이유는 그 행위가 모든 것을 감안할 때 좋은가 나쁜가 하는 점이다.

이 논증은 두 지점에서 오류를 범하였다고 생각할 수 있다. 한 지점은 가상적 동의가 충분조건도 필요조건도 아니라는 결론을 뒷받침하는 근거를 잘못 들었다는 것이다. 톰슨의 두 예는 실제 동의나 동의 거부마저도 흠결 있는 것으로 만드는 사정이 성립하는 사안이다. 정신이 혼미하거나 혼란에 빠져 있는 상태에서 하는 동의는 흠결 있는 동의여서 실제 동의건 가상적 동의건 애초에 동의가 갖는 효력을 갖지 못한다. 따라서 가상적 동의가 충분조건도 필요조건도 아니라는 결론을 뒷받침하려면 흠결 없는 동의 사안을 제시했어야 한다.

다른 한 지점은 "어떤 조건이 행위의 도덕적 허용의 필요조건도 충분조건도 아니라면 그것은 도덕적으로 무관하다"는 전제를 도입했다는 것이다. 실제 동의조차 행위의 도덕적 허용의 필요조건도 충분조건도 아니다. 그러나 실제 동의는 행위의 도덕적 허용과 유관하며 이는 톰슨이 동의가 권리 변동력을 가진다는 점을 이야기함으로써 스스로 확인한 바이다.

톰슨의 주장과 달리 가상적 동의는 두 가지 중요한 실질적인 도덕적 의의를 가진다. 첫째, 의사결정능력을 가졌던 사람이 승인하거나 승인하지 않을 바를 확인함으로써 현재 의사결정능력이 없지만 자신의 신체에 무슨 일이 벌어질지에 대한 자율적 통제권을 확장하는 실질적 역할을 한다. 둘째, 어떤 형태의 계약주의 이론 내에서는 일정한 기본적인 도덕적 가정들, 예를 들어 자신의 선관을 추구하는 존재이자 정치 사회의 시민으로서 동등하고 독자적인 권리 주장을 할 지위에 관한 도덕적 가정들을 모델화하여, 그 가정들이 함축하는 바를 더 온전하고 정확하게 정교화하는 유익하고 필수불가결한 설명적 장치로 기능한다.◆

그러나 톰슨의 논의가 중요하고 필요한 작업을 처음부터 끝까지 모두 해내지 못했다거나 틀린 부분이라고 볼 만한 점이 있다는 것이 이 책의 가치에 흠을 낼 수는 없다. 톰슨이 자신의 논의를 매우 투명하고 진솔하게 전개하고 있기 때문에, 중요하고 필요한 작업이 어느 부분에서 이루어져야 하는가, 어떤 결론을 위해 제시된 어떤 근

◆ 이 비판과 가상적 동의가 도덕 논증에서 하는 실질적 역할에 대한 설명은 Arthur Kuflik, "Hypothetical Consent", in Franklin G. Miller & Alan Wertheimer eds., *The Ethics of Consent: Theory and Practice* (Oxford: Oxford University Press, 2010) pp. 131-158을 정리한 것이다.

거가 부적합한가를 독자가 이후에 논의하고 다룰 지점 역시 투명하게 드러나 있기 때문이다. 심오한 척하면서 많은 근거와 결론의 관계가 투명하게 드러나 있지 않은 책은 그 논의 위에서 발전을 모색하기도, 개선할 점을 수정하기도 쉽지 않게 만들고, 그 결과 책의 내용에 대하여 이리저리 모자이크식으로 취합하는 이야기만 무성하게 만들고 만다.

반면에 무엇을 주어진 것으로 삼았으며 거기에서 어떤 결론을 끌어내고 어떤 점을 살펴보았는지 투명하게 드러내는 책, 《권리란 무엇인가》와 같은 저작은 발전과 수정을 거듭하여 중요한 논의를 이어 가는 유익한 토대가 될 수 있다. 그런 점에서 이 책은 규범에 관한 분석적 탐구의 전통에 속하는 중요한 학문적 성취 중에서도 특별히 빛나는 몇 안 되는 고전에 속한다고 말해도 무리가 아닐 것이다.

서론과 메타윤리적 논급

1. 우리는 권리를 갖고 있다고 생각한다. 우리는 서로에게 그리고 우리를 통치하는 이들에게, "이러이러한 것을 하면 나쁠 것이다"라거나 심지어 "이러이러한 것을 해서는 안 된다"고 말하기보다는 "나는 당신이 이러이러한 것을 하지 않을 것을 요하는 **권리**를 갖고 있다"고 말한다. 내가 규명하고 싶은 것은, 우리의 권리에 관하여 우리가 갖는 이 관념들이 어떻게 함께 잘 들어맞는가이다.

그 관념들은 함께 잘 들어맞기 때문이다. 우리는 우리의 관심 중 어느 하나에 자의적으로 매달려서 그것이 만족되거나 충족되어야 하는 것이 권리라고 선언하지 않는다. 우리가 스스로 그리고 다른 사람들에게 권리를 귀속시킬 때 작용하는 배후의 일반 원리들이 있다. 나는 그 원리들이 무엇인가 묻는 것이 대단히 흥미로운 기획이라고 생각한다.

그렇지만 이 책에서 독자들이 함께하기를 바라는 기획이 법에 대한 연구가 아니라는 점을 먼저 말해야겠다. 우리의 법은 누가 누구에 대하여 무슨 권리를 갖는가에 관한 선언을 풍부하게 하고 있으며, 법 안의 그리고 법에 관한 어떤 매우 일반적인 관념은 우리에게 무척 큰 도움이 된다. 그러나 이 기획은 법적 권리가 아니라 도덕적 권리에 관한 것이다. 우리가 서로에 대하여 갖는 권리 중 일부는, 우리의 법체계가 우리에게 부여했다는 그 이유 때문에만 보유하는 것이다. 예를 들어 나는 내 이웃에 대하여 그들이 수요일을 제외하고는 우리 집 앞의 보도에 쓰레기를 내어놓지 않도록 요할 권리를 갖는데, 그것은 쓰레기 수거를 규율하는 우리 마을의 법령 때문에만 내가 그들에게 가지는 권리이다. 우리 논의의 목적을 위해서, 그런 사례가 제기하는 흥미로운 질문은 법이 우리에게 어떤 권리를 부여하는가가 아니라, 어떻게 그리고 왜 정부 행위가 사람이 권리를 갖게 (또는 갖지 않게) 만들 수 있는가이다. 이것은 법적 질문이 아니라 도덕적 질문이다.

더군다나, 우리가 서로에 대하여 갖는 권리 중 많은 것이 우리의 법체계에 의해 우리에게 부여되지만, 그중 일부는 법체계가 우리에게 부여했다는 **단지** 그 이유 때문에만 갖게 되는 것이 아니다: 우리의 법체계가 그 권리들을 우리에게 부여하지 않았다 하더라도 그 권리들을 가졌을 것이다. 예를 들어 나는 당신에 대하여 당신이 내 코를 부러뜨리지 않을 것을 요하는 권리를 가진다. 형법은 나에게 코 부러뜨리기를 금지한다는 점에서 나에게 당신에 대한(내 코를 부러뜨리지 못하도록 할―옮긴이) 그 권리를 부여하긴 했지만, 그런 종류의 행위를 금지하는 법이 전혀 없다고 하더라도 나는 그 권리를 가졌을 것이다. 우리의 논의 목적에 그런 질문이 제기하는 흥미로운 질문은 우리 형법의 내용이 무엇인가가 아니라, 법이 그것을 우리에게 부여하지 않았다 하더라도 우리가 가졌을 권리를 갖게 만드는 우리에 관한 점이 무엇인가이다. 이것 또한 법적 질문이 아니라 도덕적 질문이다.

법체계가 부여하지 않았다고 하더라도 우리가 가졌을 권리들은 어떤 의미에서 법에 선재(先在)하는 것이다. 우리가 그 권리를 갖도록 만드는 것은 법이 아니거나, 어쨌거나 법**만은** 아니다.

　정말로, 이 권리 중 일부는 또 다른 의미에서도 법에 선재한다. 법체계는 그에 의해 통치받는 사람들에게 그 권리들을 할당하지 않는다면 결함이 있는 것이다. 통치받는 어느 누구에게도 다른 사람에 의해 죽임을 당하지 않을 권리를 부여하지 않는 법체계는 아마도 상상조차 할 수 없는 법체계일 것이다. 다른 사람에 의해 죽임을 당하지 않을 권리를 유대인이나 흑인에게는 부여하지 않는 법체계는 너무나 쉽게 상상할 수 있으며 그리고 바로 그 점에서 엄청난 결함이 있는 것이다.◆

　사람이 권리를 가진다는 것은 결과를 갖는다. 나는 당신에 대하여 당신이 나의 코를 부러뜨리지 않을 것을 요하는 권리를 갖는데, 많은 것이 내가 그 권리를 보유한다는 사실로부터 따라 나온다. 예를 들어 다른 사정이 동일하다면, 당신은 나의 코를 부러뜨리지 않아야 한다. 다른 사정이 동일하다면, 당신이 나의 코를 부러뜨리려는 시도에 대항하여 내가 스스로를 방위하는 것은 도덕적으로 허용된다. 당신이 내 코를 부러뜨릴 경우 다른 사정이 동일하다면, 당신은 내 코 치료비를 지불해야 한다. 다른 사정이 동일하다면 코 부러뜨리기를 금지하면서, 그런 행위의 피해자가 배상을 받아야 하며, 가해자로부터 피해자가 배상받지 못하는 경우 다른 사정이 동일하다면 우리가〔법공동체의 구성원이─옮긴이〕얼마간 치료비를 주어야 한다는 규정을 담고 있는 법이 있어야 한다, 등등. 권리를 가지는 것은 바로

◆　흑인 노예제 사회나 나치독일 사회에서는 다른 구성원이 또는 국가가 무고한 유대인이나 흑인을 죽이는 것이 법적으로 허용되었다. 여기서 저자는 법을 제정하고 실행하는 그 사회의 법적 규칙에 맞게 제정된 것을 법이라고 부르는 용법을 취하고 있다.

이런 결과들을 갖기 때문에 가치 있는 도덕적 지위를 가지는 것이며, 권리를 주장하는 것은 이 결과들이 사람들에게 행위해야 한다고 말하는 바대로 행위할 것을 사람들에게 요구하는 것이다. 정부가 통치받는 이들이 순전히 창조해 낸 것에 불과하다고 생각하는 사람들, 그리고 통치받는 각각의 구성원은 서로에 대하여 동등한 존재라고 생각하는 사람들이, 그들의 정부와 서로에 대하여 "나는 권리를 가진다!"라는 말로 이야기하는 것은 놀랍지 않다.

그러나 권리 보유의 결과는 도덕적이며 단지 도덕적인 것에 그칠 수도 있다. 나는 정부에 그리고 다른 사람들에게 "나는 권리를 가진다"고 진심으로 말했는데도 정부나 다른 사람들은 아무런 주의를 기울이지 않을 수도 있다. 내가 권리를 가지므로, 이로부터 다른 사람들은 여러 가지 상이한 것들을 해야 한다는 결론이 따라 나온다. 그러나 그들이 실제로는 그렇게 하지 않을 수도 있다. 권리 보유는 자신이 가진 권리가 요하는 것이 실제로 준수되는 것과 같지 않으며 심지어 그런 것을 포함하지도 않는다.

권리 보유가 포함하는 것은 무엇인가? 나는 당신에 대하여 당신이 내 코를 부러뜨리지 않을 것을 요하는 권리를 가지며, 그 사실로부터 예를 들어 **다른 사정이 동일하다면** 당신이 내 코를 부러뜨리지 않아야 한다는 결론이 따라 나온다고 말했다. 왜 나는 그저 단순하게, 당신이 내 코를 부러뜨리지 않아야 한다는 결론이 따라 나온다고 말하지 않은 것일까? — 왜 나는 "다른 사정이 동일하다면"이라는 조건을 두었을까? 일부 견해에 의하면, 모든 권리는 어떤 의미에서 '절대적(absolute)'이므로 그 조건(qualification)은 꼭 필요한 것이 아니다. 즉, X가 Y에 대하여 Y가 어떤 것을 할 것을 요하는 권리를 가진다면, 여건이 어떠하건 그리고 Y가 그것을 하는 것이 Y나 Z나 그 외 다른 사람들에게 어떤 비용을 야기하건 간에 Y는 그것을 해야 한다. 다른 견해에 의하면, 적어도 일부 권리는 절대적이지 않다: 즉, X가 Y에 대하여 Y가 어떤 것을 할 것을 요하는 권리를 가지고 있지만 그럼에도 불구하고 여건과 그 일을 할 때 초래되는 비용을 고려할 때 Y가 꼭 그것을 해야 하는 것은 아닌 경우가 있을 수 있다. 우리는 이 문제를 더 자세히 살펴봐야 한다.

더 일반적으로, 권리 개념은 많은 도덕적 개념 중 하나에 불과하며 권리를 가진다는 것이 무엇인가를 이해하는 일은, 권리 개념이 다른 개념들과 어떻게 관련되어 있는가를 이해할 것을 요한다. 권리 개념이 특히, 해야 하는 것이 무엇인가의 개념과 어떻게 관련되어 있는가를 이해할 것을 요한다. 권리의 중요성과 권리 보유의 가치가 발견되어야 할 곳은 바로 개인의 권리가 그 또는 그녀[1] 혹은 다른 사람이 해야 하거나 또는 하지 않아야 하는 것에 갖는 관련성이기 때문이다. 우리는 도덕을, 권리가 그 안에서 영토나 영역을 갖고 있는 대륙으로 생각해 볼 수 있다. 권리의 영역 안에 무엇이 있는가를

---

1 나는 아주 최근까지도, 남성 대명사 "그(he)"를 무작위로 언급된 사람을 가리키는 용어로 사용하는 것에 반대하는 이들이 그저 성가시게 굴고 있을 뿐이라고 생각했다. 그 용어의 대체어 "그녀(she)" 역시 그보다 조금도 더 낫지 못하며, 사실 두 가지 측면에서 더 나쁘다. 첫째, 산문은 유리판처럼 투명해서 그 뒤에 놓인 것(산문을 통해 가리키려고 하는 내용-옮긴이)을 볼 수 있도록 써야 한다. 이런 목적으로 "그녀"를 사용하는 것은 판에 얼룩을 묻히는 것과 같다. 그것은 주의를 사로잡는다. 둘째, "그녀"를 이런 식으로 지금 사용하는 이들은 그렇게 함으로써 도덕적 주장을 하고 있는 셈이다. 물론 나는 그 주장이 전적으로 옳다고 본다. 그러나 도덕적 주장을, 그 주장이 아무런 연관을 갖지 않는 문제에 매번 (이를테면 손등으로) 도입하면 계속 괴롭히는 잔소리를 듣는 기분이 된다. "그 또는 그녀"는 계속 사용하기에는 불가능한 어수선함을 낳는다. 그러므로 나는 어수선함을 줄이는 두 가지 관행을 채택할 것이다. 내가 달리 내비치지 않는 한, "A", "B", "C" 등등을 사람의 대역명(代役名; dummy name: 특별히 구체적인 누군가 또는 어떤 속성을 가진 사람을 지칭하지 않고 형식적으로 임의의 개인을 지칭하는 이름-옮긴이)으로 사용할 것이다. (그것을 '알프레드', '버트' 등등의 단축어로 볼 수도 있겠다.) 그리고 때때로 등장할 '블로그(Bloggs)'와 같은 인물명도 사람을 가리킨다. 반면에 "X", "Y", "Z"는 남성이건 여성이건, 인간이건 비인간이건 사물들 일반을 가리키는 변항이다. "알파를 하다(does alpha)", "베타를 하다(does beta)" 등등은 대역동사구(dummy verb phrases)이다.

32

이해하는 것은 그 영역이 대륙 안의 어디에 있는가에 대한 이해를 필요로 한다.

사실 우리는 우리가 우리 자신에게 그리고 다른 사람에게 하는 그런 권리 귀속 배후에 놓여 있는 일반적 원리가 무엇인가를 묻기 전에 이 질문을 들여다보아야 할 것이다. 우리는 그런 원리들이 무엇의〔권리 현상을 가리킨다-옮긴이〕원리라고 상정되는 그 무엇이 무슨 현상인지를 명확하게 알기 전까지는 그 원리들을 명확하게 알 수 있다고 기대할 수 없다.

그러므로 우리는 도덕 내에, 권리의 영역이 어디 놓이는가? 라는 질문에서 시작할 것이다. 은유 없이 다시 질문을 던지자면 다음과 같다: 권리를 가진다는 것(having a right)의 도덕적 의의(moral significance)는 무엇인가? 그 질문이 1부의 주제이다. 그러고 나면 우리는 우리가 어떤 권리를 갖고 있으며 왜 갖고 있는지 질문을 던질 수 있다. 그 질문이 2부의 주제이다.

2. 그렇지만 내가 사용할 방법에 관하여 얼마간 먼저 이야기하는 것도 좋을 듯하다. 방법론적 논의가 흥미롭지 않다고 여기거나 방법에 대한 옹호를 들여다보기 전에 먼저 그 방법이 작동하는 모습을 보는 게 낫다고 생각하는 이들은 (실제로 나쁜 생각이 아니다) 마음껏 제1장으로 곧장 넘어가도 좋다. 그러나 내가 제시하지 않으려고 하는 어떤 것을 기대하는 독자가 있을지도 모르므로 알릴 필요는 있겠다. 간단히 말해, 그리고 비유를 바꿔 말하자면, 나는 도덕의 많은 것을 주어진 것으로 여긴다. 나는 기본적인 입자로부터 도덕을 구성하는 조리법을 제공하고자 하지 않는다.

예를 들어 나는 "그러나 확실히 A는 이러이러한 것을 해야 한다"나 "명백히 B가 이러이러한 것을 하는 것은 도덕적으로 허용된다"

와 같은 말을 자주 할 것이며, 그런 것들이 참이라는 점을 증명하려고 하지 않을 것이다. 예를 들어 B가 A에게 자신이 A에게 바나나 하나를 주겠다고 자유의사로 약속하였으며 쉽게 그렇게 할 수 있으며 그렇게 하지 않기로 다른 누구에게도 스스로 공약한 바가 결코 없으며 그렇게 한다고 해서 아무런 해악을 야기하지 않을 것이며 오히려 그 반대로 그렇게 하지 않으면 해악을 야기할 여건에서 "그러나 확실히 B는 A에게 바나나 하나를 줘야 한다"고 말할 것이다. 당신이 그런 여건에서 B가 A에게 바나나 하나를 줘야 한다는 말이 참이라는 데 동의하기 바란다. 그러나 그것이 참이라는 점을 증명하려고 하지는 않을 것이다.

더군다나 단지 그런 것을 말하는 데 그치지 않겠다. 그것에 크게 의지할 것이다. 나는 우리가 참이라고 동의할 (동의할 것이라고 내가 희망하는) 도덕적 판단*의 목록을 산출하기만을 바라지 않는다. 그런 판단들이 참인 결론들이라는 가정으로부터 결론을, 특히 사람의 권리에 관한 결론을 이끌어 낼 것이다. 그래서 그 판단은 제시되는 권리 이론에는 **주어진 것** (data)으로 기능할 것이다. 만일 그것이 거짓이라고 생각한다면, 그것에 근거를 둔 나의 추론에서 오류를 찾아내는 경우만큼이나 심각한, 이 책에서 진행되는 추론에 반대할 근거를 가진 셈이 된다.

그러나 내가 그런 판단에 조금도 의지할 자격이 없다고 응수할 사람도 있다. 그들은 그 판단들이 거짓이라고 말하지 않고, 그 판단들을 참이라고 믿을 만한 아무런 이유도 없다고 말할 것이다. 그들은 더 일반적으로, 여하한 도덕적 판단에 관해서도 그것이 참이라고 생

◆ 도덕적 판단(moral judgment)은 도덕 영역의 당위에 관한 판단을 가리키는 의미로 쓰였다. 즉 '비도덕적(immoral)'과 대조되는 의미가 아니라 '도덕과 무관한(nonmoral)'과 대조되는 의미로 쓰였다.

각할 이유가 없다고 말할 것이다. 내가 여기서 살펴보고 싶은 것은 이 이념이다. 나는 그것을 이유 없음 논제(No-Reason Thesis)라고 칭할 것이다. 만일 이 논제가 타당하다면, 내가 독자의 참여를 촉구하고 있는 기획은 두 가지 면에서 무의미한 것이다. 한편으로는, 내가 내 결론의 기초로 삼고 있는 전제들은 참이라고 생각할 아무런 이유가 없는 판단들이다. 그리고 다른 한편으로, 그 결론들 그 자체가, 그 어떤 전제도 찬성할 이유를 줄 수 없는 종류의 판단들이다. 그러므로 이유 없음 논제는 심각하게 여겨져야 한다 — 만일 그 논제 자체가 참이라고 생각할 이유가 있다면 말이다.

그런 이유가 있는가? 몇몇 철학자는 이유 없음 논제가 참이라고 생각할 이유가 있다고 생각하는데 그치지 않고, 그 논제가 참**이라고** 생각한다. 그중 많은 이들이 그 논제 배후에 놓인 통찰이 흄에게서 비롯되었다고 한다. 흄은 잘 알려진 구절에서 다음과 같이 말했다.[2]

> 내가 접해본 도덕 체계 중, 저자가 얼마간 일상적인 방식의 추론을 진행하다가 신의 존재를 확립하거나 인간사에 관한 관찰을 하면서, 갑자기 **이다**와 **이지 않다**의 명제의 통상적인 연계 대신에, **해야 한다**와 **해서는 안 된다**를 연결하는 명제가 아닌 것을 본 적이 없다고 나는 늘 말해 왔다. 이 변화는 감지할 수 없지만 가장 일어날 법하지 않은 결과다. **해야 한다**와 **해서는 안 된다**는 어떤 새로운 관계 또는 주장을 표현하기 때문이다. 그러니 그것을 깨닫고 설명하는 일이 꼭 필요하다. 동시에 이런 전적으로 상상할 수도 없는, 이 새로운 관계가 그와는 전적으로 다른 관계들로부터 어떻게 연역될 수 있는지 어떤 이유가 주어져야 한다.(p. 469)

---

2 David Hume, *A Treatise of Human Nature*, ed. L. A. Selby-Bigge (London: Oxford University Press, 1973). 인용 뒤 삽입구에서 면수 인용은 이 판본에 의한 것이다.

즉, 도덕 이론가는 세계가 이렇지, 저렇지는 않다고 말하면서 논의를 시작한다. 그리고 나서는 "사람들은 이것을 해야 하고 저것을 하지 않아야 한다"고 말한다. 그러나 그들이 끌어낸 결론은 "어떤 새로운 관계나 주장을 표현한다". 그리고 그렇게 새로운 것이 "그것과는 전적으로 다른" 그 앞에 서술된 것으로부터 추론된다는 것은 "전적으로 생각할 수 없는" 것 같다.

흄이 실제로 의도한 바에 대하여 논쟁이 있었다. 그리고 오늘날 사람들이 흄의 발언의 의미라고 생각한 그 의미로 흄이 말하지는 않았다고도 논할 여지가 있다. 그러나 우리의 논의의 목적에서 중요한 것은, 그 구절이 말하는 것 같은 것, 그렇게 말하는 것이 정말로 옳아 보이는 것이다: 즉 어떤 사람이 어떤 것을 해야 한다 또는 해서는 안 된다는 내용의 어떤 진술도 사실로서 성립하는 것이 무엇인가에 관한 그 어떤 진술"로부터도 연역(a deduction from)"될 수 없다는 것이다. 또는 다음과 같이 표현할 수도 있겠다: 어떤 사람이 어떤 것을 해야 한다거나 해서는 안 된다는 내용의 그 어떤 진술도 사실로서 성립하는 것이 무엇인가에 관한 그 어떤 진술에 의해서도 필**함되지**(is entailed by) 않는다.

아마도 "필함된다"와 (능동태에서는) "필함한다(entails)"라는 문구에 대한 내 용법에 관하여 잠시 이야기를 해야겠다. 이 책 전체에서 나는, P가 참이라면 Q도 참일 수밖에 없는 경우 오직 그 경우에만 Q가 진술 P에 의해 필함된다(그리고 P가 Q를 필함한다)고 말할 것이다.[3]♦

---

3 나는 이것이 흄이 "~로부터의 연역"을 이해하는 방식으로 의미한 바라고 논할 수 있다고 생각한다. 위에서 인용한 구절에서 흄이 염두에 두고 있던 것이 정확히 무엇이건 간에, 그가 1차 논리 내에서 "해야 한다"가 "이다"로부터 얻어질 수 없다는 사실에 그저 우리의 주의를 촉구하려고 한 것은 아니라는 점은 확실하다. 다음에 나올 주석 14를 보라.

♦ 필함(entailiment)과 함축(implication)은 구별되지 않고 쓰이는 경우도 있으나, 구별하

그리고 왜 〔흄의 원칙에서 거론되는 진술의 형태로-옮긴이〕 "해야 한다(ought)"와 "해서는 안 된다(ought not)"라고만 하는가? 왜 "옳다"와 "그르다", "좋다"와 "나쁘다" 등등은 그와 같이 다루지 않는가? 이것 또한 "새로운 관계나 주장"이 아닌가? 그러므로 더 일반적으로, 그 어떤 도덕적 판단도 사실로서 성립하는 것이 무엇인가에 관한 그 어떤 진술에 의해서도 필함되지 않는다고 말하는 것이 옳은 것 같다. 이것을 사실-가치 논제(Fact-Value Thesis)라고 부를 수 있겠다.

사실-가치 논제는 (능동태로는) 그 어떤 사실 진술도 여하한 도덕적 판단을 필함하지 않는다고 말한다. 이유 없음 논제는 확실히 이보다 상당히 더 강한 주장으로 보인다: 그 논제는 그 어떤 도덕적 판단도 참이라고 생각할 이유가 아예 없다고 말한다. 사실-가치 논제에서 어떻게 이유 없음 논제로 건너갈 수 있는가? 한 가지 인기 있는 (요즘보다 몇 년 전 더 인기 있었던) 경로는 사실-가치 논제의 원천에 대한 일정한 진단을 통하는 길이다. 이 경로는 사실-가치 논제가 참임을 이미 보여주었다는 사실에서 출발한다. (어떻게 보여주었는가? 흄에게 호소함으로써, 즉 흄이 표현했듯이, 도덕적 개념은 "어떤 새로운 관계나 주

는 맥락에서는 필함은 필연적 함축 또는 엄밀함축을 의미하고 함축은 질료적 함축 또는 실질함축을 의미한다. 뒤에서 톰슨이 크립키를 거론하여 이야기하는 데서 알 수 있듯이 톰슨은 이를테면 '아기를 재미로 고문하여 죽이는 것은 그르다'는 진술에서 '아기', '고문', '죽임'과 같은 단어가 어느 가능세계에서든 현실세계의 아기, 고문, 죽임과 같은 것을 지시하는 고정지시어로 볼 때, 그 진술은 모든 가능세계에서 참이라고 본다. 모든 가능세계에서 참인 것은 필연적 참이다. 즉 어느 가능세계에서건 어떤 사람이 아기를 재미로 고문하여 죽인다는 사실이 성립한다면 그것이 그르다는 당위 판단도 참이다. 반면에 질료적 함축은 그 질료적 조건문이 성립하는 세계에서만 전건이 참이면서 후건이 거짓인 경우는 없음을 나타낸다. 예를 들어 적색편이가 관찰되는 것이 참이라면 그 광원은 관찰자로부터 멀어지는 것이 우리 세계에서는 참이지만, 모든 가능세계에서 적색편이가 관찰되기만 하면 그 광원이 관찰자로부터 멀어지는 것이 참이라는 보증은 없다. 우주의 작동법칙이 우리의 우주와 다른 우주에서는 적색편이는 다른 원인에 의해 나타날 수도 있기 때문이다.

장을 표현한다는"[4] 사실을 이런저런 방식으로 지적함으로써 보여주었다.)
그러고 나서는 왜 사실-가치 논제가 참인지 묻는다. 그에 대하여 다
음과 같은 답을 제시한다: 도덕적 믿음을 갖는 것은 단지 태도를 갖
는 것에 불과하며, 도덕적 주장을 하는 것은 (미소가 어떤 태도를 드러
내듯이) 단지 그 태도를 드러내는 것에 불과하다. 그러므로 (미소가
아무런 진리치를 갖지 않듯이) 도덕적 '판단'도 아무런 진리치를 갖지
않는다. 그 답이 타당하다면, 그 답이 타당하다는 점은 왜 사실-가
치 논제가 참인지 설명해 줄 것이다. 도덕적 '판단'이 아무런 진리치
를 갖지 않는다면 **한층 더 강력한 이유로**(a fofrtiori) 그 어떤 사실 진
술도 도덕적 판단을 필함하지 않을 것이기 때문이다.

그뿐만 아니라 그것이 바로 사실-가치 논제가 참인 이유라면, 이유
없음 논제도 참이다. 도덕적 '판단'이 아무런 진리치를 갖지 않는다
면, **한층 더 강력한 이유로** 도덕적 판단이 참이라고 생각할 이유가 전
혀 없기 때문이다.

이것은 철학자가 사실-가치 논제에서 이유 없음 논제로 건너가는
길로 생각해 볼 수 있는 유일한 경로는 아니지만 말했듯이 인기 있
는 경로였다. 우선, 도덕적 믿음이 (그것을 믿음이라고 부르는 것이 적
절하다면) 태도와 연관됨은 명백하다: 사람들이 어떤 것을 해서는 안
된다고 믿는 사람은 전형적으로 (항상?) 그것을 하는 것에 대해 부정
적인 태도(unfavorable attitude)를 가진다. 둘째, 어떤 사람이 어떤
종류의 행위를 해서는 안 된다고 우리가 말할 때 그 사람에게 또는
그 종류의 행위에 우리가 귀속시킨다고 생각할 수 있는 속성은 무엇
인가? 그름의 속성으로, 빨강의 존재가 바라봄으로써 발견될 수 있

---

4 예를 들어 G. E. Moore, *Principia Ethica* (London: Cambridge University Press,
1966), pp. 15-16의 '열린 질문 논증'을 보라. 비슷한 논증이 A. J. Ayer, *Language,
Truth and Logic*, 2nd ed. (New York: Dover Publication, 1952), ch. 6.에도 있다.

듯이 바라봄으로써, 또는 소리의 존재가 들음으로써 발견될 수 있듯이 들음으로써, 또는 그 외의 다른 어떤 형태의 지각에 의해서건 발견될 수 있는 것이란 아무것도 없는 것 같다. (그런 속성이 있다면, 도덕적 판단은 사실 진술에 의해 필함될 것인데, 이는 사실-가치 논제가 부인하는 것이다.) 그러나 빈틈없는 경험주의자는 그룹과 같은 속성이 없다고 말하는 쪽이 더 낫지 않은가? 그래서 '그름의 귀속(ascriptions of wrongness)'이 실제로는 아무것도 귀속시키지 않는 것이라고 말하는 쪽이 더 낫지 않은가? 그리고 귀속될 것이 아무것도 없다면, 도덕적 판단이 한낱 태도의 드러냄이라고 생각하는 것보다 더 그럴법한 것이 무엇이 있겠는가?

이 모든 논의는 추상적이었다. 사형제 논쟁들을 생각해 보자. 여러 가지가 있기 때문에 "논쟁들"이라고 했다. 많은 사람은 그 누가 그 어떤 범죄를 저질렀다 해도, 심지어 살인, 특별히 비열한 살인, 특별히 비열한 살인을 두 번 저질렀다 해도 사형에 처해서는 안 된다고 주장한다. 다른 사람들은 이에 동의하지 않는다. 그런데 그 논쟁들 중 일부는, 사실에 관한 의견불일치에서 생긴다. 한쪽은 사형이 장기 징역형보다 더 효과적으로 범죄를 억지하지 않는다고 믿기 **때문에** 사형 부과가 그르다고 믿고 다른 쪽은 사형이 장기 징역형보다 더 효과적으로 범죄를 억지한다고 믿기 **때문에** 사형 부과가 받아들일 만하다고 믿는다. 이런 논쟁의 경우에는 도덕적 문제에 대한 의견의 차이가, 양쪽이 사실에 관하여 의견이 일치하면 끝나리라고 쉽게 생각할 수 있다.

그러나 다른 사형제 논쟁들은 그렇지 않다. A가 그 누가 그 어떤 범죄를 저질렀다 해도, 심지어 살인, 특별히 비열한 살인, 특별히 비열한 살인을 두 번 저질렀다 해도 사형에 처해서는 안 된다고 믿는데 방금 언급한 종류의 사실들을 믿기 때문에 그렇게 믿는 것은

아닌 경우를 상상해 볼 수 있다. A가 그렇게 믿는 까닭은, (개인과 마찬가지로) 공동체가 구금되어 있어서 현재 다른 사람들에게 아무런 위협도 되지 못하며 죽이는 것보다 덜 극적인 수단에 의해서도 다른 사람들에게 위협이 되지 못하게 할 수 있는 사람을 의도적으로 죽이는 일을 결코 해서는 안 된다고 믿기 때문이다. 대조적으로 B는 특별히 비열한 범죄를 저질러 적절하게 유죄가 확정된 사람들을 사형에 처하는 것이 허용된다고 믿는데, 이는 그런 범죄를 저질렀다면 죽어야 마땅한 응분이 있으며 그들을 처형함으로써 공동체가 피해자에 대한 존중과 그리고 문제의 범죄가 정말로 특별히 비열하다는 믿음에 대한 헌신을 보여준다고 믿기 때문이다. 실제로 우리는 B가 (적절하게 유죄가 확정된) 범죄자들을 사형하지 않는 것은 도리어 그들의 피해자에 대한 존중의 결여와 그 도덕적 믿음에 대한 헌신의 결여를 보이는 것이라고 믿는다고 상정할 수 있다. 사형제에 관한 **이런** 논쟁을 순수하게 도덕적이라고(purely moral) 생각하는 것이 그럴 법하다: A와 B가 유관한 사실의 문제에는 모두 의견이 완전히 일치하면서도 사형의 도덕적 허용성에 관하여 의견이 불일치한다고 생각하는 것이 그럴 법하다.

여기서 모두에게 순수 도덕적 논쟁으로 보이는 것을 거론하기 위해 이상하거나 미친 도덕적 견해를 지닌 사람들을 지어내는 것이 꼭 필요하진 않다는 점을 지적할 가치가 있다. 우리는 위 사례를 논의하면서 여러 문화를 비교할 필요도 없었다. A와 B는 여기 이 나라의 이웃들이다.

A와 B의 논쟁은 어떻게 해결할 수 있는가? 사실-가치 논제나 그와 비슷한 논제들은, 논쟁 당사자 중 어느 한쪽에게 사실에 대한 자신의 믿음과 사형에 대한 자신의 도덕적 믿음의 비일관성이 있다는 점을 납득시켜 해결할 수 없다고 말한다. 사실-가치 논제가 참이라면,

A와 B 둘 다 믿는 유관한 사실 모두를 보고하는 그 어떠한 진술도 사형이 허용되거나 허용되지 않는다고 필함하지 않기 때문이다. 그리고 그렇다고 보는 것이 그럴 법하지 않은가?

사실-가치 논제에서 이유 없음 논제로 건너가는 사람은, A와 B의 논쟁이 전혀 해결될 수 없는 것이라고 말한다. A는 사형이 허용되지 않는다고 생각하고 B는 사형이 허용된다고 생각하는데 어느 쪽도 그렇게 생각할 아무런 이유를 갖고 있지 않다. 이유 없음 논제가 말하듯이 그 어떤 도덕적 판단이라도 참이라고 생각할 아무런 이유가 없기 때문이다. 그리고 그것도 그럴 법하지 않은가? 이유 없음 논제가 참이라면, 사형에 대한 우리의 가장 심층적인 차이가 그토록 해결되기 어려운 것으로 드러났다는 점도 전혀 놀랍지 않다.

물론 여기 우리나라에서 이웃 사이에 전혀 논쟁의 대상이 아닌 아주 많은 수의 도덕적 판단이 있다. 예를 들어 거짓말하고 속이는 것, 사람을 불구로 만들고 고통을 야기하는 것이 전체적으로 나쁜 것이라는 판단이다. 그러나 그런 문제에 대해 우리가 의견이 일치한다는 점도, 우리의 성장 환경과 교육이 공통된다는 점을 고려하면, 전혀 놀라운 일이 아니지 않겠는가? 아마도 순수 도덕적 논쟁으로 보이는 것을 거론하려면 이상하거나 미친 도덕적 견해를 지닌 사람을 지어내어야 할 필요가 있는지도 모른다. 그러나 지어낼 수 없지 않은가?

앞서 기술한 사실-가치 논제에서 이유 없음 논제로 건너가는 절차가 정말로 그렇게 건너가게 해 주는가는 좋은 질문이다. 그 절차는 여러 가지 면에서 의심을 받는다. 더 일반적으로, 사실-가치 논제가 참이라고 해서 이유 없음 논제도 참이라는 것을 **증명하는** 그 어떤 명백한 방법도 나는 알지 못한다.

다른 한편으로, 나 자신은 사실-가치 논제가 참이라면 어떤 도덕적 판단이 참이라고 믿을 이유가 있다는 이념을 의심스러워 하는 것이 옳으리라는 생각에 끌린다. 어쨌거나 사실 P의 그 어떤 진술도 도덕적 판단 Q를 필함할 수 없다면 우리 세계의 사실 모두를 '완전히' 보고하는 사실 P의 진술조차 Q를 필함하지 않는다. 그리고 그것은 우리 세계에 관한 사실 모두의 총체가 Q가 참이 아님과 양립 가능하다는 것을 의미한다. 그렇다면 Q가 정말로 참이라고 생각할 이유로 상정되는 것은 무엇인가?

나는 사실-가치 논제에서 이유 없음 논제로 건너갈 수 있는가라는 질문 그리고 건너갈 수 있다면 어떻게 그럴 수 있는가의 질문을 우회할 것을 제안한다. 사실-가치 논제를 받아들인 많은 (대부분이라고 생각하는데) 철학자들은 정말로 그렇게 건너가는 경로를 취했으며, 그들이 정당하게 그렇게 할 수 있다고 생각한 이유는 적어도 이해할 수 있다. 더구나, 앞으로의 내용에서 초점을 맞출 것은 사실-가치 논제 그 자체이다. 사실-가치 논제가 거짓이라면, 그 논제에서 이유 없음 논제로 어떻게 건너갈 수 있는가는 조금도 중요하지 않게 되고, 그렇게 건너간다는 것을 뒷받침하는 많은 고려사항 중 어느 것도 살펴볼 필요가 없게 된다.

3. 이때까지 이유 없음 논제 또는 사실-가치 논제를 증명하려고 한 것이 아님이 명확해졌기를 바란다. 그 논제들 배후에 놓여 있는 것을 최대한 납득이 가도록 드러내었을 뿐이다. 흄이 도덕론자들의 저술에서 발견되는 "이다"에서 "해야 한다"로의 갑작스러운 건너뜀이 있다는 인상을 받은 것은 전적으로 온당한 일이었으며 그가 그 점을 우리에게 보여준 것이 철학에 한 주요 기여 중 하나라고 생각한다. 게다가 현대의 흄 계승자들은 흄이 우리에게 보여준 것에 숨어 있던, 도덕적 확신에의 위협을 명시적으로 드러내었다. 적어도 오늘날 증명 책임은 도덕적 확신의 옹호자에게 있다. 이 책임이 가정되는

한 방식은 다음과 같이 분명하게 보일 수 있다.

사형제에 관한 논쟁은 여러 면에서 우리가 사실-가치 논제와 이유 없음 논제에 공감하도록 하는 목적에 특별히 적합하다. 첫째, 사형제에 관하여 해결되지 않은 지속되는 논쟁이 있으며 그 논쟁 중 일부는 정말로 순수 도덕적이라고 생각하는 것이 그럴 법하다.

더 중요한 점으로 둘째, 사람들이 사형제에 관한 그들의 견해를 뒷받침하는 것과 관련된 것으로 보는 고려사항은, 상대적으로 사실적인 것과 도덕적인 것으로 나누기 쉽다. [5]

그러나 우리의 도덕적 사고 중 많은 것이 순수 사실적이지도 순수 도덕적이지도 않다는 사실에 많은 사람들이 주의를 촉구하였는데 이는 전적으로 온당하다. [6] 그리고 일부는 그 사실을 사실-가치 논제에 대한 반대 근거로 제시하기도 하였다. 예를 들어 필리파 푸트 (Philippa Foot)는 "무례한(rude)" 같은 술어에 주목하라고 하면서 다음과 같이 썼다:

> 나는 철학자들이 평가에 관하여 이야기하는 넓은 의미에서 '무례한'이 평가적 용어라는 점에 의견이 합치하리라 생각한다. … 그것은 불승인을 표현하며, 행위가 억제되어야 할 때 사용되는 것으로, 다른 사정이 동일하다면 그 용어가 적용되는 행동을 화자는 피할 것이다 등등을 함의한다. [7]

---

5 이것은 낙태에 관한 논쟁을 비롯한 다른 많은 현대의 도덕적 논쟁에는 참이 아니다. — 논쟁 참여자 대부분이 진지하게 여기는 — 태아가 사람인지 여부는 직설적으로 사실적이지도 직설적으로 도덕적이지도 않다.

6 Arthur N. Prior의 *Papers in Logic and Ethics* (Amherst: University of Massachusetts Press, 1976)에 재수록된 "The Autonomy of Ethics"에서 일종의 '걸쳐 있는' 판단 ('straddle' judgment, 순수 사실적이지도 순수 도덕적이지도 않은 판단)을 지적했다.

7 Philippa Foot의 *Virtues and Vices* (Oxford: Bassil Blackwell, 1978)에 재수록된 "Moral Arguments"를 보라. 내 인용은 모두 p. 102에서 나온 것이다.

블로그(Bloggs)가 무례하게 행위하였다고 블로그에 관하여 말하는 것은 블로그에 대한 부정적인 도덕적 판단을 내리는 것이라고 생각함이 옳아 보인다. 다른 한편으로, 어떤 행동은 사실들의 일정한 사실 조건들을 충족하는 경우에 무례하다. 푸트는 어떤 행동은 "존중의 결여를 드러냄으로써 기분을 상하게 할 때" 무례하다고 보았다. 무례함이란 무엇인가에 대한 해명으로서 그것이 타당하건 아니건, 블로그가 학술모임에서 모욕을 하여 강연을 훼방 놓았다면 그가 무례하게 행위하였다는 결론이 따라 나온다. 간단히 말해, 어떤 도덕적 판단이, 즉 어떤 사람이 무례하였다는 내용의 도덕적 판단이 어떤 사실 진술들에 의해 필함된 것이다.

같은 이치가 일련의 범위의 개념에 대하여 성립한다. '무례한'이라는 개념은 그중 하나에 불과하다. 버나드 윌리엄스는 그런 개념들에 "두꺼운 윤리적 개념들(thick ethical concepts)"[8]이라는 유용한 명칭을 붙였다. 제시한 예 중에는 '배신', '무자비', '용기', '비겁'이 있다. 블로그가 신뢰를 배신하였다(behaved treacherously)고 블로그에 대하여 말하는 것은, 블로그에 관한 도덕적 판단을 내리는 것이다. 다른 한편으로, 어떤 행동은 사실의 일정한 조건들을 충족한다면 배신하는 것이다. 배신은 신뢰를 깨는 것으로, 블로그가 자기 나라의 비밀을 전시에 적국에 팔아넘겼다면 블로그가 배신하여 행동하였다고 생각하는 것이 옳아 보인다. 같은 논지가 무자비, 용기, 비겁의 귀속에 대해서도 성립한다. 그러므로 무례에 관하여 푸트와 의견을 같이하는 사람은 사실 진술에 의해 필함되는 추가적인 도덕적 판단이 있다고 말하고 싶어할 가능성이 매우 높다.

윌리엄스는 나에게 위 예들과는 상이한 두꺼운 윤리적 개념들로

---

8 Bernard Williams, *Ethics and the Limits of Philosophy* (Cambridge: Harvard University Press, 1985), pp. 129, 140.

추가로 두 가지 예를 더 든다. 그 두 개념은 '약속'과 '거짓말'이다. 블로그가 무례하게 또는 배신하여 또는 무자비하게 등등 행위하였다고 블로그에 대하여 이야기하는 것이 블로그에 관한 도덕적 판단을 내리는 것이라는 생각은 옳아 보인다. 그가 약속을 했다(또는 어겼다)거나 그가 거짓말을 했다고 블로그에 대하여 말하는 것도 그에 관한 도덕적 판단을 내리는 것이라는 생각도 옳아 보이는가? 그것은 덜 명확하다. 푸트의 언어를 빌리면, 이것은 평가적 용어로 보이지 않으며, 불승인을 표현하는 것으로 보이지 않는다. 내가 블로그가 약속을 **했다**고만 말한다면, 나는 아무런 불승인도 표현한 것이 아니다. 그리고 블로그가 약속을 어겼거나 거짓말한 경우 불승인이 적절하기는 하지만 그가 약속을 어겼다거나 거짓말을 했다고 말하는 것 자체가 그 불승인을 이미 표현한 것으로 보이지는 않는다.

그럼에도 불구하고 푸트의 개념 '무례한'과 윌리엄스의 ('약속'과 '거짓말'을 포함하여) 두꺼운 윤리적 개념 사례 모두 어떤 중요한 공통점, 즉 그 공통점 덕분에 그 사례들이 모두 사실-가치 논제에 대한 반례가 되는 어떤 점을 정말로 가진다. 내가 염두에 두고 있는 것은 앞서 인용한 푸트가 쓴 구절에 암시되어 있으며 ("다른 사정이 동일하다면"이라는 문구를 그녀가 사용한 것을 주목하라) 다음과 같이 분명하게 표현된다. 다음 (1)을 필함하는 A의 현재 여건(이를테면 강연자, 학술모임, 진지한 얼굴의 주위 사람)에 관한 사실 진술이 있다고 생각하는 것이 옳아 보인다.

(1) A가 "우우!"라고 외친다면 무례하게 행위하는 것이다.

(1)은 "A가 '우우!'라고 외쳐서는 안 된다"는 것을 필함하지 않는다. 푸트가 이야기하듯이 "약간의 무례함이 적절한 경우도 있기 때문이

다." 그러나 (1)이

    (2) 다른 사정이 동일하다면, A는 "우우!"라고 외쳐서는 안 된다.

를 필함한다고 생각하는 것이 옳아 보인다. 그리고 (2)는 도덕적 판단이 아닌가? 의문의 여지없이, "다른 사정이 동일하다면, A는 '우우!'라고 소리쳐서는 안 된다"는 약한 도덕적 판단이다. 이 판단은 "A는 '우우!'라고 소리쳐서는 안 된다"보다 훨씬 더 약하다. 그럼에도 불구하고 저자가 "추론의 일상적인 방식으로 당분간 진행하였고" 우리에게 사실로서 성립하는 것을 이야기하고는 갑자기 "그러므로 다른 사정이 동일하다면 이러이러한 것을 해서는 안 된다"고 말한다면, 저자가 갑자기 그보다 더 강한 "그러므로 이러이러한 것을 해서는 안 된다"라고 이야기할 경우에 건너뜀이 있다는 인상을 받아야 한다고 흄이 이야기한 것 만큼이나 그런 인상을 받아야 하지 않겠는가? 그러나 (2)가 도덕적 판단이라면, (2)가 (1)에 의해 필함되고 (1)이 사실 진술에 의해 필함되므로 (이행 규칙에 의해) 사실 진술들에 의해 필함되는 도덕적 판단들이 있는 것이며, 그래서 사실-가치 논제는 틀린 것이 된다.

  이 약간의 논증은 (1)이 그 자체로 도덕적 판단이라고 전제하지 않는다. 사실과 가치 사이 어디에 구분선을 긋느냐는 이 논증에서 중요하지 않다. 실제로, 사실과 가치 사이에 연속체(continuum)가 있다는 것이야말로 두꺼운 윤리적 개념에 깊은 인상을 받은 사람들이 그런 개념들에 호소하여 확립하고자 하는 논지이다.

  비슷한 논증이 '약속'과 '거짓말'을 포함하여 윌리엄스의 두꺼운 윤리적 개념의 예 각각에 대해 구성될 수 있다.

(1′) B가 스미스에게 5달러를 지불하기로 약속했다.

가 어떤 사실 진술에 의해 필함된다고 생각하는 것은 옳아 보인다.
(1′)은 "B가 스미스에게 5달러를 지불해야 한다"를 필함하지 않는
다. B가 이미 지불했을 수도 있기 때문이다. 또는 B가 이미 지불하
지는 않았지만, 자신의 굶주리는 아내, 아이, 개, 고양이를 위한 음
식을 사는 데 그 5달러가 간절히 필요할지도 모른다. 그러나 (1′)이

(2′) 다른 사정이 동일하다면, B는 스미스에게 5달러를 지불해야
한다.

를 필함한다고 생각하는 것은 옳아 보인다. (2′)은 "B는 스미스에게
5달러를 지불해야 한다" 만큼 강한 도덕적 판단이 아니라는 점은 의
문의 여지가 없지만 그렇다 하더라도 (2′)이 도덕적 판단임은 분명
하다. 그렇다면 (2′)이 도덕적 판단이고 (1′)에 의해 필함되므로 그리
고 (1′)은 어떤 사실 진술에 의해 필함되므로, 사실 진술들에 의해 (이
행 규칙에 의해) 필함되는 도덕적 판단들이 있는 것이다.[9] 그래서 우

---

9 John Searle, "How to Derive 'Ought' from 'Is'", *Philosophica Review*, 73 (1964),
43-58에서 취한 설의 경로와 비교해 보라. 설은 그 어떤 견해에 의하더라도 사실 진술인
"존은 '나는 이 말로써 …하기로 약속한다"에서 출발하여 어느 견해에 의하더라도 도덕
적 판단인 "존스는 …해야 한다"는 결말에 도달한다. 그는 전제에서 결론으로 가는 단계
를 일련의 부분단계로 분해한다. 우리가 "다른 사정이 동일하다면, 존스는 …해야 한다
고"는 결론에 도달할 때 즈음 우리가 이미 도덕적 판단에 이르렀다고 생각하는 것이 확
실히 그럴 법하다. 그러나 나는 그 부분단계들을 받아들일 만하게 만드는 것에 대한 설
의 해명에 동의하지 않는다. 우리는 약속을 구속력 있게 만드는 것을 제12장에서 살펴볼
것이다. ◆

◆ 설은 '존스가 …하기로 약속했다'는 제도적 사실로부터 '존스가 …해야 한다'는 결론이 논
리적으로 도출된다고 한다. 그리고 약속한다는 제도적 행위는 이미 그 자체로 약속한 바
를 하기로 하는 의무를 약속자가 지게 만든다고 한다. 그러나 첫째로, 정말로 약속에 관

리는 이제 사실-가치 논제가 거짓이라는 두 번째 논증을 갖게 되었다. (1′)이 도덕적 판단이건 아니건 (2′)은 그 자체가 도덕적 판단이다.

이 논증을 어떻게 이해해야 하는가? 네 가지를 주의할 필요가 있다. 첫째로,

(1″) C가 D의 초인종을 누른다면 그렇게 함으로써 D에게 고통을

한 사실로부터 약속이 있던 경우 약속자의 행위에 대한 당위가 모두 도출된다고 본다면, '약속을 어겨야만 낯선 아이의 목숨을 구할 수 있는 경우에는 존스가 …하지 않아도 된다'거나 '약속을 어겨야만 낯선 아이의 목숨을 구할 수 있는 경우에는 존스가 …하지 않아야 한다'는 결론이 나오는 경우를 전혀 해명하지 못한다. 위와 같은 당위에 관한 명제들은 약속했다는 사실로부터 전혀 논리적으로 도출되지 않기 때문이다.

또한 둘째로, 설은 자신이 제시한 일련의 단계가 '약속자는 약속한 바를 지켜야 한다'라는 규범 명제를 전제로 하고 있다는 비판에 대응하여, '제도적 사실(institutional fact)'이라는 개념을 제시한다. 중앙은행이 발행한 1,000원이라고 적혀 있는 종이가 돈이고 어떤 빌딩이 은행이라는 것이 규범이 아니라 제도적 사실이라고 한다. 이것은 그 제도(사회적 사실)의 존재와 그 가치를 인정하면 성립하는 사실이다. 약속자가 약속한 바를 하기로 하는 책무를 짊어진다는 것도 그와 같은 제도적 사실이다. 그러나 이러한 설명은 약속하기에서 나오는 책무가 순수 제도적 사실일 때에만 성공한다. 톰슨이 제12장에서 설명하듯이 약속은 언질 주기의 한 종이며, 언질 주기는 약속 관행이라는 제도적 사실이 없을 때조차, 자신의 단호한 주장에 언질받는 사람이 의지하도록 초청한 점에서 언질한 바를 참이 되도록 할 의무를 지게 된다. 즉 약속하기 관행이 전혀 없는 사회에서 어떤 사람이 최초로 언질을 주거나 약속을 한다 해도 자신이 한 말에 의지할 것을 초청한 사람은 자신이 단호하게 주장한 바가 성립하도록 할 책무가 없는 것이 아니다.

셋째로, 제도적 사실만을 전제로 도출되는 '해야 한다'는 행위자가 가진 규범적 이유에 의해 파기될 수 있는 얕은 표지에 불과하다. 법은 대표적인 제도적 사실이다. 그러나 '특정 인종에 속하는 사람을 살해하도록 그 소재를 신고해야 하며, 신고하지 않으면 처벌한다'라는 내용의 법이 그 사회의 법적 승인의 규칙에 맞게 주권자(왕이나 의회)에 의해 절차에 따라 제정되고 또 그 사회의 공무원 대부분이 규칙적으로 집행한다 할지라도, 그 법의 수범자인 국민은 '과연 그 인종에 속하는 사람들의 소재를 신고해야 하는가?'라는 당위에 관한 질문을 던질 수 있고 그 질문에 대한 답이 '아니요'라면 법이라는 제도적 사실의 내용이 어떠하건 그 소재를 신고해서는 안 된다. '특정 인종에 속하는 사람을 살해하도록 그 소재를 신고해야 하며, 신고하지 않으면 집단 다수에 의해 린치당한다'라는 내용의 관행이 그 사회의 압도적 다수에 의해 그 존재와 가치가 승인되고 있다고 하더라도 마찬가지이다. 이는 옳고 그름은 제도적 사실을 성립시킬 만한 세력을 가진 사람들이 어떻게 생각하고 행동했는가와는 독립적인 문제이기 때문이다. 따라서 설이 '이다'에 관한 진술만을 전제로 삼아 '해야 한다'가 도출될 수 있다고 한 해명은 결함이 있는 것이다.

48

야기할 것이다.

(불쌍한 D가 자신의 초인종과 전선으로 연결되어 있다고 생각하자.) (1)이 (2)를 필함하며 (1′)이 (2′)을 필함한다고 보는 것이 타당하다면, (1″)은

> (2″) 다른 사정이 동일하다면, C는 D의 초인종을 누르지 않아야 한다.

를 필함한다고 보는 것도 똑같이 타당하다. (2)와 (2′)이 도덕적 판단이라면 (2″)도 도덕적 판단이다. 그러나 (1″)은 어떤 사실 진술에 의해서만 필함되는 것이 아니다. — (1″)은 어느 견해에 의하건 **그 자체가** 사실 진술이다. '어떤 사람에게 고통을 야기한다'는 전혀 윤리적 개념이 아님이 분명하기 때문에 두꺼운 윤리적 개념이 아니다. 그러므로 우리는 사실-가치 논제에 대한 반례를 발견하기 위해 두꺼운 윤리적 개념에 주의를 기울일 필요가 없었다[10]: 그 논제에 대한 반례는 이미 쉽게 가져다 쓸 수 있도록 상당히 더 단순한 도덕적 고려사항들에 놓여 있었다.

그러나 둘째, 이 발상들을 진지하게 여긴다면, "다른 사정이 동일하다면"이라는 문구를 더 자세히 살펴봐야 하지 않겠는가? 그 문구는 (2), (2′), (2″)에서 무슨 역할을 하는가? 사람들은 도덕적 담화에서 "다른 사정이 동일하다면"이라는 문구를 매우 자주 사용하며, 그

---

10 그리고 두꺼운 윤리적 개념이 사실-가치 논제에 반대하는 이런 종류의 논증에서 사용하기에 적합하다는 사실은, 윤리적 개념이 전혀 아니라서 **한층 더 강력한 이유로** 두꺼운 윤리적 개념이 아닌 개념들 — '고통을 야기하다'와 같은 개념들 — 과 두꺼운 윤리적 개념을 구별할 수 있는 방도가 되는 사실이 아니다.

문구를 사용할 수 없다면 도덕적 담화는 매우 빈약해질 것이다. 그러나 우리가 그 문구로 의미하는 바는 정확히 무엇인가?

그 문구가 도덕적 담화에서 사용되는 두 가지 방식이 있는 것 같다. 하나는 인식적(epistemic)이고 상대적으로 약한 방식이다. 예를 들어 우리가 이때까지 살펴보았던 것보다 상당히 더 일반적인 어떤 것을 살펴보자:

> (3″) 다른 사정이 동일하다면, 다른 사람에게 고통을 야기해서는 안 된다.

"다른 사정이 동일하다면"의 인식적이고 상대적으로 약한 사용 방식에서 (3″)은

> 어떤 것을 함으로써 어떤 사람에게 고통을 야기한다면, 그것을 해서는 안 된다고 생각할 이유가 있다.

와 같은 어떤 것을 의미하게 된다. 또는 약간 더 강한,

> 어떤 것을 함으로써 어떤 사람에게 고통을 야기한다는 사실은 그 자체가 그것을 하지 않아야 한다고 생각할 이유이다.

와 같은 어떤 것을 의미하게 된다. 이것이 상대적으로 약한 방식이라고 말하는 이유는, 그것이 증거적 연관성(evidential connection)을 보고하기는 하지만 그 증거적 연관성의 원천이 무엇인지는 열린 채로 두기 때문이다.

그 문구가 도덕적 담화에서 사용되는 두 번째 (그리고 내가 생각하

기게 더 흔한) 방식은 형이상학적이며 상대적으로 강한 방식이다. 이 두 번째 사용 방식에서는 (3″)은 다음과 같이 표현될 수 있는 어떤 것을 의미한다:

> '어떤 사람에게 고통을 야기한다'는 행위를 그른 것으로 만드는 특성(wrong-making feature)이다.

이 방식이 상대적으로 강하다고 한 이유는, 그것이 더 약하게 읽은 내용을 필함하기는 하지만, 그에 더해 증거적 연관성의 원천을 가리키고자 하기 때문이다. 나는 "~고자 한다(purports)"라고만 말했는데, 이는 어떤 행위의 특성이 그른 것으로 만드는 특성이 된다는 것이 정확히 무엇인지에 대한 해명을 가지고 있지 않기 때문이다. 그러나 내가 이해하는 바에 의하면, 그 점은 (3″)에 대한 이런 방식의 독해에 대한 반대 근거라기보다는 풀어야 할 철학적 문제이다.[11] 나는 그 문제는 여기서 우회하고 (3″)이 말하는 것이

> 어떤 행위가 '어떤 사람에게 고통을 야기하는' 한 경우임은 그 행위가 잘못을 저지르는 것임(being wrongful)에 긍정적으로 유관하다(favorably relevant).♦

라고 상정하면서, 그 유관성이 정확히 어떻게 이해되어야 하는지는

---

11 여기서 작동하고 있는 관념은 아마도 로스의 '잠정적 의무'의 반면(反面)일 것이다. W. D. Ross, *The Right and the Good* (Oxford: Clarendon Press, 1930), ch. 2. 어느 누구도 로스가 그 관념을 만족스럽게 명료하게 만들었다고 여기지 않는다. 그렇지만 나는 누구나 그가 명료하게 하려고 했던 관념이 무엇인가에 대해 어떤 이해를 갖고 있다고 생각한다.

♦ 잘못을 저지르는 것이라는 결론을 찬성하는 유관한 이유이다.

열린 채로 두겠다.

　이제

　　(2″) 다른 사정이 동일하다면 C는 D의 초인종을 눌러서는 안
　　　　된다.

로 돌아가보자. 나는 마찬가지로, 이것이 말하는 것이

　　성립하는 어떤 것이 C가 D의 초인종을 눌러서는 안 된다는 것이
　　참임과 긍정적으로 유관하다.

라고 상정할 것이다. 그러나

　　(1″) C가 D의 초인종을 누른다면 C는 그렇게 함으로써 D에게
　　　　고통을 야기할 것이다.

가 그것을 필함하지 않는가? 어떻게 C가 D의 초인종을 누른다면 C
는 그렇게 함으로써 D에게 고통을 야기할 것이다가 참이면서, "C
는 D의 초인종을 눌러서는 안 된다"의 참에 긍정적으로 유관한 것
이 전혀 아무것도 없을 **수 있단** 말인가?

　그 논지를 표현하는 다른 방식인

　　(3″) 다른 사정이 동일하다면, 다른 사람들에게 고통을 야기해서
　　　　는 안 된다.

는 분명히 참이다: 행위가 '어떤 사람에게 고통을 야기하는' 한 경우

임은 그 행위가 잘못을 저지르는 것임에 긍정적으로 유관**하다**. 어떤 행위가 '어떤 사람에게 고통을 야기하는' 한 경우임이 그 행위가 잘못을 저지르는 것이라는 결정적인 증명은 아니다. 일부 사안에서는 고통을 야기하는 것이 허용될 수도 있음은 분명하기 때문이다. (예를 들어 고통을 야기하지 않으면 피해자가 죽게 되고 그 피해자는 죽음보다는 고통을 선호하는 사안에서처럼 말이다.) 그러나 어떤 행위에 관한 그 사실은 그 행위가 잘못을 저지르는 것임에 긍정적으로 유관함은 확실하다.

더 강한 논지로◆ (3″)이 필연적 참임이 분명하다: 어떤 행위가 '어떤 사람에게 고통을 야기하는' 한 경우임은 단지 그 행위가 잘못을 저지르는 것임에 긍정적으로 유관할 뿐만 아니라 긍정적으로 유관하지 않을 수 없는 것이다. 어떤 사람은 그런 주장을 다음과 같이 표현하고 싶어 하기도 한다: 어떤 행위가 '어떤 사람에게 고통을 야기하는' 한 경우임이 그 행위가 잘못을 저지르는 것인지의 질문에 무관한 가능세계란 없다. (사람들이 고통을 좋아하는 가능세계를 생각해 낼 수 있지 않나? 고통이란 무엇인가를 비추어 보면 그런 세계가 없으리라고 본다. 만일 그런 세계가 있다면 내용 전체에 걸쳐 "고통"을 "극심한 고통"으로 바꿔 생각하면 된다: 사람들이 극심한 고통을 좋아하는 가능세계가 없음은 확실하다. 의문의 여지없이 사람들은 때때로, 이를테면 과거의 죄를 속죄하기를 원하기 때문에, 극심한 고통을 기꺼이 받아들이기는 할 것이다. 그러나 애초에 극심한 고통이 매우 끔찍한 일이 아니라면 — 그래서 어떤 행위가 '어떤 사람에게 극심한 고통을 야기하는' 한 경우임이 그 행위가 잘못을 저지르는 것임에 긍정적으로 유관하지 않다면 — 극심한 고통을 스스로에게 가하는 것은 속죄가 되지 않을 것이다.)

◆   어떤 명제가 참이라는 진술보다 그 명제가 필연적 참이라는 진술이 더 강한 진술이다.

그런데 (3″)이 필연적 참이라면 (1″)은 정말로 (2″)을 필함한다. (3″)이 필연적 참이라면 (1″)과 (3″)이 함께 (2″)을 필함한다고만 말하는 것이 아니다. (1″)과 (3″)의 연언은 (3″)이 필연적 참이건 아니건 (2″)을 필함한다.♦ 내가 말하는 것은, (3″)이 필연적 참이라면 (1″)이 그 자체만으로 (2″)을 필함한다는 것이다. 그러나 그것은 분명히 옳다. (3″)이 필연적 참이라면 정말로, C가 D의 초인종을 누르면 D에게 고통을 야기할 것인데도 C가 초인종을 누르는 것이 잘못을 저지르는 것임에 긍정적으로 유관한 것이 전혀 없다는 것은 참일 수 없을 것이다.♦♦

두꺼운 윤리적 개념들을 포함하는 우리가 살펴본 논증들에 대해서도 같은 이치가 성립한다. B가 스미스에게 5달러를 지불하기로 약속했다는 것은 그가 그렇게 해야 한다는 것이 참임과 긍정적으로 유관하며, 또한 긍정적으로 유관하지 않을 수 없다.

　　(3′) 다른 사정이 동일하다면, 약속한 것을 해야 한다.

는 단지 참이 아니라 참이지 않을 수 없다. 약속은 어떤 것을 하기로 다른 사람에 대하여 스스로를 구속하거나 헌신하는 것이다. 당신이 어떤 것을 하기로 스스로를 구속했다는 사실이 당신이 그것을 해야 한다는 것이 참임과 긍정적으로 유관하지 — 단지 긍정적으로 유관하지도! — 않을 수가 있겠는가? 그렇다면 (1′)은 (2′)을 필함하는 것이다. 다시금, A가 "우우!"라고 소리친다면 무례하게 행위하는 것

♦　(3″)이 필연적 참이 아니고 그냥 참이고 (1″)도 참이라면, (2″)은 논리적으로 도출된다.

♦♦　만일 (3″)이 필연적 참이 아니라 그냥 참이라면 다른 사정이 동일한데도 고통을 야기하는 것이 잘못이 아닌 가능세계가 있을 수도 있으며, 그래서 (1″) 자체만으로는 (2″)을 필함하지 못할 것이다.

임은 그가 그렇게 하지 않아야 한다는 것이 참임과 긍정적으로 유관하며 또한 긍정적으로 유관하지 않을 수 없다.

(3) 다른 사정이 동일하다면, 무례하게 행동해서는 안 된다.

는 단지 참에 그치는 것이 아니라, 참이 아닐 수 없다. 무례함은 고통 야기와 약속 위반보다는 도덕적 의미가 덜한 행위이기는 하지만, 아무것도 아닌 것은 아니며, 그래서 어떤 것이 아닐 수 없는 것이다. (도덕이 악과 연관되는 사안만 다룰 뿐이라고 생각한다면 도덕의 내용을 왜곡시키는 것이다.) 그리고 그렇다면, (1)은 (2)를 필함한다.

도덕에 대한 회의주의(skepticism about morality)는 도덕이 **애초에** 세계와 들어맞는다(mesh with)고 생각될 수 있는지에 관한 우려에서 나온다. 나는 사실과 약한 도덕적 판단 사이에 ― 어떤 사람이 어떤 것을 해야 한다거나 하지 않아야 한다는 내용의 강한 도덕적 판단의 참에 긍정적으로 유관한 어떤 것이 있다는 내용의 판단인 경우에, ― 필연적 연관성이 있다고 주장하였다. 그것이 참이라면 도덕은 정말로 세계와 들어맞는다. 어떤 이유에선지 사람들은 일반적으로 도덕이 세계와 들어맞는지 묻지 않는다. 우리는 도덕이 더 단순하면 좋을 것이라고 느끼는 경향이 있다. 그래서 사실에서 강한 도덕적 판단으로 단번에 전부 건너갈 수 없을 때 도덕은 의심의 대상이 된다. 그러나 이 느낌은 우리가 굴복해야 하는 것이 아니라 진단을 필요로 하는 것이다.

도덕이 세계와 어떻게 들어맞는가 라는 도덕적 질문이 남으며, 들어맞는 방식 중 일부를 이후 살펴볼 것이다. 왜 도덕이 세계와 들어맞는가 라는 형이상학적 질문도 남는다. 비록 그 질문이 심오한 질문이라는 우리의 느낌이 무엇보다도 무엇을 묻는지에 관한 우리의 불명확한 이해에서 비롯된 것이 아닌가 의심하고 있지만 말이다. 또 하나 남는 질문은, 어떤 사람이 어떤 것을 해야 한다거나 해서는 안 된다는 내용의 강한 도덕적 결론이 그 결론의 참에 긍정적으로 또는 부정적으로 유관한 여러 가지 고려사항의 비중을 가늠하여 어떻게 도달될 수 있는가이다. 그러나 이것은 몇 가지 측면에서 덜 흥미롭다. ― 우리가 윤리학에서 망각하는 바이지만 ― 다른 탐구 분야에서 쓰이는, 고려사항의 비중을 가늠하는 모델에 이미 익숙하기 때문이다. 비중 가늠이 필요하다는 근거에서 윤리학을 회의할 이유는 없다.

주의를 필요로 하는 사항이 네 가지 있다고 말했다. 첫째, 두꺼운 윤리적 개념을 포함하는 논증이 사실-가치 논제에 대한 반례를 산출한다면, 전혀 윤리적 개념이 아니고 그래서 **한층 더 강력한 이유로** 두꺼운 윤리적 개념이 아닌 '어떤 사람에게 고통을 야기한다'와 같은 개념을 포함하는 논증도 사실-가치 논제에 대한 반례를 산출한다. 둘째, "다른 사정이 동일하다면"이 수행하는 역할에 대한 해명이 필요했다. 셋째, 일부 사실 진술이 일부 도덕적 판단을 정말로 필함할 가능성을 일단 진지하게 여긴다면 우리가 살펴봤던 것보다 더 단순한 후보를 발견할 수 있음이 분명하다: 우리는 두꺼운 윤리적 개념에 주의를 기울였을 뿐만 아니라, "다른 사정이 동일하다면, 이러이러한 것을 해야 한다(또는 해서는 안 된다)" 형태의 약한 판단에 주의를 한정할 필요가 없었다.

(1‴) E는 재미로 아기를 죽을 때까지 고문해서는 안 된다.

를 살펴보자. (1‴)은 분명히

(2‴) E는 자신이 하기로 계획한 것을 해서는 안 된다.

를 필함한다. (1‴)은 사실의 진술이며 (2‴)은 그저 도덕적 판단이 아니라 — (2), (2′), 그리고 (2″)과는 달리 — 강한 도덕적 판단이다. 그러나 E가 재미로 아기를 죽을 때까지 고문하는 행위로 나아가는 경우 그가 해서는 안 되는 어떤 것을 E가 한다는 것이 어떻게 참이 아닐 수 **있겠는가**?

우리는 그 논지를 다른 방식으로 표현할 수도 있다.

(3‴) 재미로 아기를 죽을 때까지 고문해서는 안 된다.

를 살펴보자. (3‴)이 참임은 분명하다. 다른 사정이 동일할 경우 재미로 아기를 죽을 때까지 고문해서는 안 된다는 것이 참임에 그치는 것이 아니다. 여건이 어떠하든 상관없이 아무 조건 없이 그렇게 해서는 안 된다. 정말로 (3‴)은 필연적 참임이 분명하다. 재미로 아기를 죽을 때까지 고문한 사람이 그렇게 함으로써 금지되는 행위를 하였다는 것이 어떻게 참이 아닐 수 있는가? 재미로 아기를 죽을 때까지 고문하는 것이 실제로 수확량 개선을 야기한다는 놀라운 발견을 했다고 가정해 보자. (그 인과 기제가 무엇인지는 자유로운 상상에 맡긴다.) 그 발견은 (3‴)이 거짓인 세계에서 아마도 우리가 살고 있다고 생각하는 쪽으로 기울게 할 것인가? 우리가 이 놀라운 발견을 무시하지 않을 것임은 확실하지만, 그렇다고 해서 그 발견 때문에 재미로 아기를 죽을 때까지 고문하는 것의 도덕적 지위에 관하여 틀렸다고 생각하지는 않을 것이다: 대신에 그와는 다른 원인에서 같은 효과를 얻을 수 있도록 그 인과 기제를 우회할 방법이 있는지 알아내려고 할 것이다. 그러나 물론, (3‴)이 필연적 참이라면, 사실–가치 논제에 대한 매우 단순한 반례를 쉽게 만들 수 있다. (3‴)이 필연적 참이라면 (1‴)이 (2‴)을 필함하기 때문이다.

윤리학에서 과열된 관심의 대상이 되는 사례는 지루하고 성가시며 (멱살이 잡히는 기분을 느낄지도 모른다) 이 점에 대해 미안하게 생각한다. 그래도 바라는 것이 도덕이 세계와 들어맞는 곳이라면 멜로드라마(melodrama)◆는 유용하다: 멜로드라마는 사실들이 어떤 사람이 어떤 것을 해야 한다거나 해서는 안 된다는 내용의 강한 도덕적 판단과 직접 들어맞는 곳을 제공해 준다.

주의를 기울였으면 하고 바라는 마지막 네 번째는 다음과 같이 분명하게 드러낼 수 있겠다. (1), (1′), (1″), (1‴)은 (2), (2′), (2″), (2‴)를 필함한다고 하였다. 그렇게 말하는 것은

> (3″) 다른 사정이 동일하다면 다른 사람들에게 고통을 야기해서는 안 된다.

와

> (3‴) 재미로 아기를 죽을 때까지 고문해서는 안 된다.

와 같은 상당히 더 일반적인 진술이 필연적 참이라고 말하는 것과 같은 것이 된다. 그리고 나는 이것들이 필연적 참**이라**고 — 참일 뿐만 아니라 참이 아닐 수가 없다고 — 주장했다. 그러나 필연적 참을 참으로 만드는 것에 관한 특정 견해를 취하는 사람은 이를 반대할

◆ 비현실적일 정도로 과장된 사건·인물들을 그린 이야기·연극·소설. 도덕철학에서는 쟁점이 되는 사항에 관한 판단의 구조를 밝히기 위해 우리의 직관이 보다 뚜렷하게 드러나는 극적이고 단순화된 상황에 대한 사고 실험을 도구로 사용하곤 한다.

만하다고 여길 것임이 확실하다. 내가 염두에 둔 특정 견해란, 어떤 진술이 '분석적'인 경우 오직 그 경우에만 진술이 필연적 참이라는 견해이다. 분석적이라는 것은 대략적으로 말해, 진술에 사용된 말의 의미 덕분에 참이라는 것이다. 만일 그 견해가 옳다면, 필연적 참은 분명히 사소할 것이다. 그러나 어떻게 사소한 것이 결코 사소하지 않은 이동인 사실에서 가치로의 이동을 정당하게 만들어 준단 말인가?[12]

다시금 (3″)과 (3‴) 같은 것들은 확실히 그 자체로 도덕적 판단으로 보인다. 그러나 도덕적 판단은 사소한 것이 아니다. 그렇다면 도덕적 판단이 어떻게 필연적 참일 수 있는가?

어떤 진술이 분석적인 경우에만 필연적 참이라는 견해에 관하여 생각해 보아야 하는 것은 여기서 적절하게 다룰 수 있는 것보다 큰 쟁점이며, 아마도 어디에서든지 내가 적절히 다룰 수 있는 능력을 갖춘 것보다 큰 쟁점일 것이다. 그러나 다음만큼은 확실히 그럴 법하다: 어떤 참 T는 설사 T가 사전을 찾아봄으로써 참으로 확인될 수 없고 T가 사소하지 않더라도 필연적 참일 수 있다. "모든 총각은 결혼하지 않았다"는 사전을 찾아봄으로써 참이라 확인할 수 있으며 사소하다. 추정컨대 "빨간 것이라면 어느 것이나 색이 있다"도 마찬가지이다. 그러나 철학자에게 (또는 수학자에게) 관심의 대상인 필연적 참의 후보 중 어느 것도 그렇지 않다. 크립키는 필연적 참이라고 생각하지 않았을 만한 아주 많은 진술들 — 이를테면 "물은 H_2O이다", "금은 원자번호 79의 원소이다", 그리고 〔내 다락에 있는 탁자가

---

12 예를 들어 R. M. Hare, *The Language of Morals* (Oxford: Clarendon Press, 1952)를 보라. 예를 들어 헤어는, "정언적 결론이 순수 사실을 지시하는 전제로부터 도출될 수 있다고 주장하는 것은, 그 주제의 내용을 언어적 문제에 불과한 것으로 나타내는 데 이른다"고 말한다. (pp. 46-47)

실제로 나무로 만들어진 경우〕 "내 다락에 있는 탁자는 나무로 만들어 졌다"와 같은 진술들 — 이 정말로 필연적 참이라고 매우 납득이 가 도록 논했으며, 그것들이 사소하지 않고 사전을 찾아 진리라고 확인 될 수 없다는 근거에서 크립키가 틀렸다고 결론 내릴 수는 없다.[13]

어느 경우건, 주의를 촉구하길 바라는 마지막 네 번째 사항은, 우 리가 살펴본 견본 논증이 정말로 사실-가치 논제에 대한 반례라고 말 함으로써 — (3″)과 (3‴)과 같은 — 필연적 진리가 사소하지 않다는 견해를 내가 지지하게끔 된다는 것이다. (3″)과 (3‴)과 같은 것이 도 덕적 판단으로 보이므로, 나는 또한 사소하지 않은 필연적 참인 도 덕적 판단이 있다는 견해를 지지하게 된다.[14] 그러나 이것들은 내게 옳아 보인다.[15]

---

13 Saul A. Kripke, *Naming and Necessity* (Cambridge: Harvard University Press, 1972) 를 보라. 다른 흥미로운 사례와 추가적인 논의는 Jerrold J. Katz, *Cogitations* (Oxford: Oxford University Press, 1986)에 있다.

14 나는 (3)부터 (3‴)까지가 사소하지 않은 도덕적 판단들이라는 점이 사소하지 않은 필연 적 진리일 뿐만 아니라 그것들의 부정(否定)이 도덕적 규범(moral code)의 내용으로 인 식되는 경우는 명확하게 상상해 볼 수도 없다고 본다.

방론으로 언급하자면, 사소하지 않은 필연적 진리인 도덕적 판단들이 있다는 것은 논 하건대 흄이 부인했을 바이다. 앞의 주석 3에서 말했듯이, 흄이 인용된 그 잘 알려진 구 절에서, 일차 논리 안에서 "해야 한다"가 "이다"로부터 얻어질 수 없다는 사실에만 주의 를 촉구하고 있었던 것이 아님은 분명히 명백하다. 그가 "해야 한다"와 "이다" 사이의 그 **어떤** 필연적 연관성도 **없다고** 보았다고 논할 수 있다. 흄은 이어서 말한다: "그러나 저자 들이 보통 이 예방조치를 사용하지 않기 때문에, 나는 독자들에게 감히 이것을 권고하는 바이다. 그리고 나는 이 작은 주의가 도덕의 세속 체계 모두를 뒤엎을 것이며 미덕과 악 덕의 구별이 대상들의 관계에만 토대를 두고 있는 것도 아니고 이성에 의해 지각되는 것 도 아님을 알게 할 것이라고 확신하고 있다"(*Treatise*, pp. 469-470). 그 참이 "이성에 의해 지각되는" 진술들은 — Kripke, *Naming and Necessity*를 따른다면 — 그 참을 우리 가 선험적으로 알 수 있는 진술들이다. 그리고 오늘날 우리는 **선험적인 것**(a priori)과 필 연적인 것(necessary)을 구별한다. 그러나 흄은 구별하지 않았다고 논할 수 있다.

15 사소하지 않은 필연적 참의 표본으로 든 도덕적 판단들 — (3″)과 (3‴) — 이 일반적인 것 과 대비되는 상대적으로 특수한 것이라는 사실에 주의를 기울일 가치가 있겠다. 이는 도 덕적 판단이 더 일반적일수록, 우리가 그 판단을 받아들인다면 지지하게끔 되는 것이 정 확히 무엇인가가 또는 그 판단에 대한 반례라고 볼 것이 무엇인가가 덜 명확하기 때문이

4. 우리는 확실히 우리의 도덕적 믿음 중 많은 것이 필연적 참인양 행동한다. 그리고 우리는 보통 도덕적 제안에 대하여, 그것들이 필연적 참의 지위를 갖는 것으로 의도된 것처럼 반응하며, 필연적 참이 아닐 때 그 제안을 거부할 자격이 있다고 생각한다. 내가

    (3‴) 재미로 아기를 죽을 때까지 고문해서는 안 된다.

를 (도덕 이론화를 온당하게 의심스러워 하는) 학생들에게 제시할 때, 그들은 내가 재미로 아기를 죽을 때까지 고문한 사람들의 모든 실제 과거 사례를 검토했는지 묻지 않는다. 그들은 대신에, 어떤 사람이 재미로 아기를 죽을 때까지 고문하지만 그렇게 함으로써 잘못 행위한 것은 아닌, 인과관계에 반하는 시나리오라 할지라도, 상상 가능한 시나리오를 만들어 내려고 시도한다. (논의를 촉발하기 위해) 거짓말은 그르다고 학생들에게 말하면, 그들은 내게 틀렸다고 이야기한다. 그러나 어느 누구도, 지난주 뉴저지에서 잘못을 저질렀던 것이 아닌 거짓말의 예에 내 주의를 촉구할 필요를 느끼지 않는다. 학생들은 잘못을 저지르는 것이 아닌 거짓말의 가능한 예를 만들어 낼 수 있으면 내 말〔거짓말은 단적으로 그르다는 말―옮긴이〕을 논박하기

라고 생각한다. (제5장에서 길게 논의할 공리주의 중심 이념이라고 칭할 것이 바로 그런 사례이다.) 그런 일반적인 도덕적 판단에 주의 깊은 조건이 붙지 않는다면 말이다. T. M. Scanlon은 "행위는 그 여건에서의 수행이, 어느 누구도 숙지되고 강제되지 않은 일반적 합의의 기초로 합당하게 거부할 수 없는, 행동의 일반적 조정을 위한 그 어떤 규칙 체계에 의해서도 허용되지 아니할 경우에 그르다"고 제안한다. 이 제안에 들어 있는 모든 조건들이 필수불가결하다. T. M. Scanlon, "Contractualism and Utilitarianism", in Armartya Sen and Bernard Williams, eds., *Utilitarianism and Beyond* (Cambridge: Cambridge University Press, 1982)를 보라. 스캔론의 이 일반적 판단이 ― (3″)과 (3‴)처럼 ― 정말로 필연적 참이라고 논할 수도 있다. 그러나 다음의 주석 19를 보라.

충분하다고 느끼며, 실제로 그들은 그런 예를 만들어 낼 수 있다. ♦

　우리의 도덕적 믿음 모두에 대한 우리의 태도가 그렇지는 않으며, 임의의 도덕적 제안에 대한 우리의 반응이 그렇지도 않다. 학생들에게

　　　블로그는 오늘 아침 그른 행위를 하였다.

라는 도덕적 판단을 표명한다면, 그들은 블로그가 오늘 아침 그른 행위를 하지 않은 시나리오를 만들어 내지 않을 것이다. 그들은 일련의 사실 추정, 특히 블로그가 오늘 아침 한 것에 관한 사실 추정의 참에 심히 기대고 있는 주장을 한 것이라고 올바르게 여길 것이다. 그리고 그들은 그 사실들이 무엇인지 물을 것이다.

　"블로그가 오늘 아침 그른 행위를 하였다"보다 뚜렷하게 더 일반적인 도덕적 판단들도 마찬가지이다. 나는 어떤 K를 하는 것이 도덕적으로 괜찮다고 생각하고 학생들에게 그렇게 이야기하면서도 만들어 낸 시나리오 때문에 그 견해를 포기할 마음은 들지 않을 수도 있다. — 내가 알지 못했던 사실인 K를 하는 것이 실제로 해악을 야기한다는 점을 나로 하여금 제대로 알게 할 때에야 그 견해를 포기할 마음이 들 것이다.

　더군다나 일부 도덕적 판단은 서로 다른 사람들에 의해 서로 다른 지위를 부여받는다. 앞서 이를테면 블로그와 같은 어떤 사람이 사형이 (그가 알기에는) 장기 징역형보다 더 효과적인 억지력을 발휘하기 때문에 허용된다고 믿으면서 실제로는 그렇지 않다는 점에 납득한다면 그 도덕적 믿음을 포기할 수도 있었다. 블로그가 사형이 허용

♦　예를 들어 무고한 사람을 곧바로 죽이기 위해 그 사람이 어디 있는지 찾는 사람에게 거짓말하는 것은 잘못을 저지르는 것이 아니다.

된다는 자신의 도덕적 믿음에 우연적인 참의 지위를 부여한다고 표현할 수 있겠다.

그러나 우리가 또한 상상한 바와 같이, B는 상당히 다른 근거들에서 사형이 허용된다고 믿는다. 즉 B는 특별히 비열한 범죄를 저지른 사람들이 사형을 받을 마땅한 응분의 죄가 있다고 생각하면서 사형을 부과하지 않는 공동체는 그 범죄 피해자에 대한 존중을 보여주지 않는 것이며 그 자체의 도덕적 믿음에 대한 적합하게 강한 헌신을 보여주지 않는 것이라고 믿는다. B가 사형이 허용된다는 자신의 도덕적 믿음에 필연적 참의 지위를 부여한다고 말해야 할까? 경우에 따라 다르다. B에 대하여 이야기하기 전에 B에 관하여 더 많은 것을 들어야 할 필요가 있다. 예를 들어 그가 사람들이 반응하리라고 생각한 방식으로 사형을 부과하지 않는 것에 대해 반응하지 않는다고 납득한다면 사형에 관한 그의 믿음을 포기할 것인가?

이 가능성에 주목할 가치가 있다. 그 가능성은 사실들이 도덕적 믿음에 갖는 관련성이 상대적으로 간접적일 수도 있다는 것을 상기시켜 주기 때문이다. 아는 바와 같이, 일부 사람들은 사형이 장기 징역형보다 더 효과적인 억지장치라고 믿기 때문에 사형이 허용된다고 믿는다. 그들의 경우에는 사실에 관한 질문 ― 억지에 관한 질문 ― 이 사형에 관한 그들의 도덕적 믿음에 즉각적이고 직접적인 관련성을 가진다. 그러나 사실에 관한 질문이 사형에 관한 어떤 사람의 도덕적 믿음에 덜 직접적인 관련성을 가질 수도 있다. 사형에 대한 사람들의 태도가 B가 그러리라고 여긴 것이 아니라는 점(특별히 비열한 범죄를 저지른 사람이 사형을 받아 마땅하다고 여기지 않는다는 점-옮긴이)을 B가 납득하는 경우 자신의 도덕적 믿음을 포기할 것이라고 가정해 보자. 그럴 경우, 사형에 관한 B의 도덕적 믿음에 관련성이 있는 사실 ― 태도 ― 에 관한 질문이 있지만, 그 사실에 관한 질문은 공동체가 그 도덕적 믿음에 대한 적합하게 강한 헌신을 보여 주기 위해 해야 하는 것이 무엇인가에 관한 그의 도덕적 믿음과의 관련성을 통해서만 관련성을 가진다.◆

그리고 그런 관련성이 생기는 이유가, 도덕적 판단이 사실을 하나 씩 대면하지 않는다는 매우 중요한 것이기 때문에, 이 점을 상기할 가치가 있다. 우리 각자는 사실들의 세계를 상호 연관된 일련의 도 덕적 믿음을 가지고서 대면한다. 이것 때문에 사실 발견이 도덕적 믿음에 간접적으로, 그러니까 또 다른 연결된 도덕적 믿음과의 관련 성 덕분에, 관련성을 가질 수 있는 것이다. 이에 대해서는 다음 절 에서 다시 살펴보겠다.

다른 한편으로, 사형을 부과하지 않을 경우 B가 사람들이 반응 하리라고 여긴 방식으로 반응하지 않는다는 점을 B 스스로 납득했 다 하더라도 B는 사형에 대한 자신의 믿음을 포기하지 않을 수도 있 다 — 그는 사람들이 반응해야 하는 대로 반응하지 않을 뿐임을 보 여준다고 응수할지도 모른다. 그리고 더 일반적으로, B가 사실의 발견에 의해 마음이 움직인 적도 움직일 일도 없을 수도 있다. 그럴 경우 B는 사형이 허용된다는 자신의 도덕적 믿음에 필연적 참의 지 위를 부여하는 것이다. 이런 측면에서 B는 자신의 믿음에 우연적 참의 지위를 부여하는 블로그와 다르다.

물론 사형이 허용되는지 여부에 대한 관점에서는, 블로그든 B든 다른 어느 누구든 사형의 허용성에 관한 자신의 도덕적 믿음에 필연 적 참의 지위를 부여하는지 여부는 아무런 차이를 가져오지 않는다.

◆ 바로 앞 문장에서부터 네 번 등장하는 '도덕적 믿음'으로 지칭된 것의 내용은 차례로 다 음과 같다. (i), (ii) 사형이 허용된다; (iii) 공동체가 범죄 피해자에 대한 존중을 보여주 어야 한다; (iv) 공동체는 그 대부분의 구성원이 마땅하다고 생각하는 형벌을 부과해야 피해자에 대한 존중을 보여준다.

사형제에 관한 논쟁에서 사형이 허용된다고 보는 쪽이나 금지된다고 보는 쪽이나 자신들의 도덕적 믿음에 필연적 또는 우연적 지위를 부여한다는 사실은, 그런 지위를 부여한다는 것이 옳다는 점을 보여주지 않는다. 그것은 그들의 믿음이 참이라는 것조차 보여주지 않으며 **한층 더 강력한 이유로**, 그들의 믿음이 필연적 참이라는 것을 보여주지 않는다.

이 문제에 관하여 어느 견해가 참인지 어떻게 판단**해야** 하는가?

5. 사형은 허용되는가? 그 질문을 던지는 것은 우리가 무엇을 믿어야 하는가를 묻는 것이다.

어떤 사람들은 사형이 종신형보다 더 효과적인 억제책인 경우 오직 그 경우에만 허용된다고 생각한다. 이것은 두 가지 질문을 야기한다. 사형은 종신형보다 더 효과적인 억제책인가? 그것은 사실에 관한 질문이다. 답하기 어렵다는 점이 드러난 질문이긴 하지만 우리의 논의 목적에서 관심 대상은 아니다. 두 번째 질문이 뚜렷하게 더 흥미롭다. 사형은 종신형보다 더 효과적인 억제책인 경우 오직 그 경우에만 허용되는가? 그것은 도덕적 질문이다.

우리는 많은 사람이 이 도덕적 질문에 '아니요'라고 답하리라는 것을 안다. 예를 들어 B가 있다. B는 사형이 종신형보다 더 효과적으로 억지하건 아니건 중요치 않다고 말할 것이다. 어떻게 그럴 수 있는가? B는 특별히 비열한 범죄를 저지른 사람이라면 사형이 부과되리라는 전망 때문에 억지되었건 아니건 (그리고 다른 누구라도 억지되었건 아니건) 마땅히 사형을 받을 응분이 있다고 답할 것이다. 그리고 B는 사형을 부과하지 않는 공동체는 그 비열한 범죄의 피해자에 대한 존중을 보여주지 않은 것이며 공동체가 자신의 도덕적 믿음에 적합하게 강한 헌신을 보여주지 않은 것이라고 덧붙일 것이다.

우리는 A가 이것을 거부하리라는 것을 안다. A는 공동체가 (개인과 마찬가지로) 구금되어 있어서 현재 다른 사람에게 아무런 위협도 되지 못하며 죽이는 것보다 덜 극적인 수단에 의해서도 다른 사람들에 위협이 되지 못하게 할 수 있는 사람을 의도적으로 죽이는 일을 결코 해서는 안 된다고 믿기 때문이다. 그러므로 사형이 종신형보다더 효과적인 억제책인지 아닌지는 중요치 않다고 생각한다는 점에서는 B가 옳지만, 사형이 허용된다는 B의 믿음의 이유들이 사형이 허용된다고 믿을 충분히 좋은 근거는 아니라고 논할 것이다.

A에 동의해야 하는가? B에 동의해야 하는가? 아니면 사형이 허용되는지 여부가 사형이 얼마나 범죄를 효과적으로 억지하는가 하는 질문에 대한 답에 의해 정해**진다**고 생각해야 하는가? B는 사형이 허용된다고 생각한 점에서는 옳지만, 각자 자신의 믿음을 뒷받침하는 이유들에서 A와 B 둘 다 틀렸다고 보아야 하는가? 그리고 우리에게도 다른 가능성들이 있다.

나는 사형이 허용되는지의 질문이 사형이 얼마나 효과적으로 범죄를 억지하는가에 대한 답에 의해 정해지지 않는다고 본다는 점에서 A 및 B와 의견을 같이한다. 그러나 그들이 끌어내는 결론을 뒷받침하는 그들의 이유에 대해서는 애매한 태도를 취하고 있다. 한가지는 분명하다. 우리가 애매한 태도를 취하건 아니건, A와 B가서로 논쟁하게 되었을 때 각자 어떻게 논할지 상당히 잘 알게 되었다. 앞서 그들 사이의 논쟁이 순수 도덕적 논쟁이라고 보는 것이 그럴 법하다고 말했다.[16] 그러나 두 사람 사이의 논쟁이 순수 도덕적

---

16 내가 그렇게 말한 것은 이 쟁점에 관하여 논쟁하는 사람들이, 인간 행위가 원인들을 갖는지 여부에 관하여 의견이 불일치하기 때문에 이 쟁점에 대해 의견이 불일치하는 경우가 드물다고 생각하는 쪽으로 끌리기 때문이다. 이 쟁점에 대하여 논쟁하는 두 사람이 정말로 인간 행위가 원인들을 갖는지 여부에 관하여 의견이 불일치하기 때문에 이 쟁점에 대해 의견이 불일치한다면, 그들의 논쟁이 추정컨대 인간 행위(또는 그 어떤 다른 것)

논쟁임이 명확해지는 지점에 이른다고 해서, 그 지점 이후에는 아무 것도 할 것이 없는 것은 아니다. 앞서 사형제에 관한 논쟁이 사실-가치 논제의 참을 우리에게 납득시키고 거기서 건너가서 또 이유 없음 논제의 참을 납득시키길 바라는 사람의 목적에 특별히 잘 어울리는 것이라고 하였다. 그러나 한 가지 면에서 사형제에 관한 논쟁은 그런 사람의 목적에 어울리지 않는다. 사형제에 관한 순수 도덕적 논쟁은, **도덕 그 자체 내부에서**(inside morality itself) 좋은 논증과 나쁜 논증이 있을 수 있는 다대한 여지가 있는 논쟁이기 때문이다.

예를 들어 A는 '어떤 것을 마땅히 받을 만한(deserving something)' 개념에 초점을 맞추어 그 개념에 관한 B의 견해가 비정합적이라는 점을 드러내려고 할 가능성이 높다. 또한 A는 B가 국가가 그 태도를 표명하는 수단으로 사람을 사용하는 일을 용납한다고 비판할 것이다. B는 죽어야 마땅한 응분이 있다는 이념에는 감옥에서 어떤 기간만큼 징역형을 살아야 마땅한 응분이 있다는 관념보다 조금이라도 더 비정합적인 점이란 없으며, 왜 징역형을 부과하는 것은 사람을 조금이라도 덜 수단으로 사용하는 것인지 물을 가능성이 높다. 순수 도덕적 논쟁의 당사자들이 하는 일은, 당면한 쟁점을 해결해 주는 데 관련이 있다고 드러날 수 있는 공통 도덕적 근거(common moral ground), 둘 다의 '도덕 규범집(moral codes)'에 들어 있는 어떤 것을 찾는 것이다. 여기서 선택지들은 이유 없음 논제를 지지하는 논증을 검토하여 나올 수 있는 것보다 어마어마하게 더 풍부하다.

어떤 사람의 도덕 규범집이라는 말로 의미하는 바를 먼저 설명해

에 관한 증거에 호소해서 답이 가려질 수 없긴 하지만 그들 사이의 논쟁이 순수 도덕적인 것은 아니다. 그러나 나는 사형제에 대해 논쟁하는 사람들이 행위가 원인을 갖는다는 점에는 의견이 일치하는 경우가 훨씬 더 흔하며 그 사실에 결부된 도덕적 의의의 정도에 관해서만 의견이 불일치한다고 생각한다.

보자. 우리 각자는 일련의 도덕적 믿음(a battery of moral beliefs)을 지니는 성인으로 자랐는데, 그 믿음 중 많은 수가 비도덕적 믿음에 의해 다소 느슨하게 묶여 있다. 우리 대부분은 다른 사정이 동일하다면 약속을 어기고 거짓말하고 속이고 해악을 야기하는 등등의 일이 그르다고 믿는다. 이에 더해 거짓말이 해악을 야기하는 일이 매우 자주 있다고 믿을 수 있으며(믿지 않을 수 있으며), 그래서 거짓말이 그른 경우에는 그것이 해악을 야기하기 때문에 그른 것이라는 더 나아간 도덕적 믿음을 가지고 있을 수 있다(가지지 않을 수 있다). 우리는 또한 블로그가 자신의 동생을 오늘 아침 재미로 찼다는 도덕 외적 믿음(nonmoral belief)을 가질 수 있으며, 그래서 블로그가 오늘 아침 하지 말았어야 하는 어떤 것을 했다는 더 나아간 도덕적 믿음을 가질 수 있다. 그러나 사람들의 도덕적 믿음이란 내가 여기서 지적한 방식으로 **매우** 느슨하게 묶여 있는 정도에 불과한 것이 아닌가 생각한다.

어떤 사람, 이를테면 블로그는 그가 P를 뒷받침하는 아주 많은 명제들 P_1, P_2, … 를 믿는다는 것을 안다. 무한히 많은 추가적 명제들이 그들로부터 따라 나오는데, 그들 중 아주 많은 것들, 이를테면 Q_1, Q_2, … 가, P_1, P_2, … 에서 따라 나오는지 블로그는 알지 못한다. 우리는 블로그가 믿는 것이, 자신이 믿는다는 것을 아는 그 명제들 모두를 그리고 그 명제들만 포함하는 것이라고 말하는 쪽을 선택해야 하는가? 아니면 블로그가 믿는 것이, 자신이 믿는다는 것을 아는 명제들(P_1, P_2, …—옮긴이)로부터 따라 나오는 모든 명제들(Q_1, Q_2, …—옮긴이)도 포함한다고 말하는 쪽을 선택해야 하는가? 이것은 선택의 문제이다: 어느 한쪽을 선택할 이론적으로 흥미로운 근거는 없다. 앞쪽을 선택한다고 하자: "믿는다"는 용어를, 블로그가 믿는 것이 자신이 믿는다는 것을 아는 명제들 모두를 그리고 그 명제들만 포함하도록 사용하도록 하자. 예를 들어 블로그가 자신은 누이도 이복 누이도 없다는 것, 자신의 사촌들이 모두 의사라는 것, 그리고 앨리스가 자신의 친조모의 유일한 딸의 딸이라는 것을 자신이 믿고 있음을 안다고 해도, 블로그가 앨리스가 의사라고 믿는지 여부는 열린 문제이다. 앨리스가 의사라는 것이, 자신이 믿는 것을 블로그가 아는 것으로부터 따라 나오기는 하지만, 이 점을 그냥 깨닫지 못했을 수도 있기 때문이다. 그래서 앞쪽의 선택지를 취한다면, 블로그가 앨리스가 의사라는 것을 자신이 믿는다는 점을 스스로 알지 못한다면, 블로그는 앨리스가 의사라는 것을 믿지 않는다는 식으로 우리는 "믿음"이라는 용어를 사용하는 것이다.

블로그는 어째서 앨리스가 의사라는 결론을 끌어내지 못한 것인가? "연관 짓기 실패(failing to connect)"[17]라고 칭할 수 있는 일련의 현상이 있다. 연관 짓기 실패의 한 종류는 자신이 믿는다는 것을 아는 명제들이 다른 명제들의 참을 지지하게끔 한다는 점을 깨닫지 못하는 것이다. 전제로부터 결론을 증명하는 일이 어려운 경우와 같이 연역이 복잡한 경우 그런 일은 매우 흔하다. (블로그가 자신이 믿는다는 것을 아는 것이 앨리스가 의사라는 명제의 참을 블로그가 지지하게끔 한다는 점을 알기 위해서는 정말로 1~2분 정도가 걸린다.) 그러나 그런 일은 연역이 간단하다 하더라도 그 결론을 끌어내지 못하게 하는 강한 동기를 갖고 있는 경우에 또한 흔하며, 우리는 그런 경우 단지 연관 짓기 실패에 그치는 것이 아니라 적극적인 "담 쌓기(walling off)"라고 이야기할 수 있다. 어떤 사람은 흑인이 인간이라고 자신이 믿는다는 것, 그러므로 인간이 보유하는 모든 권리를 보유한다는 것을 알지만, 그 자신이 하는 어떤 차별 행위도 금지된다는 결론을 (전형

---

17 이 용어는 E. M. Forster, *Howard's End* (Harmondsworth: Penguin Books, 1941)에서 왔다.

적으로 무의식적으로) 이끌어 내기를 거부할 수도 있다. 자신의 어떤 믿음들과 그 믿음들로부터 나오는 결론 사이에 담을 계속 쌓아 두면 얻는 이득(이 이득이 내적 불편을 피하는 것에 불과하다 할지라도)이 더 많을수록, 바로 그가 하고 있는 일이 바로 그것〔자신의 믿음들에서 따라 나오는 믿음들이 금지하는 것 -옮긴이〕이라는 점을 깨닫기는 더 힘들어진다.

두 번째 종류의 연관 짓기 실패는, 자신이 믿는다는 것을 아는 명제들이 어떤 공통점을 갖고 있을 가능성을 깨닫지 못하는 것이다. 그런 종류의 연관 짓기 실패는 다시 세 가지 하위 종류로 나뉘는데, 이 모두가 우리에게 익숙하다. 첫째, 블로그는 바나나를 먹어서는 안 되고, 사과를 먹어서는 안 되며, 배를 먹어서는 안 된다고 자신이 믿는다는 것을 알지만, 그 금지가 모든 종류의 과일로 확장되는지 결코 자문한 적이 없을 수도 있다. 이것은 일반화의 가능성 (possibility of generalizing)을 깨닫지 못하는 것이다. 둘째, 블로그는 아기를 고문해서는 안 되고, 어린아이를 고문해서는 안 되며, 정신지체자를 고문해서는 안 된다고 스스로 믿는다는 것을 알지만 이것이 무고한 사람을 고문해서는 안 되기 때문인지 결코 자문한 적이 없을 수도 있다. 이것은 설명의 가능성(possibility of explaining)을 깨닫지 못하는 것이다. 셋째, 블로그는 자신이 존스에게 5달러를 빚지고 있다고 믿으며, 자신이 존스에게 5달러를 지불해야 한다고 스스로 믿는다는 것을 알지만, 어떤 사람에게 어떤 것을 빚지는 것이 그 빚진 것을 갚아야 하는 것이 참과 다름없는지는 결코 자문한 적이 없을 수도 있다. 이것은 단순화의 가능성(possibility of simplyfying)을 깨닫지 못한 것이다. 이 세 가지 하위 종류들은 분명히 중첩된다. 어떤 일반화는 설명을 해 주고, 어떤 설명은 단순화해 주기 때문이다. 그리고 여기서도 적극적 담 쌓기가 있을 수 있다: 일반화 실패, 설명 실패, 단순화 실패는 — 결론 도출의 실패처럼 — 어떤 동기 때문에 생긴 것일 수 있다.

연관 짓기 실패에 관한 예는 도덕적 결론 도출 실패, 하나의 도덕적 믿음을 다른 도덕적 믿음과 연관 짓기 실패, 그리고 도덕적 믿음을 도덕 외적 믿음과 연관 짓기 실패를 포함한다. 어떤 사람의 도덕적 믿음의 총체(totality of a person's moral beliefs)를 그 사람의 "도덕 규범집"이라고 칭한다고 하자. 우리는 우리의 도덕 규범집의 경계들을 가로질러 연관 짓는 데도 실패할 수 있다.

그런데 내가 말했듯이, 순수 도덕적 논쟁의 당사자들이 하려고 하는 일은 공통의 도덕적 근거를 찾는 것이다. 당사자들의 도덕적 규범집 둘 다에 있는 것, 당면한 쟁점을 해결하는 데 관련이 있다고 여겨질 수 있는 것 말이다. 이는 X가 하려는 일이 Y에게 연관 짓기 실패 — Y 자신의 도덕 규범집 내에서건 아니면 그 경계를 가로질러서건 — 를 범했다고 비판하는 것임을 의미한다. 바로 이 일에 성공할 가능성이 있기 때문에, 사실의 발견이 문제되는 경우가 아니라 할지라도 한쪽은 다른 쪽을 놀라게 할 수 있고 또 다른 쪽에서 배울 수도 있는 것이다. 더구나 그런 일에 성공할 가능성이 있기 때문에 한쪽은 다른 쪽에 의해 설득될 수 있고 그리하여 도덕적 논쟁이 해결될 수 있는 것이다.

당사자 중 한 명인 X가 다른 당사자인 Y에게, Y가 Y 자신의 도덕 규범집 내에서건 아니면 그 규범집의 경계를 가로질러서건 연관 짓기에 실패했다는 점을 논증하는 데 성공했다고 해서, Y가 견지한 여하한 구체적인 믿음이 거짓임을 보여주지는 않을 것이라는 점은 인정해야 한다: 그 논증 성공은 Y의 믿음의 총체가 전체로서(as a whole) 결함이 있다는 점만 보여준다. Y가 본인의 믿음을 수정하는 것이 옳다고 여길 것인가는 두고 보아야 할 문제이다. — 그렇게 여길 것인가는, Y가 상이한 믿음에 결부시키는, 또는 이제 결부시키는 것이 옳다고 생각하는 상대적 비중과 같은 문제에 달려 있을 것이다. 그리고 X가 Y가 제시한 수정에 만족하지 않는다면, X가 그 과정을 전부 다시 시작할 것인지는 X에게 달려 있다.

6. 도덕적 진보(moral progress)와 같은 것이 있는 이유는 대체로 연관 짓기 실패 같은 것이 있기 때문이다.

예를 들어 사형에 관한 사람들의 견해는 여러 세대를 거치면서 변해 왔다. 오늘날에는 상대적으로 경범죄라고 여겨지는 범죄에까지 사형을 부과하는 것이 적합하며 또 범죄자는 공개된 장소에서 처형하는 것이 적합하다고 널리 생각되던 (그렇게 오래전도 아닌) 시대가 있었다. 오늘날에는 사형에 찬성하는 사람들조차도 절도범을 사형에 처하거나 공개된 장소에서의 처형에 찬성하지 않는다.[18]

이런 변화들이 복합적이고 다양한 원천에 의해 일어났음은 의문의 여지가 없다. 그러나 그런 원천 중에는 인간 생명에 부여되는 가치와 그 가치에 대한 응당한 존중의 증가도 있었음이 분명하다. 그런 가치와 존중은 전혀 새로운 것이 아니다. 그런 변화는 연관 짓기 실패가 있었다는 인식의 산물로 쉽게 이해될 수 있다.

그런데 나는 "대체로"라고만 말했다. 세대가 변하면서 일어난 진정으로 극적인 변화는, 아마도 연관 짓기 실패가 있었다는 인식뿐만 아니라 사실 문제에 관한 인식 변화에서도 초래되었을 것이기 때문이다. 여기서 나는 사실 발견에 있는 변화뿐만 아니라 사실 그 자체의 변화도 염두에 두고 있다. 자원이 확장되거나 기술이 새로운 활

---

18 섬뜩한 수단으로 처형하는 것도 찬성하지 않는다. 그러나 그것은 죽이기를 정당화하는 것에 대한 관념의 변화 때문이라기보다는 공공 목적의 이름으로 얼마나 많은 고통과 모욕을 가하여도 되는가에 대한 관념의 변화 때문이라고 추측한다.

동을 가능하게 만들면 그런 변화가 일어난다. 그러나 극적인 변화는 옛 규범집을 전적으로 새로운 규범집으로 대체하는 변화는 아니었다. ('전적으로 새로운 규범집'이 옛 규범집과 어떻게 다르다고 생각될 수 있는가? 그것이 애초에 도덕 규범집이라는 점을 어떻게 인식할 것인가? 그것이 참이라고 생각하게 만들 수 있는 게 도대체 무엇이 있겠는가?) 도덕적 믿음들에서 극적인 변화는, 도덕적 사고의 중대한 재조직화를 포함하는 변화이다. 이러한 재조직화는 확장이나 축소 또는 둘 다를 포함할 수 있지만, 그 이전의 도덕적 사고의 일부에서 그 정당화 근거를 발견한다.

세대가 변하면서 일어나는 도덕적 믿음에서의 "변화"라고만 말한 것에 주목하라. "진보"라고 하지 않았다. 그런 변화가 더 나은 쪽으로의 개선일 수밖에 없다고 볼 아무런 **선험적** 이유도 없다. 도덕적 규범집이, 신이 명하는 것이라면 무엇이든 해야 한다는 믿음에 있는 부족을 생각해 보자. 그들은 신이 실제로 명하는 것에 대한 그들의 믿음에 비추어 명하는 것은 무엇이든 해야 한다는 믿음에서 따라 나온다고 믿는 것을 행한 결과도 당위라고 받아들인다. 이제 그들에게 가서 우리가 신이란 실제로는 없다는 점을 납득시킨다고 가정하자. 이것은 그들의 도덕 규범집에 심대한 변화를 일으킬 것이지만, 그 결과로 생겨날 아주 많은 수의 가능성이 있다. 그들은 그들의 도덕적 믿음 중 일부 — 이를테면 바나나를 먹어서는 안 된다는 믿음 — 를 계속 보유하면서, 그저 잡동사니로 계속 보유할 수도 있고 그렇게 유지하는 믿음을 뒷받침할 어떤 새로운 공통 원천이나 원천들을 제시할 수도 있다. 또는 도덕이 모든 것을 허용한다는 견해를 취할지도 모른다. 도덕 규범집의 변화를 겪는 것이 아니라 아예 도덕을 전적으로 거부할 가능성도 있다. 그런 가능한 변화 중 일부는 진보라고 그럴 법하게 볼 수도 있겠지만, 아무것이나 그렇게 볼 수는 없다.

그렇다면 그런 변화를 진보라고 볼 수 있게 하는 표지는 무엇인가? 그런 변화가 개인에게 진보를 가져오는 점이라면 무엇이든 그런 표지이다. 예를 들어 B가 A의 말을 듣고 사형이 허용된다는 자신의 믿음을 포기해야 한다는 점을 납득했다고 가정해 보자. 그것은 B에게 진보인가? 이것은 B가 그렇게 마음을 바꾸어야 하는지 묻는 것이다. 그리고 그렇게 묻는 것은 내가 앞 절에서 기술했던 종류의 논의를 요청하는 것이다.

7. 그런 종류의 논의는 답보 상태(stalemate)에 머물 **수도 있다**. 때때로 그런 논의는 전적으로 흥미롭지 못한 이유 때문에 답보 상태에 머문다. 즉 논쟁의 당사자 한쪽이 다른 쪽은 사실을 잘못 나타내고 있거나 연관 짓기에 실패했다고 논증하지만, 다른 쪽은 그 점을 도무지 보지 못한다는 이유 때문에 말이다. 때때로 이 논의는 더 흥미로운 이유에서 답보 상태에 머문다: 어느 쪽 당사자도 다른 쪽이 사실들을 잘못 나타내고 있거나 연관 짓기에 실패했다는 점을 논증할 수 없어서 말이다. 더 흥미로운 이유로 논의가 답보 상태에 머무는 도덕적 논쟁이 있는가? ─ 즉, 어느 쪽 당사자도 다른 쪽 당사자에게 그러한 실패를 논증하지 못했을 뿐만 아니라 그런 실패가 어느 쪽 당사자에게 있지도 않은 논쟁이 있는가? 실제로 충분히 있을 수 있다. 사형제에 관한 A와 B 사이의 논쟁이 그런 사례인지도 모른다. 사형에 관한 도덕적 믿음의 역사에 비추어 보면, 즉 시간이 흐르면서 사형제에 관한 도덕적 믿음에서의 변화 방향에 비추어 보면 그럴 가능성은 극히 작지만 없지는 않다.

사형제에 관한 논쟁이 바로 그런 논쟁이라고 가정해 보자. 그것은 무엇을 보여주는가? 우리는 적어도 두 도덕 규범집, 하나는 사형이 허용된다는 내용을 담고 있고 다른 하나는 불허된다는 내용을 담고 있으며 다른 쪽이 아니라 한쪽을 선택할 이유가 더 크지 않은 그러한 두 도덕 규범집이 있다는 것을 인정해야만 한다.

그러나 그것은 도덕 일반에 관하여 의심스러워 할 점이 있다는 점을 보여주지는 못한다. 특히, 그것은 이유 없음 논제도 심지어 사실-가치 논제도 뒷받침하지 못한다. 동등하게 잘 뒷받침되는 도덕 규범집들이 (만일 있다면) 있다는 사실은, 그 어떤 도덕적 판단이건 그것이 참이라고 믿을 아무런 이유가 없다는 점을 보여주지 못한다. 어떤 도덕적 판단은 거짓일 수가 없기 때문이며, 다른 어떤 도덕적 판단은 거짓일 수 없는 도덕적 판단들로부터 우리가 연관 짓기에 실패했다는 것을 인식하면 알게 되는 복잡한 방식으로 따라 나오기 때문이다.

8. 다른 사람들로 하여금 사실을 올바르게 나타내도록 하거나 연관 짓지 못했던 방식으로 연관 짓게 하려는 시도 또는 (아마도 더 전형적인 경우로) 그 둘 다에 해당하는 논증 방법(method of argument)이 도덕 이론의 방법이다. 진지한 도덕 논쟁에서 우리 모두 그 방법을 사용하며, 우리가 그 방법을 잘 사용하는지 나쁘게 사용하는지에 비례하여 반대 입장을 가진 이들을 납득시킬 가능성이 달라진다.

일상생활에서 도덕적 논쟁은 전형적으로, 대상 층위의 도덕적 판단(object-level moral judgment)이라고 칭할 수 있는 것에 관한 논쟁이다. 그런 판단은 이러이러한 것이 좋거나 나쁘다, 옳거나 그르다, 다른 사정이 동일하다면 좋거나 나쁘다, 다른 사정이 동일하다면 옳거나 그르다 등등이라고 하는 판단이다. "사형은 그르다"와 "다른 사정이 동일하다면, 사형은 그르다"는 대상 층위의 도덕적 판단이다.

도덕 이론은 대상 층위의 도덕적 판단들을 담는다. 비록 도덕 이론이 담는 대상 층위의 판단들이 상대적으로 일반적인 경우가 — 예를 들어 "사형제는 그르다"가 아니라 "다른 사람에게 아무 위협이 되지 않는 사람을 의도적으로 죽이는 것은 그르다"인 것처럼 — 전형적이긴 하지만 말이다. 이론의 수용(acceptability)에 관한 논쟁은 그 매우 일반적인 대상 층위의 도덕적 판단에 대한 논쟁을 전형적으로 포함한다. 그러나 그 판단들이 얼마나 일반적이건 간에, 그 판단들이 옹호되는 방법은 동일하다.

그런데 도덕 이론은 대상 층위의 도덕적 판단 이상을 담는다. 도덕 이론이라면 어느 것이나 그 심장부에 이유를 밝히는 도덕적 판단들(explanatory moral judgments)이라고 칭할 수 있는 것이 놓여 있다. 이 판단들은 이러이러한 것이 특성 F를 갖고 있기 **때문에** 좋거나 나쁘다, 옳거나 그르다, 다른 사정이 동일하다면 좋거나 나쁘다, 다른 사정이 동일하다면 옳거나 그르다 등등이라고 — 예를 들어 "사형은 그것이 다른 사람에게 아무 위협도 되지 않는 사람을 의도적으로 죽이는 것**이기 때문에** 그르다"고 — 명시적으로 말한다. 이 이유를 밝히는 도덕적 판단도 도덕적 판단이며, 그래서 대상 층위의 도덕적 판단이 옹호되는 것과 같은 방법으로 옹호된다. 어떤 도덕 이론의 수용에 관한 논쟁은, 두 종류의 도덕적 판단에 관한 논쟁을 모두 포함하는 경우가 전형적이다. 그러나 어떤 도덕 이론의 수용에 관한 논쟁이, 논쟁의 양 당사자가 그 이론의 대상 층위의 도덕적 판단에 의견이 일치할 수도 있기 때문에, 이유를 밝히는 도덕적 판단에 관한 논쟁에 전적으로 있을지도 모른다는 점을 언급할 가치가 있다.[19]

19 나는 스캔론(Scanlon)의 (대상-수준의) '계약주의 원리'가 필연적 참이라고 논할 수도 있다고 말했다. 의문스럽게 보는 것은, 스캔론이 또한 우리에게 받아들일 것을 주장하는 설명이 되는 판단이다. 그 판단이란 바로 행위가 그 원리에서 규정된 조건을 충족하기 **때문에** 그르다는 것이다. 나는 아기를 재미로 고문하여 죽이는 것을 그르게 만드는 점이 그런 행위를 하는 것이 "어느 누구도 숙지되고 강제되지 않은 일반적 합의의 기초로 합

사람들은 왜 도덕 이론을 찾아 나서는가. 좋은 질문이다. 말했듯이 우리 각자는 오직 매우 느슨하게만 함께 묶인 일련의 도덕적 믿음들을 지니는 성인으로 자라났다: 그 믿음들은 한낱 잡동사니 (mere clutter)에 불과하다. 그러나 그게 무엇이 잘못되었단 말인가? 한 번도 도덕 이론화(moral theorizing)를 하지 않고도 떳떳한 삶, 정말로 도덕적으로 탁월한 삶을 사는 것이 분명히 가능하다. 십계명은 대상 층위의 도덕적 판단들의 한낱 잡동사니이지만, 십계명과 (십계명이 다루지 않는 도덕적 삶의 영역들이 있으므로) 몇 안 되는 다른 도덕적 판단들을 준수하며 사는 사람도 누구에게나 필요한 만큼은 도덕적으로 살아간다.

이론의 결여 때문에 도덕적 실수를 범할 수도 있지 않은가? 분명히 그럴 수 있다. 그러나 그 가능성이 우리가 도덕에 관하여 이론화하는 이유 전부는 되지 못한다. 우리는 단지 참된 도덕적 믿음을 갖는 것만 바라지 않는다. 우리는 무엇 때문에 그 도덕적 믿음이 참인지 알고 싶어한다. 예를 들어 나는 앞서 우리의 도덕적 믿음 중 많은 것 — 이를테면 "재미로 아기를 죽을 때까지 고문해서는 안 된다" — 이 필연적 참이며 **한층 더 강력한 이유로** 참이라고 하였다. 그럼에도 불구하고 우리는 무엇이 그런 믿음을 참이게끔 하는지 알고 싶어 한다. 우리는 왜 그것들이 참인지 알려 주는 이유를 밝히는 도덕적 판단이 무엇인지 알고 싶어 한다.

소크라테스는 도덕 이론의 기획을 만들어 냈으며, 그 길로 이끈 것은 어떤 이론적이며 심층적인 것이었다. 즉 믿음의 잡동사니가 참

당하게 거부할 수 없는, 행동의 일반적 조정을 위한 그 어떤 규칙 체계에 의해서도 허용되지 아니할" 것이라는 점이라고 믿을 수가 없다. 나의 인상은 그 설명이 반대 방향으로 진행되고 있다는 것이다. — 그 행위를 거부할 일반적 합의가 있는 이유를 설명하는 점이 바로 그 행동의 명백한 그릇이라고 말이다. (제7장 이후에서 계약주의 이념을 다시 살펴볼 것이다.)

된 믿음의 잡동사니일 수 있고 심지어 그것 중 일부 또는 전부가 필연적으로 참인 믿음인 잡동사니일 수는 있지만, 그것이 참이라는 **앎**은 그것이 참이게끔 하는 것이 무엇인가에 대한 앎을 요한다는 상당히 일반적인 관념 말이다. 우리는 때때로 도덕적 논쟁의 한가운데서 그런 앎이 없어서 좌절감을 느낀다. 그러나 그런 일은 상대적으로 드물다. 우리가 좌절감을 느끼는 경우는 대부분 우리의 도덕적 믿음이 어떻게 그리고 왜 함께 들어맞는지 홀로 반성하는 순간이다.

그러나 이 이론적이고 심층적인 관념을 그토록 파악하기 어렵게 만드는 이유는, 도덕적인 것이건 도덕 외적인 것이건 이유를 밝히는 판단들이, 그 판단들이 이론으로 데려오는 대상 층위의 판단보다 더 확고한 것이 아니기 때문이다. 이는 이유를 밝히는 판단들이 설명항(explanans)과 피설명항(explanandum)으로서 이유를 밝히는 판단 안에서 기능하는 대상 층위의 도덕적 판단을 필함하며, 그래서 대상 층위의 도덕적 판단이 참인 경우에만 참이기 때문이다. 하나가 다른 하나를 설명한다는 것을 깨닫는 것이 왜 그렇게 만족스러운가?

어느 경우건, 모든 도덕 이론에서 중심적인 것은 그 안에 담긴 이유를 밝히는 도덕적 판단들이다. 일상생활에서 도덕 논쟁에 참여하는 사람들은, 실제로 그러듯이 논증할 때 일정한 이유를 밝히는 가정에 의지하긴 하지만, 그 가정을 명시적으로 밝히는 경우는 드물며, 그 가정에 대한 평가가 과업의 목적이 되는 경우는 결코 없다.

실제로 일상생활의 도덕적 논쟁과 도덕 이론이 받아들일 만한가에 관한 논쟁 사이의 모든 차이가 바로 그 두 과업의 목적의 차이에서 발생한다. 무엇이 논증의 과정을 고정하는가의 차이가 거기서 나오기 때문이다. 일상생활에서 도덕적 논쟁의 참여자들은 상대를 납득시키는 것만 목적으로 삼으며 그래서 실제로 의견이 일치하는 것은 주어진 것(data)으로 다루는 데 만족한다. 설사 논쟁 참여자 사이에 의견이 일치하는 것을 제3자는 얼마든지 거부할 수 있다는 점을 알고 있다고 하더라도 말이다. 이론가는 세계를 납득시키고자 하며 그래서 그들이 주어진 것으로 다루는 것이 모든 이들에 의해 받아들 여지는 것, 또는 거짓일 수 없는 것이게끔 하고자 한다.[20] 아주 일반 적인 도덕 이론, 모든 도덕적 질문에 답하려고 하는 도덕 이론이 그 런 주어진 것에만 호소해서 옹호될 수 있다는 것은 전혀 가능할 것 같지 않다. (예를 들어 사형제에 관한 그 이론의 입장은 어떻게 옹호될 수 있는가?)◆ 하지만 이론가들이 그런 방식으로 옹호할 수 없는 것에 대하여 더 겸손하게, 아무런 입장을 취하지 않거나 세계가 의견을 달리할 수도 있다고 열어 놓으면서 의견을 취하지 못할 이유란 없 다. 그러나 그런 방식으로 옹호할 수 있는 것의 정도는 놀라울 정도 로 클 수도 있다. 연관 짓기는, 우리를 크게 놀라게 할 수 있는 결과 들을 산출하는 창조적 활동이기 때문이다.

9. 이 책에서 관심을 기울일 것은 도덕 일반은 아니다: 우리가 찾아 나설 것은 권리 이론(a theory of rights)이다. 방법은 동일하다. 2절 에서 이야기했듯이 "그러나 분명히 A는 이러이러한 것을 해야 한 다"거나 "B가 이러이러한 일을 하는 것은 명백히 도덕적으로 허용 된다"와 같은 것을 자주 말할 것이다. 이런 것들이 명백히 참이라는 점에 독자들의 의견이 같다고 생각하는 한 거리낌 없이 그렇게 말할

---

20 내가 기술해 온 도덕 이론 방법은 롤즈가 "반성적 평형"에 도달하기 위한 노력으로 기술 한 과정과 유사하지만 다만 다음과 같은 단서가 붙는다: 그 주제에 대한 롤즈의 해명에 서는 모든 것이 잠정적이고 모든 것이 수정에 열려 있다. 반면에 나는 일부 도덕적 판단 은 필연적 참이라고 그럴 법하게 간주할 수 있고 그래서 수정에 열려 있지 않다고 본다. John Rawls, *A Theory of Justice* (Cambridge: Harvard University Press, 1971), pp. 20, 48-51.

◆ 사형에 관하여는 모두가 받아들이는, 또는 거짓일 수 없는 것에 해당하는 주어진 것에만 호소해서는 옹호될 수 없다.

것이다. 도덕의 내용 중 많은 것을 주어진 것으로 여길 것이라고 말했다. 예를 들어 다른 사정이 동일하다면 약속을 어기고, 거짓말하고, 속이고, 고통을 야기하는 것은 그르다고 독자들이 믿는다고 가정할 것이다. 이 서론의 많은 부분은 내가 그렇게 할 자격이 있다는 점을 드러내는 것을 목적으로 하였다. 이 서론은 이유 없음 논제가 거짓이며 그와 같은 판단들이 이유 없음 논제가 거짓이라는 점을 보여준다는 점을 드러내는 것을 목적으로 하였기 때문이다.

그러나 도덕의 내용 모두를 주어진 것으로 여기지는 않을 것이다. 예를 들어 독자들이 허용된다고 생각한다고 또는 금지된다고 생각한다고 가정하지 않을 것이다. 내가 어떤 도덕적 판단을 거짓이라고 어떻게 믿을 수 있는지 이해하기 어렵다고 여기는 경우에만 독자들이 그 도덕적 판단을 참이라고 믿는다고 가정할 것이다. 앞서 말했듯이, 독자들이 명백한 도덕적 참이라고 여기는 것에 관하여 내가 실수한다면, 독자들은 내 추론 자체에 실수가 있다고 여길 때만큼이나 반론을 할 근거가 있을 것이다.

둘째, 더 중요한 점으로, 여하한 권리 귀속의 참은 **가정**하지 않겠다. 이것을 2절에서는 언급하지 않았지만, "이러이러한 사람이 저러저러한 권리를 가진다고 생각하는 것이 그럴 법하다"와 같은 것을 자주 이야기할 것이다. 이때 이야기되는 그 사람이 그 권리를 가짐은, 그 사람이 그 권리를 가짐이 권리 이론에 의해 수용될 수 있는지 알게 되기 전까지, 잠정적으로 상정해 보는 것이다. 그러나 그 사람이 그 권리를 가짐이 권리 이론에서 수용되어야 한다고 생각하는 것이 어느 면에서든 그럴 법하다고 생각하는 곳에서만 그렇게 이야기할 것이다.

권리가 일정한 방식으로 — 다른 사정이 동일하다면 — 사람들이 해야 하는 것과 하지 않아야 하는 것, 그리고 해도 되는 것과 해서는 안 되는 것으로 환원된다고 주장할 것이다. 1부에서는 우선 행동에 대한 복합적 제약이 무엇에 해당하는지 살펴본다. 2부에서는 어떤 사람이 어떤 권리를 갖고 있다는 것을 보여주는 일은, 다른 사람들이 행동에 대한 그 복합적 제약을 적용받음을 보여주는 일을 포함한다는 것을 드러낼 것이다. 또한 왜 우리가 실제로 갖는 권리와 같은 권리들을 가지는지에 관하여 몇 가지 주장을 할 것이다. 모든 이론화하기는, 일련의 주어진 것(a body of data)으로부터의 이론화이다. 이 책 논의 전반에서 주어진 것이란 독자들이 명백한 도덕적 참이라고 여길 것이라고 내가 간주하는 도덕적 판단들이다.

그로부터 출현하는 이론이 간결하지 않으며 또한 완결성을 갖고자 하는 것도 아니라는 점을 미리 말해 둔다. 내 견해로는, 도덕 일반과 특히 권리 영역에서 중요한 사실 중 하나는 그런 영역을 규율하는 하나 혹은 셋 혹은 여섯 개의 원리란 없다는 것이다. 내가 바란 것은 체계라기보다는 더 개방구조적인, ♦ 권리들을 바라보는 방식이다. 권리들을 바라보는 방식이 내가 논의할 권리들을 이해하는 데 도움이 되리라 생각한다. 또한 내가 간과했을 수도 있는 권리들을 이해하는 데도 도움이 되리라 희망한다.

♦ 닫힌 체계는 소수의 원리에 의해 그 영역의 내용이 정해진다. 반면에 개방구조적인 이해
   방식은, 그 방식을 준수하는 한 여러 다른 내용이 가능할 수 있으며 그중 어느 내용이 옳
   은가는 그 이해 방식 이외의 다른 논의에 의해 정해진다.

무엇이
권리인가

Rights:
What
They
Are

제1장

청구권, 특권 그리고 형성권

1. 우리가 스스로 가진다고 여기는 권리 중에는 생명, 자유, 재산에 대한 권리가 있다.[1] 모든 권리는 무엇에 **대한** 권리이다.(a right to something) 이 권리들은 정확히 무엇에 대한 권리인가? 특히 생명에 대한 권리는 무엇에 대한 권리인가? 아마도 생명에 대한 권리는 죽임을 당하지 않을 권리일지도 모른다. 또는 부당하게 죽임을 당하지 않을 권리인지도 모르겠다. 왜냐하면 A를 죽이는 것이 A가 보유하는 그 어떠한 권리 제한도 아닌 경우 — 예를 들어 A가 악의적으로

---

1 왜 나는 "생명, 자유, 행복추구에 대한 권리"라고 말하지 않았는가? 제퍼슨이 독립선언문을 작성할 때 재산권을 포함하지 않은 이유는 매우 명확하다: 그는 양도 불가능한 권리의 사례를 들려고 했던 것이다. 그러나 왜 행복추구권은 굳이 언급하였는가? 생명과 자유에 대한 권리를 언급하고 나서 이어 **"그리고** 행복을 추구할 권리"라고 말한다면 무엇을 더하게 되는가? 행복을 추구할 권리는 행복 그 자체에 대한 권리로는 그럴 법하게 여겨질 수 없다. 그리고 그 권리는 자유권에 포함된 행복을 추구할 권리가 아닌가? 게리 윌스는 제퍼슨이 행복을 추구할 권리를 진지하게 여긴 이유에 대하여 유익한 설명을 했다. Garry Wills, *Inventing America* (New York: Vintage Books, 1979)를 보라. 그러나 윌스는 제퍼슨이 자유권과 행복추구권 사이의 관계라고 생각했던 것이 무엇인가에 관한 질문에 대한 답은 이야기하지 않았다.

(villainously) 다른 사람을 공격하고 있고, 그 다른 사람의 생명은 A 자신이 죽임을 당하지 않는다면 구해질 수 없는 경우—가 있을 수 있기 때문이다. 또는 아마도, 더 정확하게, 생명권은 불의하게 죽임을 당하지 않을 권리를 **포함한다**고 말해야 하는지도 모르겠다. 생명권은 추정컨대 생명에 대한 공격에 대항하여 자신의 생명을 보존하는 행위를 할 권리 같은 다른 권리들도 포함하기 때문이다. 생명권은 어떤 견해에 의하더라도 복합적(complex)이다.

이것이 자유에 대한 권리와 재산에 대한 권리에서도 또한 참이라고 생각한다. 자유에 대한 권리를 가진다는 것은 추정컨대, 다른 권리 중에서도, 원한다면 이러이러한 것을 할 권리, 원한다면 저러저러한 것을 할 권리 등등을 갖는 것이기 때문이다. 비록 의문의 여지 없이, 자유권을 갖는 것이 그렇게 할 권리를 갖는 것인, 이러이러한 그리고 저러저러한 것에는 한계가 있지만 말이다. 더군다나 자유권은 추정컨대 그러한 것 중 일부를 하는 것에 간섭하지 않을 것을 요하는 권리(rights to noninterference with the doing of some of those things)를 포함한다. 재산에 대한 권리는 한층 더 복합적이다. 재산권을 갖는 사람은 그 사람이 실제로 소유하는 구체적인 것 각각, 이를테면 의자와 탁자와 신발 각각에 대한 권리를 가진다. 그리고 소유권은 추정컨대 그 자체가 권리의 복합체이다. 그리고 소유되는 대상이 무엇이냐에 따라 그 복합체가 달라진다.

더 단순한 종류의 권리에서 시작하는 것이 최선이다. 그 권리가 무엇에 대한 권리인지를 말하는 데 곤란함이 없는 종류의 권리 말이다. 내가 염두에 두고 있는 권리는 한 사람이 다른 한 사람에 대하여 갖는, 일정한 상당히 구체적인 사태가 성립할 것을 요하는 권리이다. 그러한 권리들의 경우에, 그 권리가 무엇에 대한 권리라면 그 무엇은 정확히도, 그 사태가 성립하는 것이다.

A가 한 구획의 토지를 소유하고 있다고 가정하자. 그러면 우리는 A가 B에 대하여 B가 그 토지에 출입하지 않을 것을 요하는 권리를 가진다고 생각할 수 있다. A가 정말로 이 권리를 갖고 있다고 해 보자. 그럴 경우 여기서 그 권리가 무엇에 대한 권리인지 말하는 것은 — 생명, 자유, 재산에 대한 권리와 대비해서 — 상당히 명확하고 또 쉽다: A의 권리는, B가 A의 토지에 출입할 수 없는 사태가 성립하는 것에 대한 권리이다.

A가 그 토지를 소유한다는 사실로부터 A가 이 권리를 갖고 있다는 결론이 따라 나오지는 않는다. A가 B에게 그 토지 출입을 허락했을 수도 있다. 또는 A는 그의 토지를 B에게 임대했을 수도 있다. 비록 A가 그 토지를 소유하지만, 그럼에도 불구하고 A는 B가 그 토지에 출입하지 않을 것을 요하는 권리를 갖지 않는다는 것을 참으로 만든 여러 이유가 있을 수 있다. 그것은 정확히 어떤 것들인가? 좋은 질문이다. (또 하나의 좋은 질문은, A가 애초에 그 토지를 어떻게 소유했는가이다.) 그러나 우리는 A가 그 권리를 갖고 있는지 여부를, A가 그 권리를 가진다면 A가 권리를 가진다는 것은 무엇인가 질문에 우선 답하지 않고서는 해결할 수 없다. 2부에서는 우리가 어떤 권리를 갖는지 질문을 살펴볼 것이다. 1부에서는 먼저 권리란 무엇인가라는 질문을 다룬다.

권리를 가진다는 것은 일종의 도덕적 지위를 갖는 것이다. 어떤 종류의 도덕적 지위인가? 이 물음은 권리를 갖는 것의 도덕적 의의를 묻는 것이다. 그러므로 이것은, 1부에서 다룰 질문을 특징짓는 또 하나의 방식이다: 1부에서, 우리는 권리를 갖는 것의 도덕적 의의(moral significance)가 무엇인가를 다룬다.

간단한 예로 시작해 보자. 어떤 사람들이 한 구획의 토지를 소유하며 그들 중에 일부는 다른 일부에 대하여 그 다른 사람들이 토지에 출입하지 않을 것을 요하는 권리를 가진다고 생각하는 것은 직관적으로 그럴 법하다. 우리는 당분간은 A가 소유자 중 하나이며, B는 A가 그에 대하여 권리를 갖고 있는 다른 사람들 중 하나라고 가정할 수 있다. 그런데 그렇다면, A가 그 권리를 가진다면 어떻게 되는가? 왜, 그리고 어떤 방식으로, 그가 그것을 갖는 것이 누구에게라도 도덕적 이해관심(moral interest)이 되는가? 간단히 말해 A가 그 권리를 갖는 것의 도덕적 의의는 무엇인가?

2. "A가 B에 대하여 B가 A의 토지에 출입하지 않을 것을 요하는 권리를 갖는 일의 도덕적 의의는 무엇인가?"를 웨슬리 뉴콤 호펠드(Wesley Newcomb Hohfeld)가 쓴 고전적인 논문에서 시사한 바 있다.[2] 이 논문은 대단히 중요한 연구이며 그 논문에서 어떤 논의가 전개되고 있는지 명확히 알 가치가 있다. 일부 독자들은 이미 그 내용에 익숙할 것이다. 그들에게는 죄송하지만, 이 책에서는 호펠드의 연구가 갖는 중요성에 비추어 아무도 익숙하지 않다고 가정한다.

호펠드는 권리란 의무에 "상응하는 것(correlative)"이라고 하였다. ― 그가 말한 의미는 X가 Y에 대하여 어떤 사태가 성립할 것을 요하는 권리를 갖는 것은 Y가 X에 대하여 의무를 지는 것과 동치라는 것이었다. 이 의무는 그 사태가 성립하는 경우 오직 그 경우에만

---

2 "Some Fundamental Legal Conceptions as Applied in Judicial Reasoning", *Yale Law Journal*, 23 (1913). 이 논문과 같은 제목을 가진 *Yale Law Journal*, 26 (1917)에 실린 두 번째 논문은 Wesley Newcomb Hohfeld, *Fundamental Legal Conceptions*, ed. Walter Wheeler Cook (New Haven: Yale University Press, 1919)에 재수록되었다. 인용한 면수는 쿡이 편집한 책의 면수를 가리킨다. 호펠드는 법학교수였지 도덕철학교수가 아니었다. 그래서 그가 관심을 가졌던 것은 논문 제목이 표현하듯이, 근본적인 법적 관념이지 근본적인 도덕적 관념이 아니었다. 나는 제1장 전반에 걸쳐 호펠드가 근본적인 도덕적 관념을 다룬 듯이 논의하겠다. 그리고 이 논점에 관해서는 제2장 4절에서 다시 다룬다.

Y가 이행하는(discharges) 것인 그런 의무다.[3]

우리는 그러나 조금 더 조심스러워야 한다고 호펠드는 말했다:

> "권리"라는 용어는 주어진 사안에서 가장 엄밀한 뜻의 권리라기
> 보다는, 특권, 형성권, 또는 면제권일 수도 있는 것을 무차별적
> 으로 포괄하여 사용된다 … (p. 36)

그리고 "가장 엄밀한 뜻"의 권리만이 의무와 상응하는 것으로 여겨
진다.

특권, 형성권, 면제권이란 무엇인가? 그것은 가장 엄밀한 뜻의 권
리와는 어떻게 다른가? 어느 것이 실제로 가장 엄밀한 뜻의 권리인
가? 호펠드는 다음과 같이 말했다:

> 우리가 그래야 하듯이, "권리"라는 용어의 매우 폭넓고 무차별적
> 인 사용을 인식함으로써, 우리가 확정적이고 적합한 의미에 관한
> 질문에서 그 단어를 제한하도록 하는 일상 … 담화[4]에서 발견하
> 는 단서는 무엇인가? 그 단서는 상응하는 "의무"에 놓여 있다.
> "권리"라는 단어와 관념을 가능한 가장 폭넓은 방식으로 사용하

---

3 호펠드의 말은 다음과 같다: "X가 Y에 대하여 X가 Y의 땅에 출입하지 않을 것을 요하
는 권리를 가진다면, 그것에 상응하는 것(그리고 동치)은 Y가 X에 대해 그 장소에 출입
하지 않을 의무를 진다는 것이다."(p. 38) 주의 깊은 독자는 (호펠드의 견해에서) X가 Y
에 대하여 일정한 사태 성립에 대한 권리를 가짐이 **Y가** 그 사태를 성립하게 **만드는** 경우
오직 그 경우에만 Y가 이행하는 것이 되는 의무를 짐과 동치라고 말하지 않는다는 점을
눈치챘을 것이다. Y의 의무는 그 사태가 성립하는 한 이행된다. 그래서 Y든 다른 누구
든 다른 어떤 것이든 그 사태가 성립하도록 **만드는** 경우 이행되는 것이다. 이 논점의 중
요성은 제12장에서 다시 논의될 것이다.

4 호펠드가 실제로 쓴 것은 "일상의 담화(ordinary discourse)"가 아니라 "일상의 법적 담
화(oridnary legal discourse)"였다. 앞서 말했듯이 여기에서는 호펠드가 관심을 가졌던
것이 도덕이 아니라 법이었다는 사실을 무시하였다.

는 사람조차도 그것에 한결같이 상응하는 것으로 "의무"를 생각하는 데 익숙하기 때문이다. (p. 38)

사람들이 "권리"라는 용어를 폭넓게 그리고 무차별적으로 사용한다는 것에는 의문의 여지가 없다. 그러나 (호펠드는 말하길) 그렇게 가장 폭넓게 그리고 무차별적으로 그 용어를 사용하는 사람들조차도 권리에 의무가 상응한다는 생각에 익숙하다. 이는 '상응하는 의무가 있음'이라는 특성이 어떤 면에서 우리의 권리 관념에 중심적임을 시사한다. 그러므로 (호펠드는 말하길) 이 특성을 갖는 모든 그리고 유일한 권리, 즉 상응하는 의무가 있는 모든 그리고 유일한 권리라는, 권리의 부분집합 — 가장 엄밀한 뜻에서 권리로 생각될 수 있는 것 — 을 나머지와 구별하자.

물론 가장 엄밀한 뜻의 권리인, 권리의 부분집합을 이런 식으로 나머지와 구별한다면, 가장 엄밀한 뜻의 권리가 의무와 상응한다는 호펠드의 주장이 참이라는 것은 놀랍지 않다. 이것은 문제가 되지 않는다. 우리는 어떤 면에서 중심적이며 그 원소 모두가 의무와 상응하는 권리의 부분집합을 식별하게 되었다.

(바로 뒤에서 설명할) 특권, 형성권, 그리고 면제권과의 혼동을 피하기 위해서 호펠드는 가장 엄밀한 뜻의 권리를 "청구권"이라고 부르자고 제안한다. 좋은 생각이다. 그렇게 하면 호펠드가 주의를 기울이게 한 차이를 잘 표시하게 될 것이고, 또 그가 제안한 용어 선택은 몇몇 면에서는 좋은 선택이다. 아쉽게도 모든 면에서 좋은 선택은 아니다. X의 청구권을 이야기하는 것은 X가 실제로 어떤 청구를 하였다는 것을 암시한다. (이를테면 블로그와 같은 어떤 사람이, 이러이러한 권리를 가지고 있다고 공언하거나 더 강하게, 그 권리들이 그에 대하여 준수될 것을 요구하는 경우와 같이 말이다.) 호펠드는 이런 것은

제1부 무엇이 권리인가

전혀 염두에 두지 않고서 "청구권"이라는 용어를 사용하자고 말했다는 점을 기억해야 한다. 그가 "청구권"으로 의미한 것은 단지 가장 엄밀한 뜻의 권리, 즉 의무와 상응하는 권리일 뿐이다. 모든 것을 감안할 때, 그 용어 선택은 적절한 것으로 보이며, 이후 내용에서 그 용어를 채택하겠다.

호펠드의 용법을 따라 "청구권"이라는 용어를 어떻게 사용할지 보여주는 압축적인 방법을 구성할 수 있다. 정의상, 청구권을 귀속시키는 자는 엄밀한 뜻에서의 권리를 귀속시킨다. 그러므로 호펠드가 가장 엄밀한 뜻의 권리 집합을 구별한 방식에 비추어 보면,

> X는 Y에 대하여 p일 것을 요하는 청구권을 가진다.
>
> (X has a claim against Y that p.)

라는 형식의, 여기서 "p"가 당신이 원하는 여하한 문장으로 대체되는 그런 형식의, 무언가를 말하는 사람은,

> Y는 X에 대하여, p인 경우 오직 그 경우에만 Y가 이행하는 것이 되는 그런 의무를 진다.
>
> (Y is under a duty toward X, namely the duty that Y discharges if and only if p.)

에서 "p"에 그 동일한 문장을 쓴 결과와 동치인 무언가를 말하는 것이다. 이 표현을 각각

$$C_{X, Y} \, p$$

와

$$D_{Y, x}\ p$$

로 축약하자.[5] 그러면 우리는 다음과 같이 앞으로 따를 전문용어상
의 논제를 표현할 수 있다.

(H₁) $C_{X, Y}\ p$는 $D_{Y, x}\ p$와 동치이다.

이 논제에 "(H₁)"이라는 명칭을 부여하였다. 우리가 호펠드의 논문
에서 추출할 일련의 논제 중 첫 번째 논제이기 때문이다.

용법에 관한 이 결정에서 나오는 하나의 결과에 명시적으로 주목
할 가치가 있다. 염두에 두고 있는 것은, 이 결정을 전제했을 때, 모
든 각각의 청구권은 어떤 존재(entity)가 **다른 존재에 대해** 갖는 것이
다. 무(無)에 대한 청구권인 그런 청구권을 가질 수는 없다. — 이를
테면 아무것도 아닌 것에 대한 청구권은 가질 수 없다. 이 결과는,
청구권이 가장 엄밀한 뜻에서 권리가 되도록 "청구권" 용법을 결정
했다는 사실, 그리하여 X가 청구권을 갖는 것이 Y가 의무를 진다는
사실에 동치가 되도록 그 용법을 결정했다는 사실에서 나온다. 그리
고 이 동치로부터, X가 청구권이 요하는 것을 X에 대하여 Y가 준수
해야 할 의무를 진다는 것, 그리하여 X가 정말로 그 청구권을 갖고

---

5 호펠드는 청구권과 의무를 (또한 특권, 형성권, 면제권을) "관계"라고 부른다. 나는 양상
연산자(modal operators)를 사용하여 청구권과 의무(그리고 또한 특권)에 관한 그의 발
상을 재구성하는 것이 더 좋다고 생각한다. 권리 귀속들 사이의 필함 관계들은 그 방식
으로 쉽게 특성이 서술되기 때문이다. 그래서 예를 들어 나는 p & q가 r을 필함하는 경
우에는 언제나 "$C_{X, Y}\ p$ & $C_{X, Y}\ q$"가 "$C_{X, Y}\ r$"을 필함한다고 생각한다. 그런데 청구권이
관계라면 이 일반화가 어떻게 표현될 수 있을지 알기란 (적어도) 쉽지 않다.

있다면 X는 다름 아니라 Y에 대한 그 청구권을 가진다는 사실이 꼭 성립한다는 결론이 따라 나온다.

물론 이것은 다른 권리, 엄밀한 뜻의 권리가 아닌 권리가 있으며 그래서 청구권이 아닌 권리, 갖기는 하지만 어떤 존재**에 대해 갖는** (had against) 것은 아닌 권리가 있다고 말할 수 있는지는 전적으로 열린 문제로 놓아둔다. 이 문제는 나중에 다시 다룬다.

이렇게 용법을 결정하여 나오는 결과가 **아닌** 두 가지도 명시적으로 지적해 둘 가치가 있다. 서론에서 변항 "X"와 "Y"가 그에 해당하는 모든 것을 아우르는 것으로, 그래서 **한층 더 강력한 이유로** 인간뿐만 아니라 인간이 아닌 존재까지 아우르는 것으로 본다. 그러나 (H_1)을 받아들인다고 해서, 인간이 아닌 존재들이 청구권을 가진다거나 그 청구권이 인간이 아닌 존재들에 대하여 보유되는 것이라고 상정하게 되는 것은 아니다. 많은 사람은 정말로 (동물 같은) 일부 비인간 존재들이 권리를 가지며 일부 권리는 (정부 및 그 외의 기관 같은) 비인간 존재들에 대하여 보유되는 것이라고 생각한다. (H_1)을 받아들이는 것은 그런 이념에 동의하게끔 하는 것은 아니다. (물론 그런 이념을 거부하게끔 하는 것도 아니다.) (H_1)을 받아들이는 것은, Y가 X에 유관한 의무를 지는 경우 오직 그 경우에만 존재 X는 Y에 대하여 청구권을 가진다는 것에만 동의하게끔 한다. 이것은 비인간 존재가 청구권을 가지며 청구권이 비인간 존재에 대하여 보유된다는 것과 양립 가능하긴 하지만, 그런 것을 필함하지는 않는다.

두 번째 논점은 다음과 같다: (H_1)을 받아들이는 것은 사람들(또는 여느 다른 종류의 존재들)이 다른 존재에 대해서만 청구권을 가진다고 상정하게끔 하지는 않는다. 청구권을 더 자세히 살펴보면 사람이 자신에 대하여 청구권을 가진다고 말하고 싶어 하지 않으리라고 확신하지만, (H_1)이 그 문제에 어느 입장을 취하는 것은 아니다. 원한다면 (H₁)에서 "X"와 "Y"에 이를테면 "블로그"처럼 동일한 이름을 넣어도 좋다. 이렇게 동일한 존재를 가리키는 이름을 넣는 경우 (H₁)이 말하는 것은, 블로그가 자신에 대하여 의무를 지는 경우 오직 그 경우에만 자신에 대하여 청구권을 보유한다는 것뿐이다. 그리고 그것은 블로그가 자기 자신에 대하여 아무런 청구권을 갖지 않는다는 것이 참인 것과 양립 가능하다.◆

(H₁)을 하나의 논제이자 주장으로 이야기했지만, 엄밀히 말해 이것은 "청구권"이 사용될 방식을 드러낸 것에 불과하다. 이제 뭔가 실질적인 것을 이야기해 보자. A가 B에 대하여 가진다고 우리가 상정하고 있는 권리를 살펴보자. 내가 말했듯이 이것은 일정한 사태, 즉 B가 A의 토지에 출입하지 않는다는 사태가 성립할 것을 요하는 권리이다. 그것이 청구권이라고 이야기한다면 그 권리에 관하여 어떤 실질적인 것을 이야기하는 것이다. 그런데 그것은 매우 그럴 법하다. 어떤 사람이 A에게 그 권리를 귀속시킨다고 상상해 보라. 그 사람이 말하는 것이

B는 A에 대하여 의무를 지는데, 그 의무란 B가 A의 토지에 출입하지 않는 경우 오직 그 경우에만 B가 이행하게 되는 의무이다,

또는 덜 장황하게

B는 A에 대하여 A의 토지에 출입하지 않을 의무를 진다.

◆ 즉 블로그가 실제로 자신에 대하여 의무를 지지 않는다면, 블로그가 자신에 대하여 의무를 지는 경우 오직 그 경우라는 조건이 충족되지 아니하므로, 블로그는 자신에 대하여 청구권을 보유하지 않는다.

와 동치라고 생각하는 것이 매우 그럴 법하다. 결국 B가 실제로 A의 토지에 출입하지 않는 경우 오직 그 경우에만 A의 권리가 요하는 것을 B는 준수하는 것이다. 그런데 이 모든 것이 참이라면, 그 권리는 청구권**이다**.

더군다나 우리는 이제 "A가 B에 대하여 그 권리를 갖는 것의 도덕적 의의란 무엇인가?"의 질문에 대한 답을 갖게 된다. 그 권리가 청구권이라면, A가 그 권리를 갖는 것의 도덕적 의의는, A의 토지에 출입하지 않을 의무를 B가 A에 대하여 진다는 것이기 때문이다.

물론 아직 "권리를 갖는 것의 도덕적 의의란 무엇인가?"라는 상당히 일반적인 질문에 대한 답을 갖게 된 것은 아니다. 이 질문에 답하기 위해서는 엄밀한 뜻의 권리가 아니며 그래서 청구권이 아닌 다른 종류의 권리를 살펴볼 필요가 있다.

3. A와 B 그리고 토지의 사례는 호펠드의 것이다. 여기 호펠드의 또 하나의 사례가 있다. 약간의 샐러드를 가지고 있는 C가 D에게 먹어도 된다고 허락했다고 가정해 보자. C가 허락함으로써 D에게, C에 대한 권리(a right as regards C), 그 샐러드를 먹을 권리를 주었다고 생각하는 것은 직관적으로 그럴 법하다. (어떤 사람들이 토지의 한 구획을 소유하며 다른 사람들에 대하여 그들의 토지에 출입하지 않을 것을 요하는 권리를 가진다고 생각하는 것은 직관적으로 그럴 법하다. 어떤 사람이 다른 사람에게 자신의 재산을 가지고 이런저런 일을 하는 것을 허락함으로써 권리를 부여한다고 생각하는 것도 그럴 법하다.) D의 권리는 A의 권리와 다르며, 어떻게 다른지 이해하는 것이 중요하다.

A의 권리는 일정한 사태, 즉 B가 A의 토지에 출입하지 않는 사태가 성립할 것을 요하는 권리이다. 그래서 B는 그 사태가 성립하는 경우 오직 그 경우에만, 따라서 B가 A의 토지에 출입하지 않는

경우 오직 그 경우에만 A의 권리가 요하는 것을 준수한다.[◆] 그 이
유로, A의 B에 대한 권리는 B가 지는 의무와 상응한다고,^{◆◆} 즉 B가
A의 토지에 출입하지 않는 경우 오직 그 경우에만 B가 이행해야 하
는 의무와 상응한다고 생각하는 것이 타당한 것 같다.

　　D의 권리를 살펴보자. 우리는 D의 권리가 D가 C'에 대하여
(against)' 갖는 권리라고 말할 **수 있다**. 비록 내가 강조하고 싶은 그
차이를 표시하기 위해 대신에 D의 권리는 D가 C'에 대하여(as
regards)' 갖는 권리라고 말할 것을 제안하지만 말이다.^{◆◆◆} 더 나아
가 우리는 D의 권리가 일정한 사태, 즉 D가 그 샐러드를 먹는 사태
가 성립할 것을 요하는 권리라고 말**할 수 있다**. 그러나 그 사태가 실
제로 성립하는 경우 오직 그 경우, 즉 D가 실제로 그 샐러드를 먹는
경우 오직 그 경우에만 C가 D에 대하여 D의 권리를 준수하는 것이
라고는 도저히 이야기할 수 없다. 당신이 어떤 사람에게 당신의 샐
러드를 먹는 것을 허락했을 때, 그렇게 함으로써 그에게 그것을 먹
을 권리를 주었을 때, 당신은 그에 대하여 그의 권리가 요하는 것을
준수하지 않았다고 생각될 수 없음은 분명하다. 이는 그 사람이 그
것을 먹지 않겠다고 결정하였기 때문에 실제로 그것을 먹지 않는
— 이를테면 샐러드에 대한 식욕을 갑자기 잃어서 — 여러 가능한

◆　원문은 "B accords A what A's right is a right to"로 되어 있는데 직역하면 'B는 A의
　　권리가 무엇에 대한 권리인 그 무엇을 A에 대하여 준수한다'가 된다. 결국 여기서 '무엇'
　　은 결국 그 권리가 요하는 사태이다.

◆◆　"correlative to"는 '~와 상응한다'로 번역하였다.

◆◆◆　톰슨은 여기서, 청구권을 주장할 수 있는 상대방은 "against"로 표기하고, 특권을 주장할
　　수 있는 상대방은 "as regards"로 표기한다. 전자의 경우에는 권리에 상응하는 의무를
　　지는 것이고, 후자의 경우에는 특권과 관련하여 아무런 특별한 의무도 지지 않기 때문이
　　다. 그러나 이를 한국어로 차이를 드러내면서 번역할 마땅한 말은 없다. "as regards"를
　　'~에 관하여'라고 번역하면, 마치 특권의 내용 자체가 지향하는 대상을 가리키는 듯한 뜻
　　을 암시하게 된다. 그래서 이후의 내용에서 '~에 대하여' 또는 '~에 대한'은 청구권의 경우
　　에는 원문에 "against"로, 특권의 경우에는 "as regards"로 표현된 것임을 유의해야 한다.

이유 때문이다. 그러므로 C에 대한 D의 권리는 D가 샐러드를 먹는 경우 오직 그 경우에만 C가 이행한 것이 되는 C의 의무와 상응하지 않음이 상당히 확실하다. D는 권리를 갖고 있지만 C에게는 그런 의무가 없다.

그것은 D의 권리에 대한 실질적인 — 호펠드가 참이라고 생각한 — 논제이다. 바로 이 점에서 호펠드는 D의 권리를 "특권(previlege)"이라고 칭하길 바랐다. 호펠드에 따르면 특권이란, "단지 **의무**의 부정(mere negation of a duty)"이지만, 그 "의무는 문제되는 특권의 내용이나 취지에 정**반대**(precisely opposite)의 내용이나 취지를 갖는 것이다."(p. 39) 그래서 그의 견해에서는 D가 그 권리〔특권-옮긴이〕를 가진다는 것은, 바로 D가 C에 대하여 C의 샐러드를 먹지 **않을** 의무를 지지 **않는다**는 것이다.

"특권"은 (귀족계급에서 높은 지위를 보유하고 있는 것과 같은) 특별한 사회적 지위를 암시한다. 그래서 우리는 호펠드가 "특권"이라는 용어를 사용하면서 그리고 우리에게 사용하도록 요청하면서 이런 것은 아무것도 염두에 두고 있지 않았다는 점을 기억해야 한다. 그는 단지 정반대의 "내용"을 갖는 의무의 부정을 의미한다. 모든 것을 감안할 때, 호펠드의 그 용어 선택은 좋아 보이며, 나는 앞으로 그 용어를 채택할 것이다.

호펠드를 따라, "특권"이라는 단어를 사용할 방식의 특성을 압축적으로 서술해 보자.

예비 논의가 도움이 될 것이다. X가 Y에 대하여(as regards Y) 특권을 가진다는 것은 X가 Y에 대하여, 어떤 사태가 성립하도록 할 특권을 갖고 있다는 것이라고 말함이 옳아 보인다. (그러므로 D가 C에 대하여 C의 샐러드를 먹을 특권을 가진다는 것은, D가 C에 대하여 D가 C의 샐러드를 먹는다는 것이 참이 되도록 할 특권을 가진다는 것이다.)

이제 우리는 다음과 같이 진행할 수 있다. 어떤 사람, 이를테면 블로그가, 어떤 특권을 누군가에게 귀속시킨다고 가정해 보자. 그가 (우리의 예비적 논의에 비추어)

> X는 Y에 대하여 p가 성립하도록 할 특권을 갖고 있다,
>
> (X has as regards Y a privilege of letting it be the case that p,)

의 형식의, 여기서 "p"에 원하는 아무 문장을 집어넣을 수 있는 형식의, 무언가를 말한다고 해 보자. 그가 말하는 것은,

> X는 Y에 대하여, not-p일 경우 오직 그 경우에만 X가 이행하게 되는 그런 의무를 진다.(X is under a duty toward Y, namely the duty that X discharges if and only if not-p.)

에서 "p"에 그 동일한 문장을 쓴 결과의 **부정**과 동치이다. 이 표현을 각각

$$P_{X, Y} \, p$$

와

$$D_{X, Y} \, \text{Not-}p$$

로 축약하자. 그러면 우리는 다음과 같은 방식으로, 내가 따를 전문 용법상의 논제를 표현할 수 있다.

(H_2) $P_{X, Y}$는 Not-$(D_{X, Y}$ Not-p)와 동치이다.

$(P_{X, Y}$ is equivalent to Not-$(D_{X, Y}$ Not-p).)

그리고 D의 권리에 관한 호펠드의 실질적 논제가 참이라면 — D의 C에 대한 권리가 정말로 특권이라면 — 우리가 물었을 수도 있는 추가적인 질문에 대한 답을 갖게 된다: "D가 C에 대하여 그 권리를 갖는 것의 도덕적 의의는 무엇인가?" 어떤 권리가 특권이라면, D가 그 권리를 갖는 도덕적 의의는, D가 C에 대하여 C의 샐러드를 먹지 않을 의무를 지지 않는다는 것이다.

4. 특권은 그 용어가 정의된 방식 때문에 세 가지 흥미로운 연관된 특성을 갖고 있다.

첫째로, 많은 특권이 일정한 방식으로 **관계적**(relative)이다. 나는 여기서 지금 당신에 대하여 블로그의 장미를 밟아 뭉갤 특권을 갖고 있다. 나는 **당신**에 대하여 블로그의 장미를 밟아 짓뭉개지 않을 의무를 전혀 지지 않기 때문이다. 그러나 블로그에 대해서는 블로그의 장미를 밟아 뭉갤 특권을 갖고 있지 않다. 당신과의 관계에서 (relative to you) 나는 그 특권을 가진다. 블로그와의 관계에서 나는 그 특권을 갖지 않는다.

많은 특권이 이런 방식으로 관계적이라는 것은 권리 가운데 특권만이 갖는 고유한 특질은 아니다. 많은 청구권 또한 역시 이런 방식으로 관계적이기 때문이다. 예를 들어 A는 B에 대하여 B가 A의 토지에 출입하지 않을 것을 요하는 청구권을 갖지만, A는 **당신**에 대해서는 B가 A의 토지에 출입하지 않을 것을 요하는 청구권을 갖고 있지 않다.

그러나 둘째로, 많은 특권은 이런 방식으로 관계적이지 않은 반면에, 모든 청구권은 전부 이런 방식으로 관계적이다. 내가 표현하려는 바에 따르면: 많은 특권은 **광범위**(extensive)하지만 어떠한 청구권도 광범위하지 않다. 내가 염두에 두고 있는 것은 다음과 같다. 내가 지금 나 자신의 코를 꼬집지 않을 의무를 지는 상대방이 되는 존재란 이 세계에 없다.

$$(H_2)\ P_{X,\ Y}\ p는 Not\text{-}(D_{X,\ Y}\ Not\text{-}p)와 동치이다.$$

에 비추어, 우리는 내가 지금 세계의 모든 것에 대하여 내 코를 꼬집을 특권을 갖고 있다고 결론 내릴 수 있다. 이 사실은 다음과 같이 표현하면 명쾌해진다.

X로 무엇을 선택하건 간에, $P_{I,\ x}$ 내가 나의 코를 꼬집는다.$^{\blacklozenge}$

이런 존재에 대하여는 어떤 특권을 가지면서도, 저런 존재에 대해서는 동일한 특권을 갖지 못할 수도 있다. 그러나 모든 존재에 대한 어떤 특권을 가질 수도 있다. (실제로 나는 우리 모두 그런 많은 특권을 가진다고 확신한다.)

　대조적으로, 어떤 사람이 세계의 모든 존재에 대하여 갖는 청구권은 없음이 분명하다. B는 A에 대하여 A의 토지에 출입하지 않을 의무를 진다. 그래서

$$(H_1)\ C_{X,\ Y}\ p는 D_{Y,\ X}\ p와 동치이다.$$

◆　즉 그 특권이 관계하는 존재가 무엇이건 상관없이 내가 나의 코를 꼬집을 특권은 항상 성립한다.

에 비추어, 우리는 A는 B에 대하여 B가 A의 토지에 출입하지 않을 것을 요하는 청구권을 가진다고 결론 내릴 수 있다. 그러나 당신은 A에 대하여는 B가 A의 토지에 출입하지 않을 것을 요하는 아무런 의무도 지지 않고 있다. 그리고 나 또한 그러한 의무를 아무것도 지지 않고 있다.

X로 무엇을 선택하건 간에, $C_{A, X}$ B가 A의 토지에 출입하지 않는다.

는 아주 확실하게 거짓이다. 이 측면에서 특권은 청구권과 극적으로 다르다.

그리고 그것은 내가 여기서 주의를 촉구하기를 원하는 특권의 세 특성 중 세 번째의 그리고 가장 중요한 특성으로 이끈다: 특권은 **약하다**(weak). 특권의 약함을 이야기하면서 내가 염두에 두고 있는 것은, (비록 오직 부분적이기는 하지만) 부분적으로는 (H_2)가 우리에게 이야기하는 바이다. 즉, 호펠드가 표현하듯이, 특권은 단지 의무의 부정에 불과하다 — 그리하여 의무의 결여에 불과하다 — 는 점에서 나오는 특성이다. (H_2)를 전제할 때, 그토록 많은 특권이 그렇게나 광범위하다는 점은 전혀 놀라운 일이 아니다. 사람이 세계의 모든 존재에 대하여 특권을 가질 수 있다는 것도 놀라운 일이 아니다. 그 사람은 단지, 세계의 어느 존재에 대하여도 관련된 의무를 지고 있지 않을 수 있기 때문이다.

그러나 특권의 약함을 이야기할 때 두 번째의 것도 염두에 두고 있었다. 특권이 단지 의무의 결여라면, X가 Y에 대하여 특권을 갖고 있다는 사실로부터 X가 여하한 존재 — Y이건 다른 존재이건 — 에 대해서 여하한 청구권을 갖고 있다는 결론이 따라 나오지 않는다고 생각하는 것은 매우 그럴 법하다. 의무를 지지 않는 것이 어떻게 그 자체로 청구권을 갖는 것을 필함할 수 있겠는가? 의문의 여지없이 모든 각인은 누군가에 대하여 몇몇 청구권을 갖고 있기는 하다. 여기서 문제되는 것은, 단지, X가 누군가에 대하여 청구권을 가진다는 것이, X가 어떤 의무를 결여한다는 단지 그 사실로부터 **따라나오는가**이다.

우리는 특권에 관한 이 관념을 다음과 같은 방식으로 압축적으로 요약할 수 있다.

> (H₃) 특권은 청구권을 필함하지 않는다.
>
> (No privilege entails any claims.)

그 관념은 호펠드의 것이므로, 이 논제를 "(H₃)"이라고 명명하겠다.

(H₂)를 전제할 때, 특권이 약하다는 점을 알 수 있다. (H₃)도 전제할 때, 특권이 얼마나 많이 약한지 알 수 있다. 두 가지를 염두에 두고 있다. 첫째, (H₂)와 (H₃)를 전제할 때, 그 문제되는 권리가 특권이라면, 어떤 사람에게 그 사람의 권리가 **요하는** 무엇을 준수하는 것이란 없다.◆ D를 다시 살펴보자. D는 C의 샐러드를 먹을 권리를 가진다고 가정하였다. 앞 절에서 다음과 같은 것을 말할 수 없음을 주목하였다: C는 D에 대하여, D가 C의 샐러드를 먹는 경우 오직 그 경우에만, D의 권리가 요하는 무엇을 준수한다. 이제 D의 권리

◆ "what a right of his or hers is a right to"를 간단히 '권리가 요하는 무엇'이라고 옮겼다. 직역하면 '그 권리가 무엇에 대한 권리인 그런 무엇'이다. 무엇에 대한 권리(a right to)가 요하는 것은 어떤 사태의 성립이다. 무엇을 준수한다 함은 그런 사태가 성립하게 만든다는 뜻이다. 'accord'는 일치하게 만든다는 뜻으로 권리가 요하는 사태와 자신의 행위로 초래되는 사태를 일치하게 만든다는 뜻이다. 여기서는 어구의 단순함을 위해 그리고 의무 이행의 뉘앙스를 살려 무엇을 '준수한다'로 번역하였다. 어떤 권리가 청구권이 아니라 특권이라면, 그 권리가 요하는 어떤 사태 성립이란 없다.

가 특권이라면, C가 D에 대하여 D의 권리가 요하는 것을 준수하기 같은 것은 없음을 주목해야 한다. (H_2)는 D의 샐러드를 먹을 권리가 특권이라고 말하므로, D의 샐러드를 먹을 그 권리는 그저 샐러드를 먹지 않을 의무의 결여(merely a lack-of-a-duty to not eat the salad)다. 만일 샐러드를 먹지 않을 D의 의무의 결여가 D가 C에 대하여 어떤 청구권을 가짐을 필함한다면, D의 청구권은 그 청구권이 요하는 C가 D에 대하여 준수할 수 있는 것이 있을 것이며, 아마도 C가 그것을 함으로써 D의 특권이 요하는 것을 C가 D에 대하여 (간접적으로) 준수하는 것이라고 말할 수 있을지 모른다. 그러나 (H_3)은 D의 의무의 결여는 D가 C에 대하여 여하한 청구권을 가짐을 필함하지 않는다고 말한다.

둘째, (H_2)와 (H_3)을 전제할 때, 어떤 사람의 문제의 권리가 특권이라면 그 사람의 권리를 제한하는 것이란 없다. 나는 지금 내 코를 꼬집을 특권을 갖고 있으며 그 특권을 세계의 모든 존재에 대하여 가진다. 특권은 권리이다. 어떤 사람 이를테면 블로그가, 나의 그 권리를 제한하는 것이 가능한가? 그는 어떻게 그럴 수 있는가? 내 코를 꼬집는 것을 블로그가 막는다고 가정하자. 그것은 내 코를 꼬집을 나의 특권 제한에 해당하지 않을 것이다. 내가 그 특권을 가진다는 것은, (H_2)가 말하듯이 내가 의무를 지지 않는다는 것 이상이 아니며, (H_3)이 말하듯이 의무의 결여는 아무런 청구권을 필함하지 않으며, **한층 더 강력한 이유로** 불간섭에 대한 아무런 청구권도 필함하지 않는다. ◆

◆ 톰슨은 사실적 행위가 특권을 제한하는 경우는 없다는 설명을 하고 있다. 반면에 법적인 권리로서의 특권을 법적으로 제한하는 것은 가능하다. 즉 법규범상으로 의무를 지움으로써 기존의 특권을 간단히 축소시킬 수 있다. 그러나 이러한 법적 논의 차원을 논외로 하고 보면, 물리적 행위를 막는 것 자체는 특권의 제한에 해당하지 않는다.

그렇다면 (H_2)와 (H_3)을 전제할 때, X가 Y에 대하여 이러이러한 것을 할 특권을 갖는 것은, X가 Y에 대하여 X가 실제로 이러이러한 것을 하는 것을 요하는 아무런 청구권도, 또는 이러이러한 것을 하는 데 Y가 조력할 것을 요하는 아무런 청구권도, 심지어 X가 이러이러한 것을 하는 데 Y가 간섭하지 않을 것을 요하는 아무런 청구권도 갖고 있지 않다는 것과 전적으로 양립 가능하다. 그러므로 호펠드의 '특권' 관념은 매우 약하다.

　그런데 2절에서 청구권을 논의하면서 말미에, 우리가 다른 종류의 권리, 즉 엄밀한 뜻의 권리가 아니라서 청구권이 아닌 권리를 살펴볼 필요가 있다고 말하였다. 우리가 살펴본 면에서 이와 같이 약한 특권도, 권리라고 그럴 법하게 생각할 **수 있을까**?

5. 그러나 우선 제쳐 놓자. 특권이 약한 면에 주목하였으므로, 우리는 특권이 다른 면에서는 강하다는 점에도 주목하는 것이 좋다고 생각한다. 내가 염두에 두고 있는 것은

　　(H_4) 청구권은 특권을 필함하지 않는다.

가

　　(H_3) 특권은 청구권을 필함하지 않는다.

만큼이나 완전히 그럴 법하다고 주장될 수 있다는 것이다. 당신이 내가 4시에 내 사무실에 있을 것을 요하는 청구권을 나에 대하여 가진다고 가정하자. 당신은 그 청구권을 어떻게 취득하였는가? 아마도 내가 당신에게, 그때 거기 있겠다고 약속했을 것이다. (우리가 상

호 약속을 하면서 상호 청구권을 갖도록 야기할 수 있다고 생각하는 것은 직관적으로 그럴 법하다.) 〔당신이 아닌 다른 사람들인-옮긴이〕 A, B, C 에 대하여 내가 거기 그 시각에 있을 특권이 있다는 결론이 그로부터 따라 나오지 않는다. 나는 그들에게는 내가 거기 있지 않겠다고 약속했을 수도 있기 때문이다. 내가 **당신**에 대해서는 어쨌거나 그 특권을 갖고 있다는 결론이 따라 나오는가? 그렇지 않다. 사람들이 한 명의 동일한 사람에게 깜빡 잊고서 상충하는 두 개의 약속을 할 만큼 건망증이 심하지는 않지만, **나는** 그렇게 했을 수도 있지 않은가? 내가 당신에게 4시에 거기 있겠다고 약속하고 나서는, 얼마 후 우리 둘 다 첫 약속을 깜빡 잊고, 내가 거기에 있지 않겠다고 당신에게 약속하는 일이 벌어졌을 수도 있지 않은가? 그런 일은 가능한 것 같다. 그러나 만일 실제로 그런 일이 일어난다면, 나의 첫 번째 약속은 당신에게 나에 대하여 내가 거기 그 시각에 있을 것을 요하는 청구권을 주고, 두 번째 약속은 당신에게 나에 대하여 내가 거기에 그 시각에 없을 것을 요하는 청구권을 준다. 그리고 당신이 나에 대하여 내가 거기 없을 것을 요하는 청구권을 갖고 있다면, 나는 당신에 대하여 거기 그 시각에 없을 의무를 지고, 그리하여 당신에 대하여 거기 있을 특권을 결여한다. (내가 이 도덕적 진창에서 어떻게 빠져나와야 하는지는 다른 문제다.)

그러나 호펠드의 관념 '특권'이 강하다고 생각될 수 있는 이 면은, 그 관념이 약한 면만큼 흥미롭지는 않다. 그 점으로 돌아가 보자.

6.

(H_2) $P_{X, Y} p$는 Not-$(D_{X, Y}$ Not-$p)$와 동치이다.

그리고

(H$_3$) 특권은 청구권을 필함하지 않는다,

를 전제할 때, 우리가 4절에서 보았듯이 특권은 약하다.

실제로, 호펠드의 '특권' 관념이 얼마나 약한지를 드러내는 한층 더 간단한 방법이 있다. (H$_2$)가 인간 이외의 다른 존재 — 정말로 당신의 왼쪽 신발을 포함하여 모든 종류의 인간이 아닌 존재 — 가 특권을 갖고 있다는 결론을 산출한다는 점을 주목하라. 어쨌거나 (H$_2$)는 어떠한 존재 X와 Y에 대해서도, Y가 X에 대한 유관한 의무를 지지 않는 경우 오직 그 경우에 X는 Y에 대해 특권을 가진다고 말한다. 나는 당신의 왼쪽 신발이 그 어떤 것에 대해서도 의무가 없다고 추정한다. 그렇다면 당신의 왼쪽 신발은 모든 것에 대하여 특권을 가진 것이다.

도대체 어떻게 특권이 그 자체로 권리라고 생각할 수 있단 말인가? 몇몇 견해에서는 동물도 권리를 가진다. 나는 신발이 권리를 가진다고 보는 견해는 하나도 알지 못한다.

어떻게 할 것인가? 몇 가지 가능성이 있다.

하나의 가능성은 호펠드의 '특권' 관념은 정말로 그저 뻔하고 사소한 것에 지나지 않아서, 권리 이론에서건 그 어디에서건 하등의 관심사도 되지 않는다고 말하는 것이다. 확실히 사람은 원하는 대로 전문적 용어를 도입할 수 있다. 그리고 호펠드의 "특권"에 대한 정의를 전제로 하였을 때, 의문의 여지없이 신발은 특권을 가진다. 그러나 그것이 특권을 가진다는 점은 전혀 흥미롭지 않다. 그 어떠한 것도 특권을 가진다는 점에서는 하등의 관심사가 되지 않는다. 그 어떤 특권도 그 자체가 권리는 아니기 때문이다.

그러나 이 선택지를 고르는 것은 잘못이다. 어떠한 특권도 그 자체가 권리는 아니라고 말한다면, 우리는 정말로 도덕적 관심사 중

제1부 무엇이 권리인가

무언가를 잃게 된다.

호펠드의 '특권' 관념이 그 자신이 아무렇게나 만들어 낸 발명품이 아님을 주목하여 논의를 시작해 보자. 특권이 권리라는 이념 — 또는 어쨌든 인간이 보유하는 특권은 권리라는 이념 — 은 정치 이론에서 두드러진 역사를 갖고 있다. 그 이념이 예를 들어 홉스의 이론에서 작용하고 있던 것이라고 생각할 좋은 이유가 있다. 홉스는 《리바이어던》[6]의 제13장에서, 자연상태는 만인의 만인에 대한 투쟁 상태라고 하며, 그 장의 말미에 다음과 같이 덧붙였다.

> 만인의 만인에 대한 투쟁 상태로 인해 다음과 같은 결과가 발생한다: 어떤 것도 불의한 것일 수 없다. 옳음과 그름, 정의와 불의는 투쟁 상태에서는 설 자리가 없다. 공통의 권력이 없는 곳에는 법도 없다. 법이 없는 곳에는 불의도 없다. … 또한 투쟁 상태라는 조건으로 다음과 같은 결과도 발생한다. 소유도, 지배도, **내 것**과 **네 것**의 구별도 없다. 얻을 수 있으며 그것을 자기 것으로 유지 가능한 동안 모든 것이 각자의 것이다.

홉스는 그 논급을 제14장의 서두 근처에 나오는 다음 논급과 어떻게 양립 가능하다고 생각할 수 있는가:

> 그리고 인간 조건이 … 만인의 만인에 대한 투쟁 상태의 조건이기 때문에 만인은 그 자신의 이성에 의해 통치되며, 적들로부터 자기 생명을 보존하기 위해 활용하지 못할 것, 사용해서는 안 되는 것이란 없다. 이로부터 그런 조건에서는 만인은 각자 모든 것

---

6 인용한 면수는 1651년판이다.

에 대하여, 심지어 다른 사람의 신체에 대해서도 권리(Right)를 가진다는 결론이 따라 나온다. 그러므로 만인이 만물에 대하여 자연권을 갖는 상황이 지속되는 한 …

한편으로 자연상태의 사람들이 자연권을 가진다고 생각하면서(제14장) 다른 한편으로는 자연상태에서는 정의도 불의도 정의로운 행동도 불의한 행동도 없다고(제13장) 일관되게 생각할 수 있는가? 그때 염두에 두고 있는 자연권이, 권리 중에서도 특권이라면 아무런 난점도 없다. 그 상태에서 사람의 권리가 전부 특권이라면, 그것은 모두 의무의 결여(lacks-of-duty)〔(H$_2$)〕이기 때문이고, 이것은 아무런 청구권도 포함하지 않기 때문이다.〔(H$_3$)〕 그러므로 그가 갖는 권리가 요하는 무엇을 그에 대하여 준수한다는 것이 없고, 그에 대하여 불의를 행할 아무런 방법도 없다. 그리고 그의 권리를 제한한다는 것도 없고 그리하여 그에게 불의한 방식으로 행위한다는 것도 없다. 그러므로 홉스가 이 구절에서 염두에 두고 있었던 것이 다음과 같은 것일 가능성이 매우 높다: 자연상태에서 사람은 청구권을 갖지 않는다 — 그들이 갖는 것은 특권이며, 그들의 특권은 자연권이며 **한층 더 강력한 이유로** 권리이다. ◆

홉스가 인간에 의해 보유되는 특권이 권리라고 생각한 데는 이유가 있다. 그가 그렇게 생각하게끔 한 이유가 곧 나올 것이다.

7. 다시 C와 D 그리고 샐러드 사안을 살펴보자. 약간의 샐러드를

◆ "a fortiori"는 **'한층 더 강력한 이유로'**라고 옮겼다. 이러한 논법은 해석론에서는 물론해석(勿論解釋)이라고 일컫는데, A가 B보다 강한 명제일 때, A라는 해석을 하게 만든 동일한 근거는 B라는 해석을 당연히 필함한다는 것이다. 자연권은 실정적인 제도적 형성과 확인을 성립요건으로 하지 않는 천부적인 권리를 의미하므로, 그것은 당연히 권리이다. 한국인이 당연히 사람이듯이, 자연권은 당연히 권리이기 때문이다.

제1부 무엇이 권리인가

소유한 C는 D에게 그것을 먹어도 된다고 허락했다. 나는 다음과 같이 말했다: C가 그렇게 허락함으로써 D에게 C에 대한 권리, 그 샐러드를 먹을 권리를 주었다고 생각하는 것이 직관적으로 그럴 법하다. 그러나 나는 그러고 나서 "D의 권리"에 관해 이야기하면서 호펠드는 **그것**을 특권으로 생각한다고 말했다. 나는 그렇게 함으로써 C가 D에게 샐러드를 먹어도 된다는 허락을 하면서 D에게 준 **그** 권리 (the right)와 같은 것이 있는 듯이 암시하였다. ◆

그것은 참인가? D에게 샐러드를 먹어도 된다는 허락을 C가 D에게 하면서 준 **그** 권리와 같은 것이 있는가? 나는 당신이 블로그에게 당신의 샐러드를 먹어도 된다고 허락하는 전형적인 사안에서는, 당신은 그에게 당신에 대하여 당신의 샐러드를 먹을 특권만 주는 것이 아니라 그 이상을 준다고 생각하는 쪽으로 강하게 끌린다: 당신은 그에게 그가 샐러드를 먹는 것에 당신이 간섭하지 않을 것을 요하는 당신에 대한 청구권도 주었음이 분명하다. (당신이 우리가 허락을 하면서 흔히 사용하는 문구를 ─ "그래도 돼요(You may)", "마음껏 그러세요 (Help yourself)", "편히 그러세요(Feel free)" ─ 사용한다면, 나는 당신이 특권뿐만 아니라 그에게 불간섭 청구권도 준 것으로 생각할 수밖에 없다고 본다.) 나는 당분간은, 블로그에게 당신의 샐러드를 먹어도 된다는 허락을 하면서 당신이 그에게 그가 그것을 실제로 먹을 것을 요하는 청구권을 주거나 아니면 심지어 그가 그것을 먹는 것을 당신이 조력할 것을 요하는 청구권을 주었다고 말하지 않을 것이다. 그러나 당신에 대한 불간섭 청구권은 이와는 다른 것 같다. ◆◆ 그렇다면, 당신

◆ 여기서 단수 지시대명사 '그것(it)'과 정관사 '그(the)'는 둘 이상이 아닌 단 하나를 가리키는 뜻으로 쓰였다. 즉 C가 D에게 허락을 하면서 준 권리가 특권뿐이지 다른 권리는 준 것이 없다는 뜻으로 쓰였다.

◆◆ 즉, 보통 위와 같은 문구를 사용하여 말하면 불간섭 청구권도 함께 주는 것 같다.

이 그에게 당신의 샐러드를 먹어도 된다는 허락을 하면서 당신이 블로그에게 주는 **그** 권리 같은 것은 없다. 당신은 그에게 두 개의 권리를 주고 있기 때문이다: (만일 그의 특권이 권리라면) 샐러드를 먹을 특권이 하나요, 그가 샐러드를 먹는 데 간섭하지 않을 것을 요하는 청구권이 다른 하나다.

그러나 C와 D를 포함하는 상황은 한 사람이 다른 사람에게 어떤 것을 하는 것을 허락하는 전형적인 상황과 진정으로 같지는 않았다. 호펠드의 사례는 내가 말한 것보다 더 복잡하다. 호펠드가 쓴 것[7]은 다음과 같다.

> 샐러드 소유자인 C는 D에게 다음과 같이 말할 수도 있다. "그럴 수 있다면 샐러드를 먹어라. 당신은 그렇게 해도 되는 나의 허가를 얻었다. 그렇지만 당신에게 간섭하지 않는 것에 동의하지 않는다." 그런 사안에서 특권은 존재한다. 그래서 D가 샐러드를 먹는 데 성공한다 해도 그는 C의 아무런 권리도 침해한 것이 아니다. 그러나 C가 그 접시를 너무나 단단히 쥐고 있어서 D가 그 내용물을 먹지 못하였다 하더라도, D의 아무런 권리도 침해되지 않았다는 것 또한 동일하게 명백하다. (p. 41)

호펠드의 독자 중 일부가 이 구절이 헷갈린다고 생각한 것도 놀라운 일이 아니다. C는 (무슨 이유로?) D에게 C에 대하여 샐러드를 먹을 특권**만** 줬으며 D가 그것을 먹는 것에 C가 간섭하지 않을 C에 대한 청구권까지 주고자 하지는 **않**았다. 특권만 주고 불간섭 청구권은 주지 않는 것이 가능하다고 생각한 점에서 호펠드가 옳은 것으로

---

7 나는 (호펠드가 거론했던 네 명의 소유자 중) 세 명의 소유자는 인용하면서 삭제했으며 또 그 인물들의 이름을 대문자 기호로 바꾸었다.

보인다. 특권(단지 의무의 결여〔mere lacks-of-duty〕)이 청구권을 필함하지 않는다고 보이기 때문이다.

(H₃) 특권은 청구권을 필함하지 않는다.

를 기억하라. 게다가, 특권만 주면서 그와 함께 불간섭 청구권은 **주지** 않는 것이 가능하다고 생각한 점에서도 호펠드는 옳았다. (그러나 이렇게 특권만 주면서 청구권은 주지 않기를 원한다면 얼마나 세심해야 (careful) 하는지를 주목하라. C는 확실히 세심했다. **"그럴 수 있다면** 샐러드를 먹어라."라고 하면서 C는 "당신은 그렇게 할 나의 허가를 얻었다. 그렇지만 **당신에게 간섭하지 않는 것에 합의하지는 않는다.**"고 말했다.) C가 D에게 샐러드를 먹을 C에 대한 특권만 주었다고 보이며, 그래서 D에게 샐러드를 먹을 것을 허락하면서 C가 D에게 준 **그** 권리 같은 것이 정말로 있었다고 보인다. 그럼에도 불구하고 그 구절을 빠르게 읽으면 헷갈리는 인상을 받는 것이 놀라운 일은 아니다. 첫째로, 내가 말했듯이 허락을 주는 사람은 전형적으로 특권뿐만 아니라 실제로 불간섭 청구권도 준다. 그렇기 때문에 특권만 줄 가능성을 간과하는 일이 매우 자연스럽게 일어날 수 있다. 둘째, 왜 어떤 사람이 특권만 주기를 원하는지 그 이유를 쉽게 이해할 수 있는 배경을 상상하기란 쉽지 않다. 그래서 어떤 사람이 특권만 주기를 원한다는 것을 받아들이기도 쉽지 않다. 이 동전의 다른 면은, 왜 어떤 사람이 특권만 얻게 될 것을 알면서도 특권만을 얻는 데 관심을 가질 수 있는지 쉽게 이해할 수 있는 배경을 상상하기란 어렵다는 것이다. "D가 접시의 내용물을 먹을 수 없도록 접시를 너무나 단단히" 쥐고 있겠다고 결정할 수도 있다면, D가 샐러드를 먹을 특권을 얻는 것이 D에게 무슨 소용인가? ─ 더구나 C가 이렇게 하는 것이 D에게 아무런 잘못도 아니라면?

아마도 D에게 쓸모 있는 것은 다음과 같다: C가 정말로 D가 샐러드를 먹는데 간섭한다면 그리고 그 외 다른 어떤 것도 D의 샐러드 먹기에 간섭하지 않는다면, 그리하여 D가 그 샐러드를 먹을 수 있고 실제로 먹는다면, **그 경우 C는 D가 자신에게 잘못했다고 불평할 수 없다.**(호필드의 표현에 따르면 "D는 C의 어떠한 권리도 침해하지 않았다.") 이것은 확실히 아무 소용이 없는 것이 아니다. 당신이 나에게 당신의 샐러드를 먹을 특권을 주지 않았다면, 그런데도 내가 그것을 어쨌건 먹어 치웠다면, 그 경우 당신은 내가 당신에게 잘못했다고 불평할 수 있다.

X가 Y에 대하여 특권을 가지고 있다면, X가 그 특권을 행사할 경우 Y는 X가 Y 자신에게 잘못했다고 불평할 수 없다는 사실, 바로 이 고려사항이 홉스로 하여금 인간이 보유하는 특권을 권리로 생각하게끔 하였다. 만일 자연상태에 관한 홉스의 견해가 타당하다면, 자연상태에 있는 누구도 다른 사람의 행동에 불평할 수 없으며, 이것은 그 상태의 도덕적으로 유의미한 특성으로, "그들은 모두 원하는 대로 할 권리를 가진다"는 말로 재기술하고 싶은 것이 매우 자연스럽다. 특권의 약함에 비추어 특권이 권리가 아니라고 말한다면, 우리는 특권의 도덕적 의의를 지나치게 가벼이 보게 된다.

그래서 나는 특권을 권리라고 말할 것을 제안한다.

또는 어쨌거나, "특권"에 대한 우리의 정의(定義)가 신발도 특권을 가진다는 결론을 산출하는데 신발은 아마도 아무런 권리를 갖지 않는다는 점을 감안하여, 인간이 보유하는 특권이 권리라고 말할 것을 제안한다. 여기서 중요한 점은, 인간이 특권을 보유한다는 사실에 걸려 있는 도덕적 이해관심(moral interest)을 시야에서 놓쳐서는 안 된다는 점이다.

이제 C와 D, 그리고 샐러드 사안으로 돌아왔다. 충분히 기이한 일이지만, 내가 함의한 것은 참이었다: D가 샐러드 먹는 것을 허락하면서 C가 D에게 주는 **그** 권리 같은 것이 정말로 있다. ― 그리고 그것은 실제로, 특권이었다.

8. 우리가 살펴본 바에 따르면 특권이 약하기 때문에, 특권에 관한 일정한 관념은 옳지 않다. 내가 염두에 두고 있는 것은, 다음과 같이 표현한 호펠드의 관념이다."[8]

> 도덕적 관계로 여겨지는 "자유(liberty)"(또는 그 용어의 느슨하고 일반적인 뜻에서 "권리")는, 여하한 확정된 내용을 가지려면, 정확히 **특권**과 같은 것을 의미할 수밖에 없다. (p. 42)

이것은 분명히 틀렸다.[9]

"자유가 있다(at liberty)"라는 문구를 가지고 시작해 보자. "블로그는 JJT의 샐러드를 먹을 자유가 있다(Bloggs is at liberty to eat JJT's salad)"가 참이 되기 위한 요건은 무엇인가?◆ 두 가지가 있다. 첫째, 블로그는 모든 사람에 대해 내 샐러드를 먹을 특권을 가져야만 한다. 블로그가 당신에게 자신이 내 샐러드를 먹지 않겠다고 약속했다면, 블로그가 **나**에 대해서는(as regards me) 내 샐러드를 먹을 특권을 가질 수는 있지만, 그는 내 샐러드를 먹을, 그저 단순하게 그리

---

8 호펠드가 실제로 쓴 것은 다음과 같다: "자유(liberty)는 **법적** 관계로 여겨진다. (또는 그 용어의 느슨하고 일반적인 뜻에서 법적 '권리'로 여겨진다.)"(강조는 지은이)

9 그것은 법적 용법에 대한 해명으로서도 분명히 틀렸다. 주석 11을 보라.

◆ "JJT"는 주디스 자비스 톰슨(Judith Jarvis Thomson)의 머리글자를 딴 것으로 저자 자신을 가리킨다.

고 딱 잘라서(all simply and flatly) 내 샐러드를 먹을 자유가 있지는 않다. — 그는 당신에 대해 그것을 먹지 않을 의무를 지기 때문이다. 둘째, 블로그는 모든 다른 사람에 대하여, 그가 내 샐러드를 먹는 데 **일정한 범위의 방식으로** 간섭하지 않을 것을 요하는 청구권을 갖고 있어야 한다. 어쨌거나 간섭에는 여러 가지가 있다. 블로그가 내 샐러드를 먹을 자유가 있다는 것은, 당신이 너무나 아름답게 노래를 불러서 샐러드에서 노래로 주의를 끌어 그가 그 샐러드를 먹는 것에 간섭할 경우에는 그의 아무런 청구권도 제한하지 않는다는 것과 양립 가능하다. 당신이 블로그에게, 그의 장모가 전화를 걸었으며 블로그와 통화하고 싶어 한다고 (진실되게) 말하여 간섭한다고 해도 마찬가지다. 이와는 대조적으로, 블로그는 당신이 (또는 내가 또는 다른 사람들이) 그 샐러드를 그로부터 낚아채거나 그 접시를 너무나 단단히 쥐어 그가 샐러드를 먹을 수 없게 함으로써 그가 먹는 것에 간섭하면 그의 청구권이 정말로 제한되는 경우에만, 내 샐러드를 먹을 자유가 있다.◆ 블로그가 다른 모든 사람에 대하여 그가 샐러드를 먹는 것에 그들이 그런 방식으로 간섭하지 않을 것을 요하는 청구권을 가지는 경우에만 내 샐러드를 먹을 자유가 있는 것이 되는 간섭의 방식이 무엇인지 설명하기란 쉽지 않다. 그러나 블로그가 그런 방식으로 간섭받지 않을 것을 요하는 청구권을 정말로 갖는 경우에만 샐러드를 먹을 자유가 있다는 것은 옳은 것 같다.

또는 나는 그렇게 생각하며, 그렇다고 상정할 것이다. 어떤 사람, 이를테면 블로그는 그렇게 하지 않을 의무를 전혀 지고 있지 않으며 (그리하여 그가 모든 이들에 대하여 그렇게 할 특권을 갖고 있으며) **그리고**

◆　즉 다른 사람이 그런 방식의 간섭을 하면 제한될 청구권을 보유하고 있어야만 자유가 있다고 말할 수 있다. 톰슨은 자유라는 복합적 권리가 있다고 하려면 일정한 간섭을 배제할 청구권도 있어야 한다는 점을 지적하고 있다.

　　　　　제1부 무엇이 권리인가

다른 모든 사람은 그에 대하여 그가 어떤 적합하게 선택된 세트의 방법들로 그렇게 하는 것에 간섭하지 않아야 할 의무를 진다. '자유가 있다(being at liberty)'는 관념은, 내가 생각하기에 — '특권' 관념과는 달리 — 매우 강한 것이다.

이 논지가 타당하다면, D가 C의 샐러드를 먹을 자유가 있다고 말하는 것은 명백한 거짓이다. D는 C에 대하여 그것을 먹을 특권은 가지고 있고, 그리고 아마도 D는 모든 사람에 대하여도 그것을 먹을 특권을 갖고 있을 것이다. 그러나 D는 C가 그 접시를 단단히 쥐고 있어서 D가 그 샐러드를 먹지 못하도록 방해하지 않을 것을 요하는 C에 대한 청구권은 갖고 있지 못하다. C가 D에게 그 청구권을 주기를 거부했기 때문이다. — C는 D에게, D가 그 샐러드를 먹는 것에 C가 간섭하지 않을 것을 요하는 그 어떠한 청구권도 주기를 거부하였다.

"이러이러한 것을 할 **그** 자유(the liberty to do such and such)"는 "이러이러한 것을 할 자유가 있다(at liberty to do such and such)"보다는 덜 흔한 어구로 보인다. 그러나 정말로 때때로 등장하기는 한다.[10] 나는 그 덜 흔한 어구를 사용하는 이들은, 더 흔한 어구도 그 사람에게 귀속될 수 있다고 생각하지 않는다면, 그 덜 흔한 어구를 그 사람에게 귀속시키지 않을 것임이 명백하다고 생각한다. 그래서 우리가 블로그에 관하여, 그가 JJT의 샐러드를 먹을 자유가 **있다**고 생각하지 않는다면 그가 JJT의 샐러드를 먹을 **그** 자유를 가진다고 말하진 않을 것임이 명백하다고 생각한다. 이것은 이러이러한 것을 할 그 자유는, 한편으로는 그 모든 특권을 포함하며, 그리고 다른

---

10 예를 들어 린들리 경(Lord Lindley)은 호펠드가 인용한 의견에서 "자신과 거래하고자 하는 다른 사람과 거래할 그 자유(the liberty to deal with other persons who were willing to deal with him)"를 원고에게 귀속시킨다. 주석 11을 보라.

한편으로는, 그것을 보유하는 것이 이러이러한 것을 할 자유가 있음의 필요충분조건인 불간섭 청구권을 포함한다는 점을 시사한다.◆

이러이러한 것을 할 그 자유 자체가 권리인가? 그렇다고 상정하는 데 아무런 문제도 없다고 본다. C의 샐러드를 먹을 그 자유 자체가 권리라고 상정하는 데 아무런 문제도 없다. D는 이 권리를 갖지 않는다. D는 그가 샐러드를 먹는 데 C가 간섭하지 않을 것을 요하는 청구권을 C에 대하여 갖지 않기 때문이다. 그러나 그는 그것을 가졌을 수도 있다. — 만일 C가 더 관대하여 샐러드를 D에게 그냥 아무 조건도 달지 않고(outright) 줬다면, D는 그 샐러드를 먹을 그 자유를 가졌을 것이다.

더군다나 우리가 이러이러한 것을 할 그 자유 자체가 권리라고 상정할, 우리 용법상의 어떤 이유가 있다. 내가 염두에 두고 있는 것은 다음과 같다. 우리는 어떤 사람에 관하여, 그 사람이 C의 샐러드를 먹을 **어떤** 권리(a right)를 갖고 있다고 말하면서 그 사람에게 그것을 먹을 특권만을 귀속시키는 것을 의미할 수도 있다. 그러나 나는 우리가 어떤 사람에 관하여 그가 C의 샐러드를 먹을 **그** 권리(the right)를 가지고 있다고 말할 때 우리가 전형적으로 귀속시키고자 의미하는 것은 바로 그 샐러드를 먹을 그 자유이다.

그러므로 나는 우리가 이러이러한 것을 할 그 자유 자체가 권리라고, 그리하여 권리들을 담는 권리(a right that contains rights)라고 상정할 것을 주장한다. 그러나 이러이러한 것을 할 그 자유 그 자체가, 권리들을 담는 권리라는 사실은 확실히 그것을 권리들 가운데서 독특한 것으로 만들지는 않는다. 생명, 자유, 재산에 대한 권리 역시 권리들을 담기 때문이다. (자유에 대한 권리(the right to liberty)는

◆　여기서 명사형 어구 '그 자유'는 복합 권리 전체를 하나로 지칭하여 가리키는 말이다.

　　　　　제1부 무엇이 권리인가

추정컨대, 그 자체가 권리들을 담는, 이런저런 것을 할 그 자유와 같은 권리들을 담는다.) 다른 권리들을 담는 권리를 "복합 권리(cluster-rights)"라고 하자.11 ◆

11 호펠드가 다른 사람의 견해를 틀렸다고 경멸하는 모습은 인상적이지만, 그의 경멸은 때로는 엉뚱한 곳을 향한다. 하나의 예가 호펠드가 (p. 42에서) 인용한 *Quinn v. Leathem* 판결에서 린들리 경의 의견이다. "원고는 영국 국민의 통상적 **권리들**(rights)을 가졌다. 원고는 자신이 선택한 방식으로 자신의 생계를 유지할 **자유가 있었다.**(at liberty) 이 **자유**(liberty)는 자신과 거래하고자 하는 다른 사람들과 거래할 **그 자유**(the liberty)를 포함하였다. **이 자유**(This liberty)**는 하나의 권리**(a right)**이다.** ⋯ 그것에 **상응하는 것**(correlative)은 이 자유의 자유로운 행사를 방해하지 않을 모든 각인의 일반적 **의무**(duty)이다." 호펠드는 (pp. 42-43에서) 다음과 같이 말한다: "법적 관계로 간주되는 '자유'(또는 그 용어의 느슨하고 일반적인 뜻에서 '권리')는, 여하한 확정적 내용을 애초에 가지고 있다면, **특권**(privilege)과 정확히 같은 것을 의미할 수밖에 없다. ⋯ 그러므로 그런 자유의 한낱 존재로부터 '제3자'가 방해하지 않아야 할 **의무**(duty)를 진다고 결론 내리는 것은 **시작부터 가망 없는 논증**이다." 글쎄, 물론 "자유"가 "특권"을 의미한다면 린들리 경은 심각한 혼동에 빠진 것이다. 호펠드가 말하듯이 특권은 청구권을 필함하지 않으며 특히 불간섭에 대한 청구권을 필함하지 않기 때문이다. 그러나 "자유"가 "특권"을 의미할 **수밖에 없는가?** 린들리 경이 여기서 "자유가 있다"(at liberty)라는 우리가 실제로 사용하는 방식으로 사용했다는 사실, 그래서 린들리 경이 다른 사람들과 거래할 자유를 특권뿐만 아니라 불간섭에 대한 청구권을 담는 복합 권리로 여기고 있었다는 사실을 호펠드가 보지 못하게 한 것은 호펠드가 자신의 권리 분류에 너무나 심취해 있었기 때문일 수밖에 없다. (린들리 경은 "그 상응하는 것"을 이야기한다. 우리는 아마도 그가 불간섭에 대한 그 청구권들에 상응하는 의무들의 복합체를 가리키고 있었다고 이해하여야 할 것이다.)

우리가 흔히 권리라고 부르는 것들이, 그리고 아마도 그 대부분이 복합 권리라는 사실을 호펠드가 받아들이고 수용하지 못하고 그런 용어 사용을 한낱 혼동으로 거부했다는 점은 아쉬운 일이다. 이것이 아쉬운 이유는, 그가 그 사실을 받아들이고 수용했더라면 (호펠드가 비판한 많은 다른 저자들과 마찬가지로) 린들리 경이 "이러이러한 것을 할 자유"로 의미한 것은 복합 권리였다는 점을 볼 수 있었으리라는 것만이 아니다. 내가 염두에 두고 있는 다른 아쉬운 점은, '복합 권리'라는 관념을 그가 활용했더라면 **대인권**(rights in personam)과 **대물권**(rights in rem)에 대하여 더 명료하며 이론적으로 더 만족스러운 해명을 제시할 수 있었으리라는 것이다. 다음과 같은 구절에서 보이듯이 호펠드는 권리의 집합체에 대한 이야기가 유용하다는 점을 모르지는 않았다. "예를 들어 A가 갑지(甲地)의 단순 소유자(fee-simple owner)(fee-simple ownership은 leasehold ownership과 대조되는 것으로 사용·수익·처분권을 모두 갖춘 대한민국 법상 소유권에 해당한다. leasehold ownership는 지상권이나 임차권과 같은 사용권을 의미하는데 기간이 매우 긴 권리까지 포함하는 것이다. ─옮긴이)이다. 우리가 **토지**라고 부르는 A의 그 유형물에 관한 '법익' 또는 '재산'은 권리(또는 청구권), 특권, 형성권, 면제권의 복합적 집합체(a complex aggregate)로 구성되어 있다."(p. 96) 그러나 호펠드는 권리 집합체 복합 권리는 물론 엄밀한 뜻에서 권리는 아니다. 그것은 의무와 상응하지 않기 때문이다. 첫째로, 복합 권리는 특권을 담을 수 있는데, 특권은 의무와 상응하지 않다. 둘째, 주어진 복합 권리가 청구권만 담을 수도 있다고 상정하는 것, 정말로 하나의 동일한 것에 대한 청구권만 담을 수도 있다고 상정하는 데 아무런 장애가 없긴 하다. 그러나 그러한 청구권이 성립할 것을 요하는 사태들이 서로 다르다면, 이 청구권들 각각은 상이한 의무와 상응한다. 예를 들어 우리는 아무런 특권도 담지 않은, 내가 당신의 샐러드를 먹지 않을 것을 요하는 나에 대한 청구권과 내가 당신의 바나나를 짓뭉개지 않을 것을 요하는 나에 대한 청구권과 내가 당신의 칫솔을 사용하지 않을 것을 요하는 나에 대한 청구권 등등만을 담는, 복합 권리를 당신이 갖고 있다고 상정할 수 있다. 그러나 당신의 이 각각의 청구권들은 내가 지는 상이한 의무와 상응하기 때문에 당신의 복합 권리가 상응하는 **단 하나의** 의무는 없다.

더군다나 복합 권리가 그에 대하여 보유되는 그런 단일한 존재[상응하는 의무를 지는 상대방인 단일한 존재-옮긴이]가 꼭 있을 필요도 없다. 주어진 복합 권리는 그 각각이 동일한 존재에 대하여 보유되는

그 자체가 하나의 권리라고 상정하며 사람들이 자신들 및 다른 사람에게 귀속시키는 권리 중 많은 것이 바로 권리의 집합체**이다**라고 상정하는 추가적인 이론적 걸음을 내딛지는 않는다. 호펠드가 그러지 못한 것은, 모든 각각의 권리가 단일한 의무와 상응하도록 만들고자 했기 때문일 것이다. 그런데 그렇게 하면서 호펠드는 스스로 애초에 그 상응성이 가장 엄밀한 뜻에서의 권리에만 한정되는 것이라고 설정했음을 잊었다. 또한 법에서 중심적 질문이 X가 Y에 대하여 이런 또는 저런 단순한 직설적 청구권을 가졌는가 여부인 경우가 또는 그런 쟁점으로 유용하게 이해될 수 있는 경우가 매우 흔하다는 것이 호펠드가 권리의 집합체를 하나의 권리로 상정하지 못한 데 기여했을 수 있다.

◆ 포도 한 알을 하나의 권리라고 본다면 포도송이는 그러한 권리들이 결합된 복합체이다. 'cluster'는 외래어로 그냥 '클러스터'로 옮기기도 하고 맥락에 따라 '군', '성단' 등으로 번역하기도 하지만 권리들을 담는 권리인 복합적 권리의 모습을 가장 직관적으로 잘 드러내주는 번역어로 '복합체'를 택하였다.

청구권들의 복합체일 **수도** 있지만, 이러한 사정이 모든 복합 권리에 대하여 성립하는 것은 아니다. 주어진 복합 권리는 내가 당신의 샐러드를 먹지 않을 것을 요하는 당신의 나에 대한 청구권과, 블로그가 당신의 샐러드를 먹지 않을 것을 요하는 당신의 블로그에 대한 청구권을 담을 수 있는데, 당신의 이 청구권 양자 모두가 **하나의 존재**에 대하여 보유된다고 할 수 있는 그런 존재는 없다 — 블로그도 나도 다른 어떠한 것도 그런 존재가 되지 못한다 — . 즉, 내가 당신의 샐러드를 먹지 않을 것을 요하는 청구권과 블로그가 샐러드를 먹지 않을 것을 요하는 청구권 양자 모두 그 존재에 대하여 당신이 보유한다고 할 수 있는 그런 존재란 없다.

그럼에도 이러한 사정들은 복합 권리가 권리라고 상정하는 데 아무런 장애도 되지 않는다. 모든 권리들이 엄밀한 뜻의 권리는 아니기 때문이다. 특히 2절에서, 원한다면 어느 존재에 대해서도 보유되는 것이 아닌 권리들이 있다고 말하는 것이 열려 있다고 하였다. 그런 권리의 예 중 하나로 복합 권리를 들 수 있다.

요약하면 다음과 같다. 사람들은 청구권을 가지며, 청구권은 권리이다. 사람들은 특권도 가지며, 특권도 권리다. 사람들은 자유를 가지지만, 자유 자체가 특권은 아니다: 이런저런 것을 할 자유는 그것을 할 특권과 **그리고** 그것을 하는 데 간섭받지 않을 것을 요하는 청구권을 포함한다. 자유는 권리들의 복합체이며, 그 자체가 권리이다. 우리가 보유한다고 여기는 다른 많은 익숙한 권리도 복합 권리들이다.

9. 우리는 2부에서 몇몇 익숙한 복합 권리들을 더 자세히 살펴볼 것이다. 여기서 주목해야 하는 것은, 많은 수의 익숙한 복합 권리들이 청구권과 특권 이상의 것을 담는다는 점이다. 예를 들어 A가 타자

기 한 대를 소유한다고 해 보자. A가 그 타자기를 소유한다는 것은, A가 그것에 관한 많은 청구권과 특권을 갖는 것이라고 생각하는 것은 직관적으로 그럴 법하다. A가 B에 대하여 B가 그것을 사용하지 않도록 요하는 청구권을 가진다고 상정할 수 있다. A가 C에 대하여 그것을 사용할 특권을 가진다고 상정할 수 있다 등등. 그 목록은 매우 길 가능성이 높다. 그렇다면 A가 그 타자기를 소유하는 것을 A가 타자기에 관해 권리, 즉 청구권과 특권을 담으며 그리하여 복합권리인 그런 권리를 갖는 것으로 생각할 수 있다. 그러나 A는 그 타자기를 소유하면서 청구권과 특권의 복합체만 갖는 것이 아니고 그 이상의 것을 가진다. 그는 거기에 더하여, 호펠드가 "형성권(power)"이라고 부른 것을 가진다.

나는 호펠드를 따라, 형성권은 자기 자신의 행위에 의하여 어떤 사람의 권리에 변경을 야기할 능력이라고 말할 것이다. 여기서 어떤 사람의 권리란 자기 자신의 권리일 수도 다른 사람이나 사람들의 권리일 수도 있으며, 양자 모두일 수도 있다. 예를 들어, 그 타자기를 소유한 덕택에, A는 그 자신의 행위에 의하여, B가 그 타자기를 사용하지 않을 것을 요하는 B에 대한 청구권을 스스로 잃는다는 것을 참으로 만들 수 있다. A가 B에게 그것을 사용해도 된다고 허락하면 이런 일을 하는 것이다. C가 어떤 타자기를 빌려 달라는 청약을 하였다면, 그 타자기를 소유한 덕택에 A는 그 자신의 행위로, C가 A에 대하여 A가 그것을 사용하지 않을 것을 요하는 청구권을 취득한다는 것을 참으로 만들 수 있다. 이 능력들은 A가 그 타자기를 소유**하여**(in owning the typewriter) 갖는 형성권에 속한다.

다른 사람들이 어떤 청구권이나 특권을 취득하고 잃도록 할 수 있게끔 하기 위해 자기 자신이 꼭 무언가를 소유할 필요는 없다. 예를 들어 내가 누군가를 약속에서 면제해 줄 때는 언제나, 내가 청구권을 잃고 그 다른 사람은 특권을 취득하는 것을 야기한다. 내가 무언가를 하는 것을 대가로 제시된 무엇에 관한 청약을 받아들일 때는 언제나, 나는 스스로 특권을 잃고 그 다른 사람은 청구권을 취득하는 것을 야기한다.

그러나 소유권은 정말로 특별한 종류의 형성권을 포함한다. A가 타자기를 소유하고 나는 그렇지 않다는 것이 참인 덕분에, A의 타자기에 관하여 A는 어떤 특별한 형성권을 가지며 나는 갖지 않는다. 그 형성권 중 하나는 대략적으로 다음과 같이 기술될 수 있다. A는 그 자신의 행위에 의하여, (i) A가 다수의 청구권 전체(whole hosts of claims)를 잃고 그리고 (ii) 다른 사람들이 다수의 특권과 청구권 전체를 취득하는 것을 참으로 만들 수 있다. 그리하여 A가 쓰레기통에 그의 타자기를 버린다고 가정해 보자. 그 행위는 우리 법에서는 그 타자기를 포기하는 것(abandoning)에 해당한다. 그래서 (i) A는 B에 대하여 B가 그 타자기를 사용하지 않도록 요하는 청구권을 갖기를 중지한다, A는 C에 대하여 C가 그 타자기를 부수지 않을 것을 요하는 청구권을 갖기를 중지한다 등등이 따라 나온다. 그리고 또한 (ii) B는 A, C, 그리고 다른 사람에 대하여 그 타자기를 사용하거나 부술 수 있는 특권을 취득한다. 그리고 B는 다른 사람에 대하여 그들이 그가 타자기를 사용하는 것, 부수는 것 등등에 (일부 간섭 방식으로) 간섭하지 않을 것을 요하는 청구권을 취득한다. 내가 쓰레기통에 A의 타자기를 버린 것만으로 사람들의 청구권과 특권에 위와 비견할 만한 대규모 변경은 발생하지 않을 것이다. 이는 A는 그 타자기를 소유하지만 나는 소유하지 않기 때문이다.

A 자신의 행위에 의해(by an act of A's own) A가 권리에서 이 대규모 변경을 야기할 능력이 있다는 점을 강조하는 바이다. 나 역시도 그것들을 간접적으로 야기할 능력이 있다. 나는 A가 자신의 타자기

를 쓰레기통에 버리는 대가로 돈을 주겠다고 청약할 수 있고, A는 그 청약을 승낙할 수 있다. A가 승낙한다면, 나는 그 결과를 가져오는 것[나의 청약에 뒤이은 A의 승낙-옮긴이]을 야기함으로써 그 결과를 불러온 것이 된다. 그러나 A는 혼자서 자신의 행위, 이를테면 쓰레기통에 타자기를 버리는 행위에 의해 그것을 야기할 수 있다. 나 혼자서 그 타자기에 관해 하는 어떤 행위의 결과로도 사람들의 청구권과 특권에 대규모 변경은 확실히 일어나지 않는다.

우리는 더 나은 용어가 필요하다고 느껴, "대규모 형성권(large-sclae powers)"이라는 개념을 이야기할 수도 있다. 그 개념은 사람들의 특권과 권리에 대규모 변경을 가할 능력을 의미한다. 여하한 재산에 대한 소유도 대규모 형성권을 포함한다. (이를테면 의원이나 판사와 같이 일정한 종류의 공적 지위에 있는 사람도 또한 전형적으로 대규모 형성권을 가진다.) A가 타자기를 소유하는 것을 복합 권리로 생각한다면 — 그리고 나는 그렇게 생각해야 한다고 주장한다 — 그 복합체에는 형성권, 특히 대규모 형성권이 있는 것이다.

대규모 형성권을 갖는 사람은 추가적인 종류의 형성권인 메타형성권을 가질 가능성이 매우 높다. 메타형성권(matapower)이란 자기 자신과 다른 사람들이 형성권을 취득하고 잃는 것을 야기할 능력이다. 그래서 A가 B에게 A의 타자기에 관하여 "5달러를 주면 당신 것이오."라고 말한다고 가정해 보자. A는 그렇게 함으로써 메타형성권을 행사한 것이다. 그가 말함으로써, B가 형성권을 취득하게 만들었기 때문이다. 즉, 그렇게 말함으로써 A는, B가 A에게 5달러를 건네줌으로써 스스로 타자기의 소유자가 될 수 있는 능력을 갖게 만들었다. 메타형성권 보유가 소유권에 포함되는 중심 내용 중 하나로 여겨지므로, 우리는 소유권을 작은 규모의 형성권, 대규모의 형성권뿐만 아니라 메타형성권을 담는 것으로 생각할 수 있다. (국회의원이

제1부 무엇이 권리인가

나 판사 같은 일정한 종류의 공적 지위에 있는 이도, 또한 전형적으로 메타형성권을 가진다.)

그러나 내가 여기서 말하고 있는 것이 소유권이 형성권**이다**가 아님을 강조할 가치가 있다. 소유권은 형성권을 포함하지만, 청구권과 특권도 포함한다.

우리는 형성권이 그 자체로 권리라고 생각해야 하는가? 호펠드는 말했다.

> "권리"라는 용어는 주어진 사안에서, 가장 엄밀한 뜻의 권리라기보다는, 특권, 형성권, 면제권일 수도 있는 것을 무차별적으로 포괄하여 사용된다⋯(p. 36)

가장 엄밀한 뜻의 권리는 청구권이다. 그리고 확실히 그 어떠한 형성권도 청구권이 아니다. 그 어떠한 형성권도 의무와 상응하지 않기 때문이다. 그러나 "권리"라는 용어를 무차별적으로 사용하는 데는 확실히 아무런 문제도 없다. 우리가 문제되는 것이 형성권**이라**는 점만 기억하는 한 "권리"라는 용어가 형성권에 적용되는 것을 허용한다고 해도 아무런 문제도 없다. 사람들은 실제로 어떤 하나의 재산을 소유하는 사람이 그것을 주거나 팔 권리가 있다는 식으로 말하며, 오직 특권만을 귀속시키려는 의미로 그렇게 말할 수도, 의미할수도 있지만, 보통은 형성권도 귀속시키려는 의미로 말할 가능성이 높다. 권리라는 말을 그렇게 사용한다고 해서 꼭 오도하는 것은 아니다. 화자가 의미하는 바가 무엇인지 확실치 않을 때 그저 묻기만하면 된다.

10. 호펠드는 "형성권은 면제권에 대하여, 권리[청구권]가 특권에 대

하여 갖는 동일한 일반적 상반관계(same general contrast)에 선다."
(p. 60)고 말했다.◆ 그래서 X가 Y에 대하여 면제권을 가진다는 것은
바로 Y가 X에 대하여 형성권을 결여한다는 것이다. 예를 들어, 내
가 당신이 당신의 타자기 소유를 중지하게 만들 능력을 갖고 있지
않다면 당신은 나에 대하여 면제권을 가진다. (정부 공직자는 당신이
당신의 타자기를 소유하기를 중지하게 만들 능력을 가질 수도 있다. 그런
경우에, 당신은 그에 대하여 면제권이 없다.) 그리고 만일 양도 불가능
한 권리들이 있다면, 우리 각자는 우리 스스로에 대하여 어떤 면제
권을 갖고 있는 것이다. 이것은 나중에 다시 살펴볼 문제이다.

형성권이 권리인 것과 꼭 마찬가지로, 면제권도 권리라고 상정할
것이다. 예를 들어, 당신이 나에 대하여 갖는, 내가 당신이 더 이상
타자기를 소유하지 못하도록 만들 능력이 없다는 내용의 면제권이
(당신이 이 면제권을 갖고 있다면) 그 자체로 당신의 권리라고 하는 것
은 매우 그럴 법한 생각이다. 실제로, (제11장과 제14장에서) 일정한
면제권은 우리가 가장 심대하게 소중히 여기는 권리에 속한다.

11. 형성권을 갖는 것은, 다른 사람들이 이런저런 종류의 권리들을
갖게 할 또는 갖는 것을 중지하게 만들 능력을 갖는 것이다. 그래서
사람들이 이런 것을 할 능력이 있게 만드는 것이 무엇인가에 관한
해명을 자연스레 원하게 된다. 이 장에서는 사람들이, 예를 들어 약
속을 하거나, 다른 사람이 어떤 것을 하는 것을 허락함으로써, 정말
로 사람들로 하여금 권리들을 갖거나 갖는 것을 중지하도록 야기한
다는 점을 당연한 것으로 간주하였다. (C가 D에게 C의 샐러드를 먹어

◆　여기서 '상반관계'란 형성권이 있다면 그 상대방은 면제권이 없으며 반대로 그 상대방이
　　면제권이 있다면 형성권이 없고, 청구권이 있다면 그 상대방은 특권이 없으며 반대로 상
　　대방이 특권이 있다면 청구권이 없는 그러한 관계를 뜻한다.

도 된다고 허락하는 경우를 비교해 보라.) 이것을 당연한 것으로 간주한 이유는, 그것이 직관적으로 그럴 법하며, 권리 이론이라면 그런 일이 일어날 여지를 두어야 하기 때문이다. 그러나 물론 우리는 이런 점*이 권리 이론에 수용될 수 있는지 살펴볼 필요가 있다. 그렇지만 그것은 2부의 주제다. 당분간은, ─ 정당화 없이 ─ 사람들이 내가 지적한 방식으로 사람들로 하여금 권리를 갖거나 권리 보유를 중지하는 것을 정말로 야기한다고 계속 상정할 것이다. 1부에서 우리의 관심사는 우리가 어떤 권리를 갖고 왜 갖는가가 아니라, 우리가 이런저런 권리를 가진다면 어떤 도덕적 차이(moral difference)가 있을 것인가이다. 현재 우리의 관심사는 권리를 가진다는 것이 무엇인가(what it is to have a right)일 뿐이기 때문이다.

호펠드를 따라서, 권리를 갖는 것의 도덕적 의의란 권리와 의무 사이의 관계의 결과라고 생각하는 것이 옳은 것 같다. 그러므로 우리는 이제 '의무' 관념(notion 'duty')을 살펴봐야 한다.

◆ 사람들이 권리를 갖거나 갖는 것을 중지하도록 야기한다는 점

제2장

의무

1. 나는 B가 A의 토지에 출입하지 않을 것을 요하는 A의 B에 대한 권리는 청구권이며 그래서 의무와 상응한다고 생각하는 것이 매우 그럴 법하다고 말했다. 더 정확하게 말하면, A가 그 권리를 가진다는 것은

> (1) B는 A에 대하여, B가 A의 토지에 출입하지 않을 경우 오직 그 경우에만 B가 이행하는 것이 되는 그런 의무를 진다.

또는, 덜 장황하게,

> (1´) B는 A의 토지에 출입하지 않을 의무를 A에 대하여 진다.

와 동치이다. 그러나 의무를 진다는 것(to be under a duty)은 정확히 무엇인가?

일부 도덕철학자들은 "의무"라는 단어를 매우 폭넓게 사용한다: 그들은 당신이 어떤 것을 해야 하는 경우에 언제나 그 단어를 사용하여 당신은 그것을 할 의무가 있다고 한다. 그리고 당신이 어떤 것을 할 의무가 있는 경우에 언제나, 당신은 그것을 해야 한다고 한다. "의무"에 관한 그들의 이해에서는, 당신의 의무(your duty)는 당신이 해야 하는 것(what you ought to do)과 동일하다(identical). 기이한 용법 같다. 예를 들어 내 친구 알프레드에게 오늘 저녁 전화를 해야 한다고 해도, 나는 그 사실을 내가 그렇게 할 의무를 진다는 식으로 이야기하고 싶은 생각은 전혀 없다.

더군다나, 정말로 그렇게 매우 폭넓은 방식으로 "의무"라는 단어를 사용하는 사람은 이때까지 이야기된 것의 상당 부분을 이해하는 데 심각한 곤란을 겪는다. 예를 들어 (1′)을 살펴보자. (1)이

(2) B는 A의 토지에 출입하지 않아야 한다..

와 동치라고는 생각될 수 없음이 분명하다. (2)에는 (1′)에 담긴 무언가가 빠져 있기 때문이다: (1′)은 우리에게 B가 A에 **대하여**(toward) 의무를 진다고 말하는데, (2)에서는 그 정보가 제시되지 않는다.

여기서 논점은 또 하나의, 그리고 아마도 더 명료한 방식으로 지적할 수 있다. A가 B에게 A의 토지에 출입해도 된다는 허락을 했지만 B는 C에게 그 토지에 출입하지 않겠다고 약속한다고 가정해 보자. C는 이제 B에 대하여 B가 A의 토지에 출입하지 않을 것을 요하는 권리, 사실 청구권이며 그래서 의무와 상응하는 권리를 갖고 있다고 생각하는 것이 직관적으로 그럴 법하다. 더 정확하게 표현하면, C가 그 권리를 갖는 것은

제1부 무엇이 권리인가

(1″) B는 C에 대하여 A의 토지에 출입하지 않을 의무를 진다.
(B is under duty toward C to stay off A's land.)

와 동치이다. (1″)이 (2)와 동치라고 생각할 이유가 없다면 (1′)이 (2)와 동치라고 생각할 이유도 없다. 그렇다고 (1′)과 (1″) 둘 다 (2)와 동치라고 간주할 수는 없다. (1′)과 (1″)은 서로 동치가 아니기 때문이다. (1″)은 B가 C에 대하여 의무를 진다고 말한다. (1′)은 이와는 대조적으로, B가 A에 대하여 의무를 진다고 말한다. 이 둘은 분명히 서로 다르다.

호펠드의 '의무' 개념은 두 사람에게 결부되는 개념이다. 그 개념이 적용되는 사안이라면 어느 사안에서나, 의무를 지는 이(the one who is under the duty)와 그 사람이 그에 대하여 의무를 지는 상대방(the one toward whom he or she is under it)이 있다. 이것을 다음과 같이 요약할 수 있다: 그것은 이항 개념(a two-hat concept)이다.[1] '해야 한다(ought)'는 이항 개념이 아니다. 그것은 일항 개념(a one-hat concept)이라고 할 수 있다.

그러나 그렇다면 호펠드의 '의무'란 개념은 정확히 무엇인가? 그는 "의무"라는 단어로 정확히 무엇을 의미하는가?

호펠드가 의미하는 것이, 일상 영어 화자가 "의무"라는 단어로 의미하는 바는 아닐 것이다. 일상 영어 화자는 그 단어를, 이를테면 야간 경비원의 직무와 같이 ("야간 경비원의 의무는 매시간 순찰하는 것을 포함한다") 어떤 직무나 직위를 염두에 두고 있을 때에만, 부모의 역할 같이 ("부모의 의무는 자신의 아이가 학교 입학 전에 예방접종을 맞

---

[1] 나는 그것이 이항관계(two-place relation)라고 말하지는 않는다. 그러지 않는 이유로는 제1장 주석 5를 보라.

도록 하는 일을 포함한다") 어떤 역할을 염두에 둘 때에만 사용한다고 생각하는 쪽으로 끌린다. 그러나 그런 종류의 어떠한 것도 ─ 그 어떠한 직무, 직위, 역할도 ─ 호펠드가 의무에 관해 이야기하도록 하는 곳에서 꼭 작용하고 있는 것은 아니다. 그 주제에 관한 호펠드의 해명에서는, A는 B에 대하여 B가 A의 토지에 출입하지 않을 것을 요하는 청구권을 갖고 있다는 전제가 주어지면, B가 누구든, 그 직무, 직위, 역할이 무엇이든 B는 A에 대하여 A의 토지에 출입하지 않을 의무를 진다.

더군다나 일상 영어 화자는 "의무"라는 단어를 사용하면서 이항 개념을 귀속시킬 때도 있지만 귀속시키지 않을 때도 있다. 배우자의 의무를 이야기할 때, 우리는 추정컨대 배우자에 대한 의무로 그 의무를 생각한다. 그리고 아마도 야간 경비원의 의무를 그 경비원의 고용주에 대한 의무로 생각할 것이다. 그러나 우리가 의무로 생각하는 모든 것을 이렇게 생각하는가? (부모가 자신의 아이가 예방접종을 맞도록 할 의무가 아이에 대한 의무인가? 학교에 대한 의무인가? 공동체에 대한 의무인가? 이 질문에 대한 답이 꼭 있어야 하는가?) 호펠드의 단어 "의무"는, 이와는 대조적으로, 이항 개념을 귀속시키기 위해서만 (only to attribute a two-hat concept) 사용될 수 있다.

사람들이 항상 (거의 항상? 전형적으로?) 도덕적 이항 개념을 귀속시키기 위하여 사용하는 표현, 이를테면 "~를 하기로 공약되어 있다(committed to)", "~할 책무를 진다(under an obligation to)", 그리고 "~를 빚지고 있다(owes)"와 같은 표현이 있다. 어쨌거나 우리는 우리가 하기로 공약한 것, 책무를 지고 있는 것, 하기로 빚지고 있는 것과 같이, 이러이러한 것을 할 저러저러한 것(so and so to do such and such)을 매우 자주 말한다. 그러나 나는 이 표현 중 어느 것도 호펠드의 "의무"와 동의어가 아니라고 생각한다. "~를 하기로

제1부 무엇이 권리인가

공약되어 있다"를 살펴보자.♦ 이러이러한 일을 할 것이라고 당신에게 약속함으로써 내가 이러이러한 일을 할 것을 요하는 나에 대한 권리를 당신에게 주었다고 가정하자. 그 권리는 추정컨대 청구권일 것이다. 그래서 추정컨대 그에 상응하여 나는 의무를 질 것이다. 그래서 추정컨대

나는 당신에 대하여 이러이러한 일을 할 의무를 진다.

가 참일 것이다. ―내가 당신에게 그 권리를 주었다는 점에 비추어―

나는 이러이러한 일을 하기로 당신에게 공약되어 있다.
(I am committed to you to doing the such and such)

가 또한 참이라고 나는 확신한다. 그러나 이 두 문장은 동의어인가? 그렇지 않아 보인다. A는 B에 대하여 B가 A의 토지에 출입하지 않을 것을 요하는 권리를, 아마도 청구권을 가진다. 그래서

(1′) B는 A에 대하여 A의 토지에 출입하지 않을 의무를 진다.

는 추정컨대 참이다.

(1*) B는 A에 대하여 A의 토지에 출입하지 않기로 공약되어 있다.

♦ "committed to"는 어떤 것을 하기로 언질을 주었거나 약속을 한 상태를 뜻한다. 즉 약속을 한 상태에 있다는 것 또는 언질을 준 상태에 있다는 것보다 넓은 개념이므로, 이를 어느 한쪽으로 번역할 수는 없고 '~를 하기로 공약되어 있다'고 번역하였다.

또한 참인가? 공약되어 있는 사람들(people who have commitments)은 전형적으로 (항상?) 실제로 스스로 공약함으로써만(by actually committing themselves) 그러한 공약되어 있는 상태를 획득하게 된다. 그러나 우리는 A가 B에게 그렇게 할 것을 요하는 권리를 갖고 있다고 상정하기 위해 B가 A에게 A의 토지에 출입하지 않겠다고 B 스스로 공약했다고 상정할 필요는 없다.◆ 그러므로 B가 A의 토지에 출입하지 않도록 공약되어 있다고 말하는 것이 옳다고 생각한다면, 우리는 "공약되어 있다"라는 표현의 뜻을 잡아 늘어뜨리게 되는 것 같다. 그렇다면 (1′)이 (1*)과 동치라고 말하는 것은 이치에 어긋날 것이며, 그래서 그 둘이 동의어라고 말하는 것도 이치에 어긋날 것이다.

요약하면, 나의 인상으로는, 호펠드의 의무와 동의어인 익숙한 도덕 용어는 한마디로 없다. 실제의 영어 단어 "의무"도, "~를 하기로 공약되어 있다", "~를 하기로 책무를 지고 있다", "~를 빚고 있다"와 같은 단어도, 호펠드의 "의무"보다는 현저히 더 협소한 의미를 갖는 것 같다.

호펠드의 "의무"와 정확히 동의어인 익숙한 도덕 용어가 없다는 내 생각이 맞다면, 익숙하지 않은 용어는 있는가? 호펠드가 "의무"라는 말로 의미한 것에 대한 해명을 구성해 볼 수도 있겠으나, 어떤 것도 떠오르지 않는다.

그렇다면 우리는 왜 호펠드가 "의무"라는 말로 의미한 것을 우리가 안다고 생각했던 걸까? 한층 더 곤란한 것으로, 호펠드의 "청구권"과 "특권"을 "의무"에 의거하여 그가 정의한 것 덕분에 우리가 이해한다고 생각했던 걸까? 그리고 B가 A의 토지에 출입하지 않을

◆ 이를테면 A는 토지의 소유권자라는 이유만으로 B가 토지에 출입하지 않는 것을 요하는 권리를 가질 수 있다.

것을 요하는 A의 B에 대한 권리가 청구권이라고 그래서 어떤 의무와 상응한다고 생각하는 것이 매우 그럴 법해 보인다고 말했던 걸까? 의무가 무엇인지 명료하게 알지 못한다면, 그것이 그럴 법해 보인다고 생각할 수가 있었던 걸까?

나는 우리가 정말로 호펠드의 "의무"를 이해했고, 그럼으로써 그의 "청구권"과 "특권"도 이해했다고, 그리고 우리는 호펠드가 우리에게 제시한 사례 때문에 그리고 그 사례에 비추어 그것들을 이해했다고 생각한다. 한 구획의 토지를 소유하는 어떤 사람들은 다른 사람들에 대하여 그 토지에 출입하지 않을 것을 요하는 권리를 가진다고 생각하는 것이 그럴 법하다고 말했다. 그리고 당분간 A가 그 소유자 중 하나이며, A가 그에 대해 권리를 가지고 있는 다른 사람 중에 B가 있다고 가정하자고 말했다. 권리에 관하여 알고 싶은 것은 많지만, A의 권리에 관하여 우리가 아는 것 중 하나는 그것이 **어떤** 방식으로(in some way) B의 행동을 제약한다는 것이다. 나는 "A가 B에 대하여 권리를 가진다는 것의 도덕적 의의란 무엇인가?" 물었다. A가 그 권리를 B에 대하여 가진다는 것이 B의 행동을 어떤 방식으로 제약한다는 **것을** 논증하고 **난 다음** 거기서 더 나아가 그 방식이 정확히 무엇인지 묻지 않았다. A가 B에 대하여 권리를 가진다는 것이 B의 행동을 제약한다는 점에 독자들이 동의하리라는 것을 당연하게 여겼으며, 단지 어떻게 제약하는지만 물었다. 그 질문에 대한 특별히 흥미로운 답변이 호펠드의 논문에서 시사되었다고 말했다. 사실 호펠드의 논문에서 그 질문에 대한 어떠한 답도 시사되었다고 보지 않는다. 우리는 이미 A가 B에 대하여 권리를 가짐이 B의 행동을 제약한다는 것을 안다. 호펠드가 우리에게 제시하는 것은 "의무"라는 이름이 그 종류의 행동상 제약 —그 제약의 내용이 정확히 무엇이건— 을 지칭한다는 것, 즉 우리가 이미 알고 있듯이, A

가 B에 대하여 권리를 가짐이 B에 대해 부과하는 것을 지칭한다는 것이다. 그리고 우리가 그 내용이 정확히 무엇이건 간에 "의무"를 그 종류의 행동상 제약의 이름으로 보았으므로, 우리는 호펠드의 "의무"를 이해한 것이다.

바로 위에서, 호펠드의 "의무"와 정확히 동의어가 되는 익숙한 도덕 용어는 없다고 주장하였으며, 아마도 익숙하지 않은 동의어는 있지 않을까 질문을 던졌다. 어쩌면 **이제** 다음과 같은 생각이 떠오를지도 모르겠다: 의무는 A가 B에 대하여 B가 A의 토지에 출입하지 않을 것을 요하는 권리를 가짐이 B에게 부과하는 B의 행동에 대한 일종의 제약이다. 이것은 타당하다고 확신한다. 그러나 내가 말했듯이, 이것은 우리가 행동상 제약(constraint on behavior)◆이라고 칭할 바가 무엇인지 알려 주는 것이지, 그것이 무엇인지를 알려 주는 것은 아니다.

2. 그동안 호펠드의 논문를 충분히 검토한 것이 시간 낭비였다고 암시하고자 하는 것은 아니다. 그는 권리 이론에 세 가지 중요한 기여를 남겼다.

첫째로, 우리는 A의 B에 대한 권리가 B의 행동을 제약한다는 점을 이미 알고 있지만, 호펠드는 그 점을 상기시키며 그 점에 대해 주의를 촉구하면서, 그 점이 A의 권리에 관하여 중요한 사실이라는 점을 이야기한다. 실제로 그는 A가 권리를 가짐이 B가 제약을 받음과 **동치이다**(A's having the right is equivalent to B's being under that constraint)라고 이야기한다.

둘째, 그는 A와 B에 관해서만 관심을 가지는 것이 아니다: 그는

◆ '행동에 부과되는 제약'을 간단히 '행동상 제약'이라고 번역하였다.

일반적 목적을 지향하고 있다. 그가 우리에게 이야기하는 것은, 이 측면에서 A의 권리와 같은 권리종(種)이 있다는 것이다: 어떤 사람 X가 다른 사람 Y에 대하여 X가 Y에 대한 권리를 가짐이 Y의 행동을, A가 B에 대한 그의 권리를 가짐이 B의 행동을 제약하는 것과 정확히 동일한 방식으로, 제약하는 그러한 권리종 말이다. 그 종은, 물론 호펠드가 우리에게 그렇게 칭하도록 의도하는 바에 따르면, 가장 엄밀한 의미의 권리인 청구권이다. 그러므로 그 종에 속하는 모든 각각의 권리 사안에서 — 즉 모든 각 청구권 사안에서 — X가 그 권리를 가짐은 Y가 X에 대하여(in respect of X) 그 행동상 제약을 받는다는 것과 동치이다.

이 논제는 매우 중요하다. 권리 이론을 공부하는 학생은 우리가 어떤 권리를 갖는가에 대한 해명을 찾아 나선다. 호펠드가 우리에게 이야기한 것이 옳다면, 우리는 누가 우리에 대하여 행동상 제약을 받는지 알아냈을 때에는 우리가 가진 권리가 어떤 것인지를 발견한 셈이 된다. 실제로 우리는 우리가 어떤 청구권을 갖는지 물을 수 있을 뿐만 아니라 누가 우리에 대하여 그 행동상 제약을 받는지까지 물을 수 있다.

호펠드의 이야기가 **옳은가**? 한 가지는 명백하다 — 즉, 청구권 보유의 가치(that the value of having a claim)는 그 청구권을 가짐으로써 그 청구권의 상대방이 되는 자의 행동이 제약된다는 사실로부터 발생한다는 것이다. B는 누구도 소유하지 않는 토지 위를 마음껏 돌아다닐 수 있다. A가 B에 대하여 B가 어떤 구역의 토지에 출입하지 않을 것을 요하는 청구권을 갖는 것이 A에게 주는 가치는, A가 그 청구권을 가지고 있을 경우 B가 그 토지 위에서 (다른 사정이 동일하다면) 마음대로 돌아다니지 못한다는 사실로부터 나온다.

호펠드는 물론 청구권 보유의 가치가 청구권을 가짐으로부터 따라 나오는 행동에 대한 제약에 있다는 것보다 더 강한 무언가를 이야기한다: 그는 우리에게, 청구권을 가짐은 다른 사람의 행동에 그러한 제약이 있음과 동치라고 이야기한다. 그런데 그것은 확실히 옳다. Y의 행동은 X에 대하여, X가 Y에 대한 청구권을 가지고 있다면 제약을 받을 그런 방식으로 제약된다. 그리고 Y의 행동이 X에 대하여 그 방식으로 제약된다면 X는 Y에 대하여 청구권을 가진다.

권리 이론에 대한 호펠드의 세 번째 주된 기여는, 청구권인 권리 종 바깥에 놓이는 많은 권리들이 그 종 안에 있는 권리들〔청구권들-옮긴이〕과 직접적이고 단순한 연관관계(immediate and simple connections)를 가진다는 사실—나에게 그것은 하나의 명백한 사실로 보인다—에 대해 우리의 주의를 촉구한 것이다. 예를 들어 두 번째 종의 권리인 특권을 생각해 보자. 호펠드는 "특권"을 "의무"에 의거하여 다음과 같이 정의하였다: "특권은 의무의 반대이지만(a privilege is the opposite of a duty)" "의무는 그 특권의 내용 및 취지와 정**반대**의 내용과 취지를 갖고 있다(duty having a content or tenor precisely opposite to that of the privilege)." 호펠드의 "의무"와 동의어인 영어 표현이 쉽게 활용 가능한 것이 없었는데 우리는 특권이 무엇인지 어떻게 이해할 수 있었는가? 우리는 "특권"이 호펠드가 우리로 하여금 A가 B에 대하여 그의 권리를 갖는 것이 B에게 부과하는 바로 그 종류의 행동 제약이 없음을 가리키기를 바란 명칭이라고 이해하였다. 이 종에 들어가는 여하한 권리가 있는가? 있다. C의 샐러드를 먹을 C에 대한 D의 권리는 호펠드가 바로 그런 권리의 사례로 의도한 것이며, 그런 권리의 사례가 맞다. D가 C에 대하여 C의 샐러드를 먹을 권리를 가짐은 분명히, C의 샐러드를 먹지 않아야 하는 그런 종류의 제약을 D가 받지 않음(not being under that kind of constraint)과 동치이기 때문이다.

그러나 위와 같은 것이 성립한다면, D가 C의 샐러드를 먹을 C에 대한 그의 권리(두 번째 종의 권리, 즉 특권)를 가짐은 D가 C의 샐러드를 먹지 않을 것을 요하는 D에 대한 권리(첫 번째 종의 권리, 즉 청구권)를 C가 갖지 않음과 동치이다. 나는

(H_1) $C_{X, Y}$ p는 $D_{X, Y}$ p와 동치이다.

와

(H_2) $P_{X, Y}$ p는 Not-$(D_{X, Y}$ Not-p)와 동치이다.

를, 호펠드를 따라, 이 책의 이후 내용에서 쓸, "청구권"과 "특권"의 용법을 보여주는 것으로 제시하였다. 그것은 결합하여

(H_5) $P_{X, Y}$ p는 Not-$(C_{X, Y}$ Not-p)와 동치이다.

위 H_5로부터, 두 번째 종의 권리는 첫 번째 종의 권리와 다음과 같은 직접적이고 단순한 연관관계를 가진다는 점이 직접 드러난다: X가 사람 Y에 대하여 두 번째 종의 권리[특권―옮긴이]를 가짐은, Y가 X에 대해 첫 번째 종의 권리[청구권―옮긴이]를 갖지 않음과 동치이다.

호펠드는 우리가 "권리"라는 용어를 첫 번째 종의 권리에만 쓰는 것을 선호하겠지만, 내가 앞 장에서 말했듯이 특권을 권리라고 칭하는 전문적 용법을 선호할 적절한 이유가 있다. 그러므로 특권은 (두 번째) 권리종을 형성한다.

게다가 우리는 형성권과 면제권이 세 번째 종의 권리라고 이야기할 수 있다. 호펠드의 해명은, 그것 역시 첫 번째 두 종의 권리[청구

권과 특권-옮긴이)와도 그리고 그것(형성권과 면제권-옮긴이) 상호 간에도 각각 직접적이고 단순한 연관관계를 가진다는 점을 드러낸다. 호펠드는 우리에게 형성권이란, 자기 자신과 다른 이들이 청구권, 특권, 형성권, 면제권, 그리고 네 번째 종의 권리를 취득하고 상실하는 것을 야기할 수 있음이고 면제권이란 그런 것을 야기할 수 없음이라고 이야기하기 때문이다.

권리들의 복합 권리라는 관념은 호펠드의 논문에는 등장하지 않는다. 그러나 등장할 수 있었고 정말로 등장했어야만 했다. (자유권과 같은) 복합 권리는 네 번째 종의 권리를 이루는 것으로 생각될 수 있다. 즉, 복합 권리는 내가 방금 언급한 네 종에 속하는 각 권리들의 복합체이다. ◆

나는 청구권이라는 권리종에 속하지 않는 **많은** 권리들이 그 종에 속하는 권리들과 직접적이고 단순한 연관관계를 가진다는 것이 명백한 사실로 보인다고 말하였다. **모든** 권리들이 청구권 종에 속하는 권리들과 직접적이고 단순한 연관관계를 갖는가? 더 중요한 점으로, 모든 권리들이 내가 열거한 네 종 중 하나에 속하는가? 그렇다고 말한다면 정말로 강한 것을 말하는 것이다. 그것은 어떤 사람, 이를테면 블로그가 이러이러한 권리를 갖고 있다고 주장하는데, 우리가 그의 (추정상의) 권리가 자리하는 곳을 네 종의 목록에서 찾을 수 없다면, 우리는 그가 진정으로는 전혀 권리를 갖고 있지 않다고 생각할 이유가 있다는 의미가 된다.

◆ 톰슨의 용법을 정리하면 첫 번째 종이 청구권, 두 번째 종이 특권, 세 번째 종이 형성권과 면제권, 네 번째 종이 복합 권리이다. 톰슨은 복합 권리들을 담는 복합 권리도 있을 수 있다고 이야기하는 것이다. 그리고 실제로도 그러하다. 예를 들어 「헌법」에서 교육에 관한 권리는 소극적 권리인 교육의 자유와 적극적 권리인 수학권을 모두 포함하는데 이 두 권리는 각각 복합 권리이다. 따라서 교육에 관한 권리는 복합 권리들의 복합 권리이다.

나로서는, 모든 권리들이 네 종의 권리 중 하나에 속한다는 것이 매우 그럴 법한 관념이라고 생각한다. 그러나 나는 그 결론을 직접 도출하는 논증은 제시할 수 없다. 우리가 (2부에서 살펴볼 바와 같이) 우리가 갖고 있다고 생각할 뿐만 아니라 우리가 갖고 있다는 것이 우리에 관한 도덕적으로 중요한 사실이라고 생각하는 권리들이, 그 종들 중 한 자리를 할당받을 수 있다는 점을 고려할 때 그 관념은 더욱 그럴 법해진다. 더욱이 어느 종에 그 권리들이 속하는지 알아내는 과정을 거침으로써 그 권리들의 보유가 포함하는 것이 무엇인지 이해하는 데 도움을 받는다. 물론 여기서 어떤 가능성을 간과했을지도 모른다. 모든 권리가 그 네 종에 속한다는 내용의 논증을 갖고 있지는 않기 때문이다. 아마도 다섯 번째, 그리고 여섯 번째 종이 있을지도 모른다. 그러나 권리의 종이 더 있다고 생각하는 사람들은, 그들이 더 있다고 생각하는 그 권리의 종을 내가 열거한 네 종과 대조하여야 할 필요가 있다고 여긴다면 얼마든지 그 특성을 서술해도 될 것이다. 더욱이 사람들이 갖는 권리의 종이 아무리 많아져도 무방하다고 여기는 태도(unlimited tolerance)는 미덕이 아니라는 점을 기억할 가치가 있다. 그 종류가 무엇이건 어떤 사람이 진정으로 권리를 가짐은 나머지 사람의 행동에 결과를 가질 수밖에 없음이 분명하고, 그래서 나머지 사람은 가짜 권리(bogus right)와 진짜 권리를 구별하는 데 이해관계가 있기 때문이다.

　어쨌건 모든 권리들이 그 네 종 중 어떤 종에 속한다면, 상당한 진전이 이루어진 것이다. 비유하면, 권리의 영역에서 단번에 길을 찾기란 매우 어렵다. 호펠드가 알려 준 것은 그 영역 안의 영토 사이의 길을 보여주는 지도를 만드는 수단이다. 그것은 권리 이론에 꽤 훌륭한 기여이다.

3. 제1장에서 호펠드가 우리에게 "우리가 B에 대해 가진다고 상정하는 권리를 A가 갖는 것의 도덕적 의의는 무엇인가?"라는 질문에, B가 A에 대한 의무를 진다고 말함으로써 답한다고 말하였다. 그러나 나는 이 장에서 호펠드는 실제로는 우리의 질문에 답을 제시하지 않는다고 말하였다: 그가 우리에게 제시하는 것은 그저, 단어 "의무"가 A가 권리를 갖는 것의 도덕적 의의에 대한 명칭이라는 것뿐이다. 그는 우리에게 그 도덕적 의의가 무엇인지를 이야기해 주지 않는다. 설사 그의 단어 "의무"가, 내가 앞서 주의를 촉구한 종류의 도덕 용어에서 익숙한 이런저런 것, 이를테면 "공약", "책무" 등등과 동의어였다 할지라도, 우리의 질문에 답을 사실 제공해 주지 않았으리라는 점을 강조할 가치가 있다. 그래서 문제는 (내가 그렇게 생각하듯이) 단지 호펠드의 "의무"와 동의어인 익숙한 도덕 용어가 없기 때문에 생기는 것이 아니다.

문제는 우리가 A의 B에 대한 권리의 도덕적 의의를 물으면서 답을 원했던 질문—또는 우리가 **진정으로** 답을 원했던 질문—은 설사 호펠드의 "의무"가 이러한 표현 중 어느 것과 동일한 것을 의미했다 하더라도 답해지지 않았을 것이라는 점이다. 이 점을 이해하기 위해서, 호펠드의 "의무"와 동의어인 익숙한 도덕 용어가 있다고 가정해 보자. "공약(commitment)"이 그런 용어이며, 그래서 호펠드가

   (1´) B는 A에 대하여 A의 토지에 출입하지 않을 의무를 진다,

로 의미한 바가 정말로 일상생활에서 우리가

   (1*) B는 A에 대하여 A의 토지에 출입하지 않기로 공약되어 있다.(B is committed to A to staying off A's land.)

로 의미되는 바라고 해 보자. 이것은 우리가 A가 B에 대하여 권리를 가지는 것의 도덕적 의의가 실제로는 A가 B에 대하여 권리를 가짐이 B의 행동을 다음과 같은 방식으로 제약한다는 사실에 놓여 있다고 말해야 함을 시사한다: A가 B에 대하여 어떤 권리를 가진다는 점을 전제할 때, B는 A에 대하여 그 권리가 **요하는** 무엇**에** 공약되어 있다.(B is committed to A to what the right is a right to) 그러나 우리는 지금 B의 공약에 대하여, A의 권리에 관해 물었던 것과 동일한 것 — 즉 "B가 A에 대하여 A의 토지에 출입하지 않기로 공약되어 있음의 도덕적 의의란 무엇인가?"—을 묻고 싶어 하는 것이 아닌가?

돌아가 보자. 우리의 첫 번째 질문은, 우리가 갖는 권리가 어느 것인가가 아니라 권리란 무엇**인가**(not which rights we have, but rather what a right is)라고 하였다. 이어, 권리를 갖는 것은 일종의 도덕적 지위를 갖는 것이며, 그 도덕적 지위가 무엇인가를 밝혀 내는 것은 권리를 갖는 일의 도덕적 의의가 무엇인가를 밝혀 내는 것이라고 하였다. 그러므로 권리가 무엇인가를 밝혀 내는 일은, 권리를 갖는 것의 도덕적 의의를 밝혀 내는 일을 요구한다. 나는 더 나아가, 한편으로 어떤 사람이 권리를 갖는 것과 다른 한편으로 사람들이 그 점에 관하여 해야 하는 것이 있다면 그것은 무엇인가 사이의 연관관계가 무엇인가를 밝혀 내기 전에는, 권리를 갖는 것의 도덕적 의의를 우리가 밝혀 냈다고 생각하지 않을 것이다.

그 논점은 강조할 가치가 있다. 어떤 사람이 우리에 대한 권리를 가지는가? 그렇다면 그 사람이 권리를 가진다는 것의 의의는 무엇인가? 그 사람이 권리를 가짐에 관하여 우리가 해야 하는 것이 있다면 무엇인지 듣기 전에는, 그 의의에 관한 이야기를 듣지 않은 것이다. 모든 각각의 도덕적 개념에도 그와 유사한 것◆이 참이라고 주장

◆ 어떤 도덕적 개념에 속하는 것이 성립하기 때문에 우리가 해야 하는 것이 무엇인지 듣기

할 수 있다. 스미스는 명예로운 사람이고 존스는 기만적인 사람인가? 스미스는 그가 해야 하는 일정한 종류의 것을 하지만 존스는 그렇게 하지 않는다. 이러이러한 상태나 사태가 우리의 상태나 사태보다 더 나은가? 다른 사정이 동일하다면 우리는 우리의 상태나 사태를 〔그 더 나은 상태나 사태로—옮긴이〕 바꾸어야 한다. 이러이러한 사람의 말은 명백한 거짓말(outright lie)이었는가? 다른 사정이 동일하다면 그는 그 말을 해서는 안 되었다. 정말로 도덕적 개념 일반이, 인간 행동에 그 도덕적 개념의 내용대로의 함의(import)를 가짐으로써만 그것들이 갖는 내용을 가진다고 주장할 수 있다. 그리고 도덕 그 자체가 행동에 대한 일련의 제약의 심장부에 있다. 이것이 도덕 전체에 대하여 참이건 아니건, 권리에 대한 이해가 사람들이 해야 하는 것에 권리들이 어떻게 연관되는지에 대한 이해를 필요로 한다는 것은 '권리를 가짐(having a right)' 개념에 관해서는 확실히 참이다.

내가 "권리를 가진다는 것의 도덕적 의의란 무엇인가?"라고 질문을 던지면서 묻고 있었던 것—그리고 내가 묻는 것으로 당신이 이해한다고 확신하는 것—은 바로 권리에 관한 **그** 종류의 정보였다.

그러나 만일 그것이 우리가 묻고 있던 종류의 정보라면, 그에 대한 답으로 "청구권을 가짐의 도덕적 의의는, X가 Y에 대한 청구권을 가짐이 공약이 행동을 제약하는 방식으로 Y의 행동이 제약됨이라는 사실에 있다"라고 답하는 사람은, 그 답을 하는 이가 그 말에 이어서 공약에 관한 바로 그 동일한 질문**에 답을 주기 전까지는 우리의 질문에 답하지 않은 것이다. 즉, 그 사람이 그에 이어 곧바로 Y가 X에게 이러이러한 공약이 되어 있음을 전제로, Y나 다른 누

전에는 그 도덕적 개념의 의의에 관한 이야기를 듣지 않은 것이다.

◆◆ 공약되어 있음의 도덕적 의의는 무엇인가?

제1부 무엇이 권리인가

구라도 해야 하는 것에 관하여 어떤 것이 따라 나온다면 그것이 무엇인가를 이야기하지 않고서는, 우리의 질문에 답하지 않은 것이다.

그것은◆ 수행하기 쉬운 과제인가? 당신에게 내 사무실에 오늘 4시에 있겠다고 약속했다고 가정하자. 그래서 내가 당신에 대하여 거기 그 시간에 있기로 공약되어 있다고 해 보자. 내가 거기 그때에 있어야 한다는 결론이 나오는가? 만일 내 아이가 갑자기 아파 병원으로 데려가야 할 필요가 생기고, 내가 아이를 병원에 데려 가는 일은 4시에 내 사무실에 있는 것과 양립 불가능하다면 어떻게 해야 하는가? 그럼에도 불구하고 정말로 사무실에 4시에 있어야만 하는가? 그래야 한다는 것은 적어도 명백하지는 않다. Y가 이런저런 것에 공약되어 있는 무엇이 Y나 다른 어떤 사람이라도 해야 하는 무엇을 필함하는가의 질문은 사실 답하기 쉬운 질문이 아니다.

그러므로 설사 호펠드의 "의무"가 우리가 일상생활에서 "공약"으로 의미하는 것을 뜻한다 할지라도, (가장 엄밀한 의미에서) 권리가 의무와 상응한다는 호펠드의 주장은, **그 자체로는**, 우리가 정말로 답을 원했던 질문에는 여하한 답도 전혀 제공하지 않는다.

4. 호펠드가 이 모든 것에 제시하려고 했던 답이 무엇인가를 물을 때가 왔다. 그가 다음과 같이 말할 것이라고 확신한다. "이봐, 내가 논문에서 관심을 두고 있었던 것은 법이라고 했잖아. 도덕이 **아니**라고."
그 점은 차이를 낳는다.

$$(H_1)\ C_{X,\ Y}\ p는\ D_{Y,\ X}\ p와\ 동치이다.$$

를 또 한 번 살펴보자. 우리가 이것을 호펠드가 그렇게 해석해야 한

◆ 권리를 가짐의 의의를 사람들이 해야 하는 것에 의해 해명하는 것은

다고 의도했음이 상당히 확실한 방식으로 해석한다고 가정해 보자. 다음과 같은 것을 말하는 것으로 말이다.

'X는 Y에 대하여 p일 것을 요하는 법적 청구권을 가진다'는
'Y는 X에 대하여, p일 경우 오직 그 경우에만 Y가 이행한 것이 되는 법적 의무를 진다'와 동치이다.

(H_1)의 이 해석하에서 (H_1)을 어떻게 이해해야 하는가?

우선, 무엇이 법적 청구권인가? 예를 들어 보자. 나는 당신에 대하여, 재미로 당신 차로 내 차를 들이받지 않을 것을 요하는 법적 청구권을 가진다. 내가 당신에 대하여 그 법적 청구권을 가진다는 것은 무엇인가? 우리가 그 아래에서 살고 있는 법체계는 어떤 사람이 자신의 차로 다른 사람의 차를 재미로 들이받는 것에 제재를 부과하며, 이는 그 법체계에 의해 통치되는 사람들 사이에서라면 모두 성립한다. 그리고 내가 그 법적 청구권을 당신에게 가진다는 것이 무엇인가에 관한 한 이론은 다음과 같다: 내가 그 청구권을 당신에게 가진다는 것은, 바로 우리가 살고 있는 법체계가 당신이 재미로 당신 차로 내 차를 들이받는 것에 제재를 부과한다는 것이다. 더 일반적으로: X가 Y에 대하여 Y가 X에게 이러이러한 것을 하지 않을 것을 요하는 법적 청구권을 가진다는 것은, 바로 그들이 살고 있는 법체계가 X에게 Y가 이러이러한 것을 하는 것에 제재를 부과한다는 것이다. 나는 이 이론을 실증주의라고 칭하겠다.[2]

---

2 "실증주의(Positivism)"는 실제로는 이 이론의 명칭이 아니라 더 일반적인 이론의 명칭이다. 내가 위에서 언급하지 아니한 다른 종류의 법적 청구권이 있으며 실증주의는 그런 법적 청구권도 해명하기 때문이다. 그러나 우리 논의의 목적은 그 다른 법적 청구권들에 주의를 기울이는 것을 필요로 하지 않는다. (또한 몇몇 법이론가들이 내가 여기서 언급하고 있는 "더 연성의" 이론들을 가리키는 데 그 명칭을 사용한다는 점도 언급해야겠다.)

실증주의자는 법적 의무에 관하여 무엇이라고 말하겠는가? 그들이 법적 청구권에 말한 것과 동일한 것을 법적 의무에 대해서도 이야기하리라고 생각한다. 그래서 Y가 X에 대한, Y가 이러이러한 것을 X에게 하지 않을 법적 의무를 진다는 것은, 바로 그들이 그 아래에서 살고 있는 법체계가 Y가 이러이러한 것을 X에게 하는 것에 제재를 부과한다는 것이라고 말할 것이다. 실증주의자들은 법적 의무와 법적 청구권은 확실히 그저 '다른 방향에서' 본 (제재—부과의) 동일한 현상이라고 말할 것이다. 즉, 법적 청구권을 말하는 것은 잠재적 피해자의 관점에서 제재를 기술하는 것이고, 법적 의무를 말하는 것은 잠재적 행위자의 관점에서 제재를 기술하는 것이라고 말할 것이다. 그렇다면 실증주의자는 법에 관한 논제로 해석된 (H$_1$)을 환영할 것이다: 그들의 견해에서는 아마도 그리 흥미로운 진리는 아니겠지만, 그럼에도 불구하고 진리일 것이다.[3]

확실히 법적 청구권에 관한 이 해명이 틀렸다고 주장할 수도 있다. 예를 들어, 도덕적 (또는 다른) 고려사항이 '법적 청구권'이라는 관념의 내용에 어떤 방식으로 들어간다고 주장할 수도 있다. 이런 종류의[◆] 상대적으로 단순한 정신의 이론은, 내가 당신에 대하여 갖는 당신의 차로 내 차를 재미로 들이받지 않을 것을 요하는 법적 청구권은, 실제로 법체계가 제재를 부과하건 안 하건, 법체계가 당신이 그렇게 하는 것에 제재를 부과**해야 한다**는(ought to) 것을 참으로 만든다는 것이다. 우리의 논의 목적에는 이 이념이 가리키는 여러 쟁점을 결정하는 것이 필수적이지는 않다. 우리에게 문제가 되는 것

---

3 예를 들어 H. L. A. Hart, *The Concept of Law* (Oxford: Clarendon Press, 1961)와, and Ronald Dworkin, *Taking Rights Seriously* (Cambridge: Harvard University Press, 1977)를 보라.

◆ 의무를 제재로 환원하면서도 도덕적 고려사항이 법의 내용을 결정할 때 들어온다고 보는

은 실증주의보다 선호할 만한 것으로 제시된 이 이론의 지지자 중 하나가, (H₁)에 관하여 실증주의자와는 상이한 입장을 취할 것인지 여부일 뿐이다. 방금 언급한 이론을 살펴보자. 이 이론의 지지자는, 내가 생각하기에 법적 의무에 관해서도 법적 청구권과 같은 것을 말할 가능성이 높다. 그래서 특히 당신이 나에 대하여 당신의 차로 내 차를 들이받지 않을 법적 의무를 진다는 것은, 법체계가 실제로 제재를 부과하건 안 하건, 법체계가 당신이 그렇게 하는 것에 제재를 **부과해야 한다**는 것을 참으로 만드는 것이라고 말할 것이다. 이 이론의 지지자는 법적 의무와 법적 청구권은 그저 '상이한 방향에서' 바라본 동일한 현상이라고 하는 논점에 관하여 어쨌거나 실증주의자와 의견을 같이할 가능성이 높다고 생각한다. 비록 그들은 그 현상의 본성에 관하여 실증주의자와 의견을 달리하겠지만 말이다. 그러니 그들도 (H₁)을 아마도 그리 흥미로운 진리가 아니지만 그럼에도 불구하고 진리라고 볼 것이다.

호펠드는 이 이론 중 어느 쪽 입장을 취하지는 않았다. 그는 이런저런 사람이 이런저런 법적 청구권이나 법적 의무를 가진다는 것을 참으로 만드는 것이 무엇인지에 관하여 전혀 말하지 않았다. 그의 관심을 끈 것은, 법적 청구권이 (무엇에 의지하건 상관없이) 법적 의무에 상응한다는 데는 의견을 같이해야 한다는 것이었다. 그리고 내가 말했듯이, 그 논쟁의 모든 당사자들은 이 점에 의견을 같이할 것이다.

그들이 의견을 같이하더라도 전혀 놀라운 일은 아니다. 그들이 법적 청구권에 대한 분석으로 제시하는 것은 — 그 분석이 법적 청구권이란 이런저런 종류의 행동에 부과되는 제재에 있다고 말하건 아니면 법적 청구권이란 그런 종류의 행위에 제재가 결부되어야 함을 참으로 만드는 데 있다고 말하건 아니면 다른 무언가를 말하건 —

'법적 청구권' 개념 분석뿐만 아니라 '법적 의무' 개념 분석으로도 타당한 것으로 비칠 수 있어 보이기 때문이다. 그 이론 중 어느 것도, 이 두 개념을 구별할 수단이 되는 내용을 내놓지 않는다. 그 모든 이론은, 내가 표현했듯이 그것을 '상이한 방향에서' 바라본 동일한 현상에 적용되는 것으로 여기는 것이 최선의 이해인 것 같다.

호펠드가 염두에 두었던 것이, 그가 염두에 두었다고 내가 방금 제안한 것이라면 — 그리고 나는 그가 그랬다고 확신한다 —, 내가 하고 있던 불평은 과녁을 벗어난 것이다. 나는 호펠드가 "의무"로 의미한 바가 정확히 무엇인지 명료하지 않다고 말했다. 호펠드는 정당하게 "당신은 잘못 판단하고 있다. 내가 '의무'로 의미한 바는 법적 의무다. 그리고 당신이 법적 의무가 무엇인지 알고 싶다면, Y가 X에 대하여 이러이러한 것을 X에게 하지 않을 법적 의무를 지는 것이 바로 법체계가 이러이러한 것을 어떤 사람에게 하는 것에 제재를 부과하는 것인지 아니면, 어떤 더 복잡한 방식으로 그것과 관련되어 있는 것인지의 문제를 다루는 법학 문헌을 찾아보라."고 답했을 것이다. 나는 또한 호펠드가 우리에게 "A가 Y에 대하여 X의 토지에 Y가 출입하지 않을 것을 요하는 권리를 가진다는 것의 도덕적 의의는 무엇인가?"라는 질문에 전혀 답을 제공해 주지 않는다고 말했다. 호펠드는 정당하게 다음과 같이 말할 수 있다. "나는 잠시라도 당신에게 그 질문에 대한 답을 제시하려고 한 적이 없다. X가 우리 사회에서 그가 실제로 가지듯이, Y에 대하여 Y가 Y의 차로 X의 차를 재미로 들이받지 않을 것을 요하는 법적 청구권을 가진다고 전제할 경우, Y는 X에 대하여 Y의 차로 X의 차를 재미로 들이받지 않을 법적 의무를 진다. (H_1)이 우리에게 이야기하듯이 말이다. 이로부터 Y나 다른 누군가라도 해야 하는 것이 무엇인가에 관하여 어떤 결론이 따라 나오는가? 그것은 흥미로운 질문이지만, 당신이 그

토록 크게 잘못 해석하고 있었던 내 논문에서 답하려고 했던 질문은 아니다."

호펠드가 염두에 두고 있었던 것이 그가 염두에 두었다고 내가 방금 주장한 것이라면, 우리는 그가 권리 이론에 중요한 기여를 했다고 여길 수 없다. 그러나 우리는 그가 법적 권리 이론에는 중요한 기여를 한 것으로 여길 수는 있다. 2절에서 나는 그가 권리의 영역 지도를 제시한 것으로 해석한다. 그를 올바르게 이해할 때, 우리는 그를 법적 권리의 영역 지도를 제시한 것으로 여길 수 있다.

5. 그러나 우리가 관심을 갖는 것은 법이 아니라 도덕이다. 서두에서 우리가 스스로 가지고 있다고 여기는 권리 중에는 생명, 자유, 재산에 대한 권리가 있다고 하였다. 그리고 나는 법에 관한 주장을 펼치려고 의도하지는 않았다.

몇몇 사람은 내가 염두에 두고 있는 것을 더 명확하게 드러냈을 것이라는 점에서, 내가 — 생명, 자유, 그리고 재산에 대한 법적 권리와 대비되는 것으로 — 생명, 자유, 그리고 재산에 대한 "도덕적 권리"라고 말했어야 한다고 이야기할 것이다. 이러한 제안이 눈에 보이는 것보다는 덜 유익하다는 점을 드러낼 가치가 있다고 생각한다.

서두에서 우리가 법적 권리를 갖고 있다고 말하는 것을 내가 전혀 반대하지 않는다고 하였다. 법적 권리들이, 호펠드가 우리에게 지도를 제시해 준, 하나의 영역을 형성한다고 생각하는 것에도 아무런 반대할 만한 점이 없다. 반대할 점은 다음과 같다. 많은 사람들은 "좋아, 우리는 한편으로는 법적 권리를 갖고 다른 한편으로는 도덕적 권리를 가진다"고 말한다. 그리고 그러한 사람 중 많은 수는, 그들이 "법적 권리"로 칭하는 것과 "도덕적 권리"로 칭하는 것이 권리의 영역 내에서 두 별개의 영토(two discrete territories)라고 말하는 것으로 이해되기를 원한다. 문제가 되는 것은 바로 **그** 이념(that idea)이다.

다른 비유로 표현하자면, 문제가 되는 것은 법적 권리와 도덕적 권리가 권리속(屬)에 들어가는 구별되는 두 종(種)(two distinct species of the genus rights)이라는 이념이다. 문제는 종을 구별하는 특성이 정확히 무엇으로 상정되어야 하는가이다. 나는 이 이념의 지지자가, 권리의 두 종은 그 종에 속하는 권리의 원천에 따라 상이하다고 말하리라고 확신한다. 그들은 그 종의 차이는 다음과 같은 어떤 방식으로 특징지어질 수 있다고 말할 것이다: S가 성립할 것을 요하는 X의 Y에 대한 권리는, 그들이 그 아래에서 살고 있는 법체계가 X에게 그 권리를 할당하기 때문에 X가 Y에 대하여 그 권리를 갖는 그런 경우에만 법적 권리종에 속한다. 이에 반해, S가 성립할 것을 요하는 X의 Y에 대한 권리는, 도덕이 그 권리를 X에게 할당하기 때문에 X가 그 권리를 갖는 경우에만 도덕적 권리종에 속한다.

그런데 나는 우리가 이미 두 종 논제(Two-Species Thesis)에 난점이 있다는 것을 볼 수 있다고 생각한다. 그 난점은, 우리의 권리 중 일부는 확실히 법적 원천과 비법적 원천(both legal and nonlegal sources)을 모두 갖고 있는 것으로 보인다는 사실에 있다. 예를 들어 나는 내 이웃에 대하여 그가 나를 살해하지 않을 것을 요하는 권리를 가진다고 생각한다. 그 권리는 나와 내 이웃 둘 다 그 법체계 아래에 살고 있기 때문에 나에게 할당된 권리이다. 그 법체계에서는 살인을 범죄로 선언하기 때문이다. 다른 한편으로 설사 법체계가 나에게 그 권리를 할당하지 않았더라도 내가 그 권리를 가졌을 것이라고 생각한다. 물론 그 아래 살고 있는 어느 누구에게라도 살해되지 않을 권리를 할당하지 않는 법체계를 상상하기란 거의 불가능하다. 아마도 그것은 상상조차 할 수 없는 법체계인지도 모른다. 그러나 불운하게도 유대인이나 흑인의 경우에는 살해당하지 않을 권리를 할당받지 못한 법체계를 상상하기란 너무도 쉽다.◆ 우리는 그러한 법체계 아래에서 살고 있는 유대인이나 흑인에 관하여, 그들의 아무런 권리도 제한되지 않았다고 이야기하지 않을 것임은 분명하다. 만일 그렇게 표현하기를 원한다면, 그들의 어떠한 법적 권리도 제한되지 않았다고는 할 수 있다. 그러나 **하나의** 권리가, 그리고 정말 근본적인 하나의 권리가 제한된 것이다. 그러한 법체계에 대한 비판의 요지는 정확히, 그 법체계가 그 아래에서 살아가는 인간으로서 가지는 근본적인 권리인 살해당하지 않을 권리를 그들에게 할당하지 않는다는 것이다.

두 종 논제(Tow-Species Thesis)의 지지자들은 이 난점을 여러 방식으로 우회할 수 있다. 아니면 더 나은 방법이라면서, 그들은 두 종 논제의 골칫거리를 말하고는, 세 종 논제(Three-Species Thesis)를 찬성하면서 두 종 논제를 거부할 수도 있다. 세 종 논제는, 법적 권리는 법적 원천만 갖는 권리이고, 도덕적 권리는 도덕적 원천만 갖는 권리이며, 법적/도덕적 권리가 세 번째 종, 즉 법적 원천도 도덕적 원천도 갖고 있는 권리를 형성한다고 하는 논제다.

그러나 두 번째 난점은 더 심각하다. 세 종 논제에 따르면, 법적 권리는 권리의 한 종이다. 그러나 정확히 어떤 것이 법적 권리인가? 세 종 논제는 S가 성립할 것을 요하는 X의 Y에 대한 권리는, 오로지 그들이 그 아래에서 사는 법체계가 그 권리를 X에게 할당하기 때문에 오직 그 때문에 갖는 경우에만 법적 권리종에 속한다고 한다. 그러나 우리가 법적 권리가 권리를 할당한다는 것이 무엇인가를 이해할 수 있는 방식에는 여러 가지가 있다. 우리가 법적 권리란 무엇인지 이해할 수 있는 방식이 여러 가지이기 때문이다.

◆ 유대인을 가스실로 보내 살해하는 행위를 허용하는 나치독일의 법체계나 노예주가 사사로운 징벌로써 흑인 노예를 죽일 수 있는 노예제 사회의 법체계를 쉽게 상상할 수 있다.

실증주의라고 칭한 것을 살펴보자. 실증주의는 법체계가 어떤 종류의 행동에 제재를 부과하면 잠재적 피해자는 다른 사람에 대하여 그들이 그런 종류의 행동을 하지 않을 것을 요하는 법적 청구권을 가진다고 말한다. 실증주의는 또한 법체계 어떤 종류의 행동에 제재를 부과하지 않으면 그 행동을 할 수 있는 잠재적 행위자(potential engagers)는 다른 사람에 대하여 그 행동을 할 법적 특권을 가진다고 말하는 것으로도 여겨질 수 있다. 더 일반적으로, 실증주의자는 법체계가 제재를 부과하거나 부과하지 않는 모든 경우에 권리를 할당한다고 여긴다. 그러나 만일 실증주의가 옳다면, 세 종 논제는 거짓이다. 우리 공동체에서 앞으로는 유대인 살해에 아무런 제재도 부과되지 않는다고 선언하며, 거기에 더해 유대인 살인을 막으려는 시도에는 제재가 부과된다고 선언한다고 가정하자. 여기에 어떤 유대인인 스미스를 증오하는 블로그가 있다. 블로그는 이제 스미스에 대하여 스미스를 살해할 법적 특권을 갖는가? 블로그는 나에 대하여 그가 스미스를 살해하는 것을 내가 막으려고 시도하지 않을 것을 요하는 법적 청구권을 갖는가? 만일 실증주의가 타당하다면, 그 두 질문에 대한 답은 모두 '예'이다. 그러나 그럴 경우 적어도 일부 법적 권리들은 권리속(屬)의 구성원이 아니다. 법적 특권에 관한 이 이해에 의하면, 의문의 여지없이 블로그는 스미스를 살해할 **법적** 특권을 가진다. 그러나 그는 스미스를 살해할 아무런 특권도 없다.✦ 의문의 여지없이 그가 스미스를 살해하는 것을 내가 막으려고 시도한다면 나는 블로그의 **법적** 청구권을 제한한다. 그러나 그는 내가 그렇게 하지 않을 것을 요하는 아무런 청구권도 갖지 않는다. — 내가 그러

✦ 실증주의적 이해에 의하면 이 가상적 법체계에서 블로그는 스미스를 살해할 법적 특권을 가지지만, 최종적인 당위와 관련되는 규범적 의미에서 진정으로 특권을 갖지 않는다. 따라서 그 법적 특권은 당위와 단절되므로 실제로는 특권이 아니다.

한 행위로 나아간다고 하여도 나는 그가 정말로 가진 아무런 청구권도 제한하지 않는다.

더 일반적으로 만일 실증주의가 옳다면, 그리하여 제재를 부과하고 부과하지 않는 것 그 자체가 법적 권리를 생성한다면, 그럴 경우 어떤 사람이 법적 권리를 가짐은 그 자체로는 그 사람이 권리를 가짐을 보장하지 않는다. 그러므로 법적 권리는 권리의 한 종이 아니다.◆

앞서 언급했듯이, 법적 청구권에 대한 해명으로 실증주의는 옳지 않다고, 그래서 법체계가 어떤 종류의 행동에 실제로 제재를 부과하는 것이 그 자체로 법적 청구권을 생성하지 않는다고 생각하는 이들이 있다. 그들은 법적 특권에 관해서도 동일한 이야기를 할 것이다. 그들 중 많은 이들이, 법체계가 권리를 할당하는지 여부의 질문, 그리고 정말로 특정한 법체계가 어떤 것**인지**의 질문이, 제재가 이런저런 종류의 행동에 부과되는지 아닌지와 관련된 문제들뿐만 아니라 도덕적 고려사항에도 달려 있다고 생각한다. 법적 권리에 대한 그런 해명을 채택하는 이들에게는, 법적 권리가 권리의 한 종이라고 상정하는 것, 그래서 어떤 사람이 법적 권리를 가짐이 그 자체로 그 사람이 권리를 가짐을 정말로 보증한다고 상정하는 것이 전적으로 열려 있다. 그러나 그런 견해에서는, 세 종 논제가 그런 구분이 있다고 선언하는 것과는 달리, 법적 권리 그 자체가 도덕적 원천을 갖고 있

◆ 이 부분에서 저자가 궁극적으로 비판하는 이념은, 법적 권리와 도덕적 권리가 나란히 권리의 영토를 나누어 차지하는 같은 층위의 병렬적인 항목이라는 이념이다. 그리고 이 이념은 법실증주의의 토대가 된다. 그러나 법실증주의가 옳다면 법적 권리는 당위와 단절되고 이를테면 그저 어떤 경우에는 제재가 부과될 것이 예상된다는 한낱 사실적 기술에 지나지 않는다. 그렇다면 당위의 차원에 속하는 권리의 영토를 법적 권리와 도덕적 권리가 나누어 차지하는 것일 수는 없다. 법적 권리는 당위의 차원에 속하지 않기 때문이다. 이 문제는 두 종이 아니라 세 종의 권리가 권리의 영토를 나누어 가진다는 제안을 통해서도 해소될 수 없다. 즉 세 종의 분류를 도입한다고 해도 저자가 든 사례에서 유대인 스미스를 살해할 블로그의 법적 권리는 당위의 영역에 속하는 것이 아님은 분명하기 때문이다.

으며 법적 원천만 지닌 권리와 도덕적 원천만 지닌 권리 사이에 그어져야 하는 예리한 구분이란 없다.

여기서 나의 목적은 두 종 논제와 세 종 논제가 거짓이라는 점을 보여주려고 한 것이 아니라, 단지 이 절의 서두에서 주의를 촉구한 언어적 제안 — 즉 우리가 권리가 아니라 한편으로는 도덕적 권리를 다른 한편으로는 법적 권리를 이야기해야 한다는 제안 — 이 그렇게 보이는 것보다는 도움이 덜 된다는 점을 보여주려고 한 것이다. 그 제안이 우리에게 부과하는 이야기 방식 그 자체를 명료화해 주는 것은 아니다: "도덕적 권리"와 "법적 권리"라는 어구에 의해 의미되는 바를 이해하는 일이 남아 있으며 그런 어구가 적용되는 것을 서로 연관 짓는 일뿐만 아니라 그저 단순히 "권리"라고 우리가 생각하고 전(前)철학적으로 기술하는 것과 연관 짓는 일도 남아 있다.

권리가 상이한 원천을 가질 수 있다는 점은 매우 명백하다. 나는 내 이웃 블로그에 대하여 그가 나를 살해하지 않을 것을 요하는 권리를 가진다. 그리고 이 권리의 원천은, 나의 많은 다른 권리, 이를테면 나의 블로그에 대한 그가 그의 쓰레기를 우리 마을의 규정이 쓰레기 수거일로 정한 수요일을 제외하고는 내 집 앞의 보도에 두지 않을 것을 요하는 권리 같은 많은 다른 권리들의 원천과는 동일한 것이 아니다. 권리 이론을 연구하는 학생은, 어떤 권리가 도덕적(또는 법적/도덕적)인 것인가 다른 것은 법적인 것인가 물음으로써 시작하는 것이 아니라, 그 원천이 무엇인지를 곧장 묻는 게 더 낫다. 우리 마을이 쓰레기 수거 조례를 통과시켰을 때 나는 블로그에 대하여 수요일을 제외하고는 집 앞 보도에 그의 쓰레기를 두지 않을 것을 요하는 권리를 취득하였다. 반면에 법체계가 살해에 제재를 부과하기를 멈춘다고 해도 블로그는 나를 살해할 권리를 취득하지는 못할 것이다. 권리 이론을 연구하는 학생은, 그저 왜 어떤 것은 법체계

덕분에 취득하는 권리인데 다른 것은 법체계가 있어도 취득하지 못하는 권리인지 곧장 묻는 것이 더 낫다. 그렇게 하고 싶은 누구라도 종국에는, 권리속이 그런 방식으로 적합하게 명칭이 부여될 수 있는 종을 가지는 것으로 이해될 수 있게 하는 "도덕적 권리"와 "법적 권리"라는 용어로 타당하게 의미될 수 있는 것에 대한 해명을 구성하고자 할 수 있다. 그러나 우리의 관심사는 권리속 그 자체(the genus rights itself)다. ― 책 전반에 걸쳐 표현할 바와 같이, 우리의 관심사는 사람들의 권리다.

그러나 우리는 계속해서 호펠드가 우리에게 그 지도를 준, 법적 권리의 영역이 있다고 말할 수도 있다. 우리는 그저 (호펠드가 그랬듯이) 무엇이 어떤 것을 그 법적 권리의 영역에 속하도록 만드는지, 그리고 **한층 더 강력한 이유로** 그 법적 권리의 영역과 권리의 영역 사이의 관계가 무엇인지는 열린 채로 둘 필요가 있다.

6. 그런데 권리란 무엇**인가**? 이 장에서 법에 주의를 촉구함으로써, 앞 장에서 그랬듯이 단순히 권리에 관하여 이야기했을 때보다 권리가 무엇인지를 덜 명료하게 만들었을지도 모르겠다. 우리는 법체계가 이런저런 종류의 행동에 제재를 부과한다는 것이 무엇인지 안다. 아마도 우리는 또한 법체계가 이런저런 종류의 행동에 제재를 부과하는 것이 어느 경우 그른지도 안다고 여긴다. 그러나 일부는 법적 고려사항으로부터 나오는 것으로 생각될 수 있고 일부는 비법적인 고려사항으로부터 나오는 것으로 생각될 수 있는, 권리란 무엇인가?

4절에서 호펠드의 논문에 대한 나의 논평에 대해, 자신은 권리 일반에 대해서는 아무런 관심을 가지지 않았다고 정당하게 답할 수 있을 것이라고 말하였다. 즉 그가 관심을 가진 것은 법 그리고 오직 법이었으며, 법적 권리 그리고 오직 법적 권리였다고 말이다. 그러나 내가 이 장의 3절 전체에서 해 온 일을 우리가 한다고 가정해 보자. 즉, 호펠드의 의도를 무시하고 그가 권리 일반을 염두에 두고 있었다고 가정하자. 그럴 경우 우리는 그가 내가 그에게 2절에서 귀속시킨 권리 이론에 기여를 한 것으로 여길 수 있다. 특히, 우리는 그가 A가 B에 대하여 B가 A의 토지에 출입하지 않을 것을 요하는 권리를 가짐이 B가 A에 대하여 일정한 종류의 행동상 제약, 즉 우리가 "의무"라고 칭하는 행동상 제약을 받음과 동치라고 말하기를 원한 것으로 여길 수 있다. 그리고 우리는 호펠드가 더 일반적으로, 어떤 존재 X가 다른 존재 Y에 대하여 갖는 권리이자, X가 Y에 대하여 그 권리를 가짐이 B가 A의 토지에 출입하지 않을 것을 요하는 권리를 A가 B에 대하여 가지는 덕분에 B의 행동이 제약되는 방식으로 Y의 행위가 제약됨과 동치가 되는, 그런 권리의 종이 있다고 말하길 원한 것으로 여길 수 있다. 우리는 호펠드가 그 권리의 종을 가장 엄밀한 뜻에서 권리로 생각했으며, 그것을 "청구권"이라고 칭할 것으로 촉구했다고 여길 수 있다.

이러한 발상이 옳다면 ― 그리고 나는 그 발상이 옳다는 것이 매우 그럴 법하다고 말했는데 ― 그 경우 우리는 그 종의 권리란 ― X가 Y에 대하여 갖는 청구권이란 ― 바로 Y의 행동이 B가 A의 토지에 출입하지 않을 것을 요하는 권리를 A가 B에 대하여 가지는 덕분에 B의 행동이 제약되는 방식으로 제약됨과 동치인 도덕적 사실이라고 말할 수 있다.

여전히 무언가 더 강한 것이 이야기될 수 있다. 즉, X가 Y에 대하여 갖는 청구권은 Y의 행동이 그런 방식으로 제약됨과 **동치**인 도덕적 사실에 그치는 것이 아니라, 그 이상의 것, 즉 그 권리란 Y의 행동이 그 방식으로 제약됨**이다**라고 이야기될 수 있다. 더 강한 논제는 청구권은 제약과 단지 동치인 것에 그치지 아니하고, 제약이다라고 말한다. 굳이 강한 논제는 거부하겠다는 이유 말고는, 더 약한 논제를 채택할 아무런 좋은 이유도 없는 것 같다.[4]

또 우리는 호펠드가 두 번째 종의 권리, 즉 특권이 있다고 말한 것으로 여길 수 있다. 특권을 가짐은 어떤 사람의 행동이 그 방식으로 제약되지 않음과 동치다. 우리는 특권을 가짐이 바로, 그 방식으로 행위가 제약되지 않음과 동치인 도덕적 사실이라고 말할 수 있고, 또는 더 강하게 특권은 행동이 그 방식으로 제약되지 않음**이다**라고 말할 수도 있다.

또, 우리는 세 번째 종의 권리가 권리를 생성하는 능력과 무능력에 있다고 상정할 수 있고, 네 번째 종의 권리는 네 종의 권리들의 복합체에 있다고 생각할 수 있다.

이 네 종의 권리들이 철저히 권리를 다 망라한 것이라면, 우리는 모든 권리들이 무엇**인가**에 대한 해명을 가진 셈이다. 물론 우리는 그것 중 어느 것을 우리가 가지는가라는 추가적인 질문을 이어 던져야 한다. 그렇지만 우리는 적어도 우리가 그것 중 어느 것을 갖는가를 묻고 있는 그것이 어떠한 것인가는 적어도 아는 셈이다.

그러나 권리가 무엇인가에 대한 이 해명의 타당성은, 전적으로 올바르게 약하다고 생각될 수 있는 무엇인가에 기대고 있다. 즉 행동에 대한 그 제약이란 바로, B가 A의 토지에 출입하지 않을 것을 요하는 권리를 A가 B에 대하여 가지는 덕분에 B의 행동이 그 방식으로 제약되는 것이라는 이해에 기댄다. 그러므로 우리는 이제, 그것이 무엇인가 물어야 한다.

---

4 나는 신중하게 "아무런 좋은 이유도 없다"고 하였다. 좋은 이유가 아니라고 내가 주장할, **하나의** 이유가 있기는 하기 때문이다.

제3장

당위

1. X가 Y에 대하여 청구권을 가짐이, 적어도 Y의 행동이 일정한 방식으로 제약됨과 동치이고 아마도 그렇게 제약됨**이다**라고 생각하는 것은 옳아 보인다. 어떤 방식으로?

> (1) A가 B에 대하여 B가 A의 토지에 출입하지 않을 것을 요하는 청구권을 가진다.

가

> (2) B는 A의 토지에 출입하지 않아야 한다.

와 동치가 아니라는 점은 명백하다. (1)은

> B는 A에 대하여, B가 A의 토지에 출입하지 않는 경우 오직 그

경우에만 이행하는 것이 되는 의무를 진다.

와 동치이며, 그것은 (2)와 동치가 아니라는 점을 우리가 알기 때문이다. — 제2장 서두의 짧은 논증을 보라.

그러나 아마도 비록 (1)은 (2)와 동치가 아니지만, 그럼에도 불구하고 (1)이 (2)를 **필함하는** 것은 아닐까? 이 장과 다음 장에서, (1)이 (2)를 필함한다는 이념을 살펴보겠다.

상당수의 사람들이 (1)이 (2)를 필함한다는 이념을 매력적이라고 생각한다. 어쨌거나 우리가 어떤 것을 해야 하는 경우 매우 흔히, 누군가 우리에 대하여 우리가 그것을 할 것을 요하는 청구권을 가지고 있다는 바로 그 이유에서 그것을 해야 한다. 어떤 사람이 우리에 대하여 우리가 그것을 할 것을 요하는 청구권을 가지고 있다는 것이 우리가 그것을 해야 한다는 것을 필함한다고 상정하는 것이 가장 단순한 것 같지 않은가? 그리고 (1)이 (2)를 필함하지 않는다면 그것은 (2)와 정확히 어떤 관계인가? 우리가 (1)이 (2)를 필함하지 않는다고 말한다면 얼마나 많은 일을 해야 하는가! (1)과 (2) 사이에는 분명 어떤 관계가 있다. — (1)의 참은 분명히 (2)가 참이라고 생각할 어떤 이유를 준다 — 그리고 권리 이론은 (1)이 (2)를 필함한다고 보는 단순한 해명을 받아들이지 않는다면, 할 일이 산적한다. 이 고려사항들은 (1)이 (2)를 필함한다는 견해를 받아들임으로써 생기는 단순화, 즉 우리의 권리 이론에서 단순화, 그리하여 도덕 일반에 관한 우리 이론에서의 단순화에 호소한다. 바로 이 단순화가 (1)이 (2)를 필함한다는 이념의 주된 매력이다.

그러나 다른 고려사항도 있다. 많은 사람은 그들의 행동에 의해 그들이 그 단순한 해명이 참이라고 보여주는 **것 같다**. 그들은 "나는 당신이 이러이러한 것을 할 것을 요하는 권리를 가진다"고 말하면서, 그들이 우리에 대하여 우리가 이러이러한 것을 할 것을 요하는 청구권을 가진다는 것을 명백히 의미한다. 그리고 그들은 그들의 행동에 의해, 이 점이 그 문제의 답을 가려내 준다고 생각한다는 점을 보여주는 **것 같다**. — 즉 도덕적으로 말해, 우리가 이러이러한 것을 해야 한다는 점이 곧바로 따라 나온다고 보는 것 외에는 아무런 선택지를 갖고 있지 않다고 생각한다는 점을 보여준다. 나는 오직 "것 같다"고 말했다. 그들의 행동에 대한 다른 가능한 설명도 있기 때문이다. 다만 그들의 권리를 가짐이 우리가 이러이러한 것을 해야 함을 정말로 필함한다는 견해를 사람들이 갖고 있다고 본다면, 그들의 행동을 가장 단순하게 설명할 수 있다는 점은 부인할 수 없다.

물론 많은 사람이 그 단순한 해명이 참이라고 생각한다는 사실(그러한 사실이 있다고 상정한다고 해도, 즉 단순한 해명이 참이라고 사람들이 믿는다고 상정한다고 해도)이 그 해명이 참이라는 점을 보여주지는 못한다. 그러나 많은 사람이 그 해명을 참으로 생각한다는 사실은 분명히 그것을 참으로 생각할 얼마간의 이유는 된다. 그리고 그 해명을 옳다고 생각할 독립적인 이유도 있지 않은가? 그 사람들이 정말로 우리에 대해 우리가 이러이러한 것을 할 것을 요하는 청구권을 가진다면, 우리가 그렇게 하지 않는다면 우리에게는 귀책사유(fault) 〔그 책임으로 귀속시킬 흠결―옮긴이〕가 있지 않은가? 만일 우리가 그것 〔청구권이 요하는 이러이러한 것―옮긴이〕을 하지 않는다면, 그들은 우리에게 불평할 만한 이유를 갖지 않겠는가? 그리고 그 점은 우리가 그것을 해야 한다는 것을 보여주지 않는가?

그러나 언급할 가치가 있는 또 다른 고려사항이 있다. 몇몇 철학자들은 자기존중(self-respect)이 확신을 가질 수 있다는 것에 달려 있다고 주장하였다. 즉, 어떤 사람의 자기존중이 다른 사람들의 좋은 행동에 달려 있다고는 생각하기 어려우니 그 사람이 가진 청구권이 요하는 것이 실제로 준수될 것이라는 확신까지는 필요하지 않다고 하더라도, 어쨌거나 그 사람이 가진 청구권이 요하는 것을 다른 사람들이 준수해야 한다는 확신은 필요하다는 것이다. — 그래서 내가 가진 청구권이 요하는 것을 다른 사람들이 나에 대하여 준수하지 않는다면, 이는 내가 중요하지 않다는 점을 보여주는 것이 아니다. 그게 아니라, 이는 그들에게 귀책사유가 있다는 점을 보여주는 것이다. 이 견해를 견지하는 철학자가, 단순한 해명이 가장 단순하다할 뿐만 아니라 도덕이 사람들 — 즉 자기 자신과 다른 사람들 —에 대한 존중을 요구한다고 본다면 지지하게 되는 해명이라고도 생각하는 것은 무리가 아니다.

그리고 우리가 제4장에서 살펴볼 추가적인 고려사항도 있다.

앞서 "단순한 해명"이라고 했던 것은 청구권과 사람들이 해야 하는 것 사이의 관계에 관한 상당히 일반적인 논제이다. 그것은 (1)이 (2)를 필함하며 **그리고** (1)과 적합하게 유사한 문장이 (2)와 적합하게 유사한 문장을 필함한다고 말한다. 우리는 그 논제를, 우리의 용어로 다음과 같이 압축적으로 표현할 수 있다:

(T_1) $C_{X, Y} p$인 그러한 X가 있다면, Y는 p가 성립하지 않도록 해서는 안 된다.

또 하나의, 한층 더 압축적으로 그 논제를 표현하는 방식은 다음과 같다: 모든 청구권은 절대적이다. 사람들이 "절대적인"을 여러 상이한 방식으로 사용하기 때문에, 내가 "모든 청구권은 절대적이다"로 의미한 것은 정확히 (T_1) 자체 외에 아무것도 아니라는 점을 아마도 강조해야겠다.♦ 우리는 그 논제를 더 자세히 살펴볼 필요가 있다.

♦ 저자가 말하는 '청구권이 절대적이다'라는 논제는 청구권이 있다면 그 청구권의 상대방,

제1부 무엇이 권리인가

2. 그러나 우선 곁에 있는 논점부터 살펴보자. 만일 단순화하려는 욕구가

> (T_1) 만일 $C_{X,Y}\,p$인 그러한 X가 있다면, Y는 p가 성립하지 않도록 해서는 안 된다.

를 채택하고자 하는 경향 배후에 놓여 있는 것이라면, 왜

> (T_2) 만일 Y가 p가 성립하지 않도록 해서는 안 된다면, $C_{X,Y}\,p$인 그러한 X가 있다. ◆

도 채택하지 않는가. 그것들의 연언은

> (T_3) $C_{X,Y}\,p$인 그러한 X가 있는 경우 오직 그 경우에만 Y는 p가 성립하지 않도록 해서는 안 된다.

를 산출하며, 그것을 채택하는 것은 권리 이론을 크게 단순화해 줄 것이다. ◆◆ (T_3)이 말하는 것은, 청구권은 사람들이 해야 하는 것과

즉 청구권에 상응하는 의무를 지는 사람의 최종적 당위가 곧바로 필함된다는 논제이다. '절대적'이라는 형용사는 다른 뜻 — 이를테면 대인적인 것이 아니라 대세적이라거나 하는 뜻 — 으로도 해석될 수 있지만, 저자의 논의에서는 그런 다른 뜻을 갖지 않는다는 말이다. 청구권이 있다면 청구권이 요하는 것을 해야 하는 것이 최종적인 당위이며, 다른 고려사항 때문에 청구권에 상응하는 의무가 뒤로 물러나는 일은 없다는 논제가, 저자가 검토하고자 하는 논제이다.

◆ (T_2)는 (T_1)의 역이다. 즉 (T_2)는 최종적 당위가 있다면 이는 그 당위에 상응하는 청구권의 존재를 필함한다는 논제이다.

◆◆ 청구권이 최종적 당위의 필요조건이자 충분조건이라면 당위는 청구권이 있는 경우에만 성립하며 청구권이 없는 경우에는 성립하지 않는다.

정확히 중첩되며 그래서 아무런 특별한 주의도 요구하지 않는다는 것이기 때문이다.

게다가 (T_1)은 우리에게 "Y는 p가 성립하지 않도록 해서는 안 된다"는 것이 "$C_{X,\ Yp}$인 그러한 X가 있다"가 참이 되기 위한 필요조건이라고 이야기한다. 그러나 만일 그것이 필요조건이라면 왜 또한 충분조건은 아닌가? (그것이 충분조건이라는 것이 정확히 (T_2)가 이야기하는 바이다.) 무엇이 빠져 있을 수 있을까? P가 Q의 필요조건이지만 충분조건은 아니라고 우리가 말할 준비가 되어 있는 때에는 통상, 우리는 P가 참이지만 Q는 참이 아닌 경우에 빠져 있는 것을 지적할 수 있다. ― Q 역시 참이기 위해서, P의 참 이외에 또한 참이어야 하는 추가적인 것을 말이다. 그리고 여기서 그런 추가적인 것으로 생각할 수 있는 것은 무엇인가? 당분간은 이 질문에 답이 없다고 말하지 않고, 단지 우리가 만일 (T_1)이 참이라고 생각하면서도 (T_2) 또한 참이라고는 생각하지 않는다면 그 질문에 답해야 한다는 점만 지적해 두고자 한다.

제2장 서두에서 제시한 작은 논증이, (T_1)뿐만 아니라 (T_2)도 받아들이고 그렇게 함으로써 (T_3)가 성립케 하고자 하는 이들에게는 아무런 골칫거리를 만들지 않는다는 점에 주목할 가치가 있다. (T_3)는 우리로 하여금

(2) B는 A의 토지에 출입하지 않아야 한다.

가

$C_{X,\ B}$ B가 A의 토지에 출입하지 않는다 인 그러한 X가 있다.

와 동치임이 참이며, 그러므로

$D_{B, x}$ B가 A의 토지에 출입하지 않는다 인 그러한 X가 있다.

와도 동치임이 참이라고 보게끔 한다. 그런데 마지막 진술은 B가 A
나 C에 대하여 의무를 진다고 하지 않고, B의 의무가 향하는 상대
방을 열린 채로 두고 있다.

(T_1)이나 (T_2) 중 어느 하나를 받아들이고 다른 하나는 거부하는
데는 어떤 비일관성도 없다.✦ 그래서 우리는 (T_1)과 (T_2) 둘 다 살펴
봐야 한다. 해명은 필요한 만큼을 넘어 복잡해지지 않아야 하므로,
우리는 이 논제들을 정말로 거부하는 것이 꼭 필요하다고 보이지 않
는다면 이 논제들을 거부하지 않아야 한다. 그래서 그 논제들을 받
아들이면 어떤 중요한 도덕적 사실을 만족스럽게 해명할 수 없거나,
그 자체가 더 심층적인 복잡성을 만들어 내거나, 그 외의 다른 좋은
이유가 있지 않고서는 거부해서는 안 된다. 그 두 논제 모두를 거부
할 좋은 이유가 있다고 논할 예정이다.

그러나 우리가 그 두 논제 모두 거부한다면, 청구권이 사람들이
해야 하는 것과 정확히 어떻게 연관되어 **있는지** 말해야 하는 난해한
과제를 앞에 두게 된다. 이 과제의 일부는 (T_1)에서 무엇이 틀렸는
가를 살펴보는 과정에서 수행될 수 있다. 그 과제의 나머지는 제5장
에서 시작한다.

✦ (T_2)는 (T_1)의 역인데, 어떤 명제의 참을 받아들인다고 해서 그 명제의 역의 참을 논리적
으로 받아들여야 하는 것은 아니기 때문이다.

3.

    (T₁) $C_{X, Y}$ p인 그러한 X가 있다면, Y는 p가 성립하지 않도록 해서는 안 된다.

또는, 당분간 표현할 바로는 모든 청구권은 절대적이라는 논제에서 시작해 보자.

    그리고 우선 적어도 **일응**(prima facie) 가능한 것으로 정말로 보이는 것, 즉 청구권의 충돌이 있을 수 있다는 것에 주의를 기울여 보자. 제1장에서 약속이 청구권을 생성한다고 생각하는 것이 직관적으로 그럴 법하다고 말했다. 그래서 내가 C에게 바나나를 줄 것이라고 C에게 약속한다고 가정한다면, 나는 C에게, 내가 C에게 바나나를 줄 것을 요하는 나에 대한 청구권을 준 것이다. 그렇게 하고 얼마 안 있어 나는 D에게, 내가 D에게 바나나를 줄 것을 요하는 나에 대한 청구권을 주었다. 그러나 마지막으로, 경악할 일이지만, 내가 오직 한 개의 바나나만 구할 수 있다는 것으로 드러났다고 해 보자. 그럴 경우 내가 확실히 C와 D에게 준 것으로 보이는 청구권은 충돌한다: 나는 두 청구권 모두를 준수할 수는 없다.

    그러나 내가 C와 D에게 그 청구권을 줬다면, 그리고 또한 모든 청구권이 절대적이라면, 다음 둘 다 참이다:

    (3) 나는 C에게 바나나 하나를 줘야 한다.

그리고

    (4) 나는 D에게 바나나 하나를 줘야 한다.

    제1부 무엇이 권리인가

우리는 (3)과 (4) 둘 다 참이라고 받아들여야 하는가?

몇몇 철학자들은 최근 몇 년 간, 내가 알파를 해야 한다와 내가 베타를 해야 한다가, 알파와 베타 둘 다 할 수 없다는 사실에도 불구하고 둘 다 참일 수 있다는 이념을 논의해 왔다.[1] 우리는 그 이념에 동의해야 하는가? 그것은 기이한 이념이다. 당신에게 나의 곤경에 관해 이야기하고 내가 무엇을 해야 하는지 물었는데, 당신이 나에게 "글쎄, 사실, 당신은 C에게 바나나 하나를 줘야 하고 D에게도 바나나 하나를 줘야 한다"고 이야기한다면, 확실히 당신이 도움이 되지 못했다고 느낄 것이다. 나는 당신에게 오직 한 개의 바나나만 가지고 있다고 방금 말했다.

"내가 C에게 바나나 하나를 줘야 한다"와 "내가 D에게 바나나 하나를 줘야 한다"가 둘 다 참이라는 생각의 어디가 기이한지 강조되어야 하겠다. "내가 C에게 바나나 하나를 주기로 공약되어 있다"와 "내가 D에게 바나나 하나를 주기로 공약되어 있다" 둘 다 참이라는 생각에는 아무런 기이한 점이 없다. 일상 영어 표현에서 "책무(obligation)"와 "의무(duty)"에 대해서도 마찬가지 이치가 성립한다. X에게 어떤 것을 하기로 공약하고, 책무를 지고, 의무를 지면서도

---

1 예를 들어 Bernard Willaims, *Problem of the Self* (Cambridge: Cambridge University Press, 1973)에 재수록된 "Ethical Consistency"와 Ruth Marcus, "Moral Dilemmas and Consistency", *Journal of Philosophy*, 77 (March 1980)을 보라. 윌리엄스는 내가 하나의 바나나만 갖고 있는 경우에도 (3)과 (4) 둘 다 참일 수 있다고 생각하지만, 그는 (3)이 "내가 C에게 바나나 하나를 줘서는 안 된다"와 양립 가능한지에 관해서는 머뭇거리는 것 같다. 마르쿠스는 내가 하나의 바나나만 갖고 있는 경우에도 (3)과 (4) 둘 다 참일 수 있다고 생각하지만, 그녀는 (3)이 "내가 C에게 바나나 하나를 줘서는 안 된다"와 양립 가능하지 않다고 생각하는 것 같다. 나는 이런 태도가 수수께끼 같다고 본다. 당신이 둘 다 하는 것의 물리적 불가능성이 당신이 하나를 하고 다른 하나도 해야 함이 참인 것에 아무런 장애도 되지 않는다고 생각한다면, 그 둘 다 하는 것이 논리적으로 불가능한 경우에도 멈칫거릴 아무런 좋은 이유가 없다. (물론 어느 누구도 (3)이 "내가 C에게 바나나 하나를 줘야 한다는 것은 참이 아니다"와 양립 가능하다고 생각하지는 않는다.)

또한 Y에게 그것과는 양립 가능할 수는 없는 어떤 다른 것을 하기로 공약했고, 책무를 지고, 의무를 질 수 있다는 것은 사소하고 뻔한 논점이다. (정말로 양립 불가능한 공약, 책무, 의무가 있을 때, 무엇을 해야 하는지 밝혀내기란 매우 어렵다.) 우리가 살펴보고 있는 생각은 그 흥미로움을, 일상 영어 단어 "해야 한다"에 관하여 이것을 말한다는 사실로부터 끌어 온다. 그러나 그것이 그런 점에서 흥미를 끈다는 바로 그 사실이, 그것을 기이한 생각으로 만드는 점이다.

우리가 이 생각을 받아들여야 할 이유로 제시된 것을 살펴보자. 지금까지 언급한 철학자들은, 도덕이 우리에게 우리가 둘 다 할 수 없는 것들을 요구하는 것처럼 보이는 상황이 있음을 상기시킨다. 내가 바로 그런 상황에 처해 있다: 나는 C와 D 모두에게 바나나 하나를 주겠다고 약속했지만, 오직 한 개의 바나나만 가지고 있다. 내가 염두에 두고 있는 철학자들은, 하나의 선택지가 다른 선택지보다 모든 것을 감안할 때 더 낫다고 그래서 선택되어야 한다고 생각하고 정당하게 그렇게 생각하여 내가 그 대안을 선택한다고 할지라도 ─ 그리하여 설사 (아마도 내가 그에게 한 약속이 먼저 이루어진 약속이었거나 아니면 아마도 다른 근거에서) C에게 그 바나나를 주는 것이 모든 것을 감안할 때 더 낫다고 생각할지라도 그래서

(3) 나는 C에게 바나나 하나를 줘야 한다.

가 참이라고 생각하여 C에게 바나나를 준다고 할지라도 ─ 나중에 내가 (i) D에게 바나나를 주지 않은 것에 대하여 회한이나 죄책감을 느끼고 (ii) 그에게 바나나 하나를 주지 않은 것에 대하여 D에게 배상할 필요를 느끼고 D가 바나나 하나를 받지 못하여 겪은 여하한 해악이나 손실을 D에게 보상하는 것이 나로서 비합리적이지 않을

뿐만 아니라 또한 나에게 도덕적으로 요구된다고 말한다. 그리고 이
것은

>   (4) 나는 D에게 바나나 하나를 줘야 한다.

도 참이었다는 것을 보여주지 않는가? 결국, 만일 (3)의 참이 (4)의
참을 배제하고, 그래서 (3)을 전제로 할 때 (4)가 거짓이라면, 어떻
게 회한이나 죄책감 같은 감정이 도덕적으로 적합하겠는가? 배상
을 하고 보상을 하는 것이 왜 도덕적으로 적합하겠는가? 간단히 말
해, — 만일 (3)의 참이 (4)의 참을 배제한다면,[2] 왜 회한(remores)이
나 죄책감의 적합성과 배상의 적합성이라는 이중의 '도덕적 잔여물
(moral residue)'이 있겠는가?

　이 논증들은 예리한 비판을 받아 왔다.[3] 그 논증에서 흥미로운 점
은 다음과 같다: 그 논증 배후에 놓인 것이 도덕적 고려사항은 어떤
사람이 이러이러한 것을 해야 한다고 **필함하는** 방식으로만 우리에게
힘을 가질 수 있다는 이념 — 단순화 이념(the Simplifying Idea)이라
고 하겠다 — 임이 명백해 보인다.[4] 두 건의 약속을 했고 이제 둘 다

2　또는: (3)의 참이 (4)의 참을 ("Ethical Consistency"에서 윌리엄스의 용어로) "제거한다
　　면" 또는 ("Moral Dilemmas"에서 마르쿠스의 용어로) "지운다면"? 그러나 그것은 그
　　논지를 표현하는 과격한 방법이다. 애초에 거기에 있지 않았던 것을 제거하거나 지울 수
　　없기 때문이다.

3　예를 들어 Earl Conee, "Against Moral Dilemmas", *Philosophical Review*, 91
　　(January 1982), 그리고 Philippa Foot, "Moral Realism and Moral Dilemma",
　　Journal of Philosophy, 80 (July 1983)을 보라.

4　이 논증들이 규범논리학에 관심을 가진 이들에 의해 최초로 진지하게 여겨졌다는 사실
　　은 우연이 아니다. 많은 사람들이 규범논리학을, 단일한 기초적인 도덕 관념에 의거하
　　여 윤리의 논리를 구성하는 과업으로 생각했다. 단일한 기초적인 도덕 관념은 영어로는
　　때때로 "~라고 하는 것이 참이어야 한다(it ought to be the case that)"로, 또는 "~하는
　　것이 책무적이다(it is obligatory that)"로 읽힌다.

지킬 수는 없게 되었다. 모든 사정을 고려할 때, 첫 번째 약속을 지키는 것이 더 낫고, 그래서 그것이 내가 해야 하는 것이라고 가정해 보자. 그리고 그러므로 내가 첫 번째 약속을 지킨다고 가정하자. 그러나 나중에 회한을 느끼고 두 번째 약속의 피약속자에게 배상을 해야만 한다고 생각한다. 왜 이것이 내가 두 번째 약속을 어겼다는 사실 — 그것은 하나의 사실로 남는다 — 에 대한 호소로는 설명이 되지 않는가? 왜, 오직 내가 그 약속을 지켰어야만 했다는 내용의 매개 사실(intermediary fact)을 경유해서만 어긴 약속이라는 사실에서 나중의 도덕적 잔여물이라는 사실로 건너갈 수 있다고 생각해야 하는가? 내가 그 약속을 지켰어야만 하는 경우에만 위반한 약속이 나중의 사고와 느낌에 차이를 가져올 수 있다고 생각하는 경우에만, 이것을 참으로 생각할 수 있다. 그러나 왜 그렇게 생각해야 하는가?

나는 우리가 위반한 약속이라는 사실에서 나중의 도덕적 잔여물이라는 사실로, **어떤**(some) 매개 사실을 경유해서만 갈 수 있다고 정말로 생각한다고 본다. "당신은 약속을 어겼다. 그래서 어쨌다는 건가? 당신이 그것을 지켰어야 한다는 것이 참이 아니라면 그 사실이 어떻게 도덕적 잔여물을 산출하는가?" 하나의 답은, 내가 생각하기에 참으로 그럴 법한 것으로 다음과 같다: 약속을 함으로써 약속

버나드 윌리엄스는 "모든 것을 책무로 만들고자 하는 것은 도덕의 오류이다"라고 주장하였다. *Ethics and the Limits of Philosophy*, p. 180을 보라. 그는 책무란 "다른 윤리적 고려사항 가운데 한 종류의 윤리적 고려사항에 불과한 것으로 이해되어야"(p. 182) 더 타당하다고 한다. 나는 그가 "도덕(morality)"으로 의미한 바가 (때때로 그는 "도덕 체계(the morality system)"라고 말하는데) (도덕적 고려사항은 어떤 사람이 이러이러한 것을 해야 한다고 필함하는 방식으로만 우리에게 힘을 가질 수 있다는 이념과 같은 – 옮긴이) 특정한 도덕관(a certain conception of morality)이라고 생각한다. 그리고 본문의 논급에서 분명하게 드러나듯이, 그러한 도덕관이 틀린 사고라는 윌리엄스의 견해에 동의한다.

자는 청구권을 준다. 그래서 약속을 어기는 것은 청구권을 준수하지 않는 것이며, 그 사실이[청구권을 준수하지 않았다는 사실이-옮긴이] 도덕적 잔여물을 설명한다 — 청구권은, 청구권 제공자가 청구권을 준수하지 않는다면 나중에 배상을 해야 할지도 모른다는 것과 같은 것을 포함하는 청구권 제공자의 행동에 대한 제약과 동치이기 때문이다.

그러나 그 답*은 우리가 모든 청구권이 절대적이라는 논제를 거부하는 경우에만 만족스러운 것이 되리라는 점으로 이해할 수 있을 것이다. 만일 모든 청구권이 절대적이라면, 피약속자가 나에 대하여 청구권을 갖고 있다는 것은 내가 그것을 준수해야 하지 않는다면, 참이 아니다. 그러므로 준수되지 않은 청구권이라는 매개 사실을 경유하여 약속 위반 사실에서 나중의 도덕적 잔여물이라는 사실로 건너갈 수 있다고 주장하는 것은, 그 자체가 내가 그 약속을 지켜야 했다는 것을 필함하는 매개적인 주장에 해당한다. 그러므로 이 답은 그 약속을 지켰어야 한다는 가정보다 더 약한 수단에 의해 도덕적 잔여물을 설명하지 않는다. **

여기서 모든 청구권은 절대적이라는 이념 그 자체가 〔더 일반적인-옮긴이〕 단순화 이념의 한 예(a piece of the Simplifying Idea)라는 점이 드러난다. 단순화 이념은 도덕적 고려사항 — 그것이 약속이건 청구권이건 다른 무엇이건 간에 — 이, 어떤 사람이 이러이러한 것을 해야 한다를 **필함**하는 방식으로만 우리에게 힘을 가질 수 있다고 말한다. 앞 장에서, 도덕 그 자체가 행동에 대한 제약 세트의 심장부에

◆　도덕적 잔여물이 청구권을 준수하지 않았다는 사실 때문에 생긴다고 말하는 답
◆◆　청구권이 절대적이라는 논제가 도덕적 잔여물의 존재에 의해 뒷받침된다고 주장하려면, 도덕적 잔여물의 설명에서 청구권이 절대적이라는 논제가 직접 사용되지 않아야 한다. 그런데 위 답에서는 그 설명에서 쓰이는 매개적인 주장이 그 논제를 필함하므로 그 논제를 사용할 수밖에 없다.

있다고 주장될 수 있다고 하였다. 최소한 모든 도덕 개념은 이런저런 방식으로, 사람들이 해야 하는 것과 **연관**된다. 만일 우리가 모든 각각의 도덕적 고려사항들이, 그저 단순히 이런저런 사람이 이러이러한 것을 해야 한다는 것을 필함하는 덕분에 우리에게 힘을 가진다고 상정할 수 있다면, 도덕을 이해하는 일이 크게 단순화될 것이다. 만일 도덕적 고려사항이 이 단순한 방식으로 우리에게 힘을 갖는 것이 아니라면, 그것은 어떻게 힘을 갖는가? 그것은 어떻게 행동을 제약하는가? 그것은 사람들이 해야 하는 것과 어떻게 연관되는가?

그러나 그 단순화 이념은 주장하는 바와 같이, 지나치게 단순화하는 이념(oversimplifying idea)이다. 이것을 드러내는 한 가지 방식은, 도덕적 잔여물이라는 관념을 조금 더 자세히 살펴보는 것이다. 우리는 곧 이 개념을 살펴볼 것이다. 어쨌건, 우리가 살펴보고 있었던 논증에 훨씬 덜 긍정적으로 느껴야 한다고 생각한다. 우리가 그것 배후에 놓여 있는 것이 단순화 이념**이다**라는 점을 주목할 때 말이다. 단순화 이념은 결코 명백한 참이 아니기 때문이다.

나로서는,

(3) 내가 C에게 바나나 하나를 줘야 한다.

그리고

(4) 나는 D에게 바나나 하나를 줘야 한다.

가, 내가 오직 한 개의 바나나만 가지고 있음과 양립 가능하게 둘 다 모두 참일 수 있다고 생각하는 것은 단지 기이한 것이 아니라 명백히 틀린 것이라고 생각한다. 우리가 영어 단어 "해야 한다"를 그런

방식으로는〔양립 불가능한 최종적 당위 둘 다 나타내는 방식으로는 - 옮긴
이〕 전혀 사용하지 않는다고 생각한다. 어쨌든, 나는 그런 식으로 사
용하지 않을 것이다. 나는 시종일관 "해야 한다"를, 내가 알파와 베
타 둘 다 할 수 없는 데도 알파를 해야 하며 그리고 베타를 해야 한
다는 것이 참일 수는 없도록 사용할 것이다.

그 논점을 표현하는 또 하나의 방식은 다음과 같다. 나는 (3)이
"내가 C에게 바나나 하나를 주지 않는 것은 허용되지 않는다" 및
"도덕은 내가 C에게 바나나 하나를 주는 것을 요구한다"와 동치라
고 여길 것이며, (4)는 "내가 D에게 바나나 하나를 주지 않는 것은
허용되지 않는다" 및 "도덕은 내가 D에게 바나나 하나를 줄 것을 요
구한다"와 동치로 여길 것이다. 그러한 것이 내가 바나나를 하나만
갖고 있다는 것과 양립 가능하게 모두 참일 수는 없다는 점이 어느
모로 보나 동의될 것이라고 본다.

그러나 단어 "wrong"은 더 복잡한 문제다. 형용사나 부사로서 그
것의 용법은 "해야 한다"와 동류(cognate)로 보인다. 그러므로 "내가
C에게 바나나 하나를 주지 않는 것은 그르다" 및 "내가 C에게 바나
나 하나를 주지 않는다면 그르게 행위한 것이 될 것이다"가 (3)과 동
치라고 여긴다. 그러나 동사 또는 명사로서 "wrong"은 다르다: "내
가 C에게 바나나 하나를 주지 않으면 나는 C에게 잘못을 가한 것
(wrong C)이 될 것이다"와 "내가 C에게 바나나 하나를 주지 않으면
C에게 잘못을 저지른 것(do C a wrong)이 될 것이다"는 (3)과 동치가
아니다. (특히 동사나 명사로서 "wrong"은 이항 개념〔two-hat concept〕◆을
나타낸다는 것을 주목하라. 우리는 제4장에서 동사 또는 명사로서 "wrong"
을 다시 살펴볼 것이다.

◆ 잘못을 가하는 자와 잘못을 당하는 자라는 두 항이 논리적으로 포함되는 개념

4. 돌아가 보자. 적어도 **일응** 청구권 사이의 충돌은 정말 가능한 일인 것 같다고 하였다. 약속이 청구권을 생성한다는 점에 동의한다고 해 보자. 나는 C에게 바나나 하나를 줄 것이라고 약속하고, D에게도 바나나 하나를 줄 것이라고 약속한다. 그럴 경우 나는 그 둘 각각에게 나에 대하여 내가 그 사람에게 바나나 하나를 줄 것을 요하는 청구권을 준 것이 된다. 만일 모든 청구권이 절대적이라는 논제가 참이라면,

(3) 나는 C에게 바나나 하나를 줘야 한다.

와

(4) 나는 D에게 바나나 하나를 줘야 한다.

는 둘 다 참이다. 그런데 나는 바나나를 하나만 가지고 있다. 모든 청구권은 절대적이라는 논제의 지지자들은 이 경우 뭐라고 답하는가? 가능한 하나의 답은 그들이 "해야 한다(ought)"를 앞 절에서 논의된 방식으로 사용한다는 것이다. 그래서 그 용법에 따르면 (3)과 (4)는 내가 오직 한 개의 바나나만 갖고 있는 것과 양립 가능하게 둘다 참**일 수 있다**는 것이다. 그것은 흥미롭지 않은 답변이다. 그들의 논제는 그들이 "해야 한다"를, 내가 그 용어를 사용하는 대로 사용할 때에만 흥미로운 것이 된다. 즉, 도덕이 그렇게 하는 것을 요구하지 않는다면 어떤 사람이 어떤 것을 해야 한다고 말하는 것이 참이 아닌 방식으로 사용할 때에만—그리하여 내가 오직 한 개의 바나나만 갖고 있는 것과는 양립 가능하게 (3)과 (4) 모두 참이 될 수 없는 방식으로 사용할 때에만 흥미로운 것이 된다. 그러므로 나는

제1부 무엇이 권리인가

모든 청구권이 절대적이라는 논제의 지지자들이 강한 용법으로 "해야 한다"를 사용한다고 상정할 것이며 그래서 이렇게 답하지는* 않는다고 상정할 것이다.

그들에게는 세 가지 다른 답변이 남아 있다. 첫 번째는, 약속이 청구권을 생성한다고 가정하는 것이 간단히 틀렸다는 것이다. 더 정확하게 말하면: 약속은 **결코** 청구권을 생성하지 않는다. 나는 이 답변을 부인 답변(Denial Reply)이라고 칭하겠다. 만일 부인 답변이 참이라면, 난점은 제거된다. 바나나 하나를 C에게 주겠다고 약속했고, 바나나 하나를 D에게도 주겠다고 약속했지만, 어느 약속도 청구권을 생성하지 않았다. 그래서 우리는 (3)과 (4)가 모두 참이라는 가정을 지지하게끔 되어 있지 않다. 우리는 그것 중 어느 하나가 참이라는 가정도 지지하게끔 되어 있지 않다.

그러나 부인 답변은 매우 그럴 법하지 않다. 부인 답변을 받아들이면 모든 청구권이 절대적이라는 논제가 내가 지적한 난점을 피한다는 점 말고 그것이 참이라고 생각할 다른 이유가 하나라도 있는가? 반면에 부인 답변을 거짓이라고 생각할 이유는 많지 않은가? 우리는 정말로 우리가 청구권—다른 사람들이 우리를 살해하거나 구금하지 않을 것을 요하는 청구권(생명과 자유에 대한 권리와 비교해 보라)—을 지니고 태어났다고 생각하지만, 또한 우리가 다른 사람들이 청구권을 갖도록 야기한다고도 생각한다. 그리고 자신의 언질을 주는 것(giving one's word)은 우리가 다른 이들에게 청구권을 갖도록 야기하는 방식 중 패러다임에 속하는 것 같다. 나는 내 말에 구속되지 않는가? 그리고 약속하기(promising)는 자신의 언질을 주는 것이다.

◆ 약한 용법으로 "해야 한다"를 사용하여 둘 다 참인 것이 양립 가능하다는 답을 제시하지는

이 반론을 약속의 관점에서 다시 표현할 수 있다. 약속한 사람이 그들이 기약하는 바를 할 것을 요하는 청구권을 주는 것이 아니라면 왜 피약속자가 약속자에게 주목해야 하는가? 우리는 사람들이 우리에게 하는 약속에 **의지**(rely on)한다. 우리는 약속을 하는 이들이 약속한 바를 하리라는 가정에 기초하여 미래 계획을 세운다. 이는 그들이 약속을 하면서, 스스로에게 의무를 지운다(bound)고 생각하기 때문임이 분명하다. 만일 우리가 약속을 하는 이가 스스로에게 의무를 지우는 것이 아니라고 생각한다면, 우리가 지금 그렇듯이 약속에 의지하는 것은 기묘한 일이 될 것이다.

모든 청구권은 절대적이라는 논제의 지지자들에 열려 있는 두 번째 그리고 세 번째 답변은 더 흥미롭다.

두 번째 답변은 일부 약속은 정말로 청구권을 생성하지만 일부 약속은 청구권을 생성하지 않을 수 있다고 한다. 어떤 약속은 청구권을 생성하고 어떤 약속은 청구권을 생성하지 않는가? 짧게 답하면 다음과 같다: 약속한 사람이 지켜야 하는 것으로 판명되는 약속은 청구권을 생성하는 반면에, 약속한 사람이 어겨도 허용되는 것으로 판명되는 약속은 청구권을 생성하지 않는다. C와 D에게 바나나를 주겠다는 나의 약속을 살펴보자. 내가 오직 바나나 하나에만 손을 댈 수 있다는 것을 이제 깨달았다. 그러므로 내가 C에게 바나나 하나를 줘야 한다는 것 그리고 D에게도 바나나 하나를 줘야 한다는 것 둘 다 참은 아니다. 적어도 그 두 약속 중 하나를 어기는 것이 허용될 수도 있다. 어쩌면 나는 그 둘 다 어기는 것도 허용될 수 있다. (예를 들어, 아마도 내가 해야 하는 것은 그들 각각에게 바나나 반쪽을 주는 것일 수도 있다. 그 경우 나는 양쪽 모두에게 약속을 어기는 것이다. 아마도 내가 해야 하는 것은 바나나를 내가 먹는 것일 수도 있다. 그 경우에도 나는 양쪽 약속 모두 어기는 것이다.) 내가 오직 하나의 약속만 어기는 것이 허용되고, 다른 약속은 지켜야 한다면, 내가 지켜야 하는 약속은 어느 쪽이건 그것 하나이며, 청구권을 생성한 것은 오직 그 하나의 약속이다.♦

그중 내가 지켜야 하는 하나의 약속이 있는지 그리고 있다면 어느 쪽인지를 가려내 주는 것은 무엇인가? 일부 견해에서는, 약속하기 (promise-making)에서 선재성(先在性; priority: 먼저 있음 또는 먼저 이루어졌음)이, 상충하는 약속이 이루어진 경우 대단히 비중 있는 고려 사항이다. 그러한 견해에 의하면 약속한 사람은 달리 고려할 매우 강한 근거가 없다면 먼저 한 약속(the prior promise)을 지켜야 한다. 가설상 C에 대한 내 약속이 먼저 이루어졌다. 달리 생각할 매우 강한 어떤 근거가 없다면, 그것이 내가 지켜야 하는 약속이다.

그 누구도 선재성 그 자체가 결정적이라고 생각하지는 않을 것이다. 모든 견해에서, 확실히 무언가가 선재성을 능가하는 것이 가능하다: 내가 약속을 어김으로써 C보다 D가 현저하게 더 큰 해악을 입게 될 것이라면 나는 모든 견해에서, 내가 지켜야 하는 약속은 D에 대한 약속이라고 본다. (그러나 의문의 여지없이, 선재성이 정확히 얼마나 비중 있는 고려사항인지에 관해서는 논쟁이 있을 수 있다.[5]) 이것은 C도 D도 내가 그들에게 한 약속을 어김으로써 해악을 입지 않고, E, F, 그리고 G가 바나나 하나를 대단히 심각하고 간절하게 필요로 할 경우에도 역시 참이다. 그리고 내가 C에게 한 약속 또는 D에게 한 약속 또는 둘 다를 어겨도 되는지 질문에 유관한 또 다른 고려사항 — 선재성과 해악 야기 이외의 고려사항 — 도 분명히 있다.

♦ 이 경우에만 청구권이 절대적이라는 주장을 유지할 수 있다.
5 왜 선재성이 조금이라도 비중을 가져야 하는가? 왜 후재성(posteriority: 나중에 있음)이 아니라 선재성(priority: 먼저 있음)인가? 이와 밀접한 흥미로운 쟁점이 있다. 약속하기 에서 선재성이 매우 매력적인 분배의 "선착순" 규칙과 연관되기 때문이다. 이 문제는 제 12장에서 살펴볼 것이다.

어쨌든 두 번째 답변은, Y가 X에게 알파를 하기로 약속할 때 Y는

$C_{X,Y}$ (Y가 알파를 한다)

를 참으로 만들지 않는다고 말한다. Y가 참으로 만드는 것은 무엇인가? 두 번째 답변으로 Y가 참으로 만드는 것을 기술할 수 있는 두 방식이 있다. 짧은 기술 방식은 Y가 참으로 만드는 것이 다음과 같다고 기술한다:

$C_{X,Y}$ Y가 알파를 해야 하는 경우 오직 그 경우에만 (Y가 알파를 한다)

긴 기술 방식은 Y가 참으로 만드는 것이 다음과 같다고 기술한다:

$C_{X,Y}$ ……하는 경우 오직 그 경우에만 (Y가 알파를 한다)

여기서 말줄임표는, 그 가능한 사실이 실제로 성립하는 사실(actual facts)일 경우 오직 그 경우에만 Y가 알파를 해야 하는 그러한 모든 많은 가능한 사실의 목록으로 채워진다. — 그 가능한 사실은 약속하기의 선재성, 약속을 어김으로써 누가 해악을 야기당하고 누가 야기당하지 않을 것인가, 그리고 Y가 알파를 해야 하는지 여부에 유관한 다른 모든 것과 관련되는 것들이다. 요구되는 전체 목록을 갖고 있지 않기 때문에(우리 중 누가 그런 목록을 갖고 있겠는가?), 나는 Y가 X에게 알파를 하기로 약속하면서 참으로 만든다고 두 번째 답변이 말하는 것을 표현하는 짧은 기술 방식을 쓰겠다.

이 두 번째 답변을 외적 조건 답변(External-Condition Reply)이라고

칭할 수 있다. 그 답변은 피약속자가 청구권을 얻는 것이 '외적인' 무언가에 조건적이라고, 즉 약속자가 그 약속을 지켜야 하는지 여부에 조건적이라고 말하기 때문이다. 명백한 것으로, 외적 조건 답변을 채택하는 것은 모든 청구권이 절대적이라는 논제의 지지자들이 우리가 살펴보고 있던 종류의 사안을 수용하게 해 준다. 나는 정말로 C에게 바나나를 주기로 약속했고 그 이후에 D에게 바나나를 주기로 약속하였지만, 만일 외적 조건 답변이 참이라면 두 약속 중 기껏해야 하나만 청구권을 생성하였다. 즉 (그중 어느 하나라면) 내가 지켜야 하는 하나의 약속만 청구권을 생성하였다. 그리고 바로 그 약속이, 물론 내가 지켜야 하는 약속이다. ◆

세 번째 답변은 모든 약속이 청구권을 생성하지만, 당신이 생각했던 그런 청구권을 생성하지는 않는다고 주장한다. 특히, 그 답변은 약속에 의해 생성되는 청구권의 내용을 밝혀내기 위해 그저 약속자의 말만 봐서는 안 된다고 말한다. 나는 C에게 "당신에게 바나나 하나를 줄 것을 약속한다"고 말했다. 우리는 내가 그렇게 함으로써 그에게, 내가 그에게 바나나 하나를 주는 것을 요하는 청구권을 줬다고 생각하였을 수도 있지만, 실제로 나는 그러지 않았다. 내가 그에게 준 것은 오직 다음에 대한 청구권뿐이었다: 내가-그에게-바나나-하나를-줘야-하는-경우-오직-그-경우에만-그에게-바나나-하나를-준다. 더 일반적으로, 두 번째 답변처럼, 세 번째 답변은 Y가 X에게 알파를 하겠다고 말할 때, Y는

$$C_{X, Y} \text{ (Y가 알파를 한다)}$$

◆ 외적 조건 답변은 청구권을 주는지 여부 자체가 외적 조건에 달려 있다.

를 참으로 만들지 않는다. 그러나 세 번째 답변은 Y가 정말로 청구권을 준다고는 말한다. 그 답변은 Y가

$C_{X, Y}$ (Y가 알파를 해야 하는 경우 오직 그 경우에만 Y가 알파를 한다)

를 참으로 만든다고 말하기 때문이다.[6] 우리는 이 세 번째 답변을 명백한 이유에서 내적 조건 답변(Internal-Condition Reply)이라고 칭할 수 있겠다.◆ 명백하게 드러나듯이, 내적 조건 답변을 채택하면, 모든 청구권은 절대적이라는 논제의 지지자들은 우리가 살펴보고 있었던 종류의 사안을 처리할 수 있을 것이다. 나는 C에게 바나나 하나를 주기로 약속했고, 그 이후 D에게도 바나나 하나를 주겠다고 약속했다. 그러나 만일 내적 조건 답변이 참이라면, 그 경우 나는 오직

$C_{C, I}$ (내가 C에게 바나나 하나를 줘야 하는 경우 오직 그 경우에만 나는 C에게 바나나를 준다)

그리고

$C_{D, I}$ (내가 D에게 바나나 하나를 줘야 하는 경우 오직 그 경우에

---

6 이를 더 길게 표현하는 다른 뚜렷한 방식은, Y가 참으로 만드는 것은, "$C_{X, Y}$ (Y가 … 해야 하는 경우 오직 그 경우에만 Y가 알파를 한다)"로 표현하면서 말줄임표 부분을 그러한 가능한 사실이 실제 사실인 오직 그 경우에만 Y가 알파를 해야 하도록 하는 그런 많은 가능한 사실 모두의 목록으로 채워 넣는 방식이다. 외적 조건 답변의 경우에도 그랬듯이 여기서 더 짧은 표현 방식을 택했다.

◆ 내적 조건 답변에 의하면 약속을 하면서 청구권을 주는 것은 맞지만, 그 주어진 청구권의 내용 자체에 조건, 즉 최종적 당위와 청구권에 상응하는 의무 이행이 일치한다는 조건이 내포된다.

만 나는 D에게 바나나를 준다)

만을 참으로 만들었을 뿐이다. 내가 양 청구권 모두를 준수해야 한다고 말하는 것은, 다음 둘 중 어느 것도 거짓이 되지 않도록 해야 한다는 것이다:

> (i) 내가 C에게 바나나 하나를 줘야 하는 경우 오직 그 경우에만 나는 C에게 바나나 하나를 준다.

그리고

> (ii) 내가 D에게 바나나 하나를 줘야 하는 경우 오직 그 경우에만 나는 D에게 바나나 하나를 준다.

내가 C에게 바나나 하나를 줘야 한다가 참이 아니고, 그리고 D에게 바나나 하나를 줘야 한다는 것이 참이 아니라고 가정해 보자. (굶주리고 있는 E에게 내 한 개의 바나나를 줘야 한다고 가정해 보자.) 그 경우 나는 C도 D도 아닌 E에게 그 바나나를 줌으로써 (i)과 (ii) 모두 참으로 만들었다. 대신에 내가 C에게 바나나 하나를 줘야 하지만 D에게는 그렇지 않다고 해 보자. 그 경우 나는 C에게 바나나 하나를 주고 D에게는 주지 않음으로써 (i)과 (ii) 모두 참으로 만들었다. 내가 D에게 바나나 하나를 줘야 하지만 C에게는 그렇지 않은 경우에도 마찬가지다.

내적 조건 답변은 외적 조건 답변과 아주 밀접한 계통의(first cousin) 답변이다. 외적 조건 답변이 청구권을 얻는 일을 약속한 사람이 그 약속을 수행해야 하는지 여부에 조건적으로 만드는 반면, 내적 조건 답변은 약속자가 그 약속을 수행해야 하는 것이 참이라는 조건을 청구권의 내용으로 구축해 넣는다.

그리고 이 두 답변 모두 유사한 난점에 직면한다. 둘 다 말 앞에 마차를 놓는 것 같다. 무엇을 해야 하는가라는 질문 그 자체는, 우선하는 질문으로 보이는 것, 즉 사람들이 우리에 대해 어떤 청구권을 갖고 있는가에 달려 있는 것이지, 사람들이 우리에 대해 어떤 청구권을 갖고 있는가에 답하기에 앞서 답해질 수 있는 것이 아님이 분명하다. 사람들이 우리에 대해 어떤 청구권을 갖고 있는지는, 사람들이 해야 하는 것이 무엇인지 이미 가려지고 난 뒤에야 미약하게만 흥미로운 결과로 나오는 무언가가 아니다.

그러나 내가 초점을 맞추고 싶은 것은 이와는 다른 일련의 난점들이다. 동일한 난점들이 부인 답변에도 마찬가지로 골칫거리를 만든다. 그것들이 외적 조건 답변에 어떻게 골칫거리가 되는지 보여주겠다. 그리고 이 논의는 어떤 수정을 거치면 어떻게 내적 조건 답변과 부인 답변에도 골칫거리가 되는지도 명료하게 밝혀 줄 것이다.

5. 나는 C에게 바나나 하나를 주기로 약속하였고, D에게도 바나나 하나를 주겠다고 약속하였다. 그리고 지금 내가 바나나를 하나만 찾을 수 있다는 것을 알게 되었다. 무엇을 해야 하는가? 그들 중 한 명에게 내가 그에게 바나나 하나를 줘야 한다는 공약으로부터 면제받을 수 있을지 먼저 물어봐야 하지 않겠는가? 그리고 그중 한 명이 약속에 크게 의지하고 있어서 내가 약속을 이행하지 않으면 해악을 야기당하게 되리라고 말한다면, 나는 다른 한 명에게 그가 나에게 바나나 하나를 주겠다는 공약으로부터 면제해 줄 것인지 물어야 하지 않겠는가? 그런데 만일 외적 조건 답변이 참이라면 왜 그래야 하는지 이해하기 매우 어렵다. 만일 외적 조건 답변이 참이라면, 둘 중

　　　제1부 무엇이 권리인가

하나는 나에게서 바나나를 받을 청구권이 전혀 없다: 나는 둘 중 누가 청구권을 가졌는지를 밝혀낼 필요가 있을 뿐이다. 그리고 그 사람 말고 다른 사람에게는 면제를 받을 필요가 없다. 그는 내게 면제해 줄 것이 아무것도 없기 때문이다.

항상 면제를 구할 시간이 있는 것은 아니다: 아마도 물어볼 시간이 전혀 없을 수도 있다. 또는 아마도 피약속자가 멀리 떠나 있거나, 의식이 없거나, 어떤 다른 이유로 필요한 시간 안에 질문을 받을 수 없을지도 모른다. 게다가 면제를 구할 시간은 있지만 피약속자가 혼란에 빠져 있거나, 마약을 복용한 상태거나, 아니면 어떤 다른 이유로 면제의 요청에 합리적으로 반응할 능력이 없을 수도 있다. 그런 경우에는 면제를 구하는 것이 가능하기는 하지만 무의미할 것이다. 그들이 면제해 준다고 말하는 것은, 그들이 정말로 면제해 주는 것이 되지는 않을 것이다. 그러나 그런 사정이 없다면, 면제를 구해야 한다.

시간도 있고, 양 피약속자 모두 답하는 것이 가능하고 합리적으로 답할 능력도 있지만, 둘 다 면제를 거부한다면 어떻게 되는가? 강조하겠다: 둘 다 면제해 **주기**를 거부할 수도 있다.(both might refuse to give a release) 그 둘 중 누군가는 면제를 대가를 받고 파는 것은 기꺼이 받아들이지만, 공짜로 면제해 주고자 하지는 않을 수 있기 때문이다. 그리고 그들이 왜 공짜로 면제해 주겠는가? 그들이 내 친구라면 그럴 수도 있다. 그들이 내 친구이건 아니건 간에, 내가 약속을 지키는 것에 거의 의지하지 않을 때에는 면제해 줄 수도 있다. 그러나 약속이 지켜지지 않으면 양자 모두 심각한 손실을 겪게 된다면, 왜 그들이 내가 그 손실 중 일부를 떠안기를 기대해서는 안 되는가? (그들이 터무니없을 정도로 높은 가격을 요구하는 것과, 그들이 합당한 가격을 요구하는 것은 상당히 별개의 문제다.) 내가 두 약속 모두를 지킬 수 없다는 무능력으로 인한 비용 전부를 왜 **그들이** 부담해야 하는가?

부품을 제조한다고 가정해 보자. C 회사와 다음 주 금요일에 100개의 부품을 공급하기로 계약하였다. 그리고 나서 D 회사와도 다음 주 금요일에 100개의 부품을 공급하기로 계약하였다. 그리고 오늘 아침 나의 공급자가 내가 부품을 제조하는데 필요한 재료를 인도할 수 없으리라는 것, 그래서 내가 다음 주 금요일까지 100개보다 더 많은 부품은 생산할 수 없다는 것을 알게 되었다. C와 D 회사 어느 쪽이든, 내가 약속한 부품을 그들이 얻지 못한다면 손실을 입을 것이다. 공정성은 나로 하여금 내가 두 계약 모두 지킬 수 없을 터이니 가능하다면 그들이 부품이 없어 입을 손실을 감소시키기 위한 조치를 취하라고 고지하는 일을 요구하며, **그리고** 내가 두 계약 중 적어도 하나는 재협상하려고 시도할 — 다시 말해서 대가를 주고 면제 받으려고 시도할 — 것도 요구한다. 도덕은 그중 어느 한쪽이 공짜로 나에게 면제해 줄 것을 요구하지 않는다. 그리고 설사 그 계약 둘 다 지키지 못하는 나의 처지에 내게 귀책사유가 전적으로 없다고 하더라도 그렇다.

아마도 나는 C보다는 D가 부품이 없을 때 더 작은 손실을 입을 것이기 때문에, D로부터 더 저렴한 가격에 면제받을 수 있을지도 모른다. 그럴 경우 여기에는 나에게 공정한 선택지가 있다. D로부터 면제를 받고 C에게 100개의 부품을 인도하는 것이다. 이 선택 자체가 도덕적으로 요구되는 것은 아니다. 나는 C에게서 면제를 받고는 D에게 100개의 부품을 인도하는 더 비싼 선택지를 선호할 수도 있다. 나에게 도덕적으로 요구되는 것은, **양** 당사자 **모두**와 어떤 만족스러운 합의를 시도하는 것이다. 외적 조건 답변이 말하는 것처럼, 그들 중 오직 하나만 나에 대한 청구권을 가진다면, 무엇하러 그래야 하겠는가?

방금 살펴봤던 것은, 둘 중 어느 계약의 이행에 앞서는 일이다. 그러나 이는 계약 이행에 뒤따르는 것과 분명히 연관되며 그리고 계약 이행과 공통된 원천을 갖는 것이다. 즉, 어떻든 우리가 3절에서 주목하였던 '도덕적 잔여물'의 일부이다. 그 이유를 설명하기 위해 가용 시간 안에 재협상이 가능하지 않다고 가정해 보자. 100개의 부품을 C에게 인도하는 것이 최선이라고 생각하여 그렇게 한다: 어쨌거나 C와의 계약은 선재하는 계약이고 (가정하듯이) 나의 계약 미이행이 C에게 야기할 손실이 D에게 야기할 손실보다 더 크다. 그 여건에서 할 수 있는 최선을 다하였다. 그러나 지금 간단히 그 사태에서 손을 털 수 없다: D를 그냥 무시해서는 안 된다. D는 결국 내가 그와 체결한 계약을 내가 위반했기 때문에 손실을 입은 사람이다. 왜 **그가** 두 계약 모두 내가 지키지 못한 비용 전부를 부담해야 하는가? 그의 손실의 적어도 일부는 내가 떠안아야 함은 분명하다. 그리고 외적 조건 답변이 말하듯이, 그들 중 한 명만 나에 대하여 청구권을 가진다면, 왜 그래야 하겠는가?

두 현상 — 가능하다면 미리 재협상할 필요, 그리고 재협상이 가능하지 않은 경우에는 나중에 보상할 필요 — 모두에 대한 가장 단순한 해명은, C와 D 양자 모두 나에 대한 청구권을, 즉 다음 주 금요일에 100개의 부품을 공급받을 청구권을 정말로 가지고 있었다는 것이다. 그리고 그 청구권은 내가 그들과 그렇게 하기로 계약했을 때 내가 그들에게 준 것이다.[7]

---

7 두 현상 모두를 다루는 대안적인 방식은 상이한 종류의 '조건화'를 하는 것이다. 그래서 우리가 사전에 면제를 구할 필요와 면제를 어디서도 얻지 못한 경우 나중에 보상할 필요 모두를, Y가 X에게 알파를 하기로 약속함으로써 참으로 만드는 것이 "$C_{X, Y}$ (Y가 알파를 한다)"가 아니라 "$C_{X, Y}$ (Y가 알파를 한다), 또는 Y가 X에게서 면제를 얻는다, 또는 Y가 X에게 Y가 알파를 하지 않아서 야기된 손실을 보상한다"라고 말함으로써(이를 외적 조건

사업의 맥락은, 우리가 결국 양립 불가능한 것으로 판명된 약속을 두 사람에게 할 수도 있는 일상적 맥락과는 여러 면에서 명백히 다르다. 첫째로, 사업상 손실은 통상 적어도 대략적으로 양화 가능하다: 내가 100개의 부품을 인도하지 않는다면 C 회사가 1,000달러의 손실을 보리라는 것, 그리고 D 회사는 800달러의 손실만 보리라는 것, 이 두 손실 모두 (아마도) 부품이 없어서 그들이 또 다른 회사와 체결한 계약을 준수할 수 없게 되었기 때문에 생긴 것이라는 점은 상당히 명확하다. 둘째, 계약은 통상 한 사인(私人)이 다른 사인에게 약속을 할 때 진행되는 일보다는 더 형식적인 사태다: 계약을 이행하지 않는 결과는 계약 사업체 사이에 어느 정도 상세히 명시되어 합의되는 것의 일부이다. 반면에 이런 일은 사인들의 경우에는 거의 일어나지 않는다. 셋째, 사업체는 돈을 버는 것이 목적인 과정의 일부로서 서로 계약을 체결하는데, 사인들이 서로 일상적으로 대하는 일은 돈을 버는 것이 목적인 과정의 일부가 아니다.

그럼에도 불구하고 비형식적 약속과 형식적 계약체결 사이에는 핵심이 되는 유사성이 있다. 계약서에 서명하기처럼, 약속하는 것은 적극적으로 의지하기(reliance)를 불러내는 것이다. 사람이 다른 사

답변과 비교해 보라) 혹은 "$C_{x, y}$ (Y가 알파를 한다, 또는 Y가 X에게서 면제를 얻는다, 또는 Y가 X에게 Y가 알파를 하지 않아서 야기된 손실을 보상한다)"고 말함으로써(이를 내적 조건 답변과 비교해 보라) 수용한다고 이야기될 수도 있다. 그러나 이렇게 하는 것은 통하지 않을 것이다. 위에서 고려되고 있는 '조건화'의 이론적 움직임과는 달리, 이 제안들은 면제를 구하거나 보상할 필요를 아무렇지도 않게 여기는 것은 아니다. 대신에 이 제안들은 면제를 구하거나 보상하는 선택지에 과도한 지위를 부여한다. 내가 어떤 사람에게 어떤 것을 하기로 약속했다면 — 다른 사정이 동일하다면 — 내가 그것을 하지 않아서 그에게 야기한 손실을 단지 보상만 하는 것으로는 충분히 좋은 것이 아니고, 다른 사정이 동일하다면, 나는 그냥, 그저 단순히 그것을 해야 하기 때문이다.

물론 여기서 지적된 '조건화'의 이론적 움직임을 그 문언에서 고려되고 있는 것과 결합한다는 발상이 성립할 여지는 있다. 그러나 모든 청구권이 절대적이라는 논제는 우리의 권리 이론을 단순화하는 것으로 생각되는 것은 아닐까?

　　　　　　　　제1부 무엇이 권리인가

람에게 기대를 야기하는 것으로 말해도 되거나 해도 되는 많은 것이 있고, 때때로 사람들은 다른 사람들이 그들로 하여금 형성하도록 야기하지 않은 기대에도 의지한다. 그러나 다른 사람이 기대를 형성하도록 야기하는 방식에는 여러가지가 있다. 그저 과거 몇 년간 매일 이러이러한 일을 하는 습관대로 해 옴으로써 나도 모르게 내가 내일 이러이러한 일을 하리라는 내용의 기대를 당신이 형성하도록 야기하였을 수도 있다.[8] 이와 달리, 내가 그러리라고 하면서 믿어도 좋다고 이야기함으로써, 내일 이러이러한 일을 하리라는 기대를 당신이 형성하도록 의도적으로 조장할 수도 있다. 내가 후자의 행위를 한다면, 나는 당신이 내가 그러는 것에 의지하도록 적극적으로 초청한 것이다. 전자의 행위를 하였을 경우에는 그렇지 않다. ◆

그리고 나의 미래 행위에 관한 기대에 당신이 의지하도록 내가 초청한 경우에는, 나는 그렇게 함으로써 스스로 복합 책임(a complex responsibility)을 진다. 즉 그 기대를 참으로 만들거나 **또는** 내가 어떤 이유에서 그렇게 할 수 없다면, 의지하라는 나의 초청을 당신이 받아들였기 때문에 당신이 손실을 보지 않도록 하기 위하여 합당한 조치를 취할 책임을 지는 것이다.

우리는 실제로 약속을 계약 체결과 같이, 그 자체로 '책임-짊어지기(liability-shouldering)' 장치로 생각하는지도 모른다.

물론 약속하는 사람은 누구나 약속 위반의 결과로 피약속자가 입을 그 어떠한 그리고 모든 손실에 대하여 책임을 떠맡는다고 말하는

---

8 찰스 프리드는 친구와 내가 아파트에서 정기적으로 실내악을 연주하기 때문에 내 옆집을 임차하는 사람의 사례를 제시한다. Charles Fried, *Contract as Promise*(Cambridge: Harvard University Press, 1981), p. 10을 보라.

◆ 어떤 일이 일어나리라는 사실적으로 예측하는 명제의 참에 대한 신뢰의 정도는 두 경우 모두 비슷할 수 있으나, 그 명제의 참에 의지하여 생활계획을 형성하고 따르도록 초청한 일은 후자의 행위에만 해당한다.

것은 지나치게 강한 주장이다. 첫째로, 피약속자는, 약속자의 여건에 있는 여하한 합당한 사람이 피약속자가 입으리라고 예상했던 것보다 더 큰 손실을 입을 수도 있다. 아마도 어떤 별난 사고 때문에, 아니면 아마도 피약속자 측의 비합당한 행동 때문에, 아마도 어떤 다른 이유에서 그럴 수 있는 것이다. 블로그에게 내가 4시에 사무실에 있겠다고 약속한다면, 나는 사건의 통상적인 경로에서는 내가 그 시각에 거기 있을 것이라는 데에 내 학생 블로그가 자신의 집과 차를 도박 판돈으로 걸 것이라고 예상하지는 않는다. 만일 블로그가 그랬다면, 그것은 자신이 조심해야 할 일이며, 내가 나타나지 않았다고 하더라도 그의 손실에 책임질 일은 아니다.

둘째로, 어떤 사람이 손실을 보상할 수 있는 아무런 방도가 없을 수도 있다. 이를테면 손실이 생명의 손실일 때처럼 말이다.

셋째, 약속 위반자가 아니라, 약속 위반자의 피해자가 비용을 부담하는 것을 찬성하는 더 나은 이유가 있을 수도 있다. 피해자는 약속 위반자에 비해 비용을 떠안을 능력이 더 클 수도 있다.

게다가 또는, 피해자와 약속자가 비용을 공동 부담할 이유가 있을지도 모른다. 또는 피해자는, 약속자나 어떤 다른 사람과의 우정 때문에, 차라리 모든 비용을 떠안겠다고 할 수도 있다. 또는, 비용을 이전시키는(shifts cost) 제도적 질서(공적 보험이나 사적 보험)가 있을 수도 있다.

더군다나, 약속 위반자가 위반에 귀책사유가 있는가 여부는, 그 비용이 어떻게 배분되어야 하는가와 유관한다. 그리고 일부 사안에서는 (비록 사안 전부가 그런 것이 아님은 확실하지만) 약속 위반자의 귀책사유가 없다는 점은 위반의 피해자가 (또는 다른 누군가가) 그 비용을 져야 한다는 점을 시사할 수도 있다.

물론 약속 위반의 피해자가 아무런 손실을 입지 않을 수도 있다.

제1부 무엇이 권리인가

또는 굳이 보상할 가치가 없는 손실만 입을 수 있다. 이는 아마도 피약속자가 그 약속에 의지하지 않았기 때문이거나, 아니면 아마도 좌절된 의지의 대가가 너무 커서일 수도 있다.

나중에 보상하기는, 사전에 면제받으려고 하기와 마찬가지로, 여느 다른 행위와 마찬가지로 하나의 행위이다. 나중에 보상하기가 요구되는가 하는 질문에는, 약속자가 자신의 약속을 위반하였다는 사실에 더하여 아주 많은 것이 관련된다.

그러나 다음과 같은 점은 남는다. 약속한 사람은 의지하게끔 유발했고, 그래서 피약속자가 의지한 결과로 손실을 입지 않도록 합당한 조치를 취해야만 한다. 여기에는 그렇게 하는 것이 적합한 경우 위반에 앞서 행위하는 것, 그리고 위반 이전의 행위가 적합하지 않은 경우에는 위반 이후에 적절한 행위를 하는 것을 포함한다. 나는 내 약속을 지킬 수 없게 되리라는 점을 알았을 때, 또는 이미 그 약속을 어겼을 때, 이제는 내 상관할 바 아니라고 그냥 손을 털고 나갈 수 없다.

이때까지, 우리가 3절에서 살펴보았던 철학자들이 '도덕적 잔여물(moral residue)'이라는 표제하에서 지적했던 두 가지 중 오직 한 가지만[9] 살펴보았다. 다른 하나는 회한(remorse)과 죄책감(guilt)이다. 그 철학자들의 견해에 의하면, 내가 C와 D에게 양립 불가능한 약속을 한 것으로 판명되어 그래서 오직 하나의 약속만 지킬 수 있어 하나의 약속만 이행한 경우에 회한과 죄책감은 비합리적이지 않다. 그 이념은 나에게 지나치게 단순한 것 같다.

첫째, 양쪽 약속 모두 지킬 수는 없지만, 한쪽 피약속자에게 사전

---

9 그것—나중에 보상할 필요—은 수년 동안 여러 논문에서 내가 주목을 끌고자 했던 것이다. 그 논문들은 이제 내 *Rights, Restitution, and Risk*, ed. Willaim Paren (Cambridge: Harvard University Press, 1986)에 재수록되어 있다.

에 면제를 얻고 다른 쪽 약속을 지킬 수 있을지도 모른다. 그 경우에는 회한이나 죄책감을 느끼기는커녕 후회할 것조차 없다. (양쪽 약속 모두 지키지 못해서 치른 대가로 내 돈이 나갔다는 후회 말고는 말이다.)

둘째, 양쪽 약속 모두 지킬 수는 없지만, 그리고 아마도 사전에 재협상을 할 시간도 없을 수도 있지만, 한쪽 약속을 지키고 다른 쪽 약속 위반의 피해자에게는 약속 위반의 결과로 입은 손실을 나중에 보상해 줄 수 있을지도 모른다. 이 경우에도 다시금, 내가 회한이나 죄책감을 느끼기는커녕, 후회할 것도 없다. (양쪽 약속 모두 지키지 못해서 치른 대가로 내 돈이 나갔다는 후회 말고는 말이다.)

그리고 셋째로, 위반된 약속의 피해자는 위반으로 아무런 해악이나 손실을 입지 않거나 입더라도 아주 작은 해악이나 손실만 입을 수 있다. 여기서 적합한 반응은 사태가 그렇게 잘 풀렸다는 것에 대한 평범한 안도(plain relief)임이 분명하다. 해악이나 손실이 없는 경우에 빚지고 있는 보상이 없는 것처럼, 그러한 여건에서는 아무런 후회도 요청되지 않는다.

회한과 죄책감은 오직 세 가지 사안에서만 약속을 위반했다는 이유로 느끼는 것이 명백하게 적합한 것 같다. 그것은 약속 위반이 실제로 해악이나 손실을 야기하고 그리고 (i) 약속자가 그 약속을 지키지 않은 것이 자신의 귀책사유이거나, 또는 (ii) 약속자가 사전에 면제를 협상할 수 있었지만 그렇게 하려고 시도하지 않았거나, 또는 (iii) 약속자가 해악이나 손실을 보상할 수 있지만 보상하지 않는 경우다. 이 사안에서 약속자는 그 어떤 견해에 의하더라도, 해야 하는 무언가를 하는 데 실패한 것이다. 그러한 실패에 회한이나 죄책감을 느끼는 것이 적합하다고 생각하는 데는 아무런 난점도 없다.

특별한 난점을 일으키는 것은, 약속자가 처음부터 끝까지 귀책사유이 전혀 없는데 약속 위반이 약속자가 보상할 수 없는 해악이나

제1부 무엇이 권리인가

손실을 야기하는 종류의 사안이다. (당신이 손실을 보상할 수 없다면,[10] 그 경우 당신은 확실히 보상에 실패한 것에 귀책사유가 없다.) 이 경우 좋은 의도를 가진 약속자는, 자신이 귀책사유가 없다는 사실을 알고 있음에도 불구하고, 심각한 후회의 감정으로 뜬눈으로 밤을 지샐 수 있다. 그러한 약속자가 후회뿐만 아니라 회한이나 죄책감을 느끼는 것은 비합리적인가? 나는 비합리적이라고 생각한다. 당신이 귀책사유가 있었다고 생각하지 않는 한, 당신이 느끼는 것은 "회한"이나 "죄책감"으로 적절히 기술되는 것이 아니라고 생각하는 것이 매우 그럴 법하기 때문이다. 다른 한편으로, 자신이 느끼고 있던 것이 (단지) 후회(regret)인지 아니면 (더 강하게) 회한(remorse)이나 죄책감(guilt)이었는지 여부를 말하기 어려울 수도 있다고,[11] 그리하여 그러한 사안에서 비합리적인 약속자와 합리적인 약속자를 구분하기가 어려울 수도 있다고도 생각한다. ◆

10 이것은 3절에서 살펴본 이념을 뒷받침하는 것으로 제시된 과열된 사례에서는 전형적으로 참이다. 윌리엄스는 아울리스(Aulis: 그리스 고대의 항구 도시)에서 아가멤논의 선택 사례를 제시한다. 마르쿠스는 자유프랑스(Free French: 제2차 세계 대전 당시 프랑스 망명정부와 그 군대)에 합류하거나 자신의 어머니를 돌보기 위해 집에 머무르는 선택을 해야 하는 학생에 관한 사르트르의 사례를 제시한다. 이런 사례에서 무엇이 손실에 대한 보상으로 여겨질 수 있을까? 그런 사례에서 회한과 죄책감이 적합하다는 생각을 부채질하는 것이 정확하게도, 손실이 보상 불가능하다는 점이라고 생각한다.

11 그리고 우리는 느낌의 종류를 세밀하게 구별할 수 있는 우리의 능력에 기초한 이론을 정말로 의심스럽게 생각해야 한다. 게다가 나는 버나드 윌리엄스 자신이, 우리가 야기한 해악에 설사 우리가 그 해악을 야기한 데 아무런 귀책사유가 없고 또 그 사실을 우리가 알고 있다고 하여도 강렬한 후회 — 제3자가 그것을 야기했을 때 우리가 느꼈을 것보다 훨씬 더 강렬한 후회 — 를 느낀다는 매우 흥미로운 사실에 주의를 촉구했음을 덧붙인다. 버나드 윌리엄스의 논문 모음집 *Moral Luck* (Cambridge: Cambridge University Press, 1981)에 재수록된 "Moral Luck"에서 "행위자 후회(agent-regret)"라고 부른 것에 대한 그의 세심한 논의를 보라.

◆ 도덕적으로 귀책사유가 없는 것에 대하여도 후회는 가능하다. 예를 들어 친구가 비행기 시간에 늦었다며 차로 데려다 달라고 부탁하여 친구를 데려다 주어 친구가 제시간에 비행기를 탔는데, 그 비행기가 사고가 났다면, 결과에 행위자는 아무런 귀책사유가 없지만 크게 후회할 수 있다. 그러나 행위자가 자신이 도덕적으로 귀책사유 있는 잘못을 저질렀

요약하면 다음과 같다. 어떤 사람이 우리에게 우리가 어떤 것을 할 것을 요구하는 청구권을 가진다면 우리가 정말로 그것을 해야 하며 그 사람이 우리에 대한 청구권을 가지고 있다는 바로 그 이유에서 그것을 해야 하는 경우가 매우 흔하다. 만일 우리가 모든 청구권이 절대적이라고 말한다면 우리는 그 사실을 가장 단순한 방식으로 고려하는 셈이다. 그러나 만일 우리가 그렇게 말한다면, 우리는 (i) 사전에 면제를 구할 필요, 그리고 (ii) 사전에 면제를 취득하는 것이 가능하지 않은 경우 나중에 보상할 필요와 같은 다른 현상들을 가장 단순한 방식으로 고려할 수 없게 된다. 나는 X가 Y에 대한 청구권을 가짐과 동치인, Y의 행동에 대한 일정한 제약이 있다고 말하였다. 현상 (i)과 (ii)는 Y의 행동에 대한 제약의 일부로 보기에 손색이 없을 정도의 자격 — 모든 청구권이 절대적이라는 논제의 지지자들을 그토록 매료시켰던 자격에 못지않은 자격 — 을 갖추었다.

6. 두 건의 약속을 했으나 둘 다 지킬 수는 없는 사안에서만, 약속을 어기는 것이 허용되는 것은 아니다: 때때로 다른 사람들의 필요 때문에 약속을 어기는 것도 허용된다. — 4시에 내 사무실에서 블로그를 만나기로 한 약속을, 내 아이가 갑자기 아파서 어기는 경우처럼 말이다. 그리고 때때로 이와 비슷한 무언가가, 아무런 약속이 개입되지 않은 경우에도 일어난다.

나는 약속이 청구권을 생성한다고 생각하는 것이 직관적으로 그럴 법하다고 말했다. 또한, 소유권이 청구권을 포함하는 복합 권리라고 생각하는 것이 직관적으로 그럴 법하다고 말했다. 어떤 청구권이 소유권이라는 복합 권리에 포함되는가? 하나의 소유권 복합체는

다는 회한을 느낀다면 이 행위자는 비합리적인 것이다. 친구의 급한 일상적 요청에 부응하여 그 요청을 들어준 것에는 아무런 잘못도 없기 때문이다.

제1부 무엇이 권리인가

여러 상이한 고려사항들, 이를테면 시행되고 있는 법률, 그런 허락
이 없었더라면 허용되지 않을 무언가를 해도 된다고 다른 사람에게
허락하는 것 같은 사적 합의 같은 고려사항에 따라, 다른 소유권 복
합체와 달라진다. A가 어떤 토지를 소유하며 그중 어떤 부분도 B에
게 임대하거나 B에게 출입해도 된다는 허락한 바 없다고 해 보자.

> (1) A는 B에 대하여 B가 A의 토지에 출입하지 않을 것을 요하는
>   청구권을 가진다.

가 참이라고 생각하는 것은 **일응** 옳은 것 같다.

이제 B의 아이가 심각한 병이 들어, B의 집에서 병원으로 가는
최단거리는 A의 토지 구석을 가로지르는 길이라고 가정해 보자. B
가 그의 아이를 최단 경로로 데리고 가도 된다고, 그래서 그가 A의
토지에 들어가도 된다고, 그래서

> (2) B가 A의 토지에 출입하지 않아야 한다.

가 이 경우 거짓이라고 생각하는 것은 전적으로 옳은 것 같다. 그러
나 우리가 알고 있듯이, 모든 청구권이 절대적이라는 논제는 (1)이
(2)를 필함한다고 이야기한다.◆ 그 논제의 지지자들이 이 사안에 관
하여 무엇을 이야기할 수 있을까?

그들은 4절에서 자세히 논의한 것과 유사한 답변을 활용할 수 있

◆ 만일 청구권이 절대적이고 A가 B에 대하여 청구권이 정말로 있다면, B는 아이가 아파
서 최단 경로로 가기 위해서 A의 토지에 출입할 필요가 있다고 하더라도 A의 토지를 결
코 출입해서는 안 된다. 절대적인 청구권이란 제한되어서는 안 되는 청구권인데 B가 토
지에 출입하면 그 청구권은 제한되기 때문이다.

다. 첫째로 부인 답변이 있다: 한 구획의 토지를 소유하는 것은 그 어떠한 청구권 보유도 포함하지 않는다. (앞서 약속 사안에서 그 어떠한 약속도 청구권을 생성하지 않는다는 답변과 유사하다.) 또는 덜 강하게 말해서, 한 구획의 토지를 소유하는 것은 다른 사람에 대해 그들이 그 토지에 출입하지 않을 것을 요구하는 청구권을 포함하지 않는다. 그러나 이것은 대단히 부당해 보이는 이념이다. 어쨌거나 애초에 어떤 것을 사는 이유가, 바로 그것(타자기, 모자, 한 구획의 토지)에 관하여 **어떤** 청구권(some claims)을 취득하기 위해서였다. 우리가 그것을 얻으려고 토지를 사는 청구권 가운데에는, 다른 사람들에 대한 그들이 그 토지에 출입하지 않을 것을 요하는 청구권이 있다.

그러나 두 번째의 외적 조건 답변도 있다. 그 답변은 다음과 같이 말한다: 한 구획의 토지를 소유하는 것은, 다른 사람들이 그 토지에 출입하지 않아야 하는 오직 그 경우에만, 다른 사람에 대하여 그들이 그 토지에 출입하지 않을 것을 요하는 청구권 보유를 포함한다. B는 B가 A의 토지에 들어가는 것을 필요로 하는 보살핌이 필요한 아픈 아이가 있으므로, 물론 B는 그 토지에 들어가도 된다. 그러므로 A는 B에 대하여 B가 그 토지에 들어가지 않을 것을 요구할 청구권이 없다.

그리고 셋째로 내적 조건 답변이 있고, 이 답변은 다음과 같이 말한다: 한 구획의 토지를 소유하는 것은 다른 사람들이 그 토지에 출입하지 않는 것과 관련된 그들에 대한 청구권 보유를 포함하지만, 청구권의 내용은, 다른 사람들이 토지에 출입하지 않아야 하는 오직 그 경우에만 그들이 그 토지에 출입하지 않을 것을 요하는 것(the others stay-off-the-land-if-and-only-if-they-ought-to-stay-off-it)이다. B에게는 B가 A의 토지에 들어가는 것을 필요로 하는 보살핌이 필요한 아픈 아이가 있고, 그래서 물론 B는 그 토지에 들어가도 된다.

그러므로 B는 A에 대하여, A의 청구권이 요하는 것을 준수한다. 즉, B는 이 경우 설사 그가 A의 토지에 들어간다 하더라도

> B가 A의 토지에 들어가지 않아야 하는 경우 오직 그 경우에만 A의 토지에 출입하지 않아야 한다.

를 참으로 만든다.

그러나 우리가 앞 절에서 살펴본 종류의 고려사항들은 이 답변에 유사한 골칫거리를 만들어 낸다. 이제 우리가 B가 자신의 아이를 병원으로 데려가기 위해서 가로질러야 하는 A의 토지 부분에 관해서, 그리고 B가 그 토지를 지나면서 토지에 가할 일에 관해서 물어보자. 그 토지 부분이 목초지의 일부라면, 그래서 B가 그것을 가로지르면서 아무런 해악도 가하지 않는다면, 그럴 경우 아무런 근심도 하지 않고 그냥, 그저 단순히, 거기를 가로질러도 된다고 우리는 생각한다. (B가 이미 한 일에 대하여 A에게 나중에 이야기하는 것이 좋은 처신이겠지만 말이다. 어쨌거나 그 토지는 A 것이니까.) 그러나 B가 그 토지를 가로질러야 하고, 그렇게 함으로써 A의 생계에 중요한 몇몇 작물에 심각한 손상을 준다면 어떻게 되는가? B는 그럴 여유가 있는 경우에는 사전에 A에게서 허락을 구해야 하지 않겠는가? 그리고 사전에 물어볼 시간이 없다면, 그 이후에 자신이 그 토지를 지나면서 가한 손상 중 적어도 일부는 A에게 보상해야 하지 않겠는가? B는 적어도 A의 손실의 일부는 떠안아야 하지 않겠는가?

강조한다: A의 재산권은 B의 필요에 비해 약하며(pale) B가 토지를 가로지르는 것은 허용된다. — (2)〔(2) B는 A의 토지에 출입하지 않아야 한다-옮긴이〕는 설사 B가 A의 토지를 가하면서 그것에 가할 손상이 심각하다 할지라도 거짓이다. 그럼에도 불구하고 B의 필요를

충족하기 위해 발생하는 비용 전부(full cost)를 왜 A가 부담해야 하는가? (비교해 보라: 내가 C와 D에게 한 약속을 지키지 못하는 나의 무능력의 비용 전부를 왜 C와 D가 부담해야 하는가?)

A가 B가 필요한 것을 제공하는 비용 전부를 부담해야 한다고 생각할 좋은 이유가 있을 수도 있다는 것은 의문의 여지가 없다. 그러나 이야기될 수 없는 것은, B의 필요 그 자체가, A가 그 필요한 것을 제공하는 비용 전부를 부담해야 한다는 것을 옳게 만든다는 것이다. 이 사실을 수용하는 가장 단순한 방식은 — 모든 청구권이 절대적이라는 논제의 지지자들의 **주장과는 달리** —

> (1) A는 B에 대하여 B가 A의 토지에 출입하지 않을 것을 요하는 청구권을 가진다.

는

> (2) B는 A의 토지에 출입하지 않아야 한다.

가 참이 아니라는 점에도 불구하고 참이라고 보는 것이다.

7. 앞 절의 사례들의 힘이 그 큰 부분에서, 그 필요가 B의 것이라는 점에서 나온다는 점에 주목할 가치가 있다. 아픈 아이는 B의 아이이기 때문이다. B가 필요한 것일 때, 다른 사정이 동일하다면, B는 A가 그 필요한 것을 제공하는 비용 중 어느 것도 지불하도록 만들 아무런 권한도 없다고 느낄 가능성이 높다고 생각한다. 비록 다른 사정은 동일하지 않을 수도 있지만 말이다.

그러나 그 필요가 B의 것이 아니라 어떤 제3자의 것이라면 달리

느낄 가능성이 높다. 아픈 아이가 C의 아이라면 어떻게 되는가? 그
럴 경우에도 우리는 A 또한 기여해야 한다고 느끼는 것도 무리가
아니다. B가 아무 비용도 치르지 않아야 한다는 것이 아니다: 자신
의 이타주의가 발생시키는 비용 전부를 다른 사람이 치르도록 만들
어도 된다고 생각하는 것은 확실히 옳지 않다.[12] 그러나 A도 그 부
담을 공유해야 한다고 우리가 느끼는 것도 무리는 아니다.

8. 6절의 것과 같은 사안이, 이따금씩 그러하듯 법에서 발생할 때
무슨 일이 벌어지는지도 주목할 가치가 있다. (그러나 왜 그렇게 드물
게만 일어나는가? 비록 답을 가지고 있지는 않지만 좋은 질문으로 보인다.)
Vincent v. Lake Erie Transp. Co.[13]에서 선주와 선창 소유주는, 선주
가 10시까지는 선창에서 그의 배 하역을 마치고 출항을 위해 밧줄
을 풀기로 합의하였다. 10시 직전에 갑작스러운 폭풍우가 덮쳤고
만일 선주가 밧줄을 풀고 바다로 나갔다면, 그 배는 난파될 실질적
인 위험이 있었다. 선창 소유주는 폭풍우가 덮쳤을 때는 더 이상 선
창에 있지 않았고, 그래서 머물러도 된다는 허락을 구할 수가(또는
협상할 수가) 없었다. 그러나 선주는 머물렀다. 폭풍우 동안, 배는 반
복해서 선창에 세게 부딪혔고 선창에 손상을 입혔다. 선창 소유주는

---

12 필리파 푸트(Philippa Foot)는 사고의 피해자를 돌보기 위해 약속을 어겨야 한다고 생각
하면서 다음과 같이 말한다: "내가 당신과 잡은 약속에 가지 못해서 괴로움을 겪는다면
나는 후회한다는 의미에서 미안하다고 말할 것이다. 그러나 약속을 어긴 데 내 귀책사유
가 없다면 나는 사과하지 않을 것이며, 일부 논자들이 주장한 것처럼 '보상'을 해야 할 필
요는 확실히 없을 것이다."("Moral Realism and Moral Dilemma", pp. 388-389) 이것
은 내가 생각하기에 놀랍도록 무신경한 말이다. 푸트는 정말로 자신의 이타주의의 비용
전부를 **자기** 마음대로 다른 사람들이 지불하도록 만들어도 된다고 믿는 것인가? 그러나
아마도 그녀는 약속이 깨졌을 때 가장 흔한 경우를 생각하고 있을 것이다. 즉 피해자는
그저 불편만을 겪어서 보상에 해당하는 것이 무엇인지 상상하기도 어려운 경우 말이다.

13 109 Minn. 456, 124 N.W. 221 (1910). 단순화시키려고 일부 세부사항을 바꾸었다.

그 이후 그의 선창에 가해진 손상에 대한 보상을 구하는 소를 제기
하였다. 법원은 말했다:

> 신학자들은 굶주리는 사람은 도덕적 죄책감 없이 생명을 유지하
> 기 위해 필요한 것을 취해도 된다고 주장한다. 그러나 그렇게 한
> 사람이 그렇게 취한 재산의 가치를 지불할 능력이 있게 되었을
> 때 이를 지불할 책무가 없다고는 도저히 이야기할 수 없다. 공공
> 필요(public necessity)는 전시든 평시든, 공공 목적으로 사유 재산
> 을 수용하는 것을 요구할 수도 있다. 그러나 우리의 법체계하에
> 서 보상이 이루어져야만 한다.
>
> 　이 사안에서 선박을 더 잘 정박하기 위해서, 선박을 책임지고
> 있는 이가 선창에 드리워져 있는 값비싼 굵은 철제 밧줄을 전용
> (轉用)했다고 가정해 보자. 그러한 전용이 얼마나 정당화되었던
> 간에, 그 상황의 압도적인 필요 때문에, 그 철제 밧줄의 소유주가
> 그 가치를 되찾을 수 없다고는 주장할 수 없을 것이다.
>
> 　〔당해 사안은〕원고의 재산을 피고 자신의 더 가치 있는 재산을
> 보전하기 위한 목적으로 분별 있게 그리고 신중하게 피고가 활
> 용한 사안이며, 원고는 가해진 피해에 대한 보상을 받을 자격이
> 있다.

법원의 견해에 따르면, 선주는 선창에 남아 있음으로써 "분별 있게
그리고 신중하게(prudently and advisedly)" 행위하였다. 그럼에도 그
는 그가 야기한 손상을 선창 소유주에게 보상해야만 한다.

　여기까지는 좋다. 그러나 다음과 같이 물어보자: 이 사안에서 당
사자들의 법적 청구권은 무엇인가? 특히, 선창 소유주는 선주에게 선
주가 밧줄을 풀고 출항할 것을 요하는 법적 청구권을 가지는가? 즉,

(5) 선창 소유주는 선주에 대하여 선주가 밧줄을 풀고 출항할 것을 요하는 법적 청구권을 가진다.

가 참이었는가? 선주는 밧줄을 풀고 출항하지 **않음**으로써 "분별 있게 그리고 신중하게" 행위하였다. 그래서

(6) 선주는 밧줄을 풀고 출항해야 한다.

는 거짓이었다. 어떻게 (5)가 참인데 (6)이 거짓일 수 있는가?

글쎄, 왜 (5)가 참이고 (6)이 거짓이라는 것이 성립**해서는 안 되는가**? 돌아가 보자. 우리는 때때로

(T$_1$) C$_{X, Y}$ p인 그러한 X가 있다면, 그 경우 Y는 p가 성립하지 않도록 해서는 안 된다.

를, 모든 청구권이 절대적이라는 논제로 더 압축적으로 표현하였다. 그것은 도덕에 관한 논제이며, 많은 도덕철학자들이 매력적이라고 생각한 것이다. 우리는 그 논제가 (청구권이라는) 도덕적 관념(moral notion)을 (사람이 해야 하는 것이라는) 다른 도덕적 관념과 연결한다는 점에 착안하여 그것을 "다리-논제"(bridge-thesis)"라고 칭할 수 있겠다. 유사한 논제가 많은 법률가에게 그럴 법해 보였던 것 같다. 내가 염두에 두고 있는 것은 당신이 (T$_1$)에서 "C"를 그저 "청구권"이라고 읽지 않고 "법적 청구권"이라고 읽는 경우다. 우리는 그것을 더 압축적으로, 모든 법적 청구권이 절대적이라는 논제로 표현할 수 있다. 그것 역시 다리-논제라 칭할 수 있다: 그것은 (법적 청구권이라는) 법적 관념을 (어떤 사람이 해야 하는 것이라는) 도덕적 관념과 연

결한다. 그런데 나는 (6)이 거짓인데도 (5)가 참일 수 있다는 이념에 곤혹스러워 하는 사람들은, 바로 모든 법적 청구권은 절대적이라는 논제의 영향 아래에 있기 때문에♦ 곤혹스러워 하는 것임이 명백하다고 생각한다. 만일 법적 청구권 절대성 논제가 참이라면, (6)도 참이지 않고서는 (5)는 참일 수 없기 때문이다.

그 논제♦♦는 그럴 법한 논제인가? 실증주의자들은 물론 그것이 그저 어리석은 논제라고 말할 것이다. 실증주의자들에게, 우리를 규율할 법을 선택하면서(in fixing on the laws) 사람들이 해야 하는 것을 고려해야 한다고 말하는 일이 전적으로 열려 있기는 하다. 그러나 그들은 법과 도덕을 연결하는 여하한 다리-논제도 조금도 타당한 것 같지 않다고 주장할 것이다. 그들은 이러이러한 사회의 사람들이 이러이러한 법적 청구권을 갖는지 여부는, 단순히 그리고 오로지 그 사회의 실정법의 함수이며, 어떤 종류의 행위의 도덕적 옳고 그름은 실정법이 무엇인가에 관한 증거가 될 수는 있지만 어느 누구라도 그 종류의 행위에 관한 법적 청구권을 갖는 필요조건이라는 뜻에서 실정법의 일부는 아니라고 생각한다.♦♦♦ 나는 모든 법적 청구권은 절대적이라는 논제에 대해 갖는 애착은 실증주의에 대해 갖는 불만과 직접적으로 비례한다고 확신한다.♦♦♦♦

♦ 모든 법적 청구권은 절대적이라는 논제를 명시적이건 묵시적이건 받아들이고 있기 때문에

♦♦ 모든 법적 청구권이 절대적이라서 법적 청구권이라는 법적 관념이 '~해야 한다'로 표현되는 최종적 당위라는 도덕적 관념과 연결된다는 논제

♦♦♦ 법실증주의자에게 실정법은 사회적 사실이며, 따라서 최종적 당위라는 도덕적 관념과 연결되지 않는다. 예를 들어 실정법은 노예에 대한 법적 청구권을 노예 소유자에게 인정하지만, 도덕은 아예 그런 법적 청구권을 전적으로 무시하는 것을 요구할 수 있다. 반면에 자연법론자라면 노예에 대한 법적 청구권을 인정하는 법질서는 적어도 그 부분에 있어서는 법으로서 무효이며 그런 내용의 법은 법으로서 자격을 갖지 않는다고까지 말할 수도 있다.

♦♦♦♦ 그러나 톰슨은 실증주의에 대한 불만이 법적 청구권이 절대적이라는 논제와 논리적으로 연결될 필요는 없다고 보고 있다.

어떤 경우든 모든 법적 청구권은 절대적이라는 논제의 지지자들은 (6)이 거짓이기 때문에 (5)는 거짓임에 틀림없다고 말할 것이다. 그렇다면 그들은 선창 소유주의 선창에 가해진 손상에 관해서는 무엇이라고 말할 수 있는가? 물론 일부는 "선창 소유주는 참 운도 없군 — 그가 자신의 비용으로 처리하도록 하라."고 말할 것이다. 그러나 이것은 잘못된 결과로 보인다. 왜 선창 소유주가, 선주가 자신의 배를 구하기 위해 했던 일의 비용 전부를 부담해야 하는가?[14]

이 난점을 처리하는 가장 단순한 방식[15]은 선주가 밧줄을 풀고 출항할 법적 의무를 정말로 지고 있었고 그래서 (5)가 참이라는 점 — 그래서 바로 (5)의 참이 선주가 선창 소유주에게 그가 밧줄을 풀고 출항하지 아니함으로써 야기한 손상을 보상해야 하는 **이유였음** — 을 인정하는 것이다. 그 일부는 귀책사유가 있는 경우에만 적합한 형사 제재를 정당화하고, 다른 일부는 귀책사유가 있을 때 지거나 귀책사유 없이도 지는 불법행위 배상책임만을[16] 정당화하는, 의무의 위반이, 그것도 법적 의무의 위반이 범해졌다는 점을 유념하면서

---

14 리처드 엡스타인은 선주가 선박뿐만 아니라 선창도 소유했더라면 자신의 선박을 구하는 비용을 스스로 부담해야만 했을 것이고 그래서 다음과 같은 좋은 질문을 던져야만 했을 것이라는 사실을 지적한다: 왜 선주가 자신이 훼손한 선창을 우연히 소유하지 않았다는 이유만으로 자신의 선박을 구하는 비용을 다른 사람에게 전가할 수 있어야 하는가? Richard A. Epstein, "A Theory of Strict Liability", *Journal of Legal Studies*, 2 (January 1973).

15 그것을 다루는 더 복잡한 방식은 주석 7에서 주의를 촉구한 종류의 '조건화'를 하는 것이다. 그런 이론적 움직임은 활용 가능할 뿐만 아니라, *Vincent* 사건을 다룬 Robert E. Keeton, "Conditional Fault in the Law of Torts", *Harvard Law Review*, 72 (January 1959), 401에서 실제로 제안된 것이기도 하다. 그러나 그 제안은 주석 7에서 제시한 이유와 같은 이유로 의심스러워 보인다.

16 또는 계약상 손해배상책임을 지는. 내가 C에게 100개의 부품을 인도하고 D가 부품이 없어서 손실을 입는다면, 법원은 내가 C뿐만 아니라 D에게도 부품을 전달할 수 없었던 것이 나의 귀책사유 없이 일어났다는 사실에도 불구하고 D의 손실에 대해 내게 법적인 배상책임을 지울 수 있다. 이것은 가장 단순하게 D가 나에 대하여 100개의 부품을 인도받을 법적 청구권에서 나오는 것으로 이해된다.

말이다. 피터 웨스턴은 유사한 사안에 관하여 이 제안을 한다. 그리고 나는 그가 여기서 선주가 선창에 남아 있었던 것이, 선창 소유주의 "침입과 전용(trespass and conversion)에 대항하는 재산권"에 대한 **범죄가 되지는 않는**(noncriminal) 제한이었다고 말하는 것으로 여긴다.[17]

9. 나는 또한

> (1) A는 B에 대하여 B가 A의 토지에 출입하지 않을 것을 요하는 청구권을 가진다.

가 우리가 상상했던 사안에서 참이었다고, 바로 **그 (1)의 참**이 B가 A의 토지를 가로지르면서 야기한 손상을 A에게 보상해야 하는 이유였다고, 말하는 것이 더 단순하다고 주장한다. 우리가 그렇게 말한다면,

> (2) B는 A의 토지에 출입하지 않아야 한다.

가 거짓이므로, 모든 청구권이 절대적이라는 논제 역시 거짓이다.

그러나 모든 청구권이 절대적이라는 논제를 **찬성하는** 또 하나의 논증이 있다. 이제 그것을 살펴볼 차례다.

---

17 Peter Westen, "Comment on Montague's 'Rights and Duties of Compensations'", *Philosophy and Public Affairs*, 14 (Fall 1985). 그는 그 주제를 다루는 이 방식을 뒷받침하는 근거로 글랜빌 윌리엄스(Glanville Williams)를 인용한다: "자신의 생명을 구하기 위해 다른 사람의 재산을 취하는 사람은 절도죄에 대해서는 위법성 조각사유를 갖지만 그렇게 전용한 불법행위를 이유로 소유자에게 배상 책임은 겨야 한다."

❖

제4장

청구권의 집행·

1. 앞 장의 말미에서 모든 청구권이 절대적이라는 논제를 찬성하는 또 다른 논증이 있다고 하였다. 천천히 접근할 경우 가장 잘 드러난다.

어떤 토지를 소유한 A가 B에게 거기에 들어가도 된다고 허락한 적이 없다고 가정하였다. 그 경우에

> (1) A는 B에 대하여 B가 A의 토지에 출입하지 않을 것을 요하는
>   청구권을 가진다.

가 참이라고 생각하는 것이 매우 그럴 법하다. 모든 청구권이 ─ 우리의 용어로는 ─ 절대적이라고 하는 논제의 지지자들은

◆ 이 장에서의 집행(enforcement)은 피집행자의 의사와 상관없이 강제로 청구권을 관철하는 집행을 말하는데 법제도에 의한 집행에 한정되지 않고 그 청구권이 성립을 요하는 사태를 성립케 할 수 있는 모든 행위를 말한다.

(T_1) $C_{X, Y}$ p인 X가 있다면, Y는 p가 성립하지 않도록 해서는 안
된다.

는 (1)이

B는 B가 A의 토지에 출입하지 않는 것이 성립하지 않도록 해서
는 안 된다.

(B ought not let it fail to be the case that B stays off A's land)

를 필함하며 그리하여

(2) B는 A의 토지에 들어가서는 안 된다.

를 필함한다고 본다. 그러나 우리는 또한, B의 아이가 갑자기 병에
걸려서 병원에 실려 가야만 한다고 가정하였다. 최단 경로는 A 토
지의 구석을 지나도록 되어 있으며, B는 그것을 지나면서 A의 토지
에 아무런 심각한 손상도 가하지 않는다. 마지막으로 그 응급상황은
B가 A에게 토지를 지나겠다는 허락을 구할 시간조차 주지 않는다
고 가정하자. 이 여건에서는 B가 A의 토지를 지나가**도 된다**는 것이,
그래서 (2)가 거짓인 것이 명백한 것 같다. 만일 모든 청구권이 절대
적이라면—즉, 만일 (T_1)이 참이라면—, (1)도 거짓이다.◆

◆ (T_1)이 참이라고, 즉 청구권이 절대적이라고 가정하자. 그런데 주어진 사안에서 (2)가 거
짓이라면 — 지금 B는 A의 토지를 가로질러도 되므로 — A는 애초에 청구권을 갖지 않
는다는 결론이 나온다. 따라서 A가 청구권을 가진다는 (1)이 거짓이라는 결론이 나온다.
간단히 말하면 청구권이 절대적이라면 그리고 어떤 사안에서 만일 주장된 청구권이 있
다면 그 청구권을 제한하는 행위가 허용된다면, 그 사안에서 주장된 청구권은 실제로는
아예 없는 것이다.

　　　　　　　　　제1부 무엇이 권리인가

지금 주목해야 하는 것은 (2)를 거짓으로 만드는 B의 상황의 바로 그 동일한 특성이, (3)도 거짓으로 만든다는 사실이다.

(3) B가 A의 토지에 들어오는 것을 A가 막는 것이 허용된다.

(B가 A의 토지를 지나려고 하면 A가 총으로 쏘겠다고 위협하는 것은 그 여건에서는 끔찍한 일이다.) B가 직면한 응급상황은, B가 그 토지를 지나도 된다는 것과 B가 지나는 것을 A가 막아서는 안 된다는 것 **둘 다**, 한 번에 그리고 동시에 참으로 만든다.

B가 A의 토지를 지나는 것을 A가 막아서는 안 된다는 사실을 살펴보자. X가 Y에 대하여 청구권을 갖고 있다면, X는 Y의 청구권 제한을 막는 것이 허용된다. 청구권은 어쨌거나 권리이기 때문이다. 사람들이 그들의 권리 제한에 대항하여 스스로를 보호하는 것은 분명히 도덕적으로 허용된다고 생각한다. 우리는 그 근저에서 작동하는 논제를 "모든 청구권은 집행 가능하다"◆ 또는, 우리의 용어로는 다음과 같이 표현할 수 있다:

(T$_4$) $C_{X,Y}$ p라면, Y가 p가 성립되지 않도록 하는 것을 X가 막는 것은 허용된다.(If $C_{X,Y}$ p, then it is permissible for X to prevent Y form letting it fail to be the case that p.)

이 논제의 지지자들은

◆ 여기서의 가능은 현실적 가능이 아니라 규범적으로 가능하다는 의미, 즉 집행해도 된다는 의미이다.

(1) A는 B에 대하여 B가 A의 토지에 출입하지 않을 것을 요하는
청구권을 가진다.

가

B가 A의 토지에 출입하지 않는 것을 B가 성립하지 않도록 하는
것을 A가 막는 것은 허용된다.

를 필함하며 그래서

(3) A의 토지에 B가 출입하는 것을 A가 막는 것은 허용된다.

를 필함한다고 여긴다. 그러나 (3)은 거짓이다. 만일 모든 청구권이
집행 가능하다면—즉, 만일 (T_4)가 참이라면—(1)도 거짓이 된다.♦
어떤 면에서 보았을 때, (T_1)과 (T_4)는 청구권에 관한 두 논제에
불과하다: (T_1)은 청구권 보유의 필요조건이, 청구권의 상대방은 청
구권을 보유하는 이에 대하여 이러이러한 것을 해야 한다는 것임♦♦
을 말한다. (T_4)는, 청구권 보유의 필요조건이, 청구권 보유자가 청
구권 제한을 막아도 된다는 것임♦♦♦을 말한다. 간단히 요약하면 우
리가 갖고 있는 것은, (1)에 의해 A에게 할당된 청구권을, A가 갖지
않는다는 결론을 내리게 하는 두 가지 논증이다: 첫 번째 논증은 B
가 그 토지를 지나도 된다는 사실로부터 진행해 나가는 것이고, 두

♦ 지금 집행 가능한 청구권이 없으므로, 청구권은 모두 집행 가능하다는 명제가 참이라면,
　그 상황에서는 애초에 청구권이 없다는 결론이 나올 수밖에 없다.
♦♦ 청구권은 절대적이어서 청구권 제한행위가 허용되는 경우란 없다.
♦♦♦ 청구권 보유자는 청구권을 집행하는 것이 언제나 허용된다.

번째 논증은, B가 토지를 지나는 것을 A가 막아서는 안 된다는 사실로부터 진행해 나가는 것이다. ♦

그러나 이 두 논제 그리고 각각의 논제에 의지하는 논증은, 독립적인 것은 아니라고 주장할 수 있다. 어쨌거나 B가 A의 토지를 지나도 된다는 것과 **그리고** A는 B가 그렇게 하는 것을 막아서는 안 된**다 양자 모두** 참으로 만드는 것은 B의 상황의 바로 동일한 특성―그가 직면한 응급상황―이다.

Y가 그 토지를 지나는 것을 X가 막는 것이 허용된다면 Y는 그렇게 해서는 안 된다고 말할 수 있다고 가정해 보자. (Y가 그렇게 하는 것을 X가 막는 것이 허용되면서도 또한 Y가 그렇게 하는 것이 허용된다는 것이 어떻게 둘 다 참일 **수 있겠는가**?) 우리는 그 논제를 다음과 같이 표현할 수 있다:

(T₅) 만일 Y가 p가 성립하지 않도록 하는 것을 X가 막는 것이 허용된다면, Y는 p가 성립하지 않도록 해서는 안 된다.(If it is permissible for X to prevent Y from letting it fail to be the case that p, then Y ought not let it fail to be the case that p.)

우리는 이제 모든 청구권이 절대적이라는 논제를 찬성하는 새로운 논증을 갖게 되었다. 그 논제는 다음과 같이 진행한다. 만일 (T₄)가 참이라면,

---

♦ (T₁)과 (T₄)는 청구권의 필요조건에 관하여 강한 주장을 하는 논제이다. 필요조건이 성립하지 않으면 청구권은 성립하지 않는다. 따라서 만일 (T₁)과 (T₄)를 받아들이면, 즉 어떤 사안에서 청구권 제한행위가 허용된다는 점이나, 청구권 집행이 허용되지 않는다는 점을 보임으로써 그 사안에서 청구권이 없다는 점을 보여줄 수 있다.

(i) $C_{X, Y}\, p$

는

(ii) Y가 p가 성립하지 않도록 하는 것을 X가 막는 것은 허용된다.

를 필함한다. 만일 (T₅)가 참이라면, (ii)는

(iii) Y는 p가 성립하지 않도록 해서는 안 된다.

를 필함한다. 그러므로 만일 (T₄)와 (T₅) 양자 모두 참이라면, (i)은
(iii)을 필함한다. 그러므로 (T₄)와 (T₅) 양자 모두 참이라면, 또한

(T₁) 만일 $C_{X, Y}\, p$인 X가 있다면, Y는 p가 성립하지 않도록 해서
　　 는 안 된다.

도 참이다. 이 새로운 논증에는 주의를 기울일 가치가 있다.

2. 논의의 목적을 위해서는, 이 새 논증의 흥미로운 전제는 모든 청
구권이 집행될 수 있다(enforceable)는 논제, 즉

(T₄) 만일 $C_{X, Y}\, p$라면, Y가 p가 성립되지 않도록 하는 것을 X가
　　 막는 것은 허용된다.

라는 논제다. 이 논제는 타당한가? 내가 당신에게 100개의 부품을
다음 주 금요일까지 인도하겠다(deliver)고 약속하였다고 해 보자.

나는 그렇게 약속함으로써 다음을 참으로 만들었다:

> (4) 당신은 나에 대하여 내가 당신에게 다음 주 금요일에
> 100개의 부품을 인도할 것을 요하는 청구권을 가진다.

몇몇 견해에서는 우리가 알고 있듯이, 만일

> (5) 내가 당신에게 다음 주 금요일에 100개의 부품을 인도해야
> 한다.

가 거짓이라면, (4)는 거짓이다. 좋다. (5)가 참이라고 가정해 보자. 즉, 그 약속을 하기 전에 어느 누구에게도 부품을 인도하겠다는 양립 불가능한 약속을 한 적이 없다고 가정하자. 부품을 필요로 하는 아프거나 굶주리는 아이도, 배우자도, 고양이도, 개도 없다. 그것을 그냥 인도하고 싶지 않다고 느낀다는 사실(나는 금요일에 해변에 가길 원한다)을 제외하고는 그 부품을 인도하는 데 어떤 장애도 없다. 이때 **그 어떠한** 견해에 의하더라도, 내가 그 부품을 인도해야 한다는 것이 참일 뿐만 아니라 또한 그 이상의 것이 참이라고, 즉 당신은 나에 대하여 내가 그것을 인도할 것을 요하는 청구권을 가진다는 것이 참이라고 생각한다. 그러므로 (4)는 참이다. (T_4)는 우리에게, 내가 당신에게 다음 주 금요일에 100개의 부품을 인도하는 사태가 성립하지 않도록 하는 것을 당신이 막는 것이 허용된다고 결론 내려도 된다고 이야기한다. 간단히 말해 (T_4)는 우리에게

> (6) 내가 당신에게 다음 주 금요일에 100개의 부품을 인도하도록
> 만드는 것은 허용된다.(It is permissible for you to make

me deliver 100 widgets to you next Friday.)

가 참이라고 말한다. 이것은 옳을 수 있는가?

만일 내가 그 부품을 인도하도록 만들기 위해 당신이 할 필요가 있는 전부가, 그저 나에게 전화를 걸어 격렬한 어조로 "그 부품을 인도하지 않으면 소를 제기할 거야!"라고 말하는 것이라면, 모든 것이 괜찮다는 점이 분명하다: 당신은 정말로 내가 그 부품을 인도하도록 만들어도 된다. 그러나 만일 내가 소를 제기하겠다는 위협에도 움직이지 않는다면 어떻게 되는가? 만일 내가 당신에게 그 부품을 인도하도록 만들기 위해서는 직접 와서 나의 발을 총으로 쏠 수밖에 없다면 어떻게 되는가? 아마도 결코 그런 것을 허용할 수는 없을 것이다. 만일 **그것이** 〔결코 허용할 수 없다는 것이 – 옮긴이〕 참이라면, (6)은 분명히 참이 아니다.

방금 제시한 이 약간의 논증에 작동하고 있는 상당히 일반적인 원리가 있다. 내가 염두에 두고 있는 것은 칸트적 원리와 어느 정도 가까운 계통의 원리(second cousin)이다. 칸트는 목적을 의욕하는 사람은 수단을 의욕하는 것이라고 말했다. 그 어느 정도 가까운 계통의 원리는, 수단을 의욕하여도 되는 경우 오직 그 경우에만 목적을 의욕하여도 된다고 말한다.(one may will the end if and only if one may will the means) 우리는 이것을 허용성을 위한 유일한 수단 원리(the Sole-Means Principle for Permissibility)라고 칭하고 그것을 더 정확히 다음과 같은 것을 말하는 것으로 여길 수 있다.

> 허용성을 위한 유일한 수단 원리: 만일 X가 가진, 베타를 하는 유일한 수단이 알파를 하는 것이라면, X가 알파를 하는 것이 허용되는 오직 그 경우에만 X가 베타를 하는 것은 허용된다.

제1부 무엇이 권리인가

이 원리는 매우 그럴 법하다.♦ 만일 그것이 참이라면 (6)은 정말로 거짓이다. 왜냐하면 당신이 내가 그 부품들을 인도하도록 만드는 유일한 수단이 내 발을 쏘는 것이고, 당신이 내 발을 쏘는 것은 허용되지 않기 때문이다.

그러나 만일 (6)이 거짓이라면 (T₄)는 곤란에 처한다. (4)는 분명히 참이기 때문이다. 더 일반적으로, 우리는 Y가 어떤 사태가 성립되지 않도록 하는 것을 받아들일 수 없을 정도의 과격한 수단에 의하지 않고서는 X가 막을 수 없다는 것이, X가 Y에 대하여 그 사태가 성립할 것을 요하는 청구권이 없음을 참으로 만든다는 것을 의미한다고는 결코 상정할 수 없다.¹ 앞서 사람들은 그들의 권리 제한에 대항하여 스스로를 보호하는 것이 도덕적으로 허용됨은 분명하다고 말했다. 그러나 자신의 권리 제한에 대항하여 스스로를 보호하기 위해 다른 사람의 삶에 그 자체로 허용되지 않는 중대한 개입 (intervention)을 할 수밖에 없는 사안들의 경우에는 그렇지 않다. **때때로** 도덕은 우리가 권리 제한을 겪을 것을 그리고 나서 나중에 가능한 보상행위를 하도록 명한다.

이것은 오로지 '사회상태(state of society)'에서만 참이며 '자연상태'에서는 참이 아니라고 주장될 법도 하다. 즉, 여하한 사회의 법체계는 (특별한 사안을 제외하고는) 폭력적인 자력구제를 금지하여, 시민들이 나중에 교정(rectification)을 얻을 수 있도록 마련된 절차를

♦ 예를 들어 어떤 여건에서 몸을 따뜻하게 할 가죽을 만드는 유일한 수단이 다른 사람을 죽여 그 신체를 재료로 가죽을 만드는 것이라면, 그 여건에서 가죽을 만들어서는 안 된다. 그런 경우 수단이 되는 행위인 사람을 죽이는 것이 허용되지 않기 때문이다.

1 이와 같은 사안들이 제3장 5절에서 내가 짚고자 했던 논지를 뒷받침하여 만들어질 수 있다. 약속을 어겨도 되는지의 질문과 관련 있는 것으로, 약속하기의 우선성과 약속을 어김**으로써** 야기될 해악이 얼마나 많이 있는가 이외의 고려사항들도 있기 때문이다. 무엇보다도, 약속을 지키려면 사용해야 하는 수단이 무엇인가의 질문이 있다: 그런 수단들은 어쨌거나 과격하여 받아들일 수 없는 것일 수 있다.

대신 사용할 것을 명한다. 그러나 법체계가 없는 사람들은 어떤가? 그 경우의 자력구제는 어떻게 되는가? 당신이 이 관념에 관하여 느낄 바는, 당신이 자연상태라고 생각하는 것에 달려 있다. 만일 당신이 홉스처럼, 자연상태에서는 전혀 아무런 도덕도 없으리라고 생각한다면 ("옳은 것과 그른 것, 정의와 불의는 거기엔 아무런 자리도 없다") 그럴 경우 물론 당신은 자연상태에서는 폭력적인 자력구제를 포함하여 무슨 일이든 다 괜찮다고 생각할 것이다. 만일 당신이 로크처럼, 자연상태에도 (비록 법은 없지만) 도덕이 있으리라 생각한다면, 자연상태에서 그저 아무런 폭력적인 자력구제나 다 허용되지는 않는다는 점에 동의할 수밖에 없을 것이다. 의문의 여지없이 자연상태에서 자력구제의 방법으로 허용되는 것은 사회상태에서 허용되는 것보다 더 많을 것이다. 사회상태에서는 폭력적인 자력구제를 불필요한 것으로 만들려는 의도로 설립된 법질서가 있으니 말이다. 그러나 폭력적인 자력구제라면 무엇이든 자연상태에서 허용되는 것은 아니라고 생각하는 것이 타당할 것 같다. 로크의 자연상태에서, 어떤 사람이 사과를 훔치려는 것을 막으려고 그 사람을 죽이는 것이 허용된다고는 도저히 생각할 수 없다. — 아마도 당신이 개입하지 않으면 그가 당신의 생명이나 당신의 생계에 심각한 위협이 초래될 것이라고 생각할 좋은 이유가 없다면 말이다.

어떤 경우든 우리는 자연상태에서 살고 있지 않다. 교정으로 가는 법적 경로(legal routes to rectification)가 활용 가능한 경우에, 자력구제는 **한층 더 강력한 이유로**, 자신의 권리 제한에 대항하여 스스로를 보호하는 유일한 활용 가능한 방법이 아니다. 그리고 내가 당신에게 다음 주 금요일에 부품을 인도하도록 하기 위하여 당신이 나의 발을 쏘는 것은 — 비록 당신이 나에 대하여 내가 그것들을 인도할 것을 요하는 나에 대한 청구권을 갖고 있기는 하지만 — 허용되지 않는다.

제1부 무엇이 권리인가

3. 내가 앞 절에서 주의를 촉구하였던

> (T_4) 만일 $C_{X, Y}$ p라면, Y가 p가 성립되지 않도록 하는 것을 X가 막는 것은 허용된다.

에 대한 반론을, (T_4)를 약화시킨다고 해서 우회할 수는 없다는 점을 명시적으로 지적하는 것이 좋을 듯하다. 염두에 두고 있는 것 ((T_4)의 약화와 우회의 한 경로 - 옮긴이)은 다음과 같다. 우리가 살펴본 사안, 당신이 내가 부품을 인도할 것을 요하는 나에 대한 청구권을 가지고 있었던 사안은, 당신의 나에 대한 청구권이 내가 무언가를 **할** 것(that I do something)을 요하는 청구권인 사안이었다. 그것은 내가 일정한 방식으로 **행위할 것**을 요하는 청구권(a claim to my acting in a certain way)이었다. 다음과 같이 이야기할 수 있겠다: 이 것은 놀랍지 않으며, 그렇다면 아무런 골칫거리도 없는 셈이다. ("그 렇게 해! 안 그러면 소를 제기할 거야!"를 외침으로써 어떤 사람이 어떤 것을 하도록 할 수 있는 경우처럼) 어떤 사람이 과격하지 않은 조치를 취함 으로써 행위하지 않는 것을 막을 수 있는 사안들이 의문의 여지없이 있지만 사람들이 하려고 하지 않는 것을 하게 만드는 것은 보통 더 많은 것을 요구하며, 그 요구되는 더 많은 것은 그 자체가 허용되지 않는 것일 가능성이 높다.

그런데 당신의 나에 대한 청구권이 내가 무언가를 하지 **않을** 것 (that I not do something)을 요하는 것인 사안은 어떤가? 전형적으로 당신은, 그 자체로, 불허되는 것은 아닌 수단으로 어떤 사람이 어떤 것을 하지 않도록 할 수 있다. 당신은 내가 당신의 집에 들어가지 않을 것을 요하는 청구권을 나에 대하여 갖는가? 당신은 그저 당신의 집과 창문을 잠그면 된다. 당신은 나에 대하여 내가 당신의 샐러드를 먹지 않을 것을 요하는 청구권을 갖고 있는가? 당신은 그저 그것을 단단히 움켜쥐거나 스스로 먹으면 된다. 그러므로 약화된 (T_4), 즉

> 만일 $C_{X, Y}$ Y가 이러이러한 것을 하지 않는다 라면, Y가 이러이러한 것을 하는 것을 X가 막는 것은 허용된다.(If $C_{X, Y}$ not do such and such, then it is permissible for X to prevent Y from doing the such and such.)◆

는 참일 가능성이 더 높다.

더 높은 가능성, 그렇다. 그러나 어쨌거나 그것[약화된 (T_4) -옮긴이]은 참이 아니다. 당신이 나에 대하여, 내가 어떤 것을 하지 않을 것을 요하는 나에 대한 청구권을 갖고 있지만 그럼에도, 당신이 사용해야 하는 수단이 (앞 절에서처럼) 받아들일 수 없을 정도로 과격하기 때문에, 당신이 내가 그것을 하는 것을 막아서는 안 되는 그런 사안들이 있기 때문이다. 나는 당신이 잔디밭 전면에 두고 있는 분홍 플라스틱 홍학이 정말 싫다. 어느 날 내 안의 무언가 똑 끊어져 플라스틱 홍학에 큰 망치를 들고 다가간다고 해 보자. 내가 그 플라스틱 홍학을 부수는 것을 막는 당신의 유일한 수단은 내 발을 총으로 쏘는 것이다. 당신은 나에 대하여 내가 그것을 부수지 않을 것을 요하는 나에 대한 청구권을 정말로 갖고 있지만, 그럼에도 불구하고 나의 발을 쏴서는 안 된다. 그리고 허용성을 위한 유일한 수단 원리는 우리에게, 그러므로 당신은 내가 그것을 부수는 것을 막아서는 안 된다고 이야기한다. 도덕은, 슬프게도, 당신이 분홍 플라스틱 홍학의 박살을 감내해야 한다고 말한다.

◆ 즉 약화된 (T_4)는, '청구권이 요하는 것이 청구권 상대방의 부작위라면, 그 부작위 사태를 성립하지 않도록 하는 작위를 막는 것은 허용된다'는 것이다.

4. 몇몇 사람은

> (T$_4$) 만일 C$_{X, Y}$ p라면, Y가 p가 성립되지 않도록 하는 것을 X가
> 막는 것은 허용된다.

에 대한 이와는 다른 수정이 내가 지적한 난점을 제거해 줄 것이라
고 생각하리라고 본다. 그 수정은 Y가 X의 청구권을 제한하는 것을
막기 위해 X가 사용해야 할 수단을 고려에 넣고, 그 수단 그 자체가
허용될 것을 요구한다는 수정이다. 그래서

> (T$_4'$) 만일 C$_{X, Y}$ p라면, Y가 p가 성립되지 않도록 하는 것을 X가
> 막는 것은, **만일** 그 자체로 허용되는 그 막는 일을 하는 수
> 단을 X가 갖고 있는 경우에는 허용된다.

가 여기서 필요한 것처럼 보일지도 모른다. 내가 지적한 난점은 확
실히 (T$_4'$)에서는 발생하지 않는다. 당신은 내가 금요일에 부품을 인
도하도록 만들면 안 되는가? 당신은 내가 당신의 홍학을 부수는 것
을 막아서는 안 되는가? 안 된다는 점은 당신이 나에 대하여 청구권
을 갖고 있지 않다는 점을 보여주지는 않는다. 가설상 당신은 그 자
체로 허용되는, 그 청구권을 집행할 수단을 갖고 있지 않기 때문이
다. 당신의 유일한 수단은, 그 자체로 허용되는 것이 아닌, 나의 발
을 쏘는 것이다.
　이와는 대조적으로, 당신은 내가 당신의 집에 들어가지 않을 것을
요하는 청구권을 갖는가? 당신은 당신의 문과 창문을 잠그기만 하
면 되며, 그것은 그 어떤 견해에 의하더라도 당신이 하는 것이 허용
되는 것이다. 당신은 나에 대하여 내가 당신의 샐러드를 먹지 않을

것을 요하는 청구권을 갖고 있는가? 당신은 그것을 단단히 움켜쥐거나 스스로 먹을 필요가 있을 뿐이다. 그리고 그것 역시 어떠한 견해에서도 당신이 하는 것이 허용된다. 여기까지는 좋다.

그러나 우리가 물어야 하는 질문은, (T_4')이 그저 사소한 뻔한 말이 아닌가 하는 점이다.

> 허용성을 위한 유일한 수단 원리: 만일 X가 가진, 베타를 하는 유일한 수단이 알파를 하는 것이라면, X가 알파를 하는 것이 허용되는 경우 오직 그 경우에만 X가 베타를 하는 것은 허용된다.

를 다시 살펴보자. 비슷한 원리는 다음과 같이 말한다:

> 허용성을 위한 수단 원리: 만일 알파를 하는 것이 X가 베타를 할 수 있는 **어떤** 수단이라면, X가 알파를 하는 것이 허용된다면 X가 베타를 하는 것은 허용된다.

이 원리 역시 전적으로 그럴 법하다.[2] 어쨌거나 수단은 결과를 초래한다. 그러므로 그 결과가 허용되는지 여부 질문에 유관한 고려사항이라면 무엇이든지, 그 수단이 허용되는지 여부의 질문에 유관한 것

---

2 그러나 우리는 이 원리가, 당신이 베타를 하는 허용되는 하나의 수단을 갖고 있어서 베타를 하는 것이 허용된다고 해서, 당신이 원하는 — 불허되는 수단을 포함하여 — 아무 수단으로나 베타를 하는 것이 허용된다는 결론을 산출하지 않음을 유의해야 한다. 예를 들어 나는 내 차 전조등(前照燈)을 이웃이 깨는 것을 막는 두 가지 수단을 가질 수 있다. 하나는 차를 내 차고에 넣는 것이고 다른 하나는 그를 총으로 쏘는 것이다. 차를 차고에 넣는 것이 허용된다고 가정해 보자. 이것은 (허용성을 위한 수단 원리에 의해) 이웃이 차 전조등을 깨는 것을 막는 것이 허용됨을 보여준다. 그러나 이웃이 차 전조등을 깨는 것을 막는 것이 허용된다는 사실이, 이웃을 쏨으로써 이웃이 차 전조등을 깨는 것을 막는 것이 허용됨을 보여주지 않는다.

　　　제1부 무엇이 권리인가

들에 속함이 분명하다.

그러나 만일 허용성을 위한 수단 원리가 참이라면, (T_4')은 사소하다. (T_4')은

$$C_{X, Y} \ p$$

를 전제로, 그리고

Y가 p가 성립하지 않도록 하는 것을 X가 막는 것은 **만일** X가 그렇게 막는 수단이 그 자체로 허용된다면, 허용된다.

를 결론으로 하는 조건문(conditional)이다. 그러나 그 결론의 참은 허용성을 위한 수단 원리로부터 직접적으로 따라 나온다. 그 원리는, 만일 X가 그 자체로 허용되는 베타를 하는 수단을 갖고 있다면, (베타를 하는 것이 무엇이든) X가 베타를 하는 것이 허용된다고 말하기 때문이다. (T_4')의 전제는 그 결론을 참으로 만드는 데 아무런 역할도 하지 않는다. 그 결론은 그 전제가 참이건 아니건, 그리하여 X가 Y에 대하여 청구권을 갖고 있든 아니든, 참이다.

그래서 (T_4)를 수정하려는 또 다른 시도도 성공하지 못한다. — (T_4)가 도덕 이론가에게 흥미로운 것이라는 가정 위에서는 말이다.

5. 앞 장 8절에서 우리는 많은 법률가들이,

(T_1) 만일 $C_{X, Y} \ p$인 X가 있다면, Y는 p가 성립하지 않도록 해서는 안 된다.

의 "C"를 "법적 청구권"으로 읽을 경우 얻게 되는 논제는 매우 그럴 법하다고 생각한다는 사실에 주목했다. 여기서,

> (T₄) 만일 $C_{X, Y}$ p라면, Y가 p가 성립되지 않도록 하는 것을 X가 막는 것은 허용된다,

에 대한 유사한 독법을 주목하는 별도의 간략한 논의가 적합할 것 같다. 이 논의 역시 많은 법률가들이 매력적이라고 생각해 왔다.

그 법적 독법하에서, (T₄)는 (법적 청구권이라는) 법적 관념과 (도덕적으로 하는 것이 허용된다는) 도덕적 관념을 연결시키는 다리-논제(a bridge-thesis)이다. **빈센트** 사안을 다시 살펴보자. 말했듯이 선주가 선창(dock)에서 밧줄을 풀어 물러나야 한다는 것은 참이 아니었다. 갑작스러운 폭풍이 비상상황을 만들어 냈고, 그러므로 선주는 선창에 남아 있음으로써 "분별 있게 그리고 신중하게" 행위한 것이다. 선주가 선창에 머물러 있는 것을 선창 소유주가 막는 것이 가능했다고 해 보자. 만일 선창 소유주가 배를 선창에 고정시켜 두었던 밧줄을 잘랐더라면, 그럼으로써 선주가 선창에 계속 머무르는 것을 막았을 것이다. 이것이 그른 행위였을 것이라는 점에 모두 동의할 것이라고 확신한다: 선주가 머무르는 것을 선창 소유자가 막지 않아야 한다고 말하는 것이 참이었을 것이다. 선창 소유주가 선주에 대하여 선주가 밧줄을 풀고 물러나야 할 것을 요하는 아무런 법적 청구권이 없었다고 결론 내리게 되는가? 선주에 관해서 그가 밧줄을 풀고 선창에서 물러나야 한다고 말하는 것이 거짓이 되었으리라는 사실로부터 이 결론이 도출되지 않는 것처럼, 그러한 결론을 내리게 되지는 않는다. 어쨌거나 선주가 머물러 있어도 되는 것 그리고 선주가 머무르는 것을 선창 소유주가 막아서는 안 된다는 것을 **둘 다** 참으

제1부 무엇이 권리인가

로 만든 것은 정확히 동일한 것 — 폭풍이 만들어낸 비상상황 — 이
었다. 그리고 그 비상상황에도 불구하고, 선주는 선창 소유주에게
그가 머물러 있음으로써 야기한 손해를 보상해야 한다.

6. 아마도

> (T₄) 만일 $C_{X, Y}$ p라면, Y가 p가 성립되지 않도록 하는 것을 X가
> 막는 것은 허용된다.

에 추가로 손을 대면, 2~4절에서 주의를 촉구했던 난점을 피하는
것이 가능할 것이다. 그러나 철학에서는, 이렇게 만지작만지작 손을
댈 필요(the need for tinkering)는 처음부터 무언가 잘못되었다는 것
을 항상 시사한다. 왜 우리는 청구권을, 청구권을 집행하는 일의 허
용성과 연결시키는, 단순한, 사소하지 않은 논제를 얻으려 하는가?
  이 장의 서두에서 만일 X가 Y에 대하여 청구권을 가진다면, Y가
그것을 제한하는 것을 X가 막는 것이 허용된다고 생각하는 것이 자
연스럽다고 말하였다. 확실히 우리는 사람들이 그들의 권리를 제한
하는 것에 대항하여 스스로를 보호하는 것이 도덕적으로 허용된다
고 생각한다.
  그러나 만일 어떤 사람이 어떤 것을 하면 내 청구권을 제한하게
되리라는 사실이 그가 그것을 하는 것을 내가 막는 것을 허용되도록
만든다고 생각하는 것은 잘못임이 드러났다.◆ 우리는 정말로 청구
권을 갖고 있지만, 청구권 제한자가 청구권을 제한하는 것을 막는

◆　즉 청구권의 집행이 언제나 허용된다는 논제 또는 청구권의 절대적 집행 가능성 논제는
　　틀렸다.

것이 도덕적으로 허용되지는 않는 사안을 기억하지 못했기 때문에 "사람들이 그들의 권리 제한에 대항하여 스스로를 보호하는 것은 도덕적으로 허용됨이 분명하다"고 생각했던 것이다. 당신은 내가 당신의 (플라스틱) 홍학을 부수지 않을 것을 요하는 청구권을 갖고 있다. 그럼에도 불구하고 만일 당신이 가진 내가 그렇게 하는 것을 막는 유일한 수단 ― 나를 쏘는 것 ― 이 받아들일 수 없을 정도로 과격하다면, 나의 그런 행동을 당신이 막는 것은 허용되지 않는다.

이것이 어떤 사람이 주체의 청구권을 제한하는 것을 막는 것이 항상 허용된다는 이념에 많은 종류의 반례 중 하나에 불과하다는 점에 이제 주목해야 한다. 어떤 사람이 당신의 청구권을 제한하는 것을 당신이 막는 일이, 당신이 가진 유일한 **수단**이 받아들일 수 없을 정도로 과격하기 때문이 아니라, 그렇게 막는 일의 **결과**가 받아들일 수 없을 정도로 과격하기 때문에 허용되지 않을 수도 있다. 내가 당신의 홍학을 부수는 것을 당신이 쉽게 막을 수 있다고 가정해 보자: 당신은 가장 험악한 방식으로 "하지 마! 그렇지 않으면 고소할 거야!"라고 그저 외치기만 하면 되고, 그러면 나는 부수지 못할 것이다. 그래서 당신의 수단은 괜찮다. 그러나 당신이 이렇게 하여 내가 당신의 홍학을 부수는 것을 막는다면, 당신이 그렇게 함으로써 어떤 종류의 재앙을 야기하게 되리라고 가정해 보자. (존스가 근처 절벽의 끝에 균형을 잡고 서 있어서, 당신이 나에게 "하지 마! 그렇지 않으면 고소할 거야!"라고 외치면 당신은 존스를 놀라게 해 그가 절벽 아래로 떨어지게끔 만들 것이다.) 만일 그렇다면, 당신은 내가 홍학을 부수는 것을 막아서는 안 된다 ― 어쨌거나 당신은 나중에 언제든 나를 고소할 수 있으니 말이다.

덜 기묘한 사례는 우리가 앞서 살펴본 종류의 사안에서 나온다. B가 A의 토지에 들어가는 것을 A가 막는다면, B의 아픈 아이가 죽을 것이라고 가정해 보자. 그럴 경우 B가 A의 토지에 들어가는 것을 A는 막아서는 안 된다: 그렇게 하는 것의 결과는 받아들일 수 없을 정도로 과격하다.✦

거기다 또, 어떤 사람이 당신의 청구권을 제한하는 것을 당신이 막는 일이, 당신이 그렇게 할 유일한 수단이 받아들일 수 없을 정도로 과격하기 때문도, 그렇게 한 결과가 받아들일 수 없을 정도로 과격하기 때문도 아니라, 당신이 그렇게 막지 않겠다고 그 사람에게나 다른 누군가에게 언질을 주었기 때문에, 허용되지 않을 수도 있다. 예를 들어 당신의 홍학을 내가 부수는 것을 막지 않겠다고 당신이 내 어머니에게 약속한 경우처럼 말이다. (이를 C, D의 샐러드 사례와 비교해 보라. C가 D에게 C의 샐러드를 먹을 특권을 주지 않았더라면 C는 D가 그 샐러드를 먹지 않을 것을 요하는 D에 대한 청구권을 가졌을 것이다. 그 경우 C가 그 청구권을 가짐은 어떤 사람에게 D가 그 샐러드를 먹는 것을 막지 않겠다고 약속하는 것 — D에게 약속한 것이라도 — 과 양립 가능하다. 우리는 C가 D에게 다음과 같이 말한 경우를 상상할 수 있다: "당신이 그 샐러드를 먹는 것을 막지 않겠다고 약속한다. 당신이 명예롭게 행동한다면 먹지 않겠지.")

이 모든 것 배후에 놓여 있는 것은 **Y가 어떤 것을 하는 것을 X가 막는 것은, 여느 다른 행위와 마찬가지로 하나의 행위이며** 그래서 폭넓고 다양한 상이한 것에 의해 불허되는 것이 될 수 있다는 사실이다.

그리고 Y가 어떤 것을 하는 것을 X가 막는 것은, 여느 다른 행위와 마찬가지로 하나의 행위라는 점에서, 그것은 또한 폭넓고 다양한 상이한 것에 의해 허용되는 것이 될 수도 있다. — 즉 Y는 그렇지

✦ "drastic"은 그 수단 자체가 허용되는 범위를 넘어서는 것인 경우뿐만 아니라 그 결과가 극단적인 경우까지 가리키는 용어로 사용되었다.

않으면 X의 청구권을 제한하게 되리라는 점은, Y가 행위하는 것을 X가 막는 일이 허용된다고 생각할 가능한 이유 중 아무런 특별한 자리를 차지하지 않는다. 예를 들어 후견주의는 도덕적으로 우려스럽지만 때로는 허용된다: 때로는 Y가 어떤 것을 하는 것을 X가 막는 일은, 이것을 허용되게 하는 사정이 그렇게 막지 않으면 Y가 X의 청구권을 제한하게 되리라는 점이 아니라 막지 않으면 Y 자신에게 해악을 야기하리라는 점일지라도, 허용된다.

게다가 다음과 같은 사안들이 있다. 당신과 나는 특별한 장소에 있는 공공 해변에 앉는 것을 좋아한다. 거기에는 오직 한 사람을 위한 공간만 있다. 나는 오늘 아침 거기 제일 먼저 도착했으며 그렇게 함으로써 당신이 거기 앉는 것을 막았다. 그것은 허용되었는가? 확실히 허용되었다. 그리고 당신이 거기 앉는 것을 내가 막는 것은, 당신이 그렇게 하지 않으면 내가 거기 앉는 청구권을 제한하게 되었으리라는 사실에 의해 허용된 것이 아니다. 왜냐하면 그런 사실이란 없기 때문이다.

게다가 또한, 그리고 현재의 논의 목적에서는 더 중요한 것으로서, 때로는 Y가 어떤 것을 하는 것을 X가 막는 일은, 그것을 허용되게 하는 사실이 그렇게 막지 않으면 Y가 X의 청구권을 제한하리라는 점이 아니라 막지 않으면 Y가 제3자인 Z의 청구권을 제한하게 되리라는 점일지라도 허용된다. 자기방위(self-defense)는 항상 허용되는 것은 아니지만 대체로 허용된다. 그런데 타인방위(other-defense) 역시, 비록 항상 허용되는 것은 아니고 자기방위와 같은 정도로 허용되는 것은 아니지만 — 방위의 유일한 활용 가능한 수단이 받아들일 수 없을 정도로 과격한 경우, 타인방위는 자기방위 사안만큼 허용되는 것은 아니다 — 흔히 허용된다.

아마도 다음과 같은 점을 강조해야겠다. 자기방위가 허용되는 경우에는 언제나 타인방위도 허용된다고 말하는 것이 아니다. 블로그가 자신의 싸움에서 싸우는 법을 배우는 것은, 몇몇 싸움은 패배하는 대가를 치르고서라도 중요할 수 있다. 그렇다면 내가 그를 방위하기 위해 끼어드는 것이 허용되지 않을 그러한 사안이 있을 수 있다. 그럼에도 불구하고 내가 그를 방위하기 위해 끼어드는 것은 때때로 허용된다.

그래도 그렇게 하지 않으면 Y가 X의 청구권을 제한하게 되리라는 사실 — 또는 우리가 이제 포함하듯이 Z의 청구권을 제한하게 되리라는 사실 — 은, Y가 행위하는 것을 X가 막는 것을 허용되게 하는 데 기여하는 정말로 특별한 역할을 맡고 있다. 그렇지 않으면 Y가 청구권을 제한하게 되리라는 사실은 Y의 청구권, 즉 불간섭에 대한 Y의 청구권에 관련이 있기 때문이다. 간단히 말해서: 다른 사정이 동일하다면, Y가 행위하면 어떤 사람의 청구권을 제한하게 된다는 사실은, Y가 불간섭에 대한 (확실히 전부는 아니지만) 일부 청구권을 **몰수당하게** 만든다. (우리는 이 문제를 제14장에서 다시 살펴볼 것이다.)

아무튼 청구권과 그것의 집행의 허용성을 연결시키는 그 어떠한 단순한, 사소하지 않는 논제도 없는 것으로 드러난다. 그러한 논제가 있다고 생각한 것이 바로 오류였다.

7. 모든 청구권이 절대적이라는 논제를 찬성하는 새 논증은 다음과 같이 진행되었다.

> (T₄) 만일 $C_{X, Y}$ p라면, Y가 p가 성립되지 않도록 하는 것을 X가 막는 것은 허용된다.

와

(T₅) 만일 Y가 p가 성립하지 않도록 하는 것을 X가 막는 것이 허
용된다면, Y는 p가 성립하지 않도록 해서는 안 된다,

를 전제할 때, 우리는

(T₁) 만일 $C_{X, Y} p$인 X가 있다면, Y는 p가 성립하지 않도록 해서
는 안 된다.

를 연역할 수 있다. 이 장 및 앞 장에서 주된 관심은, 모든 청구권이
절대적이라는 논제였다. 우리가 이제 (T₄)를 거부하므로, 그 논제를
찬성하는 새 논증은 실패한다. 우리가 (T₅)를 어떻게 생각하든 상관
없이 말이다. 그러므로 (T₅)는 우회하자. 흥미로운 논제지만, 그것
에 주의를 기울일 필요는 없다.
　우리가 주의를 기울일 필요가 있는 것은,

(T₂) 만일 당신이 p가 성립하지 않도록 해서는 안 된다면, $C_{X, Y} p$
인 그러한 X가 있다.

이다. 앞 장 2절에서, (T₁)과 (T₂)를 모두 받아들일 수 있다면,

(T₃) $C_{X, Y} p$인 그러한 X가 있는 경우 오직 그런 경우에만, 당신
은 p가 성립하지 않도록 해서는 안 된다,

를 연역할 수 있으며 (T₃)을 받아들이는 것은 권리 이론을 **크게** 단순

화시킬 것이라고 하였다. (T₃)이 말하는 것은, 청구권이 사람들이 해야 하는 것과 정확하게 포개지며(overlap), 아무런 특별한 검토 (special consideration)를 요구하지 않는다고 말하기 때문이다. 그런 장점이 있으므로 우리는 (T₁)과 (T₂) 어느 쪽도 그렇게 할 좋은 이유 없이 거부해서는 안 된다. (T₁)을 거부할 좋은 이유라고 생각하는 것은 제시하였다. 이제 (T₂)를 처리해야 한다.

운 좋게도 쉽게 처리할 수 있다. (T₂)〔해야 하는 것은 모두 청구권에 상응하는 것이다-옮긴이〕가 참이 아님은 분명하기 때문이다. 여기 알프레드와 버트가 있다. 그들은 앉아서 강의를 들으며 필기를 하고 있다. 알프레드의 연필이 부러졌는데 다른 연필이 없다. 버트는 연필이 많다. 버트는 그 모든 연필이 다 필요한 것은 아니며 알프레드에게 하나를 빌려줘야 한다. 그러나 알프레드는 버트에 대하여, 버트가 알프레드에게 연필을 빌려줄 것을 요하는 아무런 청구권도 갖고 있지 않다. 그 외 누구도 버트에 대하여, 버트가 알프레드에게 연필을 빌려줄 것을 요하는 청구권을 갖고 있지 않다.

알프레드가 자신의 생명을 위해 연필을 필요로 한다고 가정하라고 촉구하는 것이 아니다. 어떤 견해에서는 — 제6장에서 살펴볼 것이다 —, 만일 당신이 생명을 위해 어떤 것을 필요로 한다면, 그 경우 당신은 그것을 제공받을 청구권을 가진다. 이야기에서 알프레드는 그저 강의 필기를 계속하기 위해 연필을 필요로 할 뿐이다. 그 필요는 버트가 그 필요를 쉽게 충족할 수 있다는 사실과 결합하여, "버트는 알프레드에게 연필 하나를 빌려줘야 한다"를 참으로 만들지만, "알프레드가 버트에 대하여, 버트가 그에게 연필을 빌려줄 것을 요하는 청구권을 가진다"를 참으로 만들지는 않는다.

다른 사람들이 우리에게 그렇게 하는 것을 요하는 청구권을 갖는 것은 아니지만 우리가 해야 하는 것은 끝없이 많다. 우리는 관대하고, 친절하고, 유익하고, 사려 깊어야 한다. 이것들은 그저 그렇게 되면 좋은 면이 아니라, 우리가 그렇게 되어야 하는 면이다. 그리고 우리가 그런 특성을 발휘하는 데 거의 아무런 비용도 들지 않을 경우에는 확실히 이러한 특성을 발휘해야 한다. 그러나 오직 작은 이득만이 이득을 보는 이들에게 가는 경우에는, 이득을 보는 그 어느 누구도 우리에게 그 이득을 제공할 것을 요하는 **청구권**을 갖지 않는다.

그러므로 (T_2)는 사라져야 한다. 그리고 그러므로 또한 단순화시키는 (T_3)도 사라져야 한다. 권리의 영역은, 행위의 도덕성 내에 깔끔하게 들어가지만, 행위의 도덕성과 동일한 것은 아니다. ◆

8. 어떤 사람이

(T_1) 만일 $C_{X, Y}$ p인 X가 있다면, Y는 p가 성립하지 않도록 해서는 안 된다.

는 받아들이면서도, (T_2)를 거부하는 것에는 일관되지 못한 점이 없다. 우리는 (T_1)을 받아들여야 하는가? 받아들여서는 안 된다고 논했다. 앞 장에서 만일 내가 어떤 사람에게 내가 어떤 것을 할 것이라고 약속한다면, 설사 내가 그것을 해야 한다는 말이 거짓으로 판명되는 경우에조차도 내 행위에 관한 〔규범적-옮긴이〕 결과◆◆를 가지며, 그 결과들은 약속받은 사람이 나에 대하여 내가 그것들을 할 것을 요하는 청구권을 가진다는 가정에 호소함으로써 가장 잘 설명된다는 사실에 주의를 촉구하였다. 그리고 재산 소유권에도 마찬가

◆　도덕의 영역은 권리의 영역보다 넓다.
◆◆　이를테면 약속을 어긴 것에 대하여 보상할 의무를 지는 결과

지 이치가 성립한다: 그것 역시 다른 사람들의 행동에 관한 결과들을 갖는다는 점은, 소유자가 다른 사람들에 대하여 예를 들어 소유자의 재산을 침탈하지 않을 것을 요하는 청구권을 가진다는 가정에 의해 가장 단순하게 설명된다.

이 장에서 우리는 주체의 청구권을 집행하는 일의 추정된 허용성으로부터 나오는 (T_1)을 찬성하는 논증 하나를 살펴보고는, 그 논증을 거부하였다.

그래서 (T_1)을 거부해야 한다고 주장한다. — 모든 청구권은 절대적이라는 논제를 거부해야 한다고 주장한다.

몇몇 철학자는, "아, 그녀가 '권리'라는 말로 의미하는 것이 우리가 **잠정적** 권리(prima facie rights)'라는 말로 의미하는 것임이 **이제** 명확해졌군. (또는 어쩌면: 아까부터 명확했어.) 처음부터 톰슨이 그 점을 명확하게 했더라면 좋았으련만! 잠정적 권리가 절대적이지 않다는 것은 명명백백하기 때문이다."라고 말할지 모르겠다. 그러나 이 말을 하는 사람들이 "**잠정적** 권리"라는 말로 의미하는 것이 무엇인가? 그리고 그들이 "권리"라고 말하는 것은 무엇인가?

"**잠정적** 권리"라는 용어는, 언어의 간극으로 철학자들에게 보이는 것을 메우기 위해 철학자들이 고안해 낸, 전문적인 용어 중 하나다. 그 용어를 고안한 배후에 놓인 사고는 다음과 같이 진행된다. (i) 모든 권리는 절대적이다. 즉 만일 X가 Y에 대하여, 이러이러한 사태가 성립할 것을 요하는 권리를 가진다면, Y는 그 사태가 성립되지 않도록 해서는 안 된다. 예를 들어 (ii) Y가 X에게 무언가를 하기로 약속하였다고 가정해 보자. X가 Y에 대하여, Y가 그것을 할 것을 요하는 권리를 X가 가진다는 것을 참이 되게끔 Y가 만들었다고 말할 수 없다. Y가 그것을 해야 한다는 것이 참이 아닌 것으로 판명될 수도 있기 때문이다. 그럼에도 불구하고 (iii) Y는 다음 두 특성을 갖는 S라는 무언가가 참이 되도록 만들었다: (a) S가 참이라는 것을 전제할 때, 다른 사정이 동일하다면 Y는 그것을 해야 하며,[3] 그리고 (b) S가 참이라는 것을 전제할 때, **만일** Y가 그것을 해야 한다면 X는 Y에 대하여 Y가 그것을 할 것을 요하는 권리를 가진다는 결론이 따라 나온다. (iv) 우리 언어(영어)에는 우리가 그것에 의하여 S가 무엇인지 말할 수 있는 압축적인 전문용어(compact piece of terminology)가 없다. S가 무엇인지를 다음과 같이 표현해 보자: X는 Y에 대하여 Y가 그것을 할 것을 요하는 **잠정적** 권리를 가진다. 그리하여 우리는 이제 말할 수 있다: 그 약속을 X에게 하면서, X가 Y에 대하여 Y가 그것을 할 것을 요하는 **잠정적** 권리를 가진다는 것을 Y는 참으로 만들었다. X가 그 잠정적 권리를 가진다는 것은 (a) 다른 사정이 동일하다면[4] Y는 그것을 해야 한다와 (b) 만일 Y가 그것을 해야 한다면, 그 경우 X는 Y에 대하여 Y가 그것을 할 것을 요하는 권리를 가진다의 연언(conjunction)을 의미한다.

(ii) 단계에서 Y가 X에게 약속한 것을 사례로 들었다. 대신에 Y가 지나가기를 원하는 X가 소유하는 한 구획의 땅을 사례로 들었을 수도 있다. (나는 다음과 같이 말하고 싶다: X가 Y에 대하여 갖는 권리라면

---

3 "**잠정적** 권리"라는 용어 사용에 찬성하는 사람들이 잠정적 권리를 제한하기 전에 면제를 구할 필요, 또는 (면제 없이 **잠정적** 권리가 제한되었을 경우) 제한에 의해 야기된 손실을 보상할 필요에 주의를 기울이지 않았다고 본다. 그러나 그들이 이런 것에 주의를 기울이고 나면, 아마도 그들은 S가 참이라는 점을 전제할 때, 그저 다른 사정이 동일하다면 Y가 그것을 해야 한다고만 말하지 않고, Y가 그것을 하지 않을 것이라면 그리고 그 경우에 다른 사정이 동일하다면 Y가 사전에 면제를 구하거나 사후에 보상을 해야 한다고 말할 것이다.

4 이 구절 전체에 걸쳐 "다른 사정이 동일하다면"이라는 문구는 서문 3절에서 지적한 형이상학적이며 상대적으로 강한 독법으로 읽어야 한다. 즉 **잠정적** 권리는 Y가 그저 그 권리와 독립적인 어떤 것을 해야 한다고 생각할 증거가 아니다: 그것은 Y가 그것을 해야 한다는 한낱 증거가 아니라, '당위를 성립케 하는' 사실('ought-making' fact)이다. 서문의 주석 11을 보라.

제1부 무엇이 권리인가

어느 것이나 사례로 들었을 수가 있다. 다만 그런 사례를 들었다면 과격한 것으로 여겨졌을 것이다.)

나는 정확히 이런 식으로 "**잠정적** 권리"라는 용어를 도입한 사람은 아무도 알지 못한다. 그러나 이것이 그 용어 도입에 의도된 바라고, 즉 **잠정적** 권리는 권리가 그에 대하여 보유되는 이가 이런저런 것을 해야 한다는 가설을 지지하는 것으로 여겨진다는 이념, 그리고 주체가 유관한 것을 정말로 해야 한다면 **잠정적** 권리의 보유자는 (진정한, 온전한(real, full-fledged)) 권리를 가진다는 이념을 포착한다고 생각한다.

그러나 우리는 정말로 이 전문용어를 필요로 하는가? 내가 개진한 추론을 지배한 것은 (i) 모든 권리가 절대적이라는 논제였다. 그리고 우리가 그 논제를 받아들이지 않는다면, 나머지는 시간 낭비다. 그리고 그 전문용어를 채택한다고 얻어지는 것은 아무것도 없다. **잠정적** 권리가 무엇인지 말하는 것에 관하여 해야 할 일이 남아 있을 것이기 때문이다. 그리고 그 일은 사람들이 해야 하는 것에 관한 결론을 잠정적 권리가 **어떻게** 뒷받침하는지 말하는 일, 그리고 우리가 잠정적 권리 중 어느 것을 갖는지 말하는 일도 포함한다.

이 책에서는 만일 T가 X에게 어떤 것을 하겠다고 약속한다면 X는 Y에 대하여 권리(특히 청구권)를 가지며, 그리고 만일 X가 한 구획의 토지를 소유한다면, X는 Y에 대하여 Y가 출입하지 않을 것 등을 요하는 권리(특히 청구권)를 가진다고 말할 것이다. (또는 내가 말한 것처럼, 그렇게 생각하는 것이 그럴 법하다.) 그런 식으로 용어를 사용한다고 해서 그런 말로 Y가 이런저런 것을 해야 한다는 결론이 따라 나오게 되는 어떠한 것도 의미하지는 않는다. 다른 한편으로 그런 말은 다른 사정이 동일하다면 Y가 이런저런 것을 해야 한다는 결론이 따라 나오는 무언가를 확실히 의미한다. ― X가 Y에 대하여 청구권을 가진다는 것은 Y의 행동에 어떤 종류의 제약과 동치라고 제안했다. 그리고 그 제약의 성격을 검토하는 와중이었다.

그러나 물론, 앞의 내용이나 뒤의 내용에서, 원하는 이라면 누구든, "권리"(그리고 "청구권")의 적합한 발생에 직면하여 ("**잠정적** 〔prima facie〕"의 약어로) 축약형 "pf"를 앞에 둬도 정말로 괜찮을 것이다.

9. 이유들이 어떤 논제를 찬성하여 제시되었을 때, 그런 이유들을 해명할 어떤 방법을 찾아내기 전에는, 그 논제를 **간단히** 거부할 수는 없다. 모든 청구권을 절대적이라고 생각하는 것이 왜 그토록 그럴 법해 보였던 것일까? 제3장의 서두에서 그것을 그럴 법하다고 생각할 몇몇 이유들을 열거하였다. 만일 우리가 그 논제를 거부해야 한다면, 다시금 그 이유들에 주목해야 한다.

첫째로, 많은 사람들이 그 논제를 받아들임으로써 얻을 수 있다고 생각한 단순성(simplicity)을 언급하였다. 그 논제를 받아들이는 것이 권리 이론을 단순화해 주지 않는다는 점이 명확해졌기를 바란다. 그 논제가 참이라면, 도덕적 의의의 지나치게 많은 부분이 설명에 난점이 생긴다. 물론, X가 Y에 대하여 청구권을 갖고 있다는 것과 Y가 그러므로 해야 하는 것 사이에 관계가 무엇**인가**라는 질문이 남을 것이다. X가 Y에 대하여 청구권을 갖는데 Y가 이런저런 이유로 X에게 그 청구권을 준수하지 않고자 할 경우 Y가 해야 하는 몇몇 것*에 주목하였다. 그러나 Y가 정말로 청구권을 준수해야 하는 그런 여건들이 있으며, 그것을 살펴볼 필요가 있다.

그러나 모든 청구권이 절대적이라는 논제가 매력적이라고 생각할

◆ 사전 고지, 협상을 통해 면제권을 얻어 내는 것, 사후 보상하는 것 등

다른 이유들을 언급하였다. 나는 사람들은 그들이 그 논제가 참이라고 생각한다는 점을 어쨌거나 그들의 행동에 의해 보여주는 **것 같다**고 말했다. 사람들은 "나는 당신이 이러이러한 것을 할 것을 요하는 권리를 가진다!"를, 그들이 우리에게 이러이러한 것을 할 것을 요하는 청구권을 가진다는 점을 명백히 의미하면서 말한다. 그리고 사람들은 그들의 행동에 의해, 그 점이 그 사안의 답을 결정한다고 생각한다는 점을 — 도덕적으로 말해서, 우리가 다른 선택지를 갖고 있지 않으며, 우리가 이러이러한 것을 해야 한다는 결론이 그냥 **따라나온다**고 생각한다는 점을 — 보여주는 **것 같다**. 만일 우리가 사람들이 그들의 권리 보유가 정말로 이러이러한 것을 해야 한다는 것이 참이 됨을 필함한다는 견해를 지닌다고 본다면 그들의 행동을 정말로 가장 단순하게 설명하는 것이라는 점에는 전적으로 동의한다. 그러나 그들의 행동에 덜 단순하지만 내 생각에는 더 만족스러운 설명이 있다. 그것은 사람들이 권리 보유가 큰 도덕적 비중을 가진다고 생각한다는 설명이다. 그 설명은 다음과 같다. 사람들의 권리 보유가 그 권리가 요하는 것을 그들에 대하여 준수해야 한다는 것을 필함하는 것은 아니다. 그러나 사람들의 권리 보유가 그 권리가 요하는 것을 그들에 대하여 준수해야 할 강한 이유가 된다. 그리고 언제나 그런 것은 아니지만 그런 준수의 충분조건인 경우가 매우 자주 있다.

그 논제를 매력적으로 생각할 추가적인 이유는 다음과 같다: 사람들이 청구권을 갖고 있는 것을 사람들에 대하여 우리가 준수하지 않았을 때 우리에게 귀책사유가 있음이 틀림없다고 생각한다. (우리가 그것을 준수하지 않는다면 그들은 우리에게 불평할 근거를 가지지 않겠는가?) 우리가 청구권을 준수해야 한다는 것이 참이 아니라면, 왜 우리가 청구권을 준수하지 않을 때 귀책사유가 있겠는가? 글쎄, 우리가 청구권을 준수하지 않았을 때 우리에게 정말로 귀책사유가 있을 수도 있다. 우리가 청구권을 준수할 수 없는 상황에 진입한 것이 우리의 귀책사유인 경우에는 우리가 청구권을 준수하지 않을 때 우리는 정말로 귀책사유가 있다. (예를 들어, 양립 불가능한 약속을 지나치게 쉽게 하는 사람을 생각해 보라.) 우리는 청구권을 준수하지 않을 때는 **언제나** 귀책사유가 있다고 생각하는가? 그렇지 않은 것 같다 — 세상에 존재하는 최선의 의지를 가지고 우리 자신의 아무런 귀책사유도 없이 우리가 해야 하는 것을 그저 할 수 없는 경우를 상기하지 못하는 경우가 아니라면, 또는 그러한 상황을 상기하더라도 우리가 그러한 상황에 있다면 설사 그렇게 느끼는 것이 그야말로 비합리적일지라도 회한이나 죄책감을 느낄 것임을 상기하지 못하는 경우가 아니라면 말이다.

실제로 이 문제에 관한 일상 용법에서 나오는 증거는 상충된다고 생각한다. 사람들은 정말로, 그들이 우리에 대하여 우리가 이러이러한 일을 할 것을 요하는 청구권을 가진다는 점을 명백히 의미하면서 "나는 당신이 이러이러한 일을 할 것을 요하는 권리를 가진다"라고 말한다. 그리고 사람들은 그들의 행동에 의해 그 점이 사안의 답을 낸다고 — 즉 도덕적으로 말해서, 우리가 이러이러한 일을 해야 한다는 결론이 곧바로 **따라 나온다**는 것 이외에는 다른 선택지가 없다고 — 생각한다는 점을 보여주는 **것 같다**. 그러나 사람들은 또한 "나는 네가 이러이러한 일을 할 것을 요하는 권리를 가졌다는 것을 알지만, 그것을 도저히 할 수 없었다."고도 말하며, 때때로 사람들은 그들이 할 수 없었다는 것이 그들의 귀책사유는 아니었다고 덧붙이기도 한다. 그리고 때로는 한층 더 강하게, 이러이러한 일을 하였다면 더 중요하고 긴급한 관심사항을 처리하지 못하게 되었을 것이고, 그리하여 잘못이었을 것이라고 덧붙이기도 한다.

제1부 무엇이 권리인가

마지막으로, 몇몇 철학자들은 자기존중(self-respect) 그 자체가, 청구권을 가진 것이 실제로 존중되는 것은 아닐지라도, 적어도 다른 사람들이 자신이 청구권을 가진 것을 준수해야 한다가 참임을 확신할 수 있다는 것 — 그래서 만일 다른 사람들이 내가 청구권을 가진 것을 나에 대하여 준수하지 않는다고 하여도 그것이 내가 중요치 않다고 나타내는 것이 아니라, 오히려 그들에게 귀책사유가 있다는 점을 나타낸다는 것 — 에 기초한다(rests on)고 본다는 사실을 언급하였다. 그러나 청구권 제한이, 한편으로는 청구권이 큰 비중을 갖고 있으며 다른 한편으로는 청구권 제한을 허용되도록 하는 상황은 일정한 특별한 방식으로 한정된다는 점을 전제로, 때때로 허용된다는 사실에 의해서는 자기존중은 결코 위협받지 않는다. 그 특별한 방식들은 다음 3개 장에서 살펴볼 것이다.

간단히 말해서, 모든 청구권이 절대적이라는 논제를 받아들임으로써 어떤 것도 얻어지지 않는 것 같다. 그리고 도덕 현상의 복잡성은 그러한 논제를 담는 도덕 이론에 의해서는 만족스럽게 포착될 수 없는 것 같다. 그러므로 우리가 그 논제를 이제 거부해야 한다고 주장한다.

그것을 거부하고 나면 우리는 이따금 유용할 전문용어 하나를 쓸 수 있다. X가 Y에 대하여 어떤 사태 S가 성립할 것을 요하는 청구권을 갖고 있다고 가정해 보자. (그 사태는 Y가 X의 토지에 출입하지 않는 것일 수 있다.) 만일 Y가 그 사태가 성립하지 않도록 한다면 어떻게 되는가? (Y가 X의 토지에 들어간다.) 그 경우 Y는 X에 대하여, X가 Y에 대하여 청구권을 가졌던 것을 준수하지 않았다. 그러므로 Y에 대한 X의 청구권을 Y가 **제한하였다**고(infringed) 말하자. Y가 S가 성립하지 않도록 하였다는 것뿐만 아니라 이에 더하여 Y는 S가 성립하지 않도록 해서는 안 된다가 참인 경우에만, Y에 대한 X의 청구권을 Y가 **침해하였다**고(violated) 말하자. 그렇다면 모든 청구권이 절대적이라는 논제는 다음과 같이 표현할 수 있다: 모든 청구권 제한은 청구권 침해다.(every infringing of a claim is a violating of it) 우리는 그 논제를 거부하였다. 그래서 비록 Y에 대하여 X가 갖는 청구권을 제한하기는 하였지만, Y는 그 청구권을 침해하지는 않았다고 말하는 것이 때때로 옳을 것이다. 그리고 우리는 우리가 곧 살펴볼 질문을, "청구권 제한이 허용되는 경우는 언제인가?"라는 말이 아니라, "청구권 제한이 청구권 침해가 **아닌** 경우는 언제인가?"로 표현할 수도 있을 것이다.

또 하나의 전문용어는 주의를 필요로 한다. 나는 제3장에서 형용사〔그른 - 옮긴이〕 또는 부사〔그르게 - 옮긴이〕로서 "wrong"은 나에게는 "해야 한다"와 동류(cognate)로 보인다고 하였다: 그래서 "Y가 알파를 하지 않는 것은 그를 것(wrong)이다"와 "Y가 알파를 하지 않는다면 Y는 그르게(wrongly) 행위하는 것이다"를 "Y는 알파를 해야 한다"와 동치로 여긴다. 그러나 동사〔잘못을 가하다 - 옮긴이〕 또는 명사〔잘못〕로서 "wrong"은 이와는 다르다.◆ 나는 "Y가 X에게 잘못을 가했다(Y wronged X)"와 "Y가 X에게 잘못을 저질렀다(Y did X a wrong)"를, Y가 X의 청구권을 침해한 경우에만 사용할 것이다. 그러므로 내가 이 어구(these locutions)를 사용하는 용법에서는, 그 어구들은 Y가 그르게 행위했다는 것을 필함한다. 그러나 그 어구들은 Y가 그저 그르게 행위했다는 것 이상을 필함한다. 그 용법으로 쓰

◆ 이 경우에는 누군가 개인을 부당하게 취급한다는 의미가 포함되어 있다. 즉 어떤 도덕적인 지위를 가졌으나 그 지위를 존중받지 못하고 정당하게 보유하는 것을 침해당한 주체를 꼭 언급하는 의미가 포함되어 있다. 한국어로는 '잘못하다'가 계산을 틀리게 하는 경우와 같이 해야 할 바대로 하지 않고 어긋나게 하는 경우를 폭넓게 가리켜 'make a mistake'에 대응하므로, 이 책에서는 청구권 침해의 경우에 한정하여 사용된 'wrong'의 번역어임을 유의하도록 부득이 '잘못을 가하다'로 번역하였다.

제1부 무엇이 권리인가

인 그 어구들은 Y가 그르게 X의 청구권을 제한했다는 것을 필함한다. 실제로 이 어구들의 이러한 용법이 우리의 일상 용법보다는 조금 더 엄밀하다고 생각한다. 만일 내가 당신의 코를 아무런 마땅한 이유도 없이 부러뜨린다면 나는 당신에게 잘못을 가하고 당신에게 잘못을 저지른 것이 분명하다. 이런 사례에서 그것은 내가 당신의 청구권을 침해한 것이 될 것이다. 여기까지는 괜찮다.〔일상 용법이 특별히 문제를 발생시키지 않는다. - 옮긴이〕 그러나 만일 실제로는 당신이 그렇게 하지 않았는데도, 내가 당신이 수컷 울새를 죽였다고 생각했다면 어떤가? 나는 우리가 일상 용법에서는 내가〔그렇게 오해를 하여 원망을 품음으로써 - 옮긴이〕 당신에게 잘못을 가하고 당신에게 잘못을 저질렀다고 말할 수 있다고 생각한다. 내가 그런 마음을 품기만 하는 것은 당신의 청구권을 내가 침해하는 것이었다고는 도저히 생각할 수 없지만 말이다. 우리가 이 어구들이 정확히 무엇을 의미하는지 문제는 피할 것을 제안한다. 논의 목적에서 중요한 것은 용어상의 일관성일 뿐이다.

제5장

가치

1. 제3장 서두에서 말했듯이 X가 Y에 대하여 청구권을 가진다는 것은, Y의 행동이 일정한 방식으로 제약되는 것과 적어도 동치이며, 그리고 아마도 바로 그렇게 제약되는 것**이다**. 우리는 그 제약에 포함된 두 가지에 주목하였다. 즉, 만일 그 청구권이 달리 제한되어야만 할 경우 미리 그 의무에서 면제(release)를 구해야 할 필요와, 만일 그 의무에서 면제가 획득 불가능하다면 제한에 의해 야기된 해악이나 손실(harms or losses)에 대해 나중에 보상해 줄 필요 말이다.

그러나 Y가 그 청구권을 준수하지 않아도 되는 것은 매우 특별한 여건에 한정된다. 다른 사정이 동일하다면 Y는 그 청구권을 준수해야 한다. 이 장에서 다루는 질문은 Y가 그 청구권을 준수하지 않는 것이 허용되는 특별한 여건이 무엇인가 ― 즉 '동일'하지 않다면 Y가 그 청구권을 꼭 준수할 필요는 없는 그 다른 사정이란 어떤 것인가 ― 이다. 이 질문에 대한 답에 도달하기 위해 세 장(章)이 필요할 것이다.

2. 어떤 이념 — 그것을 맞교환 이념이라고 부르자 — 이 **일응**(prima facie) 그럴 법한 것 같다: 청구권을 제한하지 않을 때보다 제한할 때 충분히 훨씬 더 많은 선(sufficiently much more good)이 오게 되는 경우 오직 그 경우에만 청구권 제한이 허용된다. 얼마나 훨씬 더 많은 선이 충분히 훨씬 더 많은 선인가? 이 모호함은 잠시 남겨 두자. 우리는 맞교환 이념을 다음 장에서 자세히 살펴볼 것이다.

여기서 주목할 중요한 점은 맞교환 이념은 (i) 청구권을 제한하지 않을 때보다 제한할 때 충분히 훨씬 더 많은 선이 오는 경우에 오직 그 경우에만 청구권을 제한해야 한다고 말하지 **않는다**는 점이다. 〔'제한하는 것이 허용된다'는 '제한해야 한다'와 다르며 더 약한 진술이다. ─ 옮긴이〕 더구나 맞교환 이념은 (ii) (심지어 아주 약간 더 많은 선이라도) 더 많은 선이 청구권을 제한하지 않을 때보다 제한할 때 오게 될 경우 오직 그 경우에만 청구권을 제한해야만 한다고 말하지 **않는다**. (i)과 (ii)는 맞교환 이념보다 훨씬 더 강한 이념이다.

(ii)는 (더 일반적이기 때문에) 한층 더 강한 이념의 결과이다. 즉, (iii) (심지어 아주 약간 더 많은 선이라도) 더 많은 선이 무언가를 하지 않는 경우보다 하는 경우에 오게 된다면, 그것이 무엇이 되었건 그것을 해야만 한다는 이념 말이다. 이 더 강하고 더 일반적인 이념인 (iii)이 고전적 공리주의의 심장부에 놓여 있다. 그래서 앞으로 그것을 공리주의 중심 이념(Central Utilitarian Idea)이라 부르겠다. 많은 사람들이 그것을 매우 매력적이라고 생각한다.

그러나 그 이념은 여러 가지 면에서 모호하며, 그 면들을 더 정확하게 만드는 서로 다른 방식의 결과로 서로 다른 이론들이 나왔다. 그중 두 이론을 살펴볼 필요가 있다. 그 이론들에 대한 반론을 거쳐 말하게 될 것 중 많은 것은 오늘날 익숙한 것이지만, 그래도 일부는 익숙하지 않은 것이라고 생각하며, 어느 경우건 그 이론들은 우리의 논의 목적이 답하기를 요하는 한 가지 질문을 제기한다.

사람들은 우리가 살펴볼 두 이론을 때로 구분하지 못한다. 그리고 "공리주의"와 (점점 더 흔해지고 있는) "결과주의"라는 이름을 이 둘 모두를 나타내는 데 사용한다. 그러나 그 이론들은 중요한 면에서 다르며, 이 책에서는 그 차이에 주의를 기울이게 할 이름을 부여할 것이다.

"어떤 것을 하면 오는 선이 하지 않으면 오는 선보다 더 많을 경우 오직 그 경우에만 그것을 해야 한다." 그 이념을 더 정확하게 만드는 한 가지 방식은 그 이념이 다음 내용을 말한다고 해석하는 것이다.

> 결과주의적 행위 공리주의(Consequentialist Act Utilitariansim): X가 알파를 하는 것의 결과가 대신 할 것으로 X에게 열려 있는 다른 것들 중 어느 것을 X가 하는 것의 결과보다 더 좋은 경우 오직 그 경우에만 X는 알파를 해야 한다.[1]

그러나 이것은 그 이념을 **매우** 정확하게 만들어 주지는 않는다: 특히 우리는 "결과"라는 단어로 이 이론[2]의 지지자가 의미하는 바라

---

[1] G. E. Moore가 *Ethics* (Oxford: Oxford University Press, 1912)에서 쓴 것이 이 논제를 시사한다. 그러나 주석 5를 보라.

[2] 결과주의적 행위 공리주의와 ─ 우리가 곧 살펴볼 ─ 비결과주의적 행위 공리주의는 서문에서 대상 층위의 도덕적 판단이라고 부른 것이다. 그래서 그 자체로 도덕 이론은 아니다. 도덕 이론이라면 어느 것이나 그 심장부에 이유를 밝히는 도덕적 판단들이 있기 때문이다. 그러나 그것들로부터 이유를 밝히는 도덕적 판단을 구성하기란 매우 쉽다. 그래서 결과주의적 행위 공리주의에 상응하는 이유를 밝히는 도덕적 판단으로 다음과 같은 것이 있다: X가 알파를 해야 한다면 X가 알파하기의 결과가 더 좋을 것이기 **때문이며**, X가 알파를 해야 한다가 참이 아니라면 이는 X가 알파하기의 결과가 더 좋지 않을 것이기 **때문이다.** 마찬가지로 비결과주의적 행위 공리주의에 대해서도 그러한 도덕적 판단을 찾아낼 수 있다. 실제로 이 이유를 밝히는 도덕적 판단에 주의를 기울일 필요는 없다. 주석 11을 보라.

고 우리가 여기는 것이 무엇인지 명확하게 할 필요가 있다. 주어진 시점에 X의 선택지가 다음과 같다고 해 보자: 알파를 한다, 베타를 한다, 감마를 한다, 등등. X가 알파를 해야 하는지 여부를, X가 알파를 한다는 것이 무엇에 해당하는가는 고려하지 않고, 그리고 X가 베타를 하는 것은 무엇에 해당하는가는 고려하지 않고, 그리고 X의 감마나 다른 모든 가능성에 대해서도 마찬가지로 그와 같은 면은 고려하지 않고, 파악해야 한다고 말한다는 점이 결과주의적 행위 공리주의에 관한 중요한 사실이다. 그 이론은 이 가능한 사건들이 일어났을 때의 **결과**가 무엇이냐만을 고려해야 한다고 말한다. 그래서 내가 그 이론에 부여한 이름인 형용사 "결과주의적"이 나온다. 그러나 "결과"라는 단어의 의미는 투명하지 않다.

우리는 결과주의적 행위 공리주의가 다음과 같이 "결과"라는 단어를 쓴다고, 즉 사건 E는 X가 알파를 하기에 해당하는 사건과 별개의 것인 **경우에만** X가 알파를 하기의 결과이다(an event E is a consequence of X's doing alpha only if E is discrete from the event that consists in X's doing alpha)라는 뜻으로 사용한다고 추정할 수 있다. 바로 앞 문장을 내가 타이핑하기를 살펴보자. 그것은 그 '부분 행위(subacts)'로 단어 "우리"를 타이핑하기, 단어 "할 수 있다"를 타이핑하기 등등을 담고 있는 복합 행위(a complex act)이다. 결과주의적 행위 공리주의는, 내가 그 문장을 타이핑하기의 '부분 행위' 중 어느 것도, 내가 그 문장을 타이핑하기의 결과가 아니라고 말할 것이다. 그 부분 행위들은 그 문장을 내가 타이핑하기에 해당하는 사건과 별개의 것이 아니기 (대신에 그 사건의 부분들(parts)이기) 때문이다.

위 사례는 간단하지만, 그렇게 간단하지 않은 사례도 있다. 버트(Bert)가 한 아이를 죽인다고 가정해 보자. 버트가 그 아이를 죽였다는 사실로부터 그 아이가 죽었다는 것이 따라 나온다. 그 아이의 죽음은 버트가 그 아이 죽이기*의 결과인가?(Is the child's death a consequence of Bert's killing of the child?) 글쎄, 그 아이의 죽음은 버트가 그 아이 죽이기와 별개(discrete)인가?

그 아이의 죽음이 버트가 그 아이 죽이기와는 별개라고 하는 그런 행위 이론이 있다. 그것을 행위 환원 이론(Reductive Theory of Action)이라고 부르겠다. 버트는 그 아이를 어떻게 죽였는가? 총으로 쏘았다고 가정해 보자. 그것을 어떻게 하였는가? 아이를 겨누고는 총의 방아쇠를 당겼다고 가정하자. 총의 방아쇠를 어떻게 당겼는가? 총의 방아쇠를 감고 있는 그의 집게손가락을 움직였다고 가정하겠다. 행위 환원 이론은 버트가 아이를 죽이기에 해당하는 행위 그 자체가, 버트가 그의 집게손가락을 움직이기에 해당하는 행위**였다** 말한다. 행위 환원 이론은 상당히 일반적으로, 모든 각 인간 행위는, 신체 움직임 또는 신체 움직임 세트라고 한다.[3] 버트의 집게손가락을 움직이기는, 물론, 그저 집게손가락 움직이기에 그치는 것이 아니라 또한 아이를 죽이기도 하였다. 그런데 그 손가락 움직임이 아이 죽이기가되게 한 점은, 그것이 아이의 죽음을 야기하였다는 사실이다. 그러나 만일 버트의 아이 죽이기가 아이의 죽음을 야기하였다면, 아이의 죽음은 버트의 아이 죽이기와는 별개의 것이다.

◆ '죽이기'는 어색한 문구이지만 톰슨은 이 부분에서 행위와 결과의 구별 방법과 그 관계를 논의하고 있으므로, '살해'와 같이 결과가 이미 포함되어 있고 옳고 그름에 대한 평가까지 들어 있는 표현은 일부러 피하였다.

3 이 이론은 가까운 많은 판본을 갖고 있다. 그중에서도 도널드 데이비드슨의 것이 있다. Donald Davidson, *Eassays on Actions and Events* (Oxford: Clarendon Press, 1980) 또한 Jonathan Bennett, *Events and Their Names* (Indianapolis: Hackett, 1988)를 보라. 소위 부작위(omission) 행위는 어떻게 되는가? 행위 환원 이론 및 그와 가까운 이론들은, 신체 움직임 또는 신체 움직임 세트를 하지 않는 것에 해당하는 사건이라고 말하고 싶어 할지 모른다. 아니라면, 그들은 부작위행위인 사건이란 없으며, 부작위행위는 상이한 방식으로 이해되어야 한다고 말하고 싶어 할지도 모르겠다. 여기서 제기되는 그 질문은 무시하자.

행위 환원 이론은 참인가? 우리는 버트의 그 아이 죽이기가 그의 집게손가락 움직이기라고 생각**해야** 하는가? 집게손가락 움직이기가 그 아이의 죽음을 야기하기는 하였다. 그러나 버트의 그 아이 죽이기(his killing of the child)가 그 아이의 죽음을 야기하였다(cause the child's death)고 보는 것은 기껏해야 거북한 것이 아닌가?◆ 하나의 인간 행위는 하나의 사건이며(A human act is an event) 역시 사건들인 적절한 부분들(proper parts that are also events)을 전형적으로 갖고 있다. 앞의 문장을 타이핑하는 것은 무엇보다도 다음과 같은 적절한 부분들을 가진다: "A"를 타이핑하기, "human"을 타이핑하기, "act"를 타이핑하기 등등. 버트는 그의 손가락을 움직임으로**써** 그 아이를 죽였다; 그의 손가락 움직이기는 그가 아이 죽이기와 동일한 것이 아니라, 그것의 일부분이라고 생각하는 것이 그럴 법하지 않은가? 버트가 그의 집게손가락 움직이기가 야기한 죽음이 추가적인 부분이 되는 것이고 말이다. 여기서 〔행위 환원 이론과는 다른 이론으로-옮긴이〕 거론하는 행위 이론에 의하면, 버트의 아이 죽이기는 버트가 그의 집게손가락 움직이기만을 그 부분으로 담고 있는 것이 아니라, — 아이의 죽음을 포함한 — 다른 사건들을 포함하고 그래서 버트가 집게손가락 움직이기 및 그 다른 사건들을 야기함으로써 그 아이를 죽인 셈이 된다.⁴ 그러나 만일 그 아이의 죽음이 버트가 그

◆ 저자는 여기서 행위 환원 이론을 따라, 버트가 자신의 손가락 움직이기를 아이 죽이기**이
다**(is)라고 생각한다면, '버트가 자신의 손가락 움직임이 그 아이의 죽음을 야기하였다'
는 문장은 '버트의 그 아이 죽이기가 그 아이의 죽음을 야기하였다'는 것이 되어 참이기
는커녕 기껏해야 몹시 이상하고 거북한 문장이 되고 말며, 사건인 인간 행위가 여러 부
분 사건의 결합이자 연쇄라는 구조를 제대로 드러내지 못한다는 의심을 표현하고 있다.

4 여기서 거론되는 행위 이론은 *Acts and Other Events* (Ithaca: Cornell University
Press, 1977)에서 개진되었다. 행위 환원 이론에 비판적인 다른 입장으로는 Alvin A.
Goldman, *A Theory of Human Action* (Princeton: Princeton University Press, 1970)
이 있다.

아이 죽이기의 부분이라면, 그 죽음은 버트의 아이 죽이기와 별개의 것이 아니며 그래서 그것의 결과가 아니게 된다.

결과주의적 행위 공리주의를 좋아하는 이는 누구라도, 여기서 제기된 쟁점에 관하여 하나의 입장을 취해야 한다. 만일 그 아이의 죽음이 버트가 아이를 죽이기의 결과라면, 결과주의적 행위 공리주의는 아이의 죽음의 나쁨이 버트가 그 아이를 죽여야 하는가에 대한 평가에서 등장하도록 허용해야 한다. (나는 아이의 죽음은 나쁜 무언가라고 상정한다.) 만일 그 아이의 죽음이 버트가 아이를 죽이기의 결과가 아니라면, 결과주의적 행위 공리주의는 아이의 죽음의 나쁨이 버트가 아이를 죽여야 하느냐의 평가에서 등장하는 것을 허용하지 않는다. 죽이기를 그르도록 하는 것이 (적어도) 큰 부분, 죽이는 이가 죽음을 야기한다는 사실에 놓여 있기 때문에, 결과주의적 행위 공리주의는 행위 환원 이론에 찬성할 가능성이 아주 높다. 그 이론에 따르면 살인자가 야기하는 죽음은 살인의 결과이다.

다음 절에서 다시 이 논점을 살펴볼 것이다. 당분간은 당신이 어떤 행위의 결과로 생각할 것이 그 행위가 무엇**이라고** 당신이 생각하는지에 달려 있으며, 특히 당신이 행위 환원 이론이 참이라고 생각하는지에 달려 있다는 사실을 주목한 것에 만족하자.

우리가 이때까지 갖게 된 것은, "결과"라는 용어를 사용하기 위한 필요조건뿐이었다. 그리고 우리는 필요조건과 충분조건을 모두 담고 있는 조건 집합을 필요로 한다. 결과주의적 행위 공리주의가 다음과 같은 것을 염두에 두고 있다고 여긴다고 하자: (i) E는 X가 알파하기와 별개의 것이며 **그리고** (ii) X가 알파하기가 발생한다면 E가 발생하는 경우 오직 그 경우에만, 사건 E는 X가 알파를 하는 것의 결과이다. 하나의 사례를 살펴보자. 한바탕 바람이 불어 모자가 날려 물웅덩이를 향해 굴러가고 있다. 그 상황에서 걸어가 버린다면 그 모자는 굴러 물웅덩이에 빠질 것이다. (나 말고는 어느 누구도 모자가 빠지지 않게 붙잡을 사람이 없다.) 모자가 굴러 물웅덩이로 빠짐은 내가 걸어가 버림의 결과인가? 모자가 굴러 물웅덩이로 빠짐은 어느 견해를 취하든 내가 걸어가 버림과는 별개이며 그래서 (i)은 충족된다. 가설상 내가 걸어가 버리면, 그 모자가 굴러 물웅덩이로 빠질 것이며 그래서 조건 (ii)도 충족된다. 그래서 그 모자가 물웅덩이로 빠짐이 내가 걸어가 버림의 결과라는 결론이 따라 나온다.

그 사례를 이 이론에서 "결과"라는 용어가, X의 알파하기가 사건 **E를 야기하는** 경우에만 E가 X의 알파하기의 결과인 그런 방식으로 이해되어서는 안 된다는 점을 명확히 하기 위해 선택하였다. — 내가 걸어가 버림은 그 모자가 굴러 물웅덩이에 빠지는 것을 야기한 것이 아니기 때문이다. (모자가 굴러 물웅덩이에 빠지는 것을 야기한 것은 한바탕의 바람이었을 것이다.) X의 알파하기가 사건 E를 야기하는 경우, 사건 E는 X의 알파하기의 결과이다. 어떤 남자가 어떤 아이를 쏘아 그 아이의 죽음을 야기하는 경우, 그 아이의 죽음은 그가 그 아이를 쏜 결과이다. 그러나 X의 알파하기가 E를 야기하지 않더라도 E는 X의 알파하기의 결과일 수도 있다. 내가 걸어가 버리면 당신의 모자가 굴러 물웅덩이에 빠질 것이라는 사실은, 사람들이 해야 하는 것에 관한 그 어떤 그럴 법한 견해에서도, 지금 여기서 해야 하는 것이 무엇이냐는 질문에 유관할 것임이 분명하다. 우리가 살펴보고 있는 이론은, 그 모자가 굴러 물웅덩이로 빠짐을 내가 걸어가 버림의 결과로 간주함으로써 그 사실을 유관하게 만들며, 그래서 지금 여기서 해야 하는 것이 무엇인가를 알아냄에 있어 고려되어야 하는 것 중 하나로 만든다.

"결과"라는 용어에 대한 이 해석은 일부 기이한 결과들을 산출한다. 예를 들어 동독과 서독의 통일을 생각해 보자. 곧바로 일어나지는 않더라도 빠르든 늦든 결국 독일 통일이 발생할 것이며 내가 무엇을 하건 간에 상관없이 일어나리라는 것은 꽤나 확실하다. 그렇다면 특별히 내가 내 코를 지금 꼬집는다면, 독일 통일은 일어날 것이다. (독일 통일은 내가 무엇을 하든 일어날 것이기 때문에 물론 내가 지금 내 코를 꼬집지 않더라도 일어나리라는 것도 참이다.) 동독과 서독의 통일은 어느 견해를 취하더라도, 내가 지금 내 코를 꼬집기와 별개이며, 그래서 조건 (i)은 충족된다. 내가 지금 나의 코를 꼬집는다면 통일은 일어날 것이므로, 조건 (ii)도 충족된다. 그로부터 동독과 서독의 통일이 내가 지금 내 코 꼬집기의 결과라는 결론이 따라 나온다. 이것은 기이한 결과이다: 확실히 어느 누구도 일상생활에서 "결과"라는 용어를, 그런 결론이 참이게끔 하는 방식으로 사용하지 않는다.

이 이론에서 "결과"라는 용어를 더 엄밀하게 해석했을 수도 있다. 예를 들어 ─ 이 예는 여러 가지 가능성 중 하나에 불과한데 ─ 다음이 성립하는 경우 오직 그 경우에만 사건 E가 X의 알파하기의 결과라고 여길 수도 있었을 것이다: (i) E는 X가 알파하기와 별개의 것이며 **그리고** (ii) X가 알파하기가 발생한다면 E가 발생하며 **그리고** (iii) X의 알파하기가 발생하지 않으면 E는 발생하지 않는다. 결과라는 용어에 대한 그 해석을 취한다면, 동독과 서독의 통일은 지금 내 코를 꼬집음의 결과가 아니다. 동독과 서독의 통일은 내가 지금 코를 꼬집건 꼬집지 않건 일어날 것이기 때문이다.

그러나 우선 "결과"라는 용어를 이렇게 더 엄격하게 사용하는 방식은 일상생활의 용법에 부합하지 않는다. 당신의 모자와 물웅덩이 사례로 돌아가 보자. 내가 그 상황에서 걸어가 버리면 당신의 모자는 굴러 물웅덩이로 빠질 것이다. 그런데 내가 가만히 선 채로 당신의 모자를 주시한다 해도 당신의 모자가 굴러 물웅덩이로 빠질 것임도 참일 수 있다. 그런 경우에는 내가 그 상황에서 걸어가 버리지 않는다면 당신의 모자가 굴러 물웅덩이로 빠지지 않을 것이라는 것은 거짓이다. 그러므로 우리가 "결과"라는 용어를 더 엄격한 방식으로 사용한다면, 당신의 모자가 굴러 그 물웅덩이로 빠짐이 내가 걸어가 버림의 결과라는 것은 거짓이다. (당신의 모자가 굴러 물웅덩이로 빠짐이 내가 가만히 선 채로 당신의 모자를 주시함의 결과라는 것도 또한 거짓이다.) 그러나 이것이 우리가 결과라는 용어를 사용하는 방식은 아니다. 분명히 우리는 '결과'라는 용어를, 당신의 모자가 굴러 물웅덩이로 빠짐이 내가 걸어가 버림의 결과이게끔 (또한 내가 가만히 선 채로 그 모자를 주시함이나 그 밖에 그 모자를 구하는 것을 포함하지 않는 다른 어떤 것을 함의 결과이게끔) 하는 방식으로 사용한다. 그리고 둘째, 사람들이 해야 하는 것에 관한 그 어떤 그럴 법한 견해에 의하더라도, 내가 걸어가 버린다면 당신의 모자가 굴러 물웅덩이에 빠질 것이라는 사실은, 내가 지금 여기서 해야 하는 것이 무엇인가와 유관해야 함이 분명하다.

내가 기술한 더 느슨한 방식으로 그 이론의 "결과"라는 용어를 해석하는 것이 가장 단순하다. 가장 단순한 방식에 의하면, (i) E는 X가 알파하기와 별개의 것이며 **그리고** (ii) X가 알파하기가 발생한다면 E가 발생하는 경우 오직 그 경우에만, 사건 E는 X가 알파하기의 결과이다. 이렇게 용어를 해석하기로 하는 결정이 기이한 결과를 산출함은 의문의 여지가 없다. 즉 내가 무엇을 하건 상관없이 일어날 일이라면, 내가 하는 모든 것의 결과가 되어 버린다는 것이 그런 기이한 결과 중 하나이다. 그러나 그런 종류의 기이한 결과가 결과주의적 행위 공리주의를 꼭 곤혹스럽게 하는 것은 아니다. 동독과 서독의 통일이 내가 지금 내 코를 꼬집음의 결과 중 하나라고 해 보자. 내가 지금 코를 꼬집는다면 독일이 통일할 것이므로, 그것은 내가 지금 내 코를 꼬집음의 결과 중 하나이다. 그러나 독일 통일은 내가 지금 무엇을 하건 상관없이 발생할 것이므로, 지금 내가 할 수 있는 모든 가능한 행위의 결과 중 하나이기도 하다. 그렇다면 (독일 통일이 좋을지 나쁠지는 열어 둔 채로) 독일 통일의 좋음과 나쁨은, 나의 모든 가능한 행위들의 결과들의 좋음과 나쁨에 똑같이 기여한다. 그러나 그럴 경우 독일 통일이라는 결과의 좋음과 나쁨은, 내가 지금 무엇을 해야 하는가에 아무런 차이를 가져오지 않는다: 그것은 상쇄되어 없어진다.

공리주의의 중심 이념을 정확하게 만드는 두 번째 방법은, 결과주의적 행위 공리주의와는 오직 한 가지 면에서 다른 이론을 산출하는 것이다. 어떤 사건이 X가 알파하기의 '결과 세트'에서 사건이 되는 것은, 그것이 X가 알파하기의 결과 중에 있는 경우만이라고 말해 보자. 그럴 경우 우리는 우리의 첫 번째 이론을 다음과 같이 진술할 수 있다:

> 결과주의적 행위 공리주의: X가 알파하기의 결과 세트가, X에게 그 대신에 하는 것이 열려 있는 다른 것 중 어느 하나를 X가 하기의 결과 세트보다 더 좋을 경우 오직 그 경우에만 X는 알파를 해야 한다.

어떤 사건이 X의 알파하기의 결과 중에 있거나 **또는** 그 사건이 X가 알파하기이거나 알파하기의 부분인 경우**에만** X의 알파하기의 '행위-더하기-결과-세트' 내에 있다고 해 보자. 그럴 경우 우리의 두 번째 이론을 다음과 같이 진술할 수 있다:

> 비결과주의적 행위 공리주의:(Non-Consequentialist Act Utilitarianism): X가 알파하기의 행위-더하기-결과 세트가 X에게 그 대신에 하는 것이 열려 있는 다른 것 중 어느 하나를 하기의 행위-

더하기 - 결과 세트보다 더 좋을 경우 오직 그 경우에만 X는 알파
를 해야 한다.[5]

명백하게 드러나듯이, 두 번째 이론은 오직 다음과 같은 면에서만
첫 번째 이론과 다르다: 첫 번째 이론은 X가 무엇을 해야 하는가를
평가함에 있어 X의 가능한 행위의 결과에만 주의를 기울이라고 말
하는 반면에, 두 번째 이론은 행위 그 자체에도 주의를 기울이라고
말한다 — X가 알파를 하기 그 자체 및 X의 알파하기의 부분이 되
는 사건 모두에 대해서도 말이다. 그래서 내가 그 이론에 부여하는
형용사 "비결과주의적"이 나오게 된다.

　더 정확하게, 두 번째 이론은 우리가 행위 그 자체에 대해서도 주
의를 기울일 **수 있다고** 말한다 — X의 알파하기 그 자체와 그것의 부
분에 대해서 말이다. 비결과주의적 행위 공리주의는 결과주의적 행위 공
리주의와 마찬가지로, 무엇이 실제로 좋은지 나쁜지에 관해서는 아
무것도 이야기하는 바가 없기 때문이다. 두 이론 모두 무엇이 좋고
나쁜지에 관한 당신이 좋아하는 그 어떠한 이론과도 양립 가능하다.
특히 그 어느 이론도 스스로 인간 행위가 좋거나 나쁘다고 선언하지

5　"결과"라는 말에 관해 제시한 느슨한 해석에 비추어, 이 두 번째 이론은 중요한 것은 행
위의 결과뿐만 아니라 그 행위가 수행되는 경우 실재하게 될 전체 세계라고 말하는 이론
에 근접한 것으로 이해할 수 있다.
　　Paul Arthur Schilpp, ed., *The Philosophy of G.E. Moore* (New York: Tudor, 1952)
에 실린 그의 "Reply to My Critics"에서 무어는 내가 여기서 결과주의적 행위 공리주의
와 비결과주의적 행위 공리주의 사이의 차이를 그가 Ethics를 쓰던 당시에 보지 못했다
고 말한다. 무어가 그 차이를 보지 못했던 이유는 그 시대의 철학자들이 행위란 무엇인
가라는 질문 그리고 그 질문에 대한 답이 도덕 이론에 어떤 관련을 갖고 있는지에 관심
을 갖지 않았기 때문이 아닌가 감히 추측해 본다. 어쨌건 "Reply to My Critics"를 쓰던
시기 무어는 두 견해 중 두 번째 견해를 선호하였다. 이 선택 및 다른 대안에 관한 매우
훌륭한 논의를 Fred Feldman, *Doing the Best We Can* (Dordrecht: D. Reidel, 1986)
에서 볼 수 있다.

않는다. 물론 당신이 인간 행위가 좋지도 나쁘지도 않다고 생각한다면, 결과주의적 행위 공리주의에 비해 비결과주의적 행위 공리주의를 선호할 가능성은 낮다. 당신이 그것들이 아무런 좋음도 나쁨도 가지지 않는다고 생각한다면, 당신이 인간 행위들의 좋음과 나쁨이 누군가 어떤 것을 해야 하는가에 유관한 것으로 감안하는 일은 무의미하기 때문이다. 그러나 비결과주의적 행위 공리주의는 행위들이 좋거나 나쁘다고 주장하지 않는다: 그 문제를 열린 채로 둘 뿐이다.

무엇이 좋거나 나쁜가에 관한 몇몇 견해에서는, 그렇다면 두 이론은 어떤 사람이 무엇을 해야 하는가에 관하여 동일한 결론을 산출한다. 당신이 좋거나 나쁜 유일한 것은 쾌락이나 고통뿐이라고 생각한다고 해 보자. 만일 당신이 내가 개괄한 두 이론 중 첫 번째를 채택한다면, 우리는 당신을 쾌락주의적 결과주의적 행위 공리주의자(Hedonistic Consequentialist Act Utilitarian)라고 부를 수 있을 것이다. 만일 당신이 두 번째 이론을 채택한다면, 우리는 당신을 쾌락주의적 비결과주의적 행위 공리주의자라고 부를 수 있을 것이다. 그러나 당신이 두 이론 중 어느 것을 채택하느냐는 중요하지 않다. 만일 좋거나 나쁜 모든 것이 쾌락이나 고통의 느낌뿐이라면, 우리가 X의 알파, 베타, 감마 등등 하기의 결과 세트만을 고려하건 아니면 X의 그것들 하기의 행위-더하기-결과 세트만을 고려하건 X가 무엇을 해야 하는가에 관하여는 아무런 차이도 가져오지 않는다. X의 알파, 베타, 감마 등 하기는, 그 자체로는 쾌락이나 고통의 느낌이 아니기 때문이다. 물론 그것들이 쾌락이나 고통의 느낌을 야기할 수는 있지만 말이다.

이와는 달리, 당신이 인간 행위 또는 적어도 그중 일부는 그 자체로 좋거나 나쁘다고 생각한다고 가정해 보자. 그럴 경우, 당신의 견해에서는, 이 두 이론 중 당신이 무엇을 채택하느냐에 따라 당신이 알파를 해야 하는가에 관하여 차이를 가져온다: X의 알파하기의 좋음 또는 나쁨은, 그런 것이 있다면 두 번째 이론에서는 유관하지만 첫 번째 이론에서는 유관하지 않기 때문이다.

인간 행위는 그 자체로 좋거나 나쁜**가**? 이 질문은 우리에게 어리석은 질문으로 보일지 모른다. 인간 행위 그 자체가 좋거나 나쁘다는 것은 명백하지 않은가? X가 아이를 물에 던져 넣는 것은 나쁜 무엇이라는 것, 그리고 Y가 그 아이를 구하기 위하여 물로 뛰어드는 것은 좋은 무엇이라는 것은 명백하지 않은가? 누가 이와 달리 생각할 수 있는가?

3. "인간 행위들이 그 자체로 좋은가 나쁜가?"라는 질문은 겉보기처럼 명확하진 않다. 일부 사람들은 "물론 그것들은 그 자체로 좋거나 나쁘지: 그것들이 좋거나 나쁜 것, 이를테면 쾌락이나 고통의 느낌을 야기하는 한에서, 그것들은 좋거나 나쁘지"라고 말할 수 있기 때문이다.

'본유적 가치(intrinsic value)'라는 관념(notion)이 우리가 여기서 원하는 관념이다. 그리고 그 관념은 불운하게도, 정확히 무엇인지를 말하기 쉽지 않다. 여기서 발생하는 난점들을 깊이 다루지는 말자. 그저 대략적으로, 어떤 것이 야기하는 것이나 그것을 야기한 것 **이외**의 이유로 어떤 것이 D만큼 좋은 경우에만, D만큼 긍정적 본유적 가치를 갖고 있다고 말할 것을 제안한다. 그리고 어떤 것이 야기하는 것이나 그것을 야기한 것 이외의 이유로 어떤 것이 D만큼 나쁜 경우에만, D만큼 부정적 본유적 가치를 갖고 있다고 말할 것을 제안한다.[6] 예를 들어, 쾌락의 느낌이 유일하게 좋은 것이라고 말하는

---

6 많은 사람들이 어떤 것의 본유적 가치와 그것의 '도구적 가치(어떤 것이 야기하는 것에서 나오는 좋음과 나쁨)'를 구별할 필요가 명백하다고 생각해 왔지만, 어느 누구도 사물

이들(또는 '그 자체로 좋은' 유일한 것이라고 말하는 이들)은, 그 말로, 쾌락의 느낌이 이런 의미에서 긍정적인 본유적 가치를 갖는 유일한 것이라고 의미하는 것이다. 즉, 비록 쾌락의 느낌이 아닌 많은 것들이, 쾌락의 느낌을 야기한다는 점으로부터 좋음의 정도를 이어받기 (inherit)는 하지만, 쾌락의 느낌만이, 그것들이 야기한 것이나 그것들을 야기한 것과는 상당히 독립적으로 어떤 정도로 좋은 것들이다.

이하에서는 그와 같이 특성이 서술된 긍정적 본유적 가치와 부정적 본유적 가치를 '가치'라는 용어로 칭하자. 그저 '가치'라고만 하는 경우 불명확성이 생기는 문맥에서는 명시적으로 "긍정적 가치"와 "부정적 가치"라고 칭하겠다.

쉽게 파악되는 발화를 활용하여, 우리는 이제 두 이론을 다음과 같이 바꾸어 말할(rephrase) 수 있다.

> 결과주의적 행위 공리주의: X가 알파하기의 결과 세트가 '가치를 최대화'할 경우 오직 그 경우에만 X는 알파를 해야 한다.

그리고

> 비결과주의적 행위 공리주의: 만일 X의 알파하기의 행위-더하기-결과 세트가 '가치를 최대화'할 경우 오직 그 경우에만, X는 알파를 해야 한다.

의 본유적 가치와 '산출 가치(product value, 어떤 것을 야기한 원인이 어떠하다는 점에서 오는 좋음과 나쁨)'라고 칭할 수 있는 것을 구별할 필요를 보지는 못했다. 아마도 이것은, 어떤 것이라도 그것을 야기한 원인이 어떠하다는 점에서 좋음과 나쁨을 갖는다고는 보통 생각할 수 없기 때문일 것이다. 그러나 어떤 견해에서는, 그렇다고 생각할 이유가 **있다**. 주석 7을 보라.

그리고 이제 우리는 우리의 질문을 다음과 같이 바꾸어 말할 수 있다: 인간 행위는 가치를 갖는가? 만일 인간 행위가 가치를 결여한다면, 두 이론의 결과는 동일하다.

알프레드가 얼마간 그 자신에게 대가를 치르고 아이의 생명을 구하는 것은 그것이 야기하거나 그것을 야기한 것과는 상당히 별개로 어떤 정도로 좋은가? 그것은 많은 추가적인 좋은 것을 야기할 수도 있다. 그 아이가 미래에 느낄 쾌감이나 그 아이의 부모의 쾌락의 느낌 등등. 그 행위가 다른 것에 갖는 인과적 관계 **이외**의 이유로 그것은 어떤 정도로 좋은가? 다시금 버트의 아이 죽이기는, 그것이 야기하는 것이나 그것을 야기한 것과는 상당히 독립적으로 어떤 정도로 나쁜 것인가? 많은 사람들이 이 질문에 예라고 답하는 것이 매우 그럴 법하다고 생각하여 왔다.

그러나 많은 사람들은 예라는 답이 그럴 법하지 않다는 견해를 견지하여 왔다. 인간 행위가 가치를 결여한다는 생각이 세 가지 논제를 받아들이기 때문에 나온다고 추측한다.

그 첫 번째 논제는, 우리의 오랜 친구인 행위 환원 이론이다. 이 이론은, 상당히 일반적으로, 모든 인간 행위는 신체 움직임이나 신체 움직임의 세트라고 말한다. (그래서 버트의 아이 죽이기는 그의 집게손가락 움직이기이다.) 앞서 결과주의적 행위 공리주의는, 살인하는 사람이 야기할 죽음을 그 사람이 살인해야 하는가에 유관한 것으로 고려한다는 이유로, 행위 환원 이론을 찬성할 가능성이 매우 높다고 말하였다. 여기에 두 번째 이유가 있다: 행위 환원 이론은 행위는 아무런 가치를 갖지 않는다는 결론에 이르는 논증 노선의 첫 단계이다.

어떤 죽이기는 비의도적이지만, 다른 죽이기는 의도적이다. 두 번째 논제, 내가 의도에 관한 인과 이론(Causal Theory of Intention)이라 칭할 논제는, 어떤 행위를 의도적인 것으로 만드는 것은, 의도에 의해 야기됨(its being caused by an intention)이라고 말한다. 버트의 아이 죽이기가 의도적 아이 죽이기였다고 가정해 보자. 무엇이 그것을 의도적 죽이기로 만들었는가? 의도에 관한 인과 이론은 아이 죽이기가 아이를 **죽이고자** 하는 의도에 의해 야기되었다는 점에서 그 행위는 의도적 아이 죽이기였다고 말한다.[7]

세 번째 논제는 가치에 관한 것이며, 그것은 신체 움직임 그 자체는 가치를 결여한다고 말한다. 이것은 무가치 논제(No-Value Thesis)라고 칭하겠다. 버트가 그의 집게손가락을 움직인 것을 살펴보자. 그 움직임이 아이의 죽음을 야기하였다고 가정하였다. 그리고 어떠한 것이 (부정적) 가치를 갖고 있다면, 아이의 죽음은 확실히 부정적 가치를 갖고 있다. 그러나 이것이 버트가 그의 집게손가락 움직이기 그 자체가 가치를 갖고 있다는 점은 보여주지 않는다. 여기서 가치란, 우리의 그 용어의 용법에서의 가치로, 모든 경우에 성립하는 **내재적** 가치가 있음을 의미한다. 다시금 우리는 버트가 총의 방아쇠를 당기고 그에 의하여 아이를 죽이기 위하여 그의 집게손가락을 움직였다고 가정할 수 있다. 그렇다면 버트가 그의 집게손가락을 움직인 것은, 버트가 그의 집게손가락을 움직일 때 가진 의도 덕택에 (부정적) 가치를 가진다고 보는 것이 그럴 법하지 않은가? 의도에 관한 인과 이론이 참이라면, 그럴 법하지 않을 것이다. 만일 의도에 관한 인과 이론이 참이라면, 버트가 그의 집게손가락 움직이기는 의도에 의해 야기되었다는 점에서만 의도적인 것이 된다. 그리고 버트의 집게손

---

7 의도적인 사람 죽이기(intentional killing of a person)보다 비의도적인 사람 죽이기 (unintentional killing of a person)가 더 나쁘다고 생각하는 사람 그리고 또한 의도가 행위를 야기하는 방식으로만 개입한다고도 생각하는 사람이라면 누구나, 어떤 것이 야기하는 것이 무엇인가뿐만 아니라 그것을 야기한 것이 무엇인가에서도 좋음과 나쁨이 나온다고, 그래서 그것이 주석 6에서 '산출 가치'라고 칭한 것을 가진다고 생각할 수밖에 없다.

가락 움직이기 그 자체는 가치 — 우리의 용법에 따르자면, 모든 경우에 성립하는 **본유적** 가치(being everywhere intrinsic value) — 를 갖고 있지 않다는 결론이 정말로 따라 나오는 것 같다.

　세 논제의 연언이 인간 행위는 가치를 결여한다는 결론을 산출한다는 점은 명백하다. 만일 첫 두 논제가 참이라면, 그렇다면 모든 인간 행위는, 의도적이건 아니건, 한낱 신체 움직임이다. 만일 셋째 논제도 참이라면, 그 움직임은 가치를 결여한다. 버트가 아이를 의도적으로 죽이기에 도덕적으로 중요한 점은, 전적으로 그의 행위가 인과적으로 관계하는 것에 놓여 있게 된다.

　이 세 논제는 참인가? 나는 셋 모두 거짓이라고 생각한다. 앞 절에서, 버트가 아이 죽이기가 아이의 죽음을 그 일부로 포함한다고 생각할 이유를 제시하였다. 만일 그것이 타당하다면, 행위 환원 이론은 거짓이다. 그럼 의도에 관한 인과 이론은 어떤가? 글쎄, 행위를 야기하는 의도란 무엇인가? 내가 이러이러한 것을 할 의도를 형성한다는 것은, 사건으로 생각될 수 있다. 그 사건은 후에 다른 사건을 야기한다. 이 다른 사건에는 내 행위가 포함된다. 그러나 의도 그 자체는 사건이 아니다. 그리고 설사 내가 의도 형성하기에 해당하는 사건이 내 행위를 야기한다 하더라도, 나의 이 행위가 의도적이라는 결론은 따라 나오지 않는다. 그렇게 행위하면서 내가 그 의도를 가지고 행위하였다는 결론은 더더욱 따라 나오지 않는다. 나는 커피를 좀 내리려는 의도를 갖고 있다. 그 의도가 나로 하여금 계단을 내려가 부엌으로 가게끔 하며, 그 행위는 나로 하여금 (내가 이제 발견했듯이) 부엌이 물천지가 되어 있기 때문에 배관공을 전화로 부르도록 야기한다. 그러나 나는 커피를 좀 내리려고 배관공을 전화로 부르는 것이 아니다. 나는 물천지가 된 부엌을 처리하게 하려고 배관공에게 전화를 하며, 이제는 아마도 커피에 대한 모든 욕구를 잃어버렸다.

그러나 의도에 관한 인과 이론을 거부한다면, 무가치 논제는 그럴 법함을 잃는다. 남자가 그의 집게손가락 움직이기가 의도에 의해 야기되었기 때문에 의도적이라는 관념을 우리가 거부한다면, 우리는 그 행위 자체가 가치를 가진다고 생각할 수 있다. 만일 그가 그의 집게손가락을 움직일 때 가졌던 의도가 나쁜 의도였다면 부정적 가치를 가질 것이고, 만일 그가 그의 집게손가락을 움직일 때 가졌던 의도가 좋은 의도였다면 긍정적 가치를 가질 것이다.

그러나 사실, 우리는 이 세 논제를 어떻게 생각해야 하느냐의 질문을 비껴가는 것이 최선일 것이다. 행위 환원 이론, 의도에 관한 인과 이론을 적절하게 다루는 일은, 행위 이론으로 지나치게 깊게 들어가려는 시도를 요할 것이기 때문이다. 그래서 우리가 직접 관심을 갖는 도덕적 쟁점들을 살피자고 제안한다. 그 쟁점들을 살피다 보면 내가 지적한 행위 이론의 쟁점과 어떻게 상호 연관되는지 드러날 것이다.

4. 당신이 공리주의 중심 이념의 어떤 판본이 옳을 수밖에 없다고 생각한다면, 앞 절에서 살펴보았던 세 논제 중 하나 이상을 거부해야 할 좋은 이유가 있는 셈이다. 당신은 인간 행위들이 가치를 가지며, 결과주의적 행위 공리주의에 비해 비결과주의적 행위 공리주의를 선호함으로써 그 행위들의 가치를 고려하도록 할 좋은 이유가 있는 셈이기 때문이다. 내가 염두에 둔 것은 다음과 같이 분명하게 표현된다.

장기이식(TANSPLANT)이라고 칭할 사안을 살펴보자. 여기에 장기이식 외과의인 블로그가 있다. 비상하게 솜씨 좋은 외과의다. 블로그는 어떤 이식수술이라도 성공적으로 해낸다. 블로그에게는 장기가 필요한 다섯 환자가 있다. 이들은 장기를 얻지 못하면 곧 죽을 것이다. 둘은 각각 폐 한쪽을, 다른 둘은 각각 신장 한쪽을 필요로 하며, 나머지 하나는 심장을 필요로 한다. 여기 건강이 아주 좋은 한 젊은 남자가 있다. 혈액형도 딱 맞아서 몸이 해체되면 장기를 필요로 하는 환자들에게 장기를 이식할 수 있다. (이 환자 중 누구도 다른 이들을 위하여 장기를 공급하도록 해체될 수 없다고 가정함으로써 가능한 반론은 우회하도록 하자.) 외과의는 그 젊은 남자에게 자신의 장기를 기증할 의사가 있냐고 물었지만, 젊은 남자는 "심심한 유감을 표하나, 내 장기는 줄 수 없소."라고 답한다. 만일 외과의가 젊은 남자의 거절에도 불구하고 수술한다면, 그는 한 목숨을 대가로 치르고 다섯 목숨을 구한다. 이는 외과의가 수술을 진행해야만 한다는 것을 의미하는가? 물론 아니다! 외과의가 수술을 진행해야 한다는 것이 거짓일 뿐만 아니라, 수술을 진행해**도 된다**는 것조차도 거짓이다. 외과의가 수술을 진행해야 한다거나 진행해도 된다는 것은 너무나 명백히 거짓이어서, 도덕 이론이 그러한 결과를 산출하는 것은 그 도덕 이론에 재앙이 될 정도다: 그러한 결론을 산출하는 이론은, 수정을 절실히 필요로 하는 이론이다. 간단히 말해, 그것들의 거짓을 주어진 것(datum)으로 여기겠다.**8** 만일 도덕 이론이 이 사안에 관하여 무슨 결론을 산출한다면, 그 이론은 외과의가 수술을 진행해서는 안 된다는 결론을 산출하는 것이 그 이론에 좋을 것이다.

그런데 당신이 공리주의 중심 이념의 어떤 판본이 옳음이 틀림없다고 생각하면서도, ― 아마도 당신이 앞 절의 세 논제를 받아들이기 때문에 ― 행위가 가치를 결여한다고 생각한다고 가정해 보자. 그럴 경우 당신이 결과주의적 행위 공리주의나 비결과주의적 행위 공리주의

---

8 서문에서 이야기했듯이, 어떤 사람이 해야 하거나 해서는 안 되는 것에 관한 일정한 도덕적 판단을 주어진 것으로 여기며, 그래서 그것을 **뒷받침하기 위해** 논증해야 할 것이 아니라 바로 그것을 **근거로 삼아** 논증이 이루어져야 할 것으로 본다. 이것도 그런 주어진 것이 되는 판단 중 하나이다.

중 어느 쪽을 선택하건, 아무런 도덕적인 차이를 가져오지 않는다. 행위가 가치를 결여한다는 점을 전제로 하면, 어떤 행위의 결과 세트의 가치는, 행위-더하기-결과-세트의 가치와 동일하기 때문이다. 그래서 당신이 결과주의적 행위 공리주의를 선택한다고 가정해 보자.

다음과 같은 복합 행위(complex act)를 살펴보자: 외과의가 젊은 남자를 잘게 자르기, 그의 장기를 떼어 내기, 그리고 그 장기를 그것을 필요로 하는 다섯 사람에게 이식하기. 이 복합 행위의 결과는 무엇인가? 행위의 존재론에 관한 어떤 견해를 택하더라도, 그 복합 행위의 결과는, 한 젊은 남자의 죽음과 그러지 않았더라면 죽었을 다섯 사람의 생명을 포함한다. 모든 것을 감안할 때, 외과의의 복합 행위가 발생하지 않았을 경우보다 네 명의 생명이 더 존재한다. 생명이 가치를 갖고 있으며, 그래서 그 복합 행위의 결과 세트는 가치를 최대화하는 것이라고 생각하는 것은 매우 그럴 법하다. 만일 그렇다면 결과주의적 행위 공리주의를 택하면 외과의가 그 젊은 사람을 조각조각 잘라, 그의 장기를 떼 내 그것을 필요로 하는 다섯 사람에게 이식해야 한다는 결론을 지지하게 된다. 외과의가 그렇게 해도 된다는 결론에만 그치는 것도 아니고, 적극적으로 그렇게 해야 한다는 결론을 지지하게 된다.

반면에 공리주의 중심 이념의 어떤 판본이 옳음이 틀림없고 인간 행위가 정말로 가치를 갖고 있다고 생각할 좋은 이유를 가지고 있다고 보는 경우에는, 결과주의적 행위 공리주의에 비해 비결과주의적 행위 공리주의를 선호함으로써 행위가 갖는 가치의 고려를 허용하게 된다. 당신이 행위가 가치를 갖고 있다는 점을 인정하게 되면, 외과의의 복합 행위가 가치 — 물론 부정적 가치를 특히 갖고 있다고 말할 수 있기 때문이다. 더 강하게 말해서, 당신은 그것이 어마어마한 부정적 가치를 갖고 있다고 말할 수 있다. 어쨌거나, 그 복합 행위의 구성 부분을 살펴보자. 하나의 구성 부분은 그 외과의가 젊은 남자를 조각조각 자르고 그의 장기를 떼어 내는 것이다. 가정상 그 젊은 남자는 외과의가 그 행위를 하는 것에 동의하지 않았으므로, 그 외과의가 그 젊은 남자를 조각조각 내고 그의 장기를 제거하는 것은 외과의가 신체에 대한 유형력 행사(battery)와 절도(theft)를 저지르는 셈이 된다. 매우 끔찍한 신체에 대한 유형력 행사이자 절도이다. 유형력 행사는 조각조각 잘라 버리는 것이고 절도는 신체 장기를 훔치는 것이기 때문이다. 만일 어떤 행위가 부정적 가치를 가진다면, 이 신체에 대한 유형력 행사와 절도가 바로 부정적 가치, 그것도 어마어마한 부정적 가치를 가지는 것이리라.

만일 행위가 가치를 가진다면, 의문의 여지없이 그 외과의의 복합 행위의 다른 구성 부분 — 외과의가 그즈음에는 활용 가능하게 된 장기를 그것을 필요로 하는 다섯에게 이식하는 행위 — 은 긍정적인 가치를 가지는 것으로 추정될 수도 있다. 그럼에도 당신은 신체 유형력 행사와 절도의 부정적 가치가 너무나 엄청나게 커서, 이식의 긍정적 가치를 능가하여 종합적으로 그 복합 행위 자체는 부정적 가치, 매우 큰 부정적 가치를 갖는 것으로 만든다고 말할 수 있을 것이다. 만일 복합 행위가 발생한다면, 추가로 네 명의 삶이 존속하게 되는 긍정적 가치를 능가할 정도로 충분히 매우 큰 부정적 가치 말이다.

그리고 만일 당신이 외과의가 해야 하는 것을 평가할 때 그 복합 행위의 부정적 가치를 고려에 넣는 것을 허용하는 결과주의적 행위 공리주의가 아니라 비결과주의적 행위 공리주의를 채택한다면, 당신은 그 외과의가 행위로 나아가는 것이 허용되지 않는다는 〔소극적인-옮긴이〕 결론, 더 나아가 그렇게 해서는 안 된다는 적극적인 결론까지 획득하는 하나의 방도를 갖게 된다.

이 노선에는 대가가 있다. 그럴 경우 당신은 우리가 앞 절에서 살펴보았던 세 논제 중 하나 이상을 거부해야만 하기 때문이다. 아마도, 그러나 이것은 당신이 치러야 할 작은 대가로 보일 것이며, 만일 애초부터 그 세 논제들이 당신에게 매력적이지 않았다면 거의 아무런 대가도 치르지 않는 것처럼 보일 것이다.

더 중요한 점은 이것이 문제의 끝이 아니라는 것이다. 확실히 외과의의 복합 행위의 첫 번째 구성 부분의 부정적 가치가 외과의의 복합 행위의 두 번째 구성 부분의 긍정적 가치를 능가할 만큼 그토록 큰 것으로 만든다고 생각되는 것이 무엇인가 — 사실 너무나 커서, 외과의의 복합 행위의 두 번째 구성 부분 및 네 명의 추가적인 삶의 긍정적 가치를 합한 긍정적 가치를 능가하게 하는 것이 무엇인가 — 라는 질문을 던질 수 있기 때문이다. 내가 드러내 보여준 노선을 취하는 것은, 이 추가적인 질문에서 더 나아가 다루는 것을 요할 것이며, 그 질문이 어떻게 답해질 수 있는지는 이해하기 쉽지 않다. (우리는 이 문제를 8절 이하에서 다시 살펴본다.)

그리고 우리를 기다리고 있는 추가적인 난점이 있다.

5. 우리가 살펴보고 있었던 사안의 나머지 세부사항은 다음과 같다:

> 장기이식: 외과의가 젊은 남자의 몸을 조각조작 자르고 그의 장기를 떼어 내어 다섯 명의 환자에게 이식하면, 젊은 남자는 죽겠지만 다섯 환자는 살 것이다. 외과의가 그렇게 하지 않으면 젊은 남자는 살겠지만 다섯 명은 죽을 것이다.

이 사안을 이야기하면서, 외과의의 다섯 환자들이 왜 그 장기들을 필요로 하게 되었는지 알려 주지 않았다. 아마도 자연적으로 야기된 이런저런 종류의 질병 때문에 장기를 필요로 하게 되었다고 생각했으리라. 그러나 그것은 여러 가지 가능한 이력 중 오직 하나에 불과하다. 그것과 다른 가능한 이력이 있었다고 가정해 보자: 환자들의 장기에 대한 필요는 악당이 저지른 짓 때문에 생긴 것이다. 그리고 각 환자마다 (환자를 다치게 한—옮긴이) 한 명의 악당이 있다. 이 각각의 악당은 외과의가 필요한 장기를 공급하지 않을 경우에, 자신이 대응하는 한 명의 환자를 죽인 셈이 된다. 환자의 필요가 자연적 원인에 의해 발생한 이력를 전제로 성립하는 사안을 장기이식(자연적 원인) 사안이라고 하자. 그리고 만일 우리가 각 환자의 필요에 대한 악당이 범한 짓이 원인이 되었다는 이력이 있는 사안을 장기이식(5명 악당 원인) 사안이라고 칭하자. 이제 당신이, 공리주의 중심 이념의 어떤 판본이 옳음이 틀림없다고 생각하는 이들 앞에 큰 골칫거리가 놓여 있음을 이해할 것이라고 생각한다.

당신이 행위가 가치를 가진다고 보고, 비결과주의적 행위 공리주의를 선택했다고 해 보자. 당신이 장기이식(자연적 원인) 사안을, 내가 앞 절에서 드러내 보인 방식으로 다룰 수 있다고는 논할 수 있다. 그러나 당신은 장기이식(5명 악당 원인) 사안을 어떻게 다루어야 하는가? 외과의가 젊은 남자를 조각조각 자르고 그의 장기를 떼어 내는 것은 (당신의 견해에서는) 어마어마한 부정적 가치를 지닌 행위이다. 그러나 만일 이 행위가 없다면, 다섯 악당 각각이 누군가를 죽인 셈이 될 것이다. 그래서 만일 외과의가 행위로 나아간다면, 어마어마한 부정적 가치를 갖는 하나의 행위가 있게 된다. 만일 외과의가 행위로 나아가지 않는다면, 적어도 그만큼 큰 부정적 가치를 갖는 다섯 개의 행위가 있게 된다. ("적어도 그만큼 큰 부정적 가치"라고 말했다. 우리는 외과의가 다섯 환자의 삶을 구하기 위해 행위로 나아간다면 외과의의 의도는 좋은 반면에, 악당의 의도는 그 내용이 정확히 무엇이든 간에 악의적이라고 볼 수 있기 때문이다.) 그러므로 만일 비결과주의적 행위 공

제1부 무엇이 권리인가

리주의는, 외과의가 장기이식(5명 악당 원인) 사안에서는 행위로 나아가야 한다는 결론을 산출하는 것으로 보인다.

그러나 외과의가 장기이식(5명 악당 원인) 사안에서 행위로 나아가야 하는지 여부 질문에 대한 답은, 그 외과의가 장기이식(자연적 원인) 사안에서 행위로 나아가야 하는지 여부 질문에 대한 답과 동일해야, 즉 '나아가서는 안 된다'여야 하지 않은가?

다섯 환자의 곤경이 — 장기에 대한 그들의 필요가 — 자연에 의해 생긴 것이 아니라 악당 때문에 생긴 것이라 할지라도, 외과의가 행위로 나아갈 것을 더 강하게 요구하지 않는다는 점이 명백해졌기를 바란다. 두 공동체를 생각해 보자. 둘 모두 식량이 절실히 필요하다. 한 공동체의 경우 굶주림은 자연 때문에 발생하였다. 다른 공동체의 경우 굶주림은 사악한 자신의 목적을 위해 그 공동체를 없애버리고 싶어 하는 제3자 때문에 발생하였다. 만일 우리가 그들이 필요로 하는 음식을 양쪽 모두에게 제공할 수 없다면, 우리는 두 공동체에 식량을 나눠서 주든지 그렇게 나누는 것이 불가능하다면 동전을 던져야 하지 않겠는가? 확실히 인간 필요가 우리에게 부과하는 요청은, 자연적으로 야기된 경우에 비해 사악하게 야기된 경우가 그 근거에서 더 큰 것은 아니다.[9]

그러나 그럴 경우, 공리주의 중심 이념의 어떤 판본이 옳음이 틀림

---

9 많은 저자들이, 자기 자신의 그릇된 행위로 말미암아 자기가 빠진 곤경을 냉담하게 다루었다는 점을 흥미롭게 주목할 수 있다. 내가 그릇되게 (이를테면 과실이나 고의로) 나 자신을 곤경에 처하게 했다는 사실은, 자신의 그릇된 행위에 의해 야기된 것이 아닌 곤경에 처한 사람보다 도움을 받을 응분이 덜하게 만든다. 왜 그것이 참이라고 생각하는지 그리고 그렇게 생각해야 하는지는 답하기 쉬운 문제가 아니다. 장기이식(5명 악당 원인) 사안의 상황은 다르다. 그 사안에서 다섯 명의 곤경은 그들 자신의 그릇된 행위 때문에 생긴 것이 아니다.

두 공동체 예는 John Taurek, "Should the Numbers Count?", *Philosophy and Public Affairs*, 6 (Summer 1977)에서 제시된 것과 상당한 관련이 있다.

없다고 생각하는 이들에게는 정말로 골칫거리가 있는 것이다. 행위가 가치를 가진다고 하고 비결과주의적 행위 공리주의를 선택하는 것은, 외과의가 장기이식(자연적 원인) 사안에서 행위로 나아가야 하는지 여부 질문에는 옳은 답을 산출하지만, 장기이식(5명 악당 원인) 사안에서는 그른 답을 산출한다.

장기이식의 세 번째 가능한 확장을 잠시 생각해 볼 가치가 있다: 만일 우리가 외과의의 다섯 환자의 필요가 자연적 원인에 의한 것도 아니고, 각각의 환자에 대한 공격을 하였던 다섯 명의 악당에 의한 것도 아니라, 외과의 자신의 악행(villainy) 때문에 생긴 것이라고 해 보자. 이 사안을 장기이식(외과의 원인) 사안이라고 칭할 것이다. 외과의는 지난 3월에 도박을 하다 빚을 지게 되었으며, 그의 다섯 환자의 유언에 의해 상속인으로 지정되었다는 점을 알고는, 그들 모두에게 장기 부전을 야기하는 약을 투여하였다. 이제 그는 회개하여 할 수만 있다면 사태를 바로잡으려고 한다. 여기에 아주 건강한 한 젊은 남자가 있다. 그의 신체 장기는 모두 건강하다. 외과의가 장기이식(외과의 원인) 사안에서 행위로 나아가는 것이 허용되는가? 물론 아니다.

흥미로운 점은 여기에는 차이가 있다는 것이다: 나는 **당신**이 다섯 명을 죽인 것이 되지 않도록 하기 위하여 개입해야 하는 것보다, **내**가 다섯 명을 죽인 것이 되지 않도록 하기 위하여 개입해야 할 훨씬 더 큰 도덕적 압력하에 놓인다. 그러나 현재 중요한 것은 그 외과의가 장기이식(외과의 원인) 사안에서 행위로 나아가서는 안 된다는 사실이다. 그리고 공리주의 중심 이념의 어떤 판본이 옳음이 틀림없다고 생각하는 이들은, 장기이식(5명 악당) 사안에 직면할 때만큼, 이 사안에 직면할 때 그만큼 큰 난점에 빠진다. 두 사안 모두에서, 외과의가 행위로 나아가지 아니한다면 다섯 건의 죽이기가 벌어진 것이 될 것이기 때문이다.

6. 주의 깊은 독자는 이전 절에서 미래 완료 시제(future perfect tense)의 등장을 눈치챘을 것이며, 방금 지적한 난점을, 공리주의 중심 이념의 어떤 판본이 옳음이 틀림없다고 생각하는 이들이 어떤 방법으로 회피할 수 있다고 생각할지도 모르겠다. 염두에 둔 회피 방법은 다음과 같다. 만일 외과의가 장기이식(5명 약당 원인) 사안 그리고 장기이식(외과의 원인) 사안에서 행위로 나아가지 않는다면, 다섯 건의 죽이기가 **벌어진 것이 될 것이지만**(there will have been five killings) 외과의가 이 사안들에서 행위로 나아가지 않는다고 해서, 다섯 건의 죽이기가 **있을 것**(there will be five killings)이라고 말하는 것은 거짓이다. 두 사안에서 죽이기는, (만일 외과의가 그렇게 결정한다면) 행위로 나아가지 아니하겠다는 외과의의 결정에서 **따라 나오는** 것(follow)이 아니다. 왜냐하면 그 죽이기는 이미 시작되었기 때문이다. 만일 A가 지금 B에게 독을 주입하고, 그래서 B의 죽음이, 당신이 B에게 해독제를 주는 개입을 하지 않는다면 곧 뒤따를(soon ensue) 것이라면, 당신이 개입하지 않는 경우에 A는 B를 죽인 것이 될 것이다.(A will have killed B) 그러나 A의 B 죽이기는, 당신이 B의 죽음을 방지하는 개입을 하지 않으면 발생하는 무언가가 아니다. A의 B 독살하기는 이미 시작하였으며 그래서 A는 B를 이미 죽이기 시작하였다.(A's poisoning of B has already occurred and thus A's killing of B has already begun.)

실제로 만일 행위 환원 이론이 참이라면, A가 B를 죽인 것은 단지 이미 시작한 것에 그치는 것이 아니라 벌써 벌어진 것이다. 그 행위 이론에서는, A가 B를 죽이기는, 독을 B에게 주입하는 신체 움직임과 동일하며 그 신체 움직임은 이미 전적으로 과거의 일이 되었기 때문이다.[10]

설사 행위 환원 이론이 거짓이라 할지라도, A의 B 죽이기는 확실히 전적으로 미래의 일은 아니다. A가 B에게 독을 주입한 일은 과거에 속하기 때문이다. 그리고 마찬가지로 행위 환원 이론이 참이건 아니건, 장기이식(5명 악당 원인) 사안 및 장기이식(외과의 원인) 사안에서 다섯 환자를 죽이기는, 외과의가 행위로 나아가야 하는지를 결정하는 시점을 기준으로 하여, 전적으로 미래에 있는 것이 아니다.

공리주의 중심 이념의 어떤 판본이 옳음이 틀림없다고 생각하는 이는 그 사실을 고려할 수 있다. 그들은 그 행위가 가치를 가진다고 보고, 다음을 택할 수 있다.

> 비결과주의적 행위 공리주의: X의 알파하기의 행위-더하기-결과 세트가 '가치를 최대화'하는 오직 그 경우에만 X는 알파를 해야 한다.

그러면서 X가 알파하기의 행위-더하기-결과 세트에 속하는 행위란, X가 하기로 선택하는 것이 그것이라면 알파를 하기 시작하게 되는 시점을 기준으로 전적으로 미래에 속하는 행위뿐이라고 주장하는 것이다. 이 노선을 취하는 것은, 장기이식(5명 악당 원인) 사안에서—만일 외과의가 그 사안에서 행위로 나아가지 않는다면—발생**한 것이 될**(will have come about) 다섯 명 죽이기의 부정적 가치를, 외과의가 사안에서 행위로 나아가야 하는가의 질문에 무관한 것으로 만들 것이다. 그 다섯 건의 죽이기는, 그 외과의가 행위하기를 시작하

---

10 그러나 이것은 물론 그 자체가 행위 환원 이론에 대한 하나의 반대 근거를 산출한다. 이 경우 B는 아직 살아 있으며 당신이 개입하여 자신의 생명을 구하기를 바라고 있기 때문이다. 현재 당신이 자신의 생명을 구하길 바라는 사람에 관하여 A가 그 사람을 죽이기가 이미 벌어졌으며 이제 전적으로 과거의 일이 되었다고 말하는 것이 간단히 거짓이라고 생각하는 것도 무리가 아니다. 이에 대한 추가적 논의로는 Thomson, *Acts and Other Events*, and Bennett, *Events and Their Names*를 보라.

는 시점에서 전적으로 미래가 아니기 때문이다. 그래서 이 노선을 취하는 것은, 이 이념의 지지자들이 장기이식(5명 악당 원인) 사안과 장기이식(외과의 원인) 사안에서, 장기이식(자연적 원인) 사안에서 도달하는 것과 동일한 결론에 이르는 것을 가능케 할 것이다. 즉, 외과의가 행위로 나아가서는 안 된다는 결론에 도달하게 할 것이다.

여기까지는 괜찮다. 그러나 여기까지라면, 그리 멀리 진행해 온 것도 아니다. 우리가 주의를 기울이고 있던 사안, 장기이식(자연적 원인), 장기이식(5명 악당 원인), 그리고 장기이식(외과의 원인) 사안은, 장기이식 사안의 연장(extensions)이다. 그 연장 사안들은 외과의의 다섯 환자의 필요가 발생한 이력을 상이하게 제시함으로써 얻어졌다. 이제 장기이식 사안의 한 변형본(a variant)을 살펴보자. 내가 마피아(MAFIA) 사안이라고 칭할 사안에서, 외과의의 다섯 환자가 수술을 한 뒤 순조롭게 회복 중이다. (그들이 필요로 했던 장기들은 지역 장기 은행에서, 누가 누구를 죽일 필요도 없이 공급되었다.) 그런데 지금 마피아가 그 외과의에게, "당신이 이 젊은 남자를 조각조각 잘라 그의 장기를 떼어 내서 그를 죽이지 아니하면, 당신의 그 다섯 환자를 죽이겠다." 고 말한다. 그들이 왜 외과의에게 이 일을 하기를 바라는가? 그 목적이 장기를 얻기 위함이 아니고(외과의는 그가 그 장기들을 젊은 남자의 신체에서 떼어 낸 후 버린다), 그 목적이란 그 젊은 남자가 죽임을 당하는 것일 뿐이며, 특히 다소 끔찍한 과정을 통해서 그렇게 되기를 바라는 것뿐이다. 외과의는 이 위협에 동의해야 하는가? 물론 그렇지 않다. 여기서 외과의가 진행하지 아니할 경우에 발생할 다섯명 죽이기는, 그 외과의가 행위하기 시작하려고 하는 시점에 전적으로 미래의 것이다. 그래서 그 다섯 명 죽이기는, 외과의가 진행하지 아니할 경우 그 외과의의 선택지 모두의 행위–더하기–결과 세트에 속해 있다. 그 죽이기는 어마어마한 비가치(disvalue)를 가진다. 그래서 외과의는 행위로 나아가야 한다는 결론이 따라 나온다. 그러나 그는 분명히 그렇게 해서는 안 된다.

나는 외과의가 마피아 사안에서 행위로 나아가서는 안 된다는 점이 정말로 분명하기를 바란다. 외과의가 장기이식(5명 악당) 사안에서는 행위로 나아가서는 안 된다고 생각하면서도, 외과의가 마피아 사안에서는 행위로 나아가도 되는 것을 넘어서 정말로 그렇게 나아가야 한다고 그럴 법하게 생각할 수 있단 말인가? 외과의가 장기이식(5명 악당 원인) 사안에서 행위로 나아가는 것이 허용되지 않는데도 마피아 사안에서는 행위로 나아가는 것이 허용된다고 생각할 수 있는 것은, 당신이 그 사안들 사이의 시제 차이(temporal difference)가 주된 도덕적 차이를 가져온다고 생각할 경우뿐이다. 마피아 사안에서 다섯 건의 사악한 죽이기는 외과의의 행위 거부 시점을 기준으로 전적으로 그 뒤의 사건이다.(wholly postdate) 장기이식(5명 악당 원인) 사안에서는 다섯 악당 죽이기는, 행위하기를 외과의가 거부한 시점을 기준으로 전적으로 그 뒤에 일어난 것은 아니다. 이 차이가 한 사안에서는 행위로 나아가는 것이 허용되도록 만들고 다른 사안에서는 그렇게 만들지 않는다고 누구라도 그럴 법하게 생각할 수 있는가? 그런 생각은 어리석어 보인다.

7. 이제 요약할 때가 왔다. "어떤 것을 하지 아니할 때보다 할 때에 더 많은 선이 오는 경우 오직 그 경우에만 그 어떤 것을 해야 한다." 그것이 중심적인 공리주의 이념이다. 그 이념을 정확하게 만드는 한 방식은 그 이념이 다음 이론을 주장하는 것으로 여기는 것이다.

> 결과주의적 행위 공리주의: X가 알파하기의 결과 세트가 '가치를 최대화'할 경우 오직 그 경우에만 X는 알파를 해야 한다.

그러나 그 이론은, 외과의가 장기이식(자연적 원인) 사안에서 행위로 나아가야 한다는 거짓을 산출한다는 사실에 의하여, 거짓임이 드러났다.

그 이념을 정확하게 만드는 두 번째 방식은 그것이 다음을 주장한다고 여기는 것이다.

비결과주의적 행위 공리주의: X가 알파하기의 행위-더하기-결과 세트가 '가치를 최대화'하는 오직 그 경우에만 X는 알파를 해야한다.

(단지 행위의 결과뿐만 아니라) 행위가 가치를 갖는 것을 허용하면서 말이다. 그러나 이 이동은 도움이 되지 않는다. 비결과주의적 행위 공리주의는 옳은 답을 산출한다고 논해질 수 있다. 즉, 외과의가 장기이식(자연적 원인) 사안에서 행위로 나아가야 하는지 질문에 옳은 답(즉, '아니요')을 산출한다고 논해질 수 있다. 그러나 그 이론은 장기이식(5명 악당 원인)에서 외과의가 행위로 나아가야 하는지 질문에 대해서는 옳은 답(즉, '아니요')을 산출하지 않는다. 전적으로 미래 행위의 가치만이 유관하다는 단서가 붙지 않으면 말이다. 그런데 그 단서가 붙어도 어쨌거나 마피아 사안에서 외과의가 행위로 나아가야 하는지의 질문에 옳은 답(즉, '아니요')을 산출하지 않는다. 나는 공리주의 중심 이념을 이러한 사안 또는 유사한 사안들로 인해 문제에 빠지지 않으면서도 정확하게 만드는 방식을 전혀 모르겠다.[11]

---

[11] 주석 2에서 말했듯이, 결과주의적 행위 공리주의와 비결과주의적 행위 공리주의는 대상 층위의 도덕적 판단이며 그래서 그 자체로는 도덕 이론이 아니다. 그러나 우리가 그 대상 층위의 도덕적 판단을 거부한다면 그것으로부터 구성 가능한 더 강한 이유를 밝히는 도덕적 판단을 살펴볼 아무런 필요가 없다. 결과주의적 행위 공리주의가 거짓이라면, 그로부터 따라 나오는 이유를 밝히는 도덕적 판단도 확실히 거짓이다: X가 t 시점에 이러이러한

나의 논증은 여기서 세 가지를 가정하였다. 첫째, 인간 필요는 그 원인이 자연적인 것이건 인간의 악의이건 간에 우리에게 동등한 요청을 부과한다. 그래서 외과의가 장기이식(자연적 원인) 사안에서 행위로 나아가야 하는지 질문에 대한 답은, 외과의가 장기이식(5명 악당 원인) 사안에서 행위로 나아가야 하는지 질문에 대한 답과 같아야만 한다. 둘째, 죽이기가 장기이식(5명 악당 원인) 사안에서 이미 시작되었는데 비해 마피아 사안에서는 이미 시작된 것이 아니라는 사실에서 발생하는 시제상의 차이(temporal difference)는 아무런 도덕적 차이를 만들어 내지 못한다(6절 이하를 보라). 그래서 외과의가 장기이식(5명 악당 원인) 사안에서 행위로 나아가야 하는지 질문에 대한 답은, 외과

것을 해야 한다는 것이 X가 이러이러한 것을 하는 결과가 … 더 좋을 것이기 **때문**이라는 것이 참이 아니라면, 그리고 X가 t 시점에 이러이러한 것을 해야 한다는 것이 X가 이러이러한 것을 하는 결과가 더 좋지 않을 것이기 **때문**이라는 것이 참이 아니라면 말이다.

설사 결과주의적 행위 공리주의가 참이라 할지라도—설사 그것이 필연적 참이라 할지라도—그로부터 구성 가능한 이유를 밝히는 판단이 반대할 만하다고 생각할 독립적인 이유가 있다. 내가 염두에 두고 있는 것은 다음과 같다. 많은 사람들이 결과주의적 행위 공리주의가 장기이식 사안과 같은 사안에서 비밀은 종국에는 발각되고야 말 것이라는 등의 추정적 사실을 유념하면 틀린 결과를 내놓지 않는다고 이해될 수 있다고 본다. 특히 외과의가 그 젊은 남자에게 수술을 한다면 비밀스럽게 수술한다 해도 결국 다른 사람들이 그 사실을 알아낼 것이다. 그리고 그것은 무시무시한 결과를 낳을 것이다! 사람들은 의사를 신뢰하지 않게 될 것이고 병원에 가야 할 때 병원에 가지 않을 것이며, 그래서 많은 사람들이 암을 조기에 진단받지 못하여 죽게 되는 등의 결과 말이다. 그러므로 (그들은 말하길) 외과의가 행위로 나아가는 것은 행위로 나아가지 않는 것보다 실제로는 종국적으로 더 나쁜 결과를 초래할 것이다. 내 견해는 비밀이 항상 종국에는 발각된다는 생각은 상당히 비정상적인 낙관주의의 한 조각이라는 것이다. 그러나 거기까지는 괜찮다고 하여, 그 생각이 참이라고 해 보자. 결과주의적 행위 공리주의는 외과의가 행위로 나아가도 되는지의 질문에 옳은 답, 즉 '아니요'라는 답을 산출한다고 논해질 수 있다. 그러나 그 답으로부터 구성된 이유를 밝히는 판단은, 외과의가 행위로 나아가서는 **왜** 안 되는지 질문에 옳은 답을 산출하지 못할 것임이 확실하다. 외과의가 행위로 나아가는 것이 불허되게 만드는 것은 분명히, 그가 행위로 나아감으로써 그 젊은 남자에게 하게 되는 것이 무엇인가의 문제이다. 외과의가 행위로 나아가는 것이 불허되게 만드는 것이, 그가 그렇게 행위로 나아가면〔그 젊은 남자 이외의―옮긴이〕다른 사람에게 생기는 무서운 결과라고는 도저히 생각될 수 없다.

이와 비슷한 논지를 비결과주의적 행위 공리주의에 대해서도 짚을 수 있다.

의가 마피아 사안에서 행위로 나아가야 하는지 질문에 대한 답과 같은 것이어야만 한다. 그러나 이 두 가지는 나에게 명백히 옳은 것으로 보인다. 필요의 원천에서의 차이나 한낱 시제상의 차이가 도덕적 차이를 만들어 낸다고 보는 것은 **전혀** 그럴 법하지가 않다. 우리가 가장 친애하며 신뢰하는 정보제공자로부터, 다섯 명이 죽음의 위험에 처해 있으며 그들의 죽음은 우리가 한 명을 죽일 경우 오직 그 경우에만 저지될 수 있다는 이야기를 듣는다고 가정해 보자. 우리의 정보제공자는 그 위험의 원천을 알지 못하며, 그래서 그것이 (i) 자연적 원인인지 아니면 (ii) 이미 그들의 일을 시작해 버린 악당의 원인인지 아니면 (iii) 아직 그들의 일을 시작하지 아니하였지만 우리가 한 명을 죽이지 않으면 그들의 일을 시작할 악당의 원인인지를 알지 못한다. 우리가 (i), (ii), (iii) 중 어느 쪽이 참인지 듣지 않으면 그리고 듣기 전에는 한 명을 죽여야 하는지 여부를 말할 수 없다고 보는 것은 극단적으로 그럴 법하지 않다고 생각한다.

셋째, 나의 논증은 외과의가 이 중 어느 경우에도 행위로 나아가서는 안 된다고 가정하였다. 그러나 그 가정을 주어진 것(a datum)으로 여긴다. 그가 행위로 나아가야 한다는 결론을 산출하는 그 어떤 이론도 — 또한 그가 행위로 나아가도 된다는 결론을 산출하는 그 어떤 이론조차도 —, 내가 말했듯이 수정을 절실히 필요로 하는 이론이다.

8. 그러나 내가 인간 행위가 가치를 결여한다는 점을 보여주었다고 생각하지는 않는다. 나는 결과주의적 행위 공리주의에서, 비결과주의적 행위 공리주의 및 행위가 가치를 가진다는 명제의 연언으로 이동하는 것이, 공리주의 중심 이념의 지지자를 도와주지 않는다고 하였다. 그러나 그것은 행위가 가치를 결여한다고 말하는 것과 동일한 것이 아

닌가? 행위는 가치를 갖지 **않는가**? 우리는 그 질문을, 행위 환원 이론, 의도에 관한 인과 이론, 그리고 무가치 논제를 다루지 않고서는 답할 수 없다. 그리고 나는 우리가 그 질문을 피해야 한다고 시사하였다.

그러나 행위가 가치를 결여한다는 이념보다 더 좁은 흥미로운 이념에, 위 논의 과정에서 나온 것 중 일부가 신빙성을 더해 준다 (lends support to)는 사실에 주목할 가치가 있다. 버트는 그의 (총 방아쇠를 감고 있었던) 집게손가락을 움직였고 그에 의하여 일련의 사건들 — 방아쇠의 당김, 총알이 공기를 가르고 날아가기, 그 총알이 아이의 신체에 도달하고 그 신체에 들어가기, 그 아이의 죽음 — 을 야기하였고, 그와 같은 일련의 사건을 야기함에 의하여 버트가 아이를 죽인 것이다. 만일 우리가 행위 환원 이론을 받아들인다면, 당신은 그 사건들이 버트가 아이 죽이기에 의하여 일어난 것 그래서 버트가 아이 죽이기의 결과라고 생각하게 된다. 만일 당신이 내가 거론했던 대안적인 행위 이론을 받아들인다면, 당신은 그것들이 버트가 아이 죽이기의 일부였다고 생각한다. 내가 언급한 더 좁은 이념은 다음과 같이 말한다: 그 사건들이 버트가 그 아이 죽이기의 결과였건 아니면 부분이었건, 버트가 아이 죽이기는, **그 사건들의** 가치의 합**보다 더 많은** 가치를 갖지 **않**는다.(has no more value than the sum of their values) 누구에 대한 어떤 죽이기도 마찬가지다: X가 Y를 죽이기는, 그 사건들 야기에 의하여 X가 Y를 죽인 것이 되는, X가 야기한 사건들의 가치의 합보다 더 많은 가치를 갖지 않는다.(X's killing of Y has no more value than the sum of the values of the events X causes, by the causing of which X kills Y.)

논의 과정에서 나온 것 중 일부는 이 이념에 신빙성을 더해 준다. 장기이식(5명 악당) 사안과 마피아 사안을 한편으로 하고, 장기이식(자연적 원인) 사안을 다른 한편으로 두고 비교해 보라. 외과의가 행위로 나아가지 않으면 죽을 다섯 명이, 자연의 손에 죽은 것이 되는지 아니면 악당의 손에 죽은 것이 되는지가 조금이라도 중요한가 (matter)? 앞서 언급한 두 공동체를 생각해 보라. 한 공동체는 자연 때문에 식량이 필요하고, 다른 공동체는 악당 때문에 식량이 필요하다. 우리가 구하지 않으면 악당에 의해 죽을 사람들을 구하는 것을, 우리가 구하지 않으면 자연의 손에 죽을 사람과 대비하여, 구해야 한다는 도덕의 압력을 더 받는가?

(내가 명백하다고 생각하듯이), 이 질문에 대한 답이 '아니요'라면, 무엇을 할지 결정함에 있어 도덕적으로 중요한 것은 우리가 죽이기 (killings)를 저지하리라는 점이 아니라 죽음(deaths)을 저지하리라는 점이라고 생각할 이유가 있으며, 그 죽음(deaths)이 인간 행위의 결과건 자연 행위의 결과이건 아무런 도덕적 차이가 없다고 생각할 이유가 있는 것이다.

그러나 만일 당신이 이것을 하여 산출되는 가치와 저것을 하여 산출되는 가치의 양에의 차이가, 우리가 무엇을 해야 하는가에 영향을 미친다고 생각한다고 가정하자. 그럴 경우 당신은 살인자가 그 사건들 야기에 의하여 피해자를 죽인 것이 되는 살인자가 야기한 그러한 사건들의 가치의 합보다, 죽이기가 더 많은 가치를 갖지 않는다고 정말로 생각해야만 한다. 그리고 간단히 말해서 당신은 좁은 이념이 정말로 그럴 법하다고 생각해야 한다.

그 더 좁은 이념을 받아들이는 것은, 물론 공리주의 중심 이념의 지지자들을 돕지는 못할 것이다. 오히려 그 반대이다. 이 도로를 따라 내려가면 일반화가 놓여 있기 때문이다. 이 일반화는 단지 죽이기뿐만 아니라 모든 인간 행위들을 포괄한다. 그래서 — 만일 그들이 더 좁은 이념 및 그것의 일반화를 받아들인다면 — 그들은 외과의가 장기이식(자연적 원인) 사안에서 행위로 나아가서는 안 되는 이유를, 그 외과의의 복합 행위의 첫 번째 구성 부분의 어마어마한 부정적 가치에 호소함으로써 설명할 수 없다. (4절 말미와 그 앞의 논의에서, 이 호소가 야기하는 난점을 지적했다. 여기서 우리는 왜 그 호소가 작동하지 않는지를 알 수 있다.) 외과의는 그들의 견해에서는, 우리가 살펴본 **모든** 사안에서 행위로 나아가야 한다.

어느 경우든, 더 좁은 이념은 정말로 그럴 법하다. 다음 장에서 활용할 관념은, 그것을 수용하도록 의도되었다.

9. 그러나 우리에게는 다음과 같은 질문이 남는다. 외과의는 **왜** 우리가 살펴본 사안에서 행위로 나아가서는 안 되는가?

일부 독자들이 떠올렸을 것이라고 확신하는 하나의 답은 다음과 같다. 외과의에 의해서건 아니면 다른 누구에 의해서건, 그가 행위로 나아감으로써 정말로 종합적으로 네 명의 삶을 구하리라는 점이 결코 확실하지 않다는 것 말이다. ◆ 장기이식 사안의 연장에서, 외과의는 한 명을 조각조각 잘라 그 한 명의 장기를 다섯 사람에게 이식함으로써 다섯을 구할 능력이 있는 존재로 묘사된다. 그러나 장기이식은 확률적인 작업이 아닌가? 때로는 실패할 수도 있지 않은가? 외과의는 그가 행위로 나아간다면 한 명의 젊은 남자를 확실히 죽일 것이지만, 그가 그렇게 함으로써 다섯 명을 구하리라는 것에는 아무런 확실성도 없다. 실제로, 그가 한 명을 죽였는데도 결국 다섯 명도 모두 죽을 수도 있다. 그 경우에는 그가 행위로 나아간다면 그저 한 명의 삶의 순손실만 있는 셈이 된다. 다시금, 마피아 사안에서 외과의는 한 명을 조각조각 자름으로써 다섯 명을 구할 수 있는 존재로 그리하여 마피아가 그에게 하기를 원하는 바를 할 수 있는 존재

◆ "on balance"는 총 수지상 어떠한가를 가리키는 것이며, 문맥상 '종합적으로' 또는 '모든 것을 감안할 때'로 옮겼다.

로 묘사된다. 그러나 마피아의 위협은 확률적인 작업이 아닌가? 위협이라는 건 실제로 실행되지 못하는 경우도 많지 않은가? 외과의는 그가 행위로 나아간다면 그 한 명의 젊은 남자를 확실히 죽이게 되겠지만, 다섯 명의 삶을 구하기 위해 한 명을 죽일 필요가 있다는 점에는 아무런 확실성도 없다. 실제로 외과의가 한 명을 죽이지 않았는데도 다섯 명이 어쨌거나 살게 될 수도 있으며, 이 경우 그가 행위로 나아간다면 한 명의 삶의 순손실이 발생하는 셈이다.

몇몇 사람들은 이 노선의 사고를 좋아할지도 모른다. 그러나 이 노선의 사고는 공리주의 중심 이념이라고 칭한 이론의 지지자에게는 열려 있지 않다. "어떤 것을 하여 더 많은 선이 올 경우 오직 그 경우에만 그것을 해야 한다." 이것은 어떤 것을 하지 않는 경우보다 하는 경우에 더 많은 선이 오게 되는 것이 높은 확률인(probable) 경우 오직 그 경우에만 그것을 해야 한다고 말하지 않는다. 이 견해에서는 확률(probabilities)은 어떤 사람이 해야 하는 것과는 무관하다. 이 견해에서는 유관한 것은 실제로 무엇이 참이며 참이 될 것인가일 뿐이다.

공리주의 중심 이념의 근대적 변형본이 있다. 그것에 따르면 사람이 해야 하는 것은 '기대 효용'에 달려 있다. 그래서 그것에 따르면 사람이 해야 하는 것은 가치 최대화할 가능성이 높은 것의 함수이다.

사람이 해야 하는 것에 확률이 관련을 갖는 것을 허용할 좋은 이유가 있으며, 우리는 이를 곧 살펴볼 것이다. 그러나 설사 우리가 확률이 사람이 해야 하는 것에 관련성을 가진다는 점을 인정한다 할지라도, 우리는 확률에 호소해서는 "그 외과의가 장기이식 사안과 마피아 사안에서 왜 수술을 해서는 안 되는가?"라는 질문에 답할 수 없다. 장기이식은 종종 실패하고, 위협은 종종 실행되지 못한다. 그러나 우리는 **이** 특정한 수술은 성공적일 가능성이 매우 높다고 가정할 수 있다. (그 외과의가 매우 숙련되어 있다고 상상할 수 있다.) 그리고 **이** 특정한 위협이 실행될 가능성이 매우 높다고 가정할 수 있다. (마피아는 그 마을의 특정 부분에서 너무나 강력하다.) 그래도 행위자가 행위로 나아가서는 안 된다는 사실은 남는다. 그래도 어느 경우건, 장기이식이 성공할 가능성이 높을수록, 그리고 위협이 실행될 가능성이 높을수록, 이 사안에서 외과의가 행위로 나아가는 것이 허용된다고 생각하는 것이 더 합당하게 된다고는 도저히 생각할 수 없다.◆

10. 왜 외과의는 행위로 나아가서는 안 되는가? 여기에 권고하는 답이 있다: 외과의는 그렇게 함으로써 그 젊은 남자의 어떤 청구권을 제한하게 되며, 그것을 제한하지 않았을 때 나오는 것보다 제한했을 때 충분히 훨씬 더 많은 선이 나온다는 것은 참이 아니기 때문이다. (맞교환 이념을 기억하라.) 우리는 다음 장에서 그 권고가 어떻게 작동해야 하는지를 살펴볼 필요가 있다.

　우리가 여기서 해야 하는 것은, 그 권고가 작동**한다고** 볼 수 있을 만큼 살펴보는 것이다.

　염두에 둔 것은 다음과 같다. 일정한 사실에 이름을 붙여 보자.

> 청구권 사실(The Claim Fact): 만일 외과의가 그 젊은 남자를 조각조각 잘라 그의 장기를 떼어 낸다면, 외과의는 그렇게 함으로써

◆ 이 부분에서 저자의 논증은 다음과 같이 진행된 것이다. 확실성의 문제를 도입함으로써 공리주의가 타당한 결론을 산출하도록 만들 수 없다. 우선 확실한 결과에 관해서만 이야기하는 원래 형태의 공리주의는 행위에 따른 결과를 확률적으로만 말할 수 있는 경우에 대해서는 아무것도 말하는 바가 없다. 따라서 외과의가 장기이식 수술을 하면 다섯 사람을 구하게 되리라는 점이 확실하지 않다는 사정에서 그런 수술을 해서는 안 된다는 결론을 원래 형태의 공리주의에서 도출할 수 없다. 반면에 기대효용의 형태로 확률을 고려하는 근대적 형태의 공리주의에 따르면, 외과의의 수술이 성공할 확률이 높은 한 외과의가 행위로 나아가는 것은 허용된다. 그런데 그런 허용은 합당하지 않다.

그 젊은 남자의 어떤 청구권을 제한하게 될 것이며, 청구권을 제한하지 않을 경우 올 선보다 그 청구권을 제한할 경우 오는 선이 충분히 훨씬 더 많다는 것은 참이 아니다.

이것들은 명료화를 필요로 한다. 그러나 당분간은 이것이 사실이라고 가정하자. 외과의가 행위로 나아가서는 안 된다는 것을 주어진 것으로 여기므로, 두 번째 사실이 있게 된다.

불허 사실(The Impermissibility Fact): 외과의는 행위로 나아가서는 안 된다.

나의 권고는 청구권 사실이 불허 사실을 설명한다는 것이다. 그러나 청구권 사실은 오직 다음과 같은 경로를 통해서만 불허 사실을 설명할 수 있다고 응수할 수도 있다: 청구권 사실은, 그 외과의의 복합 행위가 큰 부정적 가치, 그 행위로부터 오게 되는 네 명의 순 삶을 구하는 긍정적 가치를 능가하기에 충분한 부정적 가치를 가진다는 것을 참으로 만든다. 그리고 **그 점이** 바로 다음에 의거하여 불허 사실을 설명하는 것이다.

비결과주의적 행위 공리주의: X의 알파하기의 행위-더하기-결과 세트가 '가치를 최대화'하는 오직 그 경우에만 X는 알파를 해야 한다.

그러나 만일 그것이〔비결과주의적 행위 공리주의가-옮긴이〕청구권 사실이 불허 사실을 설명하는 방식이라면 그 설명은 실패한다(라고 응수하는 주장은 말한다). 이미 그것이 실패한다는 점을 살펴보았다. 외과의의 복합 행위는 큰 부정적 가치를 갖고 있다고 보면서 비결과주의적 행위 공리주의를 받아들이면, 4절에서 보았듯이, 아마도 (아마도!) 당신은 장기이식(자연적 원인) 사안에서 옳은 답에 도달할 수는 있겠지만, 우리가 5절과 6절에서 살펴보았듯이, 당신은 장기이식(5명 악당 원인) 사안, 장기이식(외과의 원인) 사안, 그리고 마피아 사안에서 그른 답에 도달하게 된다. 그러므로 청구권 사실이 불허 사실을 설명하는 방식이 그 경로가 아닌 것이 낫다. 그러나 청구권 사실은 불허 사실을 다른 어떤 방식으로 설명할 수 있는가? 권리 제한의 부정적 가치에 의하지 아니하고 청구권이 어떻게 행동을 제약할 수 있는가?

청구권 사실이 불허 사실을 오직 가치를 거치는 경로를 통해서만 설명할 수 있다는 이념은, 행위의 허용과 불허는 가치의 함수임이 틀림없다는 이념으로부터 나온다. 가치 이외에 도덕이 고려해야 하는 것이 도대체 무엇이 있단 말인가? 나는 제3장에서 많은 사람이, 어떤 사람이 어떤 것을 해야 한다는 것을 필함하는 방식 이외의 방식으로는 그 어떠한 고려사항도 도덕적 힘(moral force)을 갖지 않는다고 보는 많은 사람들의 관념에 주의를 촉구했다. 여기서 출현하는 것은, 많은 사람들이 갖고 있는 그 어떠한 고려사항도 긍정적이거나 부정적인 가치를 갖는 방식이나 그러한 가치들을 낳는 방식이 아니고서는 도덕적 힘을 갖지 않는다고 보는 관념이다.

정말로 이것이야말로 사람들이 공리주의 중심 이념의 어떤 판본이 옳음이 틀림없다고 느끼게 만드는 관념이다. 어쨌거나 만일 우리가 해야 하는 것이 가치의 함수라면, 우리가 확실히 해야 하는 것은 우리가 할 수 있는 한 최대한 많은 가치를 생산하는 것이다. 도덕에 중요한 것을 최대화하는 것 이외에 어떤 것이 우리에게 도덕이 명하는 것으로 생각될 수 있단 말인가? 공리주의의 여러 변종은, 그것들의 지지자가 우리 앞에 제시하는 여러 가치 이론 때문에 우리에게 호소력을 갖는 것이 아니다. 이를테면 오직 쾌락이나 행복이나 복리가 또는 그 이외의 어떤 것이 가치를 **갖는다**는 내용의 이론 때문에 호소력을 갖는 것이 아니다. 그것들 모두가 공통으로 갖고 있는 것, 즉 모든 도덕은 가치로 환원된다는 저변에 깔려 있는 이념 때문에 호소력이 있는 것이다.

그러나 그러한 이념은 작동하지 않는다. 도덕에는 가치 이상의 것이 있다: 청구권 역시 있다. 그리고 우리가 청구권을 제한하지 않아야 하는 것은 청구권 제한이 부정적 가치를 갖고 있기 때문이 아니다. 우리는 청구권이 그러한 것**이기** 때문에 — 우리가 청구권을 제한해야 하지 않아야 할 경우에는 — 청구권을 제한해야 하지 않아야 한다.(We ought not infringe claims — when we ought not infringe them — because of what claim is.)

제6장

맞교환

1. 제3장의 서두에서 말했듯이 X가 Y에 대하여 청구권을 가지고 있다는 것은 Y의 행동이 일정한 방식으로 제약됨과 동치라고, 그리고 아마도 그저 그와 같이 제약됨이라고 생각하는 것이 옳아 보인다. 우리는 (제3장에서) Y에 대한 제약에 포함된 두 가지에 주목했다. 그것은 그 청구권이 그렇게 하지 않으면 제한될 경우에 미리 면제를 구할 필요와, 만일 그러한 면제를 받기 힘들다면 제한으로 인해 야기된 해악이나 상실을 나중에 보상할 필요이다. 그러나 Y에 대한 제약에서 중심적인 것은 다음과 같다: 다른 사정이 동일할 때, Y는 청구권을 준수해야만 한다. 동일하거나 동일하지 않을 수 있는 그 다른 사정이란 무엇인가? 맞교환 이념은 하나의 답을 제시한다. 그 이념은, 청구권을 제한하지 않아서 오는 선보다 청구권을 제한하여 오는 선이 충분히 훨씬 더 많은 경우 오직 그 경우에만 청구권을 제한하는 것이 — 즉 그 청구권을 준수하지 않는 것 — 허용된다고 말하기 때문이다. 우리가 앞 장에서 살펴본 사안들을 검토해 보자.

만일 외과의가 젊은 남자를 조각조각 자르고 그의 장기를 제거한다면, 그는 그렇게 함으로써 (종합적으로) 네 명의 생명을 구한다. 왜 그가 그렇게 해서는 안 되는가? 나는 우리가 다음과 같이 말할 것을 권고하였다.

> 청구권 사실: 만일 외과의가 그 젊은 남자를 조각조각 잘라 그의 장기를 떼어 낸다면, 그 외과의는 그렇게 함으로써 그 젊은 남자의 어떤 청구권을 제한하게 될 것이며, 그 청구권을 제한하지 않을 때 올 선보다 그 청구권을 제한할 때 오는 선이 충분히 훨씬 더 많다는 것은 참이 아니다.

가

> 불허 사실: 외과의는 행위로 나아가서는 안 된다.

를 설명한다. 그러나 다른 사안 및 다른 청구권도 있다. A가 나에 대하여 내가 그의 정강이를 차지 않게 할 청구권을 갖고 있다고 가정해 보자. 내가 A의 정강이를 참으로써 네 명의 생명을 구할 수 있다고도 가정하자. 나는 내가 그렇게 하는 것이 허용되리라고 생각할 수밖에 없다. 이는 우리가 다음과 같이 말해야 한다고 시사한다.

> 만일 내가 A의 정강이를 걷어찬다면, 나는 그렇게 함으로써 A의 청구권을 제한하게 되겠지만, 그 청구권을 제한하지 않아서 오는 선보다 그것을 제한해서 오는 선이 충분히 훨씬 더 많다는 것은 참이다.

가

　　내가 행위로 나아가는 것이 허용된다.

를 설명한다.

2. 우선, 맞교환 이념에서 '선(good)'이라는 관념이 앞 장에서 살펴본 '가치(value)'라는 관념과 어떻게 비교되어야 하는지 질문에 주의를 기울일 필요가 있다.

　　여기서 우리 사안 중 하나의 세부사항을 다시 상기해 보자.

　　　마피아: 만일 외과의가 그 젊은 남자를 조각조각 잘라 그의 장기를 제거하지 않는다면, 마피아는 다섯 명을 죽일 것이다. 만일 외과의가 실제로 그 젊은 남자를 조각조각 자르고 그의 장기를 제거한다면, 마피아는 다섯 명을 죽이지 않을 것이다.

가치에 관한 그 어떠한 합당한 가정에 의하더라도, 외과의가 행위로 나아가는 것의 행위 – 더하기 – 결과 세트는, 그에게 그 시점에 열려 있는 다른 행위 중 어느 하나를 하는 행위 – 더하기 – 결과 세트보다 더 많은 가치를 가진다. 그러나 나는 우리가 다음과 같이 말해야 한다고 시사하였다: 외과의가 청구권을 제한하지 않아서 오는 선보다 외과의가 행위로 나아가서 그가 제한하게 될 청구권을 제한하여 오는 선이 충분히 훨씬 더 많다는 것은 참이 아니다. 우리는 '선'이라는 관념을 '가치'라는 관념과 동일한 것으로 여겨야 하는가? 아니다.

　　여기서 요구되는 것은 '어떤 사람에게 좋은(good for a person)'이라는 관념이다. 당신이 굶주리고 있다고 가정해 보자. 당신이 지금 얼마간의 식량을 얻는 것은 당신에게 좋을 것이다. 당신이 그 식량을 얻는다면 당신은 살 것이고 얻지 못한다면 당신은 죽을 것이기 때문이다.

더군다나 당신이 지금 얼마간의 식량을 얻게 되는 것은, 당신의 식량에 대한 필요의 원천이 무엇이었던 간에, 즉 식량에 대한 필요가 악당에 의해 야기되었건 아니면 누군가의 과실에 의해 야기되었건 아니면 자연에 의해 야기되었건 간에, 당신에게 동등하게 좋다. 앞 장에서 살펴본 두 공동체를 살펴보자. 한 공동체는 악당 때문에 식량이 필요해졌고 다른 공동체는 자연 때문에 식량이 필요하다. 각 공동체의 구성원에게는 그들이 필요로 하는 식량을 얻는 것이 동등하게 좋다. 한 공동체의 경우에는 그들이 식량을 얻지 못하면 악당들이 그 공동체의 구성원을 죽인 셈이 되리라는 점, 그리고 다른 공동체의 경우에는 그들이 식량을 얻지 못하더라도 어느 누구도 그 구성원을 죽인 것이 되지 않으리라는 점 (오직 자연이 그렇게 만들었으리라는 점)은 그 구성원이 식량을 얻는 것이 그들에게 얼마나 좋은지에는 아무런 차이도 가져오지 않는다.

장기이식 사안을 살펴보자. 외과의의 다섯 환자가 필요로 하는 장기를 얻는 것은, 그들의 장기에 대한 필요가 장기이식(자연적 원인) 사안처럼 자연 때문에 생긴 것이건, 장기이식(5명 악당 원인) 사안처럼 악당 때문에 생긴 것이건, 그들에게 동등하게 좋다.

또는 우리는 다음과 같이 표현했을 수도 있다: 그 원인이 악당에게 있건 자연에게 있건 다른 어느 것에 있건 간에, 각 공동체의 구성원들이 필요로 하는 식량을 얻지 못하는 것은 그들에게 동등하게 나쁘며, 외과의의 다섯 환자들이 필요로 하는 장기를 얻지 못하는 것도 동등하게 나쁘다. 이것들은 모두 동일한 것에 이른다. 즉, 책 전반에 걸쳐 "어떤 사람에게 좋다" 그리고 "어떤 사람에게 나쁘다"

는 문구를, 만일 어떤 사람에게 좋았을 무언가가 일어나지 않는다면 그 사람에게 나쁜 무언가가 일어난 것이며, 어떤 사람에게 나빴을 무언가가 일어나지 않는다면 그 사람에게 좋은 무언가가 일어난 것이 되도록 사용할 것이다. 만일 피아노가 내 머리 위로 떨어진다면 나에게 나쁜 무언가, 즉 나의 머리 위로 피아노가 떨어짐이 일어난 것이다. 만일 아주 친절하게도 당신이 개입하여 피아노가 내 머리 위로 떨어지지 않게 한다면, 나에게 좋은 무언가, 즉 나의 머리 위로 피아노가 떨어지지 않음이 일어난 것이다. ("기회비용"이라는 법이론가와 경제학자들의 용법과 비교해 보라.)

그리고 우리는 외과의가 행위로 나아가거나 나아가지 않았을 경우—그리고 악당 때문에 위험에 처한 이들에게 식량을 주거나 주지 않았을 경우—발생했을 행위를 살펴보고 있는 것이 아니며, 그 행위들이 가졌을 가치가 무엇인가를 묻고 있는 것이 아니다. 그것은 우리에게 무관하다. 우리는 그 행위가 발생하거나 발생하지 않을 경우, 그 행위에 의해 영향을 받는 이들에게 얼마나 좋은가만, 또는 달리 표현하면 그 행위가 발생하거나 발생하지 않을 경우 그들에게 얼마나 나쁜가만 묻고자 한다.[1]

그러므로 우리는 맞교환 이념을 다음과 같은 것을 말하는 것으로 여길 수 있다: 청구권을 제한하지 않는 것이 좋을 이들에게 청구권을 제한하지 않는 것이 좋은 정도보다, 청구권을 제한하면 좋을 이들에게 청구권을 제한하는 것이 좋은 정도가 충분히 훨씬 더 좋은 경우 오직 그 경우에만, 청구권을 제한하는 것이 허용된다. 달리 표현하면: 청구권을 제한하는 것이 나쁠 이들에게 청구권을 제한하는 것이 나쁘게 되는 정도보다, 청구권을 제한하지 않는 것이 나쁠 이

---

1 '어떤 사람에게 좋은(good for a person)'이라는 관념이 내가 제5장 8절에서 더 좁은 관념이라고 칭한 '가치' 관념을 제약하는 결과와 같은 것임이 명확해질 것이다.

들에게 청구권을 제한하지 않는 것이 나쁘게 되는 정도가 충분히 훨씬 더 나쁜 경우 오직 그 경우에만, 청구권을 제한하는 것이 허용된다.

여기에서는 '어떤 사람에게 좋다'라는 관념에 대한 분석을 제시하고자 하지는 않는다: 그것은 우리의 목적에는 중요하고 거기에 크게 의존할 테지만, 그것을 직관에 맡겨 두고자 한다. 굶주리는 사람이 음식을 얻는 것은 그 사람에게 좋으며, 어떤 사람의 머리 위로 피아노가 덮치는 것은 그 사람에게 나쁘다. 이러이러한 것이 어떤 사람에게 좋거나 나쁘다고 또는 좋을 것이거나 나쁠 것이라고 말할 때 그런 진술이 그럴 법하지 않은 것은 없기를 바란다. 그러나 두 가지가 강조되어야 한다. 첫째, 그 관념을 오직 쾌락적인 느낌만이 어떤 사람에게 좋으며 불쾌한 느낌은 어떤 사람에게 나쁘다는 주관적인 뜻에서 이해하고자 하지 않는다. 나는 그것을, 당신이 결코 당신에게 발생하였다는 것을 알지 못하는 경우, 그래서 그것이 당신에게 발생함에 기뻐하지도 불쾌해 하지도 않는 경우에조차도 당신에게 일어난 무언가가 좋거나 나쁠 수 있는 것으로 이해한다. 둘째, 당신이 그렇다고 생각하는 경우 오직 그 경우에만 그것에 따라 당신에게 발생한 것이 좋거나 나쁜 것이 되는 주관적인 뜻에서 그 관념을 이해하지 않는다. 나는 그것을, 당신이 그렇다고 생각하지 않는다 할지라도 당신에게 벌어진 무언가가 당신에게 좋거나 나쁠 수 있는 것으로 이해한다. 간단히 말해서 '어떤 사람에게 좋다'는 관념을 모든 곳에서 객관적으로 이해한다. 맞교환 이념은 특히, 청구권 제한에 의해 영향받는 이들이 얼마나 좋게 느낄지의 문제도 아니고, 청구권 제한이 그들에게 얼마나 좋다고 생각하는가의 문제도 아니며, 그들에게 정말로 그것이 얼마나 좋은지의 문제라고 말하는 것으로 이해되어야 한다.

3. 맞교환 이념을 다시 적어 보자.

> 청구권을 제한하지 않는 것이 좋을 이들에게 청구권을 제한하지
> 않는 것이 좋은 정도보다, 청구권을 제한하면 좋을 이들에게 청
> 구권을 제한하는 것이 좋은 정도가 충분히 훨씬 더 좋은 경우 오
> 직 그 경우에만, 청구권을 제한하는 것이 허용된다.

우리는 이 이념에서 관념 '좋은'을 어떻게 이해해야 하는지의 질문을
살펴보았다. 이제 이 이념에 대한 중요한 반론에 주목해 보자. 그
반론은 그 이념이 청구권 보유자를 충분히 진지하게 여기지 않는다
는 것이다. (그것은 청구권 보유자에게 충분한 존중을 보이지 않는다고도
표현할 수 있다.) 그 이념은 일정한 형량이 만족스럽게 나오는 경우
오직 그 경우에만 X의 청구권을 Y가 제한해도 된다고 말하지만, 형
량을 기술(記述)할 때 X를 언급하지는 않는다. 그래서 그 청구권이
누구의 것이어도 무방하다고 말하는데, 그것은 분명히 그르다. 만일
X가 청구권 보유자라면, 형량은 X 자신의 선에 특별한 자리를 주어
야 한다: 맞교환은 X의 선을 한편으로 하고 다른 사람들의 선을 다
른 편으로 하여 이루어지는 것이다. 맞교환되는 것은 X의 청구권이
기 때문이다.

우리는 이 논점을 다음과 같이 그 이념을 수정함으로써 수용할 수
있다:

> 맞교환 이념: 청구권을 제한하지 않는 것이 청구권 보유자에게 좋
> 은 정도보다, 청구권을 제한하면 좋을 이들에게 청구권을 제한하
> 는 것이 좋은 정도가 충분히 훨씬 더 좋은 경우 오직 그 경우에
> 만, 청구권을 제한하는 것이 허용된다.

좋다. 그러나 얼마나 훨씬 더 좋은 것이, 충분히 훨씬 더 좋은 것인가? 우리는 '선의 증분(增分, increment of good)'을 이야기할 수 있을 것이다. 선의 증분은 얼마나 커야만 하는가?

그 질문에 대해서는 답을 제시할 수 없다. 당신이 선택하는 임의의 청구권에 대하여, 그 규모의 선의 증분을 청구권 제한이 낳는 경우 오직 그 경우에만 청구권 제한이 허용된다고 할 수 있는, 그러한 단일한 하나의 규모란 없다. 내가 염두에 두고 있는 (여러 것 중) 하나는 다음과 같이 나온다.

우리는 엄격함(strictness)에 대한 직관적인 관념을 갖고 있다. 또는 여기서 이야기할 바로는 청구권의 엄격성(stringency of a claim)에 관해서 말이다. 외과의가 장기이식 사안과 마피아 사안에서 행위로 나아간다면 제한당할 청구권은, 내가 A의 정강이를 찰 때 제한당할 청구권보다 현저하게(markedly) 더 엄격하다. A의 정강이를 걸어찬다면, 그렇지 아니하면 죽을 네 사람이 살 것이라고 해 보자. 그렇게 살게 되는 것은 그들에게 매우 좋다. 그러므로 A의 청구권 제한은, 그 제한이 좋게 되는 이들에게 매우 좋다. A의 정강이를 걸어찬다면, A에게 약간의, 짧게 지속되는 고통과 타박상을 야기하게 된다고 가정해 보자. 그것은 그에게 작은 면에서(in a small way) 나쁠 것이다. 그래서 그 청구권을 제한하지 않는 것은 A에게 작은 면에서 좋을 것이다. 이 사안에서 선의 증분은, A의 정강이를 내가 걸어차는 것이 허용되게 만들 정도로 충분히 큰 것으로 보인다. 그러나 그 동일한 규모의 선은, 외과의가 장기이식 사안과 마피아 사안에서 행위로 나아가는 것을 허용하기에는 그 크기가 불충분하다. 네명의 삶의 순이득만으로는 충분치 않다. 아마도 그 어떠한 증분도, 아무리 크다 할지라도, 외과의가 행위로 나아가는 것을 허용되게 만들지 않을 것이다. 그 가능성은 아래에서 다시 살펴보겠다. 어쨌거나 **이** 증분의 크기는 불충분하다.

간단히 말해서 선의 요구되는 증분은, 청구권의 엄격성에 따라 달라지는 것으로 보인다: 청구권이 더 엄격할수록 필요한 선의 증분은 더 크다.[2]

엄격성을 더 자세히 살펴보도록 하자. 나는 우리가 청구권의 엄격성 그 자체를, 청구권 보유자에게 그것의 제한이 얼마나 나쁠지에 따라 달라지는 것으로 여길 것을 제안한다. 그래서 다음을 받아들이자고 제안한다.

> 악화 원리(The Aggravation Principle): 만일 X가 Y에 대하여 Y가 알파를 할 것을 요하는 청구권을 가지고 있다면, Y가 알파를 하지 않는다면 Y가 X를 더 나쁘게 만들수록, Y가 알파를 할 것을 요하는 X의 Y에 대한 청구권은 더 엄격하다.

그리고, 이로부터 다음과 같은 것이 나온다.

---

2 모든 청구권이 절대적이라는 논제에 따르면 모든 청구권이 동등한 정도로 엄격하다는 결론이 나온다는 점을 주목하라. 이 점은 청구권이 절대적이라는 논제에 반대하는 또 다른 근거가 — 반대 근거가 더 필요하다면 — 된다.

로널드 드워킨은 권리가 "으뜸패(trumps)"라고 말했고, 로버트 노직은 "측면 제약(side-constraints)"이라고 불렀다. Dworkin, *Taking Rights Seriously* (Cambridge: Harvard University Press, 1977)와 Nozick, *Anarchy, State, and Utopia* (New York: Basic Books, 1974)를 보라. 드워킨과 노직이 모든 권리가 (그리고 **한층 더** 강력한 이유로 모든 청구권이) 절대적이고 동등한 정도로 엄격하다고 생각했다는 결론을 끌어낼지도 모르겠다. 그러나 드워킨과 노직이 그렇게 생각했다고 보지 않는다. (네 명의 생명을 구하기 위해 한 사람의 정강이를 걷어차는 것이 불허된다고 그들이 생각했다고 믿을 수 없다. 또한 한 사람의 정강이를 차는 것이 그 사람의 청구권을 전혀 제한하지 않았다고 그들이 생각한다고 믿을 수도 없다. 그러나 그들은 아쉽게도 그다지 상세한 논의를 하지 않았다.) 어쨌거나 청구권은 엄격성에서 차이가 나기 때문에, 매력적인 은유들은 버려야겠다. 우리가 말할 수 있는 최대한은, 권리가 더 또는 덜 높은 패, 또는 더 또는 덜 해면질의 측면 제약이라는 것이다. 그런데 이렇게 말하면 원래 은유의 매력은 사라지는 것 같다.

비교 원리(The Comparison Principle): X_1이 Y_1에 대하여 Y_1이 알파를 할 것을 요하는 청구권을 갖고 있으며, X_2가 Y_2에 대하여 Y_2가 베타를 할 것을 요하는 청구권을 가지고 있다고 가정하자. 그럴 경우 X_1의 Y_1에 대한 청구권은 X_2의 Y_2에 대한 청구권보다, Y_2가 베타를 하지 않는다면 Y_2가 X_2를 나쁘게 만드는 정도보다 Y_1이 알파를 하지 않는다면 Y_1이 X_1을 나쁘게 만드는 정도가 더 심할 경우 오직 그 경우에만 더 엄격하다.

이 원리들[3]은 특히 청구권의 엄격성이 청구권의 원천에 따라 달라지지는 않는다는 결론을 산출한다. 그런데 그 결론은 정말로 매우 그럴 법한 것으로 보인다. 예를 들어 약속에 의해 생긴 청구권은 확실히 다른 어떠한 방식으로 생긴 청구권보다 더 엄격하지도 덜 엄격하지도 않다. 그리고 이는 다른 청구권의 가능한 원천에서 생긴 청구권과 비교해도 마찬가지다.

다른 한편으로 우리는 악화 원리와 비교 원리를 받아들이는 것이 **일응** 그럴 법하지 않은 것으로 생각되었을 수도 있는, 청구권의 엄격성에 대한 한 관념을 지지하게 만든다는 점을 주목하여야 한다.

우리는 A가 나에 대하여 내가 그의 정강이를 차지 않을 것을 요하는 청구권을 갖고 있다고 가정하고 있었다. 그리고 내가 그의 정강이를 찬다면 그에게 약간의 짧게 지속되는 고통과 타박상을 야기하는 것 이상의 더 나쁜 것은 아무것도 하지 않게 되리라고 가정하였다. 이와는 달리 내가 B의 정강이를 차면 나는 그렇게 함으로써 그를 죽이게 될 것이라고 가정해 보자. (B는 새로운 질병을 갖고 있고

---

3 이 원리들은 이후에 논의할 이유 때문에 조건부가를 필요로 한다. 조건을 부가할 필요의 원천이 여기서는 유관하지 않기 때문에, 제시된 원리 그대로의 내용에 기반하여 이 부분을 읽기를 바란다.

그 질병의 가장 흥미로운 증상은 정강이를 걷어차이는 것이 치명적이라는 것이다.) 악화 원리는 내가 A의 정강이를 차지 않을 것을 요하는 A의 청구권은 매우 엄격하지 않은 반면에 내가 B의 정강이를 차지 않을 것을 요하는 B의 청구권은 매우 엄격하다는 결론을 산출한다. 그리고 비교 원리는 내가 B의 정강이를 차지 않을 것을 요하는 B의 청구권은, 내가 A의 정강이를 차지 않을 것을 요하는 A의 청구권보다 현저히 더 엄격하다는 결론을 산출한다. 그러나 둘 다 거부하는 쪽으로 끌릴 수 있다. 즉 다음과 같이 말하는 쪽으로 끌릴 수 있다. 내가 B를 죽이지 않을 것을 요하는 B의 나에 대한 청구권은 매우 엄격한 청구권이지만, 내가 B의 정강이를 차지 않을 것을 요하는 B의 나에 대한 청구권은 — A의 그런 청구권과 마찬가지로 — 엄격하지 않다.

우리는 꽤나 일반적으로, 엄격성이 '잘못(wrong) 그 자체에 직접' 결부된다고 말하고 싶은 끌림을 느낀다. X와 Y의 많은 쌍에 대하여, X는 Y에 대하여, Y가 X의 정강이를 차지 않을 것을 요하는 청구권을 가지고 있으며, Y가 X의 정강이를 찬다면 그르게 행위한 것이 될 것이다. 이것은 Y가 X의 정강이를 차는 것이 Y가 X에게 잘못을 범한 것이 됨을 의미하는 것으로 그럴 법하게 여겨질 수 있다. 정강이를 차는 것의 결과로 X에게 어떤 일이 일어나건 간에 잘못이라고 말이다. 인정컨대 만일 Y가 X의 정강이를 찬다면, Y는 X에게 어떤 추가적인 다른 잘못을 저지르는 것일 수도 있다. 인정컨대, 그 추가적인 잘못은 너무나 심대하여(grave) 원래의 잘못을 '압도할 수' 있다. 즉 Y가 정말로 X의 정강이를 걷어참으로써 한 잘못을 도덕적으로 흥미롭지 않은 것으로 만들 수도 있다. 그럼에도 불구하고 다른 어떤 일이 일어나건 Y는 X의 정강이를 걷어참으로써 X에게 정말로 잘못을 저지르는 것이다. 그런데 청구권의 엄격성의 정도가 그저 그 잘못의 심대성의 정도(the degree of gravity of that wrong)라고 생각하는 것은 **일응** 매우 그럴 법하다. X의 정강이를 참으로써 Y가 X에게 가할 수 있는 **어떤 다른** 잘못의 심대성의 정도가 아니라 말이다. 이러한 논급 뒤에 있는 이념을 엄격성에 대한 가는 결 관념(the Fine-Grain Conception of Stringency)이라고 칭할 수 있다.◆

그러나 엄격성에 대한 가는 결 관념을 거부할 정말로 좋은 이유가 있다. 엄격성을 내가 드러낸 방식대로 '잘못 그 자체에 직접' 결부하는 것이 **정말로** 옳아 보이긴 한다. 그렇지만 어떤 잘못은 정확히도 우리가 피해자에게 그 잘못을 저지름**으로써** 피해자에게 가한 잘못 때문에 심대하다.◆◆ 예를 들어, 우리가 그렇게 하지 않아야 할 때 어떤 사람의 다리를 잘라 내는 것을 생각해 보자. 그렇게 하는 것은 그 사람에게 매우 심대한 잘못을 저지르는 것이며, 짐작건대 그것을 그토록 심대한 잘못으로 만드는 것은 그 또는 그녀의 다리를 잘라 냄**으로써** 우리가 그 사람에게 가한 잘못이다. 우리는 손톱이나 머리카락이 자라듯이 다리가 새로 자라나지 않으며, 인공 다리는 그다지 좋은 대체물이 아니다. 그러므로 어떤 사람의 다리를 잘라 냄으로써 당신은 그 사람을 영구적인 장애인으로 만든다. 어떤 사람의 다리를

◆ "가는 결"이라는 표현이 쓰인 이유는, 청구권의 엄격성을 행위의 종류에 따라 매우 세분화하여 잘못을 행위 종류 그 자체에 직접 결부하는 관념이기 때문이다.

◆◆ 즉 행위의 외관상 종류에 따라 분류한 잘못만이 아니라 그 결과 생긴 추가적인 잘못의 심각성까지 심대성의 기준이 된다. 예를 들어 상대방의 이마를 주먹으로 때리는 잘못은, 그런 가격의 결과 상대방이 중대한 기저질환이나 특이체질을 갖고 있는 사람이라서 사망할 것임을 알고 그렇게 하는가 아니면 건강한 사람이라서 멍만 가볍게 들 것이라는 점을 알고 그렇게 하는가에 따라 심대성이 달라진다. 그래서 특이체질인 사람이 자신의 머리를 타인이 폭행하지 않을 것을 요하는 청구권은, 건강한 사람이 자신의 머리를 타인이 폭행하지 않을 것을 요하는 청구권보다 더 엄격하다. 전자의 폭행을 배제하는 청구권은 타인이 자신을 살해하지 않을 것을 요하는 청구권의 엄격성을 이어받거나, 아니면 살해하지 않을 것을 요하는 청구권 그 자체이기 때문이다. 반면에 가는 결 관념에 의하면 두 청구권의 엄격성은 동등하다.

잘라 내는 것이, 우리가 다리가 새로 자란다면 또는 자연스럽게 자란 다리에 대한 훌륭한 대체재가 있다면 전혀 잘못이 아니라고 말하는 것이 아니다. 동의 없이 사람의 손톱을 자르거나 남자의 수염을 밀어 버리는 것은, 그 어떤 다른 정당화가 없이는 잘못이다. 그 사람의 손톱과 수염이 다시 자라나리라는 사실에도 불구하고 말이다. 어떤 사람의 코를 정당화 없이 찌그러뜨리는 것은 그 코를 재건할 방법이 있다고 할지라도 잘못이다. 그러나 어떤 사람의 다리를 잘라 내는 것은, 그 어떠한 분별력 있는 도덕 이론에 의하더라도, 더 심대한 잘못으로 간주되어야만 한다. ― 그리고 분별력 있는 도덕 이론이라면, 분명히, 그것을 범함**으로써** 행위자가 피해자에게 가한 잘못을 추적해야만 한다.

외과의가 젊은 남자를 조각조각 내어 그의 장기를 떼어 냄**으로써** 가한 잘못에도 마찬가지 논의가 성립한다.

그래서 엄격성에 대한 굵은 결 관념(a large-grain conception of stringency)을 채택할 것을 제안한다. 그 관념에 따르면, 우리가 그것에 의해 어떤 사람에게 추가적인 잘못을 범하게 되는 그 사람에 대한 잘못은, 그 추가적인 잘못으로부터 중대성을 이어 받는다. (inherits gravity from the further wrong) 더 정확하게 말해,

> 엄격성에 대한 굵은 결 관념:
> **만일**
> (i) X가 Y에 대하여 Y가 베타를 하지 않을 것을 요하는 청구권을 가지고 있고, 그리고
> (ii) Y가 알파를 한다면 그 또는 그녀는 그것을 함으로써 베타를 하게 되며, 그리고
> (iii) X가 Y에게 알파를 하지 않을 것을 요하는 청구권을 가지

고 있다면

그럴 경우 X의 Y에 대한, Y가 알파를 하지 않을 것을 요하는 청구권은, 적어도 Y가 베타를 하지 않을 것을 요하는 X의 청구권만큼은 엄격하다.

이 엄격성 관념은, 엄격성을 '잘못 그 자체에 직접' 결부하지 않는다. 그러나 그것은 엄격성에 대한 가는 결 관념보다는 우리가 엄격성에 대하여 생각하는 방식을 더 잘 포착하는 것처럼 보인다.

만일 우리가 엄격성에 대한 굵은 결 관념을 받아들인다면 — 그리고 이제 그렇게 받아들여야 한다고 제안한다 — , 그럴 경우 내가 그의 정강이를 차지 않을 것을 요하는 B의 청구권은 매우 엄격하다. 그것은 적어도 내가 그를 죽이지 않을 것을 요하는 B의 청구권만큼은 엄격하기 때문이다.

나는 엄격성에 대한 굵은 관념보다 한층 더 강한 무언가도 받아들여야 한다고 주장한다. 엄격성에 대한 굵은 결 관념은, 우리에게 (대략적으로) 당신이 어떤 사람이 어떤 수단을 사용하지 않을 것을 요하는 청구권을 갖고 있으며, 그 사람이 그 목적을 수행하지 않을 것을 요하는 청구권을 갖고 있다면, 그럴 경우 그 사람이 그 수단을 사용하지 않을 것을 요하는 당신의 청구권은, 그 사람이 그 목적을 수행하지 않을 것을 요하는 당신의 청구권만큼은 적어도 엄격하다고 말한다. 더 강하게, 다음과 같이 생각하는 것이 매우 그럴 법하다. 만일 당신이 어떤 사람이 그 목적을 수행하지 않을 것을 요하는 청구권을 갖고 있다면, 그 자체에 의해서 당신은 그 사람이 그 수단에 의해서 그 목적을 수행하게 되는 그러한 수단을 사용하지 않을 것을 요하는 청구권을 갖고 있으며, 그 청구권은 그 사람이 그 목적을 수행하지 않을 것을 요하는 당신의 청구권만큼 적어도 엄격하다는 결론이 따라 나온다. 다시 말해서, 우리가 다음 원리를 받아들여야 한다고 생각하는 것은 매우 그럴 법하다.

청구권을 위한 수단 원리(The Means Principle for Claims):

만일

(i) X가 Y에 대하여 Y가 베타를 하지 않을 것을 요하는 청구권을 갖고 있으며, 그리고

(ii) Y가 알파를 한다면 그 또는 그녀는 그렇게 함으로써 베타를 하게 된다면,

그럴 경우 X는 Y에 대하여 Y가 알파를 하지 않을 것을 요하는 청구권을 갖고 있으며, 그 청구권은 적어도 Y가 베타를 하지 않을 것을 요하는 X의 청구권만큼 엄격하다.

이 논제는, 엄격성이 이어 받아진다는 것 이상을 말한다: 그것은 청구권의 지위 그 자체가 이어 받아진다고 말한다. ─ 그것은 청구권이 목적에서 수단으로 아래로 확장된다고 말한다.

그것이 매우 매력적인 논제이며, 두 가지 측면에서 그렇다고 생각한다. 여기에 우리 집 초인종이 있다. 여기까지는 좋다. 어느 누군가 내가 그 초인종을 누르지 않을 것을 요하는 청구권을 나에 대하여 갖는가? 예를 들어 니콜라스가? 도대체 그가 그런 청구권을 가진다고 생각할 이유가 어디에 있단 말인가? 그때 우리는 만일 내가 초인종을 누르면 그렇게 함으로써 내가 그를 죽이게 되리라는 것을 안다. (그와 배터리가 초인종과 전선으로 연결되어 있다.) 니콜라스는 내가 그를 죽이지 않을 것을 요하는 청구권을 나에 대하여 갖고 있다. 만일 그가 내가 그 초인종을 누르지 않을 것을 요하는 청구권도 가진다면, 그렇다면, 엄격성에 대한 굵은 결 관념은 우리에게 그의 그 청

구권은 적어도 내가 그를 죽이지 않을 것을 요하는 그의 청구권만큼 엄격하다고 말한다. 청구권을 위한 수단 원리는 그가 실제로는, 내가 그 초인종을 누르지 않을 것을 요하는 청구권을 갖고 있다고 이야기한다. 인정하건대 그 초인종을 누름으로써 내가 그에게 해를 가하게 되리라는 것이 참이 아니라면, 내가 초인종을 누른다고 해서 그에게 아무런 잘못도 범하지 않을 것이다. 그러나 해를 가하게 되리라는 것이 참**이다**. 그리고 우리는 그가 그러므로 내가 그 초인종을 누르지 않을 것을 요하는 청구권 — 매우 엄격한 청구권 — 을 갖는다고 생각하지 않는가?

청구권을 위한 수단 원리가 매력적인 논제라고 생각할 두 번째 이유는, 우리가 제4장에서 마주친 논제와의 연결고리이다: 허용성을 위한 수단 원리(the Means Principle for Permissibility) 말이다. 이 원리를 우리가 청구권을 위한 수단 원리를 방금 표현했던 그러한 방식과 유사한 방식으로 재표현할 수 있겠다.

> 허용성을 위한 수단 원리
> **만일**
> (i) Y가 알파를 한다면 그 또는 그녀는 그렇게 함으로써 베타를 하게 되고, 그리고
> (ii) Y가 알파를 하는 것은 허용된다면,
> **그럴 경우** Y가 베타를 하는 것은 허용된다.

이 논제는 허용성 역시 그러나 반대 방향으로 이어 받아진다고 이야기한다. 그것은 허용성이 수단에서 목적으로 위로 확장된다고 말한다. 그리고 만일 이 두 논제가 함께 참이라고 할지라도 아무런 놀랄 일이 아닐 것이다. 만일 청구권이 목적에서 수단으로 아래로 확장된

다면, 그 목적을 수행하여 제한되는 청구권이 있는 것이고, 그 목적을 달성하기 위한 그 어떠한 수단을 선택하여도 제한되는 동등한 정도로 엄격한 청구권이 있는 것이다. 그 목적에 대한 수단을 선택하는 것이 허용된다면, 그 목적을 수행하는 것도 허용된다는 점은 놀랍지도 않다.

그래서 엄격성에 대한 굵은 결 관념뿐만 아니라 청구권을 위한 수단 원리도 받아들일 것을 제안한다.

엄격성에 대한 굵은 결 관념을 받아들인다고 해도, 악화 원리와 비교 원리는 여전히 타당하다. 장기이식 사안과 마피아 사안에서 젊은 남자를 살펴보자. 젊은 남자는 외과의에 대하여 외과의가 그를 죽이지 않을 것을 요하는 청구권을 갖고 있다. 그를 죽이면서 그리고 죽임으로써, 그 외과의는 사태를 젊은 남자에게 매우 나쁘게 만든다. 그 젊은 남자는 죽기 때문이다. 또한 그 젊은 남자는 외과에 대하여, 외과의가 그를 조각조각 내어 그의 장기를 떼어 내지 않을 것을 요하는 청구권을 갖고 있다. 이 일을 하면서 그리고 함으로써, 외과의는 그에게 사태를 동등한 정도로 나쁘게 만든다. 그 젊은 남자는 죽기 때문이다. 악화 원리는 양 청구권 모두 매우 엄격하다는 결론을 산출한다. 그리고 비교 원리는 두 청구권이 동등하게 엄격하다는 결론을 산출한다. 이것은 확실히 되어야 할 바대로 된 것이다.

이제 돌아가 보자. 우리는 다음 이념에 주의를 기울이고 있었다.

> 맞교환 이념: 청구권을 제한하지 않는 것이 청구권 보유자에게 좋은 정도보다, 청구권을 제한하면 좋을 이들에게 청구권을 제한하는 것이 좋은 정도가 충분히 훨씬 더 좋은 경우 오직 그 경우에만, 청구권을 제한하는 것이 허용된다.

충분히 훨씬 더 좋다는 것은 얼마나 훨씬 좋은 것인가? 요구되는 선의 증분 규모는 청구권의 엄격성에 따라 달라진다고 하였다: 그 청구권이 더 엄격할수록, 요구되는 선의 증분은 더 커진다. 엄격성에 대한 우리의 해명에 비추어, 그것은 다음을 의미한다: 청구권 제한자가 청구권을 제한함으로써 청구권 보유자에게 사태를 더 나쁘게 만들수록, 요구되는 선의 증분은 더 커진다.

4. 맞교환 이념은 청구권 제한이 허용되는 필요충분조건을 제시한다. 그러나 실제로 그것은 심하게 과잉 단순화되어 있다.

첫째로, 권리 제한자(claim infringer)가 청구권 충돌에 직면할 가능성을 살펴보자. 루이스와 마이클이 있다. 슬프게도 내가 루이스나 마이클 가운데 한 명을 죽여야 하는 선택에 직면해 있다고 하자. (어떻게 그렇게 되었는가? 운전 중인 내 차의 브레이크가 방금 고장 났다. 계속 직진한다면 나는 루이스를 차로 쳐 죽이게 된다. 핸들을 돌릴 수 있는 범위가 제한되어 있어서 계속 직진하는 것에 대한 유일한 대안은 핸들을 오른쪽으로 돌리는 것이다. 그러나 핸들을 오른쪽으로 돌리면, 마이클을 차로 쳐 죽이게 된다.) 우리는 루이스와 마이클 각각 나에 대하여 내가 자신을 죽이지 않을 매우 엄격한 청구권을 갖고 있다고, 그리고 그들의 청구권은 동등하게 엄격하다고 무리 없이 가정할 수 있다: 내가 어떤 한 사람을 죽이든 그 죽은 사람에게 같은 정도로 사태는 나빠질 것이다. 만일 루이스와 마이클 이외에는 내가 어떤 선택지를 선택하건 영향받는 사람이 아무도 없다고 가정한다면 — 그리고 단순성을 위하여 그렇다고 가정하자 — , 루이스를 죽임으로써 얻어지는 아무런 선의 증분도 혹은 마이클을 죽임으로써 얻어지는 아무런 선의 증분도 없다. 그럼에도 내가 동전을 던져(앞이 나오면 루이스를 죽이고, 뒤가 나오면 마이클을 죽인다), 동전 던지기에서 지는 쪽을 죽이는 것은 나에게 확실히 허용된다. 이 경우에는 비록 내가 제한하게 될 청구권이 매우 엄격하기는 하지만 선의 그 어떠한 증분도 허용성을 위하여 요구되지 않는다.

이것은 청구권 충돌의 매우 간단한 사안이다. 우리의 가정은 그 청구권들이 동등하게 엄격하고 그 어떤 다른 사람도 연루되지 않는다는 것이었기 때문이다. 오직 두 사람만이 연루된 사안이지만 한 사람의 청구권이 다른 사람의 청구권보다 더 엄격한 사안에서, 나는 무엇을 해야 하는가? 그 경우 나는 추정컨대, 더 약한 청구권을 제한하여야만 할 것이다. 그런데 만일 많은 사람이 연루된다면 어떻게 되는가? 만일 그들의 청구권이 동등하게 엄격하다면, 추정컨대 가장 적은 수의 사람들의 청구권을 제한하는 그런 행위 경로를 선택해야만 할 것이다. 복잡성을 더 늘려, 그 많은 사람들의 청구권이 동등하게 엄격하지 않다면 어떻게 되는가? 그리하여 내가 알파를 하는 일과 베타를 하는 일 사이에서만 선택해야 하는데, 알파를 하면 여러 명의 사람들이 상이한 다양한 방식으로(in a variety of different ways) 괴로움을 겪게 되고, 베타를 하면 그와는 또 다른 다양한 방식으로 (동일한 또는 다른 수의) 여러 명의 사람들이 괴로움을 겪는 일을 야기하게 된다면? 그 경우 추정컨대 잠재적으로 영향받는 이들에게 가능한 한 가장 덜 나쁜 사태를 만들도록 해야 할 것이다.

그러나 계속해서 오직 "추정컨대(presumably)"라고 말했다. 예를 들어 Y의 청구권을 제한함으로써 Y에게 야기한 해악에 대하여 Y에게 보상을 할 수 있을지도 모르는 반면에, X의 청구권을 제한함으로써 X에게 야기한 해악을 X에게 보상할 수는 없을 수도 있다. 그 경우에는 설사 Y의 청구권이 더 엄격하다고 하여도, 해야 하는 것은 Y의 청구권을 일단 제한하고 그 후에 Y에게 야기한 해악을 Y에게 보상하는 것일 수도 있다. (만일 X와 Y로부터 사전에 면제를 받을 수 있다면, 실제로는 청구권 충돌에 직면하지 않는다는 점을 주목하라. 청구권을 제한하지 않는 선택지, 즉 X와 Y에게서 사전에 면제를 얻어 내는 선택지를 갖고 있기 때문이다.) 다른 사례를 들면, 내가 (또는 어떤 다른 사람이) 어제 시점에 X의 더 엄격한 청구권을 제한했거나 그러지 않았다면 오늘 시점에 Y의 더 엄격한 청구권을 제한해야 하는 경우가 있을 수 있다. 여기에는 얼마든지 많은 가능성이 있다. 권리 이론이 청구권 충돌 사안에서 무엇을 하는 것이 허용되는지를 결정할 수 있는 모호하지 않은 일반적 공식을 제공하기를 기대할 수는 없다. 어떤 경우든, 이것은 그러한 사안에서 결정 절차를 제공하는 것에는 미치지 못할 것이다.

맞교환 이념에는 청구권 충돌의 가능성 이외의 골칫거리의 다른 원천도 있다. 그러나 우리의 목적을 위해서 중요한 것은 청구권 충돌의 사안에서 나오는 것이 더 두드러지며, 그런 다른 원천들은 이제 그만 주목해야겠다.

5. 장기이식 사안과 마피아 사안을 살펴보자. 젊은 남자는 외과의에 대하여 외과의가 그를 죽이지 않을 것을 요하는 청구권을 갖고 있다. 그러나 장기이식 사안에서 외과의의 다섯 환자들은 어떤가? 외과의가 마피아 사안에서 행위로 나아가지 아니하면 마피아가 죽이고 말 그 다섯 명은 어떤가? 그들은 외과의에 대해여 외과의가 그들을 구할 것을 요하는 청구권을 갖고 있지 않은가? 만일 그렇다면, 이 사안들 역시 청구권 충돌의 사안들이 될 것이다. 루이스와 마이클의 사안이 그런 것과 꼭 같이 말이다. 외과의는 그 젊은 남자를 죽이지 않고서는 다섯을 구할 수 없기 때문이다.

사람들이 구조에 대한 청구권(a claim to be saved)을 갖고 있다는 이념 또는 더 일반적으로 그들이 필요로 하는 것들을 제공받을 청구권이 있다는 이념은, 많은 사람들이 매력적이라고 생각한 이념이다. 그러나 그 이념에도 난점은 있다. 예를 들어 그 청구권이 **누구**에 대한 것인가라는 난점이 있다. 여력이 있는 그리고 구조를 할 수 있는 아무나 한 명(anyone)에 대해서인가? 여력이 있으며 구조할 수 있는 사람이라면 누구나(everyone)에 대해서인가? 다시금, Y가 그리고 Y만이 X를 구할 수 있지만 다대한 희생(considerable sacrifice)을 치러야만 그렇게 할 수 있다고 해 보자. X는 그럼에도 불구하고 Y에 대하여 청구권을 갖는가?[4]

그러나 우리는 이 난점을 우회할 수 있다. 이제 그러한 청구권이 없다는 내용을 갖는 강한 논증을 갖고 있기 때문이다. 물론 논증이란 그 전제보다 더 강할 수는 없다. 그리고 이 논증의 결론을 싫어하는 몇몇은 그 전제 중 하나 또는 그 이상으로 돌아가서 그것을 거부할 것임에는 의문의 여지가 없다. 그러나 만일 당신이 여기까지 논의를 따라왔다면, 그렇게 하기가 쉽지 않다는 것을 알 것이다. (정말로 이것이 그 전제를 먼저 보여준 한 이유이기도 하다.)

알프레드가 장기이식 사안에서 그 외과의의 다섯 환자 중 한 명이라고 해 보자: 알프레드는 새 심장을 이식받지 못하면 죽는다. 알프레드는 그의 생명을 구해 줄 것을 요하는 외과의에 대한 청구권을 갖고 있는가? 외과의는 실제로 알프레드의 생명을 구할 수 있다. ─ 활용 가능한 심장, 즉 그 젊은 남자의 심장이 있으며, 외과의는 알프레드에게 그것을 이식**할 수** 있기 때문이다. 그리고 내가 언급한 난점들을 우회하기 위하여, 다른 어느 누구도 알프레드의 생명을 구할 수 없으며, 더구나 외과의 자신은 그 어떠한 큰 희생도 하

---

4 이것을 비롯한 여러 난점에 대한 탐구와 논의는 Joel Feinberg, *Harm to Others*, vol. 1 of *The Moral Limits of the Criminal Law* (Oxford: Oxford University Press, 1984)에서 찾아볼 수 있다.

지 않고서 심장이식 수술을 할 수 있다고 가정하자. 그래서 알프레드가 정말로, 그의 생명을 외과의가 구하는 것을 요하는 청구권을 외과의에 대하여 갖고 있다고 가정해 보자. 그 젊은 사람은, 물론 그를 죽이지 않을 것을 요하는 외과의에 대한 청구권을 갖고 있다. 그래서 외과의가 직면하는 것은 청구권의 충돌이 된다.

충돌하고 있는 그 두 청구권이 동등하게 엄격한 것으로 생각될 수 있는가? 그러기는 어렵다. 루이스를 죽이지 않을 것을 요하는 루이스의 나에 대한 청구권은, 마이클을 죽이지 않을 것을 요하는 마이클의 나에 대한 청구권만큼이나 엄격하다. 그래서 그 경우에는 동전 던지기가 허용되었다. 앞이 나오면 루이스를 죽이고, 뒤가 나오면 마이클을 죽인다. 그러나 외과의가 젊은 남자를 죽이지 않아야 한다는 것은 주어진 것(datum)이다. 알프레드와 젊은 남자를 두고 동전을 던지는 것은 도덕적으로 배제된다.

그래서 외과의가 그를 구할 것을 요하는 알프레드의 청구권은, 외과의가 젊은 남자를 죽이지 않을 것을 요하는 젊은 남자의 청구권보다 덜 엄격할 수밖에 없다. 그러나 어떻게 해서 그런가? 만일 외과의가 알프레드를 구하지 않는다면, 그것은 알프레드에게 정말로 매우 나쁘다. 알프레드는 죽는다. 그러므로

악화 원리: 만일 X가 Y에 대하여 Y가 알파를 할 것을 요하는 청구권을 가지고 있다면, Y가 알파를 하지 않는다면 Y가 X를 더 나쁘게 만들수록, Y가 알파를 할 것을 요하는 X의 Y에 대한 청구권은 더 엄격하다.

는 외과의에 대한 알프레드의 청구권이 매우 엄격하다고 말한다. 물론 만일 외과의가 젊은 남자를 죽인다면, 그것은 그 젊은 남자에게

아주 나쁠 것이다: **그 젊은 남자가** 죽는다. 젊은 남자가 죽는 것이 젊은 남자에게 나쁜 정도가 알프레드가 죽는 것이 알프레드에게 나쁜 정도보다 심한가? 조각조각 잘리고 장기가 다른 사람에게 이식되기 위해 배분된 결과로 죽는 것은 상당히 끔찍한 일이다. 그래서 알프레드의 죽음이 동등한 정도로 끔찍하도록 세부사항을 바꾸어 보자. (이를테면 알프레드가 죽는 과정에서 아주 큰 고통을 겪는다고 하여 보자.) 그럴 경우 우리는 다음과 같은 비교 원리에 의해 다음과 같이 결론 내릴 수 있다.

> 비교 원리: X_1이 Y_1에 대하여 Y_1이 알파를 할 것을 요하는 청구권을 갖고 있으며, X_2가 Y_2에 대하여 Y_2가 베타를 할 것을 요하는 청구권을 가지고 있다고 가정하자. 그럴 경우 X_1의 Y_1에 대한 청구권은 X_2의 Y_2에 대한 청구권보다, Y_2가 베타를 하지 않는다면 Y_2가 X_2를 나쁘게 만드는 정도보다 Y_1이 알파를 하지 않는다면 Y_1이 X_1을 나쁘게 만드는 정도가 더 심할 경우 오직 그 경우에만 더 엄격하다.

즉 외과의가 자신을 죽이지 않을 것을 요하는 젊은 남자의 청구권은, 외과의가 자신을 구할 것을 요하는 알프레드의 청구권보다 조금도 더 엄격하지 않다는 결론이다. 그래서 만일 알프레드가 외과의가 자신을 구할 것을 요하는 청구권을 가지고 있다면, 그것은 외과의가 젊은 남자를 죽이지 않을 것을 요하는 젊은 남자의 권리만큼 온전히 엄격하다. 그래서 외과의가 동전을 던지는 것이 허용될 수밖에 없다. 그러나 외과의가 동전을 던져 결정하는 것은 허용되지 않는다.

버트의 경우도 살펴보자. 버트는 외과의의 다섯 환자 중 다른 사람이다. 그는 신장만을 필요로 한다. 버트는 외과의에 대하여 자신을 구할 것을 요하는 청구권을 갖는가? 그가 가진다고 하자. 버트는 그가 필요로 하는 신장을 얻지 못하면 죽는다. 그래서 악화 원리는 우리에게 그 청구권은 정말로 매우 엄격한 것이라고 말한다. 그 젊은 남자는 외과의에 대하여, 외과의가 그의 배를 갈라 그의 신장을 떼어 내지 않을 것을 요하는 청구권을 가진다. (그것은 신체 유형력 행사와 절도이다.) 그 청구권은 얼마나 엄격한가? 신장 하나를 잃는 것은 죽는 것만큼 나쁜 것은 아니다. 건강한 사람은 하나의 신장만으로도 살 수 있다. 비교 원리는 그러므로, 외과의가 자신을 구할 것을 요하는 외과의에 대한 버트의 청구권이, 외과의가 젊은 남자의 배를 열어 신장을 떼어 내지 않을 것을 요하는 젊은 남자의 외과의에 대한 청구권보다 더 엄격하다고 말한다. 이 청구권 충돌에 직면하면, 그 외과의가 젊은 남자의 배를 갈라 신장을 떼어 내는 것이 확실히 허용된다. (아마도 심지어 도덕적으로 명해질지도 모른다.) 그러나 내가 생명에 신장이 필요하다는 사실, 그리고 당신이 신장 하나만 가지고도 살 수 있다는 사실은, 확실히 외과의가 당신의 신장 하나를 당신의 의사에 반하여 떼어 내는 것을 허용하도록 만들지 않는다. (그리고 명해지도록 만드는 것은 더더욱 아니다.)

나는 알프레드도 버트도, 그리고 외과의의 다른 나머지 환자 셋 그 어느 누구도, 외과의에 대하여 자신의 삶을 구할 것을 요하는 청구권을 갖고 있지 않다고 결론 내린다.

이 논증은, (그런 청구권이 있다고 보는 경우에) 구조에 대한 청구권을 진지하게 여긴다면 나오는 결론을 보여준다. 만일 정말로 그러한 청구권이 있다면, 그것은 다른 청구권이 그러는 것과 꼭 같은 **종류**(kind)의 도덕적 비중을 가질 수밖에 없다. (그것은 이런저런 엄격성의 정도를 가질 수밖에 없는 것이다.) 그 경우 도덕적 비중의 **양**(amount)을 다른 청구권과 꼭 같은 방식으로 평가할 수밖에 없다. 그러나 그렇다고 가정하는 것은 받아들일 수 없는 결과를 낳는다.

왜 사람들은 구조에 대한 청구권이 있기를 원하는 것일까? 그 답은 명백한 것 같다. (i) 우리가 구조하는 것이 매우 쉬우며 그래서 구조해야 하는 상황이 있다. 즉, 구조하지 않는 것이 정말로 괴물 같은 짓이 될 그러한 상황이 있다. 아이가 물에 빠져 죽어 가고 있다. 나는 구명조끼를 가지고 있으며 그것을 아이에게 쉽게 던져 줄 수 있다. 그렇게 하지 않는 것은 괴물 같은 짓일 것이다. 더군다나 (ii) 구조하는 것이 **아주** 쉽지는 않지만 — 구조하는 것이 우리 쪽에서 상당한 노력을 요하며 심지어 얼마간의 희생을 요할 수도 있다 —, 그럼에도 불구하고 우리가 구조해야만 하는 상황이 있을 수 있다. 비록 그러한 경우 구조하지 않는 것을 두고 "괴물 같은"이라고 칭하는 것은 지나치게 강한 용어가 되겠지만 말이다. 아이가 물에 빠져 죽어 가고 있다. 나는 가서 아이를 구할 수 있다. 비록 그렇게 하는 것은 노력을 요하고 나에게 얼마간의 위험을 수반하지만 말이다. (익사하는 사람들은 그들을 구조하려는 사람들 위로 올라타려는 경향이 있다.) 그러나 아마도 그 사안은 내가 노력을 들이고 위험을 감수해야만 하는 그런 사안일 수 있다.

(i)과 (ii)와 같은 종류의 사안에서 구조가 필요한 이들이 구조에 대한 청구권을 갖고 있다고 생각되는 이유는 무엇일까? 우리가 (제3장에서) 이미 검토했던

(T₂) Y가 p가 성립하지 않는 일이 일어나지 않도록 해야 한다면, $C_{X, Y}$ p가 되는 그러한 X가 있다.

(If Y ought not let if fail to be the case that p, then there is an X such that $C_{X, Y}$ p)

는 우리가 무언가를 해야 하는 경우에는 언제나, 우리가 그것을 할 것을 요하는 청구권을 우리에 대하여 가지고 있는 누군가가 있다고 말한다. 그러나 우리가 살펴보았듯이 그 논제는 성립하지 않는다.

아마도 구조에 대한 청구권을 갖고 있다고 보는 사고는, 어쨌거나 (i) 종류의 상황에서 구조가 필요한 이들은 구조에 대한 청구권을 갖고 있는데, 이는 지나치게 강한 (T_2)에 비추어서가 아니라 더 약한 다음과 같은 논제에 의해서일지 모른다.

Y가 p가 성립하지 않는 일이 일어나지 않도록 해야 할 뿐만 아니라 p가 성립하지 않는 일이 일어나게 내버려 두는 것이 심대한 귀책사유가 된다면, $C_{x, y}$ p인 그러한 X가 있다.

(If Y not only ought not let it fail to be the case that p, but would be gravely at fault if he or she let it fail to be the case that p, then there is an X such tha $C_{x, y}$ p.)

그러나 우리가 무언가를 하지 않는 것이 심대한 귀책사유가 되는 경우에 청구권이 있어야만 하는 이유는 무엇인가? 청구권이 있다고 상정하는 것이, 우리가 그것을 하지 않는다면 심대한 귀책사유가 있게 된다는 점을 참이 된다는 것을 설명하는 것으로 여겨지는가? 그러나 왜 우리는 그 설명을 필요로 하는가? 만일 누군가가 절실한 필요에 빠져 있다면(in dire need), 그리고 그 필요로 하는 것을 내가 쉽게 공급할 수 있다면, 왜 그 자체로 내가 그렇게 하지 않는다면 심대한 귀책사유가 있다는 결론을 산출하지 않는가? 왜 그 설명이 청구권을 경유해서 이루어져야 하는가? 나는 사람들이 도덕의 현상을 단순화하려고 시도하는 다양한 방법을 거친다는 점을 지적한 바 있다. 그리고 여기에 또 하나의 그런 시도가 있다. 그리고 이 시도

제1부 무엇이 권리인가

에 대해서, 내가 이해하는 한에서는 다음과 같이 말할 수 있다: 그렇게 설명할 필요가 없다.

6. 우리는 다음을 살펴보고 있었다.

> 맞교환 이념: 청구권을 제한하지 않는 것이 청구권 보유자에게 좋은 정도보다, 청구권을 제한하면 좋을 이들에게 청구권을 제한하는 것이 좋은 정도가 충분히 훨씬 더 좋은 경우 오직 그 경우에만, 청구권을 제한하는 것이 허용된다.

얼마나 훨씬 더 좋은 것이 충분히 훨씬 더 좋은 것인가? 3절에서 요구되는 선의 증분의 규모는 그 청구권의 엄격성에 따라 달라지는 것으로 보인다고 말했다. 즉, 청구권이 더 엄격할수록 요구되는 선의 증분은 더 크다. 그러나 4절에서, 맞교환 이념은 그럼에도 불구하고 크게 단순화된 것이라고 말하였다. 청구권 충돌은 골칫거리를 만들어 낸다. 각각의 청구권 제한자가 청구권 충돌에 직면하는 경우에는, 청구권 제한자가 매우 엄격한 청구권을 제한하는 것이 허용된다. 선의 증분을 전혀 낳지 않음에도 불구하고 말이다.

청구권의 충돌 사안에는 세 당사자가 있다: A는 나에 대하여, 내가 알파를 하지 않을 것을 요하는 청구권을 가진다. 그러나 제3자인 B는 나에 대하여, 내가 알파를 할 것을 요하는 청구권을 가진다. 그렇지만 제3자는 또 다른 방식으로 맞교환 이념에 골칫거리를 만들어 낼 수 있다. A가 나에 대하여, 내가 A를 차지 않을 것을 요하는 청구권을 가지고 있으며, 그 어느 누구도 내가 A를 찰 것을 요하는 청구권을 가지고 있지 않다고 가정하자. 그래서 나는 청구권 충돌에 직면하지 않는다. 만일 내가 A를 걷어찬다면, 내가 그렇게 함으로써 네 명의 삶을 구할 수 있다고 가정하자. 좋다, 하고 우리는 생각한다: 큰 규모의 선의 증분, 약한 청구권이 있으니, 내가 행위로 나아가는 것이 허용된다. 그러나 네 명의 삶을 구하는 것이 오직 순(net) 증분이라고 가정해 보자. 악당들이 내가 A를 걷어차지 않으면 다섯을 죽일 것이라고 말했다. 그런데 A는 절벽의 끝에서 B 곁에서 있다. 그리고 내가 A를 찬다면 A는 B와 격돌할 것이고, B가 절벽 아래로 떨어질 것이다. 그래서 내가 A를 찬다면 나는 그렇게 함으로써 한 명을 죽이게 된다. 다섯 빼기 하나는 넷이므로, A를 찬다면 넷을 구하게 된다. 그러나 확실히 A를 차서는 안 된다. 만일 A를 찬다면, 나는 단지 A의 약한 청구권만을 제한한 것이 아니다. A를 걷어참으로써 B의 강한 청구권도 제한하는 것이다. 네 명의 삶을 구하기 위해서라도 B의 엄격한 청구권을 제한해서는 안 된다. (허용성을 위한 수단 원리에 의해) 내가 A의 약한 청구권을 제한해서는 안 된다는 결론이 따라 나온다.

청구권의 충돌 사안에서는 내가 말했듯이, A가 나에 대하여 내가 알파를 하지 않을 것을 요하는 청구권을 갖고 있지만, 제3자인 B는 나에 대하여 내가 알파를 할 것을 요하는 청구권을 갖고 있다. 방금 살펴본 사안에서, A는 나에 대하여 내가 알파를 하지 않을 것을 요하는 청구권을 갖고 있고, 제3자인 B 역시도 나에 대하여 내가 알파를 하지 않을 것을 요하는 청구권을 갖고 있다. B의 청구권은 **이 지점에서** 간섭(interference)을 낳는다. A의 청구권과 충돌함에 의해서가 아니라 A의 청구권을 강화함으로써 말이다.

그리고 제3자의 청구권이 간섭을 낳는 사안 외에도 맞교환 이념의 다른 골칫거리 원천들이 있다. 지금 해도 되는 것에 관련 있는 유일한 청구권이 A의 것이라고 가정해 보자. 내가 A의 청구권을 제한함으로써 선의 큰 증분(a large increment of good)을 낳을 수 있다고 가정하자. 여기까지는 좋다. 그러나 내가 동일한 선의 증분을 낳는, 청구권을 제한하지 않아도 되는 대안을 갖고 있다면 어떻게 되는가? (여기서 내가 A에게서 사전에 면제를 얻는 한 방법이 있다면 그럴 경우 내가 청구권을 제한하지 않는, 동일한 선의 증분을 낳는 방식의 대안을 갖고 있는 것이라는 점을 주목해야 한다. 물론 내가 비록 A에게서 면제를 사야 한다면, 선의 증분의 배분은 그러지 않았을 때와는 달라지겠지만) 청구권이 얼마나 약하건 간에, 그 청구권을 제한하여 얻어지는 선의 큰 증분은, 만일 주체가 동일한 또는 비견할 만한 크기의 선의 큰 증분을 낳는 청구권을 제한하지 않는 방법을 갖고 있다면, 그 청구권 제한을 허용되는 것으로 만들지 않는다.

맞교환 이념은 명백히 과잉 단순화된 것이다. 그것은 우리에게 청구권을 제한하는 것이 허용되기 위한 필요충분조건을 제시한다. 그러나 청구권 제한이 허용되거나 허용되지 않게 만드는 것은 극도로 복잡한 사정이다. 이는 청구권의 엄격성 및 청구권을 제한함으로써 얻어지는 선의 증분의 규모뿐만 아니라 다른 것에도 달려 있다. 특히 주목했던 것은, 잠재적 청구권 제한자의 **여건**이 무엇인지도 역시 유관하다는 점이다. 잠재적 청구권 제한자가 그 청구권을 제한해도 되는지 여부에 관련 있는 청구권을 제3자가 갖고 있는가? 잠재적인 청구권 제한자는 그 선의 증분을 낳는 대안적인 방법을 갖고 있는가? 청구권을 제한하는 것이 허용됨 또는 허용되지 않음은 이러한 문제들에도 달려 있다. 앞서 권리의 이론이, 그것에 의해 청구권 충돌 사안에서 무엇이 허용되는지 결정될 수 있게 하는 모호하지 않은 일반적 공식을 제공할 것을 기대할 수는 없다고 말했다. **한층 더 강력한 이유로** 권리 이론이, 그것에 의하여 꽤나 일반적으로, 권리를 제한하는 것이 허용되는 경우가 언제인지가 결정될 수 있는 모호하지 않은 일반적 공식을 제공할 것을 기대할 수는 없다고 생각한다.

그러한 공식을 제공하는 것은, 당신이 지금 여기서 알파를 해도 되는지 질문에 유관한, 당신이 여기서 지금 알파를 하면서 권리를 제한하게 되리라는 사실을 넘어서, 다른 모든 것에 대한 철저한 해명(exhaustive account)을 수중에 둘 것을 요하며, 그래서 완전하고도 철저한(full-scale) 도덕 이론을 요하는 것으로 보인다. 청구권은 물론 도덕적 의의를 가지며, 청구권은 물론 행위자가 해도 되는 것에 관련을 가진다. 그러나 청구권은 도덕적 의의를 갖고 행위자가 해도 되는 것에 관련이 있는 유일한 것은 아니다.

그래도 권리 이론은 청구권의 도덕적 의의가 무엇인지를 우리에게 이야기해 주어야 하며, 그것은 권리 이론이 청구권이 주체가 해도 되는 것에 **어떻게** 관련을 갖는지를 이야기해 줘야만 함을 의미한다. X가 Y에 대하여 청구권을 가진다는 것이, Y의 행동이 일정한 방식으로 제약된다는 것이라고 주장했다. 또한 Y에 대한 그 제약에 중심적인 것은, 다른 사정이 동일하다면(other things being equal), Y가 그 청구권을 준수해야 한다는 것(Y ought to accord the claim)이라고 주장하였다. "다른 사정이 동일하다면"을 어떻게 구체화해야 하는가?

맞교환 이념으로 돌아가 보자. 아마도 그것을 수정하는 것이 가능하지 않을까? 어쨌거나 맞교환 이념에 대한 반론을 거쳐 우리가 지적했던 것들이, 잠재적인 청구권 제한자의 여건과 관련된 것이었다는 점을 주목하라. 그래서 그것들은 주체가 청구권을 제한해도 되는지 질문에 유관하기는 하였지만, 그 청구권이 얼마나 엄격한지 질문에는 무관한 그런 고려사항이었다는 점을 주목하라. 그런 고려사항을 조건 규정을 두어 제외한다면 어떻게 되는가?(What if we were to stipulate them away?) X가 Y에 대하여 Y가 알파를 하지 않을 것을 요하는 청구권을 갖고 있지만, 알파를 함으로써 어떤 선의 증분을 산출할 것이라고 가정해 보자. Y는 알파를 해도 되는가? 아마도 다음과 같이 말할 수 있을 것이다: 만일 그 어떤 제3자도 Y에 대하여 Y가 알파를 할 것이나 Y가 알파를 하지 않을 것을 요하는 청구권을 가지고 있지 않다는 것이 참이라면, 그리고 Y가 그 선의 증분을 산출하는 청구권을 제한하지 않는 다른 방법이 없다는 것이 참이라면,* **그럴 경우** Y가 알파를 하는 것은 선의 증분이 충분히 큰 오직 그 경우에만 허용되며, 그 요구되는 증분의 규모는 X의 청구권의 엄격성에 따라 달라진다.

이것은 논의를 진행해 나가는 매력적인 방식이다. 이런 방식으로 논의를 진행하는 것은, X의 청구권 그 자체에 초점을 집중시킨다. **청구권의** 도덕적 비중에 무관한 것을 규정해서 제외하고 오직 청구권에만 주의를 기울인다. 그렇게 하는 것은 Y의 대안, 제3자의 청구권 등에 의하여 실제 여건에서 산출되는 흐릿함(blur)을 제거한다. 그것은 우리가 X의 청구권 그 자체의 도덕적 의의(moral significance)를 볼 수 있게 한다. 그것이 바로 우리가 보기를 원했던 것이다.

그러나 맞교환 이념에는 두 가지 추가적인 반론이 있다. 그래서 두 가지 추가적인 수정이 요청된다.

7. A가 나에 대하여, 내가 그를 걷어차지 않을 것을 요하는 청구권을 갖고 있다고 가정해 보자. 내가 만일 그를 찬다면 그에게 얼마간의 고통을 야기할 테지만 그렇게 큰 고통은 아닐 것이다. 그래서 그 청구권은 매우 엄격하지는 않다. 그 어떠한 제3자도 나에 대하여 내가 그를 찰 것을 또는 차지 않을 것을 요하는 청구권을 갖지 않는다고 가정하자. 마지막으로 내가 그를 참으로써 선의 큰 증분을 산출

◆ 바로 앞의 두 가지가 바로 조건 규정을 통해 다른 고려사항들을 제외하는 부분이다.

할 것이며 나는 그렇게 선의 큰 증분을 산출할 청구권을 제한하지 않는 그 어떤 방법도 갖고 있지 않다고 하자. 좋다, 라고 우리는 생각한다: 내가 A를 차는 것은 허용된다. 그러나 만일 그 선의 큰 증분(that large increment of good)이, 아주 많은 수의 사람들의 (아마도 작은 만족 같은) 선의 아주 작은 증분의 총합(the sum of very tiny increments of good)이라면 어떻게 되는가? 확실히 그런 선들은 차는 것을 허용하게끔 만들지 않을 것이다. 여기서 살펴보는 반론은, 잠재적 청구권 제한자의 **여건**(circumstances)에 관한 난점에서 발생하는 것이 아니라, 선의 증분의 **분배**(distribution)에 관한 난점에서 생기는 것이다.

나로서는 청구권 제한에 매우 강한 분배 제약이 있다고 봐야 한다고 생각한다. 이 절의 나머지 부분에서는, 잠재적 청구권 제한자 때문에 생기는 난점은 무시하고 분배에만 집중해 보자. (다음 절에서 지적할 수정을 필요로 하는) 예비적 제안은 다음과 같다. 내가 A를 걷어참으로써, B만이 선을 얻는 사람이고 B가 얻는 선이 딱 그 양만큼인 경우라도 B가 그것을 얻게 되는 것이 그 자체로 내가 A를 차는 것이 허용되게 만들 그러한 규모의 선의 증분을 그에게 제공하게 되는, 적어도 한 명의 사람 B가 있지 않다면, 나는 A를 차서는 안 된다.◆ 내가 A를 참으로써 내가 산출할 선의 증분이 많은 사람들의 선의 아주 작은 증분의 총합이라면, 그런 B는 없는 것이다. 그 선의 아주 작은 증분(a tiny increment of good)을 그 사람이 얻는 것이 그 자체로 내가 A를 차는 것을 허용되게 만들 그런 사람이 아무도 없는 것이기 때문이다. 만일 내가 A를 참으로써 낳게 될 선의 증분이 B가 죽음, 눈 멈, 다리 잃음을 면하는 것이거나 그런 사태를 포함한

◆ 즉, 충분히 큰 선은 개인적 차원에서 성립하는 규모여야 한다. 이것이 청구권이 함의하는 개인적 정당화의 핵심 요소 중 하나이다.

다면 그런 사람이 있는 것이다. B가 얻는 그 선의 증분은 그 자체로 내가 A를 차는 것을 허용되게 만들기 때문이다. 간단히 말해서 청구권이 관련된 경우, 사람들 전체가 얻는 선의 증분(the sum of goods across people)은 고려되지 않는다(does not count). 사람들 전체가 얻는 선이 아무런 총합을 갖지 않는다고 말하는 것이 아니다. 단지 청구권이 관련된 경우에는 사람들 전체가 얻는 선의 총합은 문제되지 않는다고 말하고 있을 뿐이다. 한층 더 간략한 형태로 말하면 청구권이 관련된 경우, 숫자는 중요하지 않다.(where claims are concerned, the numbers do not count)[5] 이것을 높은 문턱 논제(High-Threshold Thesis)라고 칭하도록 하자.

비록 높은 문턱 논제를 받아들여야 한다고 생각하기는 하지만, 그 것이 매우 강하다는 점을 부인할 수는 없다. 그리고 그 논제는 두 면에서 강한 논제다. 첫째로, 주체가 (다른 사정이 동일하다면) 청구권을 제한함으로써 그 중대함의 정도에서 그 청구권의 엄격성을 확정하는 악화에 비견될 만하게 악화되는 것으로부터 **한 명**의 다른 사람을 구한다는 근거만으로는 더 엄격한 청구권도 덜 엄격한 청구권도 제한해서는 안 된다는 점이 명백하다. 블로그가 비견할 만한 고통을 겪지 않게 한다는 이유만으로 당신에게 고통을 야기해서는 안 된다. 블로그가 죽음을 면하게 한다는 이유만으로 당신을 죽여서는 안 된다. 숫자는 중요하지 않다는 점에 동의한다면, 비견할 만한 고통으로부터 다섯 또는 스물다섯 또는 백 명을 구하기 위하여 당신

---

5 여기서 제시된 이념이, **청구권이 관련된 경우에는** 수는 중요하지 않다는 것임을 강조하고자 한다. 도덕에서 수가 중요하지 않다는 이념이 아니다. 그저 분배의 문제만이 관련된 경우에는, 수는 거의 틀림없이 중요하다.(the numbers arguably do count) John Taurek, "Should the Numbers Count?", *Philosophy and Public Affairs*, 6 (Summer 1977)을 보라. 수는 중요하지 않다는 논증이자 Taurek의 논증에 대한 비판으로는 Derek Parfit, "Innumerate Ethics", *Philosophy and Public Affairs*, 7 (Summer 1978)을 보라.

에게 고통을 야기해서는 안 된다는 점, 그리고 스물다섯 또는 백 명이 죽음을 면하기 위하여 당신을 죽여서는 안 된다는 점에 동의하는 셈이 된다. 외과의가 장기이식 사안에서, 행위로 나아감으로써 낳는 선의 증분의 크기가 불충분하다는 이유에서, 행위로 나아가서는 안 된다고 말했다. 만일 높은 문턱 논제가 참이라면, 외과의가 행위로 나아감으로써 낳는 선의 증분이 분배적 제약을 충족하지 않는다는 이유에서 행위로 나아가서는 안 된다고 대신 말했을 수도 있다.

그러나 수가 매우 커지면, 몇몇 사람은 불안해하기 시작한다. 수백 명! 수십억 명! 아시아 전체 인구! 수가 커짐에 따라 불안을 느끼기 시작하는 이들이, 수십억 명(또는 단지 수백 명)이 고통으로부터 구해질 수 있는 경우에는 사람은 그 고통을 겪도록 자원해야 하며, 수십억 명의 삶이(또는 수백 명의 삶일지라도) 죽음을 면할 수 있는 경우에는 사람은 자신의 삶을 자원해서 희생해야 한다는 느낌에 의해서 그렇게 마음이 불안해진다고 생각한다. 아마도 그럴지도 모른다. (그렇다면 왜 그 또는 그녀가 다섯 명을 위해서 자원해야 한다는 것은 참이 아닌가? 또는 둘은? 또는 한 명은?) 그렇게 자원해서 희생해야 하는지는 열린 문제로 남기자. 현재 논의에서 문제는, 만일 청구권 보유자가 자원하기를 거부한다면 무엇이 행해질 수 있는지 뿐이다. (만일 그것이 사실이라면) 청구권 보유자가 자원해야 한다는 사실만으로는, 그들의 청구권 제한을 허용하는 것으로 진정으로 생각될 수는 없다. 예를 들어, 많은 사람들은 적십자의 헌혈(Red Cross blood drives)에 참여하려고 자원한다. 그들이 그렇게 해야 한다는 사실만으로는 (그들이 그렇게 해야 한다고 생각한다), 그들의 의사에 반해서 그들에게서 피를 뽑는 것이 허용되는 것으로 만든다고는 생각하기 매우 어렵다.

높은 문턱 논제를 받아들이면 나오는 두 번째 결과는, 그것을 받아들이면, 우리가 최대한도로 엄격한 청구권이라 칭할 수 있는 것이 있다는 견해를 지지하는 셈이 된다는 것이다. 청구권은 그 청구권을 제한함으로써 얻어지는 어떠한 선의 증분도, 아무리 크다 해도, 만일 잠재적인 청구권 제한자가 청구권을 제한하는 것에 대한 청구권을 제한하지 않는 대안을 갖고 있는 경우에는, 그것을 제한하는 것을 허용되게 만들 수 없는 오직 그 경우에만, 최대한도로 엄격한 청구권(maximally stringent claims)의 범위에 속하는 것이라고 말하자. (최대한도로 엄격한 청구권의 **범위**(range)라고 말하는 이유는 곧 나올 것이다.)

내가 당신을 죽이고 그렇게 함으로써 내가 블로그를 위한 그리고 오직 블로그만을 위한 선의 증분을 낳는다고 가정해 보자. 내가 당신을 죽이는 것을 정당화할 정도로 충분히 큰 것이 될 가능성이 있는, 당신을 죽임으로써 내가 낳을 블로그에게 가는 선의 증분이 있는가? 나는 그런 선의 증분은 없다는 것이 명백하다고 생각할 수밖에 없다. 만일 우리가 높은 문턱 논제를 받아들인다면, 수는 고려에 들어가지 않으며, 내가 당신을 죽임으로써 얼마나 많은 수를 구하건 간에, 그리고 얼마나 끔찍한 일로부터 구하건 간에, 그것은 내가 당신을 죽이는 것을 허용되게 만들지 못한다. 내가 낳을 선의 증분이 얼마나 크건 간에 내가 당신을 죽이는 것은 허용되지 않으며 내가 당신을 죽이지 말 것을 요하는 당신이 나에 대해 갖는 청구권은 최대한도로 엄격하다. 나로서는, 그 청구권은 그와 같이 최대한도로 엄격하다고 생각하며, 그래서 높은 문턱 논제가 이러한 결과를 가져온다는 점은 그에 대한 아무런 반론이 되지 못한다고 본다.

장기이식 사안에서, 외과의가 행위로 나아감으로써 낳는 선의 증분의 크기가 불충분하다는 이유로 행위로 나아가서는 안 된다고 말했다. 만일 높은 문턱 논제가 참이라면, 우리는 대신에 그 젊은 남자의 외과의에 대한 청구권이 최대한도로 엄격하기 때문에 외과의는 행위로 나아가서는 안 된다고 말했을 수 있다.

많은 다른 청구권 역시 최대한도로 엄격하다. 내가 당신을 맹인으로 만듦으로써 또는 다리를 자름으로써 낳을 수 있는 선의 증분으로서, 당신을 맹인으로 만들거나 당신의 다리를 잘라 내는 것을 정당화할 그러한 선의 그 어떠한 증분이라도 있는가? 한 사람의 생명을 구하기 위해 당신에게 이런 짓을 하는 것은 명백히 허용될 수 없다: 높은 문턱 논제는 그러므로 그 어떠한 수의 사람들을 구하기 위해서라도 이런 것들을 당신에게 하는 것은 허용되지 않는다는 결론을 산출한다. 그 논제의 결과 역시 나에게는 그에 대한 아무런 반론이 되지 않는 것으로 보인다.

그러나 높은 문턱 논제가 그저 아무 청구권이나 최대한도로 엄격하다는 결론을 낳는 것은 아니다.◆ 그 논제는 수십억 명을 비견할 만한 고통으로부터 구하기 위해 당신에게 고통을 야기해서는 안 된다는, 당신의 청구권을 내가 제한할 수 없다는 결론을 산출한다. 그 논제는 내가 당신의 고통을 야기하지 않을 것을 요하는 그 청구권을, 수십억 명의 생명 또는 심지어 한 명의 생명을 구하기 위해 제한하는 것이 허용된다는 것과도 전적으로 일관된다.◆◆

더군다나, 일부 최대한도로 엄격한 청구권은 다른 최대한도로 엄격한 청구권보다 더 엄격하다고 일관되게 생각할 수 있다는 점도 주목할 가치가 있다. 그것이 최대한도로 엄격한 청구권들의 **범위**라고 이야기한 이유이다. X의 죽음은 X가 눈이 머는 것 또는 다리를 잃는 것보다 X에게 현저하게 더 나쁘다. 그래서

◆ 행위자의 인격적 통합성이나 신체 완전성(personal integrity)을 심각하게 훼손하고 그 훼손이 복구 불가능할 경우에 아마도 한정될 것이다.
◆◆ 고통을 겪는 것은 생명 상실에 비해 비교 원리에 의해 더 나쁘지 않은 것이며 또한 고통을 경험하는 것 자체는 인격적 통합성 내지 신체 완전성의 복구 불가능한 훼손은 아니기 때문이다.

비교 원리: X_1이 Y_1에 대하여 Y_1이 알파를 할 것을 요하는 청구권을 갖고 있으며, X_2가 Y_2에 대하여 Y_2가 베타를 할 것을 요하는 청구권을 가지고 있다고 가정하자. 그럴 경우 X_1의 Y_1에 대한 청구권은 X_2의 Y_2에 대한 청구권보다, Y_2가 베타를 하지 않는다면 Y_2가 X_2를 나쁘게 만드는 정도보다 Y_1이 알파를 하지 않는다면 Y_1이 X_1을 나쁘게 만드는 정도가 더 심할 경우 오직 그 경우에만 더 엄격하다.

에 의하여, 죽임을 당하지 않을 X의 청구권은 눈이 멀거나 불구가 되지 않을 X의 청구권보다 현저하게 더 엄격하다는 결론이 따라 나온다. 그럼에도 불구하고 이것들이◆ 최대한도로 엄격한 청구권이라고 생각할 수 있다.◆◆

아마도 한층 더 분명한 것은 다음과 같다. 어떤 사람이 고문당해 죽는 것은 그냥 죽는 것보다 확실히 더 나쁘다. 비교 원리는 그러므로 고문을 받아 죽임을 당하지 않을 청구권은 죽임을 당하지 않을 청구권보다 더 엄격하다고 말한다. 고문을 받아 죽임을 당하지 않을 청구권이 최대한도로 엄격하다는 점이, 죽임을 당하지 않을 청구권이 최대한도로 엄격하다는 점보다 더 많은 사람의 동의를 얻을 수 있다고 생각한다. (많은 사람들은 고문이 그 어떤 여건에서도 허용되지

◆ 죽임을 당하지 않을 청구권은 물론 눈이 멀거나 불구가 되지 않을 청구권도

◆◆ 최대한도로 엄격한 청구권은 상호 엄격성 비교가 불가능한 가장 엄격한 청구권이 아니라 어떤 높은 엄격성 기준을 통과한 일련의 청구권 집합을 가리킨다. 그리고 최대한도로 엄격한 청구권 중 어느 하나의 청구권을 제한해야 하는 상황에 놓인다면 적어도 관련된 사람들의 수가 같은 한 더 엄격한 청구권을 준수해야 한다. 이를테면 한 사람을 눈을 멀게 하거나 아니면 다른 사람을 죽이거나 둘 중 하나만 가능한 상황에서는 전자를 선택할 수 밖에 없다. 그러나 한 사람의 눈을 멀게 함으로써 다른 한 사람을 살릴 수 있다 하더라도 그렇게 해서는 안 된다. 눈이 멀게 하는 행위를 하지 않을 것을 요하는 청구권은 최대한도로 엄격한 청구권이기 때문이다.

않는다고 생각한다.) 그러나 한 청구권이 다른 청구권보다 더 엄격하다고 **보면서도** 일관되게 양 청구권 모두 최대한도로 엄격하다고 볼 수 있다.

그러나 내가 말했듯이 높은 문턱 논제는 매우 강하다. 몇몇 사람들은 그것을 거부할 것이다. 그들의 견해에서는, 수(數)는 정말로 중요하다. 또는 어쨌거나 매우 큰 수는 중요하다. 그래서 당신이 나와 마찬가지로 높은 문턱 논제를 받아들이기를 바라지만, 그것을 참으로 가정하지는 않을 것이며, 이후의 논증은 그 어떠한 비중으로도 그 논제에 의존하지 않을 것이다.

다른 한편 분배적 제약은 그냥 버릴 수 없는 것이다. 높은 문턱 논제를 거부하는 이들이라 할지라도, 분배적 제약에 대한 어떤 다른 해명은 찾아야만 한다. 확실히 그 어떠한 견해에서도 수십억 명의 사람을 사소한 두통으로부터 구하기 위해 한 사람을 죽이는 것은 허용되지 **않기** 때문이다. 높은 문턱 논제를 거부하는 이들이 여기서 제시할 해명이 무엇인지는 열어 두고자 한다.

8. 맞교환 이념에 대한 이와는 상당히 다른 종류의 반론은 다음과 같다. 만일 내가 A를 걷어참으로써 B의 생명을 구하게 될 것이라고 해 보자. (B는 내가 A를 차지 않으면 죽는다.) 그럴 경우 나는 그 어떤 견해에서도 A를 참으로써, 내가 행위로 나아가는 것을 허용되게 만들, 받아들일 만하게 잘 분배된 그리고 선의 충분히 큰 증분(acceptably well-distributed and sufficiently large increment of good)을 낳는다. (그 어떤 다른 당사자도 유관한 청구권을 갖고 있지 않다는 가정하에서 말이다. 다시금 잠재적 청구권 제한자의 여건 때문에 생기는 난점은 무시하자.)

대신에 내가 A를 차면 그렇게 함으로써 B의 생명을 매우 높은 확

률로(very probably) 구하게 될 것이라고 해 보자. (B는 내가 A를 차지
않으면 확실하게 죽는다.) 그 경우 나는 내가 행위로 나아가는 것을 허
용되게 만들, A를 참으로써 생기는 받아들일 만하게 잘 분배된 선
의 충분히 큰 증분을 낳을 확률이 매우 높을 것이다. 내가 A를 행위
로 나아가게 하는 것을 허용되게 만들, 받아들일 만하게 잘 분배된
선의 충분히 큰 증분을 내가 A를 참으로써 낳을 확률이 매우 높다
는 사실 그 자체가, 내가 행위로 나아가는 것을 허용되게 하는가?
그래서 실제로 내가 행위로 나아갔을 때 B가 살 것인지 죽을 것인지
와 상관없이 허용되게 하는가?◆

이 질문을 달리 표현해 보자. 내가 A를 참으로써 매우 높은 확률
로 B의 생명을 구하게 될 것이라고 가정하자. 그래서 내가 실제로
A를 찬다. 그러나 B는 결국 죽었다. 그럼에도 불구하고 내가 A를
차는 행위로 나아가는 것은 허용**되었는가**?

나는 우리가 그렇다고 말하기를 원한다고 본다. 만일 B가 결국
죽어버리면, 나는 실제로는 A의 청구권을 제한함으로써 그 어떠한
선의 증분도 낳지 않는 것이다. (그렇게 되면 선의 증분을 낳는 것과는
정반대의 일이 일어난 것이다: B는 아무런 선도 얻지 못했고, 그리고 A는
얼마간의 고통을 겪었다.) 그러나 내가 그렇게 함으로써 매우 높은 확
률로 B의 생명을 구하리라는 점이, 내가 A를 차는 것을 정당화하기
에 충분했다고 말하고 싶어 한다고 생각한다.

우리는 우리가 얻는다면 우리에게 좋을 것을 얻을 확률적 기회
(chances)를 얻는 것을 반긴다. 우리는 심지어, 얻었다면 우리에게 좋
았을 것을 얻지 못하는 것으로 나중에 판명되더라도, 그 확률적 기
회를 가졌던 것을 기뻐한다. 나는 로또 복권을 나에게 선물로 준 것

◆   여기서 저자가 묻는 질문은 선의 충분히 큰 증분 산출의 높은 확률도 선의 충분히 큰 증
    분 산출과 마찬가지로 청구권 제한을 허용되게 만드는가이다.

제6장 맞교환

315

에 대하여 당신에게 감사한다. 나중에 당신이 준 복권이 당첨 복권이 아니었음이 드러나고 난 후에도 여전히 당신에게 감사한다. 새로운 용어 하나를 도입해 보자. X가 어떤 것 Z를 얻는 것이 좋다고 하자. X가 Z를 높은 확률로 얻도록 Y가 만든다면(makes it probable) Y는 X에게 **우위점**(advantage)을 주는 것이다. 그리고 그 우위점의 규모를 익숙한 방식으로, 즉, X가 Z를 얻을 확률과 Z를 얻는 것이 X에게 얼마나 좋을지의 측정치에 의해 정해지는 양의 산물로 여김으로써 측정하도록 하자. Y가 X가 Z를 높은 확률로 얻도록 만들 때, Y는 X에게 우위점을 주는 것 이상을 하는 것일 수 있다. Y가 X에게 실제 선의 증분을 가져올 수 있기 때문이다. 그러나 Y가 X에게 우위점을 주었다고 하기 위해 실제로 그 선의 증분을 가져와야만 하는 것은 아니다.

그렇다면 비록 결국 B가 죽어버렸다 하더라도 내가 〔B를 살리려는 의도로 그리고 살리기 위한 수단으로-옮긴이〕 A를 차는 것은 허용되었다고 말하고 싶어 한다면, 내가 그것을 하는 것을 허용되게 만든 것은, 내가 그렇게 함으로써 B를 위해 선의 충분히 큰 증분을 낳았다는 것이 아니라, 어쨌거나 B에게 충분히 큰 우위점(a large enough advantage for B)을 낳았다는 점이라고 말할 수 있다.

우리는 내가 A를 차는 것이 허용되었다고 말**해야만** 할까? 글쎄, 대안이 무엇인가? 만일 내가 A를 차는 것이 허용되지 않았다면, A를 차지 않았어야 한다는 것이 참이었다. B가 어쨌거나 죽어버렸다는 사실만으로 내가 A를 차는 것이 그른 일이었다는 것을 참이 된다고 하는 것이 조금이라도 그럴 법한가? 내가 A를 참으로써, B의 생명을 구하는 것을 매우 확률이 높은 일로 만들었다는 사실에도 불구하고 말이다.

다음과 같은 내용의 나쁜 논증이 있다. 즉, 내가 A를 찬 것은 그른 일은 아니었고, A를 차지 않아야 했다는 것은 참이 아니었으며, 내가 그렇게 하는 것은 나에게 허용되지 않는 일이 아니었다는 논증 말이다. 그 논증을 먼저 살펴보아야겠다.

내가 염두에 두고 있는 것은 다음과 같이 진행되는 두 단계 논증이다. "내가 A를 참으로써 B의 생명을 구할 확률이 매우 높았기 때문에, 이로부터 내가 A를 찼다는 점에서 잘못을 하지 않았다는 또는 비난받을 수 없다는 결론이 따라 나온다. 그리고 A를 찼다는 점에서 내가 잘못을 하지 않았다거나 비난받을 수 없다는 점으로부터 A를 차는 것은 허용되었다는 결론이 따라 나온다." 그러나 두 단계 모두 받아들일 수 없다.

첫째, 내가 A를 참으로써 B의 생명을 구할 확률이 매우 높았다(very probably)는 것이 참이라는 점이, 내가 A를 찬 것에 귀책사유가 없었다(not at fault)는 것을 필함하지는 않는다. 귀책사유를 없애는 것은 확률이 아니라, 행위자의 확률에 대한 판단(estimates)이다. (확률과 확률에 대한 판단은 물론 다를 수 있다. 나는 다음 번 주사위를 던지면 6이 나올 확률이 매우 높다고 생각할 수 있고 — 아마도 최근 몇 번의 던지기에서 6이 나오지 않았기 때문에 — 그렇게 생각한 점에서 잘못 판단하고 있을 수 있다.) Y가 X를 차는 것이 매우 높은 확률로 Z를 죽이게 되리라는 믿음 때문에 X를 찬다면, 그럴 경우 (다른 사정이 동일하다면) Y는 X를 찬 것에 귀책사유가 있는 것이다. 설사 **실제로는** Y가 X를 찬 것이 매우 높은 확률로 Z의 생명을 구하리라 할지라도.✦

두 번째 단계 역시 동등한 정도로 받아들일 수 없는 것이다. 그러나 어떤 면에서는 더 흥미롭다. 두 번째 단계는 다음과 같은 일반적

✦ Y가 X를 찬 이유가 X를 차면 매우 높은 확률로 Z가 죽으리라고 생각했기 때문이라면 Y는 귀책사유가 있는 것이다. 이 점은 실제의 객관적인 상황은 그 행동으로 인해 오히려 매우 높은 확률로 생명이 구해지더라도 변하지 않는다.

논제를 전제한다.

> (1) X는 알파를 한 것에 대하여 귀책사유가 없었다.
>
> (X was not at fault for doing alpha)

는

> (2) X가 알파를 하는 것은 허용되었다.

를 필함한다. 용법에 관한 우리의 결정에 비추어 볼 때 (제3장 3절), (1)이 (2)를 필함한다는 것은 (1)이 다음을 필함한다고 말하는 것과 같다.

> (2′) X가 알파를 하지 않아야 한다는 것은 참이 아니었다.
>
> (It was not the case that X ought not do alpha.)

(1)이 (2)와 (2′)을 필함한다는 논제를, 하지 않아야 함이 성립하기 위한 귀책사유 요건 논제(the Requirement-of-Fault Thesis for Ought-Not)라고 칭하도록 하자. 매우 자주, 우리는 어떤 것을 한 것에 대하여 귀책사유가 있는 것은 아닐 것이며, 또한 우리가 그렇게 하는 것이 허용된다는 것도 참이다. 그 경우 그래서 우리가 그것을 해서는 안 된다는 것이 참이 아니었다는 것도 참이다. 그런데 하지 않아야 함이 성립하기 위한 귀책사유 요건 논제는 그보다 더 강한 무언가를 말한다. 즉, 여기에 필함관계가 있다고 말하고 있는 것이다.

왜 하지 않아야 함이 성립하기 위한 귀책사유 요건 논제를 어떤 사람이 받아들이겠는가? 알파를 할지 하지 않을지 알아내려고 하는 블로그가 있다고 하자. 매우 주의 깊은 검토 끝에 그가 내린 최선의 판단은 그가 알파를 하는 것이 더 나을 가능성이 높으며, 양심은 그에게 알파를 하라고 말한다. 그래서 그는 알파를 한다. 사태가 실제로 드러난 바에 의하면 그의 판단은 크게 빗나갔으며, 그가 알파를 하는 것은 재앙이었다. 그러나 매우 주의 깊은 검토 끝에 내린 최선의 판단만으로 충분히 괜찮지 않은가? 블로그에게 귀책사유는 없지 (fault-free) 않은가? 그에게 귀책사유가 없다고 보는 것이 합당한 것 같다. 그가 양심에 반하여 행위했어야만 했다고 말하는 것이 어찌 옳을 수가 있는가?

그러나 이런 식의 논의는 성공하지 못한다. 블로그의 아기가 열이 있다고 해 보자. 블로그의 최선의 판단은, 매우 주의 깊은 검토 끝에, 아기를 굶기는 것이 최선이라는 것이었다. (한기가 있으면 먹이고, 열이 있다면 굶긴다.(Feed a cold, starve a fever.)) 그래서 그는 아기를 굶겼고, 아기는 죽는다. 만일 그것이 블로그의, 주의 깊은 검토 끝에 내린(on very careful consideration) 최선의 판단이었다면 — 만일 블로그가 그의 틀린 믿음(mistaken belief)에 대하여 정말로 귀책사유가 없다면 — 우리는 아기의 죽음에 대하여 블로그를 비난하지는 않으며, 그가 그것에 대하여 귀책사유가 있다고 말하지는 않는다. 그가 행위해야 하는 대로 행위하지 않았다고 결론 내리는가? 의사는 나중에 "이해합니다. 그건 당신의 책임이 아니었어요."라고 말할 것이다. 그러나 의사는 덧붙일 것이다. "그렇지만 당신은 정말로, 아기를 굶기지 않았어야 했어요. 당신은 사과 주스에 용해된 아스피린을 아기에게 먹였어야만 했어요."[6] 이는 그저 그렇게 하면 좋

---

6 이와 달리, 의사는 "당신은 정말로, 아기를 굶기지 않고 의사를 불렀어야 했어요."라고 덧붙일 수도 있겠다. 이것은 블로그가 주의 깊은 검토의 방식으로 자신이 할 수 있는 최선이라고 **생각한** 것을 하기는 했지만, 그의 검토가 충분히 주의 깊지 않았다는 것이다.

앞으리라고 말하는 것이 아니라, 블로그가 **했어야만** 하는 일이라고 말하는 것이다.◆

그러한 가능성에 비추어, 이 노선을 취하는 대부분의 사람은 우리가 구분할 필요가 있다고 말한다. "해야 한다(ought)"라는 단어는 두 가지 의미를 갖고 있다고 그들은 말한다. 하나는 주관적인 뜻이다. 이 주관적인 뜻에 따르면 사람이 해야 하는 것은, 그 행위를 하지 않는 것에 대하여 귀책사유가 있게 되는 그러한 일뿐이다. 그래서 하지 않아야 함이 성립하기 위한 귀책사유 요건 논제가 참이 되게 하는 뜻이라고 한다. 그리고 다른 하나는 객관적인 뜻이다. 객관적인 뜻에 따르면 어떤 사람이 해야 하는 것은 그 사람의 믿음에 의해 확정되지 않는다. 그리고 그 사람이 그 믿음을 가진 것에 귀책사유가 없다 할지라도 그 믿음에 의해 확정되지 않는다. 그래서 하지 않아야 함이 성립하기 위한 귀책사유 요건 논제가 참이 아니게 되는 뜻이라고 한다.

그러나 이것 역시 하지 않아야 함이 성립하기 위한 귀책사유 요건 논제에 의문을 던진다. 자신의 검토가 충분히 주의 깊은 것이라고 블로그가 생각한 점에는 블로그 자신의 귀책사유은 전혀 없었을 수도 있기 때문이다.

◆ 저자가 지적하는 것은, 귀책사유의 존부는 행위자에게 귀속되는 믿음이나 의도 등에 대한 평가를 전제로 하지만, 당위의 확정은 그런 평가를 전제로 하지 않는다는 것이다. 저자가 든 예보다 더 선명한 예를 들면 다음과 같다. 철저한 전체주의 사회에서 어릴 때부터 세뇌되어 독재자가 주입한 것 외에는 그 어떤 것도 알 기회가 없었던 군인들이 있다. 이 군인들은 '이웃 나라에서 학살당하는 무고한 주민을 구하기 위해 그 이웃 나라의 사악한 무리를 토벌한다'고 믿고 그 이웃 나라에 대한 침략 전쟁을 성실히 수행한다. 그러나 사실은 이웃 나라에서 학살당하는 사람들은 아무도 없었으며, 그 군인들은 독재자가 원하는 희소한 광산이 있는 이웃 나라 영토를 확보하기 위해 동원되었을 뿐이다. 그 군인들로서는 달리 믿지 않을 도리가 없었으므로 귀책사유가 없긴 하지만, 그렇다고 해서 그 군인들이 이웃 나라에 대해 전쟁을 성실히 수행했어야 한다고 이야기하는 것은 거짓이다. 그 군인들은 침략 전쟁을 수행하지 않았어야 한다. 군인들이 그 점을 착오할 수 밖에 없었던 것은, 그들의 도덕적 운이 나빴던 것이다. 그 군인들의 도덕적 운이 나빴다는 점은, 오로지 그들이 하지 않았어야 하는 일을 할 수밖에 없었다는 점을 포착할 수 있어야 지적할 수 있다. 그리고 이것은 당위가 객관적으로 결정된다고 받아들여야만 지적할 수 있는 것이다.

나로서는 도저히 "해야 한다"라는 단어에 그러한 애매함이 있다고는 볼 수 없다. 블로그가 아기를 위해 무엇을 해야 할지에 대해 매우 주의 깊은 검토를 하면서 생각한 바를 크게 소리 내어 말했다고 해 보자. "그래", 하고 그는 결론 내린다. "아기를 굶겨야 해." 나는 그것에 따르자면 그가 참을 말했다고(according to which he spoke truly) 할 수 있는 그런[주관적인 뜻의-옮긴이] "해야 한다"는 단어의 뜻이란 **아예 없다**고 생각하는 쪽으로 끌린다. 블로그가 그 아기를 굶겨야 한다고 말한 것이 참을 말한 것이 되도록 하는, 단어 "해야 한다"의 그 어떠한 뜻도 없다.

어쨌거나 이 책 전반에 걸쳐 "해야 한다"와 "허용된다" 같은 용어는 객관적인 뜻으로 쓰겠다.[7] 만일 이 용법이 불편하다면, 이 책에서 관련 내용을 다음과 같이 교정해서 읽어도 되겠다. "해야 한다"가 두 뜻, 즉 객관적인 것뿐만 아니라 주관적인 뜻도 갖고 있다고 생각한다면, "해야 한다"가 등장하는 곳마다 그 앞에 "객관적인"을 넣을 수도 있다. 만일 "해야 한다"가 오직 하나의 뜻, 즉 하지 않아야 함이 성립하기 위한 귀책사유 요건 논제(Requirement-of-Fault Thesis for Ought-Not)가 참이 되는 주관적인 뜻만 가지고 있다고 생각한다면, 문제의 행위자에게 적합한 믿음을 귀속시키는 구절을 집어넣을 수도 있겠다.

---

[7] 명백히도, 나는 (밀과 더 최근에는 무어의) 고전적 공리주의가 X가 알파를 해야 하는지의 질문을 X가 알파를 하지 않는다면 X에게 귀책사유가 있을 것인가의 질문과 분리한 점에서 옳았다고 생각하며, 그 면에서는 그들의 견해를 따른다. 다른 한편으로, 고전적 공리주의자들은 어떤 사람이 해야 하는 것과 확률은 유관하지 않다고 보았다. 즉 그들의 견해에 의하면, 어떤 사람이 해야 하는 것은 오로지 실제로 무엇이 사실이며 사실일 것인가뿐이다. (확률이 무시될 수 있는 이유를 무어가 설명하는 방식은, 확률과 행위자의 확률 평가가 다르다는 점을 그가 보지 못했다는 점에 기대고 있다: 그의 *Ethics*, pp. 118-120을 보라.) 이 면에서는 우리가 그들의 견해와는 다른 견해를 취해야 한다고 주장한다.

이제 확률로 돌아가 보자. 만일 내가 A를 찬다면 매우 높은 확률로 B의 생명을 구하리라는 것은 참이었다. 그래서 A를 찼지만, B는 결국 죽었다. 그럼에도 불구하고 내가 A를 차는 것이 허용되었는가를 묻고 있었다. 방금 한 것은 내가 A를 차는 것이 허용되었다는 결론을 뒷받침하는 나쁜 논증을 살펴보는 일이었다. 즉, 귀책사유를 경유하여 진행하는 두 단계 논증을 살펴보는 일이었다. 두 단계 모두 받아들일 수 없는 것이었다.

내가 A를 차는 것이 허용되었다는 결론을 찬성하는 아무런 좋은 논증도 알지 못한다. 몇몇 사람은 말할 것이다. "글쎄, '해야 한다'고 말하는 것의 목적이 행위를 인도하는 것 아닌가? 그리고 그 시점에 당신에게 — 그 확률이 주어져 있을 때 — 당신이 그때 A를 차서는 안 된다고 말하는 것은 터무니없는(terrible) 일이 아니었겠는가?" 그러나 그러한 말을 하는 것이 터무니없었을 것이라는 사실이, 그것이 거짓임을 의미하지는 않는다.

다른 한편으로, 내가 A를 차는 것이 나에게 허용되지 않았다는 결론을 찬성하는 아무런 좋은 논증도 알지 못한다. 우리는 정말로 매우 자연스럽게 그것이 허용되었다고 생각한다.◆ 더구나 다음 장

◆ 일반적으로 인식적 의무를 성실하게 이행하지 않은 결과 옳은 수단을 취하지 않았을 때에는 그 사람에게 귀책사유가 있다. 반면에 인식적 의무를 성실하게 이행했음에도 옳은 수단을 취하지 못하였을 때에는 그 사람에게 귀책사유가 없다. 인식적 의무를 성실하게 수행할 능력을 갖지 못한 사람, 즉 책임 능력이 없는 사람의 행위는 흠결이 있지만 그렇다고 책임을 지는 행위는 아니다. 그런데 인식적 의무를 수행할 사람을 기준으로 하더라도 인간의 인식적 한계 때문에 어떠한 행위도 그 결과를 100% 보장하지 않는다. 이러한 인식적 한계로 인해 그 어느 누구도 알지 못했던 사정 때문에 원했던 결과가 나오지 않은 과거의 행위에 대해 '하지 않아야 한다'를 적용하는 것은 행위를 지도하는 아무런 실천적 의미가 없다. 인식적 의무를 이미 성실하게 이행한 과거의 행위를 실천적으로 교정할 방도는 없기 때문이다. 반면에 특별한 사정으로 통상의 인식적 한계를 뚫은 제3자가 조언해 줄 위치에 있다거나 할 때에는 '하지 않아야 한다'를 쓸 수 있으며, 귀책사유는 없지만 어떤 체계적인 인식 능력의 왜곡 때문에 미래의 행위를 잘못된 방향으로 하겠다고 마음먹은 사람에게도 '하지 않아야 한다'고 쓸 수 있다. 따라서 귀책사유는 행위의 허부

에서는 확률, 더 정확하게는 우위점이 무엇이 허용되는가에 직접 관련성을 갖고 있다고 보게 되면 도덕 이론에서 일정한 난해한 문제들을 가장 잘 다룰 수 있다고 주장할 것이다.

그러나 만일 내가 A를 차는 것이 허용되었다고 정말로 말한다면, 앞서 논했던 것 중 많은 것이 수정을 필요로 한다. 우리는 내가 행위로 나아가는 것을 허용되게 만들었던 것은, A를 참으로써 받아들일 만하게 잘 분배된 선의 충분히 큰 증분을 내가 낳으리라는 것이 아니라고 말해야만 한다. 나는 실제로 그런 걸 낳지 않았기 때문이다. 그렇기보다는, 내가 A를 참으로써 받아들일 만하게 잘 분배된 충분히 큰 우위점을 낳으리라는 사실이 바로 내가 행위로 나아가는 것을 허용되게 만들었다고 말해야만 한다. 명백한 것으로 맞교환에 대한 그 어떠한 요건도, 산출된 우위점에 대한 호소에 의한 청구권 제한의 정당화를 감안(allow for)해야만 한다. 그리고 높은 문턱 논제도 수정되어야 한다: 추정컨대 그 논제는 다음과 같은 것을 요구하도록 수정되어야 할 것이다. 즉 청구권 제한을 정당화할 수 있기 위해서는, 청구권 제한으로 우위점을 얻게 될 사람에게 가는 우위점은, 청구권이 그런 우위점을 위하여 제한되지 않는다면 청구권 보유자에게 가는 우위점보다 충분히 훨씬 더 커야만 한다.

9. 우리는 다음을 살펴보고 있었다.

> 맞교환 이념: 청구권을 제한하지 않는 것이 청구권 보유자에게 좋

(許否)가 아니라 이미 행위를 한 사람에 대한 평가와 그 사람에 대한 제재에 관련되어 있는 것이다. 다만 행위 당시 그 누구의 합리적인 인식적 입지에서도 어떤 행위가 우위점과 관련하여 정당화되는 근거를 갖춘 것이었다면 뜻밖의 나쁜 결과에도 불구하고 그 행위는 허용되었던 것으로 보아야 한다.

은 정도보다, 청구권을 제한하면 좋을 이들에게 청구권을 제한하는 것이 좋은 정도가 충분히 훨씬 더 좋은 경우 오직 그 경우에만, 청구권을 제한하는 것이 허용된다.

살펴보았듯이, 이것은 심하게 과잉 단순화된 것이다. 그래도 청구권을 한편에 두고, 선의 증분이나 우위점의 증분을 다른 편에 두는 맞교환은, 허용**된다**. 그리고 맞교환 이념 배후에 놓인 사고는 분명히 옳다. 더구나 그 배후에 놓인 사고에서, X가 Y에 대하여 청구권을 가짐이 Y의 행위에 대한 제약이라는 것에 무엇이 중심적인가에 대한 해명을 추출할 수 있다. X가 Y에 대하여 Y가 알파를 하지 않을 것을 요하는 청구권을 갖고 있다고 가정해 보자. 만일 우리가 Y의 여건과 관련이 있는 문제들, 즉 Y가 X의 청구권을 제한해도 되는지의 질문에는 유관하지만 X의 청구권의 엄격성에는 무관한 문제(이를테면 Y가 알파를 하거나 하지 않을 것을 요하는 Y에 대한 청구권을 가진 제3자가 있는지 등등의 문제)를 조건 규정을 두어 제외하면 X의 청구권 그 자체의 도덕적 의의(moral significance)에 초점을 맞출 수 있다. 그리고 X의 청구권의 도덕적 의의는, 다음과 같은 사실 자체에 놓여 있다고 말할 수 있다. Y가 X의 청구권을 제한해도 되는지 여부와 유관한 문제이긴 하지만 X의 청구권의 엄격성과는 무관한 문제들이 없거나 없었던 경우에는 Y가 청구권을 제한함으로써 충분히 크고 적합하게 분배된 선의 증분이나 우위점의 증분을 낳는 경우 오직 그 경우에만 Y가 그 청구권을 제한하는 것이 허용되거나 허용될 것이며, 이 경우 요구되는 증분의 규모와 그 분배의 적합성은, 전적으로 그 청구권의 엄격성에 달려 있다.

악화 원리: 만일 X가 Y에 대하여 Y가 알파를 할 것을 요하는 청

구권을 가지고 있다면, Y가 알파를 하지 않는다면 Y가 X를 더 나쁘게 만들수록, Y가 알파를 할 것을 요하는 X의 Y에 대한 청구권은 더 엄격하다.

에 비추어, 마지막 구절을 다음과 같이 바꾸어 표현할 수 있다: 요구되는 증분의 규모, 그리고 그 증분의 분배의 적합성은, 청구권이 제한되면 청구권 보유자에게 사태가 얼마나 나쁠지에 전적으로 달려 있다.

그것이 X가 Y에 대하여 청구권을 가짐과 동치인, Y의 행동에 대한 제약에 중심적인 것이다.

이 논의 와중에 발생한 몇 가지가 요약의 방식으로 간략하게 다시 언급할 가치가 있다.

그동안 청구권을 위한 수단 원리를 받아들여야 한다고 논하였다. 그 원리는 청구권과 그것의 엄격성이 목적에서 수단으로 아래로 확장된다고 말한다. 그리고 또한, Y가 X의 생명을 구할 수 있다는 사실은, Y가 그렇게 할 것을 요하는 Y에 대한 청구권을 X에게 주지 않는다고 하였다.

높은 문턱 논제를 청구권 제한에 의해 산출되어야 할 선 증분이나 우위점에 대한 분배적 제약의 해명(an account of the distributive constraint on increments of good, or advantage)으로 제시하였다: 그 논제는 청구권이 관련된 경우, 수는 중요하지 않다고 말한다. 그리고 그 논제가 일부 청구권이 — 이를테면 장기이식 사안에서 젊은 남자의 외과의에 대한 청구권이 — 최대한도로 엄격하다는 결론을 산출한다는 점은 그 논제에 대한 아무런 반론도 되지 않는 것으로 보인다고 말했다. 그러나 당신이 높은 문턱 논제를 받아들이는 점에서 나와 함께할 것이라고 가정하지는 않겠다.

또한 "해야 한다"와 그와 유사한 단어들을, 하지 않아야 함이 성립하기 위한 귀책사유 요건 논제가 참이 아니게 되게끔 사용할 것이라고도 말했다. 책 전체에 걸쳐 그 단어들을 객관적으로, 즉 X가 어떤 것을 하는 것에 귀책하유가 없다는 것의 참이 그가 그것을 해서는 안 된다는 것의 참과 양립 가능한 방식으로 사용하겠다.

제1부 무엇이 권리인가

제7장

트롤리 문제

1. 외과의는 장기이식 사안에서 젊은 남자를 수술하여서는 안 된다. 몇 가지 이유를 제시하였다. 첫째, 외과의가 낳을 선의 증분의 크기는 불충분하다. 둘째, 그 선의 증분은 받아들일 만하게 잘 분배되지 않을 것이다. 셋째, 그 젊은 남자의 청구권은 최대한도로 엄격하다. 어쩌면 높은 문턱 논제를 받아들이지 않고 그래서 두 번째와 세 번째 이유는 받아들이지 않을지도 모르겠다. 그렇다 하더라도 외과의는 행위로 나가서는 안 된다. 그 어떠한 다른 사정이 성립한다고 하여도, 외과의는 종합적으로 네 명의 생명만을 구할 것이며, 그것은 그가 행위로 나아가는 것을 허용되게 만들기에는 선의 충분히 큰 증분이 아니기 때문이다.

그러나 다음과 같은 사안에서는 무엇이 이야기될 수 있는가?

트롤리: 통제를 벗어난 트롤리가 궤도를 따라 질주하여 달려오고 있다. 그 길 앞에는 다섯 명의 남자가 있는데 트롤리가 그들이 있

는 곳에 당도하면 죽고 만다. 블로그는 지나가는 사람인데, 우연히 그 궤도의 스위치 옆에 서 있었다. 그는 그 스위치를 작동시켜(throw the switch), 트롤리의 방향을 오른쪽 지선 궤도로(onto a spur of track on the right) 바꿀 수 있다. 오른쪽 지선 궤도에는 한 사람이 있다. 그는 블로그가 트롤리를 돌린다면 죽게 된다.[1]

대부분의 사람들은 블로그가 트롤리를 돌리는 것이 허용된다고 말할 것이다. 그리고 그들이 그렇게 말하는 것이 옳지 않겠는가? 만일 무엇인가 — 트롤리, 산사태(avalanche), 통제를 벗어난 위성(스카이랩[유인(有人) 우주 실험실 - 옮긴이]을 기억하는가?) — 가 아무 일이 행해지지 않는다면 다섯을 죽일 것이라면, 그리고 또한 오직 한 명만 죽이도록 방향이 바꾸어질 수 있다면, 분명히 방향을 바꾸는 것은 허용된다. 가정상, 그것은 우리가 무엇을 하든(방향을 바꾸든 아니든) 해악을 가할 것이다. 그러지 않으면 가할 해악보다 덜한 해악을 가하도록 하는 것이 어떻게 금지될 수 있는가?

어떤 견해에서는 블로그가 트롤리를 돌리는 것(turn the trolley)이 허용되는 데 그치지 않고, 도덕적으로 요구된다. 그것은 내 견해는 아니지만, 그에 관해서는 이후에 살펴볼 것이다. 그러나 그 점은 차치하더라도, 그가 그렇게 행위로 나아가는 것은 적어도 허용된다.

그러나 만일 블로그가 트롤리를 돌리는 것이 허용된다면, 우리는 무언가 중요한 것을 간과해 온 것이다. 정확히 어떻게, 트롤리 사안이 장기이식 사안과 다르다고 생각되는가? 양 사안 모두에서, 행위자는 한 명의 목숨을 대가로 다섯 명을 구한다. 행위자가 앞 장에서

---

1 필리파 푸트의 사례를 변용한 것이다. 그녀의 *Virtues and Vices* (Los Angeles: University of California Press, 1978)에 재수록된 "The Problem of Abortion and the Doctrine of the Double Effect"를 보라.

우리가 언급한 종류의 고려사항 면에서 상이한가? 즉 여건, 선의 증분의 분배, 또는 확률의 면에서 서로 다른가? 서로 다르다고 생각할 아무런 이유도 없어 보인다. 예를 들어, 트롤리 사안에서 선로에 있는 다섯이 블로그에 대하여 블로그가 그들의 목숨을 구할 것을 요하는 청구권을 가진다고 생각할 이유는, 장기이식 사안에서 외과의의 다섯 환자가 외과의에 대하여 그가 그들의 생명을 구할 것을 요하는 청구권을 가진다고 생각할 이유가 없는 것처럼, 없다. 그렇다면 왜 장기이식 사안에서 외과의는 행위로 나아가는 것이 금지되는데 트롤리 사안에서 블로그는 허용되는가?

권리 이론은 트롤리 사안과 장기이식 사안 사이의 유관한 차이에 대한 해명을 필요로 한다. 우리는 장기이식 사안에서 외과의가 행위로 나아가는 것이 금지되는 이유를, 트롤리 사안에서는 같은 고려사항이 블로그가 행위로 나아가는 것을 금지하지 않는 이유를 설명하지 않고서는, 우리가 주목하고 있었던 고려사항에 호소함으로써 만족스럽게 설명할 수 없다.

도덕 이론은 일반적으로, 트롤리 사안이 장기이식 사안과 어떻게 다른가에 대한 해명을 필요로 한다. 트롤리 사안은 실제로 그저 권리 이론에 한정되지 않고 도덕 이론 일반에 매우 흥미롭고 대단히 난해한 문제를 제기한다. 트롤리 사안에서 블로그가 행위로 나아가는 것은 허용되는 반면에, 장기이식 사안에서 외과의가 행위로 나아가는 것은 불허되는 이유는 무엇인가? 트롤리 같은 사안이 일부 사람들로 하여금 공리주의 중심 이념(Central Utilitarian idea)이 매우 그럴 법하다고 생각하는 쪽으로 기울게 한다고 확신한다. 트롤리 사안에서는 가치를 최대화하는 것이 허용된다고(아마도 심지어 요구된다고) 보이기 때문이다. 장기이식 사안과 같은 사안은 공리주의 중심 이념을 매력적이지 못한 것으로 만든다. 장기이식 사안에서는 가치를 최대화하는 것이 허용되지 않기 때문이다. 그러나 하나의 동일한 도덕 이론이 어떻게 두 사안 모두를 수용할 수 있는가?

나 자신은 장기이식 사안에서 외과의가 행위로 나아가는 것이 불허된다는 사실보다는, 트롤리 사안에서 블로그가 행위로 나아가는 것이 허용된다는 사실에 의해 더욱 곤혹스러워 해야 한다고 생각한다. 그러므로 나는 이것을 장기이식 문제가 아니라 대신에 트롤리 문제라고 칭할 것이다. 일반적으로는 다섯 명을 구하기 위해 한 명을 죽여서는 안 된다. 트롤리는 그 일반적 규칙의 예외에 해당하는 좁은 집합의 대표적 사안으로 보인다. 그리고 여기서 필요한 것은 예외 집합에 대한 특성서술(characterization)과 그것들을 예외로 만드는 것에 대한 해명이다.

2. 트롤리 문제에 대한 매우 간단한 두 후보 해법을, 단지 그것들을 해법 후보군에서 치워 버리기 위해 언급할 것이다. 첫 번째 후보 해법은, 사안들의 유관한 차이는 장기이식 사안에서는 젊은 남자는 외과의에 대하여 외과의가 행위로 나아가서는 안 될 것을 요하는 청구권을 가지고 있었던 반면에 트롤리 사안에서는 궤도의 지선에 있는 한 사람은 블로그에 대하여 블로그가 행위로 나아가지 말 것을 요하는 청구권을 갖고 있지 않다는 것이며, **그 차이가 바로** 블로그는 행위로 나아가도 되지만 외과의는 나아가서는 안 되는 이유를 설명하는 차이라고 이야기한다.

그러나 왜 그 젊은 남자는 외과의에 대하여 청구권을 갖고 있는 반면에, 지선 위의 한 사람은 블로그에 대하여 청구권을 가지고 있지 않다고 여겨야 하는가? 만일 모든 청구권이 절대적이라면, 블로그가 트롤리를 돌리는 것이 허용된다는 바로 그 사실로부터, 그 한 사람은 블로그에 대한 청구권을 갖고 있지 않다는 결론을 도출할 수 있을 것이다. 그러나 만일 그것이 블로그에 대한 청구권을 갖고 있지 않다는 결론을 알아내게 된 방식이라면, 그렇다면 블로그가 트롤리를 돌리는 것이 허용된다는 점을 설명하면서 그 한 사람이 청구권을 갖고 있지 않다는 사실에 호소할 수 없다. 그런 식으로 호소하면 순환논리가 된다. 어쨌건 우리는 모든 청구권이 절대적이라는 논제를 거부하였다.

두 번째 해법 후보는, 사안들의 유관한 차이는, 트롤리 사안의 한 명과 장기이식 사안의 젊은 남자 모두 행위로 나아감에 의해 제한될 청구권을 갖고 있기는 하지만 트롤리 사안에서 한 사람의 청구권은 장기이식 사안에서 젊은 사람의 청구권보다 덜 엄격하며, **바로 그** 차이가 블로그는 행위로 나아가도 되지만 외과의는 행위로 나아가서는 안 되는지를 설명한다고 한다.

트롤리 사안에서 한 사람의 청구권이 장기이식 사안에서 젊은 남자의 청구권보다 덜 엄격하다는 것은 정말로 그럴 법하긴 한 것 같다. 죽음만이 우리에게 중요한 유일한 것은 아니기 때문이다. 우리가 어떻게 죽을 것인가도 역시 우리에게 중요하다. 그리고 조각조각 잘리고 장기가 다른 사람들에게 분배된 결과로 죽는 것이, 트롤리에 치인 결과로 죽는 것보다 더 나쁜 것 같다. 그러나 외과의는 행위로 나아가서는 안 되는 반면 블로그는 행위로 나아갈 수 있는지를 설명하기에는 충분할 정도로 더 나쁘지는 않다. 마피아 사안을 다시 살펴보라. 마피아의 손에 죽을 다섯 명을 살리기 위해 한 사람을 자르는 것은 허용되지 않는다. 마피아의 손에 죽을 다섯 명을 살리기 위해 트롤리로 한 사람을 치는 것도 허용되지 않는다.

그리고 블로그에 대한 한 사람의 청구권을 외과의에 대한 젊은 남자의 청구권보다 **현저하게**(markedly) 덜 엄격한 것으로 만드는 점으로, 직진 궤도 앞에 블로그가 트롤리를 돌리게 되면 구해질 다섯 명이 있다는 사실도 이야기될 수 없음이 분명하다. 직진 궤도 앞에 아무도 없을 때, 그래서 어느 누구도 블로그가 트롤리를 돌리지 않았을 때 해를 입을 사람이 없을 때, 블로그가 트롤리를 돌린다면 블로그는 그 한 사람의 매우 엄격한 청구권을 제한하게 됨이 매우 명백하다. 직진 궤도 위의 다섯 명의 존재만으로 어찌하여 트롤리 사안에서 한 사람의 청구권의 엄격성을 극적으로 감소시킬 수 있다는 생각은 얼마나 기이한가! — 특히 장기를 필요로 하는 다섯 명의 존재만으로는 장기이식 사안에서 젊은 남자의 청구권의 엄격성을 극적으로 감소시키지 못한다는 사실에 비추어 보면 말이다.

간단히 말해서 이 매우 간단한 해법 후보들은 전혀 해법이 아니다. 우리는 이 문제를 청구권에 대한 직설적인 호소(blunt appeal)로는 해결할 수 없다.[2]

---

2 그것을 청구권에의 더 미묘한(subtle) 호소 — *Right, Restitution, and Risk*에 다시 수록된 "The Trolley Problem"에서 제안한 호소 — 에 의해 해결할 수도 없다. 여기서는 우리가 외과의가 장기이식 사안에서 행위로 나아간다면 그 젊은 남자의 하나 이상의 청구권을 제한하리라는 사실에 주목해야 한다고 주장하였다. 외과의가 행위로 나아간다면 외과의는 그 젊은 남자의 외과의에 대한, 그 젊은 남자를 조각조각 잘라 그의 심장, 폐, 신장을 외과의가 떼어 내지 않을 것을 요구하는 청구권을 제한할 **뿐만 아니라** 그 젊은 남자를 외과의가 죽이지 않을 것을 요구하는 청구권도 제한한다. 이와는 대조적으로 블로그가 트롤리 사안에서 행위로 나아간다면 블로그는 지선에 있는 한 사람을 블로그가 죽이지 않을 것을 요구하는 그 사람의 청구권**만을** 제한한다. 지선에 있는 한 사람은 블로그에 대하여 블로그가 트롤리를 돌리지 않을 것을 요구하는 청구권은 갖고 있지 않음이 분명하기 때문이다. (또는 분명하다고 우리가 생각했기 때문이다.)

그러나 이것은 실제로는 통하지 않을 것이다. 우선, 블로그가 트롤리를 돌린다면 블로그는 트롤리로 자신을 블로그가 치지 않을 것을 요구하는 지선에 있는 한 사람의 청구권을 제한할 뿐만 아니라 그 사람을 죽이지 않을 것을 요구하는 그 사람의 청구권도 제한하기 때문이다. 어쨌거나 사람들은 트롤리로 자신을 치지 않을 것을 요구하는 청구권을, 설사 그렇게 트롤리로 치는 것이 그들을 죽이지 않는다고 하더라도, 가진다. 둘째, 더 흥미로운 점으로, 내가 제6장에서 논의한 청구권을 위한 수단 원리를 고려하여 보라. 내가 "The Trolley Problem"에서 제시한 해법은 지선에 있는 한 사람이 블로그에 대하여 블로그가 그 사람을 죽이지 않을 것을 요구하는 청구권을 가지는 것을 허용한다. 더구나 블로그가 트롤리를 돌린다면 그는 그렇게 함으로써 그 한 사람을 죽일 것이다. 트롤리를 돌림으로써 그는 트롤리를 그 한 사람에게로 보내게 되어 그렇게 함으로써 그를 죽일 것이기 때

3. 내가 생각하기에 필요한 것은, 상당히 상이한 종류의 도덕적 기제에 호소하는 것이다.

트롤리 사안에서 실제로는 충분히 자세히 살펴보지 않은 사실에 주목함으로써 시작해야겠다. 트롤리는 다섯 명을 향해 가고 있고, 만일 블로그가 행위로 나아간다면, 그가 하는 일은 트롤리를 돌려서 그것이 대신에 한 명만을 향하도록 하는 일이다. 이것은 정말로 허용되는가? 궤도 위의 여섯 사람에 대하여 어떤 추가적인 정보를 물어봐야 하지는 않는가? 그들이 거기에 어떻게 있게 되었는가를 물어야 하지 않을까? 당신에게 그 이야기를 하면서, 이 정보를 제공해 줄 아무것도 말하지 않았다. 그럼에도 그것에 관하여 생각해 보면, 그 정보는 분명히 차이를 만들어 낸다.

예를 들어, 직진 궤도 주변에는 울타리가 둘러쳐 있고, 큰 표지판에 "위험! 트롤리 선로!"라고 쓰여 있다고 하자. 그러나 다섯 명의 스릴을 추구하는 이들이 "얼마나 재미있는 일인가!"하고는, 울타리를 넘어서, 선로 위에 앉게 되었다고 하자. 그러면서 트롤리 오는 소리를 기다리면서, 트롤리가 왔을 때 운전자가 적시에 그것을 멈출 수 있을지에 관하여 내기를 한다고 해 보자. 오른쪽 지선에 있는 사람은 정원사이다. 왜 정원사인가? 오른쪽 지선은 몇 년 동안 사용되지 않았지만, 트롤리 회사는 새 역을 건설하여 그 새 역을 오른쪽 지선을 통하여 옛 역과 연결하려는 작업 중에 있기 때문이다. 그러는 와중

문이다. 청구권을 위한 수단 원리는 이로부터, 그 한 사람은 블로그에 대하여 블로그가 그 트롤리를 돌리지 않을 것을 요하는 청구권을 갖는다는 결론, 그리고 정말로, 이 청구권이 그 한 사람이 블로그에 대하여 갖는 블로그가 그 사람을 죽이지 않을 것을 요하는 청구권 만큼이나 엄격하다는 결론이 따라 나온다고 말한다. 내가 권리에 대한 이런 방식의 호소가 그 문제를 해결하지 못한다는 점을 보지 못했던 이유는 대체로, 청구권을 위한 수단 원리를 받아들일 좋은 이유들이 있다는 것을 보지 못했기 때문이다. 권리 개념에 호소함으로써 트롤리 사안과 장기이식 사안의 도덕적 차이를 설명하는 것이 가능하다고 그럴 법하게 생각될 수 있는 다른 어떤 방법도 알지 못한다.

에 회사는 그 지선을 따라 제라늄을 심으라고 정원사를 고용했던 것이다. 정원사는 트롤리를 몹시 두려워했지만, 트롤리 회사는 그에게 그 지선은 아직 개통하지 않았다고, 그래서 정원사는 지선을 따라 작업할 때 전적으로 안전하다고 보증했다. 확실히도 **이러한** 모든 것이 참이라면, 블로그는 트롤리를 돌려서는 안 된다.

대조적으로 만일 선로 위의 여섯 명 모두가 선로 노동자이고, 선로 위의 일을 하느라고 거기 나와 있다고 해 보자. 그들이 하루 동안 어느 선로 위에서 작업할지의 할당은 제비뽑기로 결정되었다(made by lot)고 한다면, 블로그가 트롤리를 돌리는 것은 허용될 것 같다.

간단히 말해서, 블로그가 ― 트롤리 돌리는 것이 허용되는 경우 ― 트롤리를 돌리는 것을 허용되게 하는 것에 대한 해명은, 그 여섯 명이 지금 있는 선로 위에 어떻게 있게 되었는가의 차이에 민감해야만 한다: 그 해명은 트롤리 돌리기 선택 시점 이전의 이력이 어떠한 경우에는 트롤리를 돌려도 되지만, 그 이력이 다른 경우에는 트롤리를 돌려서는 안 된다는 결론을 산출해야 한다.

여기서 등장하는 두 번째 논점은, 우리는 트롤리 사안과 장기이식 사안 사이의 중대한 차이가, 트롤리 사안에서 블로그는 이미 다섯 명을 위협하고 있는 무언가의 방향을 돌리는 반면에, 장기이식 사안에서 외과의는 그러지 않는다는 사실에 놓여 있다고 말할 수는 없다는 것이다. 블로그가 트롤리 사안의 가능한 **아무** 사례에서나 이미 다섯 명을 위협하고 있는 무언가의 방향을 바꾸는 것이 허용되는 것은 아니기 때문이다. 이 점은 방향 바꾸기라는 사실이 유관한지는 열린 채로 둔다. 그러나 이 점은 무언가 다른 것, 무언가 더 심층적인 것이 작동하고 있음을 분명하게 만든다.

4. 트롤리 사안에서 선로 위의 여섯 명 모두 선로 노동자이고, 그들의 일을 하느라고 거기 나와 있다고 한다면, 그리고 하루 동안 그들의 선로 위 위치 할당이 제비뽑기로 결정되었다면, 블로그가 트롤리를 돌리는 것이 허용되는 것으로 보인다고 하였다. 왜? 그들이 미리 질문을 받았더라면 블로그가 그렇게 돌리는 것을 소망하였다고 말했으리라고 생각되지 않는가? 즉 그날의 선로 위치가 할당되기 전에 질문을 받았다면 트롤리 사안 발생 시 트롤리를 돌리는 것을 소망한다고 말하였으리라고 생각되지 않는가?

현재 시각이 (i) 이른 아침이라고 하여 보자. 회사의 선로 노동자들은 선로 위로 작업하러 나가려고 한다. 그것이 그들이 생계를 유지하는 방식이다. 그러나 그날 하루 동안의 선로 위치 할당은 아직 이루어지지 않았다. 아직 추첨이 실시되지 않았기 때문이다. 트롤리 사안과 같은 상황이 벌어질 수**도 있다**는 생각이 든다. 우리는 그런 상황이 벌어질지는 알지 못하며, 벌어진다면 관련된 선로 위에 있게 될 여섯 명이 누군지는 모른다. 그래서 우리는 모든 노동자들을 소집하여 회의를 열고는 묻는다: "만일 트롤리 사안과 같은 상황이 오늘 이후에 벌어진다면, 당신은 어떤 쪽을 선호하는가? 블로그가 트롤리를 돌리는 쪽 아니면 블로그가 트롤리를 돌리지 않는 쪽?" 위치가 제비뽑기로 할당될 것이므로, 각자가 어느 선로 위에 있을 확률은 모두가 동등하다. 그러므로 각자에게는, 블로그가 트롤리를 돌리지 않는 경우보다 트롤리를 돌리는 경우에 그 사건이 벌어지면 자신이 살아남을 확률이 더 크다는 것이, 참이다.

우리는 여기에서 그날의 선로 위 위치가 제비뽑기로 결정되리라는 가정의 중요성을 강조하여야 한다. 그 가정은 참이 아니었을 수도 있다. 항상 선로에서 혼자 작업하는 선로 노동자 집단이 따로 있고, 또 늘 다섯 명 무리를 지어 일하는 노동자 집단이 따로 있었을

지도 모른다. 항상 홀로 일하는 이들이 선로 빔 맞추기(beam fitting)라고 하는 특별한 종류의 일을 한다고 가정할 수 있겠다. 그들을 빔 조정자들(Beam Fitters)이라고 부르기로 하자. 빔 조정자들은 블로그가 트롤리를 돌리는 것에 반대할 좋은 이유를 가질 것이다. 다른 사람들의 생존 확률은 블로그가 트롤리를 돌리지 않을 경우보다 트롤리를 돌릴 경우 더 크지만, **그들의**〔빔 조정자들의-옮긴이〕 생존 확률은 블로그가 트롤리를 돌리지 않을 때보다 트롤리를 돌릴 때 더 작아지기 때문이다.◆

그러나 우리는 그런 선로 노동자 집단이 없다고 가정하였다. 노동자들은 그날의 선로상 위치를 모두 제비뽑기로 할당받을 것이라고 가정하고 있기 때문이다. 그럴 경우 블로그가 트롤리를 돌리지 않을 경우보다 블로그가 트롤리를 돌리는 경우에 그 사건이 벌어지면 자신이 살아남을 확률이 더 크다는 것은 각자에게 참이다.

생존 확률만이 유일하게 중요한 사항은 아니다. 블로그가 사건이 발생하였을 때 트롤리를 돌리는 일에 반대할 만한 것으로, 일부 또는 모든 노동자들이 여길 무언가가 있는가? ― 즉, 만일 그가 트롤리를 돌린다면 그들이 얻게 될 증가된 생존 확률을 얻는 이익을 능가할 충분히 반대할 만한 무언가가 있는가? 그런 것이 무엇이 될지를 상상하기란 어렵다. 노동자들은 제어가 안 되는 트롤리가 있을 때 어떤 일이 벌어지는가는 운에 맡겨져야 한다고 믿는가? 아니면 운명에? 아니면 신에게? 정확히 언제 제어가 안 되는 트롤리(a runaway trolley)와 같은 것이 있게 되는가? 그들은 당신이 치통이 있을 때, 또는 맹장염의 공격을 받을 때 일어나는 일도, 운이나 운명이나 신에게 맡겨져야만 한다고도 믿는가?

◆ 빔 조정자들은 항상 홀로 일하기 때문에 수가 적은 쪽으로 트롤리를 보낸다는 지침은, 그런 일이 발생한다면 확실히 그들의 죽음을 초래하는 지침을 채택하는 셈이다.

그러나 그런 것이* 아무것도 없다.** 만일 그런 반대할 만한 근거가 있어서, 나중에 블로그가 트롤리를 돌리면 그들에게 생길 생존 확률 증가가 주는 이익을 능가할 정도로 충분한 반대 근거가 있는 것으로 여기게끔 하는 견해를 갖는 것을 이해할 수 있다면, 그들이 블로그가 나중에 트롤리를 돌리는 데 〔사전에―옮긴이〕 동의하지 않으리라고 믿을 이유를 우리는 갖고 있다. 그리고 그 경우에는 블로그가 나중에 트롤리 상황에 직면할 때 트롤리를 돌리는 것이 바로 그와 꼭 같은 정도로, 허용되지 않는다고 보일 것이다. 그러한 견해***가 더 확고하게 견지될수록, 그리고 그들의 삶에 더 중심적일수록, 우리는 그만큼 더욱더 블로그가 정말로 개입하지 않아야 한다고 생각하게 된다.

그러나 그것은 한낱 가능성에 불과하다. 노동자 모두가 나중에 블로그가 트롤리를 돌리는 것에 동의하리라고 정말로 가정할 수 있다. 블로그가 그렇게 하는 것이 그들의 생존 확률을 높인다는 이유에서 말이다.

그러나 왜 (i) 이른 아침에 초점을 맞추는가?

지금 시간이 (ii) 정오라고 해 보자. 이 시간 즈음에는, 선로 위치 할당은 이루어졌고 사람들은 이미 선로 위에서 작업하고 있다. 만일 그들에게 **지금**, "트롤리 사안에서 묘사된 것과 같은 상황이 오늘 이후에 일어난다면, 어느 쪽을 선호하는가: 블로그가 트롤리를 돌리는 쪽 아니면 블로그가 트롤리를 돌리지 않는 쪽?" 그들의 답은 다를 것이다. 각자가 선로 위의 위치 중 어디를 점할지 동일한 확률을

◆ 트롤리 사안에서는 트롤리를 돌리는 것을 반대할 만한 근거로 생존 확률 이외의 근거가

◆◆ 트롤리 사안의 설명 자체에 운명이나 신에 맡겨야 한다는 식의 반대 근거를 선로에 있는 사람들이 공유한다는 사정은 없다.

◆◆◆ 운명이나 신에 맡겨야 한다는 근거가 생존 확률의 증가 이익을 충분히 능가한다는 견해

가진다는 것은 더 이상 참이 아니다. 그러므로 블로그가 트롤리를 돌리지 않을 경우보다 블로그가 트롤리를 돌릴 경우에 그 사건 이후에도 자신이 살아남을 확률이 더 크다는 것은 그들 각자에게 참이 아니다. 홀로 작업하는 이들의 경우에는, 블로그가 트롤리를 돌리지 않을 경우보다 돌릴 경우에 사건 이후 살아남을 확률이 더 낮아진다.(상상해 보라고 한 빔 조정자 사안을 비교해 보라.) 그들이 보통보다 더 이타적이지 않다면, 홀로 작업하는 사람들은 지금은, 그날 중 나중에 트롤리 사안 같은 상황이 발생할 경우에 블로그가 트롤리를 돌리는 것에 동의하지 않을 것이다.

정말로 지금 시점이 (iii) 오후 3시이고 제어되지 않는 트롤리가 이미 선로의 다섯 명을 향해 달려오고 있다고 가정해 보자. 우리가 노동자들에게 **지금** 묻는다고 해 보자. "트롤리 사안이 지금 발생했는데, 어느 쪽을 선호하는가: 블로그가 트롤리를 돌리는 쪽 아니면 블로그가 트롤리를 돌리지 않는 쪽?" 그들의 답은 또 다를 것이다. 아마도 다른 곳에서◆ 홀로 작업 중인 이들은 블로그가 트롤리를 돌리는 것에 아무런 반대도 하지 않을 것이다. 그러나 **매우** 이타적인 경우가 아니라면 오른쪽 지선에서 일하고 있던 사람은 블로그가 트롤리를 돌리는 것에 동의하지 않을 것이다.

"왜 (i) 이른 아침에 초점을 맞추는가?"의 질문은 다음 절까지 미뤄 두자. 우선 이미 주목했던 고려사항들이, 우리가 살펴보았던 다른 사안에 어떤 관련성이 있는지 살펴보자.

우리가 (i) 이른 아침에 그 도시의 스릴 추구자들, 그리고 그날 나중에 오른쪽 지선에서 제라늄을 심는 일을 하도록 고용된 정원사가 참석한 회의를 열었다고 해 보자. 정원사는 블로그가 나중에 트롤리

◆ 어느 쪽 선로도 아닌 자기 자신은 위협을 받고 있지 않은 곳에서

제1부 무엇이 권리인가

를 돌리는 것에 동의하지 않을 것이다. (빔 조정자들과 비교해 보라. 그리고 이미 정오에 홀로 작업 중인 선로 노동자와 비교해 보라.) 아마도 스릴 추구자들도 그들의 관점에서는 생존 확률 증가가 기준이 아니기 때문에 블로그가 트롤리를 돌리는 것에 동의하지 않을지도 모르겠다.[*] 어쨌거나 정원사는 동의하지 않을 것이 확실하다.

공동체의 장기이식 외과의인 블로그(논의의 단순함을 위해 공동체에는 오직 한 명의 외과의만 있다고 가정한다)는 장기이식 사안이 발생하기 전에, 우리를 한데 불러 우리가 자신에게, 장기가 필요한 다섯 명이 오고 한 명을 조각조각 자르는 것 외에는 필요한 장기를 줄 방도가 없을 때 건강한 사람을 조각조각 자르는 일을 하기를 원하는지 묻는다. 우리는 그가 그렇게 하는 것에 동의했을까? 나는 우리가 동의하지 않았으리라고 확신한다. 여기서 천천히 논의를 진행해 보자.

우리 중 일부는 블로그가 그렇게 하는 데 대하여, 그렇게 하는 것이 그들의 생존 확률을 증가시키리라는 이유로 동의했을 수도 있다. 만일 알프레드가 새로운 심장을 절실히 필요로 한다면 블로그가 그렇게 수술하는 것은 알프레드의 생존 확률을 증가시킬 것이다.

그러나 블로그가 그렇게 하는 것은 건강한 이의 생존 확률을 증가시키지 않는다. 그와는 정반대다: 그것은 그들의 생존 확률을 감소시킨다.

우선 명백하게, 조각조각 잘려 아픈 이를 구하도록 쓰이는 것은 건강한 이다. (빔 조정자와 비교해 보라. 정오에 이미 홀로 일하고 있는 선로 노동자와 비교해 보라.)

둘째, 건강한가 아닌가는 단순히 운의 문제가 아니다: 어떻게 사는가가 자신의 건강에 영향을 미친다. 이는 블로그의 수술은 추가적

---

[*] 스릴은 생존에 실질적인 위협이 있을 때에 얻을 수 있는 것이므로, 애초에 스릴을 추구하려면 트롤리 돌리기로 생존을 확보해 놓지 않아야 한다.

인 더 미묘한 효과를 가진다는 것을 의미한다: 블로그의 수술은 장기를 필요로 하는 환자의 수를 증가시켜, 건강한 이가 안게 되는 위험을 증가시킬지도 모른다. 블로그가 행위로 나아가는 것은, 장기이식을 받지 못해 초래되는 죽음에 대한 한 형태의 보험을 제공한다. 그리고 일부 사람들은 그러한 보험의 활용 가능성에 비추어 그런 보험이 없었더라면 그랬을 것보다 그들의 건강을 돌보는 데 더 소홀할 가능성이 높다.[3] 내가 염두에 두고 있는 것은 때때로 도덕적 해이(moral hazard)라고 불리는 현상이다: 다섯 사람을 살리기 위해 한 사람을 조각조각 자르는 일반적 정책(general policy)은 부주의한 행동으로 초래된 위험을, 주의해서 사는 사람들에게 전가하게끔 유도한다.

물론 건강한 사람도 때때로 갑자기 병에 걸린다. 그리고 그들의 건강을 가장 조심해서 보살피는 사람들도 새 장기가 필요한 상황에 처할 수 있다. 그러나 우리가 아는 모든 것은, 어떤 사람이 어떻게 사는가가 실제로 그 사람의 건강에 영향을 미치며 그러한 주의는 건강해질 확률을 증가시킨다는 것이다. (만일 그렇지 않으면 어떻게 되는가? 나는 그 문제를 곧 살펴보겠다.)

그러므로 이미 장기가 필요한 사람들의 생존 확률이 블로그가 행위로 나아가는 것에 의해 증가될 수 있다 하여도, 건강한 사람들의 생존 확률은 그것에 의해 감소될 것이다.

더군다나 앞서 말했듯이 생존 확률은 우리가 관심을 갖는 유일한 것이 아니며, 건강한 이가 반대할 수 있는 추가적인 두 가지 이유가 있다. 스테이크, 진, 담배의 쾌락을 즐기지 않은 까닭에 건강한 사람들이, 그러한 쾌락을 마다하지 않은 까닭에 아프게 된 사람들을

---

3 마찬가지로, 마피아 사안에서와 같은 악당의 위협에 굴복하는 것은 위협을 성공시킨 악당 및 다른 악당을 고무시킨다.

구하기 위해 조각조각 잘린다는 전망에 분개하는 것은 당연하다. 둘째, 건강한 이들이 블로그가 행위로 나아갈 경우 그들이 **어떻게** 죽을 것인지에 관심을 가지는 것도 당연하다. 조각조각 잘리는 이들은 바로 그들이다. 우리는 단지 죽음만 걱정하는 것이 아니며, 어떻게 닥치는가도 역시 우려한다. 긴 병고의 기간 끝에 장기 부전으로 죽는 것은, 자신의 일을 의미 있게 마무리 지을 시간을 주는 것이어서, 길거리를 가다가 또는 의사의 검사실에 있다가 갑자기 낚아채져 다른 사람을 구하기 위해 신체 장기가 떼어 내지는 것과 다른 것이며, 후자가 현저하게 더 나쁘다.

그렇다면 건강한 이들은 블로그가 행위로 나아가는 것에 분명히 동의하지 않을 것이다. 그러므로 블로그가 그렇게 하는 것에는 만장일치의 동의가 있지 않을 것이다. — 이것은 이른 아침의 선로 노동자들 사이에서는 만장일치의 동의가 있으리라는 점과 대조된다.

만일 다음과 같은 반론이 제기된다 하더라도 놀라운 일은 아니다. "당신은 블로그가 다섯 사람을 구하기 위해 한 사람을 조각조각 자르는 것의 전망에 대해서 우리가 무엇이라고 말할지를 물었는데, 그러면서 당신은 우리 중 건강한 이들이 자신들이 건강하다는 것을 안다고 그리고 그들 중 일부는 심지어 자신들이 건강을 보존하는 데 기꺼이 노력을 기울이는 사람들이라고 상상했다. 그러나 그럴 경우 당신이 묻고 있었던 것은, 선로 노동자가 (i) 이른 아침이 아니라 (ii) 정오에, 블로그가 트롤리를 돌리는 전망에 관해 무엇이라고 말할 것인가를 물은 것과 같다. 그런데 정오에는 노동자가 홀로 선로에서 작업하고 있다는 것을 이미 알고 있어, 블로그가 트롤리를 돌리지 않을 때보다 돌릴 때 그가 더 큰 위험에 처한다는 것도 알고 있다. 장기이식 사안과 트롤리 사안에서 모두, 그들이 더 큰 위험에 처하리라는 것을 아는 이들은 블로그가 행위로 나아가는 데에 동의하지 않을 것이다. 그러니 당신이 지적하고자 했던 비대칭성, 대조는 어디에 있는가?"

사실은 장기이식 사안에는 트롤리 사안에서 이른 아침에 해당하는 것이 아무것도 없다. — 노동자들이 제비뽑기에 의해서 작업할 선로 위치가 할당되리라고 상상한다는 전제에서는 말이다.

첫째로, 건강한 사람 중 누구도 자신이 건강한지 건강하지 않은지를 모르는 시점이란 없다. 더 정확하게 말해서, 우리 중 보통의 건강한 성인 누구도 자신이 건강한지 아닌지를 모르는 시점이란 없다. (빔 조정자와 비교해 보라. 건강한 이 중 전부는 아닐지라도 일부는, 빔 조정자가 그들 자신에 관하여 알고 있는 바에 상응하는 자신에 관한 것을 알고 있다.) 블로그가 다섯 사람을 구하기 위해 한 사람을 조각조각 내는 것을 선호하는지 아닌지 질문에 어린이나 정신 장애가 있는 사람이 무엇이라고 말하는지는 관심의 대상이 아니다.

둘째, 전적으로 운에 의해 사람들에게 건강이나 신체 일부에 대한 필요가 오게 되는 그런 시점이 없다. — 이를 선로 위의 작업 위치에 대한 제비뽑기와 비교해 보라. 말했듯이 우리가 아는 모든 것이 어떻게 사는가가 그 사람의 건강에 영향을 미치며 그렇게 주의하는 것이 정말로 건강해질 확률을 증가시킨다는 점을 이야기해 준다.

간단히 말해 다섯 명을 구하기 위해 블로그가 한 사람을 조각조각 자르는 것에 모두가 동의하게 될 시점이란 없다. 이와는 대조적으로 블로그가 트롤리를 돌리는 것에 노동자들이 모두 동의하게 될 시점은 있다. 이른 아침 말이다.

모두 동의하게 될 시점이 있었을 수도 있다. 우리는 자신의 건강에 영향을 미치는 그 어떠한 것도 없는 그런 세계를 상상할 수 있다. (스테이크, 진, 담배에 탐닉하든 탐닉하지 않든 그 세계의 건강에는 아무런 영향이 없다.) 장기 부전(organ failure)으로 발생하는 질병은 난

데없이(out of blue), 예측할 수 없이, 그저 운에 의해서 닥친다(descend on). 그 세계의 사람 모두에 대하여, 생존 확률은 정말로 블로그가 다섯 사람을 구하기 위해 한 사람을 조각조각 자르는 경우에 증가한다.

그럼에도 불구하고 그들은 앞서 언급한 이유에서 블로그가 행위로 나아가는 데 반대할 수 있다. 말했듯이 우리는 긴 병고 끝에 장기 부전으로 죽는 경우에는 자신의 일을 의미 있게 마무리 지을 시간이 있기 때문에, 길거리나 의사의 검진실에서 갑자기 낚아채져 다른 사람들을 구하는 데 사용되도록 자신의 신체가 조각조각 잘려 장기가 떼어 내지는 것과 다르다고 생각하며, 후자가 현저하게 더 나쁘다고 여긴다. 이 점에서 우리와 다르면서도 인간이라고 인식할 수 있는 그 세계의 사람들을 상상하기란 쉽지 않다. 어쩌면 상상할 수 있을지도 모른다. 첫째로, 그들이 의미 있게 마무리 지을 일이 없다고 상상할 수 있다. 그들은 하루 자체를 위해 살며, 미래에 대해서는 아무런 관심을 갖지 않는다. — 미래에도 살아 있기를 소망하는 점만 빼고는 말이다. (고양이는 의미 있게 마무리 지을 아무런 일도 갖고 있지 않다. 그러나 그들은 계속해서 살기를 원한다.) 둘째, 그들이 그들의 신체가 다른 사람을 구하기 위해 조각조각 잘리는 데 아무런 혐오감도 갖고 있지 않다고 상상할 수 있다. (그들이 집단으로서의 생존에만 관심을 가지고, 그들 자신의 신체에 대하여는 아무런 관심을 가지고 있지 않을 수 있을까?[4])◆

이 사실이 더해지면, 우리는 그 세계의 사람들은 정말로, 그 세계의 블로그가 행위로 나아가는 것에 동의하리라고 무리 없이 생각할

---

4 인간과 같은 존재에 대하여 이것이 참일 수 있을까? 그 문제는 제8장에서 살펴본다.

◆ 즉, 이 상상의 세계의 사람들의 특성으로 가장 중요한 것은 그들이 진지한 개별성(individuality)을 갖고 있지 않다는 점이다.

수 있다. — 이 세계에서는 이른 아침에 질문을 받으면, 블로그가 트롤리를 돌리는 것에 노동자들이 동의하리라는 것과 꼭 마찬가지로 말이다. 그러므로 다음 절에서 양 사안(트롤리 사안과 그 가상세계의 사람들 사안-옮긴이) 모두에서, 블로그가 행위로 나아가는 것은 허용된다고 논할 것이다.

그러나 **우리** 세계의 사람들은 그 세계의 사람들이 아니며, 이 세계의 건강에 관한 일반적 사실은 그 세계의 건강에 관한 일반적 사실과 같지 않다. 우리는 이 세계의 블로그가 행위로 나아가는 것에 동의하지 않을 것이다.

그 세계 및 그 세계에 사는 사람들에게 내재해 있다고 본 특성 그자체가, 그 세계에서 다섯 명을 구하기 위해 한 사람을 조각조각 내는 일을, 우리 세계에서 다섯 명으로부터 한 명에게로 위협의 방향을 돌리는 일이 보유하는 바로 그 특성을 보유하도록 만든다는 점에 주목할 가치가 있다. — 우리 세계에서 무언가(트롤리, 눈사태, 유성(a meteor))의 방향을 바꾸는 것이, 우리 세계에서 다섯 명을 구하기 위해 한 명을 조각조각 내는 것보다 덜 반대할 만한 것이라는 우리의 감각으로 귀결되는(issue in) 바로 그 특성 말이다. 다른 한편으로 우리는 그 세계에서는 장기 부전이 전적으로 운에 따른 사건, 즉 어느 누구도 그 확률을 예측하거나 영향을 줄 수 없는 사건이라는 사실을 가정하였다. 우리는 그 세계의 사람들이, 그들의 육체가 다른 사람들을 구하기 위해 사용되는 것에 대하여 아무런 반대 근거도 갖지 않는다는 사실을 가정하였다. 그럴 경우에 그들의 관점에서는, 장기 부전으로부터 다른 사람을 구하기 위해 자신들이 조각조각 잘리는 것은 다른 사람을 구하기 위해 우리가 조각조각 잘리는 것이 갖는 반대할 만한 특성 중 아무것도 갖지 않게 된다. 그 세계에서 조각조각 잘리는 것은, 그들의 관점에서는 우리 세계에서 무언가(트롤리,

눈사태, 유성)의 방향을 바꾸는 것보다 조금도 더 반대할 만한 것이 아니다. 그리고 그로부터 나올 생존 확률의 증가를 근거로 그들은 그렇게 하는 것을 정말로 환영할 것이다.

5. 이제 앞서 열린 채로 남겨 둔 질문을 살펴보자. 노동자들이 (i) 이른 아침에 질문을 받는 경우에는 블로그가 나중에 트롤리를 돌리는 것에 동의했을 것이라고 말했다. 그리고 마침내 블로그가 트롤리 사안의 상황에 직면했을 때 블로그가 트롤리를 돌리는 것이 허용된다는 점을 보여주는 것으로 여긴 것 같다. 그러나 만일 노동자들이 (ii) 정오에 질문을 받았더라면 나중에 블로그가 트롤리를 돌리는 것에 동의를 하지 않으리라는 점이 분명하며 — 어쨌거나 **모두가** 동의하지는 않았으리라는 점은 분명하며 — , (iii) 3시에 질문을 받았을 경우에도 모두가 동의하지는 않았을 것이다. 그렇다면 그들이 만일 이른 아침에 질문을 받았더라면 모두가 동의했으리라는 것이 도대체 왜 흥미의 대상이 되는가?

실제로 당신이 원하는 대로 고르는 시점에 그들이 이것 또는 저것에 동의하거나 동의하지 않으리라는 점이 왜 흥미의 대상이 되는가? 어쨌거나 노동자들은 실제로 질문을 받지 않았으며, 그래서 그 어떤 시점에서도 실제로 동의하지 않았다. 앞 절에서 지적된 것은 한낱 '가상적 동의'이다. 우리가 왜 그것에 관심을 가져야 하는가? 나는 관심을 가지지 않아야 한다고 생각한다. 내가 우리가 관심을 가져야 한다고 생각하는 것은 이러이러한 사람들이 질문을 받았더라면 동의하였을 것이라는 점이 아니라, 그들이 만일 동의한다면 그것 덕분에 동의하는 어떤 점이다.

어떤 것을 해도 되는 이유를 설명하기 위하여 가상적 동의에 자연스럽게 호소하고자 하는 마음이 드는 한 사안을 살펴보자. 나무가 데이비드를 향해 쓰러진다고 가정해 보자. 쓰러진 나무에 다리가 으스러지고 의식을 잃는다. 당신은 의사이며, 그의 다리를 즉시 잘라 낼 경우 오직 그 경우에만 데이비드가 살 수 있다는 점을 알고 있다. 당신이 행위로 나아가는 것은 허용되는가? 나는 우리가 데이비드에 관하여 더 듣기 전에는 답할 수 없다고 말하고 싶을 수도 있다고 생각한다. 만일 데이비드가 크리스천 사이언스 신자나 여호와의 증인이라면 '아니요'이다. 어떤 사람의 깊이 견지된 종교적·도덕적 신념은, 그의 아이에 대한 수술이 문제될 때에는 아무런 효력을 갖지 못한다. 그러나 문제되고 있는 것이 그 사람 자신에 대한 수술인 경우에는, 그러한 신념은 분명히 그 문제의 답을 가려 준다. 그 신념들이 어떻게 답을 가리는가? 우리는 데이비드가 크리스천 사이언스 신자임이, 그 신자인 덕분에 그 사안의 답을 가려 준다고 생각하는 것도 당연하다. 데이비드는 당신이 행위로 나아감을 거절할 것이다. 그리고 우리는 그러므로, 만일 당신이 행위로 나아가는 것이 허용된다면, 이는 데이비드가 당신이 행위로 나아가는 것에 동의할 것이기 때문이라고 결론 내릴지도 모른다.

그러나 이런 생각이 옳은가? 당신이 어떤 것을 하는 것이 허용되지는 않는데도, 당신이 그것을 하는 것에 어떤 사람이 동의하리라는 것은 참일 수도 있다. 자신이 수컷 울새를 죽였기 때문에 목이 잘려야 마땅하다는 정신 나간 생각을 하고 있어서, 당신이 그의 목을 자르는 것에 동의하는 사람에게는 그것이 참이다. 그가 동의한다는 사실이 당신이 행위로 나아가는 것을 허용되도록 하지는 않는다.◆ 그러므로 가상적 동의는 허용성을 위한 충분조건이 아니다. 데비이드의 사안에서 당신이 그렇게 하는 것이 허용된다면, 당신이 행위로

◆ 새 한 마리를 죽였다는 이유로 자신이 죽어 마땅하다고 생각하여 자신을 죽이는 데 동의한 사람을 살해하는 것은 허용되지 않는다.

나아가는 것을 허용되게 하는 도덕적 작용을 실제로 하는 것은 데이비드가 당신이 행위로 나아가는 것에 동의했으리라는 점이 아니라, 그가 그것 덕분에 동의하게 되는, 그에 관한 어떤 점이다. 그 어떤 점이란 다음과 같은 복합 사실(complex fact)이다. (a) 그는 당신이 행위로 나아갈 경우 오직 그 경우에만 살 것이다. 그리고 (b) 크리스천 사이언스 신자의 경우에는 그랬을 것처럼, 그것이 참이 된다면 당신이 행위로 나아갔을 경우 오직 그 경우에만 그가 살 것이라는 사실을 도덕적으로 능가하는 그러한 사정이 그에게는 아무것도 성립하지 않는다. 그 복합 사실이 그가 동의하는 이유이다. 그러나 당신이 행위로 나아가는 것을 허용되게 하는 것은 그 복합 사실이지, 그의 가상적 동의가 아니다.

더 정확히 말해서 그 복합 사실은 그가 동의**한다면**, 그가 동의하는 이유이다. 그는 동의하지 않을 수도 있기 때문이다. 가정상 데이비드는 의식을 잃었고 실제로는 동의하냐는 질문을 받을 수가 없다. 그러나 만일 당신이 그를 흔들어 깨울 수 **있다** 해도, 그는 너무나 혼란스러워 하거나 지나치게 흥분해서 제정신이 아닌 상태라서 또는 지나치게 큰 고통 때문에, 행위로 나아가는 데 대한 동의의 요청에 명확하게 사고하지 못하고 거부할 수도 있다. 이 반사실적 서술(counterfactual)이 그에게 참이라고 가정해 보자. 그것으로부터 당신이 행위로 나아가서는 안 된다고는 결론 내리기는 매우 어렵다. 그러므로 가상적 동의는 허용성을 위한 충분조건이 아닐 뿐만 아니라 허용성을 위한 필요조건도 아니다.

간단히 말해서 가상적 동의에 대한 호소는 여기서 하나의 부수현상(epiphenomenon)에 호소하고 있는 것이다.[5] — 현존할 필요도 없

---

5   나는 가상적 동의가 현대 정치 이론 전반에서 부수현상에 불과한 것이 아닌가 하는 강한 의심을 갖고 있다. 사람들이 질문을 받았더라면 그것을 준수하며 사는 것에 동의할 것이

는 부수현상 말이다.

그 부수현상에 깔려 있는 현상(the phenomenon)으로 돌아가 보자. 다음과 같이 말했다: 데이비드 사안에서 당신이 행위로 나아가는 것이 허용된다면, 그것을 허용되게 하는 도덕적 작용을 실제로 하는 것은, 데이비드가 당신이 행위로 나아가는 것에 동의하리라는 점이 아니라, (그가 만일 동의한다면) 그것 덕분에 동의하게 될 그에 관한 어떤 점이며, 그 어떤 점이란 (a) 그는 당신이 행위로 나아가는 경우 오직 그 경우에만 살 것이며 (b) (그가 크리스천 사이언스 신자였다면 있었을) 만일 참이라면 당신이 행위로 나아가는 경우 오직 그 경우에만 그가 살 것이라는 사실을 도덕적으로 능가하게 하는 그러한 사정이 아무것도 성립하지 않는다는, 복합 사실이다. 그러나 그 복합 사실이 정확히 어떻게, 당신이 행위로 나아가는 것을 허용되게 하는

기 때문에 이러이러한 것이 바로 규칙이라고 논증되곤 한다. 그러나 그들이 동의할 것인가? 아마도 그중 일부는 혼란에 빠져 있거나 시기로 가득 차 있거나 어떤 다른 이유에서 동의하지 않을 것이다. 그 이론가들이 이런 가능성에 직면하여 전형적으로 하는 작업은, 제약을 부과하는 것이다. 즉 (있는 그대로의) 사람들이 동의할 것인지 물었을 때 실제로 동의할 것인지가 아니라, 사람들이 일정한 조건을 충족한다면, 이를테면 명료한 사고를 하고 시기를 하지 않는 등등의 조건을 충족한다면 동의할 것인지를 물어야 한다는 것이다. 그들이 그러한 조건을 충족한 경우에 동의할 것인지를 어떻게 아는가? 글쎄, 그러한 규칙에 따라 사는 것이 그들의 우위점 — (있는 그대로의 모습에서 그들이) 그 여건에서 그들의 우위점이라고 생각할 바와 대비되는 의미에서 그들의 진정한 우위점(real advantage) — 이 된다는 점에 의해서 알 것이다. 그러나 그럴 경우 **그것이야말로** 그 규칙들이 정의롭다는 논제를 정당화해 주는 도덕적 작용을 하는 것이다. 그 이론가들은 "그것이 그들의 진정한 우위점이다"에서 "그들이 그 규칙에 동의할 것이다"라는 매개물을 경유하여 "그 규칙들은 정의롭다"로 가는 논증을 한다. 그러나 그 매개물은 한낱 부수현상에 불과하다. 적어도 나는 한낱 부수현상에 불과한 것이 아닌가 생각한다.

스캔론이 묻는 것은 사람들이 제약된 조건하에서 이러이러한 규칙에 동의할 것인지가 아니라, 사람들의 실제 조건하에서 "숙지되고 강제되지 않은 일반적 합의의 기초"로서 그 규칙들이 "합당하게" 거부될 수 있는가이다. 서문의 주석 15에서 그 견해에 대한 그의 간략한 요약을 인용하였다. 여기서 "합당하게"가 큰 무게를 지는데, 어느 누구도 주어진 규칙의 세트를 합당하게 거부할 수 없다는 것을 참으로 만드는 도덕적 작용을 하는 것이 무엇이건, 그것이 바로 그 규칙들을 정당화하는 도덕적 작용을 하는 것이라고 본다. 간단히 말해 합의에 관한 언급은 빼 버릴 수 있다. 서문의 주석 19를 보라.

제1부 무엇이 권리인가

가? 그에 대한 가능한 하나의 대답은 다음과 같다: (a)를 고려했을 때, 우리는 당신이 행위로 나아간다면 그것이 데이비드에게 얼마간 (in a measure) 좋다고 결론 내릴 수 있으며, 그리고 (b)를 고려했을 때, 우리는 당신이 행위로 나아간다면 데이비드에게 단지 얼마간 좋을 뿐만 아니라, 또한 당신이 나아간다면 데이비드에게 **모든 것을 감안할 때**(on balance) 좋다고 결론 내릴 수 있다.

이 노선을 취하는 것은 만일 데이비드가 크리스천 사이언스 신자라면 당신이 행위로 나아가는 것이 데이비드에게 모든 것을 감안할 때 좋지 않으리라는 점을 상정하는 것이다. 만일 그가 크리스천 사이언스 신자라면 데이비드가 크리스천 사이언스 신자임은, 왜 당신이 행위로 나아가는 것을 허용되지 않는 일로 만드는가? 데이비드가 크리스천 사이언스의 신실한 신자라고 가정해 보자: 크리스천 사이언스 신자임은 그에 관한 그의 삶에 중심적인 사실 중 하나이다. 그렇다면 당신은 행위로 나아가서는 안 되며, 우리가 살펴보고 있는 이 노선을 취하는 그 이유는 다음과 같다고 말하는 것이다: 데이비드는 당신이 행위로 나아가는 경우 오직 그 경우에만 살 것이라는 사실이, 당신이 행위로 나아간다면 그에게 얼마간 좋다는 점을 의미하기는 하지만, 데이비드가 크리스천 사이언스의 신실한 신자라는 사실은 당신이 행위로 나아가는 것이 그에게 나쁘며 삶의 좋음을 능가할 정도로 충분히 나빠서, 당신이 행위로 나아간다면 그에게는 모든 것을 감안할 때 좋지 않다는 것이다. 강조하겠다: 그에게 모든 것을 감안할 때 **객관적으로** 좋지 않다는 것이다. 어쨌거나 우리는 '어떤 사람에게 좋다'는 관념을 객관적으로 이해하고 있기 때문이다.

이것은 취하기에 매력적인 노선이다. 신실한 크리스천 사이언스 신자를 수술하는 것은 정말로 심대한 침해, 강간에 비견할 만한 폭력적인 공격을 저지르는 것이며, 그래서 그에게 나쁘다. 그가 크리스천 사이언스 신자임이 그에게 갖는 중요성에 비추어 당신이 행위로 나아가는 것이 그에게 나쁘다고 생각하지 않는다면, 당신이 행위로 나아가는 것이 그에게 객관적으로 모든 것을 감안할 때 나쁘지 않다고 생각한다면, 왜 당신이 행위로 나아가는 것이 도덕적으로 금지된다고 생각하겠는가? 만일 데이비드가 크리스천 사이언스에 재미 삼아 잠깐 발을 들이고 있는 와중에 불과하다고 해 보자. 깊이 견지되는 종교적 확신과 지나가는 공상은 상당히 다르다. 여기서 당신이 행위로 나아가는 것이 허용된다고 생각하는 것도 당연하며, 이는 당신이 행위로 나아간다면 데이비드에게 모든 것을 감안할 때 객관적으로 나쁘지 않다고 생각한다는 바로 그 이유 때문이라고 충분히 그럴 법하게 생각하는 것도 무리가 아니다.[6]

그러나 이것은 취하기에는 지나치게 강한 노선이라고 주장될지도 모른다. 신실한 크리스천 사이언스 신자에게 수술하는 것을 금하는 것은 그렇게 하는 것이 그에게 나쁘리라는 점이 아니라, 그것이 그의 깊이 견지된 도덕적 신념에 저촉된다는 바로 그 사실이라고 이야기될지도 모르겠다. 수술은 그에게 얼마간 나쁘**지**만, 수술을 금하는 것은 당신이 수술함으로써 주는 선을 그 나쁨이 능가한다는 점이 아니라, 크리스천 사이언스 신자가 수술받는 것이 그르다고 깊이 믿는다는 사실이라고 (또는 그 사실에 더해 위와 같은 사실이라고) 말할 수도 있다.

---

6 마크 존스톤(Mark Johnston) 덕분에 흥미로운 다음과 같은 차이에 주의를 기울이게 되었다. 데이비드가 의식이 없다면 데이비드가 (크리스천 사이언스에 깊은 헌신을 하고 있는 것과 대조되는 의미에서) 크리스천 사이언스에 재미 삼아 잠깐 발을 들이고 있는 와중에 불과함은 당신이 행위로 나아가는 것을 금지하지 않는다. 반면에 데이비드가 의식이 있고 그의 능력을 온전히 보유하고 있으며 당신이 수술하는 것을 허락하지 않는다면, 그의 거부가 크리스천 사이언스에 (깊은 헌신을 하고 있는 데서 나온 것이 아니고) 재미 삼아 잠깐 발을 들이고 있는 데서 나왔다는 사실은 중요치 않다. 그런 사실에도 불구하고 당신은 수술로 나아가서는 안 된다. 나는 이 차이를 설명할 근거를 갖고 있지 않다.

여기서 제기되는 문제는 모두 깊이 있고 흥미롭다. 그러나 그 문제를 우회할 것을 제안한다. 그 사안을 특징짓는 방식이 필요하기 때문이다. 그리고 내가 언급한 노선은 나에게 매우 그럴 법하게 보이기 때문에, 그것을 택할 것이다. 데이비드가 신실한 크리스천 사이언스 신자일 때 당신이 행위로 나아가는 것을 금하는 것은, 당신이 행위로 나아간다면 그것이 그에게 모든 것을 감안할 때 나쁘리라는 점이라고 말할 것이다. 더 일반적으로 당신은 데이비드가 어떤 특성을 갖고 있는 경우라면 언제나 그러나 오직 그런 경우에만 행위로 나아가는 것이 금지된다고 말할 것이다. 그 특성이란 당신이 행위로 나아가는 경우 오직 그 경우에만 그가 살 것이라는 사실에도 불구하고, 그것 때문에, 당신이 행위로 나아간다면 그에게 모든 것을 감안할 때 나쁘게 될 그러한 특성이다. 깊이 견지된 종교적·도덕적 신념은 그와 같은 가능성 중 하나이다. 다른 가능성도 있을 수 있다. 그러나 여기서 제기되는 질문을 더 자세히 살펴보면, 데이비드가 크리스천 사이언스 신자임(또는 어떤 다른 비견할 만한 특성을 가짐)이 행위로 나아가는 것을 금하는 이유를 설명하는 일은 그의 깊이 견지된 신념 그 자체에 대한 호소 및 당신이 행위로 나아가는 것이 그가 그런 신념을 견지하고 있기 때문에 그에게 나쁘리라는 사실에 대한 호소를 요구한다는 점을 드러낼지도 모른다는 것을 인정한다.

요약하면 데이비드 사안에서 당신이 행위로 나아가는 것이 허용된다면 그렇게 행위로 나아가는 것을 허용되도록 하는 것은, 당신이 행위로 나아가는 것이 데이비드에게 모든 것을 감안할 때 좋다는 것이라고 말할 것이다. ✦

✦ 그러나 가장 궁극적인 것은 가치와의 혼동을 불러일으키는 좋음이 아니라 어떤 인간관 및 규범적 논증대화의 형식화용론에 기초한 정당화 가능성이라고 볼 수도 있다. 그래서

다른 사안을 살펴보자. 이 사안은 우리를 트롤리 사안으로 더 가깝게 데려다 놓는다. 나무 하나가 에드워드에게로 쓰러진다. 그의 다리는 나무에 깔려 으스러졌다. 그리고 의식을 잃었다. 당신은 의사이며, 당신이 그의 다리를 즉시 자른다면 에드워드가 높은 확률로 (그러나 확실하지는 않게) 살 것이라는 점을 안다. 그러나 당신이 그렇게 하지 않는다면 에드워드는 확실히 죽는다. 당신이 행위로 나아가는 것은 허용되는가? 에드워드에 관하여 더 많은 것을 듣기 전까지는 답할 수 없다고 말하고 싶을지도 모른다. 만일 에드워드가 크리스천 사이언스 신자나 여호와의 증인이라면 답은 '아니요'이다.

이런 사정 어느 것도 에드워드에게는 성립하지 않는다고 가정해 보자. 에드워드는 크리스천 사이언스 신자도, 여호와의 증인도 아니다. 에드워드는 성공적인 수술이 그에게 모든 것을 감안할 때 나쁜 것이 되게 하는 그런 특성을 아무것도 갖고 있지 않다. 이와는 정반대로 성공적인 수술은 에드워드에게 모든 것을 감안할 때 좋을 것이

동의라는 이념은 그렇게 간단히 좋음이라는 이념으로 대체될 수 없다. 객관적 좋음의 판정은 데이비드가 견지하고 있는 종교적 신념이 참인지 여부를 판정하는 것을 피하기 어려울 수 있기 때문이다. 초월적 존재가 수혈을 하지 말라고 명한다는 것이 객관적으로 참인지, 애초에 그런 명령을 내릴 초월적 존재가 있는지를 따지지 않고서는 데이비드에게 객관적으로 좋은 것을 판정할 수 없다. 어떤 사람이 풀잎을 세는 데 바친 삶이 아주 가치 있는 일이라고 믿는다고 하더라도 그런 삶이 그 사람에게 좋은 것인지 여부는 별도의 문제이기 때문이다. 톰슨과 같은 용어로 표현하면 좋은 것이 권리를 침해할 수가 있는가의 문제를 순환적이지 않은 방식으로 해명해야 하는데 매우 어려운 일이다. 그래서 여기서 정말로 중요한 것은 적어도 다른 사람의 권리를 침해하지 않는 사안에 관하여는 자신의 신조대로 살아갈 도덕적 권위를 인정하는가 아닌가로 표현되는 것이 더 정확하다. 에드워드 사안에서 좋음은 그 내용을 객관적 선으로 인정할 수 있는 것과 직결되는 반면, 데이비드 사안에서 좋음은 그 내용을 객관적 선으로 인정할 수 있는 것과 직결되지 않는다는 점에 주목할 필요가 있다. 그래서 궁극적 개념을 '좋음'이 아니라 '정당화 가능'으로 표현하자면, 자유롭고 평등한 존재로서의 도덕적 권위를 존중하는 한계를 준수하면서 더 많은 선이나 더 많은 선의 우위점을 누릴 수 있게 하는 행위는 허용된다는 원리가 타당하다고 볼 수 있다. 그리고 이러한 도덕적 권위 존중을 위해서는 가상적 동의가 일정한 역할을 할 수도 있다.

다. 그럴 경우 당신은 행위로 나아가야 한다고 생각할 것이다. 그러나 우리는 여기서 데이비드의 사안에서 말한 것을 말할 수는 없다. 즉 당신이 행위로 나아가도 되는 이유가, 당신이 행위로 나아간다면 에드워드에게 모든 것을 감안할 때 좋으리라는 이유를 말할 수는 없다. 당신이 실제로 행위로 나아갔는데 에드워드가 끝끝내 죽었다고 가정해 보자. 그렇다면 당신이 행위로 나아가는 것은 에드워드에게 모든 것은 감안했을 때 좋은 것은 아니었다. 비록 당신이 그렇게 행위로 나아간 것이 허용되기는 했어도 말이다.

여기서 필요한 것은, 앞 장의 8절에서 살펴본 우위점이라는 관념(notion)이다. 만일 당신이 행위로 나아간다면 당신은 에드워드가 생존할 확률을 증가시킨다. 그리고 가정상 성공적인 수술은 에드워드에게 모든 것을 감안했을 때 좋다. 이것은 당신이 행위로 나아감으로써 그에게 우위점을 주며, 그 우위점의 규모는 행위로 나아감으로써 당신이 증가시키게 되는 그가 생존할 확률 양(amount)의 산물이다. 그리고 그것이 얼마나 좋은가의 양은, 그가 생존한다면 그것이 그에게 얼마나 좋을까에 해당한다. 그렇다면 우리는 다음과 같이 말할 수 있다: 당신이 에드워드 사안에서 행위로 나아가는 것을 허용되게 만든 것은 다음과 같다: 그것은 당신이 행위로 나아가는 것이 에드워드에게 우위점이 된다는 것이었다.

트롤리 사안으로 돌아가 보자. 노동자들은 만일 그들이 (i) 이른 아침에 질문을 받았다면 블로그가 나중에 트롤리를 돌리는 것에 동의했으리라고 말했다. 그리고 이것을, 그가 트롤리 사안에서 그 상황에 결국 직면했을 때 트롤리를 돌리는 것이 허용된다는 점을 보여주는 것으로 보았다. 그렇다면 당시에 그들이 질문을 받았더라면 블로그가 트롤리를 돌리는 것에 동의했을 것인가 하는 점을 묻는 것은 유용했다: 그 시점에, 그들의 생존 확률은 블로그가 나중에 트롤리를 돌릴 것이라면 돌리지 않을 경우보다 더 커진다는 것은 명백하다. 그러나 우리는 증가된 생존 확률이 블로그가 트롤리를 나중에 돌리는 것을 허용되게 만들지 않았을 그러한 사정으로서 그들에게 성립되는 무엇이 있는지를 살펴볼 필요가 있었다. 말했듯이 생존 확률만이 중요한 것은 아니다. 노동자들은 제어를 벗어난 트롤리가 있는 경우에 벌어지는 일은 운에 맡겨져야 한다고 믿는가? 아니면 운명에? 아니면 신에? 그리고 말했다: 그들이 그러한 견해를 더 확고히 견지할수록, 그리고 그것이 그들의 삶에 더 중심적인 것일수록, 우리는 그만큼 더 블로그가 정말로 개입해서는 안 된다고 생각할 것이다. 그러나 그것은 한낱 가능성에 불과했다. 블로그가 트롤리를 나중에 돌리는 것이 그들에게 증가된 생존 확률을 줄 것이라는 바로 그 근거에서, 블로그가 트롤리를 나중에 돌리는 것에 동의했으리라고 가정할 수 있다. 이제 그 문제를 가상적 동의를 이야기하지 않고서 표현할 수 있게 되었다: 블로그가 트롤리를 나중에 돌릴 것이 그들에게 우위점이 된다. 트롤리 사안의 상황에 블로그가 실제로 직면할 때 오른쪽 지선에 서 있을 노동자가 한 사람 있다. 그가 누가 될지는 모르겠지만 말이다. 그리고 **그에게** 블로그가 나중에 트롤리를 돌릴 것은 나쁜 것으로 판명되었다. 그러나 이른 아침에는 그 사람을 포함하여 모두에게 블로그가 트롤리를 나중에 돌리는 것은 우위점이다.

(i) 이른 아침에는 그렇다는 것이다. (iii) 3시에는 사정이 변했다. 3시에 관해서 보면, 블로그가 지금 트롤리를 돌리는 것은 모든 이들의 우위점이 아니다. 노동자 각자에 대하여, 그들의 생존 확률이, 블로그가 트롤리를 돌리지 않는 경우보다 돌리는 경우에 더 커진다는 것은 더 이상 참이 아니다. 블로그가 트롤리를 돌린다면 지선에 있는 한 사람은 확실히 죽음을 맞이할 것이기 때문이다.

　　　제1부 무엇이 권리인가

그것이 트롤리 사안의 핵심 매듭(the central knot)이다: 비록 블로그가 트롤리를 나중에 돌릴 것이 모든 이들에게 우위점이 되었다 하더라도, 실제로 블로그가 트롤리를 돌리는 시점이 오면 블로그가 트롤리를 돌리는 것은 더 이상 모든 이들에게 우위점이 아니다. 이를 에드워드 사안과 비교해 보라: 당신이 그의 다리를 자르는 것은 지금 에드워드에게 우위점이다. 그리고 지금이 당신이 그 다리를 자르는 시점이다.

그러나 그 점은 문제되지 않는다. 이른 아침에 모든 이들에게 우위점이 되었던 것은 블로그가 나중에 트롤리를 돌리는 것이었다. 그래서 블로그는 나중에 트롤리를 돌린다. 설사 실제로 시점이 닥쳤을 때에는 블로그가 트롤리를 돌리는 것이 더 이상 모두에게 우위점이 되지 않는다고 하더라도 말이다.

가상적 동의에 의거하여 그 논점을 바꾸어 표현하는 것이 도움이 될 것이다. 다음은 참이다:

> (1) 이른 아침에, 그들은 트롤리 사안의 상황이 발생한다면 그 발생 시점에 블로그가 트롤리를 돌리는 것에 동의하였을 것이다.

그러나 또한 다음도 참이다:

> (1) 이른 아침에, 그들은 트롤리 사안의 상황이 발생한다면 그 발생 시점에 블로그가 트롤리를 돌리는 것에 모두 동의했을 것이다. 설사 오른쪽 지선에 있게 될 한 사람은 (누가 그 한 사람이 되었건) 그 상황 발생 시점에 블로그가 트롤리를 돌리는 것에 동의하지 않으리라고 해도.

노동자들은 오른쪽 지선에 있게 될 사람의 견해가 상황 발생 시점에 무엇이건 블로그가 트롤리를 돌릴 **것**이 아니라면, 증가된 생존 확률을 얻지 못한다.

그렇다면 중요한 것은 가상적 동의가 아니다: 중요한 것은 노동자들이 그것 덕분에 동의하게 될, 노동자들에 관한 어떤 점이 있는가이다. 여기서 도덕적 작용을 하는 것은, 다음이 참이라는 점이다:

> (2) 이른 아침에는, 트롤리 사안이 발생한다면 그 발생 시점에 블로그가 트롤리를 돌리는 것이 모두에게 우위점이 된다.

더군다나,

> (2ʹ) 이른 아침에는, 트롤리 사안의 상황이 발생한다면 그 발생 시점에 블로그가 트롤리를 돌리는 것이, 설사 그 상황이 발생한 시점에는 누가 그 한 사람이 되었건 오른쪽 지선에 있게 될 한 사람에게는 블로그가 트롤리를 돌리는 것이 우위점이 되지 않을 것이라도 모두에게 우위점이 된다.

도 참이다. 블로그가 정말로 트롤리를 돌릴 경우에만 모든 사람들에게 우위점이 획득되기 때문이다.

왜 다음과 같이 말하지 않는가라는 질문이 제기될 수 있겠다. 즉, 이른 아침에 블로그가 나중에 트롤리를 돌린다는 것이 모든 이들에게 우위점이라는 사실은, 단지

> (3) 트롤리 사안의 상황이 발생한다면 발생 시점에 블로그가 트롤리를 돌리는 것이 허용된다.

를 **이른 아침에 참으로** 만들 뿐이라고. ― 같은 논리에 의하여 3시에 블로그가 트롤리를 돌리는 것이 모든 이들에게 더 이상 우위점이 되지 않는다는 사실은 (3)을 **3시에는 거짓으로** 만든다고.

그런데 "X가 알파를 하는 것이 허용된다"는 진술이 한 시점에는 참이지만 그 이후의 시점에는 거짓이 되는 것이 확실히 가능하기는 하다. 예를 들어 "스미스가 '우우'라고 소리치는 것이 허용된다"는 스미스가 숲에 혼자 나와 있는 시점에는 참이지만 그가 교회에 있는 시점에는 거짓인 것은 당연하다. 그러나 이런 것이 성립할 때는, 두 시점 간에는 도덕적 차이를 만들어 내는 간격이 있다. ― 스미스의 경우에 유관한 차이는 스미스의 주위환경(surroundings)에 놓여 있다. 블로그 및 (3)에서 유관한 차이로 무엇을 생각할 수 있는가?

글쎄, 아마도 그 유관한 차이는 이른 아침에 모두에게 우위점이었던 것이 3시에는 더 이상 우위점이 아니라는 바로 그 사실일지도 모르겠다. 그런 **종류**의 변화는 허용되는 행위가 무엇인가에 차이를 가져올 수 있다. 프랭크의 경우를 생각해 보라. 그를 화요일에 수술하는 것이 지금 그에게 우위점이어서 지금은 화요일에 그를 수술하는 것이 허용되지만, 화요일에 그를 수술하는 것이 화요일에는 더 이상 그의 우위점이 아니어서 그를 수술하는 것이 화요일에는 더 이상 허용되지 않을 수도 있다. 아마도 그의 질병의 특성이 화요일이 될 즈음 변했는지도 모른다. 어쩌면 그가 화요일에는 이미 신실한 크리스천 사이언스 신자가 되었는지 모른다. 그러나 이런 어떠한 것도 블로그 및 (3)에는 관계가 없다. 트롤리 사안에서 이른 아침과 3시 사이에 변한 유일한 것은, 블로그가 트롤리를 돌릴 경우 누가 손실을 보게 될 것인지가 이제는 명확해졌다는 것뿐이다. 블로그가 트롤리를 돌리는 것은 더 이상 **그의** 우위점이 아니다. 그러나 **그** 변화는 그 자체로는 차이를 만들어 내는 것으로 생각될 수 없다. 이른 아침에

참이었던 것은 단지

> (3) 트롤리 사안의 상황이 발생하면 발생 시점에 트롤리를 블로
> 그가 돌리는 것이 허용된다,

에 그치는 것이 아니라 또한

> (3′) 블로그가 트롤리를 돌리는 것은, 트롤리 사안의 상황이 발생
> 한다면 그 발생 시점에, 설사 그렇게 하는 것이 오른쪽 지선
> 에 있는 (누가 그 한 사람이 되었건) 한 사람에게 블로그가 트롤
> 리를 돌리는 것이 우위점이 되지 않을 것이라도 허용된다.

도 참이었기 때문이다. **(3′)**은, 블로그가 트롤리를 돌리는 것이 오
른쪽 지선에 있는 그 한 사람에 그 시점에는 더 이상 우위점이 되지
않는다는 사실에 의해 3시에 거짓으로 될 수는 없다. 다음과 비교해
보라.

> (4) 스미스가 "우우"라고 외치는 것은 허용된다.

그것은 한 시점에는 참이고 다른 시점에는 거짓이 될 수 있다고 말
했다. 스미스가 숲에 혼자 나가 있을 때는 참이고, 스미스가 교회에
있는 시점에는 거짓이라고 말이다. 그러나 다음을 살펴보라.

> (4′) 스미스가 교회에 있을 때조차도 "우우"라고 외치는 것은 허
> 용된다.

스미스가 교회로 들어가는 것이 (4)를 거짓으로 만들 수도 있다. 그러나 스미스가 교회에 들어가는 것이 (4')을 거짓으로 만든다고는 도저히 생각할 수 없다.

그러므로 나는 이른 아침에는 블로그가 트롤리를 돌리는 것이 허용되었지만, 3시에는 블로그가 트롤리를 돌리는 것이 더 이상 허용되지 않게 만드는 점이, 이 관념(우위점을 근거로 행위 허용성을 판단하는 관념 - 옮긴이)에는 전혀 없다고 결론 내린다. 만일 그가 트롤리를 돌리는 것이 이른 아침에 허용되었다면, 그것은 지금도 허용된다.

요약하면, 블로그가 트롤리 사안에서 트롤리를 돌리는 것이 허용되게 하는 것은, 이른 아침에는 그가 그것을 돌리는 것이 모든 이들에게 우위점이었다는 사실이라고 주장한다. 유사한 이유로, 앞 절의 마지막에서 상상했던 세계의 블로그가, 그 세계의 장기이식 사안에서 다섯 사람을 구하기 위해 한 사람을 조각조각 자르는 것이 허용될 것이다. 그가 그렇게 하는 것이 모든 이들에게 우위점이다. 그러나 우리 세계의 장기이식 사안에는, 유사한 이유들이 아무것도 존재하지 않는다. 블로그가 우리 세계에서 다섯 사람을 구하기 위해 한 사람을 조각조각 자르는 것은 우리 모두의 생존 확률을 증가시키지 못한다. 그리고 설사 증가시킨다 하더라도, 우리는 그가 그렇게 하는 것에 대한 다른 반대 근거들을 갖고 있으며, 그러므로 그가 그렇게 하는 것은 우리의 우위점이 아니다. 우위점은 한낱 생존에 한정되지 않는 다른 선들까지 관련된 것이라는 점을 기억해야 할 것이다.

트롤리 사안은 다섯 사람을 구하기 위해 한 사람을 죽여서는 안 된다는 일반적 규칙의 예외들의 좁은 집합의 대표격으로 보인다고 말했다. 더 정확하게 말해, 트롤리 사안의 일정한 예 — 선로의 여섯 사람 모두가 노동자들이고 그들의 위치를 제비뽑기로 할당받았다는 것과 같은 예 — 들이, 그 예외 집합의 대표격으로 보인다. 그 예외는, 죽임을 당할 한 사람, 그리고 구조될 다섯 사람이, 그 한 사람이 나중에 죽임을 당하는 것이 그 모든 구성원들에게 우위점이 되는 그러한 집단의 구성원이며, 그 한 사람이 누가 될 것인가가 이제는 명확하게 판명되었다는 점만이 유일한 변화인 그러한 사안들이다. 물론, 다섯 대 하나라는 수(數)는 아무런 특별한 중요성을 가지고 있지 않다. 내가 생각하기에 중요한 점은 더 많은 사람이 구해질 것인가이다. 그 점이 생존 확률을 증가시키는 점이며 (다른 사정이 동일하다면) 그래서 나중에 행위로 나아가는 것을 모든 이들의 우위점으로 만들어 주는 점이기 때문이다.

풍부한 상상력을 발휘하여 어디에 우위점이 놓이는지 명확하지 않은, 적은 수의 사람을 죽임으로써 많은 수의 사람을 구하는 사안을 구성할 수 있음은 의문의 여지가 없다. 그러나 만일 그러한 사안에서 행위자가 행위로 나아가도 되는지 아닌지 역시 명확하지 않다면, 이것은 아무런 반대 근거도 되지 않는다. 이 문제에 제안된 해법에서 필요한 것은, 그것이 모든 경우에서 명확한 결론을 제시해 주는 것이 아니라, 직관에 의해 명확하게 제공되는 결과에 대하여 독립적으로 그럴 법한 이론적 이유를 제공하는 것이다. 그리고 직관이 머뭇거리는 곳에서 위와 같은 해명이 해답을 내놓길 머뭇거린다면 그것은 실제로는 매력적인 특성이 될 것이다.

6. 행인 블로그는 트롤리를 돌려도 된다.〔트롤리를 돌리는 것이 허용된다. -옮긴이〕 블로그는 트롤리를 돌려야 하는가? 제안한 것에는 그가 돌려야 한다는 결론으로 귀결되는 점이 아무것도 없다. 그리고 귀결되는 점이 없어야 하는 것이 맞지 않는가? 블로그는 사태가 운에 (또는 운명에 또는 신에게) 맡겨져야만 한다고 스스로 생각할 수도 있지 않은가? 이와 달리 블로그는 이러한 사태가 운에 맡겨져서는 안

제1부 무엇이 권리인가

된다고 생각하지만, 다섯 사람을 구하기 위해서 한 사람을 죽일 수는 없다고 느낄 수도 있지 않은가? 도덕이 블로그로 하여금 트롤리를 돌릴 것을 요구한다는 견해는 나에게는, 공리주의 중심 이념의 도덕적으로 무감한 후손(morally insensitive descendant)에 지나지 않는 것으로 보인다.

더 흥미로운 이념은 블로그가 동전을 던져야만 한다는 것이다. 앞이 나오면 트롤리를 돌리고 뒤가 나오면 트롤리를 돌리지 않는다는 식으로 말이다. 만일 그것이 타당하다면, 나의 제안은 타당하지 않은 것이 된다. 나의 제안은 블로그가 (그냥, 간단히) 트롤리를 돌려도 된다고 말하기 때문이다. 왜 그가 동전을 던져야 한다고 생각할 수 있는가? 글쎄, 그렇게 함으로써 블로그가 노동자에게 살아날 동등한 확률을 주지 않는가? 그리고 공정성은 블로그가 그렇게 할 것을 요구하지 않는가?[7]

그러나 왜 우리는, 블로그가 지금 그들에게 살아날 동일한 확률(an equal chance at life)을 주어야 한다고 생각하는가? 동전 던지기는 복권추첨과 같다. 그리고 "블로그가 지금 복권추첨을 해야 한다"고 말하는 것은 "이 아침에 벌어진 복권추첨은 도덕적으로 무관하다"고 말하는 것이다. 실제로 그것은 세계가 마치 5분 전에 창조되었던 것처럼 진행해야만 한다고 말하는 것이다. 그 제안은 지금 선로에 있는 사람들의 이력을 무시하라고 하기 때문이다. 그러나 세계는 5분 전에 창조되지 않았다. 그리고 나는 이 여섯 명이 선로 위에 어떻게 오게 되었는가가 정말로 중요하다고 논의 전반에 걸쳐 주장해 왔다.

더군다나, 블로그가 그들에게 살아날 동등한 확률을 주는 것은,

---

7   John Taurek, "Should the Numbers Count?"는 공정성이 동등한 확률을 주는 것을 블로그에게 명한다고 주장한다.

만일 그들이 이른 아침에 질문을 받았더라면 블로그가 할 것으로 그들이 원했을 것이 아니다. 가상적 동의를 언급하지 않고 말하자면, 그 시점이 왔을 때 블로그가 동전을 던지는 것은 이른 아침에 그들의 우위점이 아니었다. 이른 아침에 그들의 생존 확률은 블로그가 그 시점이 왔을 때 (그냥, 간단히) 트롤리를 돌릴 경우가, 그가 그 시점이 왔을 때 동전을 던질 경우보다 더 크기 때문이다. 3시에 실제로 여섯 명 중 하나에 속할 사람은 블로그가 (그냥, 간단히) 트롤리를 돌릴 것이라면 생존 확률이 5/6이다. 블로그가 대신에 동전을 던진다면, 그의 생존 확률은 1/2에 불과하다.

그러나 나는 그렇다고 해서 이것이 블로그가 (그냥, 간단히) 트롤리를 돌려야 함을 의미하지는 않는다는 점을 강조한다. 블로그는 그렇게 해도 된다. 그러나 그는 대신에 아무 일도 하지 않을 수도 있다. 그리고 나는 또한, ─ 그렇게 해서 살아날 동등한 확률을 준다는 생각에 마음이 움직여─, 블로그가 동전을 던져도 된다고 생각한다.

7. 이러한 사안 및 유사한 다른 사안을 숙고해 보면 얻을 수 있는 흥미로운 것들이 훨씬 더 많지만, 이제 우리가 있던 곳으로 돌아갈 것을 제안한다. X가 Y에 대하여 청구권을 가진다는 것이, Y가 제약하에 있다는 것과 동치가 되게 하는 행동 제약이란 무엇인가에 대한 해명을 찾고 있었다. 앞 장의 말미에서, 그 제약에 중심적인 것은 다음이라고 하였다: 만일 Y가 X의 청구권을 제한해도 되는지에는 유관하지만 X의 청구권의 엄격성에는 무관한 사정이 없거나 없었다면, Y가 그렇게 함으로써 충분히 크고 적합하게 분배된 선 또는 우위점의 증분을 낳는 경우 오직 그 경우에만 Y가 그 청구권을 제한하는 것이 허용되거나 허용될 것이고, 그때 요구되는 증분의 규모와 그 분배의 적합성은 전적으로 그 청구권의 엄격성에 달려 있다. 그

제1부 무엇이 권리인가

것이 맞교환 이념을 수정한 결과라는 점에 비추어 볼 때, 우리는 이 것을 수정된 맞교환 이념이라고 부를 수 있을 것이다.

트롤리 사안은 (그리고 산사태나 제어를 벗어난 위성의 방향을 바꾸는 것을 비교해 본다면 그 사안의 동류(ilk)는) 수정된 맞교환 이념에 골칫거리를 만들어 내는 것으로 보인다. 블로그가 트롤리 사안에서 행위로 나아가는 것은 허용된다. 그러나 오른쪽 지선의 한 노동자의 청구권은 매우 엄격하다. 그리고 블로그가 **트롤리를 돌림으로써**, 블로그가 그것을 돌리는 것이 허용되게 만들 충분히 크고 적합하게 분배된 선 또는 우위점의 증분을 낳는다는 것은 참이 아니다. 어쨌거나 장기이식 사안에서 외과의는 수술을 함으로써 선이나 우위점의 동등한 정도로 크고 유사하게 분배된 선의 증분을 낳을 것이며 그럼에도 행위로 나아가서는 안 된다.

이 장에서 또한 살펴보았던 데이비드와 에드워드의 사안은 수정된 맞교환 이념에 골칫거리를 만들어 내지 않는다. 당신이 그러한 사안에서 행위로 나아가는 것은 허용된다. 어떻게 그런가? 당신이 데이비드의 다리를 자르는 것을 허용되도록 하는 점은 당신이 낳은 선의 증분의 규모가 아니다. 당신이 행위로 나아간다면, 당신은 오직 다리 하나를 대가로 정말로 생명을 구한다. 그러나 Y의 생명을 구하기 위해 X의 다리를 자르는 것은 허용되지 않을 것이다. 당신이 데이비드의 다리를 자르는 것을 허용되게 하는 것은, 내가 표현한 대로, 당신이 행위로 나아가는 것이 **데이비드에게**(for David) 모든 것을 감안했을 때 좋다는 것이다. 여기서 정당화 작용을 하는 것은 선의 증분이 아니라 그 분배다. 즉, 그 선을 얻는 것이 데이비드라는 점이다. 에드워드에게도 마찬가지 이치가 성립한다. Y가 생존할 확률을 높이기 위하여 X의 다리를 자르는 것은 허용되지 않을 것이다. 당신이 에드워드의 다리를 자르는 것을 허용되게 하는 것은, 내가 표현한 대로, 당신이 행위로 나아가는 것이 **에드워드의** 우위점이 된다는 점—우위점의 규모가 아니라 그 분배—이다. 그렇지만 수정된 맞교환 이념이 허용성을 위해 요구하는 것은, 산출될 선이나 우위점의 증분이 그저 충분히 크고 적합하게 분배된다는 두 조건뿐이다. 데이비드와 에드워드의 사안이 드러내는 것은, 그것이 청구권 보유자에게 배분될 것이라면, 선이나 우위점의 증분이 클 필요는 없다는 것이다.

그러나 데이비드와 에드워드 사안이 정말로 제기하는 질문이 하나 있다. 그 질문이란 당신이 행위로 나아갈 경우 제한하게 되는 청구권이 얼마나 엄격한가이다.

> 악화 원리(The Aggravation Principle): 만일 X가 Y에 대하여 Y가 알파를 할 것을 요하는 청구권을 가지고 있다면, Y가 알파를 하지 않는다면 Y가 X를 더 나쁘게 만들수록, Y가 알파를 할 것을 요하는 X의 Y에 대한 청구권은 더 엄격하다.

에 따르면, 데이비드의 청구권은 음의 엄격성(negative stringency)을 가진다. 당신이 행위로 나아가는 것이 모든 것을 감안했을 때 데이비드에게 좋기 때문이다. 그리고 에드워드의 청구권은 다소간 높은 확률로 음의 엄격성을 가진다. 당신이 행위*로 나아간다면 그의 생명을 당신이 구하게 되리라는 것이 다소 높은 확률로 사실이기 때문이다. 그러나 일부 청구권이, 음의 엄격성이라거나 음의 엄격성이 될 높은 확률이라는 결론을 산출하는 권리 이론은 얼마나 기이한가! 당신이 행위로 나아간다면 데이비드와 에드워드의 청구권을 실제

---

* 데이비드의 다리를 자름으로써 데이비드의 청구권을 제한하는

로 제한하는 것이라고 가정해 왔다. 아마도 이 가정을 포기하는 것이, 데이비드의 청구권이 음의 엄격성을 가지며 에드워드의 것은 높은 확률로 음의 엄격성을 가진다는 기이한 결과를 삼키기보다는 더 나은지도 모른다. 어느 누구도 이것〔청구권 제한이 아니라고 보는 것 - 옮긴이〕을 매력적인 이념이라고 생각하지 않기를 희망한다. 만일 데이비드가 의식이 있다면, 그래서 그의 다리를 자르는 것을 허용해 달라는 요구에 합리적으로 답할 수 있다면, 당신에게는 도덕적으로 그것을 묻는 것이 요구된다. 에드워드에게도 마찬가지다. (병원의 환자가 수술 전에 서명을 요청받는 '숙지된 동의' 양식과 비교해 보라. 외과의는 그 수술이, 그 환자에게 모든 것을 감안했을 때 좋으리라거나 높은 확률로 좋으리라는 사실에 의해, 환자의 의사(意思)를 묻는 요구에서 면제되지 않는다.) 그것은 X가 Y에 대하여, Y가 알파를 하지 않을 것을 요하는 청구권을 가지고 있다는 표시(marks) 중 하나이다. Y에 대한 행동상 제약(behavioral constraint)에 해당하는 것 중에는, 다른 사정이 동일하다면, Y는 X에게 알파를 하기 전에 면제를 구해야 한다는 것이 있다. 우리가 의식을 잃었을 때 우리의 권리를 잃는다고 말하기는 아주 어렵다. 더 나은 말하기 방식은, 데이비드와 에드워드가 의식을 잃어서 다른 사정들이 그들의 사안에서는 비록 동일하지는 않지만, 여전히 청구권을 가지고 있다는 것이다.

기이한 결과를 피하는 다른 방식은 악화 원리를 수정하는 것이다.

그러나 여기에서는 대신에 단순하게 데이비드의 청구권이 음의 엄격성을 갖고 있으며 에드워드의 것은 높은 확률로 음의 엄격성을 갖고 있다는 기이한 결론을 받아들여야 한다고 제안한다. 우선, 우리가 그들의 청구권을 제한하게 되는 사람들에게 그것이 모든 것을 감안해서 좋거나 우위점이 된다는 것은 어쨌거나 기이한 사안이며, 그러한 사안에서 청구권의 엄격성에 대한 **그 어떠한** 해명도 기이하게 보이더라도 놀라운 일은 아닐 것이다. 둘째로, 악화 원리의 이 기이한 결과를 환영해야 할 적극적인 이유가 있다. 데이비드의 청구권이 음의 엄격성을 가진다는 점을 받아들인다고 해 보자. 그 경우 왜 당신이 데이비드의 청구권 제한이 허용되기 위하여, 다른 어느 누군가에게는 그 어떠한 선의 증분도 낳을 필요가 없는 이유에 대한 만족스러운 설명을 갖게 된다. 만일 청구권이 음의 엄격성이라면, 그 청구권이 음의 엄격성의 것**이라**는 점을 확정해 주는 청구권 보유자에게 가는 선의 증분 이외에는, 그 어떠한 선의 증분도 낳음이 없이 그것을 제한해도 된다는 점은 놀랍지 않다. 에드워드에게도 마찬가지 이치가 성립한다.

다시금, 만일 어떤 사람의 청구권이 제한되는 것이 그에게 모든 것을 감안할 때 좋은 경우에, 음의 엄격성을 가진다는 점을 받아들인다면, 사전에 그 면제를 구해야 하는, 잠재적 청구권 제한자에게 부과되는 압박이 비례적으로 더 약해지는지에 대하여 만족스러운 설명을 갖게 된다. 만일 당신이 Y의 생명을 구하기 위해 X의 다리를 자르기를 원한다면, 당신은 X의 허락을 구하거나 아예 행위로 나아가지 않아야 한다. 그리고 만일 X가 의식이 없다면, 그것으로 끝이다. 즉, 당신은 행위로 나아가서는 안 된다. 그러나 만일 당신이 X의 생명을 구하기 위해 X의 다리를 자르기를 원한다면, 당신은 할 수 있다면 X의 허락을 구해야 하지만, X가 의식이 없다면 그것으로 끝은 아니며, 당신은 행위로 나아가도 된다.

그러나 트롤리는 다른 문제다. 이른 아침에 블로그가 나중에 트롤리를 돌리는 것이 모든 이들의 우위점이었다는 사실은, 지금 3시에 오른쪽 지선에 있는 한 노동자의 청구권을, 직진 선로 위에 아무도 없을 때보다 엄격한 정도보다 조금이라도 덜 엄격하게 만들지 않는다. 악화 원리는, 그의 청구권이 매우 엄격하다고 말하며, 그것이 확실히 되어야 할 바대로다. 그러나 그럴 경우 트롤리는 수정된 맞교환 이념에 골칫거리를 만들어 내는 것으로 보인다.

정말로 골칫거리를 만들어 내는가? 블로그가 트롤리 사안에서 행위로 나아가는 것이 허용되는 이유는, 간단히 말해 다음과 같다고 주장했다: 모든 당사자들이, 블로그가 나중에 행위로 나아가는 것이 그들에게 우위점이었던 그런 집단의 구성원이다. 이것은 블로그가 지선의 한 노동자의 청구권을 지금 제한하여도 되는지 여부에 유관한, 당사자들의 한 특성이다. **그러나 그 특성은, 청구권의 엄격성과는 무관하다.** 그러므로 내가 제안한 트롤리 사안에 대한 해명이 타당하다면, 수정된 맞교환 이념에서 그 어떠한 〔추가적인-옮긴이〕 수정도 요구되지 않는다. 수정된 맞교환 이념은, 만일 Y가 X의 청구권을 제한해도 되는지에는 유관하지만 X의 청구권의 엄격성에는 무관한 사정이 없거나 없을 것이라면, Y가 청구권을 제한함으로써 충분히 크고 적합하게 분배된 선의 증분을 낳는 경우 오직 그 경우에만 Y가 그 청구권을 제한하는 것이 허용되거나 허용될 것이며, 이때 요구되는 증분의 규모와 그 분배의 적합성은, 전적으로 그 청구권의 엄격성에 달려 있다고 말한다. 내가 지적한 트롤리 사안의 당사자들의 특성은, 수정된 맞교환 이념이 조건 규정을 두어 제외할 것을 요하는 그러한 사정들에 속한다. 만일 그 특성 — 허용성에는 유관하지만 엄격성에는 무관한 다른 사정과 함께 — 이 주어진 사안에서 없거나 없었다면, 선이나 우위점의 증분을 한편으로 그리고 엄격성을 다른 한편으로 하는 적합한(suitable) 맞교환이 주어졌을 경우에만, 청구권을 제한하는 것이 허용되거나 허용될 것이다. 예를 들어 장기이식 사안은, 내가 트롤리 사안에서는 없다고 지적한 특성이 있는 사안이다. 그리고 그것은 아무런 적합한 맞교환이 없는 사안이며, 그래서 행위자가 행위로 나아가서는 안 되는 사안이다.

8. 우리는 1부에서 권리란 무엇**인가**를 물어 왔다. 호펠드의 법적 권리 해명을 변용하여, 권리들은 네 종 중 어느 것에 속한다고 주장하였다: 청구권, 특권, 형성권 또는 면제권, 또는 청구권, 특권, 형성권 그리고 면제권들의 복합체(cluster)이다. 특권은 청구권의 결여(lacks-of-claims)이다. 형성권은 권리를 소멸시키고 생성할 능력이다. 면제권은 형성권의 결여이다. 그러므로 만일 우리가 청구권이 무엇인가에 대한 해명을 가진다면, 우리는 모든 권리가 무엇인가에 대한 해명도 갖는 것이다. 우리는 그것 중 무엇을 가지며, 왜 가지는가는 2부에서 살펴볼 문제들이다.

청구권을 가진다는 것은 무엇인가? X가 Y에 대하여 청구권을 가진다는 것은, Y의 행동이 일정한 방식으로 통제된다는 것과 동치이다. 어떤 방식으로? 제6장과 제7장에서 X가 Y에 대하여 청구권을 갖는 것이 동치인, Y에 대한 행동상 제약에 **중심적인 것**이 무엇인가에 대한 해명이 드러났다. 그러나 앞서 말했듯이 (제3장에서), 이 행동상 제약의 일부인 두 가지 다른 것들이 있다. 첫째로, 다른 사정이 동일하다면, 설사 Y가 청구권을 제한함으로써 큰 선이나 우위점을 낳을 수 있다고 할지라도 청구권을 그냥, 간단히 제한해서는 안 된다. 다른 사정이 동일하다면, Y는 면제 없이는, X의 청구권을 제한하기 전에 사전에 X로부터 면제를 구해야 한다. 둘째, 다른 사정이 동일하다면, Y가 그것을 제한한다면 그 청구권을 제한함으로써 Y가 X에게 야기하는 해악이나 손실을 X에게 나중에 보상해야 한다. 사전에 면제를 구하는 것, 그리고 나중에 보상하는 것은, 여느 다른 것과 마찬가지로 행위이며, 따라서 Y가 이런 것을 해야 하는지 여부에는, 단지 X가 청구권을 갖고 있다는 것보다 유관한 것이 더 많을 것이다. 청구권의 존재는 그 자체가, 이러한 것*을 하지 않는 것이 허용되는 경우가 되려면, 이런 것들을 하지 **않을** 좋은 이유가 있어야만 한다는 사실에서 드러난다. 제3장에서 몇 가지 가능성을 보았다. 이를테면 X가 면제를 물으면 대답해 줄 수 있는 상황이 아니라는 것 같은 경우 말이다. (의식이 없는 데이비드와 에드워드를 비교해 보라.) 다른 가능성은 사전에 면제를 구하려면 Y가 X를 위해 X의 청구권을 곧바로 제한하는 것이 불가능한 경우이다. (그 생명은 우리가 곧바로 수술한다면 매우 높은 확률로 구해질 것이지만, 그가 의식을 회복하기를 기다리거나 그를 흔들어 깨우거나 약을 주어 의식을 회복하도록 한다면, 그 확률이 급속도로 줄어드는 사람의 경우를 생각해 보라.) 또 다른 가능성은, X가 혼란이나 고통 때문에 면제를 거부하는 경우이다. 그 밖의 다른 가능성은, 트롤리 사안에서 작동하고 있는 것이다. 블로그가 3시에 트롤리를 돌리는 것을 허용되게 하는 것은, 또한 오른쪽 지선에 있는 한 명의 노동자에게서 사전에 면제를 구하는 것을 불필요한 것으로 만든다. 나중에 보상하는 것에 대해서도 마찬가지 이치가 성립한다. 나중에 보상하는 것을 불필요한 것으로 만들 수 있는 매우 많은 것들이 있다.

청구권은 행동에 대한 제약과 그저 **동치**인가? 아니면 더 강하게, 청구권은 행동에 대한 제약**이다**라고 말할 수 있는가? 어느 쪽으로 말하건 실제로 문제되지는 않는다고 생각한다. 더 약한 논제를 선호할 이유가 있다. 우리가 Y에게, 어떤 청구권이 동치인 행동에 대한 제약의 특징으로 우리가 조사한 것을 열거하면서 "당신의 행동은 다음과 같은 방식으로 제약된다: …"라고 말할 수 있고, 뒤이어 우리가 "X가 당신에게 청구권을 갖고 있기 때문이다"라고 말할 때, 행동이 그렇게 제약된다고 말할 한 이유, 자연스레 그러한 제약 진술이 참이게끔 하는 설명을 준 것으로 생각한다는 사실에 놓여 있다. 만

◆ 청구권을 간단히 제한해서는 안 되며 사전에 면제를 구해야 하고 청구권을 제한했을 때에는 보상해야 한다.

일 X가 청구권을 갖는 것이 그저 Y의 행동이 그런 방식으로 제약됨에 불과하다면, X가 청구권을 가진다는 것은 왜 Y의 행위가 그렇게 제약되는지를 **설명하지는** 않는다고 논해질 수 있다.

그러나 더 강한 논제를 선호할 이유도 있다. 만일 우리가 청구권은 그 자체가 행동에 대한 제약이 아니며, 어떤 사람이 그 제약하에 있는 것을 설명하는 '무언가 다른 것'이라고 말한다면, 우리는 청구권이 실제로 그런 것보다 더 수수께끼 같은 것으로 생각하게끔 되는 것도 무리가 아니기 때문이다. 더구나 어떤 사실은 동일한 사실에 호소함으로써 설명될 수도 있다는 점을 기억해야 한다. 그 설명에서 주어진 [설명 대상이 되는 사실과 동일한 사실에 대한-옮긴이] 기술이, 설명되는 대상(explanandum)에서 주어진 기술보다 더 심층적인 한 말이다.

나 자신의 견해는, 청구권은 정말 행동상의 제약이라고 그럴 법하게 말할 수 있다는 것이다. X가 Y에 대한 청구권을 가진다는 사실에 걸려 있는 도덕적 이해관심(moral interest)은, X가 Y에 대하여 청구권을 가짐이 적어도 동치가 되는, Y에 대한 제약으로부터 전적으로 나오는 것이라는 의미에서 말이다. 간단히 말해서, 우리가 더 강한 논제를 채택한다고 해서 놓치는 도덕적 이해관심은 없다. 그러나 약한 논제나 강한 논제를 선택하는 문제에 걸려 있는 것은 없다. 그리고 더 약한 논제를 찬성하여 더 강한 논제를 거부하고 싶은 사람은 누구나 자유롭게 그렇게 해도 된다.

제 **2** 부

어떤 것이
권리인가

Rights:
Which
They
Are

제8장

침입과 일차 재산

1. 지루하게 도서관에 앉아 있다. 건너편에는 젊은 남자가 공책에 바쁘게 필기를 하고 있다. 참으로 사랑스러운 젊은이로고! 그래서 책상을 돌아서 가서는 그의 목 뒤에 키스를 한다. 그것은 청구권 제한이며, "침입"이라고 칭할 청구권 제한의 하위 집합의 사례다.

청구권을 나타내는 전통적인 은유는 경계(a boundary)다: 어떤 사람 전체를 둘러싸는 경계(울타리 또는 필름 또는 막)가 있어서 그것을 가로지르는 것(to cross it)은 그 사람의 청구권을 제한하는 것이다. 그 은유에 비추어 "침입(trespass)"이라는 명칭은 모든 청구권 제한에 대한 좋은 은유적 명칭이 되었을 것이다.[1] 내가 당신의 (문자 그대로의) 경계를 가로지른다면 나는 (문자 그대로) 침입하는 것이기 때문이다. 그러나 "침입"은 청구권 제한의 중요한 부분집합에 대한 명칭으로 유보하고 싶다.

---

1 이런 은유를 생각해 보라: "우리에게 침입한 이들을 용서하듯이 우리의 침입을 용서하여 주소서."

침입은 청구권을 제한하는 신체 침범이나 침해(bodily intrusion or invasion)이다. A가 B에 대하여 갖는, B가 A의 코를 꼬집지 않을 것을 요하는 청구권을 살펴보자. 그것은 매우 약한 청구권이지만, 그럼에도 불구하고 청구권이다. 만일 B가 그것을 제한한다면 그는 침입을 범하는 것이다. 그러나 침입은 약한 청구권 제한에만 한정되지 않는다. 강간이나 어떤 사람의 다리를 자르는 것은 엄격한 청구권의 제한이며, 이것 역시 침입 사례다.

"침입"은 초기 영국법에 비추어 청구권 제한의 이 하위집합을 가리키는 좋은 명칭으로 보인다. 프로서(Prosser)[2]는 어떤 사람이 다른 사람에게 불법행위를 원인으로 하는 소를 제기할 수 있는 두 표제가 있었다고 말한다: 13세기에 등장한 침입(trespass)과, 나중에 등장한 간접적 침입(trespass on the case)이 그것이다. ◆

> 침입은 인신이나 재산에 대한 물리력에 의한, 직접적이고 즉각적인 피해 또는 다른 표현으로는, 즉각적인 보복을 불러일으킴으로써 평화를 깨는 결과를 초래할 가능성이 높은 종류의 행동에 대한 구제를 위한 개념이다. 간접적 침입 또는 간접적 작용(action on the case)은 본래 의미의 침입 소송을 보완하기 위해 나중에

2　William L. Prosser, *Law of Torts*, 4th ed. (St. Paul: West Publishing Co., 1971). 인용된 부분에서 인용 면수는 이 판을 따랐다. (프로서의 주석은 전부 생략했다.)

◆　일반적으로 trespass는 '불법침해'로 번역하기도 하나, 여기서 톰슨이 해당 용어를 다루는 맥락에서는 '침입'이 적절하다. 즉 신체를 둘러싼 경계를 가로질러 들어가는 행위 중 신체 손상 등 해악을 일으키지 않는 것은 침범으로, 신체에 손상 등 해악을 일으키는 것은 침해로 분류하고 침범과 침해가 모두 침입에 해당하도록 톰슨이 용어를 사용하고 있기 때문이다. 게다가 이 책에서 '침입(trespass)'이나 '제한(infringement)'은 청구권의 허용되지 않는 제한인 '위반' 내지 '침해(violation)'와 구별해서 쓰이고 있기 때문에 일관되게 '침입'으로 표현하였다. 침입은 언제나 청구권 제한에 해당하기 때문에 그것이 때로 위법성이 조각된다 할지라도 언제나 불법임은 당연히 필함되므로 그 앞에 굳이 '불법'이라는 용어를 붙이지 아니하였다.

발전된 것으로, 물리력에 의한 것이 아니거나 직접적이지 아니한 피해를 낳는 분명한 불법행위에 대한 구제를 제공하도록 고안된 개념이다. 둘은 원고의 인신이나 재산에 물리력이 즉각 행사되었는가 아니면 어떤 명백한 그리고 가시적인 이차적 원인을 통해 피해가 야기되었는가에 의해 구별된다.(pp. 28-29)

이 일반화가 어떤 것인지 이해하기 위해서 우리는 간접적 작용의 사례를 필요로 한다.

침입과 간접적 작용의 차이를 드러내는 고전적 설명은 길◆에 통나무를 던지는 것이다. 떨어진 통나무에 맞은 사람은 던진 사람에 대하여 침입을 주장할 수 있다. 그러나 길에 통나무가 떨어진 후 놓여 있는 것에 발이 걸려 넘어진 사람은 침입이 아니라 간접적 작용을 주장할 수 있다.(p. 29)

거론된 두 종류의 행위로 이루어진 것에 직관적으로 차이가 감지된다. B가 A의 방향으로 통나무를 던져 통나무가 A를 맞힌 경우에는 B가 그 통나무가 A와 접촉하는 것을 야기하였다는 말은 물론 참이지만, 또한 B가 A를 통나무로 맞혔다는 말도 참이다. 이와는 대조적으로 D가 길에 통나무를 던졌는데 나중에 C가 와서 그 통나무에 발이 걸려 넘어진 경우, D가 그 통나무가 C와 접촉하는 것을 야기하였다는 말은 참인 반면에 D가 C를 통나무로 때렸다는 말은 참이

◆ 원문은 'highway'로 공중에 개방되어 있는 길인 공로(公路)를 의미하는 것이지만 그 단어 자체가 불필요하게 주의를 끄는 것을 피하기 위하여 간단히 '길'로 번역하였다. 다만 독자들은 이 책에서의 '길'이 주택의 뜰 내의 길처럼 제한된 사람만이 다닐 자격이 있는 것이 아니라 공중이 통행할 자격이 있는 길을 의미한다는 점은 전제로 생각하면 된다.

아니다. "물리력에 의한", "직접적", "즉각적"과 같은 형용사는 A 및 B의 사례와 C 및 D의 사례의 차이를 기술할 때 매우 자연스럽게 등장한다: B는 통나무와 피해자의 접촉을 물리력에 의해, 직접적으로 그리고 즉각적으로 야기하였지만 D는 그러지 않았다.

여기에는 상당히 일반적인 구분이 숨어 있으며 우리는 그 구분에 익숙하다. 내가 당신의 경로에 통나무를 던지거나 놓아 두어 당신이 거기 걸려 넘어진 경우 나는 그 통나무가 당신과 접촉하도록 야기한 것이다. 내가 당신을 그 통나무로 때린다면 나는 그것 이상을 하는 것이다. 마찬가지로 내가 어떤 사람이 내 빵에 버터를 바르도록 강제한다면 (가장 위협이 되는 방식으로 "그 빵에 버터를 발라라. 그러지 않으면 죽이겠다!"라고 말함으로써 그렇게 한다면) 나는 그 빵에 버터가 발라지도록 야기하는 것이지만 나 자신이 (스스로) 그 빵에 버터를 바르는 것은 아니다. 다시금 내가 어떤 남성에게 돈을 주며 시어머니의 머리를 부수도록 사주한다면, 시어머니의 머리가 부서지는 일을 야기하는 것이지만 나 자신이 (스스로) 그 머리를 부수는 것은 아니다. 동사(動詞)의 크고 중요한 집합이 있다. 그 동사들은 보통 인과동사(causal verbs)라고 불린다. 여기에는 "때리다", "버터를 바르다", "부수다"가 포함되고 또 "죽이다", "녹이다", "익사시키다"도 포함된다. 이런 동사는 행위자가 일정한 결과를 야기하였으며 **그리고** 그에 더해 그 행위자가 어떤 제한된 범위의 어느 하나의 방식으로 그 결과를 야기하였다고 말하기 위해 사용된다. 우리는 그 제한된 범위 안에 확실히 들어가는 것과 명백히 그 바깥에 있는 것을 모두 잘 안다. 내가 어떤 사람의 코를 주먹으로 치는 경우 나는 그 사람을 내 주먹으로 때린 것인 반면에, 내가 어떤 사람에게 다른 사람을 주먹으로 때리라고 사주하며 돈을 지불한 경우나 비록 내가 피해자와 내 주먹이 접촉하는 일을 야기하였다고 하더라도 내가 내 팔을

(주먹을 꽉 쥔 채로) 내 창밖으로 뻗었는데 어떤 사람이 걸어가다가 그 주먹에 코가 맞은 경우에는, 내가 그 피해자를 내 주먹으로 때리지 않았다는 것을 모두 잘 안다. 이 차이는 우리가 언어의 기초를 배우면 깨닫는 것이다.

그러므로 그〔침입과 간접적 작용의 - 옮긴이〕 차이가 어디에 있는가 말하는 것이 그토록 어렵다는 점은 놀랍다.[3] 인과 동사가 적용되는 사례에서 그 결과가 물리력에 의해 직접적으로 그리고 즉각적으로 야기되었다고 우리가 말한다는 점을 상당히 일반적으로 관찰할 수 있다.[4] 그러나 이 물리력(forcibleness), 직접성(directness), 그리고 즉각성(immediacy)이 무엇인지 질문받으면 설명하기란 대단히 어렵다고 느낀다.

그럼에도 그 차이는 우리에게 익숙하며, 그것만으로 우리 논의의 목적에는 충분하다. 초기 영미법에서 침입은 B가 A의 신체나 A의 재산을 때렸다는 이유로 법원에 소를 제기할 수 있게 해 주는 법원명령(writ)이었다. 간접적 작용은 D가 통나무가 C와 접촉하도록 야기하고 그렇게 함으로써 C에게 해악을 야기한 경우 C가 D에 대하여 소를 제기할 수 있게 해 주는 법원명령이었다. 우리의 용법에서 침입은 행위자가 신체적 사건(침범이나 침해)을 야기하였다는 청구권 제한의 일종인데, 그 야기의 방식이 B가 통나무가 A와 접촉하도록 야기한 방식〔통나무를 던져 맞춘 방식 - 옮긴이〕이지 D가 통나무가 C와 접촉하도록 야기한 방식〔길에 통나무를 던져 두어 발에 걸려 넘어지게 한 방식 - 옮긴이〕은 아닌 그런 청구권 제한이다.

초기 영미법에서 침입은 B가 A〔A의 신체 자체 - 옮긴이〕**나 A의 재산**

---

3 이에 관한 얼마간의 논의가 내 논문 "Verbs of Action", *Synthese*, 62 (1988)에 나온다.
4 다음과 같은 법적 발화를 비교해 보라: 그 힘은 "작용하기를 멈추었는가?"

을 통나무로 때렸다는 이유로 A가 B에게 소를 제기할 수 있게 하는 법원명령이었다. 그리고 나는 우리의 용법에서는, 어떤 것이 어떤 사람의 재산과 접촉하도록 야기하는 것은 침입이 **아니**라는 점을 강조해야겠다. 접촉은 그 사람의 신체 자체에 대한 것이어야 한다. 옷을 입은 채로 접촉하는 것은 신체 자체에 대한 접촉에 포함되지만 말이다. 내가 호텔 복도에 구두닦이 서비스를 받기 위해 구두를 내어놓았는데 블로그가 호텔 복도를 지나가면서 내 구두를 쓰다듬는다면, 그는 내 재산권을 제한하는 것으로 생각될 수는 있겠지만 우리의 용법에서 침입을 범하는 것은 아니다. 내가 구두를 신은 상태에서 블로그가 내 구두를 쓰다듬는 경우에도 그는 내 재산권을 제한하는 것이다. 그러나 현재 논의의 맥락에서 그가 하는 일에 관하여 흥미로운 사실은, 블로그의 그 행위가 우리의 용법에서 침입을 범하는 것이기도 하다는 점이다. 옷걸이에 걸린 내 코트 소매를 쓰다듬는 사람은 내 코트만을 쓰다듬는 것이다. 내가 코트를 입고 있는데 내 코트 소매를 쓰다듬는 사람은 **나를** 쓰다듬는 것이다.

그리고 침입을 다른 청구권 제한과 구별한다고 해서, 침입에 의해 제한되는 청구권이 다른 청구권보다 더 엄격하다거나 덜 엄격하다고 하는 것은 아니라는 점을 강조해야겠다. 그래도 침입에 의해 제한되는 청구권부터 시작하는 것은 논의의 좋은 진행 방식이겠다.

2. 침입으로 제한되는 청구권의 원천은 무엇인가? 글쎄, 처음에 우리가 그러한 청구권을 가지고 있다고 보여주는 것은 무엇인가? 1부에서는 우리가 이런저런 청구권을 갖고 있다고 잠정적으로 가정하기만 했다. 청구권이란 무엇**인가**를 — 더 정확하게 말해, 만일 우리가 그것을 가진다면, 이런저런 청구권을 가지는 것이 무엇을 의미할지를 — 파악하려는 관점을 가지고서 말이다. 나는 내가 그럴 법한

사례라고 생각한 것을 골랐다: 권리 이론이, 우리가 갖고 있다고 상정한 청구권을 정말로 갖고 있다는 결론을 산출한다는 점에 당신이 동의할 것으로 여겼다. 그러나 어디에서도, 우리가 그 권리들을 갖고 있다고 논증한 적은 없다. 그렇지만 침입으로 제한되는 그 추정상의 청구권이 관련되는 한에서는 그 논증은 이제 쉬워진다. X가 Y에 대해 Y가 알파를 하지 않을 것을 요하는 청구권을 가진다는 것은, Y가 1부에서 기술된 행동상 제약하에 있다는 것이다. 그리고 우리는 서로에게 범하는 신체 침범이나 침해에 관하여 행동상 제약하에 있다. 다른 사정이 동일하다면 나는 당신의 동의 없이 당신의 목에 키스하거나 당신의 다리를 자를 수 없다.[5] 그러므로 우리는 침입에서는 제한된 추정상의 청구권에 관해서만 이야기할 수 있는 것이 아니고, 제한된 청구권에 대해서 그저 단순하게 이야기할 수 있는 것이다.

물론 때때로 사람들은 신체 침범이나 침해—여기서부터는 간단히 신체 침범이라고만 하겠다 — 에 동의한다. 청구권 보유로 상대방이 하지 않을 것을 요하는 **바**가 신체 침범이 아니라 동의되지 않은 신체 침범이라고 말해야 하는가? 아니다. Y가 알파를 하는 것에 X가 동의한다면, X는 더 이상 Y가 알파를 하지 않을 것을 요하는 Y에 대한 청구권을 갖고 있지 않다. 그러나 X가 동의 이전에 갖고 있었던 청구권은 (그저 단순히) Y가 알파를 하지 않을 것을 요하는 것이었다. 청구권의 몰수에 대해서도 마찬가지 이치가 성립한다: X가 Y에 대하여 Y가 알파를 하지 않을 것을 요하는 청구권을 몰수당하기 전에 가졌던 것은, X가 몰수당하지 않는다면 Y가 알파를 하지

---

5 기본 입자들에서 도덕 전부를 구성하려는 작업을 하고 있는 것이 아니라는 점을—서문 2절과 10절을 보라—기억해야 한다. 우리가 해야 하는 것과 하지 않아야 하는 것, 해도 되는 것과 해서는 안 되는 것에 관한 일정한 판단을 주어진 것으로 여긴다.

않을 것을 요구하는 청구권이 아니라, (그저 단순히) Y가 알파를 하지 않을 것을 요구하는 청구권이었다.

그러므로 우리가 갖는 것은 다른 사람들이 우리에게 신체 침범을 범하지 않을 것을 요구하는 (그저 단순한(all simply)) 청구권이다. 그래서 우리는 묻게 된다: 그러한 청구권의 원천은 무엇인가?

침입은 해악을 야기할 수 있고, 우리는 해악을 야기당하지 않을 청구권을 갖고 있지 않은가? 만일 어떤 사람이 당신을 통나무로 때린다면, 그가 그렇게 하는 것은 당신의 뼈가 부러지게끔 할 수 있다. 그러나 그것은 침입에 특유한 것이 아니다. 만일 어떤 사람이 길에 통나무를 던져도, 그가 그렇게 한 것 역시 당신의 뼈가 부러지게끔 할 수 있다: 당신은 나중에 그 길로 와서는, 통나무를 보지 못하고, 거기에 발이 걸려 심하게 넘어질 수 있다. 더구나 주어진 침입의 사례는 아무런 해악을 야기하지 않을 수도 있다.[6] 만일 내가 책상을 돌아 가서는 사랑스러운 젊은이의 목 뒤에 키스를 한다면, 나는 그에게 아무런 해악도 야기하지 않을 것이지만, 그럼에도 불구하고 그의 청구권을 제한하게 된다.

침입은 공포를 야기할 수 있다. 그 사랑스러운 젊은 남자는 격렬한 공포를 느낄 가능성이 높다. 그녀는 미쳤나? 미쳤다면, 그녀가 다음에 무슨 행동을 할지 어떻게 알겠는가? 그러나 또한 침입의 사례가 아닌 많은 청구권 제한도 공포를 야기할 수 있다. 그리고 또한

---

6 프로서는 초기 영국법에서의 침입에 관하여 다음과 같이 말한다. "침입은, 아마도 그것이 형사범죄로서의 기원을 갖고 있기 때문에, 여하한 실제의 피해에 대한 아무런 증명도 요하지 아니하였다. 원고의 권리에 대한 침범 그 자체가 불법행위로 간주되었기 때문이다. 반면에 간접적 작용은, 순전히 불법행위법상 구제를 위하여 발전된 법리이므로 실제의 피해가 증명되지 않는 한 통상 배상책임은 있을 수 없다"(p. 29). 피해가 증명될 필요가 없다면 피해는 존재했을 필요가 없는 것이다. 침입에 있어 비판의 요지는 해악이 야기되었건 그렇지 않건 어떤 종류의 권리가 제한되었다는 것이다.

청구권 제한이 전혀 아닌 많은 행위들도 공포를 야기할 수 있다.

더 흥미로운 것은, 침입이 모욕을 주고(insults), 마음에 상처를 주며(affronts), 불쾌하게 만든다(offends)는 사실이다. 침입은 적어도 이런 것들을 하기는 한다. 침입은 그 이상의 것을 할 수도 있기 때문이다: 우리는 강간과 어떤 사람의 다리를 자르는 것 역시 침입이라는 점을 기억해야 한다.

그러나 침입은 꼭 모욕인 경우에만 성립하는 것은 아니다. 첫째, 침입이 한 사람에게 범해졌지만 그 사람은 결코 그 사실을 알지 못할 수도 있다. 침입은 예를 들어 잠들어 있거나 혼수상태에 있는 사람에게 범해질 수 있다. 둘째, 침입은 침입이 벌어진 뒤에 환영받을 수도 있다. 앞 절의, 당신이 그의 생명을 구하기 위하여 그의 다리를 자른 것에 나중에 기뻐할 데이비드를 생각하여 보라. 침입은 침입이 벌어지기 전에 환영받을 수도 있다. 어떤 사람이 다른 사람이 자기에게 성적 접근을 하기를 희망하지만, 그 접근이 환영받으리라는 점을 명시적으로 밝히기는 저어하는 경우처럼 말이다.

더군다나 모욕은 침입에 특유한 것이 아니다. 만일 한 가게를 소유하는 어떤 사람이 나를 기망하였는데, 내가 기망당했다는 사실을 그러고 나서 알아낸다면, 나는 모욕을 당한 것이다. 그가 나의 청구권에 대한 존중의 결여(lack of respect)를 보여주었기 때문이다. 그럼에도 그는 침입을 범하지는 않았다. 실제로 (피해자가 알게 되는) 청구권 침해라면 어느 것이나 바로 이 면에서 모욕을 하는 것이다. 침입이 더 큰 모욕이라고 논해질 수도 있다. 나를 기망한 가게 소유자는 나를 모욕한 것이지만, 그가 카운터 너머로 몸을 구부려 내 코를 꼬집은 경우에는 아마도 더 심대하게 나를 모욕한 것이다. 더 강하게, 어떤 사람을 성적으로 사용하는 형태를 취하는 침입은 가장 심대한 모욕이라고 논해질 수 있다. 어떤 사람이 갑자기 나에게로 몸을 구부려 가지고 다니는 자로 내 이마를 가볍게 두드린다면 나는 불쾌감을 느낄 것이다. 그의 행위가 성적 만족을 얻는 이상한 방법 중 하나라고 여긴다면 더 불쾌감을 느낄 것이다. 그러나 나는 이것들이 논해질 수 있다고만 말한다. 어떤 사람을 거기 없는 것처럼 행동하여♦ 신체적 침입을 하는 경우처럼, 성적 만족을 목적으로 삼지 않는 많은 침입은 심대하게 모욕적이다. 그리고 침입이 아닌 많은 청구권 제한도 동등한 정도로 불쾌감을 주는 것이라고 논해질 수 있다. 어떤 사람이 당신에게, 어느 바보라도 알아챌 만한 명백한 거짓말을 이야기하는 경우를 생각해 보라.

더 중요한 것으로 청구권에 대한 존중의 결여가 모욕이 될 수는 있지만, 어떤 행위를 청구권 제한으로 만드는 것은 모욕 그 자체가 아니다. 만일 이웃에게 내가 얼마나 플라스틱 정원 장식을 싫어하는지를 이야기했는데, 그 뒤 그가 아무런 주의를 기울이지 않고 그의 길을 따라 분홍색 플라스틱 홍학을 나란히 설치한다면 그는 나를 모욕한 것이다. 만일 블로그가 나에게, 아파트 회의 이후에 "우리의 시간을 낭비시킨 그 멍청한 발상하고는!"이라고 말한다면 그는 나를 모욕한 것이다. 그러나 나의 이웃도 블로그도 나의 그 어떠한 청구권도 제한하지 않았다. 침입이 (아마도 다른 것들도 하지만) 모욕하기 때문에 우리를 **괴롭힌다**(bothers)고 이야기할 수는 있다. — 우리가 그 다른 행위들도 우리를 모욕할 수 있다는 점을 인정하는 한에서는 말이다. 그러나 어떤 행위가 모욕하기 때문에 청구권 제한이라고 이야기할 수는 없다. 그리고 **한층 더 강력한 이유로**, 침입으로 제한되는 청구권의 원천이, 그 침입이 모욕적이라는 사실에 놓여 있다고는 이야기할 수 없다.

♦ 어떤 사람이 거기 있는데도 마치 없는 것처럼 발을 밟고 지나가거나 그 공간에 무거운 물건을 놓는 등

여기 일반적인 논점 하나가 있다. 우리의 권리는 (그리고 일부 견해에서는 도덕 전체가) 사람이 다른 사람에게 빚지고 있는 존중에 그 원천을 갖고 있다고 흔히 이야기된다. 그러나 그 존중의 본질은 주의 깊은 정교한 표현을 필요로 한다. 나는 확실히 다른 사람이 나를 존중할 것을 요하는 일반적 권리를 갖고 있지 않다. 아마도 나의 발상이 정말로 멍청한 것이었는지도 모른다. 그리고 나는 확실히, 다른 사람이 나의 소망을 존중할 것을 요하는 일반적 권리를 갖고 있지 않다. (아마도 이웃은 내가 플라스틱 정원 장식물을 싫어하는 것이 단지 별난 것(merely freakish)이라고 생각하는지도 모른다.) 다른 이들의 권리를 존중해야만 한다고는 확실히 이야기할 수 있다. 그러나 만일 사람에 대한 존중이 그들의 권리에 대한 존중과 같은 것이라면, —즉, 만일 사람들에 대한 존중이 (다른 사정이 동일하다면) 그들이 권리를 가지고 있는 것을 준수하는 것과 똑같은 것이라면 — 그렇다면 그들이 그러한 권리들을 가지고 있음은, 우리가 그들에게 존중을 빚지고 있다고 할 때 전제되는 것이지 그러한 존중을 빚지고 있음으로부터 나오는 것은 아니다. 아마도 사람에 대한 존중은 그들의 권리에 대한 존중과는 다른 무언가일 것이다. 그렇다면 존중이 무엇인지 그리고 도덕에서 이러저러한 것이 어떻게 그것으로부터 나오는지를 말하는 일은 여전히 이루어져야 할 작업으로 남는다.

3. 다른 권리 제한으로부터 침입을 구별하여 골라내는 일은, 침입으로 제한된 청구권이 다른 청구권보다 더 — 또는 덜 — 엄격하다고 말하는 것이 아니라고 했다. 그것들은 그럼에도 불구하고 근본적이다.

A가 X, Y, Z에 대하여 그들이 신체 침범을 범하지 않을 것을 요하는 청구권을 제한하고 있다고, A가 X, Y, Z에 대하여 다른 청구권을 가지고 있다고 가정하는 것과 양립 가능하게, 가정할 수 있다.

예를 들어, A는 재산 하나를 소유하고 있을지도 모른다. 이를테면 신발 한 짝 같은 것 말이다. 소유권은 어떤 대상과 관련한 청구권, 특권 그리고 형성권의 복합체이다. 그러므로 A는 그의 신발에 관하여 X, Y 그리고 Z에 대하여 청구권을 갖고 있다. 그리고 다른 것 중에서도, 그들이 그 신발을 신지 않을 것을 요하는 청구권을 갖고 있다.

사람들이 해악을 당하지 않을 청구권을 가지고 있다고 논할 수도 있겠다. (사람들이 그 청구권을 가진다고 가정한다면) 그 청구권을 가지는 것은, 침입으로 제한되는 청구권을 갖고 있지 않은 것과 양립 가능한가? 매우 흥미롭게도, 양립 가능하지 않다. 해악을 야기하는 사람은 매우 자주, 신체 침범을 저지름으로써 그렇게 한다.(통나무로 피해자 때리기, 피해자 발에 총을 쏘기) 그런데 만일 A가 다른 이들에 대하여, 그에게 해악을 야기하지 않을 것을 요하는 청구권을 가지고 있다면, 청구권을 위한 수단 원리(Means Principle for Claims)는 그가 다른 사람들에 대하여, 그렇게 함으로써 그에게 해악을 가할 것이므로 그러한 신체 침범이나 침해를 그에게 가하지 않을 것을 요하는 청구권을 가지고 있다고 말하게 된다. 그래서 A가 침입으로 제한되는 청구권을 갖고 있지 않다면, 그는 해악을 당하지 않을 것을 요하는 꽤나 일반적인 청구권을 갖고 있지 않은 셈이 된다. 그 경우에 그가 침입으로써 제한되는 청구권을 갖고 있지 않은 것과 양립 가능하게 가진다고 생각할 수 있는, 해악과 관련한 청구권의 최대한은 신체 침범을 포함하지 않는 수단에 의해 해악을 당하지 않을 청구권이다. ◆

◆ 저자의 논증이 매우 압축적이므로 약간의 해설이 필요하다. 저자의 논지는 신체 침범에 대한 청구권이 따로 없고, 신체 침범을 하지 않아야 하는 제약이 그저 해악을 당하지 않을 청구권의 부수적 결과라고 생각하면, 신체 침범에 대한 청구권이 없어진다는 것은 아

(사람들이 그런 청구권〔나쁜 것을 야기당하지 않을 것을 요구하는 일반적 청구권-옮긴이〕을 갖고 있다고 가정하면) 고통을 당하지 않을 것을 요하는 청구권에도 마찬가지 이치가 성립한다. 침입으로 제한되는 청구권을 갖지 않는 것과 양립 가능하게 A가 고통과 관련하여 가진다고 생각될 수 있는 최대한은, 신체 침범을 포함하지 아니하는 수단에 의해서는 고통을 야기당하지 않을 청구권이다.

물론, A는 침입으로 제한되는 청구권을 갖지 않는 것과 양립 가능하게 특권, 이런 것 또는 저런 것을 하는 특권을 가진다고 생각될 수는 있다. 그러나 그에게 신체 침범을 당하지 않을 청구권이 결여되어 있다면, A의 도덕적 지위는 매우 얇은 것이 된다. 그렇게 되면 특히 당신이 해악 없는 고통스럽지 않은 신체 침범을 그에게 범할 경우 당신은 그의 아무런 청구권도 제한하지 않은 것이 될 뿐만 아니라, 당신이 그에게 신체 침범을 범함**으로써** 그에게 해악이나 고통을 야기하는 경우에도 그의 아무런 청구권도 제한하지 않은 것이 된다.

더군다나 이때 A가 보유하는 청구권은 그에게 그다지 가치가 없을 것이다. A가 자신의 신발에 갖는 재산에 관한 청구권(property claims)을 살펴보자.◆ 내가 그 신발을 원한다고 가정하자. 나는 그 신발을 신고 걸어가 버려서는 안 된다. 그것은 절도, 그의 재산에

예 신체 침범을 수단으로 하는 해악을 당하지 않을 청구권이 없어진다는 것과 동일한 결과를 낳는다는 것이다. 왜 그런가? 청구권을 위한 수단 원리는 만일 (i) X가 Y에 대하여 Y가 베타를 하지 않을 것을 요하는 청구권을 갖고 있으며, 그리고 (ii) Y가 알파를 한다면 그 또는 그녀는 그렇게 함으로써 베타를 하게 된다면 그럴 경우 X는 Y에 대하여 Y가 알파를 하지 않을 것을 요하는 청구권을 갖고 있으며, 그 청구권은 적어도 Y가 베타를 하지 않을 것을 요하는 X의 청구권만큼 엄격하다고 한다. 여기서 '베타'에 '해악 야기하기', '알파'에 '신체 침범하기'를 대입하자. 청구권을 위한 수단 원리가 참이라고 전제하면 만일 X가 신체 침범을 하지 않을 것을 요하는 청구권이 없다면, 신체 침범이라는 수단을 통해 해악을 야기하지 않을 것을 요하는 청구권도 없다는 결론이 나온다.

◆ 직후의 서술은 침입으로 제한되는 청구권을 갖지 않는다고 가정하면 생기는 결과이다.

관한 청구권 제한이 될 것이기 때문이다. 반면에 그의 목을 비틀어 그가 내게 신발을 주게 하는 것은 허용된다. 그렇게 하는 것은 그의 그 어떠한 청구권에 대한 제한도 아니기 때문이다. (그가 행위의 특권을 가진다고 해도) 그의 행위의 특권조차도, 신체 침범을 당하지 않을 청구권을 결여하고 있어 그의 그 어떠한 청구권도 다른 사람이 우리가 상상하고 싶은 그 어떤 무시무시한 물리적 행사를 통해서라도 행위하는 것을 막는 데 장애가 되지 않기 때문에, 그에게 거의 가치가 없을 것이다.

그러므로 침입으로 제한되는 청구권은 근본적이다. 우리는 이 논점을 다음과 같은 우리의 은유로 표현할 수 있을 것이다: 침입으로 제한되는 청구권은 권리 영역의 중심(center of the realm of rights)에 있다.

청구권의 원천은 무엇인가? 청구권 부여(giving of claims)는 가능하다. 앞으로 (제12장에서) 우리가 약속을 할 때 이루어지는 청구권 부여를 살펴볼 것이며, (제13장과 제14장에서) 법을 제정할 때 진행되는 청구권 부여를 살펴볼 것이다. 그리고 침입으로 제한되는 청구권 중 적어도 일부는, 그러한 방식 중 하나 또는 그 이상의 방식으로 우리에게 주어진 것이라고 논할 수도 있겠다. 법은 예를 들어 정말로 우리에게 우리의 다리를 자르지 않을 것을 요하는 다른 사람에 대한 청구권을 할당한다. 그러나 나는 그것을 단지 "하나의 원천(one source)"이라고 했다. 법이 그것을 우리에게 할당하지 않았다 할지라도 그 청구권을 가졌을 것이기 때문이다. 더 일반적으로, 우리는 침입으로 제한되는 청구권 모두를, 설사 사적인 공약(private commitments)이나 법(law)이 우리에게 그중 어느 것도 부여하지 않았다고 할지라도 가졌을 것이다. 사적 공약도 법도, 신체 침범에 대항하는 청구권을 보유하는 데 필요조건이 아니다. 그렇다면 그 다른 원천이란 무엇인가? 무엇이 우리가 청구권을 보유하는 데 기여하 며, 사적 공약이나 법이 없음에도 우리가 그것들을 갖도록 만들었을 것인가? 아마도 이 다른 원천은 **우리**의 어떤 특성(some feature of us)에 있을 것이며, 우리는 그 특성이 무엇인지 알 필요가 있다.

자, 침입으로 제한되는 청구권이 없었다면 우리에 관하여 다를 수 밖에 없었던 것은 무엇인가? 또는 어쨌든 청구권을 가지더라도 그 것을 오로지 사적 공약이나 법 때문에만 가졌던 것이라면 우리에 관 하여 다를 수밖에 없었던 것은 무엇인가? 침입으로 제한되는 청구 권이 내가 언급한 방식으로 근본적이므로, 논의를 단순하게 하기 위 하여 대신에 다음과 같이 질문하도록 하자: 우리가 아무런 청구권을 가지지 않는다면 — 또는 어쨌거나, 여하한 청구권을 가지기 위해서 는 오로지 사적 공약이나 법이 있어야만 우리가 그러한 청구권을 가 졌더라면 — 성립하였을 사태에서 우리에 관하여 다를 수밖에 없었 던 것은 무엇인가? 이것이 그들에게 참이 되려면, 그 가능세계의 거 주자들은 우리와 어떤 면에서 다를 것인가?

여기서 우리가 자연상태에 대한 홉스의 기술을 떠올린다 하여도 놀라운 일은 아니다. 홉스의 자연상태를 가능세계에 대한 한 기술이 라고 생각해 보자. 그것을 홉스의 자연상태(Hobbes' State of Nature)라 고 부를 것이다. 홉스는 (제1장에서 내가 인용한 구절에서) 말했다. 자 연상태에서는

> 소유도, 지배도, **내 것**과 **네 것**의 구별도 없다. 얻을 수 있으며 그 것을 자기 것으로 유지 가능한 동안 모든 것이 각자의 것이다.

그래서 "만인은 각자 모든 것에 대하여, 심지어 다른 사람의 신체에 대해서도 권리를 가진다.(every man has a Right to everything; even to one anothers body.)" 그러므로 홉스의 자연상태는 누구나 자신이 원하는 대로 할 특권을 가진 세계다. 그리하여 어느 누구도 그 어떠한 청구권도 갖지 않는 세계다. 물론 홉스는 자연상태의 거주자들은 그들이 서로에 대하여 청구권을 부여할 수 있다면 그리하여 그런 청구권 부여를 하는 일을 진행한다면 더 나은 삶을 살게 되리라는 것을 깨닫게 된다고 생각하였다. 어떻게? 법을 제정하고 집행하는 역할을 지닌 공동으로 선택된 권위에 복종하도록 서로 공약함으로써. 그러나 홉스의 자연상태의 거주자들이 정말로 서로에게 청구권을 부여한다고 할지라도, 그렇게 부여하는 청구권은 모두 오로지 사적 공약과 법 때문에만 그들이 가지게 될 그런 청구권일 뿐이다.

홉스의 자연상태의 거주자들은 우리와 어떤 면에서 다른가? 홉스는 그들이 서로에게 무심하다고 하였다. 이와는 대조적으로, 우리는 다른 사람에 대하여 상당한 양의 동료로서의 감정을 갖고 있다. 적어도 일부 다른 사람에 대해서는 말이다. 그리고 그런 감정을 가진다는 것은, 확실히 우리에 관한 심층적인 사실임이 틀림없다. 아리스토텔레스가 말했듯이, 우리는 본성상(by nature) 사회적 동물이다. 그러므로 이 측면에서 홉스의 자연상태의 거주자들은, 우리와 그저 다른 것이 아니라 근본적으로 다르다.

홉스는 또한 자연상태의 거주자들이 서로에게 해를 입힐 능력이 대체로 동등하다고 묘사했지만 확실히 그런 것 같지는 않다. 그 점 때문에 그들이 우리와 근본적으로 다른가? 그렇다고 보지는 않는다. 어쨌거나 홉스가 자연상태의 거주자 모두 육체적 힘이 동등하다는 것을 염두에 둔 것은 아니었다.[7] 자연상태에 관한 홉스의 논의

---

7 "자연은 인간이 육체적·정신적 능력의 면에서 평등하도록 창조했다. 간혹 육체적 능력이 남보다 강한 사람도 있고 정신적 능력이 남보다 뛰어난 경우도 있지만, 양쪽을 모두 합하여 평가한다면, 인간 사이에 능력 차이는 거의 없으며 있다고 하더라도 한 사람이

에서 '대체적 동등' 조건이 하는 역할은 — 물질적 희소성 조건과 함께 —, 서로에게 청구권을 부여하는 것이 거주자의 삶을 개선하리라는 점을 어떻게 깨달을 것인가를 설명하는 데 기여하는 것에 불과했다.

그러므로 홉스의 자연상태의 거주자들은 서로에게 무심하다는 면에서 우리와 근본적으로 다르다. 홉스는 그들이 서로에게 청구권을 부여하기 전에는 청구권을 갖지 않는다고 말한다. 그러므로 우리가 사적인 공약이나 법이 없을 때에도 청구권을 가지리라는 사실의 원천이 바로 우리의 동료 감정이라고 결론 내릴지도 모르겠다.

그러나 그 결론은 타당한가? 질문을 던져 보자: 홉스의 자연상태의 거주자들이 아무런 청구권을 갖지 않는다는 것, 또는 사적 공약이나 법을 갖고 있을 때에만 청구권을 가진다는 것을 **참**으로 만드는 것은 무엇인가? 거주자들이 서로에게 청구권을 부여하는 일을 시작하기 전의 그 세계의 한 시기를 살펴보자: 거주자들이 그 시기에는 아무런 청구권도 갖지 않는다는 것을 **참**으로 만드는 것은 무엇인가? 홉스는 그 이유로 그 세계에는 법이 없다는 논거를 제시하였다. 홉스는 "공통 권력이 없는 곳에는 법도 없다." 그 시기에 법이 없는 결과, "소유도, 지배도, **내 것**과 **네 것**의 구별도 없다. 얻을 수 있으며 그것을 자기 것으로 유지 가능한 동안 모든 것이 각자의 것이다." 그래서 "만인은 각자 모든 것에 대하여, 심지어 다른 사람의 신체에 대해서도 권리를 가진다." 간단히 말해 홉스의 견해에서는 법이 있다는 것은 청구권을 보유하기 위한 필요조건이다. 그러므로 그의 견

다른 사람보다 더 많은 이익을 주장할 수 있을 만큼 크지는 않다. 체력이 아무리 약한 사람이라 하더라도 비밀스러운 음모를 꾸미거나, 또는 같은 처지에 있는 이들끼리 공모하면 충분히 가장 강한 사람도 죽일 수 있는 힘을 가지기 때문이다." Hobbes, *Leviathan*, part 1, ch. 13.

해에서는, 홉스적 자연상태에서 법이 아직 없다는 것은 그 거주자들이 아직 아무런 청구권도 갖고 있지 않다는 것을 의미한다.

그러나 법은 청구권의 필요조건이 아니다. 이 세계에는 법이 할당해 주기는 하였지만, 그것을 할당하는 아무런 법이 없었더라도 우리가 가졌을 청구권들이 있다. 그러므로 홉스의 자연상태에서 아직 법이 없다는 사실만으로는, 그 어떠한 거주자도 아무런 청구권을 갖지 않는다는 것을 의미하지는 않는다. 거주자들이 서로에 대하여 청구권을 갖고 있지만 때때로 그것을 제한한다고, 그리고 정말로 때때로 청구권을 침해한다고 생각해서는 안 되는가?

청구권은 행동상 제약이다: X가 Y에 대하여 이러이러한 사태가 참이도록 요하는 청구권을 갖는 것의 핵심은 다른 사정이 동일하다면 Y는 이러이러한 것이 참이 되지 않게 해서는 안 된다는 것이 참이라는 점에 있다. 그러므로 홉스의 자연상태에서 어떠한 거주자도 아직 아무런 청구권을 갖고 있지 않다고 볼 수 있는 한 방법은, 거주자들이 도덕법(moral law)을 전혀 적용받지 않는다고 — 또는 어쨌거나 아직은 전혀 적용을 받지 않는다고 — 가정하는 것이다. 만일 도덕법이 그들에게 아무런 명령(directives)도 발하지 않는다면, **한층 더 강력한 이유로**, 도덕법은 이러이러한 것이 참이 되지 않도록 하지 않아야 하는 명령을 발할 수는 없다.

그러나 역사 속에, 그 거주자들이 도덕법을 적용받지 않는 시점이 있었다고 가정하는 것은, 그들이 우리와는 또 다른 면에서 근본적으로(radically) 다르다고 가정하는 것이다. 그리고 그 다름은 너무나 커서 아마도 그들은 심지어 인간으로 생각할 수도 없을 정도이다. 내가 염두에 두고 있는 것은 칸트적인 이념 그리고 확실히 매우 그럴 법한 이념으로서, 당신이 행동을 도덕법에 일치시킬 능력은 도덕법이 당신에게 적용될 필요충분조건이라는 이념이다. 타자기와 동물은 그들의 행동을 도덕법에 일치시킬 능력을 갖고 있지 않다. ─ 타자기나 고양이가 그렇게 해야 하기 때문에 무엇을 하는 그런 사태란 없다. ─그래서 타자기나 고양이에 관하여 그들이 이러이러한 것을 해야 한다고 말하는 것은 결코 참인 법이 없다. 이와는 대조적으로, 인간은 도덕법에 그들의 행동을 일치시킬 능력을 보유하며 ─ 즉, 자신이 그렇게 해야 하기 때문에 무언가를 할 가능성이 있으며 ─ 그래서 인간에 대해서는 그 사람이 이러이러하게 해야 한다고 말하는 것이 때때로 참이다. 그러므로 홉스의 자연상태의 거주자들이 도덕법의 적용을 받지 않는 시점이 있다고 가정하는 것은, 그 시점에서는 그들이 도덕법에 그들의 행동을 일치시킬 능력이 없다고 가정하는 것이다. 어떻게 그럴 수가 있는가? 그들은 도덕법에 그들의 행동을 일치시킬 능력이 없다는 것이 동물의 특징이라는 점에서, 동물과 같은 존재인가?

대안 가설은, 그들이 도덕법을 전혀 적용받지 않는다는 것이 아니라, 그들은 우리가 적용받는 것과는 다른 도덕을 적용받는다는 것이다. 청구권은 상당히 특별한 종류의 행동상 제약이다. 아마도 그들의 세계에 참인 도덕법은 그 종류의 행동상 제약에 따라 행위를 규정하지는 않는 것일까?

홉스 자신이 그들과 그 세계에 관하여 그렇다고〔다른 도덕법을 적용받는다고 - 옮긴이〕 생각했다는 점은 흥미롭다: 그는 홉스의 자연상태의 거주자들이, 법체계의 설립 이전에도, 도덕법의 적용을 **받는다** (are subject to moral law)고 생각했다. 그러나 그 시기에 그들이 적용받는 도덕법은 청구권과 동일시되는 종류의 행동상 제약에 따른 행위를 명하지 않는다. 홉스는 때때로 도덕 그 자체가 오로지 법이 있어야만 존재하게 되므로, 자연상태의 거주자들이 모여 법을 창설하기 전에는 도덕이 홉스의 자연상태의 거주자 모두에게 아무것도 명하지 않는다고 생각했다고 이야기되어 왔다. 그러나 이는 참이 아니다: 그는 도덕이 홉스의 자연상태의 거주자에게 처음부터 정말로 무언가를 명한다고 생각했다. 그는 자연상태의 거주자들이 청구권을 부여하고 취득하는 것이 거주자 각자의 이익이 된다고 생각했고, **그러므로** 각자는 그렇게 하기에 (그가 생각하기에) 필요한 것을 발생시키기 위해 노력해야 한다고, 즉 법을 창설해야 한다고 결론 내렸다. 더 정확하게 말하면 그는 각자가 그 노력을 하는 일이 지나치게 위험하지 않은 경우 그리고 오직 그 경우에만 그런 것〔청구권을 부여하고 취득하기 위해 필요한 것, 즉 법체계 - 옮긴이〕을 발생시켜야 한다고 생각했다. 그러니까 그 노력을 하는 것이 주체의 장기적인 이익이 되는 경우에만 말이다. (홉스는 도덕법이 당신의 이웃이 사회계약(social compact)에 가담하라는 제안을 하러 당신의 이웃에 접근한다면 그에 대한 응수로 당신의 주머니에 있는 사과를 얻기 위해 당신을 죽일 것이라면, 그런 제안을 하러 갈 것을 명하지는 않는다고 생각했다.) 그러므로 홉스가 — 법체계의 설립 이전에 — 거주자들이 해야 하는 것이 윤리적 이기주의(Ethical Egoism)를 따르는 것이라고 생각했다는 것은 매우 그럴법한 생각이다. 윤리적 이기주의는 사람은 그렇게 하는 것이 그 사람에게 이익이 되는 오직 그런 것만을 해야 한다고 말한다. 그러나 만일 윤리적 이기주의가 그들에 대하여 참이라면, 그렇다면 — 그들의 이해관심을 고려할 때 — 그들은 청구권은 갖고 있지 않다. 왜냐하면 가정상 홉스의 자연상태의 거주자들은 각자에게 무심하며, 그리하여 A가 먹고 싶어 하는 사과 몇 개를 B가 먹는 것을 저지하기 위해 B를 쏘는 것이 A의 이익이 되는 그런 상황을 상상하는 것이 전적으로 가능하기 때문이다. (A는 B에게 무심하고, B의 곤경은 C, D 그리고 나머지 사람에게 아무런 관심사항이 아니며 그래서 A는 불쌍한 B가 죽었다는 것을 이유로 그에게 누구라도 복수하리라는 두려움을 느낄 필요가 없다.) 이것이 참이라고 해 보자. 그러면 윤리적 이기주의는, 청구권을 포함하는 도덕법은 그래서는 안 된다고 말할 사안에서 A가 B를 쏴야 한다고 말한다.

그러나 홉스의 자연상태에 관하여 홉스는 옳은가? 즉, 홉스의 자연상태의 거주자들은 — 그들이 법체계를 설립하기 전에는 — 정말로 윤리적 이기주의의 명령을 적용받는가? 왜 우리가 그렇다고 생각해야 하는가? 만일 B가 A에게 심각한 해악을 야기한다면, 그리고 A는 B를 저격함으로써만 그 해악을 저지할 수 있다면, B를 쏘는 것은 A의 이익이 될 뿐만 아니라, 다른 사정이 동일하다면 도덕법이 A가 B를 쏘는 것을 허용한다고 생각하는 것도 무리가 아니다. 도덕법은 분명히, A가 자신의 생명과 신체 완전성(bodily integrity)을 소중히 여기는 것을 허용한다. 그러나 도덕법은 동등한 정도로 확실히, A가 B를 쏠 것을 명하지도 않는다. 더구나* B를 쏘는 것이 A의 이익이 된다는 근거만으로, 그 이익이 얼마나 사소하건, 그 이익의 증진이 얼마나 조금이건 간에 A가 B를 쏘는 것을 도덕법은 명하지도, 허용하지도 않는다. A가 우연히 B에게 무심하다는 사정이 중요한 것으로는 도무지 생각될 수 없다.

실제로 홉스의 자연상태의 거주자들이 서로에게 무심하다는 사실이 그들이 청구권을 결여한다는 것을 참으로 만들지 않는다. 그것은 기껏해야 그들이 청구권을 준수하는 것이 그들에게 좋지 않으면 그 어떠한 청구권도 준수하지 않을 것이라는 결론만 산출할 뿐이다. 그러므로 우리의 동료 의식(fellow feeling)이 **우리가** 청구권을 보유하게 하는 존재가 되게끔 하는 것은 아니다.

말했듯이 도덕법은 분명히 A가 그리고 또한 나머지 모든 사람이,

◆ 앞서 살펴본 A가 먹고 싶어 하는 사과 몇 개를 B가 먹는 것을 저지하기 위한 경우와 같이

자신의 생명과 신체 완전성을 소중히 여기는 것을 허용한다. 이것은 홉스의 자연상태의 거주자들이 ― 그들이 법체계를 창설하기 전에 ― 우리가 제5장에서 살펴본 행위 공리주의의 이런저런 판본의 명령의 적용도 받지 않는다는 것을 의미한다. 행위 공리주의는 그 거주자들에게 그렇게 하는 것이 가치를 최대화할 때는 언제나 공격을 감수하라고, 정말로 공격에 자신을 적극적으로 내어 주라고 명할 것이다. 이것은 확실히 타당하지 않다. (홉스 본인은 그것을 매우 터무니없는 발상이라고 여겼을 것이다.)

내가 자기방위가 항상 허용된다고 말하고 있는 것은 아님을 강조해야겠다. 범죄자들은 합법적인 권위가 그들이 받은 선고를 준수하며 수행하여 그들에게 가한 공격에 대하여 스스로를 방위해서는 안 된다고 논할 수 있다. (이 견해가 보편적으로 견지되는 것은 아니라는 점을 상기할 가치가 있다. 우리는 홉스가 사람들이 당신에게 족쇄와 채찍을 갖고 다가올 때는 모든 것은 백지로 돌아가며〔all bets are off, 당신에 대해서는 사회계약이 무효화되며―옮긴이〕, 당신의 생명을 방위하기 위하여 그 어떠한 것도 해도 괜찮다고 주장했다는 점을 기억할 수 있다.) 거기에다 어떤 사람이 자기방위를 포기하는 일을 포함하는 형태의 노예 상태로 자신을 팔아넘길 수도 있다고 논할 수도 있다.

다시금, 제4장에서 보았듯이, 도덕은 설사 그들이 범죄자도 아니고 노예로 스스로를 팔지 않았는데도 사람들에게 어떤 공격을 감수할 것을 정말로 명하는 경우가 있다. 예를 들어 나의 이웃은 내가 그의 분홍색 플라스틱 정원 장식을 공격하는 것을, 만일 그가 그 장식을 방위하는 유일한 방법이 나의 발에 총을 쏘는 것이라면, 감수해야만 한다. 그러나 이는, 내가 위협하는 것이 사소한 재산권 (property right)이며, 그가 그의 재산을 방위하기 위해 해야 하는 것이 나에게 심각한 해악을 야기하는 것이기 때문이다. 만일 나의 공격이 그의 정원 장식에 가해진 것이 아니라 그의 인신(his person; 人身)에 가해진 것이라면 — 만일 내가 그를 죽이려 하고 있다면 — 그리고 또한 나의 발을 쏘는 것만이 나의 공격에 대항하여 방위하는 유일한 방법이라면, 그가 나의 발을 쏘는 것은 전적으로 허용된다. (정말로 만일 그 자신을 방위하는 것이 나의 머리를 쏠 것을 요망한다고 한다면, 머리를 쏴서 나를 죽이게 된다고 하여도 그는 또한 그렇게 해도 된다.)

더군다나, 나는 인간이 인간**이라**는 근거에서 한 명의 인간 쪽에서는 방위가 허용된다고 말하지 않았다. 도덕은 동물이 자신의 생명에 대한 위협에 대항하여 스스로를 방위하는 것을 허용한다. 도덕은 동물에게는 아무것도 요구하지 않기 때문이다.

어쨌든 도덕은 자신의 생명과 신체 완전성을 상당한 정도로 소중히 하는 것을 허용한다. 그것은 행위 공리주의는 감수를 명할 사안에서 자기방위를 허용한다. 그러므로 홉스의 자연상태의 거주자들이 행위 공리주의의 명령의 적용을 받는다고 이야기할 수는 없다.

아마도 홉스의 자연상태를 살펴보는 것은, 잘못된 방향으로 검토하는 것인지도 모른다. 우리는 다음과 같이 묻고 있었다: 우리가 아무런 청구권도 가지고 있지 않은 것이 참이었다면 우리에 관하여 무엇이 달랐어야만 할까? — 또는 어쨌거나, 만일 우리가 여하한 청구권을 가진다 해도, 오직 사적 공약과 법 때문에만 그러한 청구권을 가진다면 우리에 관하여 무엇이 달랐어야만 할까? 그리고 우리는 곧장 홉스의 자연상태를 살펴보고는, 그 세계의 거주자들이 법을 창설하기로 하는 사적 공약에 의해 청구권을 생성하기 전에는 아무런 청구권을 가지지 않으리라는 것을 참으로 만든다고 생각되는 바가 전혀 명확하지 않다는 것을 깨달았다. 그러나 아마도 홉스의 자연상태는, 사람들이 서로에 대하여 아무런 청구권도 갖지 않는 가능한 세계의 유일한 후보는 아니지 않을까? 아마도 우리는 윤리적 이기주의나 행위 공리주의에서 시작해야 하는지도 모른다. 그리고 그것 중 하나 또는 그 이상이 참이 되는 가능한 세계를 상상해야 하는지도 모른다.

행위 공리주의를 살펴보자. 제5장에서 말했듯이 가치 최대화(value-maximizing)를 막는 것은 청구권이다. 그러므로 만일 행위 공리주의가 어떤 세계에서 참이라면, **한층 더 강력한 이유로** 그 세계의 거주자들은 청구권을 결여한다. 그러나 우리에게 필요한 것은, 그들의 세계에서 행위 공리주의가 참임을 명확히 하는 그러한 세계의 거주자들에 대한 특성서술(charaterization)이다.

그 거주자들이 모두 행위 공리주의가 참이라고 믿는 세계를 상상함으로써 시작할 수 있다. 그래서 Y가 X를 공격하여 X에게 심각한 해악의 위협을 가하는데, 가치 최대화는 X가 그 해악을 감수하는 것일 때에는 무슨 일이 벌어지는가? 만일 모든 거주자들이 행위 공리주의가 참이라고 믿는다면, 특히 X는 정말로, 그래서 아마도 X는 그 공격을 감수하며, 그것도 자신이 바로 그래야만 하기 때문에 그렇게 한다. ("아마도"라고만 말했다. 우리는 우리가 해야 하는 것을 항상 하지는 않기 때문이다.) 그것은 X가 정말로 공격을 감수할 것이 도덕적으로 명해진다는 것을 의미하는가? 그렇다고 보기 무척 어렵다. 예를 들어 장기이식 사안을 살펴보라. 외과의와 젊은 남자는 둘 다, 젊은 남자가 공격을 감수해야 한다고 믿을 수 있다. 정말로 그들은 둘 다 젊은 남자가 자원하여 그의 장기를 기증하여, 아무런 공격이 필요치 않도록 해야 한다고 믿을 수도 있다. 그렇다고 해서, 도덕법이 이것 중 어느 것이라도 그 젊은 남자에게 명한다는 결론이 따라 나오는 것은 아니다.

우리가 행위 공리주의가 어떤 세계에서 참이 되는지 확정하려고 한다면, 믿음의 수준보다 더 깊이 파고 들어가야 할 필요가 있다: 거주자의 이익에 관한 정보를 제공할 필요가 있다.

다음과 같이 해 보자. 우리가 상상하려는 세계에서는, 행위 공리주의에 따라 행위하는 것이 각 거주자에게 이익이 된다. 어떻게 그럴 수 있는가 — 행위 공리주의가, 희생을 하는 것이 가치 최대화가 될 경우에 생명이나 신체 완전성을 희생하는 것을 명한다는 점을 고려하였을 때 말이다. 생명이나 신체 완전성을 희생하는 것이 가치 최대화가 되는 경우, 생명이나 신체 완전성을 희생하는 것이, 그 자체로 각 거주자의 이익이 된다고 가정해 보자. 이제 우리는 장기이식 사안이 그 세계에서 발생하였을 경우에는, 외과의의 환자들을 위해 자원해서 장기를 기증하는 것이 그 젊은 남자에게 이익이 된다고 하게 된다. 그 자신의 이익에 대한 무지와 혼란이 없다면, 그 젊은 남자는 적극적으로 자원하려 할 것이다. 더 일반적으로, 우리는 행위 공리주의가 명하는 것이 무엇이건 그것을 하는 것이 각 거주자의 이익이 된다(it is in his or her interest to do)는 것이 참이라고 가정하게 될 것이다.

행위 공리주의가 명하는 것 중에는, 다른 사람들이 행위 공리주의가 명하는 일을 하는 것을, 참거나 심지어 적극적으로 환영하라는 것도 있다. 이는 분노가 분개로, 분개가 그른 행위로, 그른 행위가 가치 감소로 이르지 않도록 하기 위해서이다. 그래서 다른 사람들이 행위 공리주의가 명하는 것을 하는 것이 각 거주자에게 이익이 된다고 덧붙이자. 그럴 경우 행위 공리주의는 젊은 남자에게 환자에 관하여 이야기해 주고 장기 기증을 자원할지 물어볼 것을 외과의에게 명할 수도 명하지 않을 수도 있다. 외과의가 자원 의사를 물어보기를 명받는지는, 그가 그렇게 하는 것이 가치를 최대화할 것인지 여부에 달려 있다. 이 점은 문제되지 않는다: 지금 우리는 만일 외과의가 젊은 남자에게 자원할 것인지 묻지 않고 행위로 나아가는 것이 가치를 최대화하는 것이라면, 그것은 또한 젊은 남자의 이익도 된다고 가정하였다.

더 일반적으로, 우리는 그 또는 그녀가 행위 공리주의가 요구하는 것을 하는 것이 각 거주자의 이익이 된다고, 그리고 다른 이들 각자도 행위 공리주의가 요구하는 것을 하는 것이 각 거주자의 이익이 된다고 가정하고 있다.

다음의 질문을 던져 보자. 만일 그들이 이것이 참이 되는 이익의 구조를 가진다고 한다면, 그러한 사람들은 어떤 사람들이겠는가?

그들은 벌이나 개미 같아야만 할 것이다. 아마도 흔한 또는 정원의 벌이나 개미보다는 한층 더 벌 또는 더 개미 같은 존재여야만 할 것이다. 벌의 많은 행동은 벌떼의 좋음에 기여하며, 우리는 그것이 일반적으로는, 그 벌과 그 벌떼의 다른 모든 벌들이 벌떼의 좋음에 기여하는 방식으로 행위하는 것은 개별 벌에게도 이익이 된다고 생각할 수 있다. 그러나 나는 벌떼가 더 생산적인 여왕을 필요로 할 때마다 일벌이 여왕벌을 죽이는 것이 **정말로** 여왕벌의 이익이 된다고 생각해 보려고 해도 그렇게 생각하기는 매우 어렵다.

어쨌거나 어떤 것을 취득하거나 보유하거나 하는 것이 집단 전체의 이익이 되는 경우에만, 그것을 취득하거나 보유하거나 하는 것이 이 세계의 거주자의 이익이다. 우리는 이를 다음과 같이 표현할 수 있다: 그들은 본질적으로 아무런 개별적인 이익(inherently individual interests)도 갖고 있지 않다 — 집단 전체에게도 좋은 것이 아니면서 또한 개인에게 좋은 것이란 없다. 은유적으로, 각자는 기계의 톱니바퀴(a cog in the machinery)에 지나지 않는다.

이제 우리는 행위 공리주의가 참인 그런 세계를 기술했는가? 글쎄, 이 세계의 거주자들은 애초에 도덕법의 적용을 받지 않는가? 벌과 개미들은 도덕법의 적용을 받지 않는다. 이 세계의 거주자들의 경우에는 도덕법을 적용받는다고 생각하는 것이 간신히 가능하다고 본다. 그들이 그들의 행동을 도덕법에 일치시킬(conforming their conduct to moral law) 능력이 있을 만큼 충분히 우리와 닮았다고 생각할 수 있다고 여기기 때문이다. 그렇다면 도덕법은 그들에게 무엇이라고 말하는가? 그들의 이익을 고려할 때 젊은 남자의 그 어떠한 청구권도 그 세계에서 장기이식 사안이 발생한 경우 제한되지 않았다고 생각하는 것이 확실히 옳다. 더 일반적으로, 그 세계의 그 어떠한 가치 최대화 행위도 아무런 청구권을 제한하지 않는다고 생각하는 것이 옳다. 그리고 나는 만일 그들이 애초에 도덕법을 적용받는다면, — 그들의 이익을 고려할 때 — 도덕법이 그들에게 명하는 것은 가치를 최대화하라는 것이라고 생각할 수밖에 없다. 가치 최대화가 정확히 그들 모두에게 좋은 것이기 때문이다. 그리하여 행위 공리주의가 그들에게 무엇을 해야 한다고 말하건, 그것이 바로 그들이 해야 하는 것이며, 어느 누구도 아무런 청구권을 갖지 않는다.

그러나 행위 공리주의에 의해 그들에게 발해지는 행위 규정(the prescriptions for action)이 윤리적 이기주의에 의해 그들에게 발해질 행위 규정과 정확히 같은 것이라는 점은 놀랍다. 그 세계에서는 행위 공리주의 명령과 윤리적 이기주의 명령이 수렴한다.[8]

우리는 행위 공리주의가 참인 세계를 상상하려고 하였으며, 행위 공리주의 명령과 윤리적 이기주의 명령 모두 참이 되는 세계를 발견하였다. 만일 우리가 대신에 윤리적 이기주의가 참이 되는 세계를 상상하려고 하였다면 어떻게 되었겠는가? 하나의 가능한 결과는 우리가 동일한 세계를 상상하는 것이다. 윤리적 이기주의가 참인 세계가 되려면, 이익과 일치하는 행위를 그른 것이 명백히 아닌 행위가 되게 하

---

8 그러나 두 이론의 이유를 밝히는 도덕적 판단은 나뉜다. (서문 8절을 보라.) 수렴하는 것은 두 이론의 대상 층위 판단들이다.

는 종류의 이익을 가진 거주자를 요한다고 보는 것은 그럴 법하다. 그리고 이를 확보하는 한 가지 방법이 바로 우리가 바로 앞에서 했던 것을 하는 것임은 명백하다. 즉, 거주자들이 본질적으로 아무런 개별적인 이익을 갖지 않는다는 점을 세계의 기술에 포함하는 것이다.

윤리적 이기주의가 참인 세계를 상상할 때 우리가 얻게 되는 다른 가능 세계가 있는가? 그 거주자들이 청구권을 갖고 있으면서도 각자가 해야 하는 것이라면 무엇이든 준수하는 것이 각자에게 이익이 되는 세계를 상상하는 것이 가능하다고 본다. (그 세계에서 장기이식 사안이 발생하는 경우, 외과의가 젊은 남자를 수술하지 않는 것이 외과의의 이익이다. 젊은 남자가 장기 기증을 자원하도록 강제하지 않는 것이 그 다섯 환자의 이익이기도 하다. 그들이 그의 장기를 얻을 경우 오직 그 경우에만 살 것이라는 점을 고려했을 때, 어떻게 그럴 수 있는가? 글쎄, 이것은 그저 그들의 이익이 어떤 것인가에 관한 사실이다.) 만일 우리가 어떤 세계의 거주자들의 이익의 특성을 서술하는 데 충분한 자유재량을 허용하기만 한다면, 우리는 그 세계에서의 윤리적 이기주의 명령이 당신이 원하는 도덕 이론이라면 무엇과도, 청구권을 갖는 것이 해당하는 행동에 대한 특별한 종류의 제약을 포함하는 도덕 이론을 포함한 그 어떠한 도덕 이론과도 수렴하는 것으로 만들 수 있다. 윤리적 이기주의 중심 명령(central dictates)은, 그 명령이 발해지는 이들의 이익에 관한 이런저런 특정한 가정과 결합할 때에만 흥미롭다. 그렇지 않으면 그 명령은 공허하다.

그러나 그 거주자들이, 행위 공리주의나 윤리적 이기주의 어느 쪽이 그들에 관하여 참이 되는 것을 상상하는 방식으로 청구권을 **결여하는** 어떤 세계에 관하여 거주자들의 이익을 명확하게 파악하기 위해서는, 우리와는 근본적으로 다른, 벌 같은 거주자들이 사는 벌집 같은 세계를 상상해야 한다고 본다. 우리는 실제로 본질적으로 개별적인 이익을 갖고 있으며, 그것은 우리에 관한 심층적인 사실이기 때문이다. 곧 이 주제로 돌아오겠다.

또 다른 후보들은 없는가? 그 어떤 거주자 Y도 X에 대하여, X가 Y에 대하여 청구권을 갖는 것에 해당하는, 특별한 종류의 행동상 제약을 지지 않는다는 결론이 따라 나오는, 어떤 세계에 대하여 참이 될 수 있는 다른 도덕 이론이 있는가? 어느 일요일 오후에라도 얼마든지 많은 수의 가능한 도덕 이론을 발명해 낼 수는 있다. 어려운 부분은, 도덕법의 적용을 받기 위하여 충분히 우리와 닮은 존재들이 거주하는 세계에 참으로 타당한 것 같이 생각될 수 있으며 **그리고** 그 거주자들이 서로에 대하여 청구권을 가진다는 가정과는 양립 불가능한 도덕 이론을 발명하는 일이다. 행위 공리주의와 윤리적 이기주의의 경우에는 이것은 그저 간신히 가능할 뿐이다. 도덕법의 적용을 받는 벌집 같은 세계에서 벌 같은 존재들을 상상할 수 있기 때문이다. 그리고 그들은 서로에 대하여 청구권을 갖지 않는다. 그러나 다른 어떠한 후보도 떠올릴 수가 없다.

돌아가 보자. 우리는 침입으로 제한되는 청구권의 원천을 찾고 있었다. 그러한 청구권을 갖도록 만드는 것은, 우리에 관한 어떠한 특성일 수밖에 없다고 하였다. 그 특성이 무엇인지를 알아내기 위해서는, 그러므로 우리가 청구권을 결여하려면 우리에 관하여 무엇이 달라야 하는지를 물어야 한다. 침입으로 제한된 청구권이 근본적이기 때문에, 우리가 청구권을 전혀 갖지 않으려면 우리에 관하여 무엇이 달라야만 하는지를 물어야 한다고 말했다. — 또는 사적 공약이나 법에 의해 생성되지 않은 아무런 청구권도 갖고 있지 않으려면 무엇이 달라야만 하는지를 물어야 한다고 말했다. 우리는 두 가지 가능성을 조사하였다. (i) 도덕법의 적용을 받지 않았더라면 우리는 아무런 청구권도 가지지 않았을 것이다. 도덕법의 적용을 받지 않는다면 **한층 더 강력한 이유로**, 도덕은 우리에게 여하한 청구권을 준수하라고 명하지 않을 것이기 때문이다. 그러나 그것이 우리에게 참이 되기 위해서는, 우리는 근본적으로 달랐어야만 한다. 우리의 행동을 도덕에 따라 할 능력이 없었어야만 한다. (ii) 도덕법의 적용을 받기는 하지만, Y가 X에 대하여, X가 Y에 대하여 청구권을 갖는 것에 해당하는 행동상 제약하에 있다는 것과 양립 불가능한 것을 요구하는 도덕법이 아닌 도덕법의 적용을 받았다면, 우리는 아무런 청구권도 가지지 못했을 것이다. 행위 공리주의의 명령은, 우리가 지금 그러한 존재인 것과 근본적으로 다른 존재인 경우 오직 그 경우에만 우리를 구속할(hold of us) 것이다: 우리는 본질적으로 개별적인 이익이라고는 아무것도 가지지 않았어야만 할 것이다. 집단 전체에도 또한 좋은 것이 아니면서 개인에게 좋은 것이라고는 하나도 없다는 것이 우리에게 참이어야만 했을 것이다. 그렇다면 우리의 그 두 특성이 함께, 우리가 청구권을 갖는 원천이라고 결론 내려야만 하겠다: 한편으로 우리는 도덕법의 적용을 받으며, 다른 한편으로 우리는 본질적으로 개별적인 이익을 가진다.

두 특성 중 두 번째에 초점을 맞추자. 확실히 우리가 본질적으로 개별적인 이익만 갖는 것은 아니다: 개인 사이에 이익의 수렴이 일어나는 예는 많다. 한 사람에게 좋은 것이 다른 사람에게도 좋은 예 말이다. 예를 들어 아이에게 이익이 되는 것은 부모에게도 이익이 되며 그 역도 성립한다. 명백히 이 측면에서 홉스의 자연상태의 거주자들과는 다르다. 홉스의 자연상태의 거주자들은 서로에게 무심하기 때문이다. 더구나 개인과 전체 집단의 이익 수렴의 예도 많다. 공동체 전체에 이익이 되는 것 중 많은 것은 정말로 그 구성원 각자의 이익이 된다. 그러나 모두가 그런 것은 아니다. 외과의는 만일 그가 이 세계의 장기이식 상황이 발생한 경우 행위로 나아간다면 가치를 최대화하기는 하지만, 그렇게 하는 것이 이 세계의 젊은 남자에게 이익이 되는 것은 아니다. 이것은 젊은 남자가 이익을 — 특히, 생명과 신체 완전성에 이익을 — 갖기 **때문**이다. 그리고 이 이익은 집단 전체의 이익과 동일하지 않다. 그래서 젊은 남자는 외과의가 수술하지 않을 것을 요하는 청구권을 가지며, 그러므로 외과의는 수술해서는 안 된다. 이익의 차이(divergence)◆가 없는 존재 이를테면 벌집 같은 세계의 벌 같은 거주자들은, 그 어떠한 견해에서 보아도 우리와는 근본적으로 다르다. 그리고 이는 그들이 청구권을 결여한다는 점에서 우리와 다르기 때문이다.

이 두 번째 특성은 분명히 첫 번째 특성과 연결될 수밖에 없다. 벌과 개미는 물론 도덕법의 적용을 받지 않는다. 벌집 같은 세계의 벌 같은 존재들은 도덕법의 적용을 받는가? 그들의 행동을 도덕법에 따라 행위할 능력이 있기 위해서 그들이 우리와 충분히 닮았다고 가정할 수 있다고 말했다. 그러나 우리는 정말로 이 관념◆◆을 제대로 이해할 수 있는가? 만일 존재들의 집단의 구성원이, 자기 자신의 이익을 집단 전체의 이익과 구별할 수 없다면, 즉 그러한 구분이 그어져야 할 아무런 이유가 없기 때문에 그렇게 할 수 없다면, 어떤 구성원이 어떤 것을 해야 하기 때문에 하는 것이라는 관념을 제대로 이해하기란 어렵다. — 확실히, 집단 전체의 이익을 위해 자기 자신의 이익이 되는 것을 포기해야 한다는 관념조차 그 구성원에게는 없다.

어느 경우든 우리가 청구권을 갖게 만드는 것은 우리의 동료 의식 (fellow feeling)이 아니다. 동료 의식은, 우리가 청구권을 갖게끔 만

◆ 이익이 되거나 불이익이 되는 것 또는 특정한 크기의 이익을 얻는데 도움이 되는 행위와 사태가 서로 다른 것

◆◆ 벌집 같은 세계의 벌 같은 존재들이 도덕법을 준수할 능력이 있다는 관념

드는, 우리가 홉스의 자연상태의 거주자들과 다른 점이 아니다. 우리가 청구권을 갖게 만드는 것은 정확히도, 우리의 동료 의식에 한계를 설정하는 것이다. ─ 그것은 그 면에 있어서 우리가 벌집의 벌을 닮는 것보다는 홉스의 자연상태의 거주자를 더 닮아 있는, 우리에 관한 점이다.

인간이 서로에 가하는 악을 고려할 때, 그토록 많은 사람들이 우리가 본질적으로 개별적인 이익을 가진다는 점이 우리에게 나쁜 점이라고 느낀다는 사실은 놀랍지 않다. 벌은 서로에게 얼마나 훨씬 더 친절한가! 현대 국가의 소외의 삶보다는, '유기적 공동체'에서의 삶은 얼마나 훨씬 더 만족스러울 것인가! 벌집의 이상은 유혹적이며 모든 공동체주의적 이데올로기에 연료를 제공한다. 그러나 우리의 벌집 같은 세계의 벌 같은 존재들은 실제로는 서로에게 친절하지 않다. 각자는 다른 이들에 대하여, 그 다른 이들이 전체의 부분인 만큼을 제외하고는 무심하다. (사실, 본질적으로 개별적인 이익이 없이는, 우리는 다른 개인에게 아무런 개인적인 애착(personal attachment)을 가질 수 없을 것이라고 논할 수 있다. X가 Y에게 개인적인 애착을 형성할 가능성은, 적어도 Y의 이익 중 일부는 전체 집단의 이익보다는 X 자신의 이익이 더 될 가능성에 의존하기 때문이다. ─ 즉 X는 Y를 집단에 비해 선호할 능력이 있어야만 하는 것이다.) 그리고 우리가 어떠한 존재인가를 고려할 때, 벌집과 같은 국가의 이상은 현실화될 수가 없다: 공동체주의자들이 그와 달리 기대하였다는 사실이 놀랍다.

의문의 여지없이 우리는, 우리가 갖는 것이 본질적으로 개별적인 이익이 되는 모든 것에 대하여 청구권을 갖지는 않는다. 거기에는 한계가 있고, 그 한계를 나중에 살펴볼 것이다.

4. 이 고려사항 중 일부는 단지 상상의 사태가 아닌 실제 사태와 관

련성을 가진다. 노예제를 염두에 두고 있다. 그리고 여기서 노예제를 잠시 살펴본다고 논의가 난잡해지지는 않을 것이다. 남북전쟁 이전 남부의 노예 소유자들은 (i) 그들의 노예들은 소유자가 준 청구권 이외에는 아무런 청구권을 갖지 않으며,[9] 그럼에도 (ii) 그들의 노예들은 도덕법의 적용을 받으며, 도덕법의 적용을 받을 뿐만 아니라 그들의 소유주들이 그들에 대하여 청구권을 갖게 되는 그러한 도덕법의 적용을 받으며, 그러므로 노예들은 그들의 소유자들에 대하여 의무를 갖고 있다고 선언하였다. (노예가 노예 소유자의 돼지를 허락 없이 먹는 경우를 생각해 보라. 탈주하는 경우를 생각해 보라. 이것들은 소유자의 재산에 대한 절도가 아니겠는가?[10]) 도대체 어떻게 누구라도 이 견해들을 동시에 견지할 수가 있었나? (i)이 노예에게 참이려면, 노예들은 온전한 인간에 현저히 못 미치는 존재였어야만 할 것을 요

---

9 고전적인 진술은 *State v. Mann*, 13 N. Car. (2 Devereux) 263 (1829)에 실린 러핀 대법관(Justice Ruffin)의 의견이다: "[노예의] 목적은 주인의 이익, 안전, 그리고 공공 안전이다. 자신과 후손이 지식 없이 그리고 스스로 어느 것도 만들 능력 없이 살며 다른 사람이 그 과실을 취하는 노동을 할 운명에 처해 있다. … 그러한 복종은 오로지 신체에 대한 통제되지 않은 권위가 있어 생긴 결과이다. … 주인의 권력은 노예의 완벽한 복종을 끌어내기 위해 절대적이어야만 한다. … 이 규율은 노예 상태에 속한다. 그것들은 주인의 권리들을 단번에 폐지하고 노예를 종속 상태에서 풀어 주기 전에는 분리될 수 없다." 노예 자신은 그들의 소유주가 그 관계를 소유권 관계가 아니라 계약 관계로 여기도록 노력을 기울였는데 이는 놀랍지 않은 일이다. Eugene Genovese, *Roll, Jordan, Roll* (New York: Vintage Books, 1976)을 보라.

10 한 농장주는 다음과 같이 말한 바 있다: "그들의 행동에 관한 일지를 쓰는 것은 신과 인간의 법에 대한 갖가지 위반의 기록이나 다름없다. 노예를 도덕적으로 교화하고 주인 및 주인의 이익과 동화하도록 유도하는 것은 이때까지도 앞으로도 목표가 될 커다란 바람이다."(Genovese, *Roll, Jordan, Roll*, p. 602에서 인용) 다른 한편으로, 제노비스는, 노예 자신은 주인에게서 '훔치는' 것이 아무런 잘못된 점이 없다고 보았다고 말한다: "그들의 논리는 흠 잡을 데가 없다. 그들이 그들의 주인에게 속한다면 — 그들이 실제로 그들의 동산(動産)이라면 — 그들이 어떻게 주인에게서 '훔치는' 것이 가능할 수 있단 말인가? 그들이 주인의 닭이나 돼지나 곡식을 먹었다고 가정해 보자. 그들이 주인의 곡식을 주인의 닭에게 먹였을 때와 마찬가지로, 그들은 주인의 재산을 한 형태에서 다른 형태로 바꾸어 놓았을 뿐이다."(p. 602)

구받기 때문이다. 그러나 그럴 경우 어떤 도덕법을 그들이 적용받을 수 있을 것인가? 행위 공리주의? 윤리적 이기주의? 아니다. (ii)를 고려했을 때, 그들이 적용받을 도덕법은 청구권이 해당하는 특별한 종류의 행동상 제약을 수용해야만 하기 때문이다. 물론 노예 소유자들이 그들의 노예는 그들 소유자에 의해 주어진 청구권 이외에 아무런 청구권을 갖지 않는다고 생각하는 것은 그 노예 소유자들에게는 이득이 되었을 것이다: 그것이 그들에 대한 소유권을 가능하게 하였다. 그러나 노예 소유자들이 가능한 많은 수의 노예(가능한 한 노예가 아닌 많은 수의 사람)들이 그들의 소유자에 대하여 의무를 지는 것으로 생각하게끔 하는 것도 또한 그들에게 이득이었다. 그러므로 노예 소유자들이 이 견해를 동시에 넣은 잡탕을 함께 갖고 있었다는 것은 놀라운 일이 아니다. — 그러한 사태를 가능하게 한 것은, 내가 연결의 실패(failing to connect)라고 부른 현상이었다(서문 5절).[11]

5. 침입으로 제한되는 청구권, 즉 신체 침범에 대항하는 청구권을 살펴보고 있었다.

이제 신체로부터 잠시 물러나 보자. 당신은 아주 많은 것을 소유한다: 집, 타자기, 몇 켤레의 신발. 소유권(ownership)은 소유되는 대상에 관한 청구권, 특권, 형성권의 복합체이다. 그러므로 당신의 집, 타자기 또는 신발을 당신의 동의없이 사용하는 누구라도— 예를 들어, 당신의 동의 없이 그러한 것 중 어느 하나라도 타격하는 누구라도—, 당신의 재산에 관한 청구권(a property claim)을 제한한다.

---

[11] 단지 연결의 실패뿐만 아니라 적극적인 담 치기가, 비천한 이들뿐만 아니라 고귀한 이들에 이르기까지 노예주에게 만연해 있었다. 제임스 옥스(James Oakes)는 전한다: "노예제와 관련하여 조지 워싱턴은 인정했다. '솔직히 그것에 관하여 말하는 것은커녕 생각하는 것조차 좋아하지 않는다고 분명하게 말하겠소.' *The Ruling Race*, (New York: Vintage Books, 1983), p. 120.

제2부 어떤 것이 권리인가

우리의 신체에 관해서도 유사한 권리를 가진다. 당신의 동의 없이 당신의 신체를 활용하는 사람은 누구라도 — 예를 들어, 당신의 동의 없이 통나무로 당신의 신체를 때리는 이는 누구라도 —, 당신의 청구권을 제한한다. 이 청구권이 재산에 관한 청구권이라고 말하는 것에 반대할 여하한 좋은 이유라도 있는가? 당신이 당신의 신체를 소유한다(own)고 말하는 것에 반대할 여하한 좋은 이유가 있는가?

사람들이 자신의 신체를 소유한다고 말하는 것은 의문의 여지없이 이상하게 들리기는 한다. X의 신체가 X와 갖는 관계만큼 밀접한 관계를 X와 갖는 무언가를, 어떻게 사람 X가 **소유**한다고 생각할 수 있는가? 그러나 소유권은 정말로 청구권, 특권, 형성권의 복합체 이상의 것이 아니다. 그리고 X가 자신의 신체에 관해서 갖는 권리들의 복합체가, 사람들이 그들의 집, 타자기, 신발에 관하여 갖는 권리들의 복합체와 충분히 같다면, 그렇다면 X가 정말로 자신의 신체를 소유한다고 말하는 것에, 이론상 반대 근거는 없는 셈이다. —그렇게 말하는 것이 아무리 이상하게 들릴지라도, 그렇게 말하는 것에 아무리 익숙해 있지 않다 하더라도 말이다.

그리고 X가 자신의 신체에 관하여 갖는 권리의 복합체는, 사람들이 그들의 집, 타자기, 신발에 관하여 갖는 권리의 복합체와 충분히 같지 않은가?

한편으로 타자기와 같은 것들의 소유권과 다른 한편으로 자신의 신체에 대한 소유권 사이에는 같은 점뿐만 아니라 차이점도 있다. 내가 내 타자기를 판다 해도 나에게는 많은 것이 남아 있다. 모든 내가 남아 있다. 내가 나의 신체를 판다면 나에게 무엇이 남아 있는가? 나의 영혼? 조금이라도 남아 있는가? 일부 견해에서는 나는 나의 신체와 같으며, 그래서 나의 신체를 파는 것은 나 자신을 파는 것이다. **그 어떠한** 견해에 의하더라도, 나는 나의 타자기보다 나의 신체와 더 밀접하게 관련되어 있다.

같은 점을 표시하기 위해(to mark), 사람들이 그들의 신체를 소유한다고 말할 것이다. 차이점을 표시하기 위해, 사람들의 신체는 그들의 일차 재산(First Property)이라고 하고, 그들이 소유하는 나머지 모든 것은 — 그들의 집, 타자기, 신발 — 은 그들의 이차 재산(Second Property)이라고 하겠다. 제13장에서 이차 재산의 원천을 살펴보겠다.

그러나 일차 재산에 관한 권리는 침입하면 제한되는 청구권 이상의 것도 있다. 해악을 당하지 않을 청구권도 있다. 그것 중 일부는, 타자기가 해악을 당하지 않을 것을 요구하는 우리가 우리의 **타자기**[이차 재산—옮긴이]에 관하여 갖는 청구권과 매우 닮아 있다. 그래서 우리가 일차 재산을 소유하면서 갖는 권리 중에 속하는 것으로 생각해야 한다. 그러니 해악 야기를 살펴보도록 하자.

제9장

해악

1. 우리는 다른 사람에 대하여, 우리의 신체를 침범하지 않을 것을 요하는 청구권을 갖고 있다. 그것이 바로 침입에 의해 제한되는 청구권이다. X가 Y에 대하여 그러한 청구권을 가지고 있다는 것은, Y가 X에 관하여, X가 Y에 대하여 그 청구권을 갖고 있다는 것에 해당하는, 신체 침범을 규율하는 행동상 제약하에 있다는 사실에 의해 보인다.

우리는 다른 이들에 대하여 그들이 우리에게 해악을 야기하지 않을 것을 요하는 청구권을 또한 갖고 있지 않은가? Y에 대하여, — 다른 사정이 동일하다면 — Y가 X에게 해악을 야기하지 않아야 한다는 것도 참이 아닌가?

그러나 첫째로, 우리가 침입을 하지 않을 것을 요하는 청구권을 갖고 있다는 사실로부터, 우리가 또한 해악을 야기당하지 않을 것을 요하는 청구권을 갖고 있다는 사실이 **따라 나오지는** 않는다는 점을 명시적으로 드러내는 것이 중요하다. 내가 여기서 염두에 두고 있는 것은 다음과 같은 것이다. 우리는 보통 침입을 저지름으로써 서로에게 해악을 야기한다. 만일 당신이 나를 통나무로 때린다면, 당신은 그렇게 함으로써 나에게 해악을 야기한다는 것이 참이라고 가정해 보자. 나는 당신에 대하여 당신이 나를 통나무로 때리지 않을 것을 요하는 청구권을 갖고 있다: 당신이 그렇게 하는 것은 침입이 될 것이다. 만일 우리가 다음 원리,

> 청구권을 위한 목적 원리(The Ends Principle for Claims):
> **만일**
> (i) X가 Y에 대하여 Y가 알파를 하지 않을 것을 요하는 청구권을 갖고 있으며, 그리고
> (ii) Y가 알파를 한다면 그 또는 그녀는 그렇게 함으로써 베타를 하게 되며,
> **그럴 경우** X는 Y에 대하여 Y가 베타를 하지 않을 것을 요하는 청구권을 갖고 있으며, 그 청구권은 적어도 Y가 알파를 하지 않을 것을 요하는 X의 청구권만큼 엄격하다.

를 받아들인다면, 우리는 내가 당신에 대하여 당신이 나에게 해악을 야기하지 않을 것을 요하는 청구권을 가지고 있다고 결론 내릴 수 있다. 그 원리는 (i) 내가 당신에 대하여 당신이 나를 통나무로 때리지 않을 것을 요하는 청구권을 갖고 있다는 것과 그리고 (ii) 당신이 나를 통나무로 때린다면 당신은 그렇게 함으로써 나에게 해악을 야기한다는 것의 연언이, 당신이 나에게 해악을 야기하지 않을 것을 요하는 청구권을 내가 당신에 대하여 가진다는 것을 필함하기 때문이다. 더 일반적으로 X에 대하여 침입을 범함으로써 Y가 X에게 해악을 야기하는 것이 만일 참이 되는 경우가 있다면, 청구권을 위한 목

적 원리는, Y가 X에게 해악을 야기하지 않을 것을 요하는 청구권을 X가 Y에 대하여 갖고 있다는 결론을 산출한다.

그러나 그 원리는 작동하지 않는다. 나는 당신에 대하여 당신이 나를 통나무로 때리지 않을 것을 요하는 청구권을 가진다: 당신이 그렇게 하는 것은 침입이다. 당신이 나를 통나무로 때림으로써 지역의 침례교 교회의 종이 울리는 것을 야기하게 될 것이라고 가정해 보자. (나는 종을 통제하는 레버 곁에 서 있으며, 당신이 나를 통나무로 때린다면, 당신은 그렇게 함으로써 내가 레버 위로 쓰러지게 할 것이다.) 이러한 사정으로부터, 내가 당신에 대하여, 당신이 지역 침례교 교회의 종을 울리는 것을 야기하지 않을 것을 요하는 청구권을 갖고 있다는 결론이 따라 나오는가? 분명히 아니다. 침례교 교회 종을 울리는 일은, 당신이 나에게 아무런 잘못을 저지르지 않고도 완전히 잘할 수 있는 일이다. 이를테면 당신이 나를 통나무로 때림으로써가 아니라, 레버로 걸어가서 그것을 누름으로써 하는 경우처럼 말이다. 당신이 그 종이 울리는 일을 야기하지 않을 것을 요하는 청구권을 내가 당신에 대하여 가짐은, (i) 내가 당신에 대하여 당신이 나를 통나무로 때리지 않을 것을 요하는 청구권을 가지고 있다는 것과 (ii) 만일 당신이 나를 통나무로 때린다면 당신은 그렇게 함으로써 그 종이 울리는 일을 야기하리라는 것의 연언으로부터 따라 나오지 않는다. 그리고 우리는 청구권을 위한 목적 원리를 거부해야만 한다.

우리는 청구권을 위한 목적 원리가 다음 원리와는 근본적으로 다르다는 점을 명확하게 해야 한다.

청구권을 위한 수단 원리(The Means Principle for Claims):
만일
(i) X가 Y에 대하여 Y가 베타를 하지 않을 것을 요하는 청구

권을 갖고 있으며, 그리고

(ii) Y가 알파를 한다면 그 또는 그녀는 그렇게 함으로써 베타를 하게 된다면,

그럴 경우 X는 Y에 대하여 Y가 알파를 하지 않을 것을 요하는 청구권을 갖고 있으며, 그 청구권은 적어도 Y가 베타를 하지 않을 것을 요하는 X의 청구권만큼 엄격하다.

청구권을 위한 수단 원리는 청구권의 지위가 목적으로부터 수단으로 확장되어 내려간다고 말하며, 매우 그럴 법하다. 이와는 대조적으로 청구권을 위한 목적 원리는 청구권의 지위가 수단에서 목적으로 확장되어 올라간다고 말하며, 그것은 받아들일 수 없다.

그렇다면 우리가 신체 침범에 대항하는 청구권을 갖고 있다는 사실과 사람들이 신체 침범을 야기함으로써 보통 해악을 야기한다는 사실을 함께 결합하여, 우리가 해악을 야기당하지 않을 것을 요하는 청구권을 갖고 있다는 결론을 끌어낼 수 없다. 해악은 우리가 침입에 기울인 것을 넘어서는 별도의 주의(separate attention)를 요한다.

우리가 다음과 같은 논제를 받아들여야 한다고 제안한다.

해악 논제: 우리는 다른 사람에 대하여 그들이 우리에게 해악을 야기하지 않을 것을 요하는 청구권을 가진다.

그러나 이 논제를 거부하는 쪽으로 기울이게 할 수도 있는 무언가가 있다.

제2부 어떤 것이 권리인가

2. 다음 사례를 살펴보자.

> 하루의 끝(DAY's END): B는 항상 오후 9시에 집에 온다. 집에 와서 처음 하는 일은 그의 복도의 전등 스위치를 젖히는(flip the light switch) 일이다. 오늘 저녁에도 그렇게 했다. B가 전등 스위치를 젖히는 일은 전기 회로가 닫히도록 한다.〔전류가 흐르게 한다.-옮긴이〕 그 누구에 의해서도 사전에 예측될 수 없는, 이례적인 일련의 우연 때문에, 회로의 닫힘이, 옆집 A의 집에 전류의 방출(작은 불꽃)을 야기하였다. 불운하게도, A가 그 방출이 닿는 곳에 있었으며 심한 화상을 입었다.

하루의 끝 사안에서 B는 A가 해악을 입도록 야기하였다. 해악 논제는, 그러므로 B가 A의 청구권을 하루의 끝 사안에서 제한했다고 말한다. 그러나 그랬는가? B는 확실히, A에게 해악을 야기한 데 대하여 귀책사유가 있지는 않았다. 만일 당신이 어떤 것을 한 것에 귀책사유가 있음이, 그것을 하여 청구권을 제한하게 되는 필요조건이라고(being at fault for doing a thing is a necessary condition for infringing a claim in doing it) 생각한다면, 그렇다면 당신은 물론 해악 논제는 버려야 한다고 결론 내릴 것이다: 당신은 비록 일부 해악 야기는 청구권의 제한이 되겠지만, 다른 해악 야기는 청구권 제한이 아니라고 결론 내릴 것이다. 그리고 그 다른 해악 야기에는, 행위자에게 귀책사유가 없는 경우가 있다고 할 것이다. 그리고 나는 우리가 적어도 다음과 같은 논제를 받아들이고 싶은 의향을 느끼리라 생각한다.

청구권 제한이 성립하기 위한 귀책사유 요건 논제(The Requirement-

of-Fault Thesis for Claim Infringement): Y는 알파를 하여 X의 청
구권을, 오직 Y가 알파를 하는 것에 귀책사유가 있는 경우에만
제한한다.(Y infringes a claim of X's in doing alpha only if Y
is at fault for doing alpha.)

이 논제를 받아들이는 것은, 다른 쟁점에도 영향을 미친다. 우리
가 신체 침범(bodily intrusion)을 당하지 않을 청구권을 갖고 있다고
말해 왔다. 그러나 일부 신체 침범은 귀책사유 없이 저질러지지 않
는가? 나의 아무런 귀책사유 없이 당신에게 실수로 부딪힐(blunder
into) 수도 있지 않은가? 만일 청구권 제한이 성립하기 위한 귀책사유 요
건 논제가 참이라면, 그냥 아무 신체 침범이나 청구권 제한이 되는
것은 아니다: 아마도 그렇게 한 데 귀책사유가 있는 행위자는 청구
권을 제한하겠지만, 귀책사유가 없는 행위자는 청구권을 제한하지
않는 것이다. 그러므로 해악 논제를 버려야 할 뿐만 아니라, 여하한
그리고 모든 신체 침범에 대항하는 청구권을 우리가 갖고 있다는 매
우 폭넓은 논제도 버려야 한다.

청구권 제한이 성립하기 위한 귀책사유 요건 논제에 대한 논의를 미루
겠다. 귀책사유 없이 우리가 해악을 야기할 수 있다는 점이, 귀책사
유 없이 우리가 신체 침범을 범할 수 있다는 점보다 훨씬 더 두드러
지기 때문이다. 물론 우리는 귀책사유 없이 신체 침범을 할 수 있
다. 우리가 신체 침범과 연결된 귀책사유에 관하여 생각하는 순간을
기억한다면 알 수 있듯이 말이다. 그러나 Y의 행위와 Y가 X에 대하
여 신체 침범을 함으로써 X에게 야기하는 신체적 사건 사이의 인과
관계(causal connection)는 심하게 제한되어 있다. Y가 X가 가고 있
는 방향으로 통나무를 던져 그렇게 함으로써 X가 그 통나무와 접촉
하게끔 한다면, Y의 던지기와 X가 그 통나무와 접촉하기는 우리가

가리키고 있었던 제한된 종류의 인과관계에 있다. Y는 통나무로 X를 때렸으며, 그것은 침입의 범형이 되는 예였다. 그러나 당신은 어떤 사람이 통나무와 접촉하는 것을, 그 제한된 종류의 인과관계가 아닌 수많은 방식으로 야기할 수 있다. Y가 통나무를 길에 던지고 X가 나중에 그 길로 와 그 통나무에 걸려 넘어진다면, Y는 X가 통나무와 접촉하는 것을 야기하였지만 X에 대해 신체 침범을 범하지는 않았다: 이것은 간접 침입의 범형이 되는 예였다. 사실 원하는 만큼 별나게 인과관계를 설정할 수 있다. Y가 바나나 껍질을 버렸는데 그렇게 껍질을 버린 일이 완전히 기묘한 일련의 우연을 통해 X가 통나무와 접촉하는 것을 야기할 수 있는데, 그것은 우리의 용법에서 신체 침범에 해당하지 않음은 확실하다. 그러나 Y의 행위에서 X의 해악에 이르는 실제 경로가 더 별날수록, 이 세상에서 가장 큰 선의를 가지고 있는 어느 누구도 그 결과를 예견할 수 없었다고, 즉 X의 해악에 대해 Y가 귀책사유가 없었음이 더 분명하다고 생각하는 쪽으로 더 끌릴 것이다.

인과관계의 별남만이 귀책사유가 없게 만드는 사정은 아니다. 만일 스미스가 당신의 전등 스위치에 존스가 전선으로 연결되도록 야기하였고, 그래서 당신이 스위치를 젖히는 것이 존스의 화상을 야기하였다면, 당신의 스위치 젖히기와 존스의 화상 입기 사이의 인과관계에는 아무런 별난 점이 없을 수도 있다. (의문의 여지없이, 당신의 관점에서는, 존스가 그 전기회로에 전선으로 연결되어 있었다는 점이 끔찍한 우연(a nasty coincidence)이었지만, 일단 존스가 전선으로 연결된 이상, 모든 것이 예측 가능했을 뿐만 아니라 스미스는 그것을 예측했다.) 두 번째 당사자의 무해하게 보이며 전적으로 일상적인 행위가 세 번째 당사자에게 해악을 야기하도록 첫 번째 당사자가 사태를 배치해 놓았다면, 두 번째 당사자는 귀책사유가 없다.

실제로, 인과 경로(a causal route)는 자발적 행위를 관통해서 지나갈 수 있다.[1] 나의 이웃이 나에게 맹렬하게 더운 날 "이 정도면 더운가?"라고 말하여 내가 갑자기 분노에 휩싸이게끔 야기하고, 그 분노 때문에 내가 집배원의 발에 총을 쏠 수 있다. 그 경우 나의 이웃은 나에게 분노를 느끼도록 야기하였으며, 나의 분노가 나의 총을 집배원을 향해 발사하는 것을 야기하였으며, 그것이 그 집배원에게 해악을 야기하였다. 인과성이 이행적이므로, 나의 이웃이 그 집배원에게 해악을 야기하였다. 그러나 이웃은 그렇게 해악을 야기한 것에 귀책사유는 분명히 없다.

그러나 우리가 귀책사유 없이 해악을 야기할 수 있다는 점이 아무리 명백하다고 하여도, 우리가 귀책사유 없이 신체 침범을 범할 수 있다는 것도 또한 참이다. 그러므로 우리가

> 청구권 제한이 성립하기 위한 귀책사유 요건 논제: Y는 알파를 하여 X의 청구권을, 오직 Y가 알파를 하는 것에 귀책사유가 있는 경우에만 제한한다.

를 받아들인다면, 우리는

> 해악 논제: 우리는 다른 사람에 대하여, 그들이 우리에게 해악을 야기하지 않을 것을 요하는 청구권을 가진다,

를 거부해야 할 뿐만 아니라, 또한 귀책사유 없이 저질러진 신체 침

---

1 여기서는 H. L. A. Hart and A. M. Honore, *Causation in the Law* (Oxford: Clarendon Press, 1959)에서 제시된 것과 견해를 달리한다. 인과성에 관한 더 많은 논의는 3절 및 4절에서 이루어진다.

범은 청구권 제한이 아니라고 인정해야만 하며, 그리고 침입이 정의 상 청구권 제한이므로, 또한 일부 신체 침범은 침입이 아니라고 인 정해야 한다.

그러나 우리는 실제로는 청구권 제한이 성립하기 위한 귀책사유 요건 논제를 거부해야만 한다.

우선, 우리가 제3장에서 살펴본, —당신이 동의하였기를 희망하 는 것으로 — 행위자가 정말로 청구권을 제한하지만 귀책사유는 전 혀 없이 그렇게 하는 사안들이 있다. C 회사와 D 회사에 부품 100개 를 공급하기로 계약한 제조업자가, 귀책사유는 전혀 없이, 그제서야 남은 시간 동안 100개의 장치를 더 생산하는 것은 불가능함을 깨달 은 사안을 생각해 보라. 우리가 제6장과 제7장에서 살펴본 몇몇 사 안도 마찬가지다. 만일 내가 루이스를 죽이거나 마이클을 죽이거나 할 수밖에 없는 상황에 처한다면, 그 경우 나는 정말로 청구권을 제 한할 수밖에 없지만, 그럼에도 그 사건 전반에 걸쳐 아무런 귀책사 유가 없을 수도 있다. 다섯 명의 선로 노동자를 구하기 위해 한 명 의 선로 노동자 쪽으로 트롤리를 돌릴 수 있는 상황에 처한다면, 트 롤리를 돌리는 선택을 하게 되는데, 그렇게 함으로써 청구권을 제한 하게 되지만, 그렇게 하는 데 귀책사유는 없다. 우리가 그러한 사안 을 기억하면, 청구권 제한이 성립하기 위한 귀책사유 요건 논제는 이제 덜 그럴 법한 것으로 생각될 것이다.

더군다나, 내가 그렇게 하겠다고 하면서, 당신이 내가 그렇게 하 는 것에 따라오기를 바란 것이 있다. 그것은 "해야 한다(ought)"와 그와 유사한 단어들을 객관적으로 사용하는 것이었다. 그러나 만일 우리가 "해야 한다"를 객관적으로 사용한다면, 제6장에서 정리된 청 구권과 허용성 사이의 연결고리에 비추어, 우리는 청구권 제한 성립 을 위한 귀책사유 요건 논제를 거부**해야만** 한다. 내가 염두에 두고 있는 것은 다음과 같은 것이다.

하지 않아야 함이 성립하기 위한 귀책사유 요건 논제(이 책 제6장 8절에서 봤다)는 다음과 같이 바꾸어 표현할 수 있다: 주체가 알파를 하지 않는 것에 귀책사유가 있을 경우에만 알파를 해야 한다. 이 논제를 거부할 것이다; 블로그가 아기에게 아스피린을 먹여야 한다는 점을 몰라서 먹이지 않은 것에 귀책사유가 없다 할지라도, 아기에게 아스피린을 먹여야 한다는 것이 참일 수 있다고 말했다. 그리고 나는 어떤 경우든, "해야 한다(ought)"를, 하지 않아야 함이 성립하기 위한 귀책사유 요건 논제가 거짓이 되도록 사용할 것이라고 말했다. 당신도 그 용법을 따른다고 해 보자.

이제 청구권을 살펴보자. X가 Y에 대하여, Y가 알파를 할 것을 요하는 청구권을 가지는 것은, X에 관하여 Y가 일정한 행동상 제약하에 있다는 것에 해당한다. 그 행동상 제약에 중심적인 것은, 다른 사정이 동일하다면, Y가 알파를 해야 한다는 것이다. 그러나 만일 Y가 알파를 하지 않는 것에 귀책사유가 없다고 하더라도 알파를 해야 한다는 것이 참일 수 있다면, 그렇다면 Y가 알파를 하지 않는 것에 귀책사유 없이 Y는 X에 관하여 그 행동상 제약하에 있을 수 있는 것이다. 그리하여 설사 Y가 그것을 따르지 않는 것이 귀책사유가 없는 경우라 할지라도, X가 Y에 대하여 청구권을 가진다는 것은 참일 수 있다. 달리 표현하면, Y가 그렇게 하는 것에 귀책사유가 없다 할지라도, Y가 X의 청구권을 제한하는 것일 수 있다. 그것은 청구권 제한이 성립하기 위한 귀책사유 요건 논제가 거짓임을 의미한다.

위 논의는 모두 추상적이었으니, 이제 구체적인 사안을 살펴보자. 하루의 끝 사안이 그 목적에 부합할 것이다. B는 그가 전등 스위치를 젖히면 A가 화상을 입게 되리라는 점을 몰랐다. 그럼에도 불구하고 그가 스위치를 젖히기 직전에 "해야 한다"를 객관적으로 사

제2부 어떤 것이 권리인가

용하여, 그가 그 스위치를 젖히지 않아야 한다고 말하는 것은 참이었을 수 있다. 왜 그런가? 그는 실제로 A가 화상을 입는 결과를 발생시키는 행위를 하려고 하고 있었기 때문이다. 만일 그 스위치를 젖힘으로써 B가 다섯 명의 목숨을 구할 것이었고 그가 그렇게 함으로써 A에게 매우 경미한 화상만을 입힐 것이 참이었다면, 그 경우에는 다른 문제가 된다: B가 그 스위치를 젖히는 것은 허용될 것이며, 정말로 그가 그렇게 함으로써 낳을 큰 선의 증분 때문에 허용될 것이다. 다른 한편으로, A의 화상이 매우 심대하여 A에게 심각하고 영구적인 장애를 입힐 것이라면 구해질 다섯 명의 목숨은 충분하지 않을 것이다. 그러나 하루의 끝 사안에서는 A의 화상은 심각할 것이며, (가정상) B는 그 스위치를 젖힘으로써 누구의 목숨도 구하지 않을 것이다. 하루의 끝 사안에, 청구권이 해당하는, 행동상 제약에 중심적인 것이 존재함이 드러난다. — 우리가 "해야 한다"를 객관적으로 사용하면 말이다.

"해야 한다"를 객관적으로 사용하면, 이 경우 행동상 제약의 또 다른 측면이 드러난다. B가 그 스위치를 젖힘으로써 다섯 명의 목숨을 구하겠지만 또한 A에게 화상을 야기할 것이라고 가정해 보자. 그리고 실제로 B가 A에게 사전에 면제를 구할 시간이 있다고 가정해 보자. 이 중 어느 것도 B에게는 알려져 있지 않으며, 그래서 B가 A에게 사전에 면제를 구하지 않는다 할지라도 귀책사유는 없을 수 있다. 그러나 객관적으로 말할 때, 그는 사전에 면제를 구해야 한다.

물론 사후에 보상할 필요는 없다. 그러나 사후에 보상할 필요는, 내가 말했듯이 복합적인 사태이며, 그것에 (비록 결정적이지는 않지만) 유관한 한 가지는, 행위자가 행위하는 데 귀책사유가 있었는지 여부다.

B가 그 스위치를 젖히기 직전의 시점을 다시 살펴보자. 그 시점

에 "해야 한다"를 객관적으로 사용하여, B가 그 스위치를 젖히지 않아야 한다고 말하는 것은 참일 것이다. 만일 B가 스위치를 젖히면 무슨 일이 벌어질지 아는 우리가, "이봐, B, 우리는 당신이 모르는 무엇인가를 알고 있어. 만일 우리가 당신에게 그걸 이야기해 준다면, 당신이 그 스위치를 젖히지 않아야 한다는 것은 참이야. 그렇지만 우리가 당신에게 그걸 이야기해 주지 않으면, 스위치를 젖히지 않아야 한다는 것은 참이 아니야."라고 말하는 것이 기이하지 않은가? 그 수행의 기이함은 "해야 한다"가 적어도 전형적으로는 객관적으로 쓰인다는 징표이다. 무언가 유사한 것이, "권리를 갖고 있다 (has a right)"의 용법에서 작동한다. 만일 "이봐, B, 우리는 당신이 모르는 무엇인가를 알고 있어. 만일 우리가 그걸 당신에게 이야기해 준다면, 당신이 그 스위치를 젖히면 당신은 A의 권리를 침해하게 될 거야. 그렇지만 우리가 이야기해 주지 않는다면, 당신이 그 스위치를 젖히더라도 당신은 A의 권리를 침해하는 게 아니겠지."라고 말하는 것도 똑같이 기이하게 보이지 않겠는가?

정말로, 애초부터 하루의 끝 사안에서, B가 A의 아무런 청구권도 제한하지 않는다는 관념에 끌려서는 안 되었다고 생각한다. 만일 B가 그 스위치를 젖힘으로써 A에게 해악을 야기하게 되리라는 점을 안다면, 그렇게 알면서도 스위치를 젖히는 행위로 나아간다면 A의 청구권을 제한하게 될 것이다. 그러나 X가 Y에 대하여 (그저 간단히) 알파를 하지 않을 것을 요하는 청구권을 갖고 있지 않다면, 어떻게 X가 Y에 대하여, 그것을 하는 데 귀책사유가 있다면 알파를 하지 않을 것을 요하는 청구권을 가질 수 있는가?

Y가 X에게 귀책사유 없이 해악을 야기하는 다른 모든 사안도 마찬가지다. 인과 경로가 별나다는 것, 인과 경로가 다른 행위자의 어떤 자발적인 행위를 거친다는 것 어느 것도, 행위자가 했던 것을 해

야 했는지 또는 그렇게 행위하여 행위자가 피해자의 청구권을 제한하였는지 질문에 문제되지 않는다. 만일 바나나 껍질을 깜으로써 실제로 어떤 사람에게 해악을 야기할 것이라면 — 다른 사정이 동일하다면 — 나는 바나나를 까서는 안 된다. 그리고 내가 행위로 나아간다면 그 사람의 청구권을 제한하는 셈이 될 것이다. 만일 내 이웃이 "이 정도면 당신에게 충분히 더운가?"라고 말함으로써 실제로 우편배달원에게 해악을 야기한다면 그럴 경우 — 다른 사정이 동일하다면 — 그는 그 말을 해서는 안 되며, 그런 말을 하는 행위로 나아간다면 청구권을 제한하게 될 것이다. **물론** 행위자들이 이 사안들에서 행위로 나아갔더라도 귀책사유는 없다. 그러나 그들이 이 결과가 발생하는 것을 야기하리라는 점을 알면서도 어쨌건 행위로 나아간다면 청구권을 제한하는 것이다. 그리고 그들의 피해자가 그들이 (그저 단순히) 행위로 나아가지 않을 것을 요하는 청구권을 그들에 대하여 갖고 있지 않다면, 그렇게 하는 데 귀책사유가 있으면 행위로 나아가서는 안 될 것을 요하는 청구권을 그들에 대하여 가질 수가 있겠는가?

어느 경우든 이 책 전반에 걸쳐 "해야 한다"를 객관적으로 사용하고 있으며, 당신이 그 용법에 동의한다면, 당신은 또한 "청구권"을 객관적으로 사용하는 데 동의하게 되는 셈이다. 두 관념(notions) 사이의 연결고리에 비추어 보면 말이다. 그래서 당신은

> 청구권 제한 성립을 위한 귀책사유 요건 논제: Y가 알파를 하는 것에 귀책사유가 있는 경우에만 Y는 알파를 하여 X에 청구권을 제한한다.

를 거부함에 있어 나와 의견을 같이할 수밖에 없다. 귀책사유 없이

해악을 야기할 가능성은 그러므로

> 해악 논제: 우리는 다른 이들에 대하여 그들이 우리에게 해악을 야기하지 않을 것을 요하는 청구권을 가진다.

에 대한 반대 근거가 되지 않는다.

물론 어떤 사람은 해악을 당하는 데 동의할 수도 있다. 또는 해악을 당하지 않을 청구권을 몰수당한 경우도 있다. 신체 침범에 대하여 동의할 수도, 신체 침범에 대항하는 청구권을 몰수당할 수도 있는 것과 꼭 마찬가지로 말이다. 그래서 까다로운 독자는, 우리가 다른 사람에 대하여 그들이 우리에게 해악을 야기하지 않을 것 그리고 그들이 신체 침범을 범하지 않을 것을 요하는 청구권을 갖고 있다고 말하는 것이 아니라, 우리가 그 행위에 동의하여 그렇게 함으로써 우리가 그 청구권을 스스로 상실하도록 하지 않았다면, 또는 그 청구권을 몰수당하지 않았다면 이 청구권들을 가진다고 말하고 싶어 할지도 모르겠다. 그러나 나는 이렇게 조건을 달지 않으면 혼동이 생겨날 경우에만 명시적으로 이 조건들을 달 것이다.

3. 하루의 끝 사안을 논의하면서 자세히 살펴보아야 하는 것을 하나 가정하였다: 하루의 끝 사안에서 A가 해악을 입는 것을 B가 야기하였다는 가정. 그러므로 해악 논제는 우리에게 그 사안에서 B가 A의 청구권을 제한했다고 말한다고 결론 내렸다. 그러나 하루의 끝 사안에서 B는 A에게 해악을 야기**하였는가**? 인과성에 대한 그 어떠한 그럴 법한 분석도 알지 못하며, 여기서 그런 것을 제시할 생각도 없다. 그래도 인과성에 관하여 어떤 일반적인 가정을 정말로 했으며, 이 가정이 지금 명시적으로 드러나야 하겠다.

첫 번째 가정은 다음과 같이 드러난다. 사람 X가 결과 O를 야기한다는 것은 무엇인가? 나는

> (1) 사람 X가 결과 O를 야기하였다는 것은, 적합한 뜻에서 'X가 무언가를 하기'인 어떤 사건 E가 O를 야기하였다는 것이다.

를 가정한다. "X가 무언가를 하기"의 적합한 뜻이 정확히 무엇인가는 제쳐 둔다. 대신에 E는 적합한 뜻에서 'X의 행위(an act of X's)'여야만 한다고 말했다. 이 문구들 "하기(a doing)"와 "행위(an act)"는 확실히, 결코 투명하지 않다. 그러나 여기서 그 어떤 분석을 제시하고자 하는 것은 아니다. 여기서 지적하고 싶은 것은 직관적인 뜻뿐이다. 즉, 어떤 **사람**이 결과를 야기하였다는 것은, 그 사람이 그것을 야기함에 적합하게 연루된 어떤 **사건**이다라는 뜻 말이다. 내가 그것 덕분에(in virtue of which) 당신의 찻잔이 깨지는 것을 야기한 것이 되는 것은 무엇인가?◆ 글쎄, 나의 팔을 내가 움직인다는 사건이 있었다. 그 사건은 (1)에 적합한 그 문구의 여하한 분석에 의하더라도, 내가 무언가를 하기(a doing of something by me)였고, **그것이** 당신의 찻잔이 깨지는 것을 야기하였다.(and it caused your teacup to break)

가정 (1)이 약화되어야 한다고 생각할 이유를 다음 절에서 살펴보겠다. 그때까지는 어쨌거나 그 가정이 **일응** 그럴 법한(prima facie plausible) 것으로 보인다고 생각하겠다.

나는 또한

◆ 즉, 내가 당신의 찻잔이 깨지는 것을 야기하였다는 인과관계 진술을 참으로 만드는 것은 어떤 것 때문인가?

(2) 인과성은 이행적이다.(Causality is transitive)

그리고

(3) 사람 X가 결과 O에 대하여 귀책사유가 없거나 비난받을 수
    없다는 사실은, X가 O를 야기하였음이 참인 것과 양립 가능
    하다.

도 가정한다. 이것들은 내 생각에, 매우 명백하다. B는 하루의 끝 사
안에서 스위치를 젖혔고, 그가 그렇게 하는 것에 해당하는 사건은
가정 (1)에 적합한 그 문구의 어떠한 분석에 의하더라도, B가 무언
가를 하기(a doing of something by B)였다. B의 그 스위치 젖히기는
합선을 야기하였고 그렇게 함으로써 — 이례적인 일련의 우연에 의
하여 — A가 화상을 입는 것을 야기하였고, 그렇게 함으로써 A가
해악을 입는 것을 야기하였다. 이행성에 의하여 B의 스위치 젖히기
는 A가 해악을 입는 것을 야기하였다. 가정 (1)로부터 A가 해악을
입는 것을 B가 야기하였다는 결론이 따라 나온다. B가 A에게 해악
을 입히려는 의도가 없었다는 점 그리고 B가 A의 해악에 귀책사유
가 없다는 점에는 의문의 여지가 없으나, 그것은 B가 실제로 A가
해악을 입는 것을 야기하였는가라는 질문에는 무관함이 분명하다.
우리는 흔히 B가 실제로 A가 해악을 입게끔 야기하였는지 여부의
질문을 던진다. 그러나 인과성 그 자체가 도덕적 개념(moral notion)
이라는 생각은 전혀 그럴 법할 수 없다. 어떤 사건이 어떤 다른 사
건을 야기하였다는 점을 확정하는 것은 도덕이 아니라, 스위치와 회
로와 살의 속성들이다.

앞 절에서, 나는 두 번째 당사자의 무해하게 보이며 전적으로 일

상적인 행위가 세 번째 당사자에게 해악을 야기하도록 첫 번째 당사자가 사태를 배치해 놓았다면, 두 번째 당사자는 귀책사유가 없다고 하였다. 그러나 두 번째 당사자는 해악을 야기하기는 하였다. 첫 번째 당사자 역시 해악을 야기하지 않았는가? 네 번째 가정은 다음과 같다:

> (4) 개체 X가 결과 O를 야기하였다는 것이 참임은 다른 존재 Y 역시 동일한 결과 O를 야기하였다는 것이 참임과 양립 가능하다.

부스가 링컨의 죽음을 야기하였다는 것이 참임은, 어떤 총알이 링컨의 죽음을 야기하였다는 것이 참임과 양립 가능하고, 어떤 상처가 링컨의 죽음을 야기하였다는 것이 참임과도 양립 가능하다. 많은 사람이 인과적으로 연루되는 경우에도 마찬가지다: X가 Z에게 해악을 야기하였다는 것이 참임은 Y 역시 Z에게 해악을 야기하였다는 것이 참임과 양립 가능하다. 아마도 우리는 당사자 중 하나를 고를 필요를 느끼고는, 비난을 확정하고자 하는 마음에서, 그 사람이 세 번째 당사자가 해악을 입은 **그** 원인(the cause)이었다고 말하고 싶을지도 모른다. (비록 왜 우리가 기껏해야 한 명만 비난하고자 하는지는 의문이지만) 그러나 가정 (3)이 말하듯이, 누가 결과에 대해 비난을 받아야 하는가는, 그 결과를 누가 야기하였는지 질문과 동일하지는 않다.

때때로 한 사람 이상이 결과의 야기에 '연루되어(involved in)' 있는 경우 (그리고 심지어 하나의 것[사람뿐만 아니라 사물까지 포함하는 것-옮긴이] 이상이 연루되어 있는 경우에도) 우리는 그 **각각**(each)이 결과를 야기했다고 이야기하지 않는다. 단지 그들이 공동으로(jointly)

그 결과를 야기했다고 말할 뿐이다. 당신과 내가 각각 호수에 약간의 독을 부었다고 해 보자. 비록 호수에 두 사람이 부은 독의 총량은 치명적이었지만 우리 중 어느 누구도 물고기를 중독시킬 만큼 충분한 양의 독을 붓지는 않았다. 여기서 만일 우리가 우리의 독 붓기를 동시에 함께했다면, 당신에 관하여 당신이 물고기의 죽음을 야기했다고 말하는 것도 틀릴 것이고, 나에 관해 내가 물고기의 죽음을 야기했다고 말하는 것도 틀릴 것이다. 우리가 공동으로 그렇게 했다고 말하는 것은 물론 옳겠지만 말이다. 이와는 대조적으로, 만일 당신은 어제 독을 붓고, 나는 오늘 독을 부었다면, 우리가 공동으로 물고기의 죽음을 야기했다고 말하는 것뿐만 아니라, 또한 당신이 물고기의 죽음을 야기하고 그리고 내가 물고기의 죽음을 야기했다고 말하는 것이 옳을 것이라고 생각한다. 이는 만일 당신이 독을 어제 부었다면, 당신의 독 붓기는 이를테면 무대 장치 설치하기(stage setting)이다: 당신은 내가 부은 독이 물고기의 죽음을 야기할 그런 조건에 이르도록 호수를 조성했다. 아마도 우리는 때때로 개별 독 붓기가 동시에 함께 발생했다면 서로 각각에 대하여 무대 장치 설치하기였다고 말하고 싶을지도 모르겠지만 이런 경우는 상대적으로 드물다.

다섯 번째 가정은 다음과 같다:

(5) 사건 E에서 결과 O로 가는 인과 경로(the causal route)는 별나고 우연으로 가득 찼을 수도 있다.

하루의 끝 사안에서 B가 스위치를 젖혀 A가 해악을 입는 인과 경로는 우연으로 가득 차 있지만, 그 사안에서 B는 A에게 해악을 야기하였다.

인과 경로에는 무작위도 들어갈 여지가 있다. 내가 버튼을 누르면 룰렛 바퀴가 돌고 공이 23번에 떨어지면 멀리서 총알이 발사되는 그런 장치를 갖고 있다. 그 장치를 스미스의 머리에 씌우고 버튼을 눌렀고, 정말로 공이 23번에 떨어져서 총알이 발사되고, 스미스는 죽었다. 총알이 23번에 떨어질 것인가는 정말로 우연의 문제(matter of chance)이다. 그러나 그럼에도 불구하고 내가 누른 버튼이 정말로 스미스의 죽음을 야기하였고, 내가 스미스의 죽음을 야기한 것도 사실이다.

원인에서 결과(cause to effect)에 이르는 별난 인과 경로의 가능성은, 주체가 해악과 같은 결과를 귀책사유 없이 야기할 수 있다는 점을 명백하게 한다. 그래서

> 해악 논제: 우리는 다른 사람에 대하여 그들이 우리에게 해악을 야기하지 않도록 요하는 청구권을 가진다.

를 받아들일 수 없는 것으로 보이게 만들었을지도 모른다.◆ 그러나 앞 절의 고려사항들은 그대로 남는다. B가 스위치를 젖히기 전에, 그가 스위치를 젖힘으로써 A에게 해악을 야기하리라는 것은 참이었다. 어느 누구도 그가 A에게 해악을 야기하리라는 것을 예견할 수는 없었다. 그래서 A가 스위치를 젖히더라도 B는 그 해악에 대하여 귀책사유가 없다. 그렇다 하여도 B가 스위치를 젖힌다면, 스위치를 젖힘으로써 야기하게 될 것을 고려할 때, 그가 스위치를 젖히지 않아야 한다는 것이 그에 대하여 참이었다. 그리고 그가 스위치를 젖힌다면, A의 청구권을 제한하게 되리라는 것 역시 참이었다.

◆ 얼핏 보기에는, 별난 경로를 다 예측하여 다른 사람들이 이를 침해하지 않을 수 있는 방도가 없기 때문이다.

4. 다음을 다시 한번 살펴보자.

> (1) 사람 X가 결과 O를 야기하였다는 것은 적합한 뜻에서 'X가 무언가를 하기'인 어떤 사건 E가 O를 야기하였다는 것이다.

이것은 옳을 수 있는가? 선로 전환원(train switchman)을 생각해 보자. 그의 업무는 4시에 전환기를 돌려, 4시 15분에 오는 열차가 왼쪽이 아니라 오른쪽으로 가도록 하는 것이다. 그가 이 일을 하는 것을 그냥 잊어버렸다고 하자. 그 결과, 4시 15분 열차는 오른쪽이 아니라 왼쪽으로 가서 마주 오는 열차와 충돌하였다. ― 많은 사람이 죽는 등의 결과가 발생했다. 우리가 그 전환원이 그 죽음들을 야기하였다고 말하길 원할 것이라 확신한다. 만일 (1)이 참이라면, 전환원이 그 죽음들을 야기하였다는 것은, 적합한 뜻에서 그가 무언가를 하기인 어떤 사건 E가 그것들을 야기하였다는 것이다. 그러나 어떤 사건이 그런 것이 될 수 있는가? 그 전환원은 무엇을 **하였는가**? 그에 대하여 제기되는 비난의 불평은 정확히도, 그가 해야 할 의무가 있는 무언가를 하지 **않았다**는 것이다.

가정 (1)이 매력적이라고 생각하여 많은 사람들은, 죽음들을 야기한, 전환원이 무언가를 하기인 사건 E가 정말로 있었다고 말하고 싶어 한다. 그 사건 E는 전환원이 전환기를 돌리지 않은 것(switchman's failing to throw the switch)이며, 그것은 작위(commission)가 아니라 부작위(an act of omission)였다고 한다.

그러나 이것은 매우 문제가 많은 견해이다. 그 전환원은 전환기를 돌리지 않았지만 당신도 전환기를 돌리지 않았다. 전환원이 전환기를 돌리는 데 실패하기에 해당하는 사건(부작위)이 있었다고 상정하자. 당신이 전환기를 돌리지 않은 것에 해당하는 사건도 있었다고 말해야 할까? 그렇다면 당신도 또한 그에 뒤따르는 죽음을 야기하였는가?

확신컨대, 대부분의 사람은 '아니요'라고 답할 것이다: 그들은 전환원은 죽음을 야기하였지만, 당신은 야기하지 않았다고 말할 것이다. 어떻게 그럴 수 있는가? 하나의 가능한 답변은 다음과 같다. 그 전환원은 전환기를 돌릴 의무를 지고 있었다. 그러므로 그가 전환기를 돌리지 않은 사건(부작위)이 있었다. 정말로, 그 사건은 단지 전환기를 돌리지 않기가 아니라, 전환기를 돌리는 데 실패하기였다. 이와는 대조적으로 당신은 전환기를 돌릴 의무를 지고 있지 않았기 때문에, 비록 당신이 그 전환기를 돌리지 않았다 하더라도 당신이 전환기를 돌리지 않기라는 사건은(부작위는) 없었다. **한층 더 강력한 이유로**, 당신이 그 전환기를 돌리기에 실패하기는 없었다. 그렇다면 전환원은 그 죽음을 야기하였는데, 당신은 그러지 않았다는 점은 놀랍지 않다. 그러나 어떤 것을 할 의무를 지고 있음이나 지지 않음이 어떻게 거기에 **있는** 사건을 확정한다고 생각될 수 있는지를 이해하기란 매우 어렵다. — 어떻게 전환원이 전환기를 돌릴 의무를 지고 있었음과 당신은 전환기를 돌릴 의무를 지고 있지 않았음이, 그가 전환기 돌리지 않기에 해당하는 사건은 있었지만, 당신이 전환기 돌리지 않기에 해당하는 사건은 없었다는 것을 참으로 만드는지 이해하기란 매우 어렵다.

이와는 달리 당신이 전환기를 돌리지 않기에 해당하는 사건이 있었다고 말할 수도 있다. 전환원이 전환기를 돌리지 않기에 해당하는 사건이 있었던 것과 꼭 마찬가지로 말이다. 전환원이 전환기를 돌릴 의무를 지고 있었기 때문에 (그렇지만 당신은 그런 의무가 없었기 때문에) 비록 (전자는 아니고) 후자는 단지 전환기 돌리지 않기에 그치는 것이 아니라, 또한 전환기를 돌리는 데 실패하기이지만 말이다. 그러면 다음과 같이 이야기할 수 있다: 전환원이 전환기 돌리지 않기는 전환기 돌리는 데 실패하기였다. (반면에 당신의 전환기 돌리지 않기는 전환기 돌리는 데 실패하기가 아니었다.) 그렇다면 전환원은 죽음을 야기하였지만 당신은 그러지 않았다는 것은 놀라운 일이 아니다. 그러나 어떤 사람이 어떤 것을 할 의무를 지고 있음이나 지고 있지 않음이 어떻게 하나의 사건이 다른 사건을 야기하도록 만들 수 있는지 이해하기란 매우 어렵다. 앞 절에서 이야기했듯이 인과성 그 자체가 도덕적 개념(that causality is itself a moral notion)이라는 생각을 결코 타당한 것 같지 않다. 어떤 사건이 어떤 다른 사건을 야기하였는가를 확정하는 것은 도덕이 아니라, 전환기와 열차와 살의 속성들이다.

여기에 적정하게 인식되지 아니한 진정한 난점이 있다고 생각한다. 우리는 정말로 어떤 사람이, 할 의무를 지고 있는 것을 하는 데 실패하였기 때문에, 원치 않은 결과 O를 야기했을 수도 있다고 말하고 싶어 한다.[2] 다른 한편으로 우리는 그 E가 O를 야기하였다고 하는, 그 사람이 O를 야기한 그러한 사건 E를 찾으려고 할 때 곤란에 빠진다.[3]

그럼에도 그냥 가정 (1)을 포기할 수는 없다. 어쨌거나 어떤 사람이 야기한 것들의 범위를 제약하는 **무언가**는 있어야만 한다.

---

2 추정컨대 그 난점은 인간 행위자에게만 한정되지 않는다: 고양이가 쥐를 잡는 데 실패하였기 때문에 쥐의 개체 수가 폭발했다고 말할 수 없는가? 또는 무생물에 대해서: 내가 스위치를 젖힐 때 전류 차단에 실패하였기 때문에 화재를 야기하였다고 말할 수 없는가? 간단히 언급해 보건대, 이 가능성들은, (어떤 것을 단지 하지 아니하기와 대조되는 의미에서) 어떤 것을 하는 데 실패하기라고 말하게 만드는 점이 행위하지 않은 자(nondoer)의 여하한 도덕적 결함(moral flaw)이 아니라 행위하지 않은 자에게 기대되었던 것(what is expected of the nondoer)에서 나온다는 점을 드러낸다.

3 '부작위 행위(acts of omissions)'에 대한 추가적 반론은 내 책, *Acts and Other Events*, ch. 15에 나온다.

이 난점을 우회하자고 제안한다. 나는 해악이 행위하기뿐만 아니라 행위하는 데 실패하기(failing to act as well as by acting)에 의해서도 야기될 수 있다는 점을 상기시키는 데 주로 관심을 두고 있었다. 그러나 우리는 행위하는 데 실패하기에 의해 해악이 야기되는 경우 작동하고 있는 것이 무엇인지 이해해야 한다. 이것은 ─ 해악 논제가 우리에게 이야기해 주듯이 ─ 당신이 행위하기에 의해서뿐만 아니라 행위하는 데 실패하기에 의해서도 해악을 야기할 수 있다는 사실을 의미한다. 그러나 그것은 확실히 되어야 할 바대로 된 것이다. 그래서 (1)을 다음으로 대체해 보자. 사람 X가 결과 O를 야기하였다는 것은, 이런저런

> 적합한 뜻에서 X에 의해 '무언가 하기'인 어떤 사건 E가 O를 야기하였다

또는

> X가 이러이러한 것을 하기에 실패하기가 O를 야기하였다.

가 참이라는 것이다. 그리고 후자가 참인지 여부의 문제, 그래서 또한 전자가 참인지 여부의 문제도 제쳐 두도록 하자.

5. 우리는

> 해악 논제: 우리는 다른 사람들에 대하여 그들이 우리에게 해악을 야기하지 않을 것을 요하는 청구권을 가진다.

를 살펴보고 있었다. 앞서 주체가 귀책사유 없이 해악을 야기할 수 있다는 사실이 그 논제를 받아들이는 데 아무런 장벽도 되지 않는다고 말했다. 그리고 앞 절에서, 주체가 무언가를 하기에 의해서뿐만 아니라 무언가를 하는 데 실패하기에 의해서도 해악을 야기할 수 있다는 사실에 주목하였다. 하지 않기(Nondoings)는 우리가 지금 살펴보아야 하는 논점과 유관하다.

여기서 염두에 두고 있는 것은, 내가 제시하지 않은 해악 논제를 지지하는 논증의 여지가 있다는 것이다. 그 논증은 버나드 윌리엄스가 주의를 기울였던 매우 흥미로운 현상으로부터 나온다.[4] 우리가 야기한 나쁜 결과에 대하여 귀책사유가 있을 때 우리는 심하게 후회한다. 윌리엄스가 주목한 것은, 우리가 야기한 나쁜 결과에 대하여 귀책사유가 없을 때에도 깊이 후회한다는 점이다. 하루의 끝 사안에서 B가 A에게 야기한 화상이 심한 것이었다고 가정하자. 다른 사람들이 일어난 일을 신문에서 읽을 때, 그들은 기껏해야 가벼운 유감(mild regret)을 느낀다: "누군가 심하게 화상을 입었군, 참으로 슬픈 일이네." 그러나 B는 누군가 심하게 화상 입는 것을 야기한 사람으로, 기껏 가벼운 유감에 그치지는 않을 것이다. 그가 어떤 일이 벌어졌는가를 알게 되었을 때 그저 "누군가 심하게 화상을 입었군, 참으로 슬픈 일이네"라고 생각하지는 않을 것이다. B는 끔찍한 기분이 들 것이다. 밤중에 벌떡 일어날 것이다. 몇 년이 지난 뒤에도, B는 그 사건을 생각할 때면 몸서리칠 것이다. 그리고 B가 어떤 면에서도, 일어난 일에 대하여 귀책사유가 없다는 사실에도 불구하고 그럴 것이다. 윌리엄스는 나쁜 결과를 야기한 사람이 느끼는 심각한 후회를 **행위자 후회**(agent regret)라고 칭하자고 제안한다. 윌리엄스가 주

---

4 Bernard Williams의 논문 모음집 *Moral Luck*에 재수록된 "Moral Luck"에서 말이다. 내가 아는 한 윌리엄스는 그 현상을 주목한 첫 번째 학자이다.

목한 것은 행위자 후회는, 자신이 나쁜 결과에 귀책사유가 없다는 점을 아는 이라고 해도 느끼는 것이라는 사실이다. ― 이 현상을 우리가 **귀책사유 없는 행위자 후회**라고 칭할 수 있을 것이다.

윌리엄스는 내가 확신컨대 올바르게, 귀책사유 없는 행위자 후회를 느끼는 것은 한낱 비합리성이 아니라고 덧붙인다. 그 논지는, 그가 일어난 일에 대하여 귀책사유가 없었음에도 왜 B가 몸서리치는지에 대하여 설명을 필요로 하기 때문에, B의 몸서리침이 지성적으로 이해 불가능하다는 것이 아니다. 그 논지는 그게 아니라, B의 몸서리침은 적합하고 옳은 것으로 보이며, 미친 짓이 아니라는 것이다. 정말로 윌리엄스가 도덕은 우리가 귀책사유가 없는 경우에도 어느 정도의 행위자 후회를 요청한다고 더 나아가 덧붙인 것은 옳은 것 같다. 우리는 그 사건에 대한 B의 유일한 반응이 "누군가 심하게 화상을 입었군, 참으로 슬픈 일이네."라면 B를 신뢰할 수 없는 표지로 여길 것이다.

그런데 B가 왜 몸서리치는지에 대한 설명으로 다음과 같은 것을 제시할 수 있다: 비록 귀책사유는 없지만, B는 A의 청구권을 제한했다. 그리고 그 경우, 우리는 B의 몸서리침이라는 사실을, B가 정말로 A의 청구권을 제한했다고 생각할 이유로 제시할 수 있다. B가 그 청구권을 제한했다는 것이 B가 몸서리치는 것에 대한 최선의 설명이라고 말이다. 더 일반적으로, 우리는 해악 논제를 다음과 같이 찬성하여 논할 수 있다: 사람들은 그들이 해악을 야기했을 때, 그들이 귀책사유가 있건 없건 행위자 후회를 느끼며, 그들의 느낌에 대한 최선의 설명은 해악 논제가 참이라는 것이다.

이것은 매우 매력적인 발상이다. 거기에 방해가 되는 것은 귀책사유 없이 하지 않기(fault-free nondoings)이다. 어떤 여성이 나를 발견하고는 아기를 위해 무언가를 하기를 바라면서, 자신의 아기를 어젯밤 나의 문간에 두고 가 버렸다고 하자. 나는 그녀가 그런 일을 했다고는 꿈에도 모른 채 일찍 잠들었기 때문에, 아침까지도 아기를 발견하지 못했다. 그러나 그날 밤은 보통 때보다 더 추웠기 때문에, 동 틀 녘에 아기는 죽어 있었다. 아기가 거기 있다는 것을 내가 알기만 했어도! 나는 아기를 쉽게 구할 수 있었을 것이다. 나는 벌어진 무엇에 대하여도 귀책사유가 없다. 그러나 그럼에도 불구하고 나는 아기를 구하지 못하였으며, 아기는 나의 문간에서 죽었다. 그래서 나는 끔찍한 기분을 느낀다. 밤중에 벌떡 일어날 것이다. 몇 년이 지난 뒤에도 그 사건을 생각하면 몸서리칠 것이다. 더구나 나의 몸서리침은 적합하고 옳은 것으로 보이고, 미친 짓으로 보이지 않는다. 실제로 당신은 그 사건에 대한 나의 유일한 반응이, 신문기사를 읽은 독자의 반응인 "한 아기가 죽었네, 참 슬픈 일이다."라면, 나를 신뢰하지 않는 표지로 여길 것이다. 그러나 나는 그 아기의 그 어떠한 청구권도 제한하지 않았으며, 정말로 그 누구의 청구권도 제한하지 않았다. **한층 더 강력한 이유로** 나의 몸서리침은, 내가 청구권을 제한했다는 것에 호소함으로써 설명될 수 없다.

내가 아기의 아무런 청구권도 제한하지 않았다는 점이 강조되어야 한다. 인정컨대 나는 아기를 구하지 않았다. 그러나 우리가 제6장에서 보았듯이, 어느 누구도 구조될 것을 요하는 청구권을 갖고 있지 않다.

이런 종류의 사안이 있다는 점에 비추어, 우리는 윌리엄스가 주의를 촉구한 현상의 이름을 고쳐 붙이고자 할지도 모르겠다: 윌리엄스가 주의를 촉구한 현상을, **귀책사유 없이 행위를 한 사람의 후회**(doer's regret without fault)라고 칭하는 것을 생각해 볼 수 있다. 그러면 우리는 내가 방금 주의를 촉구한 유사한 현상을, **귀책사유 없이 행위를 하지 않은 사람의 후회**(nondoer's regret without fault)라고 칭할 수 있을 것이다. 이 명명이 우아하지 못한 점에 양해를 구한다. (나는 "작위(commission)"와 "부작위(omission)" 용어 쌍을 피했다. 후자는 앞 절에서 드러낸 바와 같이, 철학자들에 의해 그 올바른 적용을 위해서는 귀책사유를 요건으로 하는 것으로 흔히 생각되기 때문이다. 반면에 우리가 여기서 살펴보고 있는 현상의 쌍은 그런 귀책사유를 포함하지 않는다.) 그러나 우리가 그것들을 무엇이라고 칭하는 것이 제일 좋다고 생각하건 간에, 이 현상들은 설명을 필요로 한다. 그리고 우리는 그것들을, 후회가 청구권을 제한한 징표(sign)라는 가설에 호소하여서는 설명할 수 없다. 비록 행위를 한 사람은 정말로 청구권을 제한하였지만(하루의 끝 사안에서), 행위를 하지 않은 사람은 청구권을 제한하지 않았기 때문이다.(아기와 나 사안에서)

그 배후에 놓여 있는 것이 "해야 한다"의 객관적 뜻에 대한 우리의 지지(commitment)라고 본다. 즉 그것들이 보여주는 것은, 우리가 그것들을 알지 못하고 그것들을 하지 않을 때 아무런 귀책사유가 없다 하더라도, 우리가 해야 하는 그런 것들이 있다고 우리가 정말로 생각한다는 점을 보여준다.

> (i) B는 그 전등 스위치를 젖혀서는 안 된다.(객관적 "해야 한다〔ought〕")

는 하루의 끝 사안에서 B가 그 스위치를 젖히기 전에 B에 대하여 참이었다. 그리고 나는 그가 나중에 몸서리침을 설명하는 것은, (i)이 그에 대하여 참임을 B가 인정하는 것이라고 생각한다. 그리고 만일 그가 몸서리치지 않으면 그에 대하여 신뢰할 수 없는 사람이라고 생각하게 되는 것을 설명하는 것은, (i)이 그에 대하여 참이라는 우리의 인정이라고 생각한다.

(ii) 나는 그 아기를 구하기 위해 무언가를 해야 한다.(객관적 "해
야 한다")

가 어젯밤 나에 대하여 참이 아니었는가? 평생 동안 양자로 입양해
야 하는 것은 아니지만, 추운 바깥에서 구해 내 경찰을 불러야 한다
는 것은 참이 아니었는가? (ii)가 나에 대하여 참이었다는 나의 인정
이, 내가 나중에 몸서리침을 설명한다고 주장한다. 그리고 (ii)가 나
에 대하여 참이었다는 당신의 인정이, 만일 내가 몸서리치지 않는다
면 나를 신뢰할 수 없는 사람이라고 생각하게 되는 것을 설명한다고
주장한다.

아기를 구하지 못한 누구라도 귀책사유 없이 행위를 하지 않는 사
람의 후회를 느끼는 것은 아니다. 블로그는 강 건너 다른 시에 산
다. 그는 아기를 **구할 수 있었**지만 그러지 못했다. 그러나 그 아기는
그의 문간에 있지 않았으며, 도덕은 그에게 아기를 구하라고 요청하
지 않았다.

(iii) 블로그는 아기를 구하기 위해 무언가를 해야 한다.(객관적
"해야 한다")

는 어젯밤 블로그에 대하여 참이 아니었다. 그리고 나는 이것이 그
가 귀책사유 없이 행위를 하지 않은 이의 후회를 느끼지 않는 이유
라고 주장한다. 왜 그의 반응이 "한 아기가 죽었구나, 참으로 슬픈
일이네."에 불과한 것인지, 그리고 왜 우리가 그에게는 그 이상을
기대하지 않는지도 설명한다고 주장한다. 당신이 앞 절의 기차 사례
에서 전환기를 돌리지 않는 것과 비교해 보라. 만일 당신이 쉽게 그
렇게 할 수 있었다면, 당신이 그렇게 해야 (객관적 "해야") 한다는 것

은 당신에 대하여 참이었다고, 그리고 당신은 귀책사유 없이 행위를 하지 않은 자의 후회를 느끼리라고 생각하는 것이 옳아 보인다. 그 것이 당신에 대하여 참이 아니었다면, 당신은 그런 후회를 느끼지 않을 것이다.

어쨌거나 하루의 끝 사안에서 B의 몸서리침을 이런 방식으로 설명 하는 것은, B가 청구권을 제한했다는 것에 호소하지 않으며, 그것 이 귀책사유 없이 행위를 한 사람의 후회를 이런 식으로 설명하는 것이 타당한 것 같은 정도만큼, 귀책사유 없이 행위를 한 사람의 후 회에 대한 최선의 설명이 그 행위를 한 사람이 청구권을 제한하였다 는 것이라고 말하는 것은 타당하지 않은 것 같다. 그리고 바로 이 이유에서, 나는 귀책사유 없이 행위를 한 사람의 후회를 해악 논제를 뒷받침하는 논증으로 제시하지 않은 것이다.

6. 우리가

> 해악 논제: 우리는 다른 사람들이 우리에게 해악을 야기하지 않을 것을 요하는 청구권을 그들에 대하여 가진다.

를 받아들여야 한다고 주장했다. 그 논제를 받아들이는 것은, 하루 의 끝 사안에서 B가 A의 청구권을 제한했다고 생각하는 견해를 지 지하게끔 하지만, B가 정말로 A의 청구권을 제한했다는 점에 우리 가 동의해야 한다고 주장했다.

게다가 만일 당신이 어떤 남자에게 통나무를 던지고 그 통나무가 그를 맞힌다면, 당신은 그를 통나무로 맞힌 것이며, 그래서 그에 대 한 침입을 범한 것이다. 이에 더하여 만일 당신이 그렇게 함으로써 그에게 해악을 야기한다면, 당신은 침입을 범하여 그의 청구권을 제한한 것에 그치지 않는다. 당신은 그의 추가적인 청구권, 즉 당신이 그에게 해악을 야기하지 않을 것을 요하는, 그가 당신에 대하여 갖는 청구권도 제한한 것이다.

게다가 만일 당신이 길에 통나무를 던지고 어떤 남자가 나중에 걸어오다가 통나무에 걸려 넘어져 팔이 부러진다면, 그 경우 당신은 그에 대하여 침입을 범하지는 않았지만, 그의 청구권, 즉 당신이 그에게 해악을 야기하지 않을 것을 요하는 그가 당신에 대하여 갖는 청구권은 제한한 것이다.

이 이야기의 특별히 흥미로운 변형본은 다음과 같다:

> 통나무(해악 없음): D는 길에 인접한 그의 토지를 청소하고 있었다. 그는 치워 버리고 싶었던 통나무를 던지는 장소에까지 주의를 기울이지는 않았고 실제로 그것을 길에 던져 버렸다. C가 나중에 거기로 걸어왔지만, 운이 좋게도 통나무를 제때 보았고 그래서 그것에 발이 걸려 넘어지지 않았다.

D는 통나무(해악 없음) 사안에서 C의 청구권을 제한하였는가?

해악 논제는 우리가 다른 이들에 대하여, 그들이 우리에게 해악을 야기하지 않을 것을 요하는 청구권을 가진다고 말한다. 그러나 그것은 해악의 위험(risk of harm)을 부과하는 것에 관하여는 아무것도 말하지 않는다. 통나무(해악 없음) 사안에서 D는 C에게 해악의 위험을 부과하였는가? 만일 부과하였다면, 그리고 만일 우리가 또한

> 위험 논제(The Risk Thesis): 우리는 다른 사람들에 대하여, 그들이 우리에게 해악의 위험을 부과하지 않을 것을 요하는 청구권을 가진다.

도 받아들인다면, D는 이 사안에서 C의 청구권을 제한한 것이다.

우리는 위험 논제에 주의를 기울일 필요가 있다. 권리 이론(a theory of rights)은 위험 논제에 대하여 입장을 정해야 하기 때문이다. 그리고 도덕 이론은 일반적으로 위험 논제에 대하여 입장을 정해야 한다. 실제로, 만일 위험 논제가 참이라면 도덕 이론가에게 요긴할 것이다. 내가 염두에 두고 있는 것은 다음과 같다. 일반적으로 통나무(해악 없음) 사안에서 D가 그르게 행위하였다고 우리가 생각하고 싶어 한다는 점은 분명하다. 그러나 무엇이 그 행위를 그릇된 것으로 만드는가? 만일 D가 C에게 해악의 위험을 부과하였고 위험 논제가 참이라면, 통나무(해악 없음) 사안에서 D가 그르게 행위하였다는 것을 참으로 만드는 것이 무엇인지 질문에 간단한 답을 갖게 된다: 만일 그러하다면, 우리는 D가 C의 청구권을 제한하였으며, 그가 그렇게 제한한 여건은 청구권 제한을 허용되게 하는 그런 여건에 속하지는 않는다고 말할 수 있다. 위험 논제를 받아들일 수 없다면, 통나무(해악 없음) 사안에서 D가 그르게 행위하였다는 것을 참으로 만드는 것이 무엇인지 질문에 어떻게 답할 것인가?

위험 논제를 찬성하는 논증의 여지도 있다. 우리는 제6장 8절에서 다음과 같은 용어법을 채택하였다. 만일 X가 Z를 얻는 것이 그에게 나쁘다면, 그리고 만일 X가 Z를 얻는 것을 Y가 개연성 있게 만든다면, Y는 X가 **열위점**에 처하도록 야기한 것(Y causes X to be at a disadvantage)이다. 그런데 우리가 우위점을 얻는 것을 환영하듯이, 열위점에 처하게 되었을 때는 크게 실망한다. 더 강하게 말하자면, 만일 블로그가 그에게 가능한 결과의 순위를 매기라는 질문을 받는다면, 그는 멍 같이 사소한 해악의 확실성(the certainty of a minor harm)을, 죽음과 같은 큰 해악의 작은 확률보다 선호하는 것도 당연한 일이다. 확실히 사람들이 정말로 큰 해악의 위험보다는 작은 해악을 선호하는 것은 꽤나 일반적이다. 우리가 어떤 사람을 열위점에 처하게 하는 것 그 자체가 그 사람에게 해악을 야기하는 것이라고 말할 수 있다고 가정해 보자. 그럴 경우, (해악 논제에 의해) 어떤 사람이 열위점에 처하는 것을 야기하는 것은 청구권을 제한하는 것이라는 결론이 따라 나온다. 해악의 위험을 어떤 사람에게 부과하는 것이 그 사람이 열위점에 처하는 것을 야기하는 것이므로, 어떤 사람에게 해악의 위험을 부과하는 것은 청구권을 제한하는 것이고, 위험 논제가 참이라는 결론이 따라 나온다.

그러나 이것은 나쁜 논증이다. 어떤 사람을 열위점에 처하는 것을 야기하는 것이 정말로 그 자체로 그 사람에게 해악을 야기하는 것이라고 이야기할 수는 없기 때문이다. 통나무(해악 없음) 사안에서 D가 해악 위험을 C에게 부과했다고, 그리하여 C가 열위점에 처하는 것을 야기했다고 우리가 인정한다고 해 보자. 아무리 눈여겨봐도, D가 C에게 해악을 야기하였다고 생각할 그 어떤 이유를 보기란 어렵다. 내가 스미스에게 총을 겨눠 러시안 룰렛 게임을 하는데, 그 총이 격발되었을 때 공이(firing pin) 아래에 총알이 없었다.♦ 스미스가 그 시점에 내가 그에게 해악 위험을 부과했다는 사실을 알지 못했고, 이후에도 결코 알아내지 못한다고 가정해 보자. 내가 그에게 해악을 야기했다고 생각할 수 있는 어떤 이유가 거기에 있을 수 있는가? 사람들이 큰 해악 위험에 비해 사소한 해악을 선호한다는 점이 큰 해악의 위험 그 자체를 해악으로 만들지는 않는다.

그러나 그 논증이 나쁜 논증일지라도 여전히 위험 논제는 참일 수도 있다. 그것은 참인가?

♦ 공이란 탄환의 뇌관을 쳐 폭발하게 하는 송곳 모양으로 된, 총포의 한 부분을 말한다. 즉 스미스의 그 격발로 나갈 총알이 ― 그다음이나 다음다음의 격발로 나갈 총알은 있었다 할지라도 ― 애초부터 없었다는 것이다.

다음과 같이 물을 수 있다: 어떤 사람에게 해악의 그저 어떤 위험을 부과하더라도 청구권 제한이라고 생각해야 하는가? — 그 위험이 아무리 작더라도? D는 통나무를 길에 던진다. D는 C에게 해악의 위험을 부과하였는가? 만일 그가 그랬다 하더라도, 그 위험은 그렇게 컸을 수는 없다. 설사 (가정상) C가 그 길로 매일 아침 출근한다고 할지라도 말이다.

다른 누구에 대하여 D는 해악 위험을 부과하였는가? E 그리고 F? 그들은 매일 그 길로 출근하지는 않지만 때로는 그렇게 할 수도 있다. G는 어떤가? G는 그날 마을에 있지도 않았다. (그는 홍콩에 있었다) 그래서 나중에 그 길로 와서 통나무에 걸려 넘어질 가능성은 낮았다. 그래도 G는 계획을 바꿔 비행기로 도착해서 그 길을 걷다가 통나무에 걸려 넘어졌을 수도 있다. 그러므로 그 길로 와서 통나무에 발이 걸려 넘어질 수 있는 세계의 모든 각인에 대하여, D가 그 사람의 청구권을 제한하였다는 것은 참인가? 우리의 권리 이론이 이렇게 말하는 것을 피하는 것을 선호함은 당연하다.

하나의 가능성은 더 약한 것을 찬성하면서 위험 논제를 포기하는 것이다.

> 고위험 논제(The High-Risk Thesis): 우리는 다른 사람들에 대하여, 그들이 우리에게 해악의 **높은** 위험을 부과하지 않을 것을 요하는 청구권을 가진다.

그러나 얼마나 높은 것이 높은 것인가? 우리는 (C는 매일 아침 그 길로 걸으므로) D가 C에게 해악의 높은 위험을 부과하였지만, E, F, G에게는 해악의 높은 위험을 부과하지 않았다고 생각해야 하는가?

더군다나, 위험이 부과된 해악의 심대성(the gravity of the harm

risked)은 어떤 사람이 행위로 해악의 얼마나 높은 위험을 부과하는지 평가할 때, 해악의 확률과 함께 중요한 부분이 되어야 한다. (한 사람이 다른 사람에게 주는 우위점의 규모에 대한 앞의 해명과 비교해 보라.) 10분의 1의 확률의 멍은, 10분의 1의 확률의 죽음과는 아주 다르다. 스미스의 사례가 아마도 충분히 명확하게 이 점을 밝혀 줄 것이다: 만일 내가 러시안 룰렛을 그를 겨냥해 한다면, 나는 매우 특정한 해악 즉 죽음의 m분의 n의 확률을 그에게 부과한 것이다. (여기서 m은 내가 사용한 총의 약실의 개수이고, n은 총알의 개수이다.) 그러나 그 통나무를 길에 던져 D가 C에게 부과한 위험은 **정확히** 어떤 그 해악에 대한 위험인가? 만일 C가 통나무에 발이 걸렸다면, 그는 넘어져서 멍이 들었을지도 모른다. 이와는 달리 넘어져서 팔이 부러졌을 수도 있다. 또한 넘어져서 목이 부러져 죽었을 수도 있다. D가 C에게 부과한 위험의 그 해악과 같은 것은 없다.＊ **한층 더 강력한 이유로,** D가 C에게 부과한 해악 위험의 그 규모라는 것도 없다.

그러나 우리가 통나무(해악 없음) 사안에서 D가 C의 청구권을 제한했다고 말하는 것을 보증하기 위하여 만일 위험 논제나 높은 위험 논제에 호소할 수 없다면, D가 통나무를 길에 던지는 것이 왜 그른 일이었는가?

정말로, 내가 스미스를 겨냥해 러시안 룰렛 게임을 하는 것이 왜 그른 일이었는가? 이에 대한 가장 간단한 답은 다음과 같다: 내가 스미스를 겨냥해 러시안 룰렛 게임을 하는 것은, 내가 그에게 해악의 높은 위험을 부과했기 때문에 그리고 (내가 가정컨대), 그 여건의 그 어떠한 것도 그것을 하는 것을 허용되게 만들지 않았기 때문에 그른 일이었다. 우리는 실제로는 어떠한 선도 뒤따르지 않는다고 할

◆ C에게 구현될 해악 자체가 여러 가지일 수 있기 때문에 확률을 곱할 특정된 해악이 없다는 것이다.

지라도, 다른 사정이 동일하다면, 그렇게 하는 것이 우위점을 준다는 근거에서 어떤 것을 하는 것은 허용될 수 있다고 하였다. — 그렇게 하는 것이 청구권 제한을 요구하는 경우에도 허용될 수 있다고 하였다. (제7장의 에드워드 사안을 기억하라.) 다른 사정이 동일하다면 그렇게 하는 것이 어떤 사람을 열위점에 처하는 것을 야기한다는 근거에서 어떤 것을 하는 것이 허용되지 않을 수도 있다고 하는 것을 거부할 아무런 이유도 없다. 물론 다른 사정은 동일하지 않을 수 있다: 어떤 사람에게 해악의 위험, 심지어 해악의 높은 위험을 부과할 좋은 이유가 있을 수도 있다. 다른 한편으로, 다른 사정은 동일할 수도 있다. 중요한 것은 나의 행위가 그른 것이었던 이유를, 스미스의 청구권에 호소하지 않고도 설명할 수 있다는 것이다.

만일 우리가 스미스의 사안에서 이 노선을 취한다면, 하루의 끝 사안의 다음 변형본(variant)에서 F에 관하여는 무엇을 이야기해야 하는가?

> 하루의 끝(해악 없음): F는 항상 오후 9시에 집에 온다. 그리고 그가 집에 와서 처음으로 하는 일은, 복도의 전등 스위치를 젖히는 일이다. 오늘 저녁에도 그렇게 했다. F의 스위치 젖히기는 회로가 닫히는 것을 야기하였다. 그 누구도 사전에 예측할 수 없었던 우연한 이례적인 연쇄 때문에, 회로의 닫힘은 옆집인 E의 집에 전류의 방출(작은 전기 불꽃)을 야기하였다. 운 좋게도, E는 그 전류가 방출되는 곳에는 없었다.

F는 이 이야기에서 E에게 해악의 높은 위험을 부과하는가? 만일 우리가 그 우연이, F가 행위하기 전에 발생한 것으로 생각한다면 (그래서 그 우연이 F의 행위를 위한 무대 장치 설치의 일부였다고 생각한다

면), 그렇다면 F는 E에게 정말로 해악의 높은 위험을 부과했다고 생각할 것이다.[5] 더구나 그 여건에는 F가 E에게 해악의 높은 위험을 부과하는 것을 허용되게 만들 점이 아무것도 없었다. 그러나 F가 그르게 행위하였는가? 그렇지 않았다는 쪽으로 끌린다. 그러나 그렇게 끌리는 이유는 오로지, 우리에게 하지 않아야 함이 성립하기 위한 귀책사유 요건 논제를 고수하고자 하는 잔여적 욕망이 있기 때문이라고 생각한다. 그것은 우리가 이 사안에서 F가 그르게 행위하였다고 말하는 것이 통하지 않도록, 귀책사유가 "하지 않아야 한다"와 그 동류의 개념(이를테면 "그르게 행위하였다"와 같은 개념들)이 적용되기 위한 필요조건이라고 느끼는 경향이 있기 때문이다. 그 어떠한 견해에서도, F가 우연을 알았더라면, 그래서 그의 전등 스위치를 젖힘으로써 E에게 부과하게 될 높은 위험을 알았더라면, 그리고도 E에 관해서는 상관하지 않고 결국 스위치를 젖히는 행위로 나아갔다면, 확실히 그르게 행위한 것이다.

하루의 끝(해악 없음) 사안에서의 F와는 달리, 그리고 스미스 사안에서의 나와 마찬가지로, D는 통나무(해악 없음) 사안에서 귀책사유가

---

5 이와 같은 사안에서 '귀책사유 없는 후회'가 일어날 공산에 주의를 촉구할 가치가 있을지도 모르겠다. (앞 절에서 논의된 귀책사유 없는 후회의 두 종류를 비교해 보라.) 왜냐하면 F도 끔찍한 기분을 느낄 것이기 때문이다. F 역시 밤중에 벌떡 일어날 것이다. 몇 년이 지난 후에도 F는 역시 그 사건을 생각할 때면 몸서리칠 것이다. "나는 하마터면 E에게 해를 입힐 뻔했어!" 이 현상을 **귀책사유 없는 위험 부과자의 후회**(risk imposer's regret without fault)라고 칭해야 할까? 더 나은 이름이 생각나지 않는다.

F는 하마터면 해를 입힐 뻔 했으며 그래서 그의 몸서리침은 미친 짓이 아니다. 심각한 신경증에 걸린 사람의 경우와 대조해 보라. 그 신경증 환자는, 그가 자신의 현관문을 나서면 밟았을지도 모르는 (매우 매우 여원) 아기가 구두 흙털개 아래에 있었을 수 있다는 것, 그런 아기가 거기에 있는 것이 논리적으로 가능했다는 생각이 출근길에 떠오른다. "나는 하마터면 해를 입힐 뻔했어!"가 그 내용인 몸서리침은 합리적이다. "내가 해를 입히는 것이 논리적으로 가능했어!"가 그 내용인 몸서리침은 합리적이지 않다.

귀책사유 없이 행위를 한 자와 귀책사유 없이 행위하지 않은 자의 후회에 대해 제시한 종류의 설명이 여기서도 활용 가능하다.

있었다: 그는 부주의했다. 이것은 문제가 되지 않는다. 귀책사유는 "하지 않아야 한다" 및 그 동류(cognates)가 적용되기 위한 요건이 아니기 때문이다. 그럼에도 불구하고 통나무(해악 없음) 사안은 더 복잡하다. 우선, D가 길에 통나무를 던진 결과 C가 어떤 종류의 사고(멍? 팔 골절? 죽음?)를 당할 확률은 그리 높을 수 없었다. C가 매일 아침 그 길로 출근한다는 것이 참이라고 해도 말이다. 그러므로 D의 행위의 그름(wrongness)을 D가 C에게 해악의 위험을 부과했다는 점에 호소해서 설명하는 것은 그럴 법하지 않다. **(한층 더 강력한 이유로**, D의 행위의 그름을, D가 E, F, G 그리고 나머지 우리에게 해악 위험을 부과하였다는 점에 호소해서 설명하는 것은 그럴 법하지 않을 것이다.)

위험이 무관하다는 말이 아니다. 둘째로, 통나무(해악 없음) 사안에 중대할 수밖에 없는 것은, 다음과 같은 평범한 사실 때문이다. 즉 치워 버리고자 하는 통나무를 길에 던지는 것은 불법이며, 그것을 불법으로 만든 것은 아마도 부분적으로는, 모든 각각의 통나무 던지기가 해악의 위험을 창출한다는 것이 아니라(그것은 확실히 거짓일 수밖에 없다), 다른 나머지에게 가는 위험이, 법적으로 사람들이 일반적으로 길에 그들의 쓰레기나 잔해를 던지는 것이 허용된다면 극적으로 증가하리라는 점을 인정한 결과라는 것이다. 이것은 물론 통나무 던지기를 불법으로 만들 유일한 이유는 아니다: 교통의 방해, 생활방해, 그리고 미적인 고려사항도 있다. (내 이웃이 그의 쓰레기를 우리 마을 쓰레기수거일인 수요일을 제외하고는 내 집 앞 보도에 내어놓는 것을 금지하는 법률과 비교해 보라. 의문의 여지없이 건강에 관한 배려도 그러한 법의 채택의 부분적인, 아마도 대체적인 이유이기도 하겠지만, 근린의 순전한 겉모습도 우리가 관심을 갖는 것이기도 하다.) 그러나 그 법의 법원(法源)이 무엇이건 간에, 이 사안에서 중차대할 수밖에 없는 것은, 내가 말했듯이 그러한 법원이 있다는 것이다. 그러한 법적 제약이 아무것도 없었더라면, 만일 D의 마을이 (희망컨대 거의 사용되지 않는) 길 구간을 다른 부분과 구별되게 표시하고서는, 주민에게 쓰레기와 잔해물을 내다 버리는 법적 특권을 부여하였다면, C가 그 길로 매일 걷기로 선택하였다는 사실에도 불구하고, D가 그 길에 통나무를 버리는 것에는 아무것도 그릇된 점이 없었을 것이기 때문이다.

7. 우리가

> 해악 논제: 우리는 다른 사람에게, 그들이 우리에게 해악을 야기하지 않을 것을 요하는 청구권을 가진다.

를 받아들여야 한다고 주장했다. 우리는 '해악'이라는 개념을 앞 절에서 나온 관념과 연관 지어야 할 필요가 있다. 그러나 먼저, 해악을 넘어서 행위하여 야기할 수도 있는 달갑지 않은 다른 결과를 살펴봐야 한다. 그런 것 하나를 살펴보았다. 그것은 해악의 위험, 그리고 일반적으로는 열위점이었다. 그러나 그런 것에는 다른 것도 있다.

제10장

괴로움과 해악

1. Y가 X를 통나무로 때린다면, Y는 X의 청구권을 제한한다. Y가 X에게, X를 통나무로 때림으로써 해악을 야기한다면, 그 경우 Y는 X의 또 하나의 청구권을 제한한다. Y가 X를 통나무로 때림으로써 X에게 고통(pain)을 야기한다면 어떻게 되는가? Y는 X의 또 다른 청구권을 제한하는가? 고통을 야기하는 것은 청구권의 제한인가?

고통은 사람들이 느끼기 싫어하는 집합에서도 — 느낌이란 일반적으로 감각, 감각적 경험, 경험을 일컫는다 — 특별히 두드러지는 원소이다. 만일 어떤 사람이 그 시점에 느낌을 싫어한다면, 그 사람은 그 시점에 **괴로움**(distress)을 겪는다고 말하자.

모든 사람은 강렬한 고통의 느낌을 항상 싫어한다고 생각할 수밖에 없다. 마찬가지로 나는 메스꺼움이나 어지러움(nausea or dizziness)의 느낌도 그렇다고 생각할 수밖에 없다. 그러나 일부 사람들은 그런 느낌을 싫어하지 않는 반면에 다른 사람들은 싫어하는 상대적으로 사소한 고통의 몇몇 느낌도 있다. 여기서 마조히스트만 염두에 두고 있는 것은 아니다. 일부 사람들은, 그들이 매우 뜨거운 커피를 마실 때나, 상처의 딱지를 떼어 낼 때나, 치간에 그들의 혀를 밀어 넣을 때의 약간의 고통의 느낌에 긍정적으로 반응한다. 나는 그러므로 어떤 사람이 일정 시점에서 그 느낌 중 어느 것이라도 싫어하지 않는 경우에는, 그 사람은 그 시점에 괴로움을 겪고 있지 않다고 말하도록 "괴로움"이라는 말을 사용할 것이다. 설사 다른 사람들은 바로 똑같은 그 느낌 중 일부를 느낌을 싫어해 왔다고 하더라도 말이다.

그러나 간결함을 위해, 일정한 느낌들 그 자체를 괴로움의 사례로 말하는 것이 때때로 유용할 것이다. 그러나 나는 모든 사람이 항상 느낌을 싫어하는 경우에만 또는 살펴보고 있는 그 사람이 그것을 느끼는 시점에 그 느낌을 정말로 싫어하다는 점이 맥락상 분명한 경우에만(그래서 그것을 느낀 사람이—비록 나머지 모든 사람들이 하나같이 그런 것은 아닐지라도—그 시점에 괴로움을 겪는 것이 분명한 경우에만), 간결하게 그렇게 말하겠다.

나는 앞 장에서 우리가

> 해악 논제: 우리는 다른 사람들에 대하여, 그들이 우리에게 해악을 야기하지 않을 것을 요하는 청구권을 가진다.

를 받아들여야 한다고 주장했다. 나는 우리가

> 괴로움 논제(The Distress Thesis): 우리는 다른 사람들에 대하여, 그들이 우리에게 '믿음이 매개하지 않는' 괴로움(non-belief-mediated' distress)을 야기하지 않을 것을 요하는 청구권을 가진다.

도 받아들여야 한다고 주장한다.

2. 내가 생각하기에 느낌을 두 종류로 나누는 것은 익숙한 관행이다. 첫째, 우리가 '그냥 받는' 느낌이 있다. 둘째, 우리가 어떤 믿음을 갖기 때문에 받는 느낌이 있다.

사람들이 보통 느끼기 싫어하는 첫 번째 종류의 몇몇 사례는 고통, 메스꺼움, 어지러움 그리고 썩은 생선 냄새를 맡는다거나 칠판에 분필 긁는 소리를 듣는다거나 하는 감각 경험이다. 치과 의사가 국소마취제가 효과를 발휘하기 이전에 구멍을 뚫기 시작할 때, 나는 고통을 느낀다. 그리고 내가 그 믿음을 갖기 때문에 그 느낌을 갖게 되는 그러한 아무런 믿음도 없다. 나는 이러한 느낌들을 믿음이 매개하지 않는 것(non-belief-mediated)이라고 칭하겠다.

사람들이 보통 느끼기 싫어하는 두 번째 종류의 몇몇 사례는, 공포, 실망, 모욕, 좌절, 난처함, 시기, 창피, 죄책감, 수치, 슬픔 그리고 비통이 있다. 나는 황소가 나에게로 돌진하고 있다고 믿기 때문에 공포를 느낀다. 그리고 내가 그 믿음을 갖지 않았다면 그 공포를 느끼지 않을 것이다. 나는 이러한 느낌들을 믿음이 매개하는 것(belief-mediated)이라고 칭하겠다.

우리가 그 발생 사례들의 일부는 첫째 목록에 속하고 다른 일부는 둘째 목록에 속한다고 이야기하고 싶은 그런 느낌 종류들(feeling-kinds)이 있다. 예를 들어 불안을 떠올려 보자. 사람들은 보통 불안을 느끼기 싫어한다. 그러나 불안은 이 중 어느 목록에 놓여야 하는가? 당신은 곧 화학 기말 시험을 치를 것이라고 믿기 때문에 불안을 느낄 수도 있다. 그리고 당신은 그 믿음이 없다면 그렇게 느끼지 않을 것이다. 불안의 그 느낌은 믿음이 매개한 것이다. 이와는 달리 당신은 그저 간단히, 불안을 느낄 수도 있다. 때때로 칭해지듯이 자유롭게 부유하는 불안(free-floating anxiety)을 말이다. 그 불안의 느낌은 믿음이 매개하지 않는 것이다. (또는 우리는 불안은 **한** 종류의 느낌이 아니라 두 종류라고, 그래서 하나는 믿음이 매개한 불안이고 다른 하나는 믿음이 매개하지 않는 불안이라고 말해야 할까? 우리가 그 문제를 해결할 필요는 조금도 없다.)

더 중요한 것으로, 나는 두 종류의 느낌을 믿음이 매개하는 느낌에서 뺐다. 그 두 종류의 느낌이 도덕 이론가들에게 특별히 흥미로운 대상으로 생각되는 것도 무리가 아니다: 분노와 도덕적 의분(feelings of anger and of moral indignation)이 그것이다. 내가 받은 인상은 여성들은 대부분 분노를 느끼는 것을 싫어하는 반면에 많은 남성들은 오히려 즐긴다는 것이다. 아마도 사람들은 일반적으로, 그들에게 분노를 일으키는 대상을 막을 능력이 있을 때, 또는 그들이 분노를 표현하여도 안전할 것이라고 생각할 때 분노를 즐기는 것 같다. 그런데 여성은 이런 성향을 갖도록 길러지지는 않은 듯하다. 만일 이것이 타당하다면, 분노의 느낌은 사람들이 그것을 갖는 이들이 **보통**(typically) 싫어하는 감정은 아니다. 도덕적 의분은 이와는 전적으로 다른 문제다. 왜냐하면 나는 우리 모두가 그것을 꽤나 즐긴다고 생각하는 쪽이기 때문이다. 명백히 우리는 우리에게 의분을 불러일으키는 활동을 싫어하며 그것이 중지되기를 원한다. 그러나 나는 우리가 의분의 느낌을 갖는 것 그 자체는 좋아한다고 본다. 우리는 종종 그것에 탐닉한다. 아마도 내가 분노와 도덕적 의분 둘 다에 대하여 잘못 판단하고 있는지도 모른다. 내가 틀렸다고 생각하는 이들은 누구라도 위에서 제시한 목록에 — 즉 믿음이 매개한 느낌에 — 그것들을 넣어도 상관없다. 왜냐하면 물론 이것들은 우리가 갖는 믿음 때문에 가지는 느낌들이기 때문이다. 그리고 그것이 목록에 들어가든 들어가지 않든, 도덕적 의분은 우리가 이후 다시 살펴보고자 하는 느낌이다.

물론 그것들을 갖는 이들이 보통 좋아하는 느낌에는 믿음이 매개하지 않는 느낌과 믿음이 매개하는 느낌이 있다. 따뜻한 욕탕에 들어가면 받는 아늑함은 믿음이 매개하지 않는 느낌이다. 잘 수행된 일에 만족하는 느낌은 믿음이 매개하는 느낌이다. 두 종류의 느낌 모두 그것들을 갖는 이들이 보통 좋아하는 것이다. 그러나 우리가 여기서 관심을 갖는 것은, 우리의 관심사가 괴로움이기 때문에 싫어하는 느낌뿐이다.

그런데 나는 우리가

괴로움 논제: 우리는 다른 사람들에 대하여, 그들이 우리에게 '믿음이 매개하지 않는' 괴로움을 야기하지 않을 것을 요하는 청구권을 가진다.

를 받아들여야 하며, 그래서 우리는 다른 사람들에 대하여, 그들이 우리에게 고통, 메스꺼움, 어지러움 등을 야기하지 않을 것을 요하는 청구권을 가진다고 주장했다. 우리가 그러한 느낌을 받는 것을 싫어하리라는 전제에서 말이다. 그러나 왜 우리가 그러한 청구권을 가진다고 생각해야 하는가?

하나의 가능한 이유는 다음과 같다. B가 A를 통나무로 때리고 그렇게 함으로써 A에게 고통을 야기하였다고 가정해 보자. B가 한 일은 그 때리기가 A에게 고통을 야기하지 않았더라면 그랬을 것보다 더 나쁘지 않은가? 그리고 **그 점은** A가 B에 대하여, B가 A에게 고통을 야기하지 않을 것을 요하는 청구권을 가졌다는 것을 보여주지 않는가? 믿음이 매개하지 않는 괴로움의 모든 다른 사례도 마찬가지이고 말이다.

그러나 이것은 A에게 고통을 야기당하지 않을 것을 요하는 청구권을 귀속시키기에는 의심쩍은 이유이다. 우리가 제6장에서 처음 접했던 논제를 다시 살펴보자.

> 악화 원리(The Aggravation Principle): 만일 X가 Y에 대하여 Y가 알파를 할 것을 요하는 청구권을 가지고 있다면, Y가 알파를 하지 않는다면 Y가 X를 더 나쁘게 만들수록, Y가 알파를 할 것을 요하는 X의 Y에 대한 청구권은 더 엄격하다.

이 원리가 주어졌다면, 때리기가 A에게 고통을 야기하지 않았을 때 그랬을 것보다 B가 한 일이 더 나쁜 이유를 설명하기 위해서, A가 고통을 야기당하지 않을 청구권이 있다는 데 호소할 필요가 없다. B가 A를 통나무로 때림으로써 A에게 고통을 야기하였다는 점을 고려할 때, 그 때리기가 A에게 고통을 야기하지 않았을 경우에 그랬을 것보다 A를 더 나쁘게 만들었으며, 그러므로 악화 원리는 A의 통나무로 맞지 않을 청구권은 그 때리기가 그에게 고통을 야기하지 않았더라면 그랬을 것보다 더 엄격하다고 말하기 때문이다. 어쨌거나 더 엄격한 청구권을 제한하는 것이 덜 엄격한 청구권을 제한하는 것보다 더 나쁜 경우는 매우 흔하다.

괴로움 논제를 받아들일 다른 이유도 있다. 우리가 방금 살펴본 사안에서 A를 통나무로 때림으로써, 그리하여 침입을 함으로써 B는 A에게 고통을 야기하였다. 그런데 주체가 어떤 사람의 그 어떤 다른 청구권도 제한하지 않으면서도 믿음이 매개하지 않는 괴로움을 그 사람에게 야기하는 사안들이 있다. 나는 당신의 침실 창가에 서서 칠판을 분필로 긁는 끔찍한 소리를 낼 수 있다. 당신은 그 경우 믿음이 매개하지 않는 괴로움을 겪을 것이다. 그러나 내가 당신의 그 어떠한 청구권도 제한하지 않는다는 것은 참일 수 있다: 아무런 침입도 범하지 않고, 당신에게 아무런 해악도 야기하지 않으며, 당신의 어떤 소유권도 제한하지 않는다 등등. 더 일반적으로, 우리가 어떤 종류의 생활방해(nuisances)가 청구권의 제한을 포함하는 것으로 판명되기를 원한다면, 우리는 믿음이 매개하지 않는 괴로움을 야기하는 것 그 자체가 청구권 제한이라고 보아야 한다.

그러나 그 문제의 결론을 정해 주는 것은, 믿음이 매개하지 않는 괴로움에 관하여 우리는 확실히, 다른 사람들이 우리에 대하여 청구권을 가짐이 해당하는 특별한 종류의 행동상 제약하에 있다는 것이다. 주체가 그렇게 하지 않으면, 다섯 명의 다른 사람들이 비견할 만한 고통을 겪으리라는 근거에서, 한 사람에게 고통을 야기하는 것은 허용되는가? (장기이식 사안과 비교해 보라.) 도저히 그렇다고는 할 수 없다.

메스꺼움과 어지러움은 고통보다는 도덕적인 문제가 되는 상황이 훨씬 더 적을 것이다. 혹은 우리가 격렬하고 상대적으로 오래 지속되는 고통과, 상대적으로 단기만 지속되는 약한 메스꺼움과 어지러움을 대조한다면, 도덕적인 문제가 되는 상황이 훨씬 적을 것이다. 썩은 생선 냄새 맡는 경험도 마찬가지다. 그러나 동일한 심사가 그것들에 관한 동일한 결과를 산출한다. A가 어지러움이나 썩은 생선 냄새 맡기를 10년간 겪는 것을 야기하는 대가를 치르게 하면서 B의 생명을 구하는 것은 허용되는가? 나는 허용되지 않는다고 생각할 수밖에 없다.

나는 괴로움 논제가 매우 그럴 법하다고 결론 내린다. 의문의 여지 없이, 주체는 믿음이 매개하지 않은 괴로움을 자신도 모르게, 그리고 전혀 귀책사유 없이 야기할 수 있다. 그것은 괴로움 논제를 반대할 이유가 되지 않는다. 이는 자신도 모르게 그리고 전혀 귀책사유 없이 해악을 야기할 가능성이 해악 논제에 반대한 이유가 되지 않는 것과 마찬가지다. 게다가 X는 Y에 의해 믿음이 매개하지 않은 괴로움을 야기당하는 것에 동의할 수도 있다. 또는 X는 자신이 그런 괴로움을 야기당하지 않는 청구권이 몰수될 수도 있다. 그러나 우리는 동의나 몰수가 있는 사안에서는, 그때까지 보유되었던 청구권이 더 이상 보유되지 않는 것이라고 말할 수 있다.

3. 그러나 믿음이 매개하는 괴로움은 어떻게 되는가?

> 괴로움 논제: 우리는 다른 사람들에 대하여, 그들이 '믿음이 매개하지 않는' 괴로움을 야기하지 않을 것을 요하는 청구권을 가진다.

는 믿음이 매개하는 괴로움에 관해서는 한마디도 하지 않는다. 그리고 왜 이 두 종류의 괴로움이 여기서 우리에게 관심 있는 측면에서 다른 것으로 생각되어야 하는가 하고 물을 수도 있겠다. 어쨌거나 몇몇 믿음이 매개하는 괴로움은 몇몇 믿음이 매개하지 않는 괴로움보다 엄청나게 더 나쁘다(vastly worse): 나는 우리 모두 난처함, 창피, 수치 그리고 비통의 느낌을 싫어한다고 그리고 그것들을 사소한 고통이나 썩은 생선 냄새를 싫어하는 것보다 훨씬 더 싫어한다고 생각한다. 어떤 사람이 주체가 그러지 않았더라면 다섯 명의 다른 사람들이 비견할 만한 정도의 난처함을 겪지 않으리라는 근거에서, 한 사람에게 난처함을 야기하는 것이 허용되겠는가? 믿음이 매개하는 괴로움을 야기하는 것이 청구권 제한이 아닌데, 믿음이 매개하지 않는 괴로움을 야기하는 것은 왜 청구권 제한이어야 하는가? 이 괴로움들이 여기서 우리가 관심을 갖는 면들에서 정말로 서로 다르다는 점을 강조할 가치가 매우 크다.

믿음이 매개하는 느낌에 관하여 우리가 주목해야 하는 첫 번째 사실은, 사람들은 그것들을 합리적으로 또는 비합리적으로 가질 수 있으며, 그것들을 얼마나 길게 그리고 얼마나 강렬하게 가지는가에 대하여 심지어 애초에 그 느낌들을 가지는가에 관하여도 스스로 얼마간의 책임을 진다는 점이다. 당신이 재채기를 하고, 나는 경악, 공포, 격노가 섞인 감정을 느낀다. 왜? 당신이 나를 **겨냥해서** 재채기를 했다고 생각하며, 당신이 암에 걸려 있고, 당신의 암 세균을 나에게 퍼뜨리려고 한다고 생각하기 때문이다.◆ 이와는 달리, 만일 치과 의사가 국소마취제가 완전히 효력을 발휘하기 전에 내 이를 드릴로 뚫기 시작한다면, 여기엔 내가 고통을 느끼는 것 또는 강렬한 고통을 느끼는 것 또는 이러이러한 시간 동안 고통을 느끼는 것이 합리적인지 비합리적인지의 질문이란 없다. 그가 야기하는 고통에 관하여 야단법석을 피우는 것은 비합리적이라 하여도 무리가 아니다. 그 고통을 나중에 거의 같은 느낌을 다시 겪는 정도로 생생하게 떠올려, 기억으로 곰곰이 곱씹는 것은 당연히 비합리적이다. 과거의 내 치아를 거의 보살피지 않아서 지금 치과 치료가 필요할 정도로 만든 것이 비합리적이라고 보는 것은 자연스럽다. 그러나 내가 그 시점에 고통을 느낄지 아닐지, 내가 얼마나 길게, 얼마나 강렬하게 느낄지는, 나에게 달린 일이 아니다. ─ 그것은 치과 의사의 드릴과 내 이의 조건에 달려 있다.

비합리적인 믿음이 매개하는 느낌의 몇몇 사례에서는, 비합리성은 믿음 그 자체의 비합리성으로부터 나온다. 제시한 사례가 바로

◆ 암 세균 같은 것은 없으므로 암은 실제로는 그와 같이 전염되지 않는다. 그 믿음은 비합리적인 믿음이다. 따라서 이 경우 경악, 공포, 격노는 비합리적인 믿음을 매개하여 생기는 것이다.

그런 사례다. 암에 대한 두려움이 합리적이기는 하지만, 당신이 재채기를 할 때 당신의 암 세균을 나에게 전염시키려고 한다는 믿음은 합리적이지 않기 때문이다. 다른 사안들에서는 믿음은 비합리적이지 않지만, 그 저변에 깔린 태도가 (그 태도 때문에 믿음의 시작이 느낌을 촉발시키게 되는 그런 태도가) 그 자체로 비합리적이다. 당신이 나의 카펫에 보푸라기 세 올이 있다는 사실에 내가 주목하도록 만든다. 그리고 나는 심대한 비통함을 느낀다. 왜? 나는 나의 카펫이 조금이라도 완전하지 못하다는 것을 견딜 수 없다. 카펫에 보푸라기 세 올이 있다는 나의 믿음에는 비합리적인 어떤 것도 없다. 내가 그 믿음을 가지게 되는 것이 비통을 촉발시키게 만든 저변에 깔린 태도는 전적으로 비합리적이다. 그리고 믿음과 저변에 깔린 태도 모두 비합리적인 사안들도 물론 가능하다.

믿음이 매개하는 느낌이 비합리적일 수 있다는 사실은, 우리가 관심을 갖는 질문에 직접적인 관련성을 가진다. 당신은 나에게 "당신 카펫에 세 올의 보푸라기가 있소."라고 말하고, 그렇게 함으로써 내게 심대한 비통을 느끼게끔 한다. 당신은 재채기를 함으로써, 내가 경악, 두려움, 격노가 섞인 감정을 느끼는 것을 야기한다. 당신은 이 경우 어느 쪽이라도 내 청구권을 제한하였는가? 그에 대한 답은 '아니요'라고 보아야 한다고 생각한다.

믿음이 매개하는 괴로움을 비합리적인 믿음 때문에 겪는 사람은 괴로움을 야기당하지 않을 자신의 청구권을 그 비합리성 때문에 몰수당했다고 말한다면, 믿음이 매개하는 괴로움을 야기하는 이가 정말로 청구권을 제한하기는 하지만, 여전히 위 질문에 '아니요'라고 답할 수 있을 것이다. 그러나 우리가 그렇게 말해야 하는가? **합리적인** 믿음이 매개하는 괴로움을 야기하는 것이 청구권 제한인가?

내가 판사이고, 알프레드는 내가 담당하는 사건 원고의 변호사라고 해 보자. 알프레드와 피고 변호사를 법대(法臺)로 불러 회의를 한다. 나는 알프레드가 사랑스러운 젊은 남자라고 생각한다. — 그래서 그의 코를 꼬집었다. 그것은 침입이었고, 그의 청구권 제한이다. 알프레드는 모욕을 느꼈고, 그렇게 느끼는 것은 전혀 비합리적이지 않았다. 그가 모욕을 느끼는 것을 내가 야기한 것은, 그의 추가적인 청구권의 제한이었는가? 만일 그렇다고 말한다면, 우리는 무언가 타당하지 않아 보이는 것을 지지하게끔 된다. 왜 그런지 보기 위해 믿음이 매개하는 괴로움이 청구권 제한이라고 가정해 보자. 그리고 당신이 A에 대한 침입을 범하고 그렇게 함으로써 A에게 믿음이 매개하는 괴로움을 야기하는 선택지와, B에 대하여 비견할 만큼 심대하거나 심지어 약간 더 심대한 침입을 범하는 선택지가 있다고 해 보자. 그런데 B는 그러한 침입의 결과에 대해 마음을 단단히 먹고 대비하고 있어서, 침입에 의하여 믿음이 매개하는 괴로움을 야기당하지 않을 것이다. 그렇다면 당신이 B를 침입하는 선택지를 취하는 것이 도덕적으로 선호할 만하게 된다. A를 침입함으로써 당신은, B를 침입하면 제한하지 않았을 추가적인 청구권을 제한하게 될 것이기 때문이다. 이런 결과는 도저히 옳을 수가 없다.

사실 이 검토는, 믿음이 매개하는 괴로움을 야기하는 것이 그 자체로는 청구권 제한이 아니라는 점만 시사하는 데 그치지 아니하고, 또한 청구권 제한에 의하여 믿음이 매개하는 괴로움을 야기하게 되리라는 사실이 그 청구권을 더 엄격하게 만들어 주지는 않는다는 사실도 시사한다. 다시 알프레드 사안을 떠올려 보자. 나는 그를 침입했다: 나는 그의 청구권을 제한했다. 그것은 침입이 범해진 여건에 비추어, 엄격한 청구권이었다. 신체 침범에 대항하는 알프레드의 청구권은 그가 그것에 의해 모욕을 느꼈기 때문에 더 엄격한가? 만일 — 나를 대한 그 자신의 경험과 다른 변호사들의 과거 경험들에 비추어, 나를 경멸하게 되어—그가 나에 의해 모욕을 느끼지 않도록 단단히 마음을 먹었다면, 그 청구권은 덜 엄격한 것이 되는가? 그에 대한 답변은 명백히 '아니요'로 보인다.

게다가, 나의 할머니로부터 물려받은 하나밖에 없는 찻잔이 부서졌다고 해도, 남아 있는 찻잔의 상실에 비통을 느끼지 않도록 내가 마음을 단단히 먹었을지도 모른다. 당신이 그 남아 있는 하나의 찻잔을 부수거나 훔치는 것이, 그렇다고 내가 마음을 단단히 먹지 않았을 경우에 비해, 덜 엄격한 청구권에 대한 제한이 된다고는 도저히 생각될 수 없다.

믿음이 매개하는 괴로움을 느끼지 않도록 마음을 단단히 먹을 가능성(the possibility of steeling oneself against belief-mediated distress)은 분명히, 믿음이 매개하는 괴로움을 비합리적으로 느낄 가능성과 공통의 원천을 갖고 있다.

이 예들이 보여주는 것은

> 악화 원리: 만일 X가 Y에 대하여 Y가 알파를 할 것을 요하는 청구권을 가지고 있다면, Y가 알파를 하지 않는다면 Y가 X를 더 나쁘게 만들수록, Y가 알파를 할 것을 요하는 X의 Y에 대한 청구권은 더 엄격하다.

가 조건 부가를 필요로 한다는 것이다. 당신이 어떤 사람의 청구권을 제한하는 데 그치지 않고 그렇게 함으로써 당신의 피해자에게 믿음이 매개하는 괴로움을 야기하기도 하였을 경우에는, 청구권을 제한함으로써 정말로 그 사람에게 그만큼 사태를 더 나쁘게 만든다. 그리고 이것은 당신이 당신의 피해자에게 야기한 괴로움이 믿음이 매개한 괴로움이건 아니건 상관없이 그러하다. 그러나 당신이 제한하는 청구권은, 당신이 그러한 괴로움을 야기하지 않았을 경우에 비해 야기했기 때문에 더 엄격한 것이 되지는 않는다. 예를 들어 침입은 설사 피해자가 결코 침입이 일어난 것을 알지 못하더라도, 그리하여 **한층 더 강력한 이유로** 피해자가 침입에 의해 모욕을 느끼지 않았더라도 범해질 수 있다. 마찬가지 이치가 재산의 파괴나 절도로 제한된 청구권에 대하여도 성립한다. 그리고 만일 침입이나 재산 청구권 제한(property-claim infringement)의 피해자가 괴로움을 느끼지 않도록 자신의 정서적 삶을 준비해 온 까닭에 괴로움을 느끼지 않는다고 하더라도, 그것이 그러지 않았을 경우보다, 그 청구권을 덜 엄격한 것으로 만들지는 않는다. 그러므로 여기서부터 악화 원리를 다음과 같이 읽히는 것으로 여기도록 하자.

> 악화 원리: 만일 X가 Y에 대하여 Y가 알파를 할 것을 요하는 청구권을 가지고 있다면, Y가 알파를 하지 않는다면 Y가 X를 더 나쁘게 만들수록, Y가 알파를 할 것을 요하는 X의 Y에 대한 청구권은 더 엄격하다. 그러나 X가 믿음이 매개하는 괴로움을 야기당하는 것에 해당하는 '더 나쁘게 만듦'은 제외한다.

그 수정[1]은, 알프레드 사안에서는 전적으로 타당한 것 같이 보이는 것을 말할 수 있게 해 준다: 내가 제한하는 그의 청구권은, 나의 직위, 그의 직위 그리고 그 청구권이 제한된 주변 여건에 비추어 매우 엄격한 것이었고, 그가 모욕을 느끼지 않았다 하더라도 조금이라도 덜 엄격한 것이 되지는 않았을 것이다. 마지막 찻잔 사안도 마찬가지

1　악화 원리에 대한 또 다른 수정은 제14장에서 청구권의 몰수를 더 면밀히 살펴보면서 나올 예정이다.

다: 당신이 그 찻잔을 부수어 제한한 청구권은, 그것이 (그것은 내가 할머니로부터 물려받은 것 중 남아 있는 마지막 물품이었다) 나에게 갖는 의미에 비추어 매우 엄격한 것이었다. 그리고 그 청구권은 내가 그 상실에 비통해 한다고 조금이라도 더 엄격한 것이 되지도, 비통해 하지 않는다고 조금이라도 덜 엄격한 것이 되지도 않는다.

간단히 말해, 그렇다면 믿음이 매개하는 괴로움을 야기하는 것은 설사 그 괴로움이 비합리적이지 않다고 하더라도, 그 자체로는 청구권 제한이 아니다. 그리고 어떤 사람이 청구권 제한에 의해 믿음이 매개하는 괴로움을 야기당했다는 사실은, 제한된 청구권이 그런 괴로움을 야기당하지 않았을 경우보다 더 엄격한 것임을 의미하지는 않는다.

그 두 사실 중 첫 번째 사실 때문에, 우리가 받아들여야 한다고 주장한 논제—

> 괴로움 논제: 우리는 다른 사람들에 대하여, 그들이 우리에게 '믿음이 매개하지 않는' 괴로움을 야기하지 않을 것을 요하는 청구권을 가진다—

가 믿음이 매개하지 않는 괴로움에 한정된 것이다. 행위 그 자체가 청구권 제한인 행위로 믿음이 매개하는 괴로움을 야기할 수는 있다. 그렇게 함으로써 믿음이 매개하는 괴로움을 야기한다는 점은, 설사 그 괴로움이 비합리적인 것이 아니라고 할지라도 피해자의 추가적인 청구권을 제한했음을 의미하지는 않는다.

그러나 그렇게 말하는 것은, 사적 공약이나 법의 결과로 믿음이 매개하는 괴로움을 야기당하지 않을 청구권을 가질 수 있다고 말하는 것과 전적으로 양립 가능하다. 그리고 어떤 다른 청구권을 갖는 결과로 믿음이 매개하는 괴로움을 야기당하지 않은 청구권을 가질 수도 있다. 사다리를 밟고 서 있는 A가 있다. 만일 B가 A에게 "널 잡으러 가고 있어!"라고 외친다면, 그는 그렇게 함으로써 A에게 두려움을 야기하며 그렇게 함으로써 A가 사다리에서 실족하여 떨어지는 것을 초래하고, 그렇게 함으로써 A에게 해악을 야기한다. A는 B에 대하여 B가 A에게 해악을 야기하지 않을 것을 요하는 청구권을 가진다. 청구권을 위한 수단 원리에 의해, A가 B에 대하여 B가 그런 말을 A에게 소리치지 않을 것과 같이, A에게 두려움을 야기하지 않는 것을 요하는 청구권을 갖고 있다는 결론이 따라 나온다.

4. 믿음이 매개하는 괴로움이 믿음이 매개하지 않는 괴로움과 다르다는 점을 강조할 가치가 있었던 이유 중 하나는 많은 사람들이 도덕적 의문의 느낌에, 실제로는 실리지 않는 도덕적 무게를 실어 왔다는 것이다. 여기서 염두에 두고 있는 이들은 법률가들이다. 예를 들어 다음과 같은 점을 고려해 보라는 로버트 보크의 요구를 받아들인다고 해 보자.

> *Griswold v. Conneticut*은 많은 면에서 워런 법정의 전형적인 판결이다. 그리스월드 판결은 코네티컷의 주법을 무효화했다. 그 주법은 기혼 부부에게도 피임 도구 사용을 범죄로 규정하였다. 만일 우리가 정부가 사적으로 행해지는 어떠한 행위에도 간섭해서는 안 된다는 진술로 그 판결의 원리를 이해한다면, 우리는 그 원리의 의심쩍은 기원에 관하여 질문할 필요조차 없다. 우리는 단박에, 법원이 그것을 중립적으로 적용하지 않으리라는 것을 알기 때문이다. 우리가 확신을 가지고서 예측하건대, 법원은 헤로인 사용이나 동의하는 미성년자와의 성행위에 헌법적 보호를 하

지 않을 것이다.

그리스월드는, 그렇다면 원리에 기반하지 않은 판결이다. (…) 진실은 법원이 원리를 통해 그리스월드 판결의 결론에 이르지 못한다는 것이다. 이유는 명백하다. 규제할 권한을 주장하는 집단과 규제받지 않을 권리를 주장하는 집단의 충돌은 어느 것이나 두 집단 중 어느 집단을 만족시킬 것인가라는 선택을 요구한다. 「헌법」이 아무것도 말하지 않은 경우, 법원은 그 자신의 가치 선호 외에는 아무런 척도도 발견할 수 없을 것이고, 그 선호에 따라 각각의 권리주장 만족의 비중을 가늠할 것이다. 그리스월드 판결의 사실을 전기 사업 회사와 그 고객 중 한 명이 매연 공해 규제 법령을 위헌적인 것으로 무효화하려는 가상적인 소송과 비교해 보라. 그 사안들은 같다.

그리스월드 사건에서 남편과 아내는 원치 않는 아이를 가질지도 모른다는 두려움 없이 성적 관계를 가지기를 원한다고 주장한다. 법은 그들의 성적 만족을 훼손한다. (…) 다수는 피임약 사용을 비도덕적인 것이라고 생각한다. 그것이 벌어진다는 것을 아는 것, 그리고 주가 그것을 금지하기 위해 아무런 노력을 기울이지 않는다는 것을 아는 것은 다수에게 극심한 고뇌를 야기하고 그들의 만족을 훼손한다.

양 사안 어느 쪽도, 헌법에 의해 특정되어 다루어지거나 명백한 함의로 다루어지지도 않는다. (…) 왜 성적 만족이 도덕적 만족보다 더 가치 있는 것인가? 왜 성적 만족은 경제적 만족보다 더 고귀한 것인가? (…) 법원은 「헌법」을 입안할 때 내려진 선택에 명백하게 상치되는 것이 아닌 한, 입법부가 내린 그 어떠한 가치 결정도 받아들여야만 한다.

물론, 이로부터 「헌법」의 폭넓은 영역이 재정식화되어야 한다

는 결론이 따라 나온다.[2]

워런 법정에 대한 비판으로서 또는 「헌법」이 해석되어야 하는 방식에 관한 암시로서의 이 구절에 관하여는 아무것도 이야기할 바가 없다. 여기서 주장되거나 암시된 법명제에 관하여는 아무것도 말할 것이 없다. 그러나 여기서 보크가 주장하고 암시한 도덕 이론의 명제들이 있으며, 그것들 가운데는 심각한 오류가 있다.

코네티컷의 다수는 피임약 사용을 불법화하였다. 그들이—보크가 넌지시 표현하듯이—피임약 사용이 비도덕적이라고 생각했기 때문에 그렇게 했다고 가정해 보자. 여기서 좋은 질문이 제기된다: 어떤 실천의 비도덕성은 다수가 그것을 불법으로 만들 충분한 근거인가? 어떤 실천을 불법으로 만드는 것은 자유를 제약하는 것이다. 그리고 불법화될 그 실천이 비도덕적이라는 근거**만**으로 다수가 소수의 자유를 제약하여도 된다는 것은, 일반적으로 옳은 것으로는 도저히 생각될 수 없다. 비도덕성에서 불법화 허용으로 가기 위해서는 무언가가 더해질 필요가 있다.

보크는 그렇게 더하는 요소로 가능한 것을 시사한다. 만일 그 실천이 단지 비도덕적인 데 그치지 아니하고 도덕적 의분의 느낌을 야기한다면 어떻게 되는가? 코네티컷주 주민의 다수가 피임약이 사용되고 있다는 사실을 아는 것이 그들이 도덕적 의분을 느끼도록 야기하였다. 더구나 그들의 의분은 만일 그들의 선출된 공직자가 그 실천을 중지시키기 위해 아무런 노력도 하지 않았다면 더 강렬한 것이 되었을 것이다. "그것이 벌어진다는 것을 아는 것, 그리고 주가 그것을 금지하기 위해 아무런 노력을 기울이지 않는다는 것을 아는 것

---

2 Robert Bork, "Neutral Principles and Some First Amendment Problems", *Indiana Law Journal*, 1 (1971).

은, 다수에게 극심한 고뇌를 야기한다." 극심한 고뇌(Anguish)! 이것은 꽤나 심각하다. 그 실천이 비도덕적이라는 사실에다가, 그 실천이 자유롭게 이루어지는 것이 극심한 고뇌를 야기한다는 추가적인 사실은 그것을 불법화할 충분히 좋은 이유를 제공하지 않는가?

도덕적 의분은 우리가 오히려 즐기는 느낌이라고 주장하였다. 그래서 주가 피임약 사용을 금지하기 위해 아무런 노력을 기울이지 않았을 때 코네티컷 주민의 다수가 느꼈을 것을 지칭하는 데 "극심한 고뇌"라는 용어를 사용하는 것은, 아무리 잘 봐주더라도 솔직하지 못한 것이다. 그러나 내가 틀렸다고 해 보자: 도덕적 의분은 우리가 싫어하는 느낌이고, 따라서 괴로움의 한 사례라고 해 보자. 그러면 어떻게 되는가?

왜 우리가, 실천 P가 도덕적 의분의 형태로 괴로움을 야기한다는 사실이 P를 불법화하는 근거로서, 실천 Q가 메스꺼움이나 어지러움의 형태로 괴로움을 야기한다는 사실이 Q를 불법화하는 근거보다 비중을 덜 가진다고 생각해야 하는가? 실제로 보크는 코네티컷의 주법을 위헌으로 폐기하는 소송을 매연 공해 규제 법령을 위헌으로 폐기하는 소송과 비교해 보라고 청한다. 코네티컷 주법을 위헌으로 선언하는 것은 도덕적 의분의 형태로 다수에게 괴로움을 야기할 것이다. 매연 공해 규제 법령의 위헌 선언은, 메스꺼움과 어지러움의 형태로 다수에게 괴로움을 야기할 것이다.[3] 왜 우리는 한 고려사항이 다른 고려사항보다 더 무겁다고 생각해야 하는가? 보크는 의회가 두 종류—도덕적 의분이 하나이고, 메스꺼움과 어지러움이 다른 하나인 두 종류—의 괴로움에 상이한 무게를 할당하는 것에 이르는 그런 가치 선택을 하는 것에는 아무런 반대도 하지 않는다. 그러나

---

3 아마도 고통과 해악도 야기할 것이다. 매연 공해 규제 법령을 찬성하는 논증은, 매연에 의해 야기되는 미약한 불쾌함보다 더 많은 것에 호소하는 것이 보통이다.

제2부 어떤 것이 권리인가

그는 의회가 다른 방식이 아닌 어떤 방식으로 결정하는 것이 타당하지 않게 만들 수 있는 것이, 괴로움의 본질에는 없다고 생각한다.

그러나 괴로움의 두 종류 사이에는 중요한 차이가 있다. 메스꺼움과 어지러움을 야기하는 것은, 믿음이 매개하지 않는 괴로움을 야기하는 것이고 그래서 청구권 제한이다. 도덕적 의분을 야기하는 것은 (그것이 괴로움을 애초에 야기하기라도 한다면) 믿음이 매개하는 괴로움을 야기하는 것이며, 도덕적 의분이 얼마나 강렬하건 간에("극심한 고뇌"이건 간에) 청구권을 제한하는 것이 아니다. 그러므로 실천 P가 도덕적 의분을 야기한다는 사실은 P를 불법화할 근거로서 갖는 무게는, 실천 Q가 메스꺼움과 어지러움을 야기한다는 사실이 Q를 불법화할 근거로서 갖는 무게보다 덜하다.

당분간 어떤 행위가 청구권을 제한한다는 사실이 그것을 불법화할 결정적인 근거라고는 말하지 않겠다. 그 행위에 의해 제한된 청구권은 상대적으로 약하며, 그 행위를 허용함으로써 얻어지는 충분한 선의 증분이 있는 경우에는 제한 가능할 수 있다. 그러나 그 선의 증분이 충분히 크다라는 점을 보여줄 입증부담은 청구권을 제한하려고 하는 쪽에 있다.

더군다나 어떤 행위가 청구권을 제한하는 것이 아니라는 사실은 그것을 불법화하는 데 반대하는 결정적인 근거는 아니다. 특히 그것이 도덕적 의분을 야기한다는 사실 이외에, 비도덕적 행위를 불법화할 이유들이 있을 수도 있다.

단지 다음과 같은 점을 드러내었기를 바란다. 괴로움에는 여러 가지가 있으며, 우리는 모든 괴로움이 같은 것이라는 가정에 의지하는 법적—그리고 다른 종류의—논증에 저항할 좋은 이유가 있다.

5. 앞 장의 해악 논제는 우리가 다른 사람들에 대하여, 그들이 우리

에게 해악을 야기하지 않을 것을 요하는 청구권을 가진다고 말한다. 이 장의 괴로움 논제는 우리가 다른 사람들에 대하여, 그들이 우리에게 믿음이 매개하지 않는 괴로움을 야기하지 않을 것을 요하는 청구권을 가지고 있다고 이야기한다. 그리고 우리는 다른 사람들에 대하여 그들이 우리에게 믿음이 매개하는 괴로움을 야기하지 않을 것을 요하는 청구권은 갖고 있지 않다고 말할 이유들을 살펴보았다. 그러나 우리는 왜 애초에 괴로움에 주의를 기울일 필요가 있었던 것인가? 괴로움을 야기하는 것은 해악을 야기하는 것이 아닌가?

앞 장에서 나는 '해악' 개념을 분석되지 않은 채로 놓아 두었다. 당신이 사람들의 다리를 자르고 그들의 팔을 부러뜨릴 때 당신이 사람들에게 해악을 야기한다는 것은 명백하다고 가정하였다. 그리고 더 나아가 당신이 해악을 야기하지 않고서도 침입을 범하거나 괴로움을 야기할 수도 있다는 점도 상당히 명백하다고 가정하였다. 나는 또한 해악의 위험을 야기하는 것은 그 자체로는 해악을 야기하지 않는다는 것도 명백한 것으로 보았다. 그러나 누군가 묻는다고 해 보자. "해악이란 정확히 무엇인가?"

우리는 다음과 같이 답할 수 있다: 해악은 훼손(damage)이다. 그러므로 어떤 사람에게 해악을 야기하는 것은 그 사람이 훼손되는 것을 야기하는 것이다. 이것은 확실히 내가 제시한 사례가 해당되는 것이다. 어떤 사람의 다리를 자르거나 어떤 사람의 팔을 부러뜨리는 것은 그 사람을 — 다리 자르기의 경우에는 영구적으로, 팔 부러뜨리의 경우에는 비영구적으로 — 훼손하는 것이다. 어떤 사람을 죽이는 것도 그 크기나 영구성에 있어서 그 사람이 최대한으로 훼손되도록 야기하는 것이다.[4] 그러나 그때 우리가 또, "훼손이란 정확히 무엇인가?"라는 질문을 받는다면 어떻게 되는가?

많은 철학자들이 해악의 분석을 내어 놓으라는 압박을 느끼게 된

두 연관된 원천이 있는 것 같다. 첫째로, 그 단어는 스르르 미끄러지듯 나아간다. 일부 해악—다리의 상실, 팔의 부러짐 그리고 죽음 같은 해악—은 해악의 중심적인, 패러다임 사안들이다. 이 사안들은 해악의 심장부에 있다. 그러나 많은 사람들은 그 단어를 해악의 중심적 사안의 범위 훨씬 바깥에 있는 사안에도 사용한다. 만일 누군가 나의 고양이를 죽이고 그래서 내가 고양이의 죽음을 비통해 한다면, 그 사람은 나에게 해악을 야기하였는가? 나의 이웃이 그들의 잔디 깎기를 거부하여, 그래서 거리가 낡아 빠진 것처럼 보여서 내 집의 가치가 하락한다면, 그들은 나에게 해악을 야기하였는가? 일부 사람들은 '예'라고 답할 것이다. (다른 사람들은 '아니요'라고 답할 것이다.) 해악은 어디서 끝나는가? 내가 일어나지 않았기를 바랐을 것이라면 무엇이든지 일어나면 해악을 겪은 것인가? 아마도 아닐 것이다. 그러나 (사람들이 이야기하듯이) 어디서 선을 그어야 하는가?

해악을 분석해야 한다는 압박의 두 번째 원천은, 사람들이 중심적 해악 사안 범위 바깥에 있는 사안에 대해서 "해악"이라는 용어를 사용하고 싶게 만드는 것으로부터 나온다. 그 어떤 견해에 의하더라도 당신이 어떤 사람에게 어떤 것을 함으로써 해악을 야기하리라는 것은 도덕적으로 중대한 사실이다. 다른 사정이 동일하다면 당신은 그렇게 하지 않아야 한다. 그러므로 만일 내가 당신이 어떤 것을 하지 못하게 만들고 싶은데, 당신이 그것을 한다면 당신이 나에게 해악을 야기하는 것으로 만드는 것이 내게는 쓸모가 있을 것이다.[5] 그러나

---

4 해악이란 무엇인가에 대한 일부 해명에서는, 어떤 사람을 죽이는 것이 그 사람에게 어떻게 해악을 야기하는 것인지가 불명확하다. (예를 들어 파인버그(Feinberg)의 *Harm to Others*의 이익에 대한 '저해'('setback' to an interest)로서 해악 해명을 보라.) 그러나 나는 그 점이 해악에 대한 이 해명들에 관하여 우려스러운 사실이라고 생각할 수밖에 없다.

5 오래전 케임브리지 거주민 한 명이 자신의 이웃에 대하여 14년 동안 잔디를 깎지 않았다는 이유로 소를 제기하였다. 그 소는 물론 이웃이 자기 마당의 잔디를 깎지 않은 것이 원

그럴 경우 우리는 해악 야기의 도대체 정확히 어떤 점이 이러한 도덕적 의의를 부여하는지를 궁금해 하는 것이 당연하다. 그리고 물론 그 압박은 만일 우리가 — 그래야 한다고 주장했듯이 — 해악 논제를 받아들이기를 원한다면 더 커질 것이다. 그 논제는 해악을 야기하는 것이 청구권이라고 이야기하기 때문이다.

그러므로 우리는 정말로 해악이란 무엇인가 하는 질문을 살펴볼 필요가 있다.

말했듯이 해악은 훼손(damage)이다. 그러나 훼손이란 무엇인가? '해악' 또는 '훼손'이라는 개념은 평가적이며, **해악 야기**는 **일응** 다음과 같이 분석되는 것으로 생각될 수 있다.

> 해악 야기에 대한 **일응** 그럴 법한 분석: Y의 행위인 사건 E가 E가 발생하지 않았을 경우보다 X의 조건이 더 나빠지는 것을 야기하는 경우 오직 그 경우에만 Y는 X에게 해악을 야기하는 것이다.[6]

이것은 해악 야기에 대한 분석이다. 해악 그 자체는 무엇인가? 그 문제는 곧 살펴볼 것이다.

그러나 — 위 분석이 그러듯이 — 반사실(counterfactuals)◆을 활용하는 해악 야기 분석은 실제로는 작동하지 않을 것이다. B가 A에게 총을 쐈다고 가정해 보자. 그렇게 함으로써 A의 머리에 총알이 박히는 것을 야기하였고 그렇게 함으로써 A를 죽였다. 이 짧은 이야

고에게 해악을 야기했다는 것이었다. (알려 두자면, 원고는 패소했다.)

6 원리의 내용을 축약했다. 특히 '부작위 행위'에 의해 야기하기를 다루기 위해 요구되는 복잡한 사항을 생략했다. 제9장 5절에서 지적된 고려사항들을 살펴보라.

◆ 반사실이란 실제로 일어난 것과는 다른 가능세계의 대안적 사실, 즉 일어나지는 않았지만 일어날 수 있었을 사실이다.

기에 따르면 B가 A를 향해 총을 쏘는 행위가 있다. 그리고 그 행위는 A의 조건을 정말로 매우 나쁘게 만들었다. 그런데 우리가 이 짧은 이야기를 약간 더 늘려 B가 겁을 먹어서 총을 쏘지 못했다면, C가 A를 찌름으로써 A를 죽였을 것이라고 가정해 보자. 그렇다면 B가 A에게 총을 발사한 것이, B의 A를 향한 총 발사가 발생하지 않았을 경우보다 A의 조건을 더 나쁘게 야기하였다는 것은 참이 아니다: A의 조건은 그 사건이 발생하지 않았더라도 동등한 정도로 나빴을 것이다. 그러므로 해악 야기에 대한 **일응** 그럴 법한 분석은, 짧은 이야기를 약간 더 늘린 사안에서 B가 A에게 해악을 야기하지 않았다고 결론 내리게 한다. 이것은 확실히 타당하지 않다. 누군가 다른 사람이, 당신이 어떤 해악을 야기하지 않았더라면 동등하게 심대한 해악을 야기하였을 것이라는 사실은, 당신이 해악을 야기하였다는 생각에 조금이라도 반대 근거로 작용하는 것이 아니다.

이것은 반사실에 호소하는 인과 분석에 익숙한 종류의 난점이다. 그러므로 우리는 여기서 반사실을 피해야 한다. 그래서 대신에 다음과 같이 시도해 보도록 하자.

> 해악 야기 성립을 위한 비반사실적(非反事實的) 필요충분조건(The Non-Counterfactual Necessary and Sufficient Condition for Harm-Causing): Y의 행위인 사건 E가 E가 일어나기 이전보다 X의 조건을 더 나빠지는 것을 야기하는 경우 오직 그 경우에만 Y는 X에게 해악을 야기하는 것이다.[7]

---

7 데렉 파핏이 논의한 것과 같은 사안은 어떻게 되는가? 그 사안에서 여성은 자신이 나중에 임신할 아이가 장애를 갖는 원인이 되는 약을 복용한다. 그의 *Reasons and Persons* (New York: Oxford University Press, 1984)를 보라. 그런 사안에서 여성이 자신의 아이가 해악을 입는 것을 야기한다고 보고 싶다면 — 실제로 우리가 그렇게 보고 싶어한다고 나는 생각하는데 — 수정이 필요하다. 몇 가지 가능성이 나타난다. 하나의 가능성은,

그러나 그것 역시 여전히 통하지 않을 것이다: 그것은 해악이라는 표제 아래에 지나치게 많은 것이 들어가도록 한다. 분명히도 Y가 X에게 해악을 야기하는 것이 참이지 않으면서도, Y의 행위가 X의 조건을 더 나쁘게 만들 수 있기 때문이다. 또는 적어도 나는 그렇게 생각한다. 예를 들어 당신은 우리가 했던 지난 금요일 경주에서 나보다 더 빨리 달렸다. 당신은 일등으로, 나는 이등으로 들어왔다. 당신의 승리는 당신의 행위였다. 그리고 그것은 나의 조건을 그 이전에 그랬던 것보다 더 나쁘게 만들었다. 지금 나는 패배에 분명히 비참한 기분을 느끼고 있기 때문이다. 그러나 나는 이것 자체로부터 당신이 나에게 **해악**을 야기하였다는 결론을 이끌어 낼 수 없다고 생각한다.

그러나 나는 우리가 더 약하게 다음과 같이 말할 수 있다는 점은 명백하다고 생각한다.

> 해악 야기 성립을 위한 비반사실적(非反事實的) 필요조건(The Non-Counterfacutal Necessary Condition for Harm-Causing): Y의 행위인 사건 E가 E가 발생하기 이전보다 X의 조건이 더 나빠지는 것을 야기하는 경우에만 Y는 X에게 해악을 야기하는 것이다.

이것은 우리에게, 만일 Y의 행위가 X가 더 나빠지는 것들 중 어느

E가 발생하기 전에 X가 존재하지 않았다면 E가 발생하기 전의 조건보다 X의 조건을 더 나빠지게(worse) 만드는 것이 위 필요충분조건이 성립하기 위해 필요하지는 않고 단지 X의 조건을 나쁜 것(bad)으로 만들기만 하면 족하다는 내용의 구절을 더하는 것이다.〔약을 복용할 당시에는 아이가 존재하지 않았기에 그 아이의 조건은 약 복용으로 인해 더 나빠진 것은 아니다. 그러나 그 아이의 조건은 약 복용으로 인해 나쁜 것이 되었다. 그리고 위 수정에 의해 아이의 조건이 약 복용으로 나쁜 것이 되기만 하면 족하므로, 수정된 해악 야기 성립을 위한 반사실적 필요충분조건은 충족된다. 즉, 아이의 모(母)는 아이에게 해악을 야기한 것이 된다.-옮긴이〕

제2부 어떤 것이 권리인가

것을 야기하는 경우 Y가 X에게 해악을 야기한 것이 되는 그러한, X 의 조건이 더 나빠짐(worsening)을 규명하는 일을 남겨 둔다. 이것을 살펴보자.

6. Y의 행위가 그러한 사건들을 X에게 야기할 때 **전형적으로**(typically) 그렇게 함으로써 Y가 X의 조건을 Y가 행위하기 이전보다 더 나빠지는 것을 야기하는, 그래서 그 어떤 견해에 의하더라도 Y가 X에게 해악을 야기한 것이 되는 그러한 — 다리의 상실, 팔 부러지기, 죽음 같은 — **신체적 사건들**이 있다.

오직 전형적으로라고만 말했다. 때로는 Y의 행위가 X가 그의 다리를 잃는 것을 야기하지만, Y가 X의 조건을 Y가 행위하기 이전보다 더 나빠지는 것을 야기하지는 않는 경우가 있다. 내가 염두에 두고 있는 것은 제7장에서 살펴본 데이비드의 것과 같은 사안들이다. 그때 가정하기를, 데이비드의 다리는 쓰러진 나무에 깔려 으스러졌고 그는 죽어 가고 있다. 당신이 그가 다리를 잃는 것을 야기하게 될 일을 한다면, 그렇게 함으로써 그의 조건을 더 나빠지는 것이 아니라 더 좋아지는 것을 야기한다. 이것이 당신의 행위가 내가 언급한 종류의 신체적 사건을 정말로 야기하기는 하지만, 당신의 어떠한 행위도 데이비드의 조건이 그 행위 이전보다 더 나빠지는 것을 야기하지 않은 그런 사건이다. 그리고 해악 야기 성립을 위한 반사실적 필요 조건은 그러므로 당신이 행위로 나아가는 경우 당신이 그에게 해악을 야기하지 않는다고 말해 준다. 그런데 이것은 정확히도, 우리의 이론이 산출해야 하는 결과다. 당신이 행위로 나아가는 경우 당신이 데이비드에게 해악을 야기하지 않는다는 것은 분명하기 때문이다.

같은 가능성이 팔 부러뜨리기 사안에서도 있을 수 있다. 죽음은 어떤가? X의 죽음을 야기한 Y의 행위가 X의 조건을 더 나쁘게가 아니라 더 좋게 만들 수도 있다고 주장할 수도 있다: X의 조건이 이미 너무나 나빠서—아마도 너무나 고통으로 가득 차서—X의 조건을 죽음이 개선한다고 주장할 수 있는 그러한 사안을 염두에 두고 있다. 정말로 그럴 수 있는지 질문은 넘어가도록 하자. 우리의 논의 목적에서 중요한 것은, 정말로 그러한 사안들에서는 X의 죽음을 야기하는 그런 방식으로 행위함으로써 Y가 X에게 해악을 야기하지는 않는다는 것이다.

그래도 **전형적으로는** Y의 행위가 우리가 살펴보고 있는 종류의—다리 상실, 팔 부러짐, 죽음 같은—신체적 사건을 야기하는 경우에는 Y는 그렇게 함으로써 X의 조건이 Y가 행위하기 전보다 더 나빠지는 것을 야기하는 것이며, Y는 그 어떤 견해에 의하더라도 X에게 해악을 야기한 것이다.

그러나 여기서 문제되고 있는 신체적 사건의 '그 종류(the kind)'란 무엇인가? 짧고 긴 기간 동안 **손상을 가하는**(impair) 신체적 사건이 있다. 다리를 잃는 것은 그 사람이 쉽게 걷지 못하거나 아예 걸을 수 없게 만든다. (의족(artificial legs)은 걷게 해 줄 수는 있지만, 쉽게 걷게 해 주지는 못한다.) 팔의 부러짐은, 골절이 치유될 때까지는 두 팔로 해야 하는 것들을 할 수 없게 만든다. 죽음은 어떠한 것도 영원히 할 수 없게 만든다.

우리는 만일 Y의 행위가 그러한 사건을 X에게 야기한다면, 전형적으로 Y는 X에게 해악을 야기한다고 말할 수 있을 뿐만 아니라, 또한 Y가 그러한 사건들을 야기함으로써 X에게 실제로 해악을 야기하는 경우, 그 사건 자체도 해악이라고 말할 수 있다. 다리의 상실을 야기하는 것은 전형적으로 해악을 야기하는 것이고, 다리 상실을 겪는 것은 전형적으로 해악을 겪는 것으로, 다리 상실 사건은 보통 그 자체가 해악이다.

　제2부 어떤 것이 권리인가

여기서 언급된 종류의 해악의 심대성(gravity)은 그것이 야기하는 손상의 심대성에 달려 있으며, 손상의 심대성은 그 손상이 '미치는 범위(reach)'에 달려 있다고 생각하는 것이 매우 그럴 법하다. 손상이 미치는 범위('reach' of the impairment)로 나는, 그 피해자의 삶에서 손상된 능력이 얼마나 큰 역할을 하는가와 그 손상이 지속되는 기간(the duration of the impairment)을 포함하는 것을 의미한다. 걸을 수 있다는 것(being able to walk)은 우리 모두에게 매우 중요하므로 다리를 잃는 것은 전형적으로 매우 심대한 해악(a very grave harm)이다. 걸을 수 있다는 것이 우리 모두에게 중요하기는 하지만 다리 골절은 다리 상실보다는 덜 심대한 해악이다. 다리 골절의 경우에는 다리 상실만큼 오래 불능이 지속되지는 않기 때문이다. 물론 죽음은 완전한 그리고 영구적인 무능력(disability)이다.

몇몇 능력은 어떤 사람에게는 매우 중요하지만, 다른 사람에게는 현저히 덜 중요하다. 우리 각자에게, 우리의 손가락을 좌우로 움직일 수 있는 것은 꽤 많은 정도로(in a measure) 중요하다. 그렇게 할 수 있는 능력은, 수학자보다는 바이올린 연주가에게 훨씬 더 중요하다. 그래서 손가락이 부러진 바이올린 연주가가 겪는 해악의 심대성은 손가락이 부러진 수학자가 겪는 해악의 심대성보다 더 크다.

다른 한편으로 피해자가 신체적 사건으로 괴로움을 야기당한다는 사실, 또는 그 신체적 사건이 야기한 손상에 의해 괴로움을 야기당한다는 사실은 해악의 심대성에는 유관하지 않다. 더 정확히 표현하면 해악인 신체적 사건의 결과로 겪는 괴로움은, 그 손상을 더 심대하게 만들지 않는 이상 그 해악을 더 심대하게 만들지 않는다. 고통을 떠올려 보자. 고통은 믿음이 매개하지 않는 괴로움이다. 손가락 골절이 나에게 고통을 야기한다는 것은, 나에게 고통을 야기하지 않았을 경우보다 손가락 골절을 덜 심대한 것으로 만들지 않는다. ─

장래에 손가락을 움직이려고 할 때마다 계속 고통이 재발하여, 그 손상을 더 심각하고 더 오래 지속되는 것으로 만들지 않는 한은 말이다.

마찬가지 이치가 믿음이 매개하는 괴로움에도 성립한다. 손가락이 부러진 누구라도(수학자건 바이올린 연주가건) 낙담을 느낄 것이지만, 그것은 손가락 골절이 낙담(dismay)을 야기하지 않았을 경우보다 그 손가락 골절을 더 심대한 해악으로 만들지 않는다. 만일 바이올린 연주가의 손가락이 부러지고, 그 연주가가 낙담뿐만 아니라 좌절, 실망, 심지어 비통까지 느끼더라도, 그것 또한 손가락 골절이 이 느낌들을 야기하지 않았을 경우보다 손가락 골절을 더 심대한 해악으로 만들지 않는다. 해악의 심대성을 확정하는 것은, 손상된 능력이 (그 지속기간과 함께) 그 사람에게 갖는 중요성을 확정하는 것이다. 그리고 **그것을** 확정하는 것은, 피해자가 가질 느낌이 아니라 피해자의 삶에서 그 능력이 실제로 수행하는 역할이다.

더 일반적으로 우리가 지금 살펴보고 있는 종류의 해악의 사안에서 괴로움은 부수현상(epiphenomenon)이다: 그것의 존재와 부재는 그 해악을 더 심대한 것으로 만들지 않는다.

7. 우리가 방금 살펴본 종류의 해악 — 손상시키는 신체 사건(bodily events that impair) — 은 해악의 중심적 사안이다. 다른 두 종류의 해악이 그 중심에 매우 가까이 있다.

염두에 두고 있는 것은 첫째로 심리적 해악이라고 할 수 있는 것이다. 부모는 이런저런 이유로 아이를 학대하여, 심리적으로 불구가 되도록 야기할 수 있다: 통상적인 방식으로 다른 이들과 상호 작용할 능력이 없게 만들 수 있다. 내가 알기로는 사람에게 주사하여 조현병을 야기할 수 있는 약이 있다. 그런 약을 주사하는 것은 어떤 사람을 심리적으로 불구가 되도록 야기하는 것이다. 이것은 확실히 훼손(damage)이며, 분명히 해악이다: 불구가 되었다거나 절름발이가 되었다는 은유를 쓰는 것이 명백히 적절하다. 의문의 여지없이, 그러한 사안에서 손상을 야기한 일련의 신체적 사건들이 항상 있다. 그러나 (두드려 맞거나 주사를 맞거나 하는) 신체적 사건은 해악이 아니다. 해악은 그렇기보다는, 그러한 신체적 사건이 야기하는 손상이다. 어떤 사람의 팔을 부러뜨리는 것과 대조해 보라. 그 경우 신체적 사건—팔 골절—은 그것이 야기하는 더 또는 덜 심대한 손상에 따라 더 또는 덜 심대하게 되는 해악이다.

심리적 손상은 괴로움에 의해 야기될 수도 있다. 고통이나 비통이 정상적인 생활을 하지 못하게 하는 경우처럼 말이다. 그 경우 괴로움은 비록 그 자체로는 해악은 아닐지라도, 해악을 야기할 수는 있다.

이런 종류의 해악이 우리가 앞 절에서 살펴본 해악과 갖는 공통점은, 두 종류의 해악 모두 손상을 포함한다는 것이다. 해악의 심대성은 그 손상의 심대성에 달려 있다. 세 번째 종류의 해악은, 우리가 살펴본 종류의 해악은 공통으로 갖는 것과는 무언가 다른 점을 갖고 있다: 이 세 번째 종류의 해악은 그 자체가 신체적 사건이다. 그러나 그것들은, 손상을 포함하지 않는다는 점에서 우리가 방금 살펴본 두 종류의 해악과는 같지 않다. 내가 염두에 두고 있는 것은 추형(醜形; disfigurements)이다. 당신은 내 코끝을 깎아 냈다. 나는 손상을 겪는가? 아니다. (나는 여전히 예전처럼 쉽게 숨 쉴 수 있다.) 그러나 코끝의 상실은 확실히 훼손이며, 분명히 해악이다. 이런 종류의 해악은 추형의 심대성과 그 지속 기간의 함수이다.

물론 그것에 의해 피해자가 손상을 입는 일부 신체적 사건들은, 추형인 신체적 사건이기도 하다. 그러나 일부 해악들은 순수 추형이다.

추형의 심대성은 그 자체로 부분적으로는 사회적 관행(social

practice)의 함수이다. 우리는 대부분의 경우 무릎을 가리지 얼굴을 가리지는 않으므로, 무릎의 흉터는 얼굴의 흉터보다 덜 심대한 추형이다. 그러나 아마도 추형의 심대성은 사회적 관행만의 함수는 아닐 것이다. 추정컨대 어떤 사람의 얼굴 모습이 그 사람의 무릎 모습보다 그 사람과 우리 나머지에게 더 중요하다는 것은 한낱 사회적 관행의 문제는 아니기 때문이다. (즉, 쉽게 다르게 될 수도 있었던 사회적 관행의 문제는 아닌 것이다.)

더군다나 당신이 바이올린 연주가의 손가락을 부러뜨림으로써 야기하는 손상이 당신이 수학자의 손가락을 부러뜨려 당신이 야기하는 손상보다 더 심대한 것과 꼭 마찬가지로, 당신이 나의 코끝을 깎아 야기하는 추형보다 당신이 배우의 코끝을 깎아 야기하는 추형이 더 심대하다. 나의 외모가 나에게 중요한 것보다 배우의 외모가 배우에게 더 중요하다. 무엇보다도 그의 생계가 그의 외모에 달려 있지만, 나의 생계는 나의 외모에 달려 있지 않다. 사람의 삶에서 능력이 하는 역할이 그 손상의 심대성을 결정한다. 어떤 사람의 삶에서 그 사람의 외모가 하는 역할이 추형의 심대성을 확정한다.

내가 앞 장에서 염두에 두고 있었던 것은 이 세 종류의 해악뿐이며, 우리가 그에 대항하여 청구권을 갖고 있다고 해악 논제가 이해되어야 하는 해악도 이 세 종류의 해악뿐이다.

8. 이제 "해악"이라는 단어의 스르륵 미끄러짐이라고 했던 것을 살펴보자. — (생각하기에) 엄밀하게 "해악"이라 할 수 없는 것과 어떤 경우에도 "해악"이라고 하지 않을 것으로 확산되려고 하는 그 단어의 경향성 말이다. 네 종류의 사례가 특별히 흥미로워 보인다.

첫째로, (i) **지위**의 악화에 해당하는 사람의 조건의 더 나빠짐이 있다. 만일 당신이 내가 일자리, 위원회 의장직, 달리기 경기 우승자로서의 위치, 공동체에서 존경받는 나의 위치를 잃는 것을 야기한다면, 당신은 나의 조건이 나빠지도록 야기하는 것이며, 일부 사람들은 당신이 나에게 (크고 작은 심대한) 해악을 야기한 것이라고 말하고 싶어 하리라고 나는 생각한다. 당신은 해악을 야기하였는가?

만일 해악 논제를 받아들이고 싶다면, 당신 행위의 이러한 결과가 해악이 아니라고 말하는 것이 좋다. 어떤 사람이 일자리, 직위, 또는 좋은 평판을 잃는 것을 야기하는 것은 그 자체로는, 그 사람의 그 어떠한 청구권에 대한 제한도 아니기 때문이다. 물론, 그러한 결과를 그 자체로 청구권 제한이 되는 그런 행위에 의해 야기하는 것은 가능하다. 당신은 나에 관하여 거짓말을 함으로써 내가 일자리나 좋은 평판을 잃도록 할 수 있으며, 다리를 부러뜨림으로써 달리기 선수로서 내가 우승하지 못하도록 하게끔 할 수 있다. 그러나 당신이 이러한 결과들을 야기하였지만 나의 청구권 중 어느 것도 제한하지 않으면서 그렇게 했다면, 당신이 나의 청구권을 애초에 조금이라도 제한했다고 어떻게 생각할 수 있는지 이해하기란 매우 힘들다. 당신이 그 일자리에 할당된 일을 나보다 더 잘 해냄으로써 내가 일자리를 잃도록 야기하였다면 당신이 나의 그 어떠한 청구권도 제한하지 않았다는 점이 분명하다. 당신이 나보다 더 빨리 달리는 데 요구되는 노력을 들임으로써 달리기 우승자로서 내 위치를 잃는 것을 나에게 야기하였다면, 당신이 나의 그 어떠한 청구권도 제한하지 않았다는 것도 분명하다.

지위의 악화(a status worsening)를 야기하는 이에게 대하여 제기된 비난의 요점은 사용된 수단에 놓여 있다. 만일 그러한 수단이 청구권에 대한 어떠한 제한도 아니라면, 지위의 악화를 야기하는 것은 청구권의 제한이 아니다.

이렇게 말하는 것은 물론, 몇몇 지위 악화는 몇몇 해악보다 더 나쁘다고 말하는 것과 양립 가능하다. 나는 실업자가 되느니 차라리 손가락이 부러지는 것을 겪겠다. 그러나 또한 나는 심대하고 오래 지속되는 비통을 겪느니 차라리 손가락이 부러지는 것을 겪으려고 하지만, (비록 비통이 해악을 야기할 수는 있겠지만) 비통 그 자체는 해악이 아니다.

더군다나 지위 악화가 그 자체로는 해악이 아니라는 것은 청구권 제한이 지위 악화를 야기하리라는 점 때문에 제한된 청구권이 그러지 않았더라면 그랬을 것보다 더 엄격해진다는 것과 양립 가능하다. 만일 당신이 나에게 한 약속을 내게 어기는 것이 내가 일자리를 잃게 만든다면 당신이 약속을 어기면서 제한하게 될 청구권은, 약속을 어겨도 내가 일자리를 잃지 않을 것이라면 그럴 것보다, 더 엄격하다. 지위 악화는 더 나빠짐**이며,**(A status worsening is a worsening) 우리는 그 사실을—지위 악화 야기 그 자체가 청구권 제한이라고 상정하지 않고서도—

> 악화 원리: 만일 X가 Y에 대하여 Y가 알파를 할 것을 요하는 청구권을 가지고 있다면, Y가 알파를 하지 않는다면 Y가 X를 더 나쁘게 만들수록, Y가 알파를 할 것을 요하는 X의 Y에 대한 청구권은 더 엄격하다—그러나 X가 믿음이 매개하는 괴로움을 야기당하는 것에 해당하는 '더 나쁘게 만듦'은 제외한다.(but for 'worsening' that consist in X's being caused belief-mediated distress)

에 호소함으로써 충분히 도덕적으로 잘 감안할 수 있다.

두 번째 종류의 사례는 (ii) **재정 손실**(financial loss)에 해당하는 개인적 조건의 악화다. 당신이 나의 컴퓨터를 박살내고 내 집을 불태운다면, 당신은 나에게 재정 손실을 야기한다. 그리고 몇몇 사람들은 그 손실이 더 크거나 더 작음에 따라 더 심대하거나 덜 심대한 해악을 야기하였다고 말하고 싶으리라고 생각한다. 당신은 나에게 해악을 야기하였는가?

여기서 올바른 답변은 지위 악화의 경우에 했던 답변과 동일한 것이라고 본다. 당신은 나에게, 그 자체로 청구권 제한인 수단으로 재정 손실을 야기할 수는 있다. 당신이 나의 컴퓨터를 박살 내거나 집을 불태우는 경우처럼 말이다. 그러나 그 경우 당신에 대한 비난의 요점은 정확히도, 당신이 그러한 청구권을 제한했다는 것이다. 그런데 당신은 청구권 제한을 포함하지 않는 수단에 의해 나에게 재정 손실을 야기할 수 있다. 당신이 내가 제조하는 것보다 더 나은 부품을 제조함으로 인해서 내가 파산하는 것을 야기하는 경우처럼 말이다. 만일 그것이 당신이 나에게 재정 손실을 야기한 방식이라면, 그 경우 당신이 나에게 재정 손실을 야기하면서도 그 어떠한 청구권도 제한하지 않았음이 분명하다. 그러나 (지위 악화의 경우와 마찬가지로) 악화 원리는 적용된다. 그래서 다른 사정이 동일하다면 재정 손실을 야기할 청구권 제한은 그러지 않았다면 그럴 것보다 더 엄격한 청구권을 제한하는 것이다.

세 번째 종류의 사례는 (iii) **어떤 사람의 재산이 훼손되는 것**에 해당하는 그 사람의 조건 악화이다. 재산 훼손은 대체로 재정 손실을 야기하지만, 꼭 재정 손실을 야기하는 것은 아니다. 당신이 나의 할머니가 남기고 떠난 찻잔을 박살 낸다면, 당신은 나에게 전혀 재정 손실을 야기하지 않는다. 그것은 훼손되기 전에도 시장에서는 아무 가치를 갖지 못하였으며, 그리고 비용을 들여서 그것을 대체할 것도 없다. 그러나 만일 당신이 찻잔을 박살 낸다면 당신은 나의 조건이 더 나빠지는 것을 야기한 것이다. 그리고 일부 사람들은 찻잔이 나에게 더 가치 있거나 덜 가치 있는 정도에 따라, 당신이 나에게 더 심대하거나 덜 심대한 해악을 야기하였다고 말하고 싶으리라 생각한다. 당신은 나에게 해악을 야기하였는가?

이것은 나에게는 지위 악화나 재정 손실이 해악이라는 관념보다 한층 덜 흥미로운 관념이다. 재산 훼손을 야기하는 것은 그 자체가 청구권 제한**이다**. 재산에 관한 청구권(a property claim) 말이다: 그것이 청구권 제한이 되기 위해 해악 야기로 판명되어야만 할 아무런 필요도 없다. 만일 재산 훼손이 야기하는 것이 그저 믿음이 매개하는 괴로움뿐이라면, 우리가 악화 원리에서 부가시킨 조건에 비추어 재산에 관한 청구권은 그것이 그 괴로움을 야기하지 않았더라면 그랬을 것보다, 괴로움을 야기하였기 때문에 더 엄격한 것이 되지 않는다.

마지막 한 종류의 사례가 훨씬 더 흥미롭다: (iv) 어떤 사람이 **도덕적으로 나쁜 사람**이 되는 것에 해당하는 그 사람의 조건 악화가 바로 그것이다. 어떤 사람이 도덕적으로 나빠지는 것을 야기하는 것은 가능한 것 같다. 그리고 Y가 X에게 이것을 한다면, Y는 분명히 매우 나쁘게 행위한(acted very badly) 것이다. Y가 나쁘게 행위하였다고 말하는 것은, Y가 X를 도덕적으로 나빠지게 한 것이 Y가 X에게 해악을 야기한 것이기 때문이라고, 그래서 X의 청구권을 제한하였기 때문이라고 말해야 할까?

우리 모두 여기에 일종의 매듭이라고 할 수 있는 난점이 있음을 인식해야 한다. 어떻게 누군가가 다른 사람을 도덕적으로 나쁜 사람으로 만드는가? 이를테면 뇌물과 같은 부패를 떠올릴지도 모르겠다. 그러나 뇌물 공여 시도는 뇌물을 공여받는 사람들이 이미 뇌물을 받을 준비가 되어 있을 만큼 부패하지 않았다면 성공하지 못했을 것이다.[8] 물론 블로그는 그 이전에는 뇌물을 결코 받아들인 적이 없다. 당신의 뇌물이 첫 번째 뇌물이다. 그가 그 이전에는 뇌물을 받지 않았다는 것이 그저 그 이전에 그가 한 번도 제안받지 않았기 때문일까? 그 경우에 그는 항상 그가 부르고자 하는 가격이 있었지만, 어느 누구도 아무것도 제안하지 않은 것에 불과하다. 또는 그 이전의 제안이 지나치게 작아서일까? 그 경우 그는 항상 부를 가격이 있었지만, 당신의 것이 그 가격에 맞는 첫 번째 제안이었다. 또는 그가 그 이전의 제안을 받아들이고는 잡히지 않을 수 없다고 생각했기 때문일까? 뇌물이 그 이전에는 나쁘지 않았던 사람을 나쁜 사람으로 만드는 식으로 갑작스러운 폭풍우처럼 한 사람에게 어떻게 작용할 수 있는지 이해하기란 매우 어렵다.[10]

그러나 어떤 사람이 나쁜 사람이 되도록 한 배경적 원인이 있음에는 의문의 여지가 없다. 아마도 부모의 학대, 어쩌면 다른 종류의 학대가 있을 수 있다. 우리는 이것이 해악을 야기하였다고 상정할 수 있다. 이것이 앞서 심리적 해악(psychological harm)이라고 부른 것을 야기한 것으로 볼 수 있기 때문이다. 이 해악은 피해자가 통상적인 방식으로 다른 사람과 상호 작용할 능력이 없도록 만드는 심리적으로 불구화하기의 일종이다. 다른 사람과 통상적인 방식으로 상호 작용하는 것이, 다른 사람을 신뢰함과 아울러 또한 다른 사람에게 신뢰받도록 행위하는 것을 요구한다는 점을 부인할 아무런 이유도 없다. 그러나 정말로 도덕적 악화가 해악이라고 상정한다면, 도덕적 악화 야기가 청구권 제한이라고 상정하는 것을 해악 논제에 의해 지지하게끔 된다. 그리고 그것은 직관적으로 의심쩍은 관념으로

---

8 이 지점에서 제기되는 한 무리의 쟁점에 관하여 흥미로운 한 편의 논문은 W. G. Maclagan, "How Important Is Moral Goodness?", *Mind*, 64 (1965)이다. 이 논문은 나와 Gerald Dworkin이 편한 *Ethics* (New York: Harper and Row, 1968)에 재수록되었다.

보인다. 그러나 아마도 이 겉보기 의심쩍은 것은 한편으로는 어떤 사람을 도덕적으로 나빠지는 것을 야기한다는 것이 무엇인지에 관하여 우리가 전적으로 명확하다고 느끼지 않는 것이 작용한 산물일지도 모른다. (앞 문단에서 다룬 난점을 상기하라.) 그리고 다른 한편으로는 도덕적으로 나빠지는 것이 정말로 심리적으로 불구가 되는 것임을 우리가 납득이 간다고 느끼지 않는 것의 산물인지도 모른다.

9. 요약할 차례다. 청구권 중 일부는, 오직 사적 공약이나 법 때문에 주어진다. 청구권 중 일부는 선천적으로(by nature) 그리고 사적 공약과 법 때문에 주어진다. 일부 청구권은 오직 선천적으로만 주어진다. 제8장에서 우리가 선천적으로 갖는 청구권은 그것들의 원천을 우리가 보유하는 두 특성에 갖고 있다고 주장하였다: 한편으로 우리는 도덕법의 적용을 받는 존재다.(we are subject to moral law) 다른 한편으로 우리는 본질적으로 개별적인 이익을 가진다.(we have inherently individual interests) 이런 특성들을 가지기 때문에, 우리는 다른 사람들이 우리에 대하여 청구권을 가짐이 해당하는 특별한 종류의 행동상 제약의 적용을 받는다. 그 행동상 제약이 사적 약속이나 법에 의해 생성되지 않은 경우에도 말이다.

선천적으로 갖는 청구권 가운데 침입으로 제한되는 청구권이 있다. 우리가 그것들을 가졌다는 점은, 우리가 신체적 침범이라는 특수한 사안에서 특별한 행동상 제약의 적용을 받는다는 사실에 의해 보여진다. 이 청구권들은 근본적이다. 우리가 그것들을 결여한다면, 우리는 기껏해야 얼마 되지 않는 다른 청구권들만 가질 것이며, 그렇게 가진 것들도 우리에게는 거의 가치가 없을 것이라는 점에서 근본적이다. 만일 다른 사람에 의한 그 어떠한 신체적 침범도 당신의 청구권을 제한하지 않는다면, 당신은 해악을 야기당하지 않을 것을 요하는 아무런 일반적인 청구권도, 고통을 야기당하지 않을 아무런 일반적인 청구권도, 신체적 침범에 의해 야기될 수 있는 뜻밖의 결과 중 어느 것도 야기당하지 않을 아무런 일반적인 청구권도 갖지 않는다. 청구권을 위한 수단 원리가 우리에게 말해주듯이, 만일 당신이 그러한 다른 청구권들을 가진다면, 당신은 적어도 그것에 의해 이 다른 청구권들이 제한하는 신체적 침범을 당하지 않을 청구권을 가질 것이기 때문이다.♦ 당신은 (예를 들어 재산에 관한 청구권 같은) 다른 청구권을 가질 수는 있겠으나, 그것은 당신에게 거의 가치가 없을 것이다. 당신의 그 어떠한 청구권도, 당신이 그것을 포기하도록 강요하려는 목적으로 이루어지는 신체적 침범을 막아 주지 못할 것이기 때문이다.

제9장과 제10장에서, 우리는 해악을 야기당하지 않을 청구권을 살펴보았다. 더 정확히 말해서 해악에 중심적인 것이라고 주장한 것을 야기당하지 않을 청구권들, 즉 손상과 추형에 대항하는 청구권들을 살펴보았다. 우리가 그런 청구권들을 가진다는 점은, 우리가 손상과 추형이라는 특수한 사안에서 특별한 행동상 제약의 적용을 받는다는 사실에 의해 보인다. ―나는 그것을 명백히 사실로 여긴다― 침입으로 제한되는 청구권은 방금 위에서 가리킨 면에서 근본적이다. 그러나 이러한 청구권은 다른 면에서도 근본적이다. 손상은 정의상 주체의 이익이 되는 것을 그 이익이 본질적으로 개별적인 것이건 아니건, 확보할 능력을 축소하며, 그래서 **한층 더 강력한 이유로** 주체의 본질적으로 개별적인 이익이 되는 것을 확보할 능력을 축소한다. 우리의 중심적으로 중요한 본질적으로 개별적인 이익 가운데

♦ 청구권을 위한 수단 원리를 전제하면 행위자의 수단을 저지할 청구권이 되는 신체적 침범을 당하지 않을 청구권이 없다는 것은, 해악이나 고통을 야기한다는 행위자의 행위 결과를 저지할 청구권인 그런 다른 청구권도 갖지 않음을 함축한다.

는, 우리가 종(種)에 통상적인 신체로 있는 것이 있으며, 추형은 크거나 작은 정도로 일시적으로나 영구적으로 우리를 그 표준 이하로 끌어내린다. 우리가 적어도 이 표준에 있어야 한다는 것은, 부분적으로 그 표준 이하로 떨어지는 것이 손상에서 발생할 수 있기 때문이기도 하지만, 표준을 충족하는 것은 인간 행위 능력과의 연관성과는 꽤나 별개로 우리에게 중요하다: 우리의 자아상(self-image)은 우리가 다른 사람들에게 어떻게 보이는가에 관하여 우리가 하는 가정에 달려 있다.

제8장의 말미에서 사람들의 신체가 그들의 일차 재산(First Property)이라고 말할 수 있다고 주장하였다. 우리가 일차 재산을 소유함으로써 청구권들 가운데는, 침입으로 제한되는 청구권이 있다. 또한 신체적 해악 야기인 해악 야기로 제한되는 청구권이 있다. 심리적 손상이나 믿음이 매개하지 않는 괴로움을 야기하여 제한되는 청구권은 거기에 들어가지 않는다.

제10장에서는 믿음이 매개하지 않는 괴로움을 야기당하지 않을 것을 요하는 청구권을 살펴보았다. 우리는 정말로 그런 청구권을 갖고 있다. 우리가 특별한 행동상 제약의 적용을 받는다는 점에 의해서 (다시금) 보여지듯이 말이다. 이 청구권들 역시, 청구권의 원천에서 직접 나온다. 중심적으로 중요한, 본질적으로 개별적인 이익은 우리가 괴로움을 겪지 않는 것이다. 우리는 믿음이 매개하는 괴로움을, 믿음이 매개하지 않는 괴로움을 싫어하는 만큼이나 싫어하지만, 그것이 우리에게 야기되지 않을 것을 요하는 청구권을 갖지 않는다. — 그것을 야기함으로써 우리가 믿음이 매개하지 않는 괴로움이나 해악을 야기당하는 경우를 제외하고는 말이다.

제11장

자유

1. 2부에서는 지금까지 사람들이 어떠한 청구권을 갖고 있는가를 물어 왔다. 이제 사람들이 특권을 갖고 있는지를 물어볼 필요가 있다.

X는 Y에 대하여, Y가 X에 대하여 X가 알파를 하지 않을 것을 요하는 청구권을 갖지 않는 경우에만 알파를 할 특권을 가진다. 그것은 우리가 제2장에서 살펴본 논제에서 따라 나온다:

$$(H_5) \ P_{X, \ Y} \ p \text{는 Not-}(C_{X, \ Y} \ \text{Not-p}).$$

예를 들어 당신이 내가 그렇게 하지 않을 것을 요하는 청구권을 나에 대하여 갖지 않는다는 점에서, 나는 당신에 대하여 켄들 광장(Kendall Square)으로 가는 다음 지하철을 탈 특권을 가진다. 그러므로 우리가 어떤 특권을 가지는가를 묻는 것은, 다른 사람들이 어떤 청구권을 갖지 않는가를 묻는 것과 동치(同値)이다.

사람들이 갖지 않는 청구권이 무엇인가라는 질문은, 사람들이 갖는 청구권이 무엇인가라는 질문과 꼭 같은 만큼 우리의 목적에 중요하다. 한편으로, 권리 이론은 우리에게, 사람들이 갖는 청구권이 어떤 것들인지 뿐만 아니라 사람들이 갖는 청구권의 한계가 무엇인가에 대해서도 이야기해 주어야 한다. 다른 한편으로, 사람들이 갖지 않는 청구권이 어떤 것들인가 하는 질문은, 앞으로 곧 살펴볼 질문인, 우리가 자유권(a right to liberty)을 갖고 있는지 여부 그리고 만일 가진다면 그것은 무엇을 포함하는지의 질문에 중대하다.

2. 만일 내가 당신에게 침입을 범하면 나는 당신의 청구권을 제한한 것이다. 만일 내가 당신에게 해악을 야기하거나 믿음이 매개하지 않는 괴로움을 야기하면, 나는 당신의 청구권을 제한한 것이다. 그러나 만일 내가 켄들 광장으로 가는 다음 지하철을 탄다면, 나는 당신의 청구권을 제한하지 않는다. 당신의 청구권은 거기까지 확장되지 (extend) 않는다. 왜 그런가?

글쎄, 당신이 그 청구권을 가졌을 수도 있다. 예를 들어 (a) 나는 당신에게 내가 켄들 광장으로 가는 다음 지하철을 타지 않겠다고 당신에게 약속했을 수도 있다. 다음 장에서 한 사람이 다른 사람에게서 청구권을 취득하는 방식들을 살펴볼 것이다. 그 이전까지의 논의는, 당신이 그 청구권을 가지고 있으며 그것을 나에게서 취득하지 않았다고 그리고 마찬가지로 다른 어느 누구에게서도 취득하지 않았다고 상정한 채 진행할 수 있겠다.

다른 예로 (b) 만일 당신의 이름이 힐러리이고 오늘이 화요일이며, 그리고 우리의 공동체는 힐러리라는 이름을 가진 사람들에게 다른 사람들에 대하여 화요일에는 켄들 광장으로 가는 지하철을 타지 않을 것을 요하는 청구권을 부여하는 법을 갖고 있다면, 그 경우 당신은 나에 대하여 내가 켄들 광장으로 가지 않을 것을 요하는 청구권을 정말로 가진다. 또는 적어도 당신은 내가 그렇게 하지 않을 것을 요하는 법적 청구권을 가진다. 그 법이 당신이 단지 법적 청구권뿐만 아니라 (그저 단순한) 청구권을 갖게 하는지의 문제는 제쳐 놓도록 하자.

세 번째 사례는 다음과 같이 나온다. 내가 켄들 광장에 가는 다음 지하철을 타는 것은 그 자체로는 내가 당신에게 침입을 범하는 것이 아니며, 당신에게 해악이나 믿음이 매개하지 않는 괴로움을 야기하는 괴로움을 야기하는 것도 아니지만, (c) 내가 이것들 중 하나 이상을, 켄들 광장에 가는 다음 지하철을 **탐으로써** 하게 되는 것일 수도 있다. 만일 그것이 참이라면 당신은 다음 원리에 의해, 정말로 나에 대하여, 내가 다음 지하철을 타지 않을 것을 요하는 청구권을 가진다는 결론이 따라 나온다.

> 청구권을 위한 수단 원리(The Means Principle for Claims):
> **만일**
> (i) X가 Y에 대하여 Y가 베타를 하지 않을 것을 요하는 청구권을 갖고 있으며, 그리고
> (ii) Y가 알파를 한다면 그 또는 그녀는 그렇게 함으로써 베타를 하게 된다면
> **그럴 경우** X는 Y에 대하여 Y가 알파를 하지 않을 것을 요하는 청구권을 갖고 있으며, 그 청구권은 적어도 Y가 베타를 하지 않을 것을 요하는 X의 청구권만큼 엄격하다.

당신이 나에 대하여 내가 켄들 광장으로 가는 다음 지하철을 타지 않을 것을 요하는 청구권을 가진다는 것을 참으로 만들 수 있는 다른 것들이 있는가? 나는 그 외 다른 것은 없다고 주장한다. 간단히

말해서 (a) 당신이 나에게서나 다른 이들에게서 청구권을 취득하지 못했고 (b) 당신이 실효적인(prevailing) 법에 의하여 청구권을 갖지 못한다면, 그 경우 당신은 (c) 내가 켄들 광장으로 가는 다음 지하철을 탐으로써 당신에게 침입을 범하거나 당신에게 해악이나 믿음이 매개하지 않는 괴로움을 야기할 것일 경우 오직 그 경우에만 청구권을 가진다. 여기서 이 논제의 멀지 않은 곳에 강한 논제가 하나 있다. 강한 것이긴 하지만 내가 **일응** 그럴 법한 것이라고 생각한다. 그 청구권이, **오직** 사적 공약이나 법 때문에 보유되는 바로 그러한 경우에 한해서(just in case) **순수 사회적 청구권**(pure social claim)이라고 하자. 그러면 그 강한 논제는 다음과 같이 진술될 수 있다:

한계 논제(The Limit Thesis): X는 Y에 대하여, Y가 알파를 하지 않을 것을 요하는 청구권을 다음 중 어느 하나가 성립하는 경우 오직 그 경우에만 가진다.

(i) X'의 청구권이 순수 사회적 청구권이다, 또는

(ii) Y가 알파를 하는 것이

(a) 그 자체가 Y가 X에게 침입을 범하는 것이거나 또는 X에게 해악이나 믿음이 매개하지 않는 괴로움을 야기하는 것이다, 또는

(b) 그것을 수단으로 하여 Y가 X에게 침입을 범하는 것이거나, X에게 해악이나 믿음이 매개하지 않는 괴로움을 야기하는 것이다.

한계 논제가 우리에게 이야기하는 것은 — 순수 사회적 청구권을 제외하고는 — 우리는 우리가 갖는 모든 청구권들을 조사했다는 것이다.

몇 번이나 강조했듯이, 청구권은 복수의 원천을 가질 수 있다. 예를 들어 그것은 실효적인 법에 의해서 그리고 선천적으로(by nature) 주어질 수 있다. 그것이 순수 사회적 청구권이 아닌 경우에 한해서, **자연적 청구권**(natural claim)라고 하자. 이것은 몇몇 자연적 청구권들이 비사회적 원천뿐만 아니라 사회적 원천을 가질 가능성을 열어둔다: 당신이 나에 대해서 갖는, 내가 당신을 죽이지 않을 것을 요하는 청구권은, 자연적 청구권으로 여겨진다. 비록 법이 당신에게 나에 대한 그 청구권을 부여하기도 하지만, 당신이 그것을 갖는 것은 오직 그 이유 때문만은 아니기 때문이다. 청구권의 사회적 원천은 나중에 살펴볼 것이다. 우리가 여기서 관심을 갖는 것은 청구권의 비사회적 원천에 주의를 기울이는 것이다. 그리고 한계 논제는 우리에게 청구권의 비사회적 원천은 우리가 방금 살펴보았던 것보다 더 확장되지 않는다고 말한다: 순수 사회적이지 않은 추정상의 청구권은, 그 추정상 청구권 제한자가 행위로 나아가는 것을 통하여 또는 행위로 나아감으로써 침입을 범하는 것이 아니라면, 또는 해악을 야기하거나 믿음이 매개하지 않는 괴로움을 야기할 것이 아니라면, 전혀 가질 수 없는 것이다. 이 강한 논제를 뒷받침하는 일반적인 논증은 갖고 있지 않다; 그러나 그것에 대한 추정상의 반례는 검토해 보면 진정한 반례가 아님이 드러난다고 주장한다.

하나의 추정상의 반례 집합은 재산에 관한 청구권 집합이다. (더 정확히 말해서, 이차 재산에 대한 청구권의 집합이다.) 만일 한계 논제가 참이라면, 대부분의 재산에 관한 청구권은 순수 사회적이다. 어떻게 그렇게 되는가? 나는 어떤 벚나무를 소유하며, 그래서 당신이 나의 허락 없이는 그것을 자르지 않을 것을 요하는 당신에 대한 청구권을 가진다. 그러나 그 나무를 자름으로써 또는 자름에 의해(in or by cutting down the tree) 나에게 침입을 범하거나 해악이나 믿음이 매개하지 않는 괴로움을 야기하는 것이 되는가? 아니다. 그러므로 한계 논제는 우리에게, 만일 우리가 내가 정말로 당신에 대하여 당신이 그 나무를 자르지 않을 것을 요하는 청구권을 갖고 있다고 상정하려면, 그 청구권은 순수 사회적일 수밖에 없다고 말한다. 그런데 일부 사람들은 재산에 관한 청구권 일반이, 그리고 구체적으로 당신이 나의 나무를 자르지 않을 것을 요하는 당신에 대한 나의 청구권이, 내가 여기서 자연적 청구권이라고 칭하는 것이라고 생각한다. 그리고 만일 그들이 옳다면, 한계 논제는 거짓이다. 제13장에서 대부분의 재산에 관한 청구권은 정말로 순수 사회적이라고 논할 것이다.

그러나 나는 "대부분"이라고만 말했다. 당신이 나무를 자르면 그 나무가 나를 덮칠 것이고 그래서 당신이 나에게 해악을 야기하게 될 경우를 생각해 보자. 그 경우 당신이 그 나무를 자르지 않을 것을 요하는 나의 청구권은 순수 사회적이지 않다: 나는 부분적으로는 법 덕분에 당신에 대하여 그 청구권을 갖지만, 부분적으로는 당신이 그 나무를 자름으로써 나에게 해악을 야기하리라는 사실 덕분에 그 청구권을 가진다. 그러나 (내가 논할 바와 같이) 순수 사회적이지 않은 재산 청구권은 상대적으로 드물다.

두 번째 추정상의 반례 집합은, 일부 사람들이 '불간섭'에 대한 권리로 생각하는 것에 대한 검토로부터 나온다. ('혼자 내버려 둬질 권리 (the right to be let alone)'와 비교하라.) 이 논지를 표현하는 다른 방식은 다음과 같다: 만일 한계 논제가 참이라면, 불간섭에 대한 권리는 생각했던 것보다 더 제한되어 있다. 나는 지하철에 탑승할 특권이 있으며 지하철에 탑승하기를 원하는데 당신이 방해가 된다. 당신은 나의 청구권을 제한하는가? 글쎄 사적인 약속이나 법에 의하여, 내가 지하철을 탑승하는 데 당신이 간섭하지 않을 것을 요하는 청구권을 내가 보유하는가? 그렇지 않다고 가정해 보자. 그럴 경우 한계 논제는, 당신이 나에게 (이를테면 나를 밀어) 침입을 범하거나 나에게 해악이나 믿음이 매개하지 않는 괴로움을 야기하는 경우에만 나의 청구권을 제한한다고 말한다. 당신이 나에게 방해가 된다는 사실만으로는 — 내가 당신에게 (당신을 미는 행위를 함으로써) 침입을 범하지 않고서는 내가 지하철에 탑승할 수 없다는 사실만으로는 — 한계 논제가 참이라면, 당신이 나의 청구권을 제한한다는 것을 의미하지 않는다.

또 다른 예로, 내가 하버드 광장에서 연설을 할 특권을 갖고 있으며 그렇게 하기를 원하는데 당신이 방해한다. 당신은 나의 청구권을 제한하는가? 글쎄, 사적 공약이나 법 때문에 당신이 내가 연설을 하는 것을 방해하지 않을 것을 요하는 청구권을 보유하는가? 그렇지 않다고 가정해 보자. 그럴 경우 한계 논제는 당신이 (나에게 토마토를 던져 맞춤으로써) 나에게 침입을 범하거나 나에게 해악이나 믿음이 매개하지 않는 괴로움을 야기하는 경우에만 나의 청구권을 제한한다고 말한다. 당신이 간섭한다—이를테면 내가 들릴 수 없을 정도로 크게 소리친다—는 한낱 사실만으로는, 한계 논제가 참이라면 당신이 나의 청구권을 제한한다는 것을 의미하지 않는다.

지나가면서 당신이 하는 것이 나의 연설을 다른 사람이 들을 수 없을 정도로 크게 소리치는 것뿐이라면, 한계 논제가 참인 경우 당신은 나의 아무런 청구권도 제한하지 않았을 뿐만 아니라 그 다른 누구의 아무런 청구권도 제한하지 않았다. 사적 공약과 법을 논외로 한다면 말이다. 그리하여 블로그가 나의 연설을 듣고 싶어 했다고 가정해 보자. 그의 연설 청취는 당신의 고성으로 방해받았다. 그러나 한계 논제는 당신이 소리침으로써 그의 아무런 청구권도 제한하지 않는다고 말한다.

그러나 곰곰이 생각해 보면, 우리가 이 한계 논제의 결과를 반대할 만한 것으로 보지 않으리라고 생각한다. 다른 사람들의 행위에 간섭하지 않아야 하는 매우 많은 경우들이 있다. 예를 들어 그렇게 하는 것이 무례하거나, 모욕적이거나, 짜증이 나게 하거나, 답답하게 하는 경우가 그렇다. 그러나 그럴 경우에도 그들은 불간섭 청구권은 갖지 않는다. 모욕과 짜증은, 다른 사람들이 그것을 우리에게 야기하지 않을 것을 요하는 **청구권**을 우리가 갖고 있는 것이 아니다.

강조할 가치가 있는 것은, 우리가 한계 논제를 받아들이건 아니건 어쨌거나, X가 Y에 대하여 어떤 것을 할 특권을 갖고 있다는 사실 그 자체만으로는, X에게 Y에 대하여, X가 그것을 하는 것에 간섭하지 않을 것을 요하는 청구권을 주지 않는다는 점이다. C가 C의 샐러드를 먹을 특권을 준 D와 비교해 보라. (제1장 7절) D가 그 특권을 가진다는 것 자체로는 D에게 C에 대하여 (또는 그 누구에 대하여도), 그가 그 샐러드를 먹는 것에 대한 불간섭의 청구권을 주지 않는다. 우리는 우리의 상징에서 여기서의 논점을 (희망컨대 명쾌하게) 다음과 같이 표현할 수 있다:

$P_{X, Y}$ X가 알파를 한다

는

$C_{X, Y}$ Y는 X가 알파를 하는 것에 간섭하지 않는다

를 필함하지 않는다. 더 일반적인 논점으로, 이것이 따라 나오는 전제로서, 호펠드의 다음과 같은 논제가 있다:

(H₃) 특권은 청구권을 필함하지 않는다.

(No privilege entails any claim.)

그것은 내가 제1장에서 말했듯이 전적으로 그럴 법한 것 같다.

그럼에도 한계 논제에 내가 지하철에 타고자 할 때 나에게 방해가 되거나, 내가 연설을 할 때 소리치는 것보다 더 골칫거리로 보이는 사안들이 있다. 그 사안들은, 당신이 내가 바라는 것을 하는 것을 막는데 (내가 생각하기에 명백히) 내 청구권에 대한 어떠한 제한도 아닌 수단으로 막는 사안이다. 그러나 만일 당신이 내가 지하철에 탑승하는 것이나 연설하는 것을, 그렇게 한다면 나를 죽이겠다고 협박함으로써 막는다면 어떻게 되는가? 그것은 그저 무례하고, 모욕적이고, 짜증나고, 답답한 것이 아니다. 그것은 현저하게 더 나쁘다. 우리가 물어야 하는 것은 다시 말해서, 강박(coercion)이 청구권의 제한인지 여부이다. 나는 우리가 **일응** 그렇다고 말하고 싶어 한다고 생각한다. 그리고 만일 그렇다면, 한계 논제는 수정을 필요로 한다.

그러나 정확히 어디에 청구권 제한이 있는가? 내가 연설을 막 하려는데 당신이 "연설을 하지 마, 안 그러면 죽일 거야!"라고 말한다. 당신이 이러한 말을 나에게 하는 것이, 내 청구권을 제한하는가? 당신이 그러한 말을 하는 것은 나를 협박하는 것(making a threat)이다. 협박함으로써 당신은 나에게 두려움을 불러일으킬지도 모른다. 그러나 두려움을 불러오는 것은 믿음이 매개하는 괴로움을 야기하는 것이며, 사적 공약과 법을 논외로 하자면, 그 자체로는 청구권 제한이 아니다. 협박을 함으로써 당신은 나에게 내가 하기를 원했던 것을 하지 않게끔 야기하고 있다. 그러나 어떤 사람에게 그 사람이 하기를 원했던 것을 하지 않는 것을 야기하는 것이 그 자체로 그 사람의 청구권 제한은 아니다. 우리는 그런 것을 하면서도 아무런 청구권을 제한하지 않았을 수도 있다. 만일 당신이 내가 연설을 하지 않게 만들면서 나의 청구권을 제한한다면, 이는 당신이 사용한 수단들 그 자체가 내 청구권 제한이었기 때문이 아니겠는가? 그러나 협박을 할 때 청구권 제한은 어디 있는가?

강박의 시도가 항상 성공하지는 않는다는 사실을 살펴보라. 당신이 "그 연설을 하지 마, 안 그러면 죽일 거야!"라고 나에게 말한다고 해 보자. 그리고 나는 그저 킥킥거리고는 내 연설을 하였다고 해 보자. 왜? 아마도 나는 당신이 진심으로 말한 것은 아니라고 생각하기 때문일지도 모른다. 아마도 내가, 비록 당신은 진심으로 말한 것이지만, 당신이 말한 것을 할 능력은 없다고 생각하기 때문인지도 모른다. 만일 당신이 말한 것이 진심이었다면, 그리고 당신이 말한 것을 할 능력이 있다면, 그래서 행위로 나아가서 나를 연설 중에 쏘았다면, 당신은 확실히 내 청구권을 제한한 것이다. 그러나 만일 당신이 실제로는 협박한 것을 하지 않는다면 어떻게 되는가? 어쨌거나 당신이 제한한 어떤 나의 청구권이 있는가? 그런 청구권이 있다고 생각할 아무런 이유도 찾지 못하겠다.

아마도 청구권 제한이 되는 것은 강박의 단순한 시도(the mere attempt at coercion that is a claim infringement)가 아니라 강박의 성공적인 시도(the successful attempt at coercion)가 아닐까? 다시 말해서, 아마도 나의 청구권은 당신이 내가 이러이러한 것을 한다면 몹시 나쁜 결과를 맞을 것이라 협박하지 않는 것(not threaten-me-with-a-dire-consequence-if-I-do-such-and-such)을 요하는 것이 아니라 내가 한다면 몹시 나쁜 결과로 나를 협박함으로써 내가 이러이러한 것을 하지 않도록 만들지 않는 것(not make-me-refain-from-doing-such-and-such-by-threatening-me-with-a-dire-consequence-if-I-do?)이 아닌가? 만일 그렇다면 우리는 협박을 하는 것이 그 자체로는 청구권 제한이 아니고, 내가 하지 않도록 하는 것은 그 자체가 청구권 제한은 아니지만, 협박을 함으로써 내가 하지 않도록 만드는 것을 하는 것에 해당하는 복합 행위(the compound)가 청구권 제한이라고 상정해야 한다.♦ 이 관념을 파악하기란 어렵다.

더군다나 그 시도가 성공하지 않았더라면 아무런 청구권도 제한되지 않았을 것인데도, 강박의 시도가 성공하는 것을 더하는 것이 어떻게 청구권이 제한되었다는 것을 참으로 만드는지 이해하기 어렵다. 당신이 나에게 "그 연설을 하지 마, 안 그러면 꼬집을 거야!"라고 말한다고 해 보고, 나는 즉각 풀이 죽는다고 해 보자. 당신이 협박을 했다는 사실에 내가 풀이 죽었다는 사실을 더하는 것은, 당신이 내 청구권을 제한했다는 것을 의미하는가?

이 사안이 우리에게 상기시키는 것은, 강박 시도가 성공하는지 여부는 강박 시도자에게뿐만 아니라 강박을 시도당한 사람에게도 달려 있다는 것이다. 어떤 경우에는 협박에 응하는 것이 분별 있고 합리적이다. 그러나 다른 경우에는 그렇지 않다. 실제로 협박에 응하는 것은 때때로 도덕적으로 받아들일 수 없는 것이다. 여기서 우리가 제5장에서 살펴본 사안의 세부사항을 떠올려 보자.

> 마피아: 마피아는 외과의에게 외과의가 그 젊은 남자를 자르고 그를 죽이지 않는다면 다섯 명을 죽일 것이라고 말한다.

마피아는 이 사안에서 아무런 **위협**(no threat)도 가하지 않았다고 말할 수 있을지 모른다. 외과의가 거부하면 그들이 일으키겠다고 말하는 몹시 나쁜 결과는 **외과의에게** 몹시 나쁜 결과는 아니기 때문이

♦ 여기서 거론되는 관념은 협박(a)도 청구권 제한은 아니고 내가 하지 않도록 하는 것(b)도 청구권 제한은 아니지만 협박함으로써 내가 하지 않도록 하는 것(a&b)은 청구권 제한이라는 관념이다.

다. 그것은 옳은가? 또는 그 이념은 단지, 인간의 태도에 관한 무언가를 보여줄 뿐인가? (당신이 거래하는 이웃인 당신의 사채업자는 당신에게 "돈을 지불해 그러지 않으면 전화번호부에서 무작위로 한 남자를 골라 그의 다리를 부러뜨리겠어!"라고 말하는 대신 "돈을 지불해, 그러지 않으면 당신의 다리를 부러뜨리겠어!"라고 말하기로 선택하면서 당신에 관하여 어떤 가정을 드러낸다.) 어느 경우건, 이 문제는 제쳐 두자: 마피아가 외과의에게 외과의가 거부하면 그들이 죽이겠다고 말한 다섯 사람이 외과의의 다섯 아이들이라고 가정해 보자. (어떤 견해에 의하더라도, 그 위협에서 말하는 결과를 초래당할 사람이 위협받은 그 사람일 필요는 없다.) 자신의 아이이건 아니건, 외과의는 이 위협에 응하지 않아야 한다: 응하는 것은 그른 일이다. 그러나 외과의가 그 위협에 응한다고 가정해 보자. 마피아가 응하지 않았다면 청구권을 제한한 것이 아니겠지만, 외과의가 위협에 응한 것은 외과의의 청구권을 마피아가 제한했음을 의미하는가?

간단히 말해, 비록 강박 시도가 성공하지 않았더라면 아무런 청구권도 제한되지 않았을 것이라면 강박 시도가 성공한다는 사정만 더한다고 해서 청구권이 제한된다고 생각할 수는 없다.◆

그렇다면 강박에 청구권 제한이 내포되어 있다고 말하기를 바라는 이는, 시도 그 자체에서 청구권 제한을 찾아야만 한다. 즉, 위협의 발령 그 자체에서 청구권 제한을 찾아내야 한다. 문제는 찾아질 청구권 제한이 없는 것처럼 보인다는 점이다.

우리는 강박을 성공적으로 살인과 대조할 수 있을지 모르겠다. 당

◆ 저자의 논지는 다음과 같다. 강박 시도가 성공하지 못하면 청구권 제한이 없다고 보는 것은 강박 시도 자체에는 청구권 제한이 없다고 본 것이다. 그런데 강박 시도의 성공은 그저 강박된 대로 행위한 것에 불과하기에 청구권 제한의 성격을 찾을 수 없다. 청구권 제한이 아닌 것에 청구권 제한이 아닌 것을 더한다고 해서 결론이 달라지지 않는다.

신이 어떤 남자를 죽이려고 그를 겨냥해 총을 발사하는데 당신이 겨냥을 서투르게 해서 그에게 아무런 해악을 야기하지 않았다면, 당신은 그의 아무런 청구권도 제한하지 않은 것이다. 당신은 그에게 해악의 위험을 부과한 것이다. 그러나 그렇게 하는 것 그 자체가 그의 청구권 제한은 아니다. (우리는 제9장에서 위험 논제를 거부하였다.) 마찬가지로 당신이 어떤 남자에게 그가 원하는 무언가를 하지 않도록 위협하는데, 그가 그 위협에 응하지 않는다면 당신은 그의 아무런 청구권도 제한하지 않은 것이다. 당신이 어떤 남자를 죽이려고 그를 겨냥해 총을 잘 겨냥해 발사했기 때문에 그를 죽인다면, 당신은 그의 청구권을 제한한 것이다: 실제로 하나보다 더 많은 청구권을 제한한 것이다. 당신이 그로써 그를 죽인 행위인 그를 겨냥해 총을 발사하는 것은, 당신이 그를 죽이는 것에서 오는 청구권 제한의 지위를 이어받기 때문이다. (청구권을 위한 수단 원리를 기억하라.) 이와는 대조적으로 당신이 어떤 남자로 하여금 그가 하기를 원하는 무언가를 하지 못하도록 위협하고 그가 그 위험에 응한다면, 당신은 그의 아무런 청구권도 제한하지 않은 것이다. 한낱 시도된 강박은 한낱 시도된 살인과 마찬가지로 청구권 제한이 아니다. 성공적인 살인은 성공적인 강박과는 달리 청구권 제한이다.

이는 물론 한낱 시도된 강박이, 한낱 시도된 살인과 마찬가지로 그르다고 말할 여지는 열어 둔다. 그러나 강박 시도가 항상 그른 것은 아니라는 점을 지적할 가치가 있다. 만일 위협을 받은 사람이 자신이 그렇게 할 특권을 갖지 않은 것을 곧 하려고 했다면, 강박 시도는 도덕적으로 허용될 뿐만 아니라 도덕적으로 요구되는 것일 수도 있다. 이와는 대조적으로 "살인(murder)"의 용법이야 어떻든 간에, 살인 시도는 항상 그르다.

논의를 돌려 보자. 우리는 다음을 살펴보고 있었다.

한계 논제: X는 Y에 대하여 Y가 알파를 하지 않을 것을 요하는 청구권을 다음 중 어느 하나가 성립하는 경우 오직 그 경우에만 가진다.

(i) X'의 청구권이 순수 사회적 청구권이다, 또는

(ii) Y가 알파를 하는 것이

(a) 그 자체가 Y가 X에게 침입을 범하는 것이거나, 또는 X에게 해악이나 믿음이 매개하지 않는 괴로움을 야기하는 것이다, 또는

(b) 그것을 수단으로 하여 Y가 X에게 침입을 범하는 것이거나, X에게 해악이나 믿음이 매개하지 않는 괴로움을 야기하는 것이다.

한계 논제를 받아들임으로써 생기는 한 결과를, 우리가 재산에 관한 청구권은 대단히 많은 부분, 순수 사회적이라고 상정해야만 한다는 점이라는 데 주의를 촉구하였다. 그러나 제13장에서는 이것이 정확히 우리가 말해야 하는 바라고 논할 것이라고 했다. 한계 논제를 받아들여 생기는 두 번째 결과는, 사람들이 불간섭에 대한 권리라고 여기는 것이 생각했던 것보다 더 제한적이라고 상정해야만 한다는 것이다. 지하철에 탑승하고자 할 때 나에게 방해가 되는 것, 연설하고자 할 때 소리치는 것, 이런 것들은 — 만일 한계 논제가 참이라면 — 사적 공약과 법을 논외로 한다면 그 자체로는 내 청구권을 제한하지 않는다. 강박에 대해서도 마찬가지 이치가 성립한다: 만일 한계 논제가 참이라면, 사적 공약과 법을 논외로 하면 강박도 청구권 제한이 아니다. 그러나 우리가 한계 논제의 이 결과들에 의해 곤혹스러워하지 않아야 한다고 주장했다.

더군다나 한계 논제가 우리가 불간섭에 대한 권리를 가진다는 것

제2부 어떤 것이 권리인가

과 충돌하지 않는다는 점을 강조할 가치가 있다. 예를 들어 만일 X가 생명이나 팔다리를 방어하려고 하는 과정에 있다면, Y가 간섭한다면 Y는 정말로 X의 청구권을 제한한다. Y가 X의 노력이 실패하는 것을 야기한다면, 그리고 그리하여 Y 그 자신이 X가 생명이나 팔다리를 잃는 것을 야기한다면, 한계 논제는 우리에게 그것이 청구권 제한이라고 이야기한다. 더 일반적으로, 침입이나 해악 야기를 포함하는 다른 사람의 행위에 대한 그 어떤 간섭도, 한계 논제에 따르면 청구권 제한이다. 추정컨대, 우리가 불간섭에 대한 권리로 생각하는 것은 또한 우리가 우리의 재산을 사용하는 것에 간섭하지 말라는 청구권을 포함한다.

한계 논제는 다른 원치 않은 결과를 갖고 있는가? 몇몇 사람들이 우리가 청구권을 갖고 있다고 생각하는 행위에 대한 간섭 이외의 다른 종류의 간섭도 있다: 염두에 두고 있는 것은 사생활 침해다. (사생활 권리에 대한 문헌은 혼자 내버려 둬질 권리의 주된 작업장 중 하나다.) 나는 당신의 집에서 발생하는 소리를 광범위하게 청취하는 장치를 만들어 모든 소리를 녹음하여, 나 자신의 사적 쾌락을 위해서 그 녹음을 재생할 수 있게 한다. (만일 내가 그것들을 판다면, 사생활 이외의 다른 고려사항들이 유관하게 될 것이다.) 당신이 나에 대하여 사적 공약이나 법에 의해서는 내가 그렇게 하지 말 것을 요하는 아무런 청구권도 갖고 있지 않다고 가정해 보자. 그럼에도 불구하고 당신은 내가 그렇게 하지 않을 것을 요하는 청구권을 갖고 있는가? 글쎄, 내가 그렇게 함으로써 당신에게 침입을 범하거나 해악이나 믿음이 매개하지 않는 괴로움을 야기하는가? 아니다. 한계 논제에 따르면, 나는 그렇게 하여 당신의 아무런 청구권도 제한하지 않는다는 결론이 따라 나온다. 그러나 이 결론은 옳은 것으로 보인다. 색정적인 관심을 위하여 엿보는 것이 지저분하다는 뜻에서 지저분하기 때문

에 어떤 것을 하는 것이 그르다는 점은, 그 자체로 그것을 하는 것을 청구권 제한으로 만들지 않는다.[1]

이제 우리는 그 영역을 포괄하였다. 나는 한계 논제를 증명할 어떤 방법도 알지 못한다. 무엇이 X가 Y에 대하여 Y가 알파를 하지 않을 것을 요하는 청구권을 갖게 만들 수 있는가? 그 청구권은 순수 사회적 청구권일 수도 있다. 그렇지 않다고 가정하자. 그럴 경우 무엇이 X가 그 청구권을 갖게 만드는가? Y가 알파를 하기가 X에 대해 신체 침범을 범하는 것도 범하는 수단도 아니라고 가정해 보자. 그럼에도 불구하고 Y가 알파하기는 X에게 X가 원치 않은 어떤 것을 야기하는 것이거나 야기하는 수단일 수 있다. 예를 들어 Y가 알파를 함으로써 X에게 믿음이 매개하는 괴로움을 야기하리라는 사실은 Y가 알파를 하지 않을 것을 요하는 청구권을 X에게 부여하지 않는다. 지위 악화나 재정 손실을 야기하리라는 사실도 마찬가지로 그런 청구권을 부여하지 않는다. 나는 해악과 믿음이 매개하지 않는 괴로움이 그것들을 야기하지 않을 청구권을 성립케 하는 유일한 원치 않은 결과라는 점을 증명할 방도를 알지 못한다. 그러나 Y가 알파를 하지 않을 것을 요하는 X의 추정상의 청구권이 해악과 믿음을 매개하지 않는 괴로움을 야기하지 않을 청구권 중 어느 것에도 속하지 않는다면, X가 청구권을 갖도록 한다고 생각될 수 있는 다른 어떤 것을 생각하기란 어렵다. 사적 공약과 법을 제외하면, 한계 논제의 (ii) 부분이 설정한 한계 안의 공간은 Y 자신의 것이라고 생각하는 것이 옳은 것 같다: X의 청구권은 그 공간으로 확장되지 않는다.

요컨대, 한계 논제는 정말로 그럴 법한 것으로 보인다. 그래서 나

---

1 나는 이 주제에 대한 나의 이전의 논급 — "The Right to Privacy", *Rights, Restitution, and Risk* — 은 위에서 언급한 종류의 엿보기가 청구권 제한이라는 생각이 그럴 법하지 않다는 점을 이해했더라면 비판할 점이 덜했으리라 생각한다.

는 그 논제를 받아들일 것을 제안한다. 한계 논제가 참이라고 전제하면, 우리의 청구권은 생각했던 것보다 더 제한된 것이다. 그러나 그 동전의 다른 면은,

$$(H_5)\ P_{X,\,Y}\ p는\ Not\text{-}(C_{X,\,Y}\ Not\text{-}p)와\ 동치이다.$$

에 비추어 보면, 우리의 특권이 생각했던 것보다 더 광범위한 것이라는 점이다.

3. 우리는 자유권을 갖고 있는가? 물론이다. 왜냐하면 우리는 적어도 특권을 갖고 있기 때문이다. 자유권에 대한 흥미로운 질문은 우리가 그것을 갖느냐가 아니라 그것이 무엇을 담고 있는가이다.

자유권은 복합 권리이다. 그것은 특권을 포함한다. 그것은 우리의 특권 모두를 포함하는가? 나는 대부분의 사람들이 자유권으로 생각하는 것이, 자연적 특권이라고 불릴 수 있는 것만 포함하지 않나 생각한다. 우리가 자연적 청구권이라고 칭했던 것과의 유비에 의해서 말이다. 특권이 사적 면제나 법으로 인하여서만 보유되는 경우에 **한해서**, 그것을 **순수 사회적 특권**(pure social privilege)이라고 말하도록 하자. 당신의 샐러드를 먹는 나의 당신에 대한 특권은 (내가 그 특권을 갖고 있다고 가정한다면) 순수 사회적 특권이다. 나는 그것을 오로지 당신이 나에게 주었기에 갖기 때문이다. 그렇다면 특권은 순수 사회적 특권이 아닌 경우에 한해서 **자연적 특권**(natural privilege)이다. 이것은 몇몇 자연적 특권이 비사회적 원천뿐만 아니라 사회적 원천도 가질 여지를 열어 둔다: 당신에 대하여, 위협에 대항하여 나의 생명을 방위할 나의 특권은, 자연적 특권으로 여겨진다. 왜냐하면 비록 실효적 법(prevailing law)도 나에게 그 특권을 할당하기는

하지만, 나는 오직 그 이유 때문에만 그것을 갖는 것은 아니기 때문이다. 그런데 말했듯이 대부분의 사람들이 자유권으로 생각하는 것이 오직 자연적 특권만을 포함하지 않나 생각한다. 그것은 어쨌거나 모든 사람은 그들의 창조주에 의해 생명, 자유, 그리고 행복추구에 대한 권리를 부여받았다고 말하는 사람들에게는 참이다. 설사 신이 우리에게 자유권을 부여하였다고 하여도, 나의 자유권은 당신의 샐러드를 먹을 나의 특권을 포함하지는 않는다. 나에게 그 특권을 부여한 것은 신이 아니라 당신이기 때문이다.

다른 한편으로, 자유권이 모든 특권을 포함한다고 우리가 상정해야만 한다고 생각할 어떤 이유가 있다. 사람들이 "자유가 아니면 죽음을 달라!"고 말할 때, 그들은 그들이 자유의 가치를 얼마나 크게 여기고 있는지를 드러낸다. 그리고 그들이 그저 자신의 자연적 특권을 행사하는 데 저지되지 않는 것의 가치(the value of being unimpeded)를 의미하는 것은 아닐 것이다. 나는 그들이, 사적 면제와 법 때문에만 갖는 특권을 포함하여, 그리하여 특히 재산을 소유하는 특권을 포함하여 자신의 특권 모두를 행사하는 데 저지되지 않는 것의 가치를 포함하려는 의미라고 생각한다.

이는 문제되지 않는다. 복합 권리의 경계는 어떤 견해에 의하더라도 흐릿(fuzzy)하다. 그리고 나는 자유에 대한 우리의 권리는 정말로 우리의 특권 모두를 포함한다고 상정할 것이다. 그러나 이는 오직 단순성을 위해서 그러는 것이다.

자유권은 그 이외에 무엇을 포함하는가? 그 권리는 특권뿐만 아니라 청구권도 포함한다. 자유권은 불간섭에 대한 권리를 포함하며, **그 불간섭에 대한 권리**는 청구권을 포함하기 때문이다. 어떤 청구권인가? 불간섭에 대한 권리는 생명이나 신체를 방위하려고 취한 행위에 불간섭할 청구권과 같은 청구권을 포함한다고 주장하였다. 그리고 추정컨대, 우리 자신의 재산을 우리가 사용하는 데 관한 불간섭 청구권도 갖고 있다고 주장하였다. 그러나 나는 자유권이 불간섭에 대한 권리에 포함된 것들 이외의 다른 어떠한 청구권을 포함하는 것으로 우리가 생각하지는 않는다고 본다.

그러나 자유권의 심장부에는, 특권이나 청구권이 있는 것이 아니라 **면제권**(immunities)이 있다. (그리고 아마도 그러한 면제권은 자유권에 포함될 뿐만 아니라 바로 불간섭에 대한 권리가 자유권에서 차지하는 부분에서 포함되는 것으로 생각할 수 있다.) 상기하자면 Y는 X에 대하여 Y가 X의 권리를 변경할 수 있는 능력을 갖고 있는 경우에 한하여 형성권을 가지며, X의 면제권은 Y의 형성권의 결여와 동치이다. (제1장 8절을 보라.) 그런데 자유권의 심장부에는 정부에 의해 어떤 행위가 취해질 것인가, 누가 통치할 것인가, 그리고 정말로 우리가 통치받게 될 정부 형태가 무엇인가에 대하여 발언권을 가질 우리의 권리가 있다. 그리고 우리가 그러한 권리를 우리에게 귀속시키면서 우리가 의미하는 것이, 정부는 일정한 조건 — 특히, 우리의 권리를 바꾸려고 하는 정부 행위를 개시하였던 과정에서 발언권을 가졌다는 조건 — 이 충족되지 않으면 우리의 권리를 변경할 형성권을 결여한다고 상정하는 것이 매우 그럴 법하다. "자유가 아니면 죽음을 달라!"고 말하는 사람이, **그저** 그가 켄들 광장으로 가는 다음 지하철을 탑승할 특권에 또는 그의 샐러드를 그가 먹는 것에 관한 불간섭에 대한 그의 청구권에 얼마나 높은 가치를 두는지를 이야기하고 있을 가능성은 거의 없다: 그의 주된 논지는, 그가 정부 행위에 발언권을 갖지 않을 경우 정부 행위에 대하여 갖는 면제권에 얼마나 높은 가치를 두고 있는가일 가능성이 높다.

뒤에서 면제권을 더 자세히 살펴볼 것이다. 그러나 여기서 자유권과 연관지어 언급하는 것이 적합할 하나의 문제가 있다.

X가 Y에 대하여 어떤 면제권을 갖고 있다고 말하는 것은, X의 권리에 유관한 변경을 할 형성권을 Y가 갖고 있지 않다고 말하는 것이다. 모든 견해에서, 우리의 권리 중 **일부**는 다른 사람들이 우리가 보유를 중지하도록 할 수 없는 권리들이라고 본다. 그러한 권리들은 그것이 어떤 것들이든 다른 사람들이 우리가 보유를 중지하도록 만들 형성권을 갖지 않는 권리들이며, 그래서 우리가 다른 사람들에 대하여 면제권을 갖는 권리들이다. 적어도 생명권에서 일부 권리들이 거기에 속한다고 주장할 수 있을 것이다. 예를 들어 Y는 X가 그의 생명을 위협에 대항하여 방위할 특권을 보유하는 것을 중지하게 만들 능력을 결여한다. 적어도 자유권 중 일부 권리들이 거기에 속한다고 주장할 수 있을 것이다. 예를 들어, Y는 X를 노예로 만드는 능력을 결여한다. 그런데 사람들은 다른 사람들이 우리가 이런 또는 저런 권리를 갖는 것을 중지하게 만들 수 없다는 그들의 견해를 다음과 같은 말로 표현하곤 한다: "다른 사람들은 내 권리를 빼앗을 수 없다." 그와 비슷하게 자주 그들은 다음과 같은 말로 그 견해를 표현한다. "권리는 **양도 불가능하다.**" 이런 뜻에서 권리가 양도 불가능하다(inalienable)는 것은, 그렇다면 다른 사람들이 우리가 그 권리를 보유하는 것을 중지하게 만들 형성권을 결여한다는 것이며, 그래서 우리가 그 권리에 관해 그들에 대하여 면제권을 갖고 있다는 것이다. 만일 그 권리가 자유권에 포함된 것 중 하나라면, 면제권도 짐작건대 자유권에 포함되어 있을 것이다.

그러나 그것은 "양도 불가능한"이라는 단어가 권리에 관한 문헌에서 사용되는 세 방식 중 하나에 불과하다. "양도 불가능한"의 두 번째 뜻에서 양도 불가능한 권리는 어떤 사람이 판매나 다른 형태의 거래를 통해 스스로 보유하기를 중지하게 만들 수 없는 권리이다. 만일 우리의 권리 중 하나라도 이 두 번째 뜻에서 양도 불가능하다면, 그 경우 우리는 그 권리들에 관해서는 우리의 처분에 좌우되지 않는 면제권을 갖는다. — 또는 어쨌거나, 우리 스스로 그 권리를 보유하기를 중지하게 만드는 형성권은, 판매가 아닌 다른 수단으로 제한되어 있다. 재산권(property rights)은 확실히 두 번째 뜻에서 양도 불가능한 것이 아니다. 자유권 복합체에서 자연적 특권과 자연적 청구권 중 어느 하나라도 이 두 번째 뜻에서 양도 불가능한가? 자신의 자기방위 특권을 팔 수 있는가? 또는 자기방위에의 불간섭 청구권(one's claim to noninterference)을 팔 수 있는가? 스스로를 노예로 팔 수 있는가? 나 자신의 견해는 그 답은 '예'이며, 더 일반적으로 그 어떤 권리도 이 두 번째 뜻에서 양도 불가능하지는 않다는 것이다. 나는 이 견해를 직접 도출하는 논증은 갖고 있지 않다. 다른 한편으로, 나는 그것에 반대할 아무런 좋은 논증도 보지 못했다. 의문의 여지없이 우리는 어떤 사람이 정말로, 자유롭게 그리고 자신이 무엇을 하는지 알고서(wittingly), 중심적으로 중요한 권리들을 팔았다고는 믿지 않을 것이다. 그러나 내가 이해하는 한에서는, 그 권리들이 중심적으로 중요**하다**는 점 그리고 그러한 권리들을 팔고 있는 것으로 보이는 사람이 자유롭게 파는 것이 아니거나 무엇을 하는지 알면서 하는 것이 아니거나 또는 둘 다일 가능성이 높다는 점이 그 사실을 설명하는 데 충분하다.

　"양도 불가능한"이 사용되는 세 번째 방식은, 두 번째 방식의 강화된 판본이다. 이 세 번째 뜻에서, 양도 불가능한 권리는 어떤 사람이 스스로, 판매건 다른 방식이건, 그 어떤 수단에 의해서도 보유하는 것을 전혀 중지하게 만들 수 없는 권리이다. 이 세 번째 뜻에서 양도 불가능한 권리는, 팔릴 수 없는 권리일 뿐만 아니라 또한 몰수될 수도 없는 권리이다. 만일 우리의 권리 중 어느 하나라도 이 세 번째 뜻에서 양도 불가능하다면, 우리는 그러한 권리에 관하여 우리의 처분에 좌우되지 않는 강한 면제권을 갖는다. 우리가 할 수 있는 그 어떤 것도 우리의 그 권리 보유를 중지하게 만들 수 없다. 나의 견해는, 어떠한 권리도 팔릴 수 있다는 것이다. 그 어떤 권리도 몰수될 수 있다는 점은 한층 더 명백하다고 본다. 그러나 이것은 확실히 보편적으로 합의되는 견해는 아니다. 예를 들어 홉스는 자기 방위의 특권은 이 세 번째 뜻에서 양도 불가능하다고 생각했다. 정말로 그는 자기방위의 특권은 이 세 뜻 모두에서 양도 불가능하다고 생각했다.

현재의 논의 목적에서 관심의 대상이 되는 것은 첫 번째 뜻에서의 권리의 양도 불가능성—다른 사람들이 우리에게 그 권리를 빼앗을 수 없다—이 분명히 자유권에서 중심적으로 나타난다는 점이다. 두 번째나 세 번째 뜻에서의 권리의 양도 불가능성이 (우리 권리들 중 어느 하나라도 이런 뜻에서 양도 불가능하다고 하더라도) 자유권에서 중심적으로 나타난다고 보기는 어렵다. 다른 사람들에 대한 면제권은 자유권의 심장부에 있다. 우리 스스로에 대한 면제권은 우리 자신에게 형성권의 결여로서, 자유권의 일부가 아니라 자유권에 한계를 설정하는 것으로 생각된다.

남아 있는 약간 흥미로운 질문은, 자유권이 면제권뿐만 아니라 형성권도 포함하는가 하는 점이다. 나는 포함하지 않는다고 생각한다. 나는 내 재산의 일부를 처분할 형성권을 갖고 있고, 만일 그 능력을 행사한다면 나는 자유권에 포함되어 있는 것으로 우리가 생각하는 불간섭 청구권 중 일부를 보유하기를 중지할 것이다. 만일 내 샐러드를 D에게 판다면, 나는 내가 그 샐러드를 먹는 데 그가 간섭하지 않을 것을 요하는 D에 대한 청구권을 더 이상 보유하지 않을 것이다. 그러나 그 형성권 자체가 자유권에 포함되어 있는 것으로는 생각하지 않는다. 그 형성권의 행사 — 내가 D에게 "자, 이건 네 거야"

라고 말하는 것 — 는 다른 여느 것과 마찬가지로 하나의 행위이며, 자유권은 그러한 행위를 수행할 특권을 포함한다. 그러나 나는 우리가 그 형성권, 그 덕분에 내가 D가 이전에는 결여했던 청구권과 특권을 (이를테면 "자, 이건 네 거야"라고 말함으로써) 갖게 만들 수 있는 능력 **그 자체가**(itself) 자유권에 포함되어 있다고 생각하지는 않는다. 이 측면에서 자유권은 재산권(property rights)과는 다르다: 형성권은 재산권의 심장부에 있다.

4. 자유권은 복합 권리이다. 이 복합 권리는 우리의 특권, 우리의 행위에의 불간섭에 대한 우리의 청구권(our claims to noninterference with our actions) 그리고 일정한 면제권을 담고 있다. 이 권리들이 복합체를 형성하게끔 한데 붙어 있게 만드는 것은 무엇일까? 가장 익숙한 권리 중 많은 것 — 우리가 가지는 것이 어떤 권리인가에 관하여 생각하도록 요청받을 때 처음으로 생각하는 권리 — 은 권리들의 복합체이다. 복합체를 이루는 이 권리들은 긍정적 가치의 언급에 의해 골라내지고 다른 것과 구별되는 것이며, 그 가치들을 이런저런 방식으로 '보호하는' 것들이어서 그 복합체 안의 권리가 된 것들이다. 우리는 자유를 가치 있게 여긴다; 그리고 우리가 자유권으로 생각하는 것은 그 자유를 보호하는 권리들의 복합체이다.

생명권은 또 하나의 사례다. 우리는 생명을 가치 있게 여기며, 우리가 생명권으로 생각하는 것은, 생명을 보호하는 권리들의 복합체이다. 자유권처럼 생명권은 특권과 청구권을 모두 담는다. 그 특권은 (인간의 또는 인간 외의 존재의) 위협에 대항하여 우리의 생명을 보존하는 특권이다. 그 청구권은 다른 사람이 우리의 생명을 박탈하지 말 것을 요하는 다른 사람에 대한 청구권이다. 생명권은 또한 일정한 면제권, 이를테면 자기방위의 특권을 다른 사람에 의해 박탈당하지 않을 면제권과, 자기방위의 노력에의 불간섭 청구권을 다른 이에 의해 박탈당하지 않는 면제권을 담는다. 생명권이 오늘날 형성권, 예를 들어 말기 환자가 생명유지장치의 연결을 끊을 것을 요구하는 경우처럼, 죽임을 당하지 않을 청구권의 보유를 스스로 중지하게 만들 수 있는 형성권을 포함하는 것으로, 그래서 그렇게 함으로써 자신이 죽임을 당하지 않을 청구권을 더 이상 갖지 않게 스스로를 만들 수 있는 그런 형성권을 포함하는 것으로 흔히 이야기된다는 점은 흥미롭다.

우리가 갖고 있는 권리가 무엇이냐고 말해 보라고 요청받았을 때 제일 처음 떠올리는 또 하나의 권리는 재산권(right to property)이다. 방금 긍정적 가치, 재산을 언급하였던가? 글쎄, 재산 소유권은 우리에게 큰 가치를 가진다. 다양한 방식으로 말이다. 우리는 이미 우리가 일차 재산을 가치 있게 여기는 이유를 살펴보았으며, 제13장에서는 이차 재산을 살펴볼 것이다.

사생활에 대한 권리(the right to privacy)*는 또 다른 사례다. 우리는 사생활에 대한 권리를 가치 있게 여긴다. 그리고 우리가 사생활에 대한 권리로 생각하는 것은 사생활을 보호하는 권리들의 복합체이다. 그러나 이와 관련한 문헌에서 많은 스르르 미끄러짐(slithering)이 있는 것 같다: 이 권리의 범위가 불명확할 뿐만 아니라, 그것의 심장부에 무엇이 있는지조차 불명확하다.

그러나 그것의 중심부에 있는 권리들이 사생활에 대한 권리의 중심부 권리보다 더 명확한 복합 권리들조차 선명한 경계를 갖고 있는 것은 없다. 생명권과 자유권은 자유와 생명을 중심적으로 보호하지

◆ 일반적으로 '프라이버시권'은 '사생활의 비밀과 자유'로 번역하나, 프라이버시권이 다른 권리의 내용과 중첩되지 않는 고유의 내용을 가진 권리인가 자체를 저자가 문제 삼고 있는 논의 맥락에 적합하도록 '사생활에 대한 권리'로 옮겼다.

만, 그 복합 권리들 안에 정확히 무엇이 속하는가, 그리고 그것들 바깥에 정확히 무엇이 있는가는 명확하지 않다. 다른 한편으로 그것들 안과 바깥에 정확히 무엇이 속하는가는 분명히 중요한 질문도 흥미로운 질문도 아니다.

더군다나, 복합 권리들 중 어느 것에도 선명한 경계가 없을 뿐만 아니라, 또한 그 복합 권리들은 서로 겹친다. 만일 우리가 그렇게 상정하는 것이 당연하다고 내가 주장했듯이, 자유권이 모든 특권을 포함한다면, 특권을 담고 있는 다른 모든 각 복합 권리들은 자유권과 중첩된다. 예를 들어 생명권은 생명에 대한 위협에 대항하여 자신의 생명을 보존할 특권을 담고 있다. 모든 특권이 자유권에 포함되는 것으로 생각될 만큼 충분히 큰 도덕적 의의를 갖고 있지 않더라도, 하나의 특권은 확실히 그런 도덕적 의의를 가진다. 다시금 자신의 생명을 보호하려는 어떤 사람의 시도에 간섭하는 것은 그의 죽음을 야기할 수 있다. 그러한 시도에의 불간섭에 대한 그의 청구권은, 그러므로 그의 생명권에도 그리고 그의 자유권에도 아마도 포함되어 있다. 정말로 나는 다른 복합 권리들과 전적으로 중첩되는 적어도 하나의 복합 권리가 있다고 생각한다: 바로 사생활에 대한 권리이다.[2]

특별히 언급할 가치가 있는 권리들 사이의 중첩의 한 사례는, 다른 권리와 우리가 일차 재산을 소유하면서 갖는 권리들의 복합체 사이의 중첩이다. 제8장의 끝에서 말했듯이, 그렇다고 말하는 것이 얼마나 기이하게 들릴 수 있건 간에, 우리가 우리의 신체를 소유한다

---

2 "The Right to Privacy"에서 이 논제를 찬성하여 논하였다. 주석 1에서 말했듯이, 그 논제를 찬성하는 논증이 성립하려면 엿보기를 하지 않을 것을 요하는 청구권이 있어야 한다고 생각하지 않았더라면 더 건전한 논증이 되었을 것이다. 그 논제에 대한 비판으로는 무엇보다도 *Philosophy and Public Affairs*, 4 (1975)에 실린 T. M. Scanlon과 J. Reisman의 논박을 보라.

고 말하는 것은 무리가 아니다. 만일 우리가 우리의 신체에 대하여, 우리가 소유한다고 말하는 것이 더 익숙한 우리가 다른 것들(이를테면 타자기와 신발)에 대하여 갖는 권리와 유사한 권리를 갖고 있다고 판명된다면 말이다. 우리는 우리가 소유한다고 일상적으로 말하는 것들에 대하여 갖는 권리와 유사한, 우리가 우리의 신체에 대하여 갖는 권리 중 일부를 살펴보았다: 그것들은 침입 그리고 해악 야기에서 제한되는 청구권이다. (믿음이 매개하지 않는 괴로움을 야기당하지 않을 것을 요하는 우리의 청구권은, 아마도 우리가 소유한다고 우리가 일상적으로 말하는 것들에 대하여 우리가 갖는 청구권과는 유사하지 않을 것이다.) 자유권은 행위의 특권, 행위에의 불간섭 청구권을 포함하며 그러한 권리들도 또한 우리가 일상적으로 소유한다고 말하는 것에 대해 우리가 갖는 권리들과 유사하다.

그러나 권리 사이의 중첩은 아무런 특별한 이론적 관심거리가 아니라고 생각한다. 그것들의 관심은 그렇기보다는 실천적이다. 중첩이 의미하는 것은 다음과 같다: 두 복합체에 속하는 청구권 사안이 있을 때, 우리는 그 청구권이 위반되는 사안에서 불평을 뒷받침하는 두 근거(two grounds for complaint)를 갖게 된다. 그리고 두 복합체에 속하는 특권 사안의 경우, 우리가 그 특권을 갖고 있다고 논하게 되는 두 근거를 갖게 된다. 우리가 어떤 근거를 기초로 논증할 것인가는 맥락에 달려 있으며, 특히 어느 논증이 그 여건에서 성공할 가능성이 더 높은가에 달려 있다.

여러 가지 상이한 복합 권리들의 내용이 시기와 사람에 따라 달라질 수 있다는 점을 유념해야 한다. **그** 생명권(the right to life), **그** 자유권(the right to liberty) 등등을 이야기해 왔지만, 그런 것은 없다. 누구나 모든 시기 전체에 걸쳐 바로 그 똑같은 내용의 생명권이나 자유권을 가진다고 할 수 있는 확정적인 단일한 복합체란 없다. 당신이 갖는 생명권에는 포함되어 있는 특정한 청구권이 어떤 사람의 생명권에는 포함되어 있지 않을 수도 있다. 즉 그는 스스로 그 청구권을 상실하였거나 몰수당했던 반면에 당신은 그러지 않았을 수 있다. 그가 생명을 보호하는 가장 중심적인 권리들을 여전히 충분히 가지는 한, 설사 그의 생명권 복합체에 들어 있는 권리들이 당신의 생명권 복합체에 들어 있는 권리들과 같지 않다고 하더라도, 우리는 그가 생명권을 갖고 있다고 말하기를 원할 것이다.

그리고 앞서 보았듯이 두 사람이 동일한 권리들을 보유하는 경우에 그 권리들 안에 있는 청구권들의 엄격성은, 제한되면 그 청구권 보유자에게 나쁜 정도에 따라 차이날 수 있다.

여기서 간략히 살펴본 것은 정치 이론의 광대한 주제 중 일부이지만, 복합 권리가 그보다 훨씬 더 낮은 소박한 층위에서도 우리에게 도움이 된다는 점은 주의를 기울일 가치가 있다. 내가 쟁반 위의 작은 케이크 중 하나를 가리키며 "나는 맨 위에 호두가 올려진 녹차 케이크에 대한 권리를 가진다"라고 말한다고 해 보자. 내가 말하는 것이 참일 수도 있다. 실제로 내가 가리킨 케이크에 대한 권리를 가지는 것일 수 있다. 그 권리란 무엇인가? 그것이 청구권이 아님은 확실하다. 그것이 무슨 청구권일지, 누구에 대하여 가진다고 생각될 수 있는 청구권일지 말할 수 없기 때문이다. 내가 가리키는 케이크에 대하여 어떤 권리를, 당신이 그 케이크를 먹지 않을 것을 요하는 당신에 대한 청구권을 갖지 않고서도 가질 수 있다. 당신이 내가 가리킨 케이크에 대해 내가 권리를 가지면서도 당신에게 그 케이크를 먹어도 된다고 허락했을 수도 있기 때문이다. (내가 원하는 것은 그저 당신을 제외한 누구도 그 케이크를 먹지 못하는 것이다.) 그 권리는 그 케이크를 먹을 특권도 아니다. 내가 가리킨 케이크에 대하여 어떤 권리를, 그것을 먹을 특권을 갖지 않고서도 가질 수 있다. 내가 그 케이크에 대하여 권리를 가지면서도 그 케이크를 먹지 않겠다고 당신에게 약속했을 수도 있기 때문이다. (내가 원하는 것은 그 케이크를 내게에게 먹이는 것뿐이다.) 그 권리는 형성권을 포함할 수밖에 없다: 내가 가리킨 케이크에 대하여 내가 어떤 권리를 가진다면, 나는 그 권리를 다른 누군가에게 줄 수 있다. 그래서 그 권리는 복합 권리와 매우 근접한 것, 그 내용이 맥락에 따라 달라지는 **매우** 흐릿한 경계를 가진 복합 권리로 보인다. 그러나 그 복합체에 들어 있는 권리들이 무엇이건 간에 그 권리들에 의해 보호되는 중심적 가치, 즉 맨 위에 호두가 올려진 녹차 케이크가 있다.

5. 더 고상한 층위로 돌아오면, 자유권과 관련하여 간략한 논의를 요하는 하나의 쟁점이 있다. 낙태다. 많은 사람들은 여성이 갖는 권리 중 하나가, 원치 않는 임신을 끝낼 권리라고 생각한다. 여성이 이 권리를 가진다면, 그것은 그들이 가지는 자유권 중 하나이다. 자신의 신체를 소유함으로써 갖는 권리 중 하나일 것이다. 그래서 그 추정상의 권리가 진정한 권리라면 그것은 그 권리들의 복합체가 중첩되는 부분에 있을 것이다.[3]

---

3 Carol Gilligan, *In a Different Voice: Psychological Theory and Women's Development* (Cambridge: Harvard University Press, 1982)에 감화되어 일부 페미니스트들은 권리가 남성의 발명품이며 참된 도덕은 권리를 포함하지 않는다는 견해를 갖게 되었다. 그들의 견해에 의하면 참된 도덕은 보살핌, 신뢰, 개인적 관계에 대한 도덕적 규정에 기초하며 권리를 할당하지 않는다. 이미 논의에서 명백하게 드러났듯이, 나는 사람이 정말로 권리를 갖는다고 생각하므로, 사람이 권리를 갖지 않는다고 말하는 사람은 누구든 철학적 오류를 범하는 것이라고 본다. 그러나 어떤 면에서 더 중요한 점은, 내가 그렇다고 생각하듯이 사람들이 권리를 갖지 않는다고 여성들이 말하는 것은 또한 정치적 오류이기도 하다. 첫째로, 일반적으로 여성을 과거에 억압해 왔던 것은 바로 여성들이 그들의 개인적 관계로 녹아들어 사라지리라는 사회적 기대였다. 여성 운동은 여성이 남성처럼 본질적으로 개별적 이익을 가진다는 사실을 깨닫게 하는 데 성공하였다. 이제 와서 여성들이 인간에 관한 그 중차대한 사실에 등을 돌리는 것은 시계를 거꾸로 돌리는 가장 불운한 일일 것이다. 둘째로, 구체적으로 그들 자신의 출산에 관한 삶의 문제를 통제할 여성

임신 중절에 대한 추정상의 권리는, 정말로 권리라면 확실히 특권을 포함한다. 이는 여성은 누군가 그녀에 대하여 임신 중절하지 말 것을 요하는 청구권을 갖는 경우 오직 그 경우에만 이 권리를 결여함을 의미한다. 만일 그녀가 낙태한다면 누구의 청구권이 제한되는가? 최근 몇 년간 몇몇 사람들은 배아의 부(父)가 부 자신의 동의 없이는 모가 임신 중절하지 않을 것을 요하는 청구권을 가진다고 논했지만 그것은 전혀 옳지 않다. 당신의 어머니가 당신을 죽이는 경우 그녀가 제한하는 것은 당신 아버지의 청구권이 아닌데, 죽임을 당하는 존재가 온전한 성인이 아니라 배아인 경우라고 해서 왜 이 점에서 달리 생각되어야 하는가?

충분히 명백하게, 만일 여성이 낙태로 어느 누군가의 청구권을 제한한다면 그것은 배아의 청구권이다. (배아(embryo)라고 말했다. 초기 단계에서 배(胚; conceptus)를, 태아(fetus)라고 칭하는 것은 적절하지 않기 때문이다. 그러나 이 책 전체에 걸쳐 "배아"는 그저 "배아 또는 태아"의 약어로 쓰이는 것이다.) 그리고 낙태를 금지되는 것으로 만든다고 이야기되는 것은 바로 그 배아의 청구권이다. 그러므로 여기서 중심이 되는 **하나의** 도덕적 질문은 다음과 같다: 배아는 모가 낙태하지 않을 것을 요하는 청구권을 갖는가?

나는 그것이 **하나의** 중심적 도덕적 질문이라고 하였지, 유일한 중심적 도덕적 질문이라고 하지 않았다. 배아가 여성에 대하여 여성이

의 능력이 현재 위험에 처해 있으며 주 의회가 보살핌, 신뢰, 개인적 관계에 호소하는 논증에 의해 피임과 낙태에 대한 여성의 권리를 지지하는 확고한 입장으로 옮겨 갈 수 있으리라고 생각하는 것은 묘안이 아니다. 오늘날 여성이 필요로 하는 것은 권리에 대한 더 적은 담화가 아니라 더 많은 담화이다. 출산에 관한 삶의 문제를 통제할 여성의 법적 권리가 수정헌법 제14조의 평등보호 조항에 근거를 두고 있다고 논하는 최근의 한 흥미로운 시도로는 Silvia A. Law, "Rethinking Sex and the Constitution", *University of Pennsylvania Law Review*, 132 (1984). 또한 Ronald Dworkin, "The Great Abortion Case", *New York Review of Books*, 36 (June 29, 1989)도 보라.

낙태하지 않을 것을 요하는 청구권을 가진다고 가정하더라도, 여성이 낙태하는 것이 허용되지 않는다는 결론은 따라 나오지 않는다. 여성이 자신의 생명이나 건강에 대한 위협이 가해진다는 이유보다 덜 심대한 여느 이유에서 임신을 중절하는 것이 허용되지 않는다는 결론조차 따라 나오지 않는다. 이전의 논의로 합의되었을 것인 바, 모든 청구권이 절대적이라는 것은 참이 아니다. 배아가 청구권을 갖고 있다는 전제로부터 여성이 해도 되는 것에 관한 결론을 얻기 위해서는 논증이 더 필요하다. 아마도 그 논증은 모든 청구권이 절대적이지는 않지만 이 청구권은 절대적이라는 내용의 논증, 아니면 그 대신에 이 청구권이 절대적이지는 않지만 여성이 그 청구권을 제한하는 것이 허용되는 여건은 결코 있을 수 없다는 내용의 논증, 또는 여성의 생명과 건강에 대한 위협이 가해지는 여건만이 그 청구권을 제한할 수 있다는 내용의 논증일 것이다. 그러나 낙태 반대론자들이 배아의 청구권으로부터 임신 중절의 불허성이라는 결론을 어떻게 얻을 수 있을 것인지의 질문은 건너뛰도록 하자.

권리 이론의 관점에서 더 흥미롭다고 생각하는 것은, 배아가 여성에 대하여 낙태하지 않을 것을 요하는 청구권을 갖는지 여부이다. 왜 배아가 그런 청구권을 가진다고 생각해야 하는가? 하나의 익숙한 종류의 논증은 다음과 같이 진행한다. (i) 인간 배아는 인간 인격체(human persons)◆이다. (ii) 모든 인간 인격체는 다른 모든 사람들에 대하여 그들에 의해 살해당하지 않을 것을 요하는 청구권을 가진다. 이 두 전제의 연언은, 인간 배아는 모든 다른 사람들에 대하여, 그들이 배아를 죽이지 않을 것을 요하는 청구권을 가진다는 결론을 산출한다. 세 번째 전제는 (iii) 여성이 임신 중절하는 것은 배아를

◆ 인간이란 종에 속하는 생명 유기체이면서 인격체인 존재를 의미하는 뜻으로 쓰였다.

죽이는 것을 요하며, 그래서 결국 배아가 모에 대하여 모가 자신을 낙태하지 않을 것을 요하는 청구권을 가진다는 결론이 따라 나온다.

전제 (ii)는 **일응** 매우 그럴 법한 것으로 다가온다. 그러나 (i)의 전제는 무엇인가? 우리 모두는 왜 많은 사람들이 예를 들어 후기 단계의 배, 여덟 달이 된 태아가 인간 인격체라고 생각하는지 파악하고 있다. 그것은 아기처럼 생겼으며, 아기의 내적, 생리적 발달의 많은 부분을 가진다. 그러나 수정란은? 자궁벽에 착상된 1주 된 세포 무리(clump of cells)는? 의문의 여지없이 수정란은 여성의 내부에 내버려 둔다면 인간 인격체가 **될 것**이다. 그것이 **지금** 어떻게 인간 인격체로 생각될 수 있는가? 텔레비전 인터뷰에서 일곱 수정란의 양육권 소송에서 승소한 원고는 (원고의 전남편은 그 수정란이 파괴되기를 바랐다) "그들은 내 아이들이에요."[4]라고 말했다. 그것은 우리가 어떤 목적을 위해 마음껏 저지른 과장으로 여긴다면 쉽게 이해된다. 그러나 우리는 누군가 어떻게 그것을 문자 그대로 참이라고 진정으로 믿을 수 있는지 파악하고 있는가? (만일 원고가 일곱 개의 수정란 모두를 자기 체내로 이식받기를 거부하여 그중 일부는 파괴된다면, 그녀는 정말로 그녀의 아이들 중 일부를 죽인 것으로 생각하겠는가? 여기에는 분명히 작동하고 있는 명제들을 연결하지 못한 실패가 있다.)

이 관념들에는 최근 몇 년간 대부분의 낙태 반대자들이 전제로 삼는 것을 흥미롭게도 바꾸게 만들었던 기이한 점(oddity)이 있음이 분명하다. (i)과 (ii) 대신 오늘날 우리는 다음과 같은 전제를 제시받는다: (i′) 인간 배아는 인간 생명이며, 그리고 (ii′) 모든 인간 생명은

---

4 법원은 "체외 시험관에 있는 아이들의 분명한 최선의 이익은, 정상 출산을 보장하기 위한 착상이 될 수 있도록 하는 것이라고 결론 내린다"고 말했다. 그 사건에 대한 논의로는 George J. Annas, "At Law — A French Homunculus in a Tennessee Court", *Hastings Center Report*, 19 (1989)를 보라.

다른 이들에 대하여, 다른 이들이 그것을 죽이지 않을 것을 요하는 청구권을 가진다. 글쎄, 수정된 인간 난자는 인간 난자이며 (예를 들어 고양이 난자가 아니며) 생명이고, 그것이 살아 있으므로, (i′)은 명백히 참이다. 그러나 분명 방어를 필요로 하는 것은 (ii′)이다. 일단 인간 생명의 조각이 꼭 인간 인격체이지는 않다는 양보가 이루어지고 나면, 일관성을 지키려면 그 인간 생명의 조각(a bit of human life)이 인간 생명의 조각이라는 이유만으로 모든 다른 이들에 대하여 그들이 그것을 죽이지 않을 것을 요하는 청구권을 가진다고 논의를 완성시키는 작용을 하는 무언가가 필요하다는 양보도 또한 이루어져야 한다. 실제로 수정란이 여하한 청구권이라도 가지고 있다고 생각할 좋은 이유가 있는가? (다섯 명의 사람을 구하기 위해 한 수정란을 죽이는 것은 허용되지 않을까? 다른 사정이 물론 동일한 경우에 그것이 허용되지 않을 이유를 모르겠다.)

가장 수수께끼 같은 것은 그러나, 그 몸 안에 배아가 머무르고 있는 여성이 한낱 구경꾼(a mere bystander)인 것처럼, 또는 마치 그녀와 배아가 공적으로 소유된 자원의 사용을 두고 경쟁하는 존재처럼 그 쟁점을 논의하는 것이 받아들여질 만한 것으로 어떻게 생각될 수 있는가 하는 점이다. 그럼에도 반낙태 논증은 바로 이러한 방식으로 진행된다.

배아가 그 안에 머무르는 것은 어쨌거나 그 여성의 신체다. ─ 그녀의 일차 재산이다. ─ 이 점을 기억할 때, 우리가 상당히 일반적인 전제 (ii′)을 의심하면서 대해야만 함이 분명하다. 인간 생명의 조각이 여성 안에 머무르고, 그녀는 그것을 밖으로 내보내기를 바란다. 어떻게 그 배아가 그녀에 대하여, 그 배아가 그녀 안에 머무르기를 요하는 청구권을 가진다고 생각할 수 있는가?

그리고 전제 (ii)의 **일응** 매우 타당해 보이는 점이란 무엇인가? 만

제2부 어떤 것이 권리인가

일 당신이 누군가의 몸 안에 뿌리를 내리라는 초청을 받았고, 그 초청을 받아들였다면, 우리는 무리 없이 당신을 초청한 주인(your host)이 당신에 대한 상당한 책임을 지며, 정말로 당신은 그에 대하여 청구권을 가진다고 상정할 수 있다. 그러나 만일 거기서 당신의 존재가 당신을 초청한 주인에게 위협이 된다면 어떻게 되는가? 여기서 이야기되어야 할 것은, 이를테면 위협의 성격, 심대성, 원천, 그리고 당신을 초청한 주인이 그 위협에 대항하여 방위할 수단이 무엇이 있는지, 그리고 원래의 초청 여건이 어떠하였는지와 같은 아주 많은 것들의 함수이다. (예를 들어 당신을 초청한 주인은 초청이 발해진 시점에 당신의 존재가 위협이 될 가능성이 높다는 것, 또는 당신이 그 초청을 받아들이는 것이 당신에게 현저히 더 나았을 다른 선택지를 선택하는 것을 닫아버리리라는 사실을 알았는가, 혹은 당신은 알았는가, 혹은 당신은 알았어야만 했는가?) 몇몇 그러한 사안에서는 당신을 초청한 주인이 당신을 끄집어내서는 안 된다고 말하는 것이 옳아 보일 것이다. 다른 사안들에서는, 당신을 초청한 주인이 당신을 끄집어내어도 된다고 말하는 것이 옳아 보일 것이다. 그 사안들 중 일부에서는, 당신을 초청한 주인이 당신을 끄집어내어도 될 뿐만 아니라, 주인이 그렇게 하지 않을 것을 요하는 그 어떠한 청구권도 당신이 가지고 있지 않다고 말하는 것이 옳아 보일 것이다. 그러나 그것조차도 전제 (ii)에는 아무런 난점이 되지 않는다: 제14장에서 주장했듯이, 우리는 당신이 그 청구권을 가졌**었**지만—아무 잘못 없이 또는 귀책사유로 인하여—당신이 그 청구권을 몰수당했다고 이야기할 수 있다.

그러나 잉태는 주말에 누군가를 놀러 오라고 초청하는 것과 같지 않다. 배아가 존재하게 되었을 때는 그것은 이미 여성의 몸 안에 있다. 그리고 만일 그것이 여성의 몸 안에 있지 않았더라면 다른 어느 곳에서도 있지 못했을 것이다. 그랬다면 배아는 아예 존재하지 않았을 터이니 말이다. (그 표현을 빌려도 된다면) 인간 삶의 중요한 일부로 활동에 참여하면서, 그 여성과 그녀의 파트너는 배아가 그녀 몸 안에 존재하게 되도록 야기하였다. 그들은 배아가 그녀 몸 안에 존재하게 되지 않도록 사전 주의조치를 취했을 수도 있다. 만일 당신이 그런 방식으로 어떤 사람 안에 존재하게 되었다면, 그리고 지금 그 안에 있다면, 당신은 밖으로 끄집어내지지 않을 청구권을 갖는가? 만일 우리가 그 청구권을 갖지 않는다고 생각한다면, 우리는 전제 (ii)가 지나치게 강하다고 생각하는 것이다.

그러나 어떤 경우든 수정란, 매우 초기의 배아는 결코 사람이 아니며, 따라서 전제 (ii)는 무관하다.

많은 사람들이 우려하는 것은, 만일 자연이 그 진행 경로를 취하도록 내버려 둔다면 수정란은 아기가 될 가능성이 매우 높다는 것이다. 그렇다면 아기는 청구권이 있는데 수정란은 청구권이 없다고 어떻게 말할 수 있단 말인가? ("어디에 선을 그을 것인가?"는 이 우려를 표현하는 것이다.) 제1부에서 개관된 청구권에 대한 해명의 한 매력적인 특성이 수정란에서 아기로의 발달의 연속성이 아기는 청구권을 갖는 반면에 수정란은 아무런 청구권도 갖지 않는다는 관념에 이론적 난점을 제기하지 않는다는 사정이라고 생각한다. 만일 내가 주장했듯이 X가 Y에 대하여 청구권을 가진다는 것이, 제1부에서 살펴보았던 복합적인 행동상 제약하에 B가 있다는 것이라면, 누군가 한 시점에는 청구권이 없었지만 청구권을 나중에 점진적으로 취득하게 된다는 생각에는 아무런 이론적 난점이 없다. 그것과 관련하여 Y가 아직 행동상 제약에 있지 않은 무언가가 점진적으로 발달하여, 그것과 관련하여 Y가 그러한 행동상 제약하에 있게 되는 무엇이 된다는 생각에는 그 어떤 이론적 난점도 없기 때문이다.

그렇지만 수정란이 아무런 청구권을 가지지 않는다는 생각은, 우리가 일정한 존중을 보이면서 그 수정란을 대우해야 한다는 것이 참임과 양립 가능하다는 점이 강조되어야 한다. 그것은 어쨌거나 인간 생명의 조각이며, 만일 자연이 그 진행 경로를 취하도록 내버려 둔다면 지금은 체외 시험관에 있지만, 그 수정란이 나중에 자궁 착상 시술을 받으면 아기가 될 가능성이 매우 높다. 우리가 인간 수정란이 특별히 맛있다는 사실을 발견한다면 — 어떻게 발견했는지는 독자들이 알아서 생각하길 바란다 — 어떻게 되는가? 고급 식재료 생산업자가 인간 기증자를 구하여 이 새로운 부수입 시장을 개발하는 것이 받아들일 만하다고 생각할 것인가? 인간 삶의 다른 끝에는 인간 시신(human corpse)이 있다. 그것은 아무런 청구권을 갖지 못한다. 그럼에도 우리는 인간 시신이 일정한 존중을 가지고 대우받아야 한다고 생각한다.

더군다나 수정란이 아무런 청구권을 갖고 있지 않다는 생각은 임신 후기의 태아가 청구권을, 그 청구권이 여성의 몸 안에 머물러 있기를 요하는 청구권은 아니라 할지라도 어쨌거나 고통을 야기당하지 않을 청구권을 갖는 것이 참이라는 것과 양립 가능하다. 이 차이에 중요한 논점이 도사리고 있다. 그리고 이것은 낙태 이외의 다른 쟁점에도 관련성을 가진다. 나 자신의 견해는 동물은 죽임을 당하지 않을 청구권을 갖지 않으며, 특히 닭을 저녁식사를 위해 죽이는 것은 닭의 아무런 청구권도 제한하지 않는다는 것이다. (한 마리의 닭을 다섯 마리의 닭을 위해 죽이는 것은 허용되는가? 허용된다고 생각한다.) 그러나 동물에게 고통을 야기하는 것은, 확실히 다른 문제이다. 사실 다른 사정이 동일하다면, 동물에게 고통을 야기하는 것이 성인 인간에게 고통을 야기하는 것보다 더 나쁜 것으로 보인다. 성인 인간은 이를테면 고통을 둘러 미래에는 고통을 넘어 무엇이 놓여 있는지 생각할 수 있다. — 인간 아기와 같은 — 동물은 이것을 할 수 없으며, 동물에게는 고통 밖에는 아무것도 없다. 그러나 당신이 동물에 관해 나와 의견을 같이하리라고는 가정하지 않을 것이며, 우리가 동물이 청구권을 가지고 있는지 여부의 질문을 적절하게 살펴보려면 주의를 요하는 광범위한 검토에 착수하리라고도 가정하지 않겠다.

또한 당신이 낙태가 제기하는 도덕적 쟁점에 관하여 나와 의견을 같이하리라고 가정하지 않을 것이다. 많은 사람들이 의견을 달리하며, 격렬하게 의견을 달리하기 때문이다. 그들이 납득될 전망은 어두워 보인다.[5] (일군의 수정란에 관하여 "그들은 아이들이에요"라고 말할 수 있는 사람 그리고 그것이 문자 그대로의 참이라고 믿는 사람은, 논증에 영향을 받지 않음이 분명하다.)

6. 우리가 2부에서 이때까지 살펴보았던 것은 비사회적인 원천을 가진 권리들이다. 이제 살펴볼 것은 권리의 사회적 원천이다.

---

5 크리스틴 루커(Kristin Luker)는 "외견상으로는 배아의 운명이 걸려 있는 것처럼 보이지만, 낙태 논쟁은 실제로는 **여성의** 삶의 의미에 관한 것이다"라고 말한다. 양쪽의 활동가 모두 대부분 여성이며, 루커는 그들에게 "낙태 논쟁은 두 가지 상이한 세계 사이의 충돌이며 또한 그 두 세계가 각각 지지하는 희망과 믿음 사이의 충돌이다"라고 말한다. 그녀의 *Abortion and the Politics of Motherhood* (Berkeley: University of California Press, 1984), p. 194를 보라. 간단히 말해 낙태 반대 운동을 움직이는 것은, 여성의 자유화에 의해 주창된 여성의 삶 모델에 대한 열정적인 반대이다.

제12장

언질 주기

1. 청구권의 사회적 원천 중 하나는 사적 공약(private commitments)을 하는 것이다. 즉, 언질을 주는 것이다. 언질을 준다는 것은 무엇인가? 글쎄, 블로그라는 어떤 사람이 무엇(이를테면 어떤 사람)**에게**(to) 무언가(이를테면 식료품점 계산서를 지불했다고)**라고**(that) 그의 언질을 주는 경우 오직 그 경우에만 블로그는 그의 언질을 주는 것이다. 무언가**라고** 언질을 주는 것은, 일정한 사태가 성립한다고 — 일정한 명제가 참이라는 — 자신의 언질을 주는 것이다. 다음은 명백해 보인다:

> 예비적 분석(The Preliminary Analysis): 어떤 X 그리고 어떤 명제에 대해 Y가 X에게 그 명제가 참이라는 자신의 언질을 주는 경우 오직 그 경우에만 Y는 자신의 언질을 주는 것이다.
> (Y gives his or her word if and only if for some X and some proposition, Y gives X his or her word that the proposition is true.)

521

예를 들어 내가 당신에게 나의 언질을 주고 그리고 특히, 내가 어젯밤 책상 위에 차 열쇠를 두었다는 나의 언질을 줄 수 있다. "JJT가 어젯밤 책상 위에 차 열쇠를 두었다"('JJT'는 주디스 자비스 톰슨의 약칭이다-옮긴이)는 명제가 참이라고 내가 당신에게 나의 언질을 주는 경우 오직 그 경우에만 그런 언질을 주는 것이다.

그러나 어떤 명제가 참이라는 나의 언질을 준다는 것은 무엇인가? 나는 다음도 역시 명백하다고 생각한다:

> 약한 주장 논제(The Weak Assertion Thesis): Y가 X에게 어떤 명제를 단호히 주장할 때 Y는 X에게 어떤 명제가 참이라는 자신의 언질을 준다.(Y gives X his or her word that a proposition is true only if Y asserts the proposition to X.)

예를 들어, 내가 "JJT가 어젯밤 책상 위에 차 열쇠를 두었다"를 단호히 주장하는 경우에만 나는 당신에게 "JJT가 어젯밤 책상 위에 차 열쇠를 두었다"가 참이라는 나의 언질을 준 것이다. 내가 당신에게 그 명제가 참이라는 언질을 주는 것이 되기 위해서는, 그 명제에 내가 당신의 주의를 끄는 것으로나 지나가면서 하릴없이 언급하는 (idly mention) 것으로는 충분하지 않다. 그것을 단호히, 정말로 당신에게 단호히 주장해야 한다.

이 두 논제의 연언은 어떤 사람이 명제를 단호히 주장하는 경우에만 그 사람이 자신의 언질을 준다는 결론을 산출한다. 그렇다면 여기서 문제되는 것은 말이 아니라 명제라는 점을 내가 강조하는 것이 아마도 요청될 것이다. 비록 우리가 살펴보고 있는 활동을 "자신의 언질을 준다"고 칭하겠지만, 말을 하지 않고도 언질을 줄 수 있다는 것은 확실히 명백하다. 당신이 나에게 "어젯밤 책상 위에 차 열쇠를 두었습니까?"라고 묻자 내가 답변의 방식으로 그저 고개를 끄덕인다고 가정해 보자. 그 경우 나는 언질을 준 것이다. 구체적으로는 내가 어젯밤 책상 위에 차 열쇠를 두었다는 나의 언질을 주는 것이며, 그것을 아무 말도 하지 않고 한 것이다. 아무 말도 하지 않고서 명제를 단호히 주장하는 것도 가능하기 때문에, 아무 말도 하지 않고 언질을 주는 것은 가능하다. 그 여건에서 내 고개를 끄덕임으로써, 나는 정말로 "JJT는 어젯밤 책상 위에 차 열쇠를 두었다"는 명제를 단호히 주장하는 것이다.

물론 우리는 매우 흔하게, 말로 언질을 준다. 그러나 여기서 문제되는 것이 말이 아니라 명제이기 때문에, 우리가 사용하는 말의 정확한 형식은 문제되지 않는다 — 우리가 명제를 단호히 주장하는 한에는 말이다. 나는 명제 "JJT는 어젯밤 책상 위에 차 열쇠를 두었다"를 다음과 같은 여러 상이한 형태의 말로 단호히 주장할 수 있다.

> 내가 어젯밤 책상 위에 차 열쇠를 두었다고 나는 언질을 준다. (give you my word)
> 내가 어젯밤 책상 위에 차 열쇠를 두었다고 나는 보증한다. (guarantee)
> 내가 어젯밤 책상 위에 차 열쇠를 두었다고 나는 맹세한다.(swear)
> 제발 믿어 줘! 나는 정말로 진실로 어젯밤 책상 위에 차 열쇠를 두었어!

를 비롯하여 덜 멜로드라마 같은

> 나는 어젯밤 책상 위에 차 열쇠를 두었다.

를 사용해도 그렇게 할 수 있다.

나는 약한 주장 논제가 명백하다고 생각한다. 다음 논제는 현저히 더 강하다:

> 강한 주장 논제(The Strong Assertion Thesis): Y가 어떤 명제를 X에게 단호히 주장하는 경우 오직 그 경우에만 Y는 X에게 어떤 명제가 참이라는 자신의 언질을 주는 것이다.

불운하게도 (그렇게 단순하고 직설적이기 때문에) 이 약간 매력적인 논제는 명백한 것이 아니다 — 실제로, 그 논제가 거짓이라고 생각할 두 가지 이유가 있다.

2. 첫째로, 언질을 주는 것은 어떤 면에서 다소 엄숙한 일(more or less solemn affair)로 보인다. 그런데 어떤 명제를 단호히 주장하는 것이라면 무엇이든 요구되는 면에서 엄숙한 것은 아니라고 논할 수 있음은 분명하다. 언질 주기에 요구되는 형식은, 언질을 주는 이가 적극적으로 언질을 받는 이에게 주어지는 언질에 의지하도록 하는 것이다. 그리고 명제의 단호한 주장이라면 아무것이나 다 의지하라는 초청으로 생각하는 것은 직관적으로 틀렸다. 공원을 걷고 있는데 당신이 하릴없이 "여기 잔디를 얼마나 자주 깎는지 궁금해"라고 말하고, 나 또한 똑같이 하릴없이 "일주일에 한 번"이라고 답한다. 나는 당신에게 "그들은 일주일에 한 번 여기 잔디를 깎는다"는 명제를 단호히 주장했다. 그러나 내가 그들이 그렇게 한다는 언질을 당신에게 준 것인가? 글쎄, 그들이 일주일에 한 번씩 잔디 깎는 것에 당신이 의지하도록(rely on) 초청하였는가? 내가 그러지 않았다고 확실히 주장할 수 있다. 어쨌거나 당신의 궁금함은 가설상 하릴없는

〔idle: 특별한 목적이 없는〕 것이었으며, 나는 그것이 하릴없는 것임을 알았다: 그들이 공원 잔디를 얼마나 자주 깎는지에 달려 있는 것이 당신에게는 아무것도 없다.

　도덕적으로 사소한 것에도 까다롭게 구는 이들(the morally fussy)은 그들이 공원 잔디를 일주일에 한 번 깎는다고 확신하지 않았다면 내가 "일주일에 한 번"이라고 답해서는 안 되었다고 말할지도 모르겠다. 왜? 혹시, 그들이 잔디를 얼마나 자주 깎는지가 나중에 당신에게 중요한 문제가 될 만일의 가능성 때문이다. (도덕적으로 사소한 것에도 까다롭게 구는 이들은 내가 확신하고 있지 않았다면, 나는 대신에 "내 생각에는 일주일에 한 번(Once a week, I think)"이라고 말했어야 한다고 말할지도 모르겠다. 내가 만일 그렇게 말했다면, 내가 단호히 주장한 명제는 더 약한 "JJT는 그들이 여기 잔디를 일주일에 한 번 깎는다고 생각한다"였을 것이다.) 그들의 견해에 의하면, 명제의 단호한 주장은 모두 자신의 언질을 주는 것이다. 이 이념에 상당히 공감이 가긴 하지만, 실제로는 맞지 않다. 그것은 지나치게 강하다(overstrong). 많은 대화를 주고받는 일상생활에서는 언질을 주는 것으로는 타당하게 볼 수 없는 단호한 주장이 지나치게 많다. — 이는 그것들을 의지하라는 초청을 발하는 것으로 그럴 법하게 볼 수 없기 때문이다. 그래서 우리가 살펴보고 있는 논제를 약화시키는 것이 온당하며, 그렇게 약화된 논제는 다음과 같을 것이다:

　　덜 강한 주장 논제(The Less Strong Assertion Thesis): Y가 어떤 명제를 X에게 단호히 주장하고 그렇게 하면서 X가 그 명제의 참에 의지하도록 초청하는 경우 오직 그 경우에만, Y는 X에게 그 명제가 참이라는 자신의 언질을 주는 것이다.(Y gives X his or her word that a proposition is true if and only if Y asserts the proposition to X, and in so doing is inviting X to rely on tis truth.)

이 논제는 모든 언질 주기가 명제를 단호히 주장하기라고 이야기하지만, 명제를 단호히 주장하기 중 일부는 언질 주기가 아니라는 점을 감안한다: 그것은 단지 의지하라는 초청인 단호히 주장하기가 언질 주기라고만 말할 뿐이다.

3. 그러나 그 논제도 여전히 지나치게 강하다. 내가 《보스턴 글로브》에 다음과 같은 광고를 낸다고 해 보자. "나는 이 광고로써, 보스턴 지역의 모든 주민들에게 나, JJT가 오는 시월 매일 밤 자정 전에 잠자리에 들 것이라는 명제를 단호히 주장하며 그 참에 의지할 것을 초청하는 바이다."[1] 나는 그렇게 함으로써 모든 보스턴 주민에게 내가 오는 시월 매일 밤 자정 전 잠자리에 들 것이라는 언질을 주는가? 내가 언질을 준다는 관념을 우리는 꺼림칙하게 느낄 것이라고 생각한다.

첫째로, 그 신문 독자 중 일부는 내 광고를 전혀 보지 않을 수도 있다. (내가 파티 초청장을 보내긴 했지만 그중 일부가 분실될 수 있다.) 둘째, 더 중요한 점으로 실제로 내 광고를 본 독자들이 "그녀가 잠자리에 언제 드는지 누가 상관하는가?"라고 생각할 수도 있다. (나는 파티 초청장을 보내지만 수령자 중 일부가 "이 뚱딴지 같이 초청장 보낸 사람 누구야?"라고 생각할 수 있다.)

"자신의 언질을 주다"라는 은유 그 자체가, 초청을 발하는 것으로는 충분치 않다고 시사한다: 초청은 수령되어야 하며, 참으로 받아들여져야 한다. 내가 당신을 쫓아 마을을 뛰어다니며 당신에게 내

---

1 이 사례는 Charles Fried, *Contract as Promise*에서 가져와 변형한 것이다.

제2부 어떤 것이 권리인가

아이들의 사진을 주려고 할 수도 있다. 당신을 멈춰서게 하고 그 사진을 내게서 받게끔 하기 전까지는 나는 실제로 당신에게 그 사진을 준 것이 아니다. 그 은유에 암시된 논점은 다음과 같이 표현할 수 있겠다: 수령(receiving)뿐만 아니라 받아들이기(accepting)까지 포함하는 '수용(uptake)'이 없으면, 언질 주기는 없다.

만일 우리가 그 비유◆를 진지하게 받아들인다면, 그 광고를 내면서 나는 모든 보스턴 주민들에게 언질을 준 것이 아니다. 아무 수용이 없다는 것이 진실이기 때문이다. 그리고 우리가 그 비유를 진지하게 여겨야 한다고 생각하는 것이 옳아 보인다. 만일 내가 어떤 사람에게 어떤 명제를 단호히 주장하고, 그렇게 함으로써 그 사람이 그 명제의 참에 의지하도록 초청한다면, 그 사람의 수용이 있는 경우에만 내가 그 사람에게 언질을 주었다고 생각하는 것이 정말로 옳아 보인다.

수용에 해당하는 것은 사안별로 달라질 수 있다. 그러나 비록 전형적으로는, 의지하라는 초청의 수령자가 그 단호히 주장된 명제가 참인지 여부에 상관할(cares) 경우 오직 그 경우에만 수용이 있지만, 상관하기 없이도 수용이 있을 수 있고, 수용은 없는데 상관하기는 있을 수도 있다. 내가 당신에게 전화를 걸어 "오늘 저녁 내 시금치를 먹겠다고 맹세한다!"고 말한다고 가정해 보자. (i) 당신은 조금도 상관하지 않지만, 예의상 "그래, 좋아"라고 말한다. 만일 그렇다면 상관하기는 없지만 수용은 있는 것이다. 이와 달리, (ii) 당신이 크게 상관하지만 (나는 당신이 왜 그렇게 상관하는지는 열어 둔 채로 남겨 두겠다) 당신은 나를 믿지 않으며, 그래서 당신은 "네가 하는 말 못 믿겠다!"라고 답한다. 이 경우엔 상관하기는 있지만 수용은 없다. 언질

◆ 톰슨이 보스턴 주민들에게 광고를 낸 비유 사례

주기가 요건으로 삼는 것은 수용이다. 초청의 수령자가 상관하건 하지 않건 말이다. 만일 (i)이 참이라면 나는 당신에게 언질을 준 것이지만, 반면에 (ii)가 참이라면 나는 언질을 준 것이 아니기 때문이다.

이 논점은 강조할 필요가 있다. 만일 (i)이 참이라면, 설사 당신이 내가 그러든지 말든지 상관하지 않더라도, 나는 오늘 저녁 시금치를 먹을 의무가 있다.(I am bound to eat my spinach) 나는 당신이 의지하도록 초청하였고 당신이 그 초청을 받아들였으므로, 나는 정말로 당신에게 언질을 주었고 이제 당신은 그것에 의지할 자격이 있다 — 설사 실제로는 당신이 그것에 의지하지 않을지라도 말이다. 이와는 대조적으로, 만일 (ii)가 참이라면, 나는 오늘 저녁 시금치를 먹지 않아도 된다. 설사 당신이 내가 시금치 먹는 것에 정말로 상관하더라도 말이다. 나는 당신이 의지하도록 초청하였지만 당신은 그 초청을 받아들이지 않았다. 그래서 나는 당신에게 언질을 주는 데 성공하지 않았으며 당신은 지금 내가 당신에게 제시한 말에 의지할 자격이 없다. (만일 당신이 내가 오늘 저녁 시금치를 먹는 쪽에 내기를 건다면, 당신 스스로 위험을 감수하고서 그렇게 하는 것이다.)

상관하지 않는 수용이 있을 수 있으므로, 언질을 받는 쪽에서 실제의 의지하기는 없는데도 언질 주기는 있을 수 있다. 그러므로 수용은 의지하기를 포함하지 않고 의지하기로 꼭 귀결되는 것도 아니다. 그러나 일단 수용이 있고 나면, 언질을 준 이는 도덕적으로 위험에 처한다. 언질받는 이가 어느 시점에서라도 의지하기 시작할 수 있기 때문이다.

그러므로 우리는 우리의 '주장 논제(assertion thesis)'를 한층 더 약화시킬 필요가 있다. 우리가 다음 논제를 받아들여야 한다고 주장한다:

제2부 어떤 것이 권리인가

주장 논제(The Assertion Thesis): Y가 X에게 어떤 명제를 단호히 주장하고 그리고

   (i) 그 행동을 통해, Y가 X에게 그 명제의 참에 의지하라는 초청을 하고, 그리고

   (ii) X가 그 초청을 수령하고 받아들인다(수용이 있다).

가 성립하는 경우 오직 그 경우에만 Y는 X에게 그 명제가 참이라는 자신의 언질을 주는 것이다.

4. 우리는 언질 주기를 하나의 속(屬)으로 생각할 수 있다. 약속하기(promising)는 언질 주기의 다른 종(種)에 비해 여러 이유에서 철학자들의 관심을 더 끌었다. 나는 우리가 약속하기가 언질 주기의 많은 종 중 하나의 종에 불과하다는 사실을 진지하게 여긴다면, 언질 주기를 더 쉽게 이해하리라고 생각한다.

약속하기는 다른 언질 주기와는 네 가지 면에서 다르다.

그러나 먼저, 약속하기가 다른 언질 주기와 다르지 **않은** 면을 살펴보자. B가 오늘 밤 차 열쇠를 두고 갈 것인지에 A가 관심을 가졌다(concerned)고 하여 보자. B가 차 열쇠를 어디에 두고 갈 것인지가 A에게 매우 중요하였다. 이에 더해, B가 이 사실을 알고 있었다고 가정해 보자. 그리고 마지막으로 B가 A에게 단호하게 주장, 즉

나는 당신에게 내가 오늘 밤 차 열쇠를 책상 위에 둘 것이라고 약속한다.

라고 말했고 A가 "알겠어, 믿을게."라고 말하였다. 그 경우 B는 명제 "B는 오늘 밤 책상 위에 차 열쇠를 둘 것이다"를 단호히 주장한 것이다. 그리고 (i) 그렇게 하는 것을 통해, B는 A에게 그 참을 의지

하라고 초청하였으며, 또 (ii) A는 그 초청을 수령하고 받아들였다. (수용이 있었다) 주장 논제로부터, B가 A에게 자신이 오늘 밤 책상 위에 차 열쇠를 둘 것이라는 언질을 주었다는 결론이 따라 나온다. 더구나 B는 그저 A에게 자신이 그럴 것이라는 언질을 준 것에 불과한 것이 아니었다. B는 자신이 그러리라고 A에게 약속하였다. 이와 달리, B가 그와 똑같은 여건에서 똑같이 확고하게, A에게 대신에

> 나는 당신에게 내가 오늘 밤 책상 위에 차 열쇠를 둘 것이라고 언질을 준다.
> 나는 내가 오늘 밤 책상 위에 차 열쇠를 둘 것이라고 보증한다.
> 나는 내가 오늘 밤 책상 위에 차 열쇠를 둘 것이라고 맹세한다.
> 제발 나를 믿어 줘! 나는 정말로 진실로 오늘 밤 책상 위에 차 열쇠를 둘 거야!

나 덜 멜로드라마 같은

> 나는 오늘 밤 책상 위에 차 열쇠를 둘 것이다.

중 하나의 말을 했다고 가정해 보자. 만일 B가 그 여건에서 위 말들 중 어느 하나를 말했다면, 그 경우에도 그는 오늘 밤 책상 위에 차 열쇠를 둘 것이라는 언질을 B에게 주었던 것이 된다. 그는 B에게 그가 그러리라고 약속한 것도 될까? 확실히. 우리는 매우 흔히 "나는 약속한다(I promise)"라는 특별한 어구를 써서 약속하기는 한다. 그러나 그 어구의 사용이 약속에 필수적인 것은 아니다. 그러므로 언질 주는 이가 "나는 약속한다"라는 어구를 사용하는 경우에만 약속이 된다면서 그것이 약속하기와 다른 언질 주기 사이의 차이라고

할 수는 없다.

실제로 언질을 주는 이는 말을 하지 않고 약속할 수 있다. 만일 A가 B에게 "당신은 오늘 밤 책상 위에 차 열쇠를 두고 갈 것을 약속(맹세, 보증)합니까?"라고 묻고 B가 고개를 끄덕였다면, B는 그러겠다고 그의 언질을 준 것이며 그리고 또한 약속한 것이다.

우리가 상상하였던 그런 여건에서는, B의 언질 주기가 약속하기가 되는 데는, B가 "나는 약속한다"는 말을 사용하여 언질을 준 것으로 충분하다. 만일 B가 "나는 맹세한다"를 사용했다면 그는 맹세한 것이 되었을 것이다. 만일 B가 "나는 보증한다"고 했다면 보증한 것이 되었을 것이다. 약속하기는 언질 주기의 한 종이며, 맹세하기, 보증하기도 언질 주기의 한 종이다. 이때까지 논의의 결과로 나온 것에 비추어 볼 때, 우리가 이 속에서 혼종(混種)이 — 즉, 맹세하기나 보증하기의 예가 약속하기의 예도 되는 경우가 — 있다는 점을 유념해야 하지만.

그러나 약속하기의 예는 아닌 맹세, 보증의 예가 있다: (내가 말했듯이) 약속하기는 언질 주기들 중에서도 그것을 독특하게 만드는 네 특성을 갖고 있다.

우리가 알다시피, Y가 어떤 명제를 X에게 단호히 주장하는 경우에만 Y는 자신의 언질을 준다. 약속하기의 첫 세 가지 독특한 특성은 약속하기에서 단호히 주장된 명제의 성격에 대한 제약에 있다.

첫째, 언질 주기는 단호히 주장된 명제가 미래 시제인 경우에만 약속하기이다. 만일 B가 A에게 명제

(1) B는 정말로 어젯밤 책상 위에 차 열쇠를 두었다.

를 단호히 주장한다면, B는 A에게 (1)이 참이라는 언질을 주는 것

일 수는 있다. 그러나 그가 (1)을 단호히 주장함을 통해 하는 언질 주기는 약속하기의 예는 아니다.

둘째, 언질 주기는 단호히 주장된 명제가 주장자를 그 주체로 가질 때에만 약속하기이다. 만일 B가 가족 치과 주치의인 A에게, B의 아들 찰리에 관하여

(2) 찰리는 내일 4시에 A의 진료실에 있을 것이다.

라고 단호히 주장한다면, B는 A에게 (2)가 참이라는 자신의 언질을 준 것일 수 있으며 (2)는 미래 시제다. 그러나 B가 (2)를 단호히 주장하여 한 언질 주기는 약속하기의 예가 아니다. A에게 (2)를 주장함을 통해 B가 A에게 자기 자신, B가 내일 4시에 A의 진료실에 있겠다고 한 것이 아님을 주목하라. 그는 A에게 자기 자신, B가 그때 찰리를 데려오겠다고 자신의 언질을 준 것도 아니고, 찰리에게 거기에 있도록 잔소리를 하겠다고 언질을 준 것도 아니다. B가 A에게 준 그의 언질은, 찰리가 그때 거기 있을 것이라는 것이 **전부**다. B가 A에게 언질을 준 것은, 설사 (놀랍게도) 찰리가 그때 거기 있고 싶다고 혼자서 자력으로 결심한 까닭에 B가 찰리를 거기 그때 있도록 하기 위해 아무것도 할 필요가 없다 하더라도 참이기 때문이다. 비록 물론 찰리가 그때 거기 있길 원치 않을 수도 있으며, 그 경우 B가 찰리를 몸소 데려오거나 잔소리해서 가게끔 하거나, 그 외 찰리가 그때 거기 있게끔 하기 위해 요구되는 무언가를 해서 있게 하는 경우에만 B가 A에게 준 언질은 참이다.

셋째, 언질 주기는, 그 명제가 작위(an act)를 귀속시키거나("B는 4시에 A의 진료실에 갈 것이다") 또는 부작위(a refraining from acting)를 귀속시키거나("B는 4시에 A의 진료실에 가지 않을 것이다") 또는 제

한된 범위의 상태를 귀속시키는 경우("B는 4시에 A의 진료실에 있을 것이다.")에만 약속하기다. 만일 B가 A에게

　　(3) B는 그의 사후에 많은 이들이 기억할 것이다.

라고 단호히 주장한다면 B는 A에게 (3)이 참이라는 그의 언질을 준 것이며 (3)은 미래 시제이고 B를 주체로 갖고 있다. 그러나 B가 (3)을 단호히 주장하여 한 언질 주기는 약속하기의 예가 아니다.

　약속하기의 네 번째 독특한 특성은, 주장된 명제의 문제가 아니라 피약속자의 욕구의 문제이다. 만일 B가 A에게

　　(4) B는 오늘 밤 A의 다리를 부러뜨릴 것이다.

나

　　(5) B는 오는 시월 매일 밤 자정 전에 잠자리에 들 것이다.

를 단호히 주장한다면, B가 오늘 밤 A의 다리를 부러뜨리는 것을 A가 원치 않다는 가정하에서 또는 B가 오는 시월 잠자리에 드는 시점에 관하여 A가 상관하지 않는다는 가정하에서, B는 A에게 A의 다리를 부러뜨릴 것이라고 또는 그가 언급한 시간에 잠자리에 들겠다고 약속한 것이 아니다.

　약속하기의 이 네 번째 특성은 언질 주기의 요건인 수용을 상기시킬 것이다. 수용이 없으면 (다시 말해, 언질을 받는 이가 언질 주는 이의 의지하라는 초청을 수령하고 받아들이지 않으면)[2] 언질 주기는 없다. 그

2　언질 주기가 그리고 **한층 더 강력한 이유로** 약속하기가 성립하기 위한 수용 요건은 어쨌

리고 전형적으로는 언질 받는 이가 주장된 명제가 참인지 상관할 때에만 수용이 있다. 우리가 보았듯이 상관하기 없이 수용이 있을 수 있고, 그리하여 상관하기 없이 언질 주기가 있을 수 있다. 그러나 여기서 논점은 언질 받는 이가 단호히 주장된 명제가 참인지 상관하지 않는다면, 그래서 정말로 그 명제가 참이길 바라지 않는다면, 설사 수용이 있다고 하더라도, 그래서 언질 주기가 정말로 발생한다 할지라도, 그때 발생한 것은 약속하기의 예가 아니다.

간단히 말해, 우리는 "약속"이라는 용어를 주어진 언질이 언질 주는 이 자신이〔몸소-조건(person-condition)〕할 것, 하지 않을 것〔시제-조건(tense-condition)〕또는 이러이러한 상태에 있을 것〔작위-부작위-상태-조건(act-refraining-state-condition)〕을 내용으로 하며, 언질 받는 이가 언질 주는 이가 그렇게 하거나 하지 않거나 있을 것을 원하는 〔욕구-조건(desire-condition)〕경우로만 한정하여 쓴다. 우리가 상상한 상황에서 B가 A에게 명제

B는 오늘 밤 책상 위에 차 열쇠를 둘 것이다.

를 단호히 주장했다면, 네 조건 모두 충족된 것이며 B는 자신이 오늘 밤 책상 위에 차 열쇠를 두겠다는 언질을 준 것이며, 정말로 약속한 것이다.

나는 이 조건들이 내가 암시한 정도 근처에라도 갈 만큼 확고한 것이라고는 생각하지 않는다. 예를 들어, 만일 B가 치과 의사에게 찰리가 치과 의사의 진료실에 내일 4시에 있을 것이라고 이야기한다면, 그 경우 만일 B가 나중에 찰리가 그때 거기 있을 것임을 B 자

든 '약인' ― 즉 약속에서 교환될 대가로 제안되는 어떤 것 ― 없이는 계약 없다는 법 원리의 원천 중 하나이다. 약인은 수용이 있다는 점을 확실하게 한다.

신이 치과 의사에게 약속했다고 말한다면 그 말은 명백히, 명확하게, 딱 잘라서(plainly, clearly, flatly) **거짓**인가? 그렇지 않다. 그럼에도 불구하고 대부분의 사람들은, 그 조건들을 충족하는 언질 주기에 대해서만 "약속하기"라는 용어를 쓰며, 그 조건들을 충족하지 않는 언질 주기에 그 용어가 사용되는 것을 들으면 최소한 꺼림칙해 한다.

사실, 그 조건들이 내가 암시해 왔던 것만큼 확고한지 아닌지에 관한 질문은, 우리의 논의 목적에는 정말로 문제되지 않는다. 우리가 관심을 갖는 것은 약속의 도덕적 함의(moral import)이며, 내가 주장할 바와 같이, 언질 주기들의 도덕적 함의는 (그것들이 약속하기이건 아니건) 동일하기 때문이다.

5. 언질 주기의 도덕적 함의는 무엇인가? 다음 논제를 받아들이자고 제안한다:

> 언질 주기 논제(The World-Giving Thesis): Y가 X에게 어떤 명제가 참이라는 자신의 언질을 준다면, X는 그렇게 함으로써 Y에 대하여 그 명제가 참일 것을 요하는 청구권을 취득한다.

그것이 참이라는 점은 나에게는, 우리가 이미

> 주장 논제: Y가 X에게 어떤 명제를 단호히 주장하고 그리고
> (i) 그 행동을 통해, Y가 X에게 그 명제의 참에 의지하라는 초청을 하고, 그리고
> (ii) X가 그 초청을 수령하고 받아들인다(수용이 있다).
> 가 성립하는 경우 오직 그 경우에만 Y는 X에게 그 명제가 참이라는 자신의 언질을 주는 것이다.

에 도달하면서 살펴보았던 것으로부터 나오는 것으로 보인다. Y가 X에게 어떤 명제가 참이라는 자신의 언질을 준다는 것은 Y가 X에게 그 명제의 참을 의지하라는 초청, X가 받아들이는 초청을 하는 것이기 때문이다. 그리고 당신이 어떤 사람에게 어떤 명제의 참을 의지하라는 초청, 그 사람이 받아들이는 초청을 발한다면, 그 경우 그 사람이 당신에 대하여 그것이 참일 것을 요하는 청구권을 취득함은 분명하다.

예를 들어, B가 A에게 B가 A에게 바나나 하나를 5시에 주겠다고 약속한다고 가정해 보자. A는 B가 그렇게 할 것을 요하는 B에 대한 청구권을 갖지 않겠는가? B가 A에게 바나나 하나를 5시에 주지 않음으로써 주는 경우보다 더 많은 선을 생성하리라는 사실은 B가 그렇게 하지 않는 것이 허용되도록 만들지 않는다. ─ 우리는 이런 종류의 몇 가지 사례를 앞서 살펴본 바 있다. 약속을 어겨서 얻는 선의 다대한 증분만이 약속 위반을 정당화한다. 그리고 그것이야말로 청구권의 존재가 가지는 특징이다.

여기서 강조할 것이 있다. 앞선 장에서 약속을 하는 이는 청구권을 **주는 것**(giving)이라고 하였다. 그러나 수용 요건에 비추어, 이것은 정확히 맞지 않다는 것을 알게 되었다. 약속은 완성을 위해, 자신의 언질을 청약하는 약속자와 그 청약을 받아들이는 피약속자라는 두 당사자를 필요로 한다. 수용이 요건이라는 점에서, 약속자 혼자서 피약속자가 청구권을 갖게 만드는 것이 아니다: 약속자 혼자서는 피약속자에게 청구권을 줄 수 없다. 약속자가 하는 일은 피약속자의 수용이 피약속자가 청구권을 가질 수 있도록 만드는 방식으로 세계를 변경하는 것이다. 다시 말해서, 약속자가 하는 것은 피약속자에게 청구권이 아니라 형성권을 주는 것이다. ─ 그것을 피약속자가 행사함으로써 피약속자 자신이 청구권을 갖게 만드는 그런 형성권 말이다. 이는 언질 주기 일반에도 마찬가지로 성립한다.

언질 주기 일반 그리고 특히 약속하기가 청구권을 어떻게 생성하는지에 관해서 말할 필요가 있거나 말할 수 있는 것에 그보다 더 심층적인 것은 아무것도 없다. 그것들의 도덕적 힘은 그것들이 청구권을 생성한다는 점에 놓여 있다. 그리고 그것들이 청구권을 생성한다는 사실은, 초청을 발하는 것은 스스로 의무를 지고자 청약하는 것이며, 그리하여 초청이 받아들여졌을 때 청약도 승낙된 것이며, 그러므로 언질을 준 이는 의무를 **진다.**(one therefore is bound)

특히, 언질 주기의 도덕적 함의를 설명하는 일은 언질 주는 이와 언질 받는 이의 사회적 이해의 배경(background of social under-standings)의 존재에 호소하는 일을 필요로 하지 않는다. 이런저런 종류의 사회적 이해가 약속이 도덕적 힘을 가진다는 사실에 중대하게 개입해 있다는 견해가 널리 받아들여지고 있다.[3] 그것은 두 가지 근거에서 잘못된 판단이다.

첫째, 약속하는 사람들이 할 것이나 해야 하는 것에 관한 배경 가정이나 합의(background assumptions or agreements) 그 자체만으로는 약속이 도덕적 힘(moral force)을 갖도록 만들 수 없다. 사람들이 약속자 Y가 X에게 하기로 약속한 것을 기대한다는 점, 또는 Y가 그것을 해야 한다는 것에 합의한다는 점은, Y가 그것을 해야 한다는 것을 참으로 만드는 것이 아니다. 그것을 참으로 만드는 것은 Y가 약속하기를 통하여 한 것과 피약속자 X의 수용이다. Y와 X가 그들 사

---

3 예를 들어 H. A. Prichard, "The Obligation to Keep a Promise", in *Moral Obligation* (Oxford: Clarendon Press, 1957), 그리고 John Searle, "How to Derive 'Ought' from 'Is'"를 보라. 이러한 발상에 대한 비판으로는 T. M. Scanlon, "Promises and Practices"를 보라. 이 논문은 곧 *Philosophy and Public Affairs*에 실릴 것이다. 〔Vol. 19, No. 3, 1990, pp. 199-226에 실림 - 옮긴이〕 약속의 도덕적 힘에 관한 나 자신의 해명은 몇몇 측면에서 스캔론의 것과 유사하다.

이에 그리고 그들이 주체가 되어(between them, and by themselves) Y가 그것을 해야 한다는 것을 참으로 만들지 않았다면, 다른 어느 누구도 참으로 만들었을 수 없다.

둘째, 약속하기가 시행되려면 한 사람 이상이 요구된다는 것은 참이지만, 두 사람보다 더 많은 사람이 요구되는 것도 아니다. 배경에 다른 사람들의 군집이 있어서, 약속을 하고 지키는 '관행'에 참여하고 있을 필요가 없다. X가 의지하라는 초청이 발해졌다는 것을 이해해야 한다는 점은 의문의 여지가 없다. 그렇지 않으면 X가 그 초청을 받아들이기 같은 것이 있을 수 없다. Y도 X가 그 초청을 받아들였다는 것을 이해해야 한다는 것은 의문의 여지가 없다. 그렇지 않다면 Y가 의무를 진다는 점을 Y가 안다고 상정할 수 없다. 전형적으로 사람들은 이러한 것들을 언어를 사용해서 서로에게 지칭하는데, 언어란 사회적 산물이다. 게다가 사람들이 약속자가 약속한 것을 할 것이라고 기대할 아무런 이유가 없다면 — 더 일반적으로, 다른 사람들의 말을 신뢰한다(trust)는 일반적 배경이 없다면, 서로 약속을 할 가능성은 없다. 당신과 내가 사람들이 다른 사람을 믿지 않는 사회에 살고 있다고 가정해 보자. 그 경우 우리는 사람들이 약속을 하지 않는 사회에 사는 것이며 (아무도 다른 사람들을 믿지 않는다면 약속을 하는 의미가 뭐가 있겠는가?) 그리고 아마도 그 사회는 그 언어가 약속을 하는 수단이 되는 언어적 장치는 아무것도 담지 않은 사회일 것이다. (아무도 한 번도 사용하지 않는 언어적 장치를 가지는 것이 무슨 의미가 있겠는가?) 그러나 이 모든 것은 내가 당신에게 우리 사회에서 최초의 약속을 한다는 것이 참임과 양립 가능하다. 이 모든 것은 의지하라는 초청을 당신에게 내가 (적합한 말을 결여한다면 말 이외에 어떤 다른 수단에 의해) 의사소통할 수 있음과 당신이 그 초청을 받아들이는 것에 해당하는 무언가를 할 수 있음, 그리고 당신이 그렇게 함으로써 청구권을 취득하는 것과 양립 가능하기 때문이다. 우리가 이런 방식으로 청구권을 생성하는 첫 번째 두 사람이 될 수 없다면, 어떻게 여덟 번째 두 사람은 될 수 있겠는가?

일반적 신뢰라는 배경이 없다면 약속은 아무런 도덕적 힘을 갖지 않는다는 이념은 홉스의 자연상태에서 사람들이 어떻게 사회계약을 체결함으로써 자연상태에서 벗어날 수 있었는지 이해하기 어렵게 만든다. 그들이 공동의 사회계약을 체결함으로써 자연상태에서 어떻게 벗어날 수 있었는지 이해하기 힘든 **것은 맞다.** 그러나 이는 첫 번째 약속이라는 관념이 갖는 난점 때문이 아니다. 홉스가 그들의 동기에 관하여 이야기하는 것 때문에 이해하기 힘든 것이다.

그러나 사회적 이해(social understandings)가 약속을 구속력 있게 만드는 것이 아니라고 말하는 것은, 사회적 이해가 약속의 안과 주변에서 벌어지는 일에서 정말로 등장한다고 말하는 것과 양립 가능하다. 첫째로, 약속자의 말로는 정확히 무엇이 약속되는지 불명확할 수 있으며, 이런 경우 사회적 이해에 대한 호소가 그 문제를 해결하기 위해 이루어질 수 있다. 법원은 이를테면 부품 구매자와 판매자의 공동체에서 그들 사이에 다소 불명확한 계약에 의거하여 부품 제조자 A가 부품 구매자 B에게 하기로 의무를 지는 것이 무엇인가를 해결하기 위해, 흔히 행동에 관한 현재의 가정에 호소한다. 또 무엇이 계약될 수 있는 것인지, 무슨 결과에 대해 누가 책임질 것인지, 제재, 벌금, 세금이 어떤 여건에서 부과되는지 되지 않는지 등등에 대하여 시행 중인 법이 부과하는 제약도 있을 수 있다. 그리고 물론 법은 (일부) 계약들을 정말로 집행한다. 그러나 Y가 X에게 무언가를 하기로 약속한다면, 다른 사정이 동일하다면 Y는 그것을 해야 한다는 사실은 남는다. 그리고 법이 Y의 약속을 집행할 수는 (집행하지 않을 수는) 있지만, 법 단독으로 Y가 그것을 해야 할 의무를 (지게 만드는 것이 있다면) 지게 만드는 것은 아니다. ― Y가 의무를 지게 만드는 것은, Y가 약속을 함으로써 했던 것 그리고 X가 그것을 받아들임으로써 했던 것이다.

6. 나는

> 언질 주기 논제: Y가 X에게 어떤 명제가 참이라는 자신의 언질을 준다면, X는 그로써 Y에 대하여 그 명제가 참일 것을 요하는 청구권을 취득한다.

에 대한 많은 반론이 독자들에게 떠오르리라고 확신한다. 이 절과 다음 절이 그 반론 중 가장 심각한 것들에 대한 답변이 되기를 희망한다.

그러나 우선, 내가 생각하기에 심각하지는 않은 가능한 반론 하나를 살펴보자.

A가 B에게 전화를 걸어 B가 편집하는 잡지에 원고를 보내고 싶다고 말한다고 가정해 보자. A는 극도로 바쁘고 오늘 저녁 마을을 떠나야 한다. A가 거기서 원고를 줄 수 있도록 B가 7시에 약국 앞에 있겠는가? B는 그러겠노라고 말한다. 그리하여 B는 A에게 다음 명제가 참이라는 그의 언질을 주었다:

> (6) B는 7시에 약국 앞에 있을 것이다.

정말로, B가 A에게 (6)이 참이라고 약속했음이 분명하다. 언질 주기 논제는, A가 이제 B에 대하여 (6)의 참을 요하는 청구권을 가진다고 이야기한다. B는 (6)이 참이 아닌 경우 오직 그 경우에만 그 청구권을 제한한다. 그래서 B는 (6)이 참이라면 그 청구권을 제한하는 것이 **아니다.** 우리는 (6)이 참이라면 B가 그의 약속을 지키는 것이라고 말해야 하는가?

만일 우리가 그렇다고 말한다면, 골칫거리가 있는 것 같다. 이유를 보기 위하여 다음과 같은 세부사항을 그 이야기에 더해 보자. B는 그 약속을 하면서 그르게 행위하였다: B는 실제로 그것을 어길 생각이었으며, 그저 A가 그 약속에 의지하여 B가 그 약속을 어겼을 때 실망하기를 원했다. 그러나 나중에 B는 그 사건 전체를 잊어버린다. B는 6시 30분에 담배를 사러 나갔고, 그것 참 공교롭게도 A가 도착했을 때 7시에 약국 앞에 서 있게 되었다. 그럴 경우 (6)은 참이었던 것으로 판명된다. 그러나 나는 많은 사람들이, 이것이 (6)이 참이었던 것으로 판명된 사정이라면, B는 그의 약속을 ─ 정말로 ─ **지킨** 것은 아니라고 말하리라고 생각한다. 즉 "약속을 지키다 (keep a promise)"라는 표현을, 어떤 사람이 약속된 명제를 그가 약속한 것이 참이 되리라고 약속한 바로 그 이유로 참으로 만들지 않는다면, 약속을 지키는 것이 아니라는 식으로 사용한다고 주장될 수 있다. 만일 그 주장이 맞다면, B는 A에게 한 그의 약속을 지키지 않았다.

그러나 B가 A에게 한 그의 약속을 지켰건 지키지 않았건, B는 A의 그 어떠한 청구권도 제한하지 않았다. 이는 그 이야기의 어느 부분도 B가 A에게, B가 A에게 거기 있겠다고 한 바로 그 이유로 약국 앞에 있기로 약속하였다고 말해 주지 않기 때문이라고 말할 수 있다. 만일 우리가 B가 A에게 단지

(6) B는 7시에 약국 앞에 있을 것이다.

라고 단호히 주장한 것이 아니라

> B가 A에게 그때 거기 있겠다고 약속한 바로 그 이유로 7시에 약
> 국 앞에 있겠다.

라고 단호히 주장한 것이라는 이야기를 들었다면, 그 경우에는 ―
언질 주기 논제에 따라 ― A는 (6)뿐만 아니라 그 명제의 참을 요하
는 청구권도 가졌을 것이다. 그러나 그 이야기의 어느 부분도 그렇
다고 하지 않는다. 그 이야기가 우리에게 전해 주는 것은 B가 (6)이
참일 것이라고 약속했다는 것이 **전부**다. 판명되었듯이 (6)은 참이었
다. A가 (6)을 참으로 만든 것이 무엇인지 알게 된다면, 그는 B를
나쁘게 생각할 것이 확실하다. B는 정말로 매우 나쁘게 행위하였기
때문이다. 그러나 A는 B가 A의 여하한 청구권을 제한했다고는 불
평할 수 없다.

유사한 논점이 언질 주기 일반에 적용된다. 만일 B가 가족 치과
주치의인 A에게, B의 아들 찰리에 관하여

> (2) 찰리는 내일 4시에 A의 진료실에 있을 것이다,

라고 단호히 주장했다면, 그 경우 ― 언질 주기 논제에 따라 ― A는
그 명제의 참을 요하는 청구권을 가진다. 그리고 참이 되기를 청구
권이 요하는 것은 바로 **그** 명제이지,

> B는 찰리를 내일 4시에 A의 진료실로 데려갈 것이다.

나

> B는 찰리에게 잔소리를 해서 내일 4시에 A의 진료실에 가게 할
> 것이다.

라는 명제가 아니다. 그리고 만일 B가 자신이 A에게 준 언질을 전부 잊어버렸고, A가 데리고 오거나 잔소리하지 않았는데, 찰리가 A의 진료실에 요구된 시각에 나타난다면, A가 B의 망각에 대해 알게 되면 확실히 B를 나쁘게 생각하겠지만, A는 B가 A의 여하한 청구권을 제한했다고 불평할 수는 없다.

바로 이런 이유에서 나는 제1장(주석 3을 보라)에서, X가 Y에 대하여 갖는 청구권을, 어떤 사태가 성립할 것을 요하는 권리로 보아야지, Y가 그 사태를 성립시킬 것을 요하는 권리로 봐서는 안 된다고 주장한 것이다. 우리는 즉 X가 Y에 대하여 Y가 어떤 것을 할 것을 요하는 청구권을 가질 가능성만이 아니라, X가 Y에 대하여 어떤 제3자가 어떤 것을 할 것을 요하는 청구권을 가질 가능성을 '청구권'이라는 개념(notion)이 포함할 수 있도록 할 필요가 있었다.

7.

> 언질 주기 논제: Y가 X에게 어떤 명제가 참이라는 자신의 언질을
> 준다면, X는 그로써 Y에 대하여 그 명제가 참일 것을 요하는 청
> 구권을 취득한다.

에 대한 더 심각한 반론은 다음과 같은 점에서 나온다. 염두에 두고 있는 것은, 비록 Y가 X에게 어떤 명제가 참이라는 자신의 언질을 주긴 하지만 Y가 그 명제를 참으로 만들 수 없을 가능성으로부터 나온다.

우리는 이런 유형에 속하는 몇몇 사안들을 제3장에서 만나 보았

다. 나는 100개의 부품을 C에게 인도하기로 약속하고 나서는 100개의 부품을 D에게도 인도하기로 약속했는데, 둘 다 할 수는 없음이 드러났다. 왜 그럼에도 불구하고 (내가 주장한 대로) 내가 그들 각각에게 나에 대하여 100개의 부품을 인도할 것을 요하는 청구권을 준 것이라고 말해야 하는지 떠올리는 것이 도움이 될 것이다. 간단히 말해 내가 두 사람 모두에게 인도할 수 없다면, 그 경우 다른 사정이 동일하다면 나는 인도를 할 수 없는 쪽으로부터 사전에 면제를 얻거나 그가 의지했는데도 불구하고 내가 이행하지 아니한 결과로 입은 손실을 보상하려고 해야 한다.

우리는 동일한 도덕적 현상이 더 골치 아픈 사안들을 살펴볼 때도 존재한다는 점을 알게 된다. 방금 언급한 사안에서 나는 두 약속 모두 지킬 수 없지만, 내가 한 두 약속 각각에 관해서 내가 그것을 지켜야 한다는 것은 참이다. 하나의 약속을 하고서는 **그것**을 아예 지킬 수 없는 사안은 어떤가? 나는 찰스에게 오늘 오후 5시에 바나나 하나를 주기로 약속하는데, 그 시간에 줄 수 있는 바나나가 아예 없다. 이 경우 우리는 동일한 도덕적 현상들을 마주하며, 그런 경우 내가 찰스에게 한 나의 약속을 지킬 수 없음에도 불구하고, 그는 나에 대하여 내가 지킬 것을 요하는 청구권을 가진다고 생각할 좋은 이유가 있다.

당신에게 다음 달에 원과 면이 같은 정사각형을 작도하겠다고 약속한다. 당신은 나에 대하여 내가 그렇게 할 것을 요하는 청구권을 가진다. 여기서는 내가 내 약속을 지키는 것을 불가능하게 만드는 것이 한낱 사실들이 아니라 논리다. 이 점이 차이를 만들어 내는가?

더군다나, 언질 주기 논제는 상당히 일반적이어서 약속하기인 언질 주기에 한정되지 않는다. 당신이 어떤 정리(a certain theorem)가 일정한 공리 집합으로부터 증명 가능한지 여부를 염려하는데, 내가 당신에게 증명 가능하다고 확언(assure)하고 당신이 내 확언을 받아들인다고 가정해 보자. 그 경우 나는 당신에게 그 정리가 증명 가능하다는 언질을 준 것이다. 나는 당신에게 그것이 증명 가능할 것을 요하는 나에 대한 청구권을 준 것인가? 설사 그것이 논리의 문제로서, 증명 가능하지 않다 하더라도?

다음 사안에 초점을 맞춰 보자. 당신은 서둘러 역으로 가고 있다. 당신이 나를 세우고는 "저기요, 저는 10시 30분에 뉴욕으로 가는 열차를 잡아야 합니다. 역에 도착할 시간이 있을까요?"라고 묻자 내가 내 시계를 보고는 안심시키는 말투로

(7) 지금은 10시입니다.

라고 말한다. 이 말은 역이 길을 따라 보이는 곳에 있어서, 당신이 거기 가는 데는 5분 이상은 도무지 걸릴 것 같지 않기 때문에, 안심되는 말**이다**. 당신은 안심하고 걸음걸이를 늦춘다. 나는 당신에게 그것이 10시라는 나의 언질을 주는 것인가? 주었다고 나는 생각한다. 나는 지금이 10시라는 점에 당신이 의지하도록 초청하고 당신이 나의 초청을 받아들였기 때문이다. 그러므로 나는 당신에게 지금이 10시일 것을 요하는 나에 대한 청구권을 준 것인가?

한 가지는 명백하다. 지금이 10시라면 나는 당신의 그 어떠한 청구권도 제한하지 않았다. 그러나 지금이 10시가 아니라면 어떻게 되는가?

주의를 요하는 것은 시각을 알려 준 내가 지금 10시가 아니라는 점을 스스로 알아차리는 경우다. 당신이 역을 향해 발걸음을 옮기고 난 직후에 나는 지금이 실제로는 10시 23분이라는 것을 깨닫는다. (매우 신뢰할 만한 마을 시계를 우연히 보게 된다.) 무엇을 해야 하는가?

당신이 눈에 보이는 거리에 있다면, 아무것도 하지 않아서는 안 된다. 나는 "뭐, 내 문제는 아니지"라고 혼잣말을 해서는 안 된다. 당신에게 내가 당신에 알려 준 시간은 틀렸다고 이야기해야 한다. 정말로 나에게 얼마간의 비용이 들더라도 그렇게 해야 한다. 당신이 아직 멀리 있지 않다면 소리치거나 당신을 붙잡기 위해 달려가야 한다. 당신에게 경고하기 위해 어마어마하게 애쓸 필요는 없다. 내가 발목을 삐었고 당신이 한 블럭 떨어져 있다면, 나는 그렇게 해야 할 도덕적 책임에서 벗어나 있는 것(off the moral hook)이다. 그러나◆ **어떤** 도덕적 책임(a moral hook)은 분명히 있다. 당신이 내 실수로 손해를 보지 않도록 합당한 조치를 취해야 한다. (C에게 금요일에 100개의 부품을 인도하겠다는 약속처럼) 약속을 지킬 수 없으리라는 것을 알게 된 경우 내가 나의 피약속자에게 그럴 수 있다면 미리 그 사실을 경고하여, 피약속자가 나의 무능력으로 손해를 보지 않도록 해야 하는 것과 꼭 마찬가지로 말이다.

언질 주기의 일부 사안들에서 약속자가 약속을 어길 때 보상을 해야 할 수도 있는 것과 꼭 마찬가지로, 언질 주는 이는 언질로 주어진 명제가 참이 아니라면 언질 받은 이의 손실을 보상해야 할 것이다. 우리가 살펴보고 있는 사안에서는 그럴 가능성은 높지 않다. 당신이 10억 원어치 계약을 체결하기 위해 뉴욕으로 가는 10시 30분 기차를 탈 필요가 있었다고 가정해 보자. 당신은 내 실수 때문에 열차를 놓친다. 내가 당신이 놓친 10억 원을 배상해야(reimburse)한다고는 도저히 기대할 수 없다. (그리고 곧 10억 원어치 계약을 체결할 당신이 그 중요한 시각 정보를 모르는 행인에게 의지하다니 도대체 뭐 하고 있었냐고 묻는 것이 확실히 적합하다.) 그래도, 내가 보상해야 하는 사

◆　큰 비용이라는 사정 덕분에 벗어나긴 했지만 존재하는

안들이 있다. 내가 당신에게

　(8) 찰리는 금요일에 당신에게 100개의 부품을 인도할 것이다.

라고 단호히 주장하고 찰리가 나의 근로자라면, 그리고 당신이 "좋다"라고 말한다면, 그 경우 나는 약속을 한 것은 아니다. (8)은 우리가 열거한 약속의 요건을 충족하지 않기 때문이다. 그러나 나는 당신에게 언질을 주었다. 그리고 (8)이 거짓으로 드러나고 당신이 부품이 없어 손실을 입는다면, 나는 금요일에 100개의 부품을 인도할 것이라고 단호히 주장하였던 경우 보상해야 하는 것과 마찬가지로 (찰리가 아닌) **나**는 손실을 보상할 책임이 있다. 배상책임을 지우는 장치는 약속만이 아니다. 언질 주기도 일반적으로 그렇다.

　언질로 준 명제가 거짓이고 그 거짓에 의해 야기된 손실을 보상하는 것이 적합한 경우 사전에 경고를 줄 필요는 ─주장 논제가 이야기하듯이─ 자신의 언질을 주는 것을 통해 언질로 준 명제에 의지하는 것을 초청한다는 사실로부터 나온다. 언질 주기가 약속에 해당하는 것이건 아니건 말이다.

　정말로, 언질 주기가 바로 의지를 초청하는 것이기 때문에, 언질을 주기 전에 언질로 주어질 명제가 확실히 참이라는 점을 확신하도록 주의를 기울여야 한다. C가 금요일에 100개의 부품을 필요로 한다면, 내가 그것들을 인도할 수 있으리라고 확신하는 데 합당한 사전주의(precautions)를 기울이지 않았다면, 그에게 부품을 제공하겠다는 약속을 해서는 안 된다. 마찬가지로 당신이 나에게 시간을 물었다면, 나는 (7)이 참이라는 단순한 추측에 기초해서 단호히 (7)을 주장해서는 안 된다. 내 시계를 쳐다봐야 하며, 내 시계가 느릴 수도 있다고 의심할 만한 이유가 있다면, 단호히 (7)을 주장해서는 안 되고, "글쎄요, 내 시계는 10시를 가리키고 있는데, 제 시계가 느릴 수도 있어요."라고 말해야 한다.

여기서 가능한 죄(possible sins)에는 유사성이 있다. 지킬 의도가 전혀 없으면서 약속을 하는 사람의 사안에서, 우리는 그가 '거짓 약속(false promise)'을 했다고 말한다. 언질로 준 명제가 거짓이라고 믿으면서 자신의 언질을 주는 B의 사안에서, 우리는 그가 거짓말을 했다고 말한다. 그러나 두 현상은 아주 비슷하다. 양 사안 모두에서 화자는 의지하기를 초청하면서도, 그렇게 의지하면 순전히 손실을 볼 것이라고 믿는다. 또, 언질로 준 명제가 참이라고 확신하기 위해 합당한 사전주의를 기울이지 않고서 약속을 하는 사람 또는 자신의 언질을 주는 사람 사안에서는, 과실이 있다.

우리는, 원한다면, 한편으로

(7) 지금은 10시다.

와 같은 명제, 즉 그 참이나 거짓이 우리의 통제 밖에 있는 명제와, 다른 한편으로,

(8) 찰리는 금요일에 당신에게 100개의 부품을 인도할 것이다.

와

(9) JJT는 오늘 밤 책상 위에 차 열쇠를 둘 것이다.

와 같은 명제, 즉 그 참이나 거짓이 우리의 통제 안에 있(다고 우리가 상정할 수 있)는 명제의 차이를, 다음과 같이 특징지을 수 있을 것이

다. (8)이나 (9)의 참에 관해 내가 언질을 주는 것은, 그 명제의 참에 대한 청구권을 주는 것인 반면에, (7)의 참에 관해 자신의 언질을 주는 사람은 (그 사람이 나든 다른 누구든) 누구나 그 명제가 거짓으로 드러난다면 거짓이라는 경고를 받을 청구권과, 입은 손해에 대한 그 후의 보상이 요청된다면 그 보상에 대한 청구권만을 주는 것이라고. 그러나 내가 이해할 수 있는 한에서는 이러한 복잡성을 언질 주기에 대한 우리의 해명에 도입할 아무런 좋은 이유도 없다. — 제3장에서 청구권에 대한 우리의 해명에 유사한 복잡성을 도입할 아무런 좋은 이유가 없었던 것과 마찬가지로 말이다. 언질 주기 논제는 매력적으로 단순하며, 그것을 받아들일 것을 제안한다. 그 논제를 받아들인다고 해서 언질로 주어진 명제와 언질 주는 이의 통제 안에 있지 않은 무언가의 진릿값을 잘못 기억한 것 사이의 차이점을 간과하도록 오도되는 것은 아니다.

8.

> 언질 주기 논제: Y가 X에게 어떤 명제가 참이라는 자신의 언질을 준다면, X는 그렇게 함으로써 Y에 대하여 그 명제가 참일 것을 요하는 청구권을 취득한다.

에 대한 우리가 살펴봐야 하는 가능한 반론 셋이 더 있다.

첫 번째 반론은, 언질 주기가 그 원천을 강박이나 기망(coercion or fraud)에 두고 있을 수도 있다는 가능성에서 나온다. B는 더 효율적인 강탈자는 못 된다: 그는 A의 머리에 총을 들이밀고 "당신의 거래 은행으로 가서 1천 달러를 인출해서 나에게 준다고 언질을 달라, 그러지 않으면 당신을 쏠 거야!"라고 말한다. A는 "네, 선생님"이라고 말한다. A는 B에게 돈을 인출해서 줄 것이라는 그의 언질을 주었는가? 게

다가 D는 C에게 그가 지독한 재정 곤경에 빠져 있고 그래서 그가 애호하는 반 고흐 그림을 터무니없이 낮은 가격인 1천 달러에 팔아야만 한다고 말한다. C는 "나한테 팔렸어! — 내 은행으로 바로 갈게."라고 말한다. C는 D에게 돈을 인출해서 줄 것이라는 그의 언질을 주었는가?

> 주장 논제: Y가 X에게 어떤 명제를 단호히 주장하고 그리고
>   (i) 그 행동을 통해, Y가 X에게 그 명제의 참에 의지하라는 초청을 하고, 그리고
>   (ii) X가 그 초청을 수령하고 받아들인다(수용이 있다)
> 가 성립하는 경우 오직 그 경우에만 Y는 X에게 그 명제가 참이라는 자신의 언질을 주는 것이다.

는 A가 B에게 자신의 언질을 주었고, C는 D에게 자신의 언질을 주었다고 이야기하며 이는 옳은 것 같다: 설사 어떤 이의 주장이 강박이나 기망에서 나오더라도 나는 자신의 언질을 **준** 것이라는 점에 동의해야 한다고 생각한다.

그러나 A는 B에게 자신의 돈을 인출해서 줄 것을 요하는 청구권을 주었는가? C는 D에게 자신의 돈을 인출해서 줄 것을 요하는 청구권을 주었는가? 몇몇 사람들이 A와 C가 정말로 그 청구권을 주었다고 말하리라는 점은 흥미롭다. 특히 홉스를 염두에 두고 있다. 그중 어느 누구도, A와 C가 그 청구권을 준수할 것을 도덕이 요구한다고 말하지 않으리라고 확신한다: 그들의 견해에 의하면, 이것들은 A와 C가 제한하는 것이 허용되는 청구권들이다. 그러나 우리는 A와 C가 청구권을 줬다는 점에 관해서는 그들과 의견을 같이해야 하는가?

그 원천이 강박이나 기망에 있는 언질 주기가 그럼에도 불구하고 청구권을 준다고 생각하는 사람은 누구나 언질 주기에서 일어나는 일을 **과도하게**(excessively) 존중하는 것이라고 하고 싶다. 의지하기를 초청하는 것은 인정컨대 도덕적으로 진지한 일이다. 그럼에도 불구하고 언질 주는 이가 그러한 사안에서 의무를 진다는 이념은 받아들이기 힘들다.

언질 주기 논제에 강박이나 기망에서 나오지 않는 언질 주기만 청구권을 준다고 한정하는 예외를 간단히 삽입할 수도 있다. 그러나 나는 더 일반적인 무언가가 여기서 작동하고 있다는 사실에 주목하기 위하여 잠시 멈추는 것이 좋다고 생각한다.

염두에 두고 있는 것은 이것이다. B가 어떤 것을 A가 하도록 강박을 시도한다는 것은, B가 A로 하여금 A 자신이 그것을 하는 것 이외의 적합한 대안(eligible alternatives to doing the thing)이 없다고 생각하게끔 만들려고 한다는 것이다. 그리고 B가 A에게 A가 그것을 하는 것 이외의 적합한 대안이 없다고 생각하도록 만드는 데 성공한다면, B는 A로 하여금 그것을 하도록 강박하는 데 성공한 것이다. 그저 A가 그것을 하는 것 이외의 적합한 대안이 없다고 생각하도록 만드는 데 그치지 않고, A가 그것을 하는 것 이외의 적합한 대안이 없다는 것이 실제로 참이게 만드는 데 성공하는 것일 수도 있다. 또는 그렇지 않을 수도 있다. 이것은 문제되지 않는다. B가 A로 하여금 A 자신이 그것을 하는 것 이외의 적합한 대안이 없다고 **생각**하도록 만드는 데 성공한다면, 그 경우 A는 그것을 할 것이며, 그리하여 B는 A가 그것을 하도록 강박하는 것에 성공한 것이 된다. 특히 만일 B가 A로 하여금 A 자신이 은행으로 가서 1천 달러를 인출해서 줄 것이라고 자신의 언질을 B에게 주는 것 이외의 적합한 대안이 없다고 생각하는 데 성공한다면, 그 경우 A는 그의 언질을 줄 것이고, 그리하여 B는 A가 자신의 언질을 주도록 강박하는 것에 성공한 것이 된다.

그런데 어떤 사람이 자신이 어떤 것을 하는 것 이외의 적합한 대안이 없다고 생각하게끔 되는, 강박 이외의 다른 방식들이 있다. A′이 자신의 부품을 저장해 두는 차고가 지난밤 소실(燒失)되었다고 가정해 보자. A′은 모르는 사실이지만 B′이 악의적으로 그 차고를 불태워 없앴다. A′은 이제 100개의 부품이 절실히 필요해졌다. 그리하여 A′이 B′이 우연히 갖고 있는 100개의 부품을 주면 자신이 B′에게, 그 부품들에 대한 시장 가격인 1천 달러를 주겠다고 청약하는 것 외에는 적합한 대안이 없다고 결론지을 수도 있다. 만일 A′이 B′에게 정말로 이러한 취지의 언질을 준다면, A′은 그가 적합한 대안이 없다고 생각하기 때문에 그렇게 한 것이다. 그러나 A′으로 하여금 적합한 대안이 없다고 생각하게 만든 것은 강박이 아니라 A′이 100개의 부품을 필요로 하도록 야기한, 차고를 불질러 없애 버린 B′의 악의적인 행동이었다.

A′과 B′ 사안에서는 A와 B 사안에서와 마찬가지로, 언질은 주어졌다. 그러나 언질 주기가 이 사안들 중 어느 하나에서라도 청구권을 준다고 생각하는 것은, 언질 주기에서 일어나는 일을 과도하게 존중하는 것이다. 언질 주기로 귀결된 축소된 적합한 대안 조건(condition of diminished eligible alternatives)(이라고 내가 칭할 것)은 언질 받는 이의 귀책사유가 낳은 것이며, **바로 그** 이유에서 언질 받는 이는 언질을 받기는 하지만 청구권은 받지 못하는 것이라고 생각하는 것이 그럴 법하다.

축소된 적합한 대안으로부터 귀결된 언질 주기가 아무런 청구권을 주지 않는 사안들은, 내가 생각하기에, 언질 주는 이의 축소된 적합한 대안에 대해 언질 받는 이에게 귀책사유가 있는 사안으로 한정된다. 그 이유를 살펴보기 위하여 A″과 B″을 비교해 보라. A″이 자신의 부품을 보관하는 차고가 어젯밤 소실되었다. 어느 누구도 귀책사유이 없었다: 차고는 번개를 맞았다. 그럼에도 불구하고 A″은 100개의 부품을 절실히 필요로 한다. A″이 그리하여 B″이 우연히 갖고 있는 100개의 부품을 A″에게 주면 B″에게, 그 100개 부품의 시장 가격인 1천 달러를 주겠다는 청약을 하는 것 이외의 적합한 대안이 없다고 결론지을 수도 있다. 이 경우 언질 주기가 청구권을 줌은 분명하다. B″이 A″에게 A″이 필요로 하는 100개의 부품을 선물로 준다면 B″으로서는 참으로 친절한 행동을 한 것이 될 터이다. 그러나 B″이 정말로 이렇게 한다면, 그는 A″이 B″에게 그 대금을 지불하겠다는 A″ 자신의 언질을 주는 것을 통해 B″에게 준 대금 청구권을 스스로 상실하는 것(divests himself of a claim)이다.

만일 B″이 A″에게 100개의 부품에 대해서 시장 가격이 아니라, 터무니없이 높은 가격의 대금을 요구한다면 어떻게 되는가? (당신이 사막에서 길을 잃고, 목이 말라 죽어 가는데, 스미스가 와서는 당신에게 1천 달러를 받고 물 한 모금을 주겠다고 청약한다면 어떻게 되는가?) 이 경우 우리는 만일 A″이 B″에게 그 가격에 대금을 지불하겠다는 언질을 준다고 하여도, 그럼에도 불구하고 A″은 B″에게 그 전체 대금을 지불받을 청구권을 준 것은 아니라고 느낄 것이다. 그러나 그렇다면, 이는 언질 받는 이에게 귀책사유가 있기 때문이 아니겠는가? B″은 A″이 100개의 부품을 필요로 하도록 야기하지 않았으며 **한층 더 강력한 이유로** A″이 지금 100개의 부품을 필요로 한다는 사실에도 아무런 귀책사유가 없다. 그러나 B″은 A″이 그 터무니없이 높은 가격의 대금을 지불하겠다는 그의 언질을 주는 것 이외의 아무런 적합한 대안이 없게끔 하였다는 점에 귀책사유가 있다. B″은 A″이 또 다른 대안을 갖도록, 즉 합당한 가격의 대금을 지불하는 대안을 갖도록 할 수 있었으며 그렇게 했어야만 하기 때문이다. 아니면 어쨌든 나는, 우리가 B″이 더 낮은 가격에 대금을 책정했어야만 한다고 생각하기만 한다면, A″이 B″에게 B″이 요구한 가격의 대금을 지급받을 청구권을 주는 데 실패하였다고 생각할 것이라고 주장한다.

그러므로 나는 축소된 적합한 대안에서 귀결된 언질 주기가 아무런 청구권을 주지 않는 사안들은, 언질 받는 이가 이런저런 점에서 언질 주는 이의 축소된 적합한 대안들에 대하여 귀책사유가 있는 사안들에 한정된다고 생각한다.

축소된 정보(diminished information)라고 칭할 수 있는 사안에서도 무언가 유사한 것이 참으로 보인다. 우리는 D가 C에게 자신이 지독한 재정 곤경에 빠져 있으며 그래서 그가 애호하는 반 고흐의 작품을 터무니없이 낮은 가격인 1천 달러에 팔아야만 한다고 말한다고 상상하였다. C는 "나한테 팔렸어! ─ 내 은행으로 바로 갈게" 라고 말한다. C는 D에게 자신이 그 돈을 인출해서 주겠다는 자신의 언질을 주었는가? C가 은행으로 가는 도중에, 그 그림이 실제로는 반 고흐가 아니라 (이를테면) 마빈 위더스푼이 그린 것이라는 사실을 알게 된다. D는 그럼에도 불구하고 C에 대하여 그 그림을 1천 달러와 교환할 것을 요하는 청구권을 갖는가? 아니, 갖지 않는다고 생각한다. 그러나 이는 C가 자신의 언질을 D에게 주는 것으로 귀결된 잘못된 정보(misinformation)에 관해 D에게 귀책사유가 있기 때문이다.[4]

언질 주는 이의 (잘못된 정보와는 대비되는 것으로) 정보 결여(lack of information)에 관해 귀책사유가 있는 언질 받는 이도 역시 언질 주는 이로부터 청구권을 받지 못한다. C′이 찾고 있는 어떤 것을 D′이

---

4 이 사안에서 C도 귀책사유가 있었다는 사실에 의해 말썽이 생긴다. 성공적인 사기꾼은 잠재적인 흔적에서 겉치레뿐인 것을 찾아내는 예리한 눈을 갖춘 사람이다.

악의적으로 숨겼다면, 그 경우 그것이 어디 있는지에 관한 정보를 주면 D′에게 돈을 주겠다는 언질을 C′이 주었을 때 C′은 아무런 청구권도 주지 않는다. 그러나 만일 D′에게, 그것을 숨기거나 아니면 터무니없는 가격에 대금을 책정하거나 하는 귀책사유가 없었다면 C′은 그의 언질을 주는 것을 통해 청구권을 준 것이 된다. ◆

이러한 관념들(ideas)이 옳다면 ─ 그리고 나는 옳다고 생각하는데 ─ 축소된 적합한 대안이나 축소된 정보 조건에서 나온 언질 주기는, 그 조건이 언질 받는 이의 귀책사유에서 기인하는 경우에만 (only if the condition is due to fault in the word-receiver) 청구권을 주는 데 실패한다고 말할 수 있다. 그 조건이 언질 받는 이의 귀책사유에서 기인**하는** 경우에는 우리는 그 청구권이 사산(死産)된 것으로, 발생 시부터 몰수된 것(stillborn, forfeit form conception)으로 생각할 수 있다. 언질 주기 논제를, 언질 받는 이의 귀책사유에서 나온 언질 주기에 관한 명시적인 예외를 삽입함으로써 수정할 수 있지만, 굳이 수고를 들여 그렇게 하지 않을 것을 제안한다. 청구권이 몰수될 수 있다는 사실은 충분히 익숙한 사실이다. 그리고 우리는 그저, 귀책사유가 없었다면 청구권이 주어졌을 것이지만, 귀책사유가 있었기 때문에 주어지지 않은 그러한 사안들이 있다는 것만 유념할 필요가 있을 뿐이다.

9. 마지막 절의 서두에서 언급한 언질 주기 논제에 대한 남아 있던 세 반론 중 두 번째 반론은, 언질 주기의 원천에 관한 고려사항에서 나오는 것이 아니라 주어진 언질의 내용에서 나온다. 염두에 두고

◆ 전자의 경우에는 물건을 활용할 수 없도록 숨긴 사람을 꾀어 물건을 소유자가 회복하는 것과 비슷한 반면에, 후자의 경우에는 탐정에게 물건 찾는 일을 의뢰하는 것과 같은 계약이 성립한 것이다.

있는 것은 주체가 도덕적으로 허용되지 않는 무언가를 하기로 언질을 줄 수도 있다는 것이다. 주장 논제는, 언질 주기를 참으로 만드는 것이 도덕적으로 받아들일 수 있는 명제의 주장에 한정하며 이는 옳은 것 같다. 우리가 악당이고, 쿠데타를 기획하고 있다고 해 보자. 나는 대통령을 암살하는 일에 자원한다. (대신에 당신은 부통령과 하원의장 둘 다 암살하기로 자원한다.) 나는 주장 논제가 말하듯이 내가 그렇게 함으로써 당신에게, 내가 대통령을 암살할 것이라는 나의 언질을 준다고 말하는 것이 옳다고 생각한다. 그러나 나는 당신에게 내가 대통령을 암살할 것을 요하는 청구권을 주었는가? 다시금 몇몇 사람들은 내가 청구권을 주는 것이라고 말하리라고 나는 확신한다 — 비록 그들은 물론 내가 그 청구권을 제한하는 것이 허용되며, 내가 그 청구권을 제한하지 않는 것이 불허된다고 말하겠지만 말이다. 우리는 그들과 의견을 같이해야 하는가?

나는 우리가 그들과 의견을 달리해야 한다고 생각한다. (그들은 언질 주기에서 진행되는 일에 과도한 존중을 보이는 것이다.) 내가 당신에게 내가 그러리라는 언질을 주는 것을 통하여, 내가 대통령을 암살할 것을 요하는 청구권을 당신에게 준다고 생각하는 것은 직관적으로 정말로 부당해 보인다. 그리고 내가 당신에게 그 청구권을 주지 않았다고 생각할 이유가 있다. 내가 회개하여 사악한 길에서 돌아섰고 그래서 대통령을 암살하지 않는다고 가정해 보자. 이것은 당신을 불리한 입지에 처하게 하고 당신에게 해악을 야기할 수도 있다. 그럼에도 불구하고 당신이 겪은 해악을 보상하는 방식으로 내가 당신에게 빚지고 있는 것이 아무것도 없다고 생각한다.

내가 당신에게 그 청구권을 주지 않았다고 생각할 상당히 일반적인 이유가 있다고 생각될 수도 있으며, 그 이유를 살펴볼 가치가 있다. 다음 논제를 살펴보자:

(T_1') $C_{X, Y}$ p인 그러한 X가 있다면, Y가 p가 성립하도록 하는 것은 허용된다.(If there is an X such that $C_{X, Y}$ p then it is permissible for Y to let it be the case tha p.)

만일 이 논제가 참이라면, 그렇다면 특히 만일 X가 Y에 대하여 Y가 알파를 할 것을 요하는 청구권을 갖고 있다면, Y가 알파를 하는 것은 허용된다. 그러므로 Y가 알파를 하는 것이 허용되지 **않**는다면, X가 누구든 간에 X는 Y에 대하여 Y가 알파를 할 것을 요하는 청구권을 갖지 않는다. 이로부터 만일 Y가 알파를 하는 것이 허용되지 **않**는다면, 설사 Y가 X에게 Y가 알파를 할 것이라는 자신의 언질을 주었다고 하더라도, Y는 X에게 Y가 그것을 할 것을 요하는 청구권을 준 것이 아니라는 결론이 따라 나온다. 내가 대통령을 암살하는 것은 허용되지 않는다. 만일 (T_1')이 참이라면, 내가 당신에게 내가 그럴 것이라고 하는 나의 언질을 당신에게 줌을 통하여 당신에게 청구권을 주지 않았다는 것도 놀라운 일이 아니다.

우리가 1부에서 상당한 시간을 들여 살펴보았던 논제,

(T_1) 만일 $C_{X, Y}$ p인 그러한 X가 있다면, Y는 p가 성립하지 않도록 해서는 안 된다.

를 상기시키는 방편으로 그 논제에 "(T_1')"이라는 명칭을 부여하였다. (T_1) 논제는 모든 청구권은 준수되어야 한다고 말한다. 그리고 우리는 모든 청구권은 절대적이라는 논제로 그것을 바꾸어 표현하였다. 더 약한 논제 (T_1')은 단지, 모든 청구권은 준수되는 것이 허용된다고(all claims may permissibly be accorded) 말할 뿐이며, 우리는 원한다면 그것을 모든 청구권은 도덕적으로 준수 가능하다는 논제(the thesis that all claims are morally accordable)로 바꾸어 표현할 수 있다. (T₁′)이 우리에게 직관적으로 그럴 법하다고 생각한다.

그러나 우리가 그것을 받아들여야 하는가? 내일 아침 당신이 무어의 《윤리학(*Ethics*)》한 권이 필요하다고 가정해 보자. 내가 당신에게 한 권 갖다 주겠다고 말한다. 당신이 내일 그 책을 가지는 것에 당신의 많은 이익이 걸려 있기 때문에, 당신은 내가 그것을 가져다줄 수 있다고 **확신**하느냐고 묻는다. 나는 당신에게 가져다줄 수 있고 가져다줄 것이라고 보증한다. 그러고 나서 내가 구할 수 있는 유일한 《윤리학》책이 오직 스미스 소유의 한 권밖에 없고, 스미스가 마을을 떠나 있어서 내가 그것을 가지러 그의 집에 무단침입할 수밖에 없다는 것을 알게 된다. 내가 스미스의 집에 그 책을 가지러 무단침입하는 것은 허용되지 않으며, 나는 그렇게 무단침입하는 경우 오직 그 경우에만 당신에게 그 책을 가져다줄 수 있다. 허용성을 위한 유일한 수단 원리(The Sole Means Principle for Permissibility, 제4장 2절)는 내가 그것을 당신에게 가져다주는 것이 허용되지 않는다고 이야기한다. 그러므로 우리는 당신이 나에 대하여 아무런 청구권이 없다고 결론 내려야 하는가? 정말로? 그렇게 해서 당신이 책이 없어서 입을지도 모를 해악에 대해 그저 손을 털고 모른 척하는 것이 정말로 적합한가? 내가 책을 가져다주겠다고 보증한 것을 할 능력이 없는 데 대하여 내가 아무런 귀책사유가 없다고 하더라도, 여전히 나는 그 보증 주기를 통하여 책임을 지게 되었다.

다시 말해서 우리는 구분 지어야 한다. 우리는 Y가 X에게 그렇게 하는 것이 Y에게 허용되지 않는 알파를 할 것이라는 자신의 언질을 주는 일부 사안들에서는, Y는 그렇게 함으로써 Y가 그렇게 할 것을 요하는 청구권을 X에게 정말로 주지만 — 그래서 논제 (T₁′)은 거짓이지만 — , 이런 종류의 다른 사안들에서는 Y는 그렇게 함으로써 X

에게 청구권을 주는 것이 아니라고 말해야 한다. 나는 내가 당신에게 무어의 《윤리학》 한 권을 내일 아침 가져다주겠다는 나의 언질을 주는 사안에서는 정말로 청구권을 준 것이다. 반면 나는 내가 대통령을 암살하겠다는 언질을 당신에게 준 사안에서는 청구권을 준 것이 아니다.

더군다나 나는 언질 주기가 언질 받는 사람 측의 수용을 요건으로 한다는 점을 상기한다면 이 차이를 해명할 수 있다고 주장한다. 왜냐하면 내가 대통령을 암살하겠다는 나의 제안을 받아들이는 것을 통하여 당신이 하고 있던 것은 무엇인가? 나는 그 제안에 귀책사유가 있다. 그러나 당신 역시 그것을 받아들인 것에 귀책사유가 있다. 내가 당신에게 무어의 《윤리학》 한 부를 내일 아침 가져다주겠다고 제안한 데 귀책사유가 있건 없건 (내가 제안한 것을 내가 할 수 있을 확률에 관하여 더 주의를 기울였어야 했다고 하건 아니건) 당신은 내 제안을 받아들인 것에 귀책사유가 없었다. 또는 어쨌든, 당신이 내 제안을 받아들인 것에 귀책사유가 없었던 경우에만 내가 당신에게 청구권을 준 것이라고 말해야 한다고 제안한다.

간단히 말해서 이 사안들은 앞 절에서 살펴보고 있던 사안들을 다룬 것과 꼭 같은 방식으로 다룰 수 있다. 언질 주는 이가 자신이 언질로 준 명제를 참으로 만드는 행위를 하는 것이 허용되지 않는 행위를 한 것이 된다 하여도, 언질 주는 이는 그럼에도 불구하고 — 언질 받는 이가 언질 주는 이가 준 언질을 받아들이는 것에 귀책사유가 있는 경우가 아니라면 — 청구권을 준 것이라고 말할 수 있다. 수용이 언질 받는 이의 귀책사유인 경우에 우리는 그 청구권이 사산된 것으로 발생 시부터 몰수된 것으로 생각할 수 있다. 말했듯이 언질 주기 논제를, 언질 받는 이의 귀책사유로부터 나오는 언질 주기에 대한 명시적인 예외를 삽입하여 수정할 수 있지만 굳이 수고를 들여 그렇게 하진 말자고 제안한다. 청구권이 몰수될 수 있다는 사실은 충분히 익숙한 사실이며 우리는 그저 귀책사유가 없었더라면 청구권이 주어졌을 것이지만, 귀책사유가 있었기 때문에 청구권이 주어지지 않은 그러한 사안들이 있다는 점만 유념할 필요가 있을 뿐이다.

10. 언질 주기 논제에 대한 세 반론 중 마지막 것은 가장 심층적이다.

언질 주기에 의해 주어진 청구권은 얼마나 엄격한가? 악화 원리는 우리가 준 언질을 어기면 언질을 받는 이에게 사태를 나쁘게 만드는 경우가 아니라면 그것은 기껏해야 0의 엄격성을 가짐이 틀림없다고 말한다.[5] 앞서 3절에서 주의를 촉구했던 사안을 다시 살펴보자. 내가 전화를 걸어 당신에게 "나는 오늘 저녁 내 시금치를 먹을 것이라고 맹세한다!"고 말하고, 예의상 당신은 "그래요, 좋습니다."라고 말한다. 이 사안에서는 수용이 있다. 상관하기는 전혀 없지만. 그러므로 나는 당신에게 내 시금치를 오늘 저녁 먹겠다는 언질을 준 것이다. 언질 주기 논제는 내가 그렇게 함으로써 당신에게 내가 시금치를 먹을 것을 요하는 청구권을 주었다고 말한다. 그 청구권은 얼마나 엄격한가? 만일 당신이 내가 시금치를 먹든 안 먹든 상관하지 않는다면, 당신이 내가 시금치 먹는 것에 의지하는 것과 같은 아무런 일도 없을 것이며, 그래서 내가 그것을 먹지 않기로 한다고 해서 당신에게 아무런 해악도 또는 그 밖에 좋지 못한 뜻밖의 일도 야기하지 않을 것이다. 그런 사정이 전제된다면, 그 청구권은 0의 엄격성을 가짐이 틀림없다.

---

5 아놀드 아이젠버그(Arnold Isenberg)는 "Deontology and the Ethics of Lying", *Philosophy and Phenomenological Research*, 24 (1964)에서 (로스를 따라) 그가 거짓말하지 않을 **잠정적** 의무라고 부르는 것의 약점에 주의를 촉구한다. 이 논문은 Thomson and Dworkin이 엮은 *Ethics*에 재수록되었다.

이것은 그 자체로는 언질 주기 논제에 대한 반대 근거가 아니다. 어떤 사람이 ― 만일 그것을 가진다면 ― 0의 엄격성을 지닌 청구권을 가진다는 점은 그 논제에 대한 아무런 결정적인 반대 근거가 되지 않기 때문이다. 이미 엄격성이 전혀 없는 청구권들을 만나 보았다. (제7장의) 데이비드 사안이 바로 그런 청구권의 예이다. 데이비드의 다리가 으스러졌다. 그의 생명을 구하기 위해서는 다리를 잘라 내야 한다. 그러나 데이비드는 혼수상태에 빠져 그렇게 해도 되는지 허락을 구할 수가 없다. 우리가 행위로 나아가면 제한되는 청구권은 얼마나 엄격한가? 그 청구권은 음의 엄격성을 갖고 있다. 우리가 행위로 나아가는 것이 데이비드에게 모든 것을 감안할 때 좋기 때문이다. 그럼에도 데이비드는 그 청구권을 가진다.

그러나 그 사안은 지금 다루고 있는 사안과는 다른 것 같다. 데이비드가 그 청구권을 가진다고 생각할 이유가 있다. 그 이유는 데이비드가 의식이 **있다면** 다른 사정이 동일할 때 도덕은 우리로 하여금 행위로 나아가기 전에 그에게 허락을 구할 것을 명할 것이라는 사실에 놓여 있다. 나는 저녁 식탁에 앉아 시금치를 보고는 솟아오르는 역겨움을 느낀다. 가정상 당신은 의식이 없지 않다. 도덕은 나에게 당신에게 다시 전화를 걸어 시금치를 먹지 않아도 된다는 허락을 구할 것을 명하는가? 그런다면 당신을 추가로 짜증 나게 할 뿐이다.

당신이 나에 대하여 내가 그 시금치를 먹을 것을 요하는 청구권을 가진다고 생각하게끔 만든 것은 무엇으로 상정되는가? 나는 그것을 먹지 않는 것이 허용되게 하는 선의 증분을 낳는가? 시금치에 관해서는 정확히 내가 원하는 대로 해서는 안 되는가?

그 경우 출현하는 가능성은 다음과 같다. 아마도 내가 그 시금치를 먹을 것을 요하는 청구권을 나에 대하여 갖지 않는다고 말해야 하는지도 모르겠다. 아마도 우리는 더 일반적으로, 언질 받는 이는 언질 주는 이에 대하여, 언질을 어김으로써 언질 받는 이의 어떤 **독립적으로 확립될 수 있는 청구권**(independently establishable claim)을 제한하게 되는 경우 오직 그 경우에만 그리고 그렇게 독립적으로 확립될 수 있는 청구권을 제한하게 되리라는 사실 오직 그 사실에 기인하여 청구권을 가진다고 이야기해야 하는지도 모르겠다. 즉, 자신의 언질을 어김으로써 다른 어떤 청구권도 제한하지 않는 경우에는, 언질을 어겨도 아무런 청구권을 제한하지 않는다. 그리고 자신의 언질을 어기면 청구권을 제한하는 경우는, 언질을 어김으로써 어떤 다른 청구권을 제한하기 때문에만 생긴다.[6] (청구권을 위한 수단 원리를 기억하라.) 이로부터 물론, — 내가 그것을 먹지 않기로 함으로써 당신의 그 어떤 다른 청구권도 제한하지 않으므로 — 당신은 나에 대하여 내가 시금치를 먹을 것을 요하는 청구권을 갖지 않는다는 결론 및 그러므로 언질 주기 논제는 거짓이라는 결론이 따라 나온다. 또 이론가들이 그것에 쏟은 모든 주의에도 불구하고, 언질 주기는 **그 자체**로는 도덕적 이해관심이 걸려 있는 것이 아니라는 결론도 따라 나온다.

이 이념의 지지자들은, 언질 주기에 의해 주어진 추정상의 청구권과 침입으로 제한되는 청구권 사이의 대조에 주의를 촉구할지도 모르겠다. 당신이 현재 혼수상태에 빠져 있기 때문에, 내가 당신의 코를 꼬집으면 당신에게 해악을 야기하지 않을 뿐만 아니라 내가 그렇게 했다는 것을 당신은 결코 알아내지 못할 수도 있다. 그럼에도 불구하고 당신은 나에 대하여 내가 이것을 하지 않을 것을 요하는 청구권을 가진다. 내가 그렇게 행위로 나아가는 것이 허용되려면 그렇게 함으로써 정말 어떤 선의 증분을 낳아야만 한다. "오늘 밤 시금치는 진절머리 나서 안 먹어!"는 이와는 다른 것 같다.

---

6 P. S. Atiyah, *Promises, Morals, and Law* (Oxford: Clarendon Press, 1981)에서 이 발상을 찬성하여 논하였다.

이 이념을 언질 주기에 관한 환원주의(Reductionism about Word-Givings)라고 칭하자.✦ 자신의 언질을 어기는 이는, 그렇게 해서 어떤 다른 청구권을 제한하는 경우 오직 그 경우에만 청구권을 제한한다는 것은 그럴 법한 이념인가?

임종 시에 한 약속(deathbed promises)에 관해서 언질 주기에 관한 환원주의자는 무엇이라고 말할 것인가라고 우리는 궁금해 할 수 있다. 블로그가 임종할 때 우리가 그의 사후에 알파를 하겠다고 언질을 주는 사안을 생각해 보자. 이제 그는 죽었다. 그리고 우리는 알파를 할 의무를 우리가 지고 있다고 생각한다. 정말로 우리는 알파를 하는 데 실패하는 것은 그의 상당히 엄격한 청구권을 제한하게 되는 것이라고 생각한다. 우리는 상당히 일반적으로 죽어가는 이에게 한 약속을 심지어 우리가 상당한 비용을 치르더라도 지켜야 한다고 정말로 생각한다. 블로그가 우리에 대하여 지금 가지고 있는 청구권은, (청구권을 위한 수단 원리를 경유하여) 우리가 그에게 한 약속을 어기면 제한하게 될 그의 어떤 다른 청구권으로부터 나오는 것으로 설명될 수 있는가?

하나의 가능한 답변은 임종 시의 약속에 대한 우리의 존중은 한낱 비합리적인 것(mere irrationality)에 불과하다는 것이다. 그것은 몹시 매력적이지 못한 발상이다. 그리고 나는 우리가 그러한 발상을 채택할 수밖에 없는 것을 피하는 쪽을 선호하리라고 확신한다.

그러나 임종 시 약속은 언질 주기에 관한 어떤 견해에서도 정말로 수수께끼처럼 보인다. 우선 블로그가 지금은 사망하였다고 하면서도 뒤이어 "블로그가 지금 우리에 대해 갖는 청구권"이라는 말을 하였다. 여러 철학자들이 어떻게 죽은 이가 살아 있는 사람에 대하여

✦ 언질을 어김으로써 제한되는 청구권이 있다면 그것은 언질 이외의 원천으로 독립적으로 확립될 수 있는 청구권뿐이라는 이념이다.

애초에 여하한 청구권이라도 가질 수 있는지 고민하였다: 어떻게 더 이상 존재하지 않는 사람이 지금 다른 사람들에 대한 청구권을 가진 다는 것이 참일 수 있는가? **우리는** 이 우려의 원천을 우회할 입지에 있다. 나는 1부에서 X가 Y에 대하여 청구권을 가짐은 그저, Y의 행 동이 일련의 복합적인 방식으로 제약됨이라고 논하였다. 그것이 옳 다면 더 이상 살아 있지 않은 이들이 지금 청구권을 가진다는 생각 에는 아무런 난점이 없다. 살아 있는 이들의 행동이 현재 적합한 방 식으로 제약된다는 생각에는 아무런 난점이 없기 때문이다. (마찬가 지로 나는 아직 살아 있지 않은 이들이 현재 청구권을 가진다는 생각에도 아무런 난점이 없다고 덧붙일 수 있겠다.[7]) 더 이상 살아 있지 않은 이 (그리고 또한 아직 살아 있지 않은 이)가 지금 우리에 대하여 청구권을 가지는 것으로 생각할 수 있다는 점이 청구권에 대한 이 해명의 매 력 중 하나에 속한다.

그러나 임종 시 약속에 관한 수수께끼 같음(puzzlement)의 두 번 째 원천은 정말로 여전히 남는다. 엄격성에 관한 우리의 원리는 다 음과 같다:

> 악화 원리(The Aggravation Principle): X가 Y에 대하여 Y가 알파 를 할 것을 요하는 청구권을 가지고 있다면, Y가 알파를 하지 않 는다면 Y가 X를 더 나쁘게 만들수록, Y가 알파를 할 것을 요하 는 X의 Y에 대한 청구권은 더 엄격하다.

우리는 임종 시 약속에 의해 주어진 청구권이 매우 엄격하다고 생각 한다. 악화 원리가 참이라면 그 청구권이 어떻게 그토록 엄격할 수

---

7 휴 샌섬(Hugh Sansom)이 이 대칭성에 주의를 기울이게 해 주었다.

있는가? 한 가능성은 죽은 이의 청구권에 관한 예외를 두어 악화 원리를 수정하는 것이다. 내가 선호하는 또 다른 가능성은 죽은 이에게 사태를 악화시킨다는 것과 같은 것이 있다고 인정하는 것이다. 내내 사용해 온 '어떤 사람에게 좋은(good for a person)'이라는 관념(notion)은 그 사람이 알고 있는 것들에 한정되지 않는다. 침입이나 해악 야기의 특정한 예들은, 그 피해자가 그것이 범해졌다는 것을 결코 알게 되지 않는다고 하더라도 그 피해자에게 매우 나빠서 매우 엄격한 청구권 제한일 수 있다. 죽은 이에 대해서도 마찬가지라고 우리가 말할 수 있다고 생각한다.[8] 그럼에도 죽은 이의 청구권이, 특히 그들이 죽어가고 있을 때 우리가 그들에게 준 청구권이, 이 방식으로 해명될 수 있는 것보다 더 엄격하다는 것이 나에게는 실제의 가능성으로 보인다. 만일 그렇다면 임종 시 약속에 의해 주어진 청구권의 엄격성은 그들의 청구권 제한을 보상하는 것(making amends to the dead for an infringement of their claims)과 같은 것이 전혀 없다는 점에서 나오는 것인가? 만일 그렇다면 우리는 악화 원리를 청구권 제한에 대해 보상하는 것이 불가능한 경우에 대하여 상당히 일반적인 예외를 두도록 수정해야 하는가? (그러나 우리가 이 예외를 정확히 어떻게 둘 것인가는 불명확하다. 왜냐하면 임종 시 주어지는 모든 청구권이 최대한도로 엄격하다고는 도저히 생각될 수 없기 때문이다. 실제로, 그들 중 **하나라도** 최대한 엄격한가?) 악화 원리가 임종 시 약속에 의해 주어진 청구권의 엄격성을 수용하도록 수정을 필요로 하는지는 열린 문제로 남겨 두겠다.

현재 논의의 목적을 위해 중요한 것은 만일 임종 시 약속이 정말

---

8 이 문제들에 대한 흥미로운 토론으로는 Thomas Nagel, "Death", *Nous*, 4 (1970)이 있다. 이 논문은 네이글의 *Moral Questions* (Cambridge: Cambridge University Press, 1979)에 재수록되었다.

로 청구권을 준다면, 그렇다면 — 우리가 그 약속이 주는 청구권의 엄격성을 어떤 식으로 수용해야 하건 간에 — 언질 주기에 관한 환원주의는 어려움에 빠진다는 것뿐이다. 그러한 약속을 어김으로써 우리가 항상 어떤 다른, 죽은 사람의 독립적으로 확립될 수 있는 청구권을 제한하는 것이라고는 도저히 믿기 어렵기 때문이다.

언질 주기에 관한 환원주의에 대한, 내가 생각하기에 한층 더 강력한 두 번째 반론은, 앞서 3절에서 시금치 사안과 연관하여 지적한 것에서 나온다. 나는 당신에게 "나는 내가 오늘 밤 내 시금치를 먹을 것을 맹세한다!"고 말했고 당신은 예의상 "그래요, 좋습니다."라고 말했다. 나는 당신이 이제 내가 시금치 먹는 것에 의지할 자격이 있다고 말하였다. 당신이 내가 시금치를 먹건 먹지 않건 상관하지 않을 뿐만 아니라 상관한 적이 한 번도 없다는 것이 참일 수도 있다. 만일 사정이 그러하다면, 당신은 내가 시금치 먹는 것에 지금 의지하지 않을 뿐만 아니라 또한 의지하기를 시작한 적도 한 번도 없다. 그러나 내가 말했듯이 일단 수용이 있으면 나는 도덕적인 위험에 처하게 된다. 이후 어느 시점에서라도 당신이 의지하기 시작할 수 있기 때문이다. 당신이 의지하건 아니건 당신은 의지할 자격을 가지며, 그 자격은 당신이 나에 대하여 갖는 청구권에 있다.

언질 주기에 관한 환원주의를 거부하는 세 번째 이유는 우리가 언질 주기 논제를 받아들인다면, 권리 이론에 상당히 매력적인 대칭성을 확보할 수 있다는 사실에 놓여 있다. (제14장에서 다시 살펴볼 것이다.)

간단히 말해, 당신이 나에 대하여 내가 시금치를 오늘 저녁 먹을 것을 요하는 청구권을 정말로 갖고 있다고 우리가 말해야 한다고 주장한다. 만일 당신이 내가 시금치를 먹건 말건 상관하지 않을 것이라면, 그 청구권은 축퇴(縮退)한 사안(as a degenerate case)으로 생각될 수 있다. 그 청구권은 0의 엄격성을 갖기 때문이다. 그리고 나는 그 청구권을 제한함으로써 어떤 선의 증분을 낳을 필요도 없고, 그로부터 면제되기 위하여 당신에게 면제를 구할 필요도 없다. 그러나 나는 우리가 당신이 청구권을 가진다는 점을 기꺼이 받아들여야 한다고 주장한다.

11. 요컨대 언질 주는 B는 언질 받는 A가 (A의 수용이), A가 B에 대하여 언질로 준 명제가 참일 것을 요하는 청구권을 갖도록 만들 수 있는 그러한 방식으로 세계를 변경한다. 다시 말해서 언질 주는 B는 언질 받는 A에게, 그것을 행사함으로써 A 스스로 B에 대하여 청구권을 갖게 되는 형성권을 준다. 언질 주는 이(word-giver)는 무대를 설치한다. 그러면 언질 받는 이(word-receiver)는 그 무대 위로 걸어간다.

그러나 이것은 언질 주는 B 자신이 형성권, 메타 형성권, 형성권을 주는 형성권, 무대를 설치하는 형성권을 가졌어야만 함을 의미한다.

언질 주는 이의 그 형성권의 원천은 무엇인가? 그것은 인간에 의해 보유되는 두 특성에서 나온다. 하나의 특성은 제8장에서 지적한 것이다: 자신의 행동을 도덕법에 일치시킬 수 있는 우리의 능력(our capacity to conform our conduct to moral law). 자신의 행동을 도덕법에 일치시킬 수 있는 존재만이 도덕법의 적용을 받는다. 그리고 도덕법의 적용을 받는 존재에 대해서만 다른 존재들이 청구권을 가질 수 있다. 동물 Y는 다른 존재(인간이나 동물)의 행위가 동물 Y에 대한 청구권을 주게 되는 그러한 방식으로 세계를 변경할 수 없다. 왜냐하면 누구도 그 어떠한 것도 동물에 대하여 청구권을 가질 수 없기 때문이다.

다른 특성은 그저 단순히 다른 이들과 의사소통할 수 있는 능력,

특히 의지하라는 초청을 발할 수 있는 능력(the ability to issue invitations to rely)이다. 초청을 발하는 것은 무대 설치하기를 하는 것**이다**(Issuing the invitation is doing the stage setting). 동물은 그 능력도 없다. 그러나 인간 노예는 그 능력이 있다. 설사 인간 노예가 그 능력을 행사할 특권을 결여한다 할지라도 말이다.

우리는 우리가 형성권을 권리라고 부르는 것을 허용하였다. 만일 그렇게 한다면, 내가 암시해 왔다고 생각될 수도 있는 무언가는 거짓이다. 제1장 6절에서 거기서 인용한 구절에서 홉스가 염두에 두고 있었던 것이 다음과 같다고 하였다: 자연상태의 거주자들이 가지고 있는 것은 특권이며 그들의 특권은 자연권이며 그래서 **한층 더 강력한 이유로** 권리다. 홉스의 견해에서, 자연상태의 거주자들의 **모든** 자연권들이 특권이라고 암시한 것으로 생각되었을지도 모르겠다. 그러나 홉스는 사람들은 서로 계약을 체결함으로써 자연상태에서 나와 사회상태로 진입할 수 있었다고 말하였다. 계약하기는 형성권을 요구한다. 그러므로 형성권이 권리라면 그리고 홉스의 자연상태의 거주자들이 그가 그럴 수 있다고 생각한 방식으로 자연상태에서 나올 수 있는 것이라면, 우리는 홉스가 그들이 단지 특권뿐만 아니라 다른 자연권도 갖는 것으로 생각했다고 상정할 수밖에 없다. 우리는 홉스가 어떤 형성권들 — 특히 형성권들을 주는 형성권들 — 역시 그들의 자연권에 속한다고 생각했다고 상정해야 한다.

두 가지만으로 언질 주기를 만들 수 있다고 주장했다. 이제 논할 것은 재산을 창설하는 데는 사회가 필요하다는 것이다.

제13장

이차 재산

1. 만일 내가 당신에게 "이제부터 이 바나나는 당신 것입니다"라고 말하고 당신은 "그래요, 좋습니다"라고 말한다면 — 나의 발화가 의지하라는 초청이었고 당신의 발화가 초청의 수용이라는 점을 고려할 때 — 나는 당신에게 그때부터 그 바나나가 당신의 것이라는 언질을 준 것이며, 그리하여 당신에게 나에 대하여 그때부터 그 바나나가 당신의 것일 것을 요하는 청구권을 준 것이다. 그 명제를 발화함으로써, 우리는 형성권을 행사한다: 우리는 언질을 받는 이 측에서의 수용이 그 사람이 우리에 대하여 우리가 발화한 그 명제가 참일 것을 요하는 청구권을 갖는 것을 촉발(trigger)하도록 세계를 변경한다. 이것들은 우리가 앞 장에서 살펴본 것이다.

  우리는 다른 형성권도 갖고 있다. 그리고 내가 말한 것을 말하면서, 나는 그 다른 형성권 중 하나도 행사했을 수 있다. 내가 당신에게 "지금부터 이 바나나는 당신 것입니다"라고 말하고 당신이 "그래요, 좋습니다"라고 답할 때, 나는 당신에게 그것이 당신의 것일 것을 요하는 청구권만을 당신에게 준 것이 아니다. 나는 그것을 당신의 것**이도록** 만들었을 수도 있다.(I may have made it be yours) 즉, 나는 당신에게 청구권(나에 대하여 그리고 다른 사람들에 대하여, 그 바나나에 관하여 어떤 것을 하지 않도록 요하는 청구권), 특권(나와 다른 사람들에 대하여 바나나에 일정한 것들을 할 특권) 그리고 (다른 사람들이 청구권, 특권, 형성권을 취득하도록 만드는) 다수의 형성권을 포함하는 다수의 권리를 주었을 수도 있다.

이것을 좀 더 자세히 살펴보도록 하자. (i) 내가 그 바나나를 소유하였다고 가정해 보자. 그 경우 나는 언질 받는 이 쪽의 수용이 그 수용자가 다수의 청구권과 특권을 갖는 것을 촉발하도록 세계를 변경하는 형성권을 가졌던 것이다. 그리고 당신에게 "지금부터 이 바나나는 당신 것입니다"라고 말하여 나는 그 형성권을 행사하였다. 내가 말한 것을 말하는 것이 그 자체로는 당신이 다수의 청구권과 특권, 그리고 다수의 형성권을 갖도록 만들지는 않는다고 생각하는 것이 옳다고 본다. 즉, 나는 언질 주기에서 수용이 요구되는 것과 꼭 마찬가지로, 수용(uptake)이 재산권의 이전을 위해 요구된다고 상정하는 것이 옳다고 본다. 하나의 이유는 재산은 그것에 수반하는 의무를 지운다는 것이다. 그리고 나는 예를 들어, 내가 소유하는 인디애나주 농장에 관하여 부담하는 세금 납부의 책임을 그저 "그 농장은 당신 것이야"라고 말함으로써, 당신에게 지울 수는 없다. ― 당신이 만일 그 선물을 받아들이지 않는다면, 나의 언질은 그 자체만으로는 선물이 주어졌다는 사태를 야기하지 않는다. 두 번째 이유는 당신 쪽에서 수용이 있기 전에는, 나는 당신 이외에 재산을 이전할 다른 사람을 자유롭게 찾을 수 있다는 점이 분명하다는 것이다. 내가 하나의 재산을 소유하면서 보유하는 〔소유권―옮긴이〕 이전 형성권 (the power of transfer)은 수용이 이전을 촉발하는 방식으로 세계를 변경하는 것에 불과하다.

간단히 말해, 내가 그 바나나를 소유했고 내가 당신에게 "지금부터 이 바나나는 당신 것입니다"라고 말했으며 당신이 "그래요, 좋습니다"라고 답했다면, 나는 당신에게 그것이 당신의 것임을 요하는 청구권을 준 것이며 **그리고** 또한 당신에 대하여 그 청구권을 준수한 것이다. 우리 사이의 말의 교환이 하나의 같은 시점에, 당신이 그 청구권과 그 바나나 양자 모두 취득하도록 만들었기 때문이다.

바나나를 소유하는 것은 누군가 다른 사람이 그 소유권이 해당하는 다수의 청구권과 특권, 다수의 형성권을 갖게 만드는 형성권을 보유하기 위한 요건이 아니다. (ii) 나는 바나나를 소유하지는 않지만, 그 소유자에 의해 그것을 처분할 형성권을 받았을 수도 있다. 여기서 또 다시, 내가 당신에게 "지금부터 이 바나나는 당신 것입니다"라고 말하고 당신이 "그래요, 좋습니다"라고 답한다면, 나는 당신에게 그 바나나가 당신의 것임을 요하는 청구권을 준 것이며 그리고 또한 당신에 대하여 그 청구권을 준수한 것이다.

물론 그게 아니라, (iii) 나는 그 바나나를 소유하지도 않았고 또한 그것을 처분할 형성권도 없었을 수 있다. 그 경우에 나는 당신에게 나에 대하여, 당신이 그 바나나를 그때부터 소유할 청구권을 준 것이며, 그리고 그 하나의 시점에 동시에 그 청구권을 제한한 것이다.

한 사람이 "이것은 당신 것입니다"라고 말하고 다른 사람이 "좋습니다"라거나 "감사합니다"라고 말할 때 이루어지는 재산의 이전은, 사람들이 재산을 취득하고 재산 보유를 중지하는 많은 방식 가운데 하나다. 우리의 중심적 질문은 다음과 같다: 우리는 어떤 재산권들을 (which property rights)을 보유하며 그것들의 원천은 무엇인가? 재산이 어떻게 취득될 수 있는가의 질문은 그것에 직접적인 관련성을 갖고 있다.

그러나 이 장 전체에 걸쳐 "재산(property)"이라는 말로 내가 의미하는 것은 이차 재산(Second Property)이라는 점을 강조해야겠다. 우리는 앞서 일차 재산의 원천을 살펴보았는데 여기서 우리에게 관심사는 이차 재산이다.

2. 재산권의 원천에 관한 현재의 논의는 '최초 취득(initial acquisition)'에 초점을 맞추는 경향이 있다. 다음 논제는 오늘날 대부분의 철학자들에 의해 받아들여지고 있다.

> 소유권은 기원을 갖는다 논제(The Ownership-Has-Origin Thesis): X가 어떤 것을 소유하게 만든 무언가가 벌어진 경우 오직 그 경우에만 X는 어떤 것을 소유한다.(X owns a thing if and only if something happened that made X own it.)

즉 세계는 이미 소유된 내용을 가지고서 창조되지 않았다는 것이다: 소유권은 이런저런 방식으로 **취득**되어야만 한다. (이것은 물론 이차 소유권과 일차 소유권 사이의 많은 차이점 중 하나이다.)

일어나면 X가 어떤 것의 소유자가 되도록 만드는 것이 무엇이겠는가? 하나의 가능성은 (i) 소유권의 이전이다: X는 그 전에 그것을 소유했던 Y로부터 선물이나 판매나 다른 자발적인 행위에 의하여 그것을 취득한다. 두 번째 가능성은 (ii) 제작(manufacture)이다: X는 자신이 그 전에 소유했던 어떤 재료(a certain stuff)에서 무언가를 만들어 낼 수도 있다. 그러나 (i)과 (ii) 모두, 소유 취득 이전에 선재하는 소유권(prior ownership)을 요구한다. X는 (i) 누군가 다른 사람이 이전에 그것을 소유한 경우에만 이전에 의하여 어떤 것을 소유하며, X는 (ii) X가 그 이전에 X가 어떤 것을 만든 재료를 소유한 경우에만 제작에 의해 그것을 소유한다. 소유권은-기원을-갖는다 논제가 우리에게 이야기해 주듯이, 소유권은 취득되어야만 하기 때문에, 선재하는 소유권을 요하지 않는 방식으로 누군가는 소유권을 취득할 수 있었어야만 한다. 다음 논제-도식(thesis-schema)이 떠오른다.

> 취득 도식(The Acquisition Schema): 만일 어떤 것이 소유되지 않은 것이라면, X가 그것에 알파를 하면, X는 그로써 그것을 소유한다.(If a thing is unowned, then if X does alpha to it, X thereby comes to own it.)

이것은 그저 도식에 불과하다: "알파를 한다"는 자리에 상이한 것을 집어넣음으로써 상이한 결과가 나온다. 그러나 이 도식은 정말로, 만일 어떤 것이 소유되지 않은 것이라면, X가 개입되는 무언가 — 알파가 무엇이 되었건, X가 알파를 하는 것이 — X가 그것을 소유하게 되는 충분조건이라고 말해 준다.

더 강한 도식은 다음과 같다:

> 만일 어떤 것이 소유되지 않은 것이라면, 그 경우 X가 그것에 알파를 하면, X는 그렇게 함으로써 그것을 소유하며 **그리고** X는 오직 그것에 알파를 함으로써만 그것을 소유한다.

이 논제는 만일 어떤 것이 소유되지 않은 것이라면, X가 알파를 하는 것이 X가 그것을 소유하기 위한 충분조건**이면서** 필요조건이라고 말해 준다. 만일 이 논제가 타당하다면 소유권은-기원을-갖는다 논제를 고려할 때, 우리는 여하한 것에 대한 모든 소유권은, 누군가 소유되지 않은 무언가에 알파를 하였다는 기원을 가진다고 결론 내릴 수 있다. 그러나 여기서 우리에게 흥미로운 것은 취득 도식이다. 이 도식은 X가 알파를 하는 것이 충분조건이라는 것만 이야기한다.

알파를 하기가 해당하는 것이 무엇이라고 우리가 그럴 법하게 여길 수 있는가? 이 질문에 답하려는 시도가 고된 작업을 요구하였다는 것은 놀랍지 않다. 소유권은 청구권, 특권, 형성권의 복합체이다. 그리고 그것은 소유되지 않은 무언가에 어떤 사람이 하면 그렇게 함으로써 그 사람이 그것에 대한 그 모든 권리들을 갖게 만드는 것이 무엇이라고 상정할 수 있는가는 (최소한) 이해하기도 쉽지 않다.

이 논지는 강조할 가치가 있다. 무언가가 소유되지 않은 것이라면, 우리 각자는 다른 모든 사람에 대하여, 원하는 대로 그것을 사용할 특권을 가진다고 생각하는 것이 그럴 법하다. 어떤 것이 소유되지 않은 것이라면, 누구도 그 어떠한 사람에 대하여도 그 어떠한 사람이 그것을 사용하지 않을 것을 요하는 청구권을 갖지 않기 때문이다. 의문의 여지없이, 우리가 이미 주의를 기울였던 고려사항들에 의해 설정되는, 그러한 사용에 대한 제약들이 있기는 하다: 그래서 예를 들어, 만일 내가 그것을 어떤 방식으로 사용하는 것이 당신에게 해악을 야기한다면, 청구권을 위한 수단 원리에 의해, 당신이 내가 그렇게 그것을 사용하지 않을 것을 요하는 청구권을 나에 대하여 가진다는 결론이 따라 나온다. 게다가 만일 내가 당신에게, 내가 그것을 사용하지 않겠다고 하는 언질을 주었다면, 당신은 나에 대하여 내가 그렇게 사용하지 않을 것을 요하는 청구권을 가진다. 그러나 그러한 제약이 없는 경우에는 내가 원하는 대로 그것을 사용한다 하더라도 당신의 그 어떠한 청구권도 제한하지 않는다고 생각하는 것이 그럴 법하다. 이것은 다음 절에서 다시 살펴본다.

그러나 만일 무언가가 소유되지 않았다면, 우리 각자가 우리의 그것의 사용에의 불간섭 청구권을 다른 이들에 대하여 가진다고 생각하는 것은 전혀 그럴 법하지 않다. 불간섭 청구권(a claim to noninterference)을 갖는 것은 특권을 갖는 것과는 매우 다르다. 그리고 소유되지 않은 것을 내가 사용하는 것에의 불간섭 청구권을 나에게 생성시키게 될, 내가 그것에 할 수 있는 일이 무엇인지는 전혀 명확하지 않다.

소유권은 그저 특권, 그저 청구권만 포함하는 것이 아니라 형성권 또한 포함한다. 다른 사람들이 형성권을 갖도록 만들 형성권 같은 것 말이다. 그 소유되지 않은 것에 관하여 다른 사람들이 형성권을 갖도록 하는 형성권을 나에게 생성할, 그것에 내가 할 수 있는 일은 무엇인가?

그래서 취득 도식의 지지자들은 해결해야 할 어려운 과제가 산적해 있는 셈이다.

로크적 관념은 X는 '자신의 노동을 섞음으로써' — 그것에 어떤 방식으로 작용을 가함으로써 — 이전에는 소유되지 않은 것을 소유할 수 있다는 것이다. (몇몇 저술가들은 그저 어떤 것을 모종의 방식으로 점유하는 것만으로도 자신의 노동을 그것에 섞었다고 하기 위한 충분조건으로 생각한 것 같다.[1]) 그러나 사람이 자신의 노동을 소유되지 않은 것에 섞는 일이 어떻게 소유권이 해당하는 권리들 모두를 그것에 관하여 갖도록 만들어 주는가? 몇몇 견해에서는 (아마도 로크 자신의 견해에서도), 어떤 것에 노동을 섞는 것은 그것의 가치를 증가시키며, 바로 **그** 이유 때문에 노동은 소유권을 생성한다. 그러나 왜 노동을 섞는 이가 지금 더 가치 있는 것을 소유한다고 결론 내리는가? 노동

---

1 로크 자신은 도토리를 집어 드는 것만으로 도토리에 노동을 섞는 것에 해당한다고 생각했다. John Locke, *Second Treatise of Government*, ch. 5를 보라. 그러나 적극적으로 점유 취득하기의 방식에서 어떤 것이 요건이 됨은 분명하다. 내가 달을 손가락으로 가리키면서 "나는 저것을 내 것으로 한다!"고 말하는 것만으로는 달에 대한 소유권을 취득하지 못함은 확실하다.

을 섞은 이 덕분에 아직도 여전히 소유되지 않은 무언가가 이전에 지녔던 것보다 더 많은 가치를 지닌다고 결론 내리면 안 되는가?

소유되지 않은 것에 노동을 섞는 것이 그것을 소유하게 만든다는 관념은 소유되지 않은 것에 대해 일정한 활동을 하는 것이 그 활동 주체가 그것을 소유하게 만든다는 관념이다. 그러나 추가적인 조건이 전제되어 있음을 주목해야 한다. X가 자신의 노동을 소유되지 않은 것에 섞고 그러고 나서 그것을 잠시 동안 곁에 둔다고 해 보자. 그동안 Y가 와서는 자신의 노동을 그것에 섞는다. X는 그것을 X 자신의 것으로 만들었고 Y는 그러지 못했다. 왜 X의 노동 섞기는 그것을 X의 것으로 만드는 반면, Y의 섞기는 Y의 것으로 만들지 못하는가? 다음과 같이 답변할 수 있을지도 모르겠다. "X의 노동 섞기가 일어났던 시점에는, 그것은 소유되지 않았던 반면에, Y의 노동 섞기가 일어났던 시점에는 그것은 이미 소유되어 있다. 왜냐하면 X의 노동 섞기가 그 시점에서는 이미 그것을 X에게 속하도록 만들었기 때문이다." 이것이 드러내는 것은, 이 견해에서는 어떤 것이 X에게 속하도록 만든 사실은 X가 자신의 노동을 그것과 섞었다는 사실이 아니라는 점이다: 그것을 X에게 속하게 만든 사실은 X가 자신의 노동을 그것과 섞은 첫 번째 사람이라는 사실이다.

그러나 우리는 왜 이것을 참으로 생각해야 하는가를 물을 수 있다. 여기에 무언가 소유되지 않은 것이 있다. X는 그것과 노동을 섞은 첫 번째 사람이다. 그러고 나서 Y가 그것에 노동을 섞는다. 그러고 나서 Z가 그렇게 한다. 왜 소유권을 생성하는 것은 첫 번째 노동 섞기인가? 왜 세 번째가 아닌가? 소유권을 생성하는 것이 첫 번째 노동 섞기라는 결론을 찬성하는 논증으로 오직 두 종류를 알고 있다.

첫째로, 응분(desert)에 호소하는 종류의 논증이 있다: 그것은 첫 번째로 노동을 섞은 자(the first labor-mixer)가 받을 만해서 그것의 소유권을 차지했다고, 즉 보상으로(as a reward) 소유권을 받을 자격 (merit)이 있다고 말한다. 그러나 첫 번째로 노동 섞은 자가 되는 것이 그저 운의 문제에 불과한 경우가 있다는 것을 상기한다면, 이것은 우리에게 그럴 법하게 보이지 않는다. 첫 번째로 노동을 섞은 자가 소유권을 왜 취득하는지를 설명하기 위해 응분에는 정말로 호소할 수 없는 것이다.

더군다나 응분에 대한 호소는 첫 번째로 노동을 섞은 자가 처음으로 그랬다는 것이 그저 운의 문제가 아닌 경우조차도 충분하지 (suffice) 않다. 블로그가 수년 동안 석유 매장지를 찾아 헤매며, 많은 시간, 정력 그리고 돈을 썼다고 가정해 보자. 오, 그는 로드아일랜드 해변에서 약간 떨어진 곳의 어떤 석유 매장지를 찾아낸 첫 번째 사람이 되었다. 의문의 여지없이 그는 보상을 받을 응분의 자격이 있다. 석유는 우리에게 중요하기 때문이다. 그러나 왜 그가 받아야 할 응분이 그 석유 매장지에 대한 소유권이라고 생각해야만 하는가? 메달과 대통령과의 악수여서는 안 되는가?

첫 번째 노동 섞기가 소유권을 생성한다는 결론을 찬성하는 두 번째 종류의 논증은 효율성이라는 고려사항에 호소한다. — 그것은 특히, '선착순(first come first served)' 규칙을 채택하는 일의 효율성에 호소한다. 다음과 같은 내용의 광고를 신문에 낸다고 가정해 보자. "나, 주디스 자비스 톰슨은, 내일 아침 열 명의 사람에게 각각 1백만 달러를 주되 매 세 번째 오는 사람이 그것을 받는 규칙을 적용하겠다." 내 집 문간과 집 앞 거리에는 사람들이 종일 숨어 있을 것이다. 첫 두 사람이 오고 가 버리기를 기다리면서 말이다. — 이것은 매우 비효율적인 결과다.

그런데 "효율성"이라는 용어를 형평성의 고려사항이 효율성의 고려사항과는 대조되는 그러한 방식으로 사용하는 일이 현재 철학 저술에서는 흔하다. 당신이 모두에게 모든 것을 감안할 때 선(on-balance good of all)이 되는 것이, 일정한 규칙을 채택하면서 어떤 집단이 겨냥해야 하는 목적이라고 생각한다고 해 보자. 그럴 경우 당신은, 그 집단이 겨냥해야 하는 목적을 효율성이라고 생각하는 것이 될 터이다. 대신에 당신이 어떤 집단이 일정한 규칙을 채택하면서 겨냥해야 하는 목적은 각자의 선이라고 생각한다고 가정해 보자. (또는 각자의 평등한 선이나 가장 처지가 나쁜 사람의 선이라고 생각한다고 가정해 보자.) 그 경우 당신은 어떤 집단이 겨냥해야 하는 목적은 이런저런 형태의 형평성이라고 생각하는 것이 될 터이다. 우리의 논의 목적에서는 이 상이한 목적들 사이의 차이는 중요하지 않다. 그러므로 영어의 일상적인 화자가 그것을 사용하는 방법이라고 생각하는 바대로 "효율성"이라는 용어를 사용할 것이다. 일정한 규칙의 채택은, 만일 그 규칙의 채택이 그 집단에게 그 목적을 다른 어떠한 활용 가능한 규칙보다도 더 많이 가져다줄 때 가장 효율적이라고 말할 것이다. ─ 그 목적이 모든 것을 감안할 때의 선이건, 형평성 있게 분배된 선이건, 또는 당신의 가장 좋아하는 것으로 정한 무슨 목적이건 간에 말이다. ─ 간단히 말해서 그 용어를 어느 목적이 선택되는가는 논외로 하고, 효율성이 성취되어야 할 목적에 상대적으로 규정되는 그런 의미로〔주어진 목적을 가장 잘 달성해준다는 의미로─옮긴이〕 사용하겠다.

예를 들어 당신이 어떤 집단이 일정한 규칙을 채택하면서 겨냥해야 하는 목적이 모든 이들의 모든 것을 감안할 때의 선이라고 생각한다면, 그 경우 당신은 모든 것을 감안할 때의 선을 최대화하는 규칙이 무엇이건 그 규칙을 채택해야 한다고 생각할 것이다. 그렇게 생각할 경우 당신은 첫 번째 노동 섞기가 소유권을 생성하도록 만든 것이란 바로 다음의 참이라는 결론을 찬성하여 논하고 싶어질지도 모르겠다.

(1) 첫 번째 노동 섞기가 항상 소유권을 생성하는 규칙을 채택하
는 것이 그 어떠한 양립 불가능한 규칙을 채택하는 것보다는
모든 것을 감안할 때 더 낫다—

즉, 첫 번째 노동 섞기가 결코 소유권을 생성하지 못하는 규칙을 채
택하는 것보다 그리고 첫 번째 노동 섞기가 때로는 소유권을 생성하
고 때로는 소유권을 생성하지 못하는 규칙을 채택하는 것보다 더 낫
다는 명제의 참이라고. 구체적인 예로 석유 매장지를 생각해 보자.
석유 매장지를 처음으로 찾아내고 개발하는 이가 항상 소유자가 되
는 규칙을 채택하는 것이, 그것과 양립 불가능한 여하한 규칙을 채
택하는 것보다 더 낫다고 생각할 수 있다. 이 규칙의 채택이 탐사자
에게 첫 번째로 그것을 시도할 최선의 가능한 이유를 주며, 그래서
석유 매장지가 더 빨리 개발될 수 있을 것이라는 근거에서 말이다.
　이와는 달리 당신은 어떤 집단이 일정한 규칙을 채택하면서 겨냥
해야 하는 목적은 각자의 선이라고 생각할 수도 있다. 그 경우 당신
은 집단은 각자의 선을 최대화하는 규칙이 무엇이건 그것을 채택해
야 한다고 생각할 것이다. 그 경우 당신은 첫 번째 노동 섞기가 소
유권을 생성하도록 만드는 것은 다음 명제의 참이라는 결론을 찬성
하여 논하고 싶어질 수 있다.

(2) 첫 번째 노동 섞기가 항상 소유권을 생성하는 규칙을 채택하
는 것은 그와 양립 불가능한 여하한 규칙을 채택하는 것보다
각자의 더 큰 선이 된다.

석유 매장지에 관하여 '선착순'의 규칙을 채택하는 것은 여하한 양립
불가능한 규칙을 채택하는 것보다 모든 것을 감안할 때 더 좋을 뿐

만 아니라 각자에게 최대의 선이 된다고도 생각할 수 있다. 석유 매장지의 **빠른** 개발이 각자에게 줄 이득을 근거로 해서 말이다.

선택된 목적에 따라 이런 식의 논증이 아주 많이 있을 수 있음이 분명하다. 우리는 그것들을 다음과 같이 요약할 수도 있다.

> 첫 번째 노동 섞기가 항상 소유권을 생성하는 어떤 규칙을 채택하는 것이 가장 효율적이다.

여기서 효율성은 선택된 목적에 상대적으로 규정되었다는 점을 염두에 두어야 할 것이다.

여기까지는 좋다. 그러나 사실은 우리가 살펴보고 있는 효율성 기반 논증의 지지자들은 이 전제들을 참이라고 생각하지 않는다. 그들이 그 전제들을 참으로 생각했더라면 첫 번째 노동 섞기가 소유권을 생성한다고 생각했을 것이라고 확신한다. 그러나 그들은 실제로는 이것이 **일반적으로** 참이라거나, 첫 번째 노동 섞기가 **항상** 소유권을 생성한다고 생각하지 않는다.

달과 그 달의 내용물을 생각해 보자. 그것은 현재 소유되지 않았다고 본다. 지난주, 지구에는 석유가 다 고갈되었다. 재앙이다! 그러나 내가 번개처럼 빠르게 주말 동안 달에 가서 달의 모든 석유 매장지를 찾아내었다. (그리고 그것에 나의 노동을 섞었다.) 만일 첫 번째 노동 섞기가 소유권을 생성한다면, 나는 달의 모든 석유 매장지를 소유한다. 그러나 건전한 정신을 가진 사람 중 누구도 이런 경우에 내가 그걸 다 소유한다고 말하지 않을 것이다.[2] 그리고 확실히 효율

---

2 이 이념에 가장 헌신하고 있는 이조차도 그렇게 생각하지 않는다. "한 사람이 사막에 나 있는 유일한 작은 못을 소유하고는 원하는 대로 가격을 매기는 것은 허용되지 않을 것이다." Nozick, *Anarchy, State, and Utopia*, p. 180.

성의 고려사항이 결정적이라고 보는 어느 누구라도, 여기서 내가 소유하지 않는다고 말할 것이다. 석유가 달에서 그 상황에서 발견되었다는 것은 정말 좋은 일이고 잠재적으로 모든 이들에게 큰 선이다. 그러나 내가 그것의 소유자가 되는 것은 각자에게 선이 아니며, 모든 것을 감안할 때의 선조차 되지 못한다. 나 이외의 모든 사람들에게는 내가 달의 매장지 모두를 소유한다는 것이 크게 열위점이다.

내가 달의 석유 매장지 소유자가 되리라고 생각하지 않았더라면, 나는 그것을 발견하고 그것을 해내려는 노력을 투여하지 않았으리라고 이야기할 수 있을지도 모르겠다. 그것은 도저히 옳다고 보기 어렵다. 내가 석유 매장지를 바로 소유하는 것에는 훨씬 미치지 못하지만, 노력을 들이기에 충분한 가치가의 이득을 얻을 수 있게 하는 많은 가능한 질서들이 있다.

실제로, 바로 이 사실로부터

> (1) 첫 번째 노동 섞기가 항상 소유권을 생성하는 규칙을 채택하는 것은 그와 양립 불가능한 여하한 규칙을 채택하는 것보다 모든 것을 감안할 때 더 낫다.

는 거짓임이 드러난다. 일부 첫 번째 노동 섞기는 소유권을 생성하지만 달의 석유에 나의 첫 번째 노동 섞기는 소유권을 생성하지 않는 규칙을 채택하는 것은, 모든 첫 번째 노동 섞기(그리고 **한층 더 강력한 이유로** 나의 노동 섞기)가 소유권을 생성하는 규칙을 채택하는 것보다 모든 것을 감안할 때 더 나음은 확실하다. 마찬가지로

> (2) 첫 번째 노동 섞기가 항상 소유권을 생성하는 규칙을 채택하는 것은 그와 양립 불가능한 여하한 규칙을 채택하는 것보다

> 각자에게 더 큰 선이 된다 —

역시 거짓이다. 그리고 나는

> 첫 번째 노동 섞기가 소유권을 항상 생성하게 되는 규칙을 채택하는 것이 가장 효율적이다.

의 그 어떠한 판본에 대해서도 이는 마찬가지라고 생각한다.

효율성 기반 논증의 지지자들은 그러므로 첫 번째 노동 섞기가 소유권을 생성한다는 것이, **일반적으로** 참이라고는 믿지 않는다. 그들은 내가 달의 석유 매장지에 내 노동을 첫 번째로 섞었다는 사실이 나를 그 매장지들의 소유자로 만들어 주지 않는다는 사실에는 동의할 것이다.

그들이 믿는 것은 첫 번째 노동 섞기는, 만일 노동 섞기가 소유권을 생성하려면 추가적인 조건을 충족해야만 한다는 것이다. (목적을 위해서는

> 취득 도식: 만일 어떤 것이 소유되지 않은 것이고, 그 경우 X가 그것에 알파를 한다면, X는 그렇게 함으로써 그것을 소유하게 된다.

우리는 '알파를 하기'를 그저 어떤 활동을 하는 것, 그저 그 활동을 처음으로 하는 것으로 이해해서는 안 되고, 일정한-추가적인-조건이-충족되었다는 것을 전제로-그-활동을-첫 번째로-하는-것임으로 이해해야 한다.) 그 추가적인 조건이란 무엇인가? 우리는 그것들의 호소를, 이미 하나의 로크적 관념에서 주목하였다: 유관한 활동은 '자신의 노동을

섞는 것'이다. 두 번째 로크적 관념이 여기서 등장한다: 추가적인 조건이란, 첫 번째로 노동을 섞는 이가 나중에 오는 사람들을 위해서 '그만큼의 양과 품질의 것(as much and as good)'을 남겨 두어야 한다는 것이다. 내가 달로 가서 내 노동을 달의 석유 매장지 모두와 섞었을 때, 나는 다른 사람들을 위해 그만큼의 양과 품질의 것을 남겨 두지 않았으며, 그것이 내가 달의 석유 매장지에 노동을 처음으로 섞었다고 해서 나를 그것들의 소유자로 만들어 주지 않은 이유이다.

그리고 그럴 경우 소유권으로 가는 논증은 전제 (1)에서 (2)로 진행하는 것이 아니라

> (1′) 다른 사람들을 위해 그만큼의 양과 품질의 것을 남겨 두는 첫 번째 노동 섞기가 항상 소유권을 생성하는 규칙을 채택하는 것은 그와 양립 불가능한 여하한 규칙을 채택하는 것보다 모든 것을 감안할 때 더 낫다.

또는

> (2′) 다른 사람들을 위해 그만큼의 양과 품질의 것을 남겨 두는 첫 번째 노동 섞기가 항상 소유권을 생성하는 규칙을 채택하는 것은 그와 양립 불가능한 여하한 규칙을 채택하는 것보다 각자에게 더 큰 선이 된다.

또는 그와 유사한 효율성 기반 전제 중 하나에서 출발하여 진행하여 가는 것으로 이해되어야 한다.

그러나 그 로크적 구절(Lockean phrase)은 어떻게 이해해야 하는가? 그 해석에는 재간이 요구된다. 그 구절을 문자 그대로 읽을 수

는 없기 때문이다. 만일 첫 번째 노동 섞기가 나중에 오는 사람들에게 그만큼의 양과 품질의 것을 문자 그대로 남겨 두어야 한다면, 그렇다면 어느 누구도 아무것도 소유할 수 없다. 세계에는 오직 유한한 많은 것들만이 있어서 모든 취득은 다른 사람들에게 돌아가는 것을 더 적게 만들기 때문이다. 그렇다면 우리는 그 구절을 어떻게 이해해야 하는가? "첫 번째 노동 섞기는, 그 구체적인 노동 섞기가 특성 F를 갖는 경우에 한해 다른 사람들에게 충분한 양과 품질의 것을 남겨 두는 것이다"에서 F에 들어가야 하는 것은 무엇인가?

여기서 효율성의 고려사항에 호소하는 것을 생각해 봄직하다. 그래서 다음과 같이 시도할 수도 있겠다: "첫 번째 노동 섞기는 그 구체적인 노동 섞기가 모든 것을 감안할 때 선인 경우 또는 각자에게 선인 경우에 한해 그만큼의 양과 품질의 것을 남겨 두는 것이다." 그러나 그것은 통하지 않을 것이다. 내가 달의 석유 매장지를 발견한 것은 모든 것을 감안할 때 선이며, 정말로 각자에게 선이다. 그 상황에서 (지구의 석유 매장지가 고갈되어버린 상황에서) 석유가 활용 가능하게 되었다는 것은 모든 것을 감안할 때 선이고, 정말로 각자에게 선이기 때문이다. 우리가 살펴본 제안에 따르면, 내가 달의 석유 매장지를 발견하고 개발한 것은 다른 사람들에게 그만큼의 양과 품질의 것을 남겨 두었다고 결론 내릴 수 있다. 그러나 내가 달의 석유 매장지를 사유하게 되는 규칙을 채택하는 것은, 내가 그것들을 소유하지 않게 되는 규칙을 채택하는 것보다 모든 것을 감안할 때 더 낫거나, 각자에게 더 큰 선이 되지 않을 것이다. 간단히 말해 내가 내 노동을 달의 석유 매장지와 섞는 것이 다른 사람들을 위해 그만큼의 양과 품질의 것을 남겨 두는 것으로 여겨진다면 (1′)과 (2′)은 참이 아니다.

다음 제안은 효율성의 고려사항에 더 미묘한 호소를 한다: "첫 번째로 노동을 섞는 이는, 그 구체적인 노동 섞기가 **소유권을 생성하는 것**이 모든 것을 감안할 때 좋거나 각자에게 선이 되는 경우에 한해서 다른 사람들에게 그만큼의 양과 품질의 것을 남겨 두는 것이다." 내가 달의 석유 매장지의 소유자가 되는 것은 모든 것을 감안할 때 좋지도 않고, 각자에게 선이 되지도 않는다. 그리고 여기까지는 괜찮다. 즉 내가 달의 석유 매장지에 내 노동을 섞는 것은 다른 사람들을 위해 그만큼의 양과 품질의 것을 남겨 두는 노동 섞기로 (응당 여겨지지 않아야 하는 대로) 여겨지지 않는다.

그러나 각각의 구체적인 첫 번째로 노동 섞기가, **그 노동 섞기의** 소유권 생성이 '그만큼의 양과 품질의 것' 조건을 만족하는 그러한 것이어야 한다고 그리고 그러한 것임에 의해 소유권을 생성한다고 보는 것은 그럴 법한가? 일부 구체적인 경우에는 비효율적이 될 소유권 할당을 허용하는 일반적인 규칙을 채택하는 것이 가장 효율적이지 않겠는가? 그리고 우리가 살펴보고 있던 논증의 전체 노선을 추동시킨 것은, 바로 효율적인 **규칙** 채택에 대한 고려사항이 아닌가?

사실 "첫 번째로 노동을 섞은 이는, 그 구체적인 노동 섞기가 특성 F를 갖는 경우에만 한해서 다른 사람들에게 그만큼 충분하고 좋은 것을 남겨 두는 것이다."에서 F에 들어갈 것을 찾아 나선 것이 처음부터 잘못이었다고, 그리고 우리는 로크적 구절 배후에 있는 이념은 구체적인 노동 섞기의 조건이 아니라, 일반 규칙 세트의 특성에 대한 요건 — 즉 그 세트를 채택하는 것이 효율적이어야 한다는 요건 — 을 지적하는 것으로 가장 잘 이해된다고 생각하는 것이 온당하다고 논할 법하다.

실제로 첫 번째로 노동 섞기에 집중하는 것 그 자체가 실수였다고 논할 법하다. 노동 섞기에 관한 중대한 논점은 그것들이 첫 번째라는 점이 아니라 규칙의 '전체' **세트**의 채택이며, 그리고 이러한 규칙 세트 중에는 첫 번째로 노동 섞은 누군가에게 소유권을 할당하는 규칙이 있다고 말이다. (첫 번째로 노동 섞기가 첫 번째라는 점이 중대한, 응분에 호소하는 해명과는 대조적으로 말이다.)

스스로 드러내는 것은 이 논증의 노선 전체 배후에 있는 이념이 간단히 다음과 같은 논제라는 점이다:

> 효율적 체계 논제(The Efficient-System Thesis): 사람들은 채택하면 가장 효율적인 규칙들의 '전체' 세트하에서 그들이 소유하게 될 것을 소유한다.(People own what they would own under the 'total' set of rules, the adoption of which would be most efficient.)

효율성이 우리가 상정하고 있듯이 목적에 상대적이므로, 우리는 그 논제는 서로 다른 가능한 목적들에 관하여

> (i) 사람들은 채택하면 모든 것을 감안할 때 최선일 규칙들의 '전체' 세트하에서 소유하게 될 것을 소유한다.(People own what they would own under the 'total' set of rules, the adoption of which would be on balance best.)

또는 이와는 다르게

> (ii) 사람들은 채택하면 각자에게 최대의 선이 될 규칙들의 '전체' 세트하에서 소유하게 될 것을 소유한다.(People own what they would own under the 'total' set of rules, the adoption of which would be to the greatest good of each.)

등등을 말하는 것으로 이해될 수 있다는 점을 유념해야 한다. 만일 이전에는 소유되지 않은 어떤 것에 관한 사안에서, 채택하면 가장 효율적일 규칙 세트가, 어떤 것을 소유하기 위해서는 소유되지 않은 것에 사람이 노동 섞기를 할 것을 요구하는 규칙을 담고 있다면, 그 규칙이 그 어떤 것을 소유하기 위해서는 첫 번째로 노동 섞은 자일 것을 요구한다면, 그 규칙이 첫 번째 노동 섞기에 추가적인 제약을 부과한다면, 등등으로 그 규칙이 요구하는 것은 무엇이건 그것이 바로 우리가 다음 도식에서 '알파를 하기'로 여기게 될 것이다.

> 취득 도식: 어떤 것이 소유되지 않은 것인 경우 X가 그것에 알파를 한다면 X는 그렇게 함으로써 그것을 소유하게 된다.(If a thing is unowned, then if X does alpha to it, X thereby comes to own it.)

그런데 이 논증의 전체 노선 배후에 놓여 있는 것이 효율적 체계 논제라는 점을 이해하는 것이 매우 유용하다. 우리는 이제 노동 섞기, 다른 사람들을 위해 그만큼의 양과 품질을 남겨 두기에 관한 이 담화 배후에는 몇몇 익숙한 이념들이 놓여 있다는 것을 볼 수 있기 때문이다. 위의 (i)로 해석된 효율적 체계 논제를 받아들이는 사람들은 규칙 공리주의(Rule Utilitarianism)라는 이름으로 통용되는 도덕 이론들 중 어느 하나를 작동시키는 것이다. 위 (ii)로 해석된 효율적 체계 논제를 받아들이는 이들은, 계약주의(Contractualism)라는 이름으로 통용되는 도덕 이론들 중 어느 하나를 작동시키는 것이다.

우리의 논의 목적을 위해서는, 그러한 이론들에 관하여 일반적 도덕 이론으로서 어떻다고 생각해야 하는지 묻는 것이 필요하지는 않다: 우리가 필요로 하는 것은 재산권이 (i)이나 (ii)가 말하는 것처럼 분배되어 있다고 — **실제로** 분배되어 있다고 — 생각하는 것이 얼마나 그럴 법한지 묻는 것이다. 일정한 규칙 세트를 채택하는 것이 내가 언급한 이런저런 방식으로 효율적인 것이 되리라고 상정하는 것 또는 여하한 방식으로 효율적인 것이 되리라는 사실이 그중 하나의 규칙이 **이미** 시행되고 있는(already in force) 재산권을 규율하는 규칙이라는 것을 참으로 만든다고 생각하는 것이 애초에 온당한가? "클럽회관 정원에 토요일에 와서 일하는 구성원은 누구나 그렇게 함으로써, 바 위의 찬장에 있는 머그잔 가운데 선택하는 머그잔 하나를 소유하게 될 것이다."의 규칙을 포함하는 우리 클럽을 위한 규칙 세트를 채택하는 것이 가장 효율적일 수는 있다. 그러나 만일 우리가 실제로 그 구체적인 규칙을 채택하지는 않았다면, 그것은 시행되고 있는 것은 아니다. 만일 내가 오는 토요일에 클럽회관 정원에 가서 일한다면 내가 실제로 바 위 찬장에 있는 머그잔 가운데 내가 선택하는 머그잔을 소유하게 되리라는 것은 한마디로 참이 아니다.

만일 어떤 규칙 세트를 채택하는 것이 효율적이라면, 이 점은 그것들을 채택할 이유 중 하나가 될 수는 있다. 그것들을 채택하는 것이 정의롭거나 공정하리라고 주장할 수는 있다. (아마도 규칙 세트의 채택으로 가장 효율적으로 달성될 목적이 무엇인가에 따라 더 잘 주장되거나 덜 잘 주장될 것이지만 말이다.) 우리가 그러한 규칙을 적극적으로 채택해야 한다고도 주장할 수 있을 것이다. 그 점은 규칙 공리주의와 계약주의의 지지자에게 동의할 수 있는 부분이다. 그러나 설사 우리가 재산권을 규율하는 규칙들을 담고 있는 어떤 규칙 세트를 채택해야 한다는 것이 참이라고 할지라도, 재산권을 규율하는 그러한 규칙들이 이미 재산권을 규율하고 있다는 것은 결코 따라 나오지 않는다. 무엇이 재산권을 규율하는가? 그 질문은 4절에서 다시 살펴보겠다. 우선은 이 문제는 다루지 않고 논의를 진행하겠다.

3. 앞 절 서두에서 오늘날 대부분의 철학자들은 다음 논제를 받아들인다고 말했다:

> 소유권은 기원을 갖는다 논제: X는 어떤 것을 X가 소유하는 것으로 만든 무언가가 발생한 경우 오직 그 경우에만 그것을 소유한다.

즉, 세계는 이미 소유된 내용물을 가지고 창조되지 않았다는 것이다: 소유권은 어떤 방식으로건 **취득**되어야만 한다. 그러나 우리는 이 논제를 받아들여야만 하는가?

글쎄, 우리가 어떤 대안을 갖고 있는가? 로크는 재산에 대한 그의 장의 서두에서 신이 "**인간의 자식들에게 세상을 주었으며**, 그것을 인류에게 공동의 것으로 주었다"고 말했다. 왜 이것을 문자 그대로 받아들이지 않는가? 우리는 세계를 창조하면서 신은 창조 시점에 이미 모든 인류가 공동으로 소유하고 있는 것들을 창조하였다고 상정할 수 있다. 그래서 처음에는 모든 것들이 이미 소유되어 있었다. 내가 그것을 소유했고 당신도 그것을 소유했고, 그리고 아직 태어나지 않은 사람들도 그것을 소유했다. 물론 이 견해는 우리 중 어느 누구라도 그것들에 '사유 재산(private property)'을 갖고 있었다는 결론을 산출하지 않으며, 실제로는 부인한다: 우리 중 어느 누구도 자신 홀로 그것을 소유하였다고 이야기할 수 없다. ─ 이 견해에서는, 우리는 단지 그것의 공동 소유자(joint owners)였을 뿐이다. 그러나 이 견해에서는, 우리 중 어느 누구도 그것에 소유권을 취득하기 위해서 무언가를 할 필요가 없었고, 지금도 없다. 이 견해를 처음부터 공동 소유 논제(the Jointly-Owned-from-the-Outset Thesis)라고 하자. (나는 그 견해를 로크의 것이라고 하는 것이 아니다. 그저 그의 문구가 그렇게 여겨질 수 있다고만 말하는 것이다.)

소유권은 기원을 갖는다 논제 아니면 처음부터 공동 소유 논제 중 어느 것을 받아들이는지에 따라 무슨 차이가 있는가? 이 질문은 흥미롭다.

소유권은 기원을 갖는다 논제는 우리에게 하나의 문제를 남긴다: 무엇이 X가 이전에는 소유되지 않은 것을 소유하도록 만들 수 있었을까? 처음부터 공동 소유 논제는 우리에게 유사한 문제를 남긴다: 무엇이 이전에는 모든 인류가 소유하던 것을 X가 홀로 소유하도록 만들 수 있었을까? 그리고 두 번째 문제는 첫 번째 문제와 같지는 않지만, 풀기 더 쉬운 것은 아니다. 특히 노동 섞기에 대한 호소는, 소유권은 기원을 갖는다 논제가 설정한 문제 해결에 비해 처음부터 공동 소유 논제가 설정한 문제 해결을 더 쉽게 해 주는 도움을 주지 못할 것이다.

실제로 노동 섞기에 대한 호소는, 처음부터 공동 소유 논제가 설정한 문제 해결에 도움이 된다 하더라도, 소유권은 기원을 갖는다 논제가 설정한 문제 해결에 비해 도움이 되기가 더 까다로울 것이다. 앞 절에서 말했다: 만일 어떤 것이 소유되지 않은 것이라면, 우리 각자는 다른 모두에 대하여 그것을 원하는 대로 사용할 특권을 가지며, 이는 만일 무언가가 소유되지 않은 것이라면 어느 누구도 다른 누구에게라도 그것을 사용하지 말 것을 요하는 청구권을 갖지 않았기 때문이라고 하였다. 그러나 만일 어떤 것이 사람들의 집단에 의해 공동으로 소유되고 있다면, 각자가 그 집단의 다른 구성원에 대하여, 자신이 원하는 대로 그것을 사용할 특권을 갖고 있다고 생각하는 것은 전혀 그럴 법하지 않다. 만일 당신과 내가 집 한 채를 공동 소유한다면, 내가 당신에 대하여 그 집을 빨갛게 칠하거나, 그 굴뚝을 허물거나, 내가 원하는 대로 무언가를 할 특권을 갖고 있다고 생각하는 것은 전혀 타당해 보이지 않는다. 만일 우리가 집 한 채를 공동

제2부 어떤 것이 권리인가

소유한다면, 내가 당신에 대하여 그렇게 할 특권을 가지려면, 내가 이런 것들을 그 집에 하는 것에 관해 당신의 (명시적이지는 않더라도 적어도 묵시적인) 동의를 받아야만 하는 것이 분명하다. 그런데 우리가 살펴보았듯이 소유권은 기원을 갖는다 논제를 받아들이는 이들은, 노동 섞기에 호소함으로써 이전에는 소유되지 않은 것을 소유하게 되는 것을 설명하려고 하면 곤란을 겪었다. 처음부터 공동 소유 논제를 받아들이는 이들, 그리고 사적 소유권을 설명하기 위하여 노동 섞기에 호소하고자 하는 이들은 처음에는 공동 소유된 것에 — 다른 모든 과거, 현재, 미래 소유자에 의한 (명시적이지는 않더라도 적어도 묵시적인) 동의가 없는 상태에서 — 노동 섞기를 애초에 허용되게 만들 수 있는 것이 무엇인가를 설명하는 선재하는 문제에 직면한다. (그들의 가상적 동의가 그것을 허용되게 만들기에 충분한 것으로 상정되는가?)

이것은 그럼에도 불구하고 사람들이 소유권은 기원을 갖는다 논제에 비해 처음부터 공동 소유 논제를 선호할 수도 있는 이유 하나를 드러내기는 한다. 다시 달을 살펴보자. (i) 달이 소유되지 않은 것이라고 가정하자. 그럴 경우 내가 당신에 대하여 거기에 가서 원하는 대로 달을 사용할 특권을 가진다고 생각하는 것은 그럴 법하다. 석유를 파헤치고 그것을 불태우고, 바위를 부수는 등 내가 원하는 대로 원하는 것이면 무엇이든 하여 나의 행위로 달에 무슨 손상이 가해지건 상관없이 말이다. 물론 우리는 내가 그렇게 함으로써 내가 사용하는 것들에 대하여 소유권을 취득한다고는 결론 내릴 수 없다. 앞 절에서 살펴본 종류의 논증이 성공하지 않는 한 말이다. 그리고 나는 그 논증이 성공하지 못했다고 논증했다. 그럼에도 불구하고 나는 그 달의 내용물을 그렇게 사용하여 당신의 아무런 청구권도 제한하지 않았다. 대신에 (ii) 달이 모든 인류에 의해 공동으로 소유된다고 가정하자. 그럴 경우 내가 모든 각자에 대하여 달의 내용물에 손상을 가

할 특권을 가진다고 생각하는 것은, 내가 당신과 공동 소유하는 집을 페인트로 칠할 특권을 당신에 대하여 가진다고 생각하는 것만큼이나 타당성이 없는 것 같다. 그러나 그것은 우리에게 (ii)를 (i)보다 선호할 이유를 주지 않는가? 왜냐하면 내가 원하는 대로 달을 그렇게 사용할 특권을 모든 각자에 대하여 가진다고 누가 타당하게 생각할 수 있단 말인가?

그렇다 하더라도 처음부터 공동 소유 논제는 그리 좋은 이념이 아니다. 말했듯이 사유 재산이 소유되지 않은 것으로부터 어떻게 발생할수 있는지에 비해, 사유 재산이 모든 인류가 공동 소유하는 것으로부터 어떻게 발생할 수 있는지는 전혀 더 분명한 것이 아니며, 노동 섞기를 설명하는 작업을 어떻게 할 수 있을 것인지는 심지어 덜 분명하다. 신이 모든 인류에 대한 선물로 세계를 만들었다는 신학적 가정에 의지하는 재산권의 원천에 대한 해명은, 오늘날 다수의 사람들에게 매력적으로 받아들여질 가능성이 없다. 그러나 만일 신이 세계를 창조하지 않았다면, 만일 신이 없다면, 모든 인류가 처음에는 지구를 공동으로 소유하였다는 것 그리고 지금 사적으로 소유되지 않은 모든 것들을 현재 공동으로 소유하고 있다는 것을 참으로 만들수 있었던 것으로 무엇이 생각될 수 있는가?

그런데 만일 우리가 처음부터 공동 소유 논제를 거부하고는, (i) 달은 소유되지 않은 것이라는 점을 받아들인다면, 내가 원하는 대로 달을 그렇게 사용할 특권을 모든 각자에 대하여 가진다는 결론을 어떻게 피할 수 있는가? 글쎄, 어떤 것이 소유되지 않은 것이라는 사실로부터, 어느 누구도 다른 사람에 대하여 그렇게 사용하지 말 것을 요하는 청구권을 갖지 않는다는 결론이 정말로 따라 나오는가? 아마도, 특히 우리는 (i) 달이 소유되지 않은 것이라는 점을 받아들이면서도, 다른 사람들은 그럼에도 불구하고 나에 대하여 내가 원하는 대로 내가 그 석유를 파헤쳐 불태우고 바위를 부수지 않을 것, 내가 가하고 싶은 어떠한 손상도 가하지 않을 것을 요하는 청구권을 가진다고 말할 수 있는지도 모른다.

그러나 만일 달이 소유되지 않은 것이라면 다른 사람들의 이 청구권은 어디서 발생한단 말인가? 만일 내가 달을 손상함으로써 다른 이들에게 침입을 범하거나 해악을 가하거나, 믿음이 매개하지 않는 괴로움을 야기한다면 아무런 문제도 없을 것이다. 그럴 경우에는 청구권을 위한 수단 원리에 의하여, 내가 달을 손상하지 않을 것을 요하는 청구권을 그들이 가진다는 결론이 따라 나오기 때문이다. 그렇지만 만일 내가 달을 손상함으로써 이런 것들을 그들에게 하는 것은 아니라고 한다면 어떻게 되는가? 내가 행위로 나아간다면, 나는 그들의 어떤 청구권을 침해하는가? 내가 행위로 나아간다면, 내가 행위로 나아가지 않았을 경우에 그들이 가지게 될 이득을 나중에 가지지 못하게 되리라는 것은 참이며, 다른 사정이 동일하다면, 그것은 내가 행위로 나아가는 것을 그른 일로 만든다. 그러나 사람들은 어떤 사람이 그렇게 하지 않으면 자신들의 처지가 더 나아진다는 근거만 가지고 그 사람에게 그것을 하지 않을 것을 요하는 청구권을 그 사람에 대하여 갖지는 않는다. (우리가 처지가 더 나아질 것을 요하는 청구권은커녕, 우리의 생명이 구해질 것을 요하는 청구권조차도 우리는 갖고 있지 않다.)

그러나 내가 언급하지 않은 가능성이 하나 있다. 한계 논제를 살펴보자.

한계 논제: X는 Y에 대하여, Y가 알파를 하지 않을 것을 요하는 청구권을 다음 중 어느 하나가 성립하는 경우 오직 그 경우에만 가진다.

(i) X의 청구권이 순수 사회적 청구권이다, 또는

(ii) Y가 알파를 하는 것이

　(a) 그 자체가 Y가 X에게 침입을 범하는 것이거나 또는 X에게 해악이나 믿음이 매개하지 않는 괴로움을 야기하는 것이다, 또는

　(b) 그것을 수단으로 하여 Y가 X에게 침입을 범하는 것이거나, X에게 해악이나 믿음이 매개하지 않는 괴로움을 야기하는 것이다.

이 논제는 내가 달에 손상을 가하면서 또는 가함으로써 침입을 범하거나 해악을 야기하거나 믿음이 매개하지 않는 괴로움을 야기하지 않는다 할지라도, 내가 달을 손상하지 말 것을 요하는 나에 대한 청구권을 다른 사람들이 가질 수도 있다고 이야기한다: 그것은 만일 내가 그렇게 하지 않을 것을 요하는 순수 사회적 청구권을 그들이 **만일** 가진**다면**, 내가 달을 손상하지 않을 것을 요하는 청구권을 그들이 나에 대하여 가진다고 명시적으로 말한다.

　한편, 나 자신은 처음부터 공동 소유 논제가 거짓이고, 소유권은 기원을 갖는다 논제가 참이라고 상정할 것이다. 나는 또한 만일 어떤 것이 소유되지 않은 것이라면 모든 각자는 다른 모든 이들에 대하여, 한계 논제에서 설정된 제약만 적용받으며, 그것을 사용할 특권을 정말로 가진다고도 상정할 것이다.

4. 우리가 살펴본 이념들의 지지자들은 사람들이 재산에 대한 순수 자연적 권리를 가진다고, 또는 어쨌거나 취득할 수 있다고 생각한다. 로크 자신도 사람들이 자연상태에서 재산권을 취득할 수 있었다고 생각하였다. 그것은 오류라고 주장하겠다. 재산권은 이러한 이념

들이 전제하는 것보다 덜 심층적이다.

무엇이 재산을 만드는가? 법이. 나는 내가 살고 있는 집을 소유한
다. 어떻게 그렇게 되었는가? 그것을 소유했던 누군가 다른 사람에
게서 그것을 샀다. 그리고 그 거래는 실효적 법을 준수하여 이루어
졌다. 즉, 우리는 그것에 의하면 만일 Y가 조건 C를 충족하고 X가
이러이러한 것을 한다면 그 경우 X는 그렇게 함으로써 무엇무엇에
대한 소유권을 취득한다고 하는 그런 법 규칙 세트하에서 살고 있
다. 그리고 어떤 여성이 이 조건 C를 만족하였고 내가 실제로 이러
이러한 일을 하였기 때문에, 내가 지금 살고 있는 집에 대한 소유권
을 취득한 것이다.

우리가 그 아래에서 살고 있는 법 규칙 세트는 가장 효율적인 세
트인가? 모든 것을 감안할 때 더 낫거나 각자에게 더 큰 선이 되는
법 규칙 세트의 가능한 대안이 있는가? 현재 소유권이 있는지가 문
제되는 한에서는, **그러한 가능한 대안의 존재 여부는 중요하지 않다.**
일부 견해에서는 우리가 지금 그 아래에서 살고 있는 것보다 더 효
율적인 법 규칙의 가능한 세트가 있다는 것이 완전히 명백하다. 좋
다, 어쩔 수 없다: 그렇다면 우리가 우리 자신의 법 규칙을, 그 더
효율적인 규칙에 일치하도록 변경해야 한다고 주장할 수 있다. 만일
우리의 규칙 변경이 내가 지금 살고 있는 집을 소유하지 못하도록
만든다면, 그렇다면 우리가 우리 규칙에서 그 변경을 해야 한다면,
우리는 다른 것들 중에서도 내가 그 집을 소유하지 않는 것을 참이
되도록 만들어야 하는 것이다. 그러나 만일 실효적 법이 내가 지금
살고 있는 집의 소유자가 내가 되도록 만들었다는 나의 생각이 옳다
면, 나는 지금 그 집을 정말로 소유하는 것이다.

다만 여기서 단서를 덧붙이는 것이 적합하다. 효율성의 고려가,
사회의 법체계가 무엇**인가**의 질문에 들어간다고 생각하는 것이 매

우 그럴 법하기 때문이다. 그리고 이것이 법의 목적에 관하여 대단히 상이한 관념을 지닌 저자들에 의해 주장되어 왔다. 몇몇 법 저술가들은 우리의 법이 궁극적으로 모든 것을 감안할 때의 선(on-balance-good)을 목적으로 한다고 생각한다. 다른 저술가들은 우리의 법이 궁극적으로 각자의 선이나 다른 어떤 형평의 관념을 목적으로 한다고 생각한다. 성문법은 명백히 해석을 요구한다. 그리고 두 집단 모두 법 규정의 가능한 해석 사이에서 의문이 가는 사안에서는 해석은 다음과 같이 이루어져야 한다고 논해 왔다: 만일 그 규정이 그렇게 해석된다면 찬성하고 있는 목적과 관련하여 전체 체계가 가장 효율적인 것이 되도록. 이것은 정말로 그럴 법하다: 만일 법체계의 목적 같은 것이 있다면, 그리고 그 목적이 이러이러한 사태를 초래한다면, 확실히 체계의 규정들은 그 사태를 초래하는 데 가장 효율적이게끔 체계를 만드는 그런 방식으로 해석되는 것이 최선이다. 그럴 경우, 특히 일군의 사람들이 그들이 적용받고 있는 법체계의 비효율성에 대해 불평한다면, 그때 그들이 의미하는 것은 아마도 그 체계가 비효율적이라는 것이 아니라 그것이 부정확하게 해석되었다는 것이다.

여기서 지칭하는 효율성은 물론 법체계의 효율성이지, 법에 선재하는 여하한 자연권 체계의 효율성이 아니다. 우리가 자연적 재산권(natural property rights)을 법에 선재하여 가진다고 생각하는 이들이, 법에 선재하는 재산권 세트의 이런 것 또는 저런 것의 효율성이나 비효율성을 스스로 다룬다는 점은 흥미롭다. 그러나 이것은 혼동임이 분명하다. 내가 앞서 제시한 사례를 다시 살펴보자: 석유 매장지에 첫 번째로 노동 섞기. 나는 첫 번째로 노동을 섞은 이에게 소유권을 할당하는 규칙을 채택하는 것은, 탐사자에게 가장 먼저 발견하려고 노력할 좋은 이유를 제공할 것이라는 점에서, 석유 매장지가 그래서 더 빨리 개발되리라는 점에서 효율적일 것이라고 상상한 바 있다. 그러나 법이 없는 상태에서 자연적 소유권을 할당하는 것이 이런 효과를 가지리라고 생각될 수는 없다: 그 효과는 소유권이 법에서 구현되지 않는다면 따라 나오지 않을 것이다. 석유 매장지를 처음 발견하는 것은 어쨌거나 비용이 많이 들며, 어떤 사람이 그렇게 함으로써 소유권을 취득할 뿐만 아니라 그 소유권의 향유가 법적으로 보호되지 않는다면 그 사람이 그런 비용을 투여할 가치가 있다고 볼 가능성은 별로 없다.

그리고 내가 생각하기에는 "법체계 L을 채택하는 것이 효율적일 것이다"가 우리가 이미 L하에 살고 있다는 결론을 산출하지 않는다는 점은, "자연적 권리 N을 할당하는 규칙 세트를 채택하는 것이 효율적일 것이다"가 우리가 이미 N을 갖고 있다는 결론을 산출하지 않는다는 점이 명백한 것보다 한층 더 명백하다.

몇몇 논지가 추가적인 논의를 필요로 한다.

5. 첫 번째 논지는 익숙하지만 반복할 가치가 있는 것으로 소유권이 복합 권리라는 것이다: 어떤 것을 소유한다는 것은 그것에 관한 청구권, 특권 그리고 형성권의 복합체를 갖는 것이며, 소유권 복합체들은 서로 다를 수 있다. 만일 내 집이 역사보존구역(historic district)에 있고 당신의 집은 그렇지 않다면, 비록 우리가 각각 자신의 집을 소유한다고 할지라도 당신은 당신의 집에 관하여 내가 나의 집에 관하여 갖고 있지 않은 특권을 가진다: 당신은 당신의 집을 빨갛게 페인트칠할 수 있는 특권을 갖는 반면에, 나는 관련 당국에 내 집을 빨갛게 페인트칠할 수 있는 특권을 부여받기 위해서 허가가 필요하다. 정말로 당신은 내가 갖지 않은 청구권과 형성권을 가진다: 당신은 다른 사람들에 대하여 당신의 집을 빨갛게 당신이 칠하는 데 간

섭하지 않을 것을 요하는 청구권을 가지며, 나는 그런 청구권을 갖지 못한다. 당신은 당신의 집 도장공에게 당신의 집을 빨갛게 페인트칠할 특권을 갖도록 만들 형성권을 갖지만, 나는 그런 형성권을 갖지 못한다. 어떤 권리가 구체적인 소유권 복합체 안에 있는가? 법이 그 복합체 안에 있다고 말하는 권리들이. 만일 내가 역사보존구역에 있는 집을 산다면, 나는 그 집의 외관에 관하여 그 구역을 규율하는 법률이 내가 취득한다고 말하는 권리들만을 취득한다.

내가 어떤 집을 샀는데 그 구역이 나중에 역사보존구역으로 지정되면 어떻게 되는가? 더 일반적으로 우리가 주의를 기울일 필요가 있는 두 번째 논점은 법의 변화(change of law)다.

우리에게 적용되는 법 규칙 세트는, 누가 어떤 재산을 누구에게서 이런 또는 저런 조건하에서 취득하는가를 말하는 규칙 같은 대상 층위의 규칙이라고 칭할 수 있는 것만을 담는 것은 아니다. 법 규칙 세트는 또한 메타규칙, 새로운 규칙의 추가와 옛 규칙의 변경 또는 폐지를 위한 절차를 규정하는 규칙도 담는다.[3] 그리고 이러한 메타규칙들 가운데는, 새 메타규칙의 추가와 옛 메타규칙의 변경 또는 폐지를 위한 절차를 규정하는 규칙들이 있다. 그러므로 우리에게 적용되는 법체제의 메타규칙 가운데는, 우리가 법을 수정하는 절차를 수정하는 절차를 규율하는 규칙들이 있다.

이것은 법의 변화에 의한 권리의 박탈로 보이는 것 중 많은 것이 권리의 박탈이 아닌 것으로 기술될 **수도 있음**을 의미한다. 역사보존구역이 아닌 마을의 어느 곳에 있는 집을 한 채 산다고 가정해 보자. 그러고 나서 법률이 통과되어, 마을의 그 구역을 역사보존구역으로 선언하고는 집의 외관과 관련한 집 소유자들의 활동에 일련의

3　H. L. A. Hart, *The Concept of Law* (Oxford: Clarendon Press, 1961)를 보라.

제약을 부과한다고 가정하자. 그리고 그 법률이 법의 변화를 규율하는 메타규칙을 완전히 준수하여 통과되었다고 하자. 나는 법률에 의해 재산권을 박탈당하였는가? 예를 들어, 집을 빨갛게 칠하는 특권을 박탈당하였는가? '그렇다'고 말할 수도 있다. 우리는, 나는 정말로 그 법률의 통과 전에는 그 특권을 가졌으며, 그 법률의 통과 때문에 이제 나는 그것을 잃었다고 말할 수 있기 때문이다. 그러나 우리는 또한 '그렇지 않다'고 말할 수 있다. 내가, 그 집을 빨갛게 칠할 특권을 그저 단순하게(all simply) 결코 가진 적 없다고 말할 수 있기 때문이다: 나는 단지, 법체제의-메타규칙을-준수하여-집의-외관을-규율하는-대상-층위의-규칙이-변경되지-않는다면-그렇게 변경되기 전까지-집을-빨갛게 칠할-복합적 특권만 가졌다고 말이다.

우리는 어느 쪽으로 말해야 하는가? '그렇지 않다'고, 법률은 나에게 아무런 권리도 박탈하지 않았다고 말하는 것은, 다음 두 이유 중 하나를 근거로 선호할 만한 것으로 보일지 모른다. (i) 만일 그 법률이 정말로 나에게 권리를 박탈하였다면 의회가 나에게 잘못을 저지른 것이다. 당신이 어떤 사람의 권리를 박탈할 때는 언제나 그 사람에게 잘못을 저지른 것이 아니겠는가? 그러나 다른 사정이 동일하다면 의회는 그 법률을 통과시키면서 나에게 잘못을 저지르지 않았다. ("다른 사정이 동일하다면(other things being equal)" 부분을 다음 절에서 살펴볼 것이다.) 둘째, 다음과 같이 더 강하게 이야기할 수 있을지도 모른다. (ii) 의회는 나에게 그 어떠한 권리도 박탈했을 **수가 없다**. 여기서 염두에 두고 있는 것은 다음과 같다. 권리 제한(infringing a right)과 권리 박탈(depriving someone of a right)은 상당히 다른 것이다. 그리고 권리 제한은 그 어떠한 견해에서도 가능하다고 본다. 반면에 권리 박탈은 일부 견해에 의하면 불가능하다고 한다. 그 일부 견해란 사람이 자신의 권리를 자발적으로 처분했을 경우에만 권리 보유를 중지한다는 견해이다. 그 견해에 의하면 (우리가 그렇게 가정할 수 있듯이) 내가 어떤 지역을 역사보존구역으로 선언하는 법률에 찬성하여 투표하지 않았다면, 나는 그 집을 빨갛게 칠할 권리를 자발적으로 처분하지 않은 것이다.

그러나 두 이유 중 어느 것도 명백한 진리는 아니다. 왜 우리가 (i) 어떤 사람에게 어떤 권리를 박탈하는 것이 그 사람에게 **항상** 잘못을 저지르는 것이라고 믿어야 하는가? 가정상, 그 법률은 그 법체제의 메타규칙을 준수하여 통과되었다. 그러므로 우리는 왜 그 법률이 나에게 권리를 박탈하기는 하였지만, 그러나 — 다른 사정이 동일하다면 — 나에게 아무런 잘못도 저지르지 않고 그렇게 했다고 말해서는 안 되는가? 왜 우리는 (ii) 자신의 권리를 자발적으로 처분한 경우에만 사람이 권리 보유를 중지할 수 있다고 믿어야 하는가? 사람이 자신의 권리를 자발적으로 처분한 경우에만 일차 재산에 대한 권리 보유를 중지할 수 있다고 생각하는 것은 **일응** 그럴 법하다고 할 수도 있다. 그러나 왜 이것이 이차 재산에 대한 권리에 대해서도 참이라고 생각해야 하는가? 그리고 그것*은 독립적으로도 타당하기 어렵지 않겠는가? 왜냐하면 만일 그것이 참이고 내가 주장했듯이 법이 재산을 창설한다면(makes), 법이 재산을 폐지(unmake)할 수도 있다는 것이 어떻게 참이 아닐 수 있겠는가?

더군다나 '그렇다'고 그 법률이 나에게서 정말로 권리를 박탈했다고, 특히 내가 내 집을 빨갛게 칠할 특권을 박탈했다고 이야기하는 것이 더 낫다고 생각할 이유가 있다. 그것에 따르면 내가 집을 빨갛게 칠할 특권을 가졌고 그러고 나서 그 법률이 내게 그 특권을 가지지 못하도록 만들었다고 하는 발생한 일에 대한 해명은, 내가 위에

◆ 자발적으로 처분한 경우에만 이차 재산 권리 보유를 중지할 수 있다는 것

서 언급한 복합적 특권만을 가졌었다고 하는 해명보다 더 단순하다. 그리고 그 단순성은 의회의 기록을 반영한다. 왜냐하면 실제로 집의 외관을 규율하는 아무런 제약도 〔그런 제약을 담은 법을 도입하기 전에는-옮긴이〕 기록상에 없었기 때문이다. (집의 소유자가 우리가 그 법을 바꾸지 않는다면 그리고 바꾸기 전에 이러이러한 것을 해도 된다고 말하는 아무런 기록도 없었다.)

그러므로 나는 우리가 '그렇다'고, 즉 그 법률이 정말로 나의 권리를, 특히 나의 집을 빨갛게 칠할 특권을 박탈했다고 말해야 한다고 주장한다. 그리고 그 법률이 이러한 박탈을 하는 것이 가능했을 뿐만 아니라 ― 다른 사정이 동일하다면 ― 그 법은 그렇게 하면서 나에게 아무런 잘못도 저지르지 않았다. 이것들은 우리가 다음 장에서 다시 살펴볼 문제이다. 그동안에는 그러나 나는 그것들이 직관적으로 매우 그럴 법하다고 생각한다.

다양한 다른 종류의 규제들 또한 이런 방식으로 기술될 수 있다는 것이 그럴 법하다. 각각의 부품 제조업자가 일정량의 매연을 배출하는데 어느 누구에게도 해악을 야기할 만큼 많지는 않지만, 그들이 배출하는 양을 합하면 매연의 양이 다대하여 전체적으로 공동체에 해악을 야기하기에 충분하다고 가정해 보자. 이 문제를 다루는 하나의 방법은, 그들의 공장의 높은 굴뚝에 집진 장치(screening device)를 사용하도록 명하는 것이다. 우리는 부품 제조업자들이 집진 장치 없이는 공장을 운영하지 않을 특권을 한 번도 가진 적이 없었다고, 즉 그들은 법체제의 메타규칙을 준수하여 공장 운영 과정을 규율하는 대상 층위의 규칙이 변경되지 않았으며 변경되기 전까지 그렇게 운영할 복합적 특권만을 가졌다고 말할 수도 있다. 그러나 그들이 집진 장치 없이 공장을 운영할 특권을 가졌다가, 규제가 그들에게 그 특권을 박탈했다고 말하는 것이 더 단순하다.

이런 종류의 문제를 다루는 다른 방식은 '돈을 주고 사들이는 것(buyout)'이다: 의회는 제조업자들에게 그들의 높은 굴뚝에 집진 장치를 설치하라고 하면서 그 대가를 지불하는 쪽으로 선택**할 수도** 있다. 그러나 의회가 그저 제조업자들에게 지불하는 것이 아니라 제조업자들이 부르는 값이라면 얼마든 지불하는 것을 선택한다면, 의회는 제조업자들에게 이 문제를 다루면서 그 어떠한 권리도 전혀 박탈하지 않은 것이다. (제조업자들이 이런저런 가격에 기꺼이 판매하려고 한다는 가정하에서 말이다.) 그러나 어떠한 의회도 제정신이라면 제조업자가 부르는 값이라면 얼마든 지불하는 것을 택할 가능성은 아예 없다고 할 정도로 작으며, 그래서 지급된 것은 권리를 산 값이라기보다는 권리를 박탈한 것에 대한 보상으로 더 잘 이해된다.

규제는 보상 없는 권리의 박탈이며, 그리고 사회의 메타규칙은 그 장치를 의회가 사용하는 것에 대한 제약을 스스로 포함하고 있을 수도 있다: 메타규칙은 모든 곳에서 또는 선별된 어떤 지역들에서는, 의회가 박탈에 대한 보상을 해야 한다고 규정하고 있을 수도 있다. 예를 들어 우리의 법체제는, 몇몇 가능한 입법적 재산권 박탈을 '수용(takings; 收用)'으로 특징지으며, 그것에 대해서는 보상이 지급되어야 한다고 규정한다.[4] 우리의 체제하에서 한 종류의 수용은 의회가 그 소유자가 그 종류의 재산 소유자의 이익에 중심적인 권리, 그 종류의 재산을 사는 이가 정확히도 그것을 취득하기 위해 사는 그러한 권리를 보유하는 것을 중지하도록 만드는 경우이다. 더 극단적인 종류는 의회가 그 소유자에게 재산에 대한 모든 권리들을 박탈하는 경우이다. 문자 그대로 재산을 빼앗아 버리는 것이다. 의회가 수용권에 의해 재산을 취하는 경우처럼 말이다. 이러한 경우에는 우리

---

4 미국 헌법의 수용권(또는 '수용') 조항은 다음과 같다: "또 정당한 보상 없이 사유재산을 공공용(公共用)으로 수용당하지 아니한다."

법체제의 메타규칙하에서는 보상이 지급되어야 한다. 그러나 메타규칙이 소유자가 요구하는 값이라면 무엇이든 지불하라고는 요구하지 않고 있으므로, 일어나는 것은 권리 박탈**이다.**[5] 나는 내 타자기 소유를 중지하기를 원하는 이에게, 내가 원하는 대가를 얼마든지 부를 자유가 있다. 그러나 의회가 내 주택이 있는 곳을 지나는 고속도로를 건설하기로 결정한다면 나의 주택에 대해서는 그렇지 않다.

만일 돈이 재산으로 생각된다면, 새로운 세금의 부과 또는 옛 세금 비율의 증가도 권리의 박탈이다. 그러나 과세는 추정컨대 권리보다는 의무의 문제로 가장 잘 이해된다. 내가 집을 샀을 때 나는 권리뿐만 아니라 의무도 취득했다. 특히 부동산세를 납부할 의무를 취득하였다. 우리의 법하에서는, 집 소유권과 함께 그 의무 또한 취득하지 않고서는 그 집에 대한 소유권을 취득할 수 없었다. 2000년까지 아무런 부동산세를 부과하지 않다가 2000년에 부동산세를 채택하는 주에 사는 경우에는 어떻게 되는가? 우리 법하에서는, 만일 부동산을 규율하는 대상 층위의 규칙이 부동산세의 납부를 명하는 방식으로 변경된다면 그렇게 변경될 때 납부할 의무 부과의 적용을 받지 않고서는, 그 집에 대한 소유권을 취득할 수 없었다.

다른 사정이 동일하다면, 정부가 재산권을 박탈하거나 재산 소유권에 의무를 결부시키는 이 조치 중 어느 것도 그 법체계의 메타규

---

5   리처드 A. 엡스타인(Richard A. Epstein)은 정부 행위에 의한 **도덕적으로** 받아들일 만한 재산권 박탈은 모두, ─ 간접적일 수도 있다고 그가 말하는 ─ 보상을 해야만 하는 수용이라고 논하였다. (간접적 보상으로 그가 염두에 두고 있는 것은, 재산 소유자가 외부의 공격으로부터의 안보나 내부의 공격으로부터의 경찰 보호를 제공함으로써 공동체 행위가 주는 이득의 방식으로 보상받을 수도 있다는 것이다.) 그의 논증은 재산에 대한 자연권이 있는 경우에만 성공한다. 엡스타인은 이에 더하여 우리의 법체제하에서는, 정부 행위에 의한 **법적으로** 받아들일 만한 재산권 박탈은 모두, ─ 간접적일 수도 있지만 ─ 보상을 해야만 하는 수용이라는, 앞의 것과 별개의 결론을 논한다. 우리의 법에 관한 이 결론은 나에게는 매우 그럴 법하지 않지만, 내게는 그것을 평가할 능력이 없다. 엡스타인의 *Takings* (Cambridge: Harvard University Press, 1985)를 보라.

칙을 준수하여 그 조치들이 취해진다면, 영향 받는 이들에게 잘못이
아니다.

6. 법은 재산을 창설한다. — 그리고 폐지한다: 그렇다면 법은 불의
하게도 그렇게 할 수 있지 않은가? 의회가 유대인이 소유하는 토지
에 대한 특별한 추가 부동산세를 부과하기로 결정한다고 가정해 보
자. 의회가 의원들이 소유한 재산 가치를 증가시키리라는 이유 같은
것으로 내 집을 통과하는 기획된 새로운 고속도로를 깔기로 선택한
다고 가정하자. 우리는 확실히 이러한 행위들이 법의 위반이 되는
방식으로 법체계의 메타규칙들을 해석하라는 압박을 느낄 것이다.
그리고 우리 사회의 경우 또는 적어도 적정하게 정의로운 어떤 사회
의 경우에도, 법체계 메타규칙들을 그렇게 해석하는 것이 분명히 옳
다. 그러나 최대한 좋은 쪽으로 해석하더라도 그러한 입법 행위가
위반하였다고 해석하는 것이 그럴 법한 메타규칙이 없는 사회의 경
우는 어떤가? 극단적인 사례를 생각해 보자. 이 사회의 법규칙은 정
말로 — 그리고 그 규칙에 대한 그 어떠한 타당한 것 같은 해석도
— 모든 각각의 것에 대한 소유권을 매우 극소수의 사람들에게 할
당하며, 나머지 다른 모든 사람들은 이차 재산의 방식으로는 아무런
소유권을 할당 받지 못한다. 심지어 그들이 입고 있는 옷에 대해서
조차 말이다.

   이 사회의 부유한 이들이 사회의 법규칙에 의해 그들에게 할당된
것들을 정말로 소유하는 것은 아니라고 말하고 싶어지는 이유는 충
분히 명백하다: 만일 부유한 이들이 정말로 이것들을 소유한다면,
부유한 이들은 그것들에 관해 권리들을 가지는 것이다. 특히, 부유
한 이들은 그것들에 관하여 청구권을 가지는 것이다. 법적 청구권만
이 아니라 (그저 단순히[all simply]) 청구권을 가진다. 법이 재산을 창

설한다고 말하는 것은 그저 법이 재산에 대한 법적 권리를 창설한다고 말하는 것이 아니라, 법이 재산권(property rights)을 창설한다고 말하는 것이기 때문이다. 그러나 우리는 청구권을 갖는 것이 일정한 도덕적 지위를 갖는 것이라는 점에 동의하지 않았던가? X가 Y에 대하여 청구권을 가진다는 것은 Y의 행동이 일정한 방식으로 제약되는 것이라는 점에 동의하지 않았던가? 특히, 다른 사정이 동일하다면 Y는 X에게 X가 청구권을 가지고 있는 것을 주어야 하지 않는가? 그러나 도덕이 그 사회의 가난한 이들에게 그토록 불의한 재화의 분배에 응할 것을 요구한다는 것은 결코 타당한 것 같지 않다.

다른 한편으로 우리는 그 사회의 부유한 이들이 그것들을 정말로 소유하지 않는다고, 법과 독립적인 자연적 재산권 체계에 대한 호소에 우리의 근거를 두지 않고서도 말**할 수 있**다. 그 사회에 대한 비판의 중대한 요지(the gravamen of the charge against that society)는 그 법체계가 자연법에 의해 생성된 재산권 체계에 어긋나도록 재산에 대한 권리를 할당한다는 것이 아니다. (내가 말했듯이) 자연법에 의해 생성된 재산권 체계라는 것은 없기 때문이다. 그 비판의 중요 요지는 그 사회가 우리가 두 상이한 방식으로 표현할 수 있는 실패라는 점이다. 우리는 (i) 그 사회는 아무런 법체계를 갖고 있지 않고 다만 힘에 의해 뒷받침되는 규칙 세트만 갖고 있다고 말할 수 있다. 또는 (ii) 그 사회에서는 힘에 의해 뒷받침되는 규칙 세트를 가지고 있다는 면에서 그것은 법체계를 갖고 있지만 그 법체계는 정당성을 갖고 있지 않다고 말할 수 있다. 당신이 어느 쪽을 선호하는가는 법실증주의에 대하여 당신이 끌리는 정도에 달려 있다: 엄격한 법실증주의는 (ii)를 (i)에 비해 명백히 선호할 것이다. 그러나 우리는 어느 쪽으로든 이야기를 해야 한다. 가정상 그 사회의 부유한 이들은 극소수이며 모든 것을 가지고 있는 반면에 가난한 이들은 다수이며 아무것도 갖고 있지 않으며, 그 분배가 따라 나오는 규칙 세트는, 한 사회의 법으로서 정당성을 규칙 세트가 갖게끔 만드는 데 요구되는 동의의 종류나 성격에 관한 그 어떠한 그럴 법한 이해에서도, 가난한 이들이 자유롭게 동의했다고는 생각될 수 없는 그런 것이기 때문이다. 도덕은 그 사회의 가난한 이들에게 그들 사회의 현재의 재화 분배에 응하는 것을 요구하지 않는다. 이는 정복된 나라의 시민들이 승리한 국가에 의해 부과되는 재화의 재분배에 응하는 것을 요구하지 않는 것과 마찬가지다.

(제2장에서 그랬듯이) 실증주의적 법 해명을 어떻게 생각해야 하는지 문제는 열린 채로 두겠다. 그러나 실증주의적 해명이 가능할 여지를 감안하여, 법이 재산을 창설한다고 간단히 말하는 대신에, 정당성 있는 법체계가 재산을 창설한다고 말해야만 했다. 반(反)실증주의자들은 그 문구를 수사적 잉여(pleonasm)로 여길 것이다.

7. 이제 소유되지 않은 것들로 돌아가 보자. 우리 법하에서 소유되지 않은 것들이 있다는 점은 정말로 분명하다. 당신은 초콜릿 바를 사고 열심히 그 포장지를 뜯는다. 그러고 나서 당신은 충격을 받는다: 당신은 "젠장, 아몬드잖아!"라고 생각하고는, 그것을 가장 가까운 쓰레기통에 던져 버린다. 그 후 내가 와서 그 초콜릿 바를 보고는 생각한다. "우와, 아몬드잖아!" 그리고는 그것을 쓰레기통에서 꺼내서 먹는다. 쓰레기통에 그것이 머무르는 동안, 그 초콜릿 바는 우리의 법하에서는 소유되지 않은 것이었다.

초콜릿 바가 쓰레기통 안에 있는 동안 모든 인류에 의해 공동으로 소유되었다고 생각하는 사람이 있는가? 없길 바란다. 확실히 어느 누구도 나에 대하여 내가 그것을 쓰레기통에서 꺼내지 말 것을 요구하는 청구권을 갖지 않았다. 나는 그렇게 할 특권을 모두에 대하여 가졌다. 그리고 다른 나머지 사람들 각각도 그러한 특권을 가졌지만, 내가 제일 처음 그렇게 했고, 우리 법하에서는 버려진 초콜릿 바에 처음으로 노동을 섞는 것은 재산을 창설한다.

우리는 그렇지 않게 되는 법체계하에 살았을 수도 있다. 우리는 버려진 초콜릿 바, 어쩌면 심지어 버려진 것 일반이 국가 소유인 규칙을 가졌을 수도 있다. 우리는 버리기가 아무런 법적 효과를 갖지 않으며, 어떤 것을 버린 사람이 여전히 그것의 소유자인 그런 규칙을 가졌을 수도 있다. 많은 가능성이 있다. 그러나 좋은 이유들에서 우리의 법체계는 의문의 여지없이 그러한 규칙들을 포함하지 않는다.

달에 관하여는 무어라고 이야기해야 하는가? 달은 소유되지 않은 것이 아닌가? 그리고 나는 그래서 거기에 가서 달의 내용물에 그 어떤 손상을 야기하건 간에 내가 원하는 대로 할 특권을 모두에 대하여 갖는 것이 아닌가?

더군다나, 만일 달이 소유되지 않은 것이라면 왜 나는 그것에 대하여 소유권을 취득할 수 없는가? 나는 소유되지 않은 초콜릿 바에 대하여 소유권을 취득할 수 있다. 왜 소유되지 않은 달에 대하여는 그럴 수 없는가?

답변을 필요로 하는 질문은, 달에 대하여 **주권적인**(sovereign) 여하한 법체계가 있는지 여부다. 만일 그런 법체계가 있다면, 내가 달에 가서 달의 내용물을 사용할 특권을 가지는지 그리고 내가 그렇게 함으로써 또는 어떤 다른 방식으로 달의 소유자가 될 수 있는지의 질문은, 그 주권적 법체계에 호소함으로써 답변되어야 한다.

'영토에 대한 주권성(sovereignty over a territory)'은, 지금까지 제시하여 왔던 재산권에 대한 해명에 결정적이다. 그저 아무런 법체계나 아무것이나 재산**이 되도록** 창설할 수 있는 것이 아니기 때문이다. 설사 그 체계의 규칙들이 그것에 의해 규율되는 사회 구성원들에게 법으로서 정당성을 갖고 있다고 하더라도 말이다. 우리의 클럽이 고유의 법체계를 갖고 있어서 맨해튼의 일정 구역을 취득하기로 결정하였다고 가정해 보자. 우리는 그 구역을 사는 데는 지나치게 많은 비용이 든다고 생각해서, 더 싼 경로를 취하기로 한다: 우리는 우리의 법체계에 일정한 추가를 한다. 즉, 이제부터 A가 센트럴파크를 소유하고, B는 매디슨가를 소유하며, C는 브로드웨이를 소유한다 등등을 더하는 것이다. 우리는 이제 맨해튼의 그 지역들을 소유하는가?

여기서 무엇이 잘못되었는지 기술하는 두 방식이 있다. (i) 우리의 클럽은 맨해튼의 그 지역들이 이미 소유되어 있었기 때문에, 그것들에 대한 소유권을 취득하지 못했다고 이야기할 수 있다. 누구에 의해서? 만일 그 질문에 대한 답이 있다면, 그것은 매우 복합적인 것이 될 수밖에 없을 것이다. 어쨌거나 맨해튼의 거주민들이 맨해튼을 소유한다고 답할 수는 없다: 예를 들어 그들은 센트럴파크를 일본이나 도널드 트럼프에게 팔 수 없다. (또는 적어도 나는, 팔 수 없다고 생각한다.) 더구나 우리는 또한 맨해튼의 소유자들이 어떻게 (그 소유자들이 정확히 누구든, 즉 뉴욕시나 뉴욕주의 거주민이건 아니면 미국인 일반이건) 그것을 소유하게 되었는가의 질문에 대한 답을 제시해야만 할 처지에 놓인다. (소유권은 기원을 갖는다 논제를 기억하라.) 그러므로 기술 (i)을 제시하는 것은 종국에는, 소유권 이외의 어떤 다른 관념에 호소하는 일을 요구할 것이라고 생각한다. — 즉 만일 (ii) 우리 클럽의 것이 아닌 어떤 다른 법체계가 맨해튼에 대해서 주권적이기 때문에 우리의 클럽이 맨해튼의 그 구역에 대하여 소유권을 취득하지 않았다고 말하는 경우 호소되는 바로 그 관념 말이다. 어떤 법체계인가? 아마도 뉴욕시, 뉴욕주, 그리고 연방의 법을 포함하는 복합적인 법체계일 것이다.

어떤 영토에 대하여 특정한 법체계가 주권적이라는 것은, 그 법체계가 그 영토를 방문하거나 지나는 사람들을 포함한 그 영토 안에 있는 사람들의 행동만이 아니라, 토지 그 자체와 그 상하에 있는 것은 무엇이든 영토의 물질 그 자체에 관하여 어떤 사용이 허용되는가, 어떤 소유권이 취득될 수 있는가를 규율하는 그 영토의 법이라는 것이다. 무엇이 법체계 L을 어떤 영토의 법으로 만드는가? 여기서 또 다시, 몇 가지 상이한 답변이 가능하다. 이 답변들은 더 실증주의적이거나 덜 실증주의적이다. 나 자신의 답변은 여기서 상대적으로 실증주의적인 쪽으로 기운다: 나로서는 필요하고도 충분한 조건은, 그 법체계가 L인 사회가 그 영토에 대하여 안착된 통제력(settled control)을 지닌다는 것이다. **안착된** 통제력말이다. 사회 S가 당시에는 다른 그 어떤 사람들의 통제하에 있지 않은 영토로 들어가, 그 영토에 대하여 통제력을 갖게 되었다고 가정해 보자. S는 그것에 대한 안착된 통제력을 지니고 있는가? 글쎄, 그다음 무슨 일이 벌어지는가? S는 다른 사회에 의해 쫓겨나는가? 그럴 경우 우리는 S가 그 영토에 안착된 통제력을 지닌 적이 없었다고 말할 수도 있다. (그리고 그 법은 결코 그 영토의 법인 적이 없었다고 말할 수도 있다.) 그러나 우리는 S가 그 영토에 대하여 얼마 동안은 안착된 통제력을 지녔다고 말하는 쪽을 선호할 수도 있다. 우리가 어느 쪽으로 말하는 것을 선호할 것인가는 S가 그 영토를 통제했던 기간이 얼마나 긴가, S가 그 영토 위에서 얼마나 풍요로운 생활을 발전시켰는가, 그 영토와 S의 문화가 얼마나 깊이 연루되었던가 등등의 사항에 달려 있다.

다른 사람들은 그 문제에 대한 덜 실증주의적인 해명을 선호할 수도 있다. 그래서 그 영토에 대한 주권성이 두 번째 종류의 정당성을 위한 충분조건이 되어야 한다는 사실에 초점을 맞출 수도 있다. 내가 염두에 두고 있는 것은 이것이다. 앞 절에서 규칙 세트는, 그 규칙들이 요구되는 동의의 종류와 성격에 대한 어떤 그럴 법한 이해 위에서 구성원들에 의해 동의되지 않았다면, 구성원들의 서로에 대한 행동을 규율하는 사회의 법으로서 정당성을 갖지 않는다고 하였다. 〔이것이 첫 번째 종류의 정당성이다.-옮긴이〕 어떤 규칙 세트가 어떤 사회의 법으로서 정말로 정당성을 가진다고 가정해 보자. 그 사회의 법이, 그 영토를 점유하고 싶어 할 수도 있는 다른 사회 — (우리 클럽과 같은) 하부사회(subsocieties)나 더 중요한 주체로 다른 곳에서 현재 설립되어 있는 국가들 — 에 대하여 그 사회가 살고 있는 영토의 법으로서 정당성을 갖고 있는가라는 질문이 남는다. 말했듯이 나 자신의 견해는, 만일 S가 그 영토에 대한 안착된 통제력을 지닌다면 사회 S의 법이 그 두 번째 종류의 정당성을 그 영토의 법으로서 갖고 있다는 것이다; 다른 사람들은 추가적인 무언가가 요구된다고 생각할 수도 있다. 첫 번째 종류의 정당성을 확보하기 위해 요구되는 개인들에 의한 동의에 상응하는 무엇이 국가들 사이에 있어야 한다고 생각할 수도 있는 것이다. 이 문제를 열린 채로 남겨 두고자 한다.

달의 문제로 돌아와 보자. 그것은 소유되지 않은 것인가? 물론이다. (센트럴파크가 소유되지 않은 것이라는 점보다 달이 소유되지 않은 것이라는 점이 한층 더 명백하다. 우리 도시의 쓰레기 처리장과 대조해 보라. 이 쓰레기 처리장은 마을에 의해 직접적으로 소유된다.) 그러나 이것은 달에 대하여 주권적인 법체계가 있다는 것과 양립 가능하다. 그러한 법체계가 있는가? 내 견해로는, 없다. 어떤 사회도 달에 대하여 안착된 통제를 하고 있지 않다. 지구상 국가들로 구성된 상부사회(supersociety)조차 말이다. (국가가 안착된 통제를 하고 있다고 주장될 수 있는, 해저(海底; floor of the oceans)와 대조해 보라.) 내 견해로는, 그렇다면 나는 정말로 달에 내가 원하는 대로 할 특권을 갖고 있

제2부 어떤 것이 권리인가

다. ― 물론 그렇게 함으로써 다른 사람들에게 침입을 범하거나 해악 또는 믿음이 매개하지 않는 괴로움을 야기하지 않아야 한다는 제약을 적용받으면서 말이다. ― 왜냐하면 달에 대하여 주권적인 법체계가 없다는 것은, 다른 사람들이 내가 행위로 나아가지 않을 것을 요하는 순수 사회적 청구권을 갖고 있지 않다는 것을 의미하며, 한계 논제는 그 경우 우리에게, 다른 사람들은 내가 행위로 나아가지 않을 것을 요하는 청구권을 나에 대하여 전혀 갖지 않는다고 말해주기 때문이다. 그러나 내가 그러한 특권을 보유한다는 것은 내가 달이나 그 내용물의 어느 것이라도 소유하게 될 수 있음을 의미하지 않는다. 달에 대하여 주권적인 법체계가 없다는 것은, 내가 달에 관하여 특권을 가진다는 것을 의미한다. 동일한 논리로 그것은 또한 내가 달을 소유하게 될 수 없음을 의미한다. 그것은 내가 그것 아래에서 달을 소유하게 될 수 있는 아무런 법체계도 없음을 의미하기 때문이다. (비록 미래에는 그런 법체계가 있을 수 있지만 말이다.)

　다른 사람들은 달에 대하여 여하한 주권적인 법체계가 있는가라는 질문에 이와는 다른 답을 제시할 것이다. 예를 들어 일부 사람들은, 현존하는 알려진 국제 관습법이 달에 대하여 주권적이라고 말할 것이다. 그런 견해에서는 달이 소유되지 않은 것이기는 하지만, 그럼에도 불구하고 나는 그 법이 나에게 할당하는 달에 관한 행위 특권만을 가진다. 그리고 그 법체계 자체는 다른 사람들에게 순수 사회적 청구권, 그리하여 나에 대한 청구권을 준다고 한다. (여기에 앞의 3절 말미에서 언급한 가능성이 존재한다. 센트럴파크도 소유되지 않은 것이라는 점은 분명하다. 그러나 나는 시행되고 있는 법이 나에게 할당하는 행위 특권만을 가진다.) 동일한 논리로 그러나 달에 대하여 주권적인 법체계가 있다는 것은, 달에 대하여 소유권을 취득하는 것이 가능함을 의미한다. ― 만일 그 법체계가 이런저런 것을 하는 이에게 달에 대한 소유권을 할당한다면 말이다.

달에 대하여 주권적인 법체계가 있는지 여부는 열린 채로 남겨 두겠다. 이 장 전반에 걸친 관심사는 그저 자연이 아니라 법이 재산을 창설한다는 생각을 타당한 것으로 보이게 하는 것이었다.

제14장

권리 보유 중지하기

1. 우리는 스스로 권리 보유를 중지하게끔(cease to have rights) 할 수 있다. 우리 외의 다른 누군가 또는 무엇이 우리가 권리 보유를 중지하게끔 할 수 있는가? 앞 장에서 일부 사람들이 — 보통 자유지상주의자들이다 — 가진 이념, 즉 사람들에게서 권리를 박탈하는 것이 가능하지 않다는 이념에 주의를 촉구하였다. 그 견해에 의하면 권리 보유자 자신만이 스스로 권리 보유를 중지하게 만들 수 있다. 이것을 자유지상주의 논제(Libertarian Thesis)라고 부르자. 그 논제가 참인지 묻고 싶을 것이다.

2. 우선 권리 보유자가 스스로 권리 보유를 중지하게끔 할 수 있는 방식 중 일부를 살펴보도록 하자. 언질 주기는 권리 보유자가 이 일을 할 수 있는 한 방법으로 생각될 수 있다. 언질 주기의 결과는 언질을 받은 이가 청구권을 취득하고, 그리하여 언질을 준 사람이 특권 보유를 중지하게 되었기 때문이다. 그 더 이상 보유하지 않은 특

권은 사회적인 것일 수 있다: 당신이 내게 당신의 샐러드를 먹을 (사회적) 특권을 주었는데 내가 그 이후에 그것을 먹지 않겠다고 당신에게 언질을 주면, 나는 그 사회적 특권 보유를 중지한다. 이와 달리, 더 이상 보유하지 않는 그 특권이 자연적인 것일 수도 있다: 나는 오늘 **라 마르세예즈**〔프랑스 국가(國歌)-옮긴이〕를 부를 (자연적) 특권을 보유하는데, 내가 당신에게 오늘 그것을 부르지 않겠다고 언질을 줌으로써 그 특권 보유를 중지한다.

권리 보유자가 스스로 권리 보유를 중지하게끔 만든다고 생각될 수 있는 두 번째 방법은 동의(consent)이다. 동의의 결과는 동의 수령자(consent-receiver)가 특권을 취득하였다는 것, 그래서 동의 제공자(consent-giver)가 청구권 보유를 중지하였다는 것이다. (이것은 실제로 두 종류의 동의 중 하나에만 해당한다. 여기서는 두 번째 종류는 무시하고 그것은 다음 절에서 다시 살펴볼 것이다.) 그리고 여기서도 유사하게, 그 청구권은 사회적인 것일 수도 자연적인 것일 수도 있다. 당신이 나의 샐러드를 먹는 것에 동의할 때, 나는 사회적 청구권을 갖기를 중지한다. 당신이 나의 코를 꼬집는 것에 동의할 때, 나는 자연적 청구권을 갖기를 중지한다.

그런데 동의가 언질 주기의 반면(反面)에 불과하다는 것은 아주 매력적인 관념이다. 그 둘은 적어도 유사점이 있다. 언질 주기에서 주체는 일정한 명제가 참이라는 자신의 언질을 주는 것이다: 만일 내가 당신에게 단호히 "나는 바나나를 먹을 것이다"라고 주장한다면, 나는 당신에게 내가 바나나를 먹으리라는 것은 참이라는 명제의 언질을 주는 것이다. 동의함으로써 사람은 다른 어떤 사람이 일정한 명제가 참이 되도록 하는 것에 동의하는 것이다: 만일 내가 당신에게 "내 코를 꼬집어도 된다"는 말을 표명한다면, 나는 당신이 나의 코를 꼬집으리라는 명제가 참이 되도록 하는 것에 동의하는 것이다.

다시금, 언질 주기는 다소 엄숙한 일(solemn affair)이다: 언질을 주는 사람은 하릴없이 말해서는(speaking idly) 안 되며, 정말로 의지하기를 초청하는 것이어야만 한다. 동의 역시도 다소간 엄숙한 일이다: 동의 제공자는 하릴없이 말해서는 안 되며, 정말로 허락을 부여하는 것이어야만 한다.

그러나 이제 우리는 다음과 같은 차이점을 볼 수 있다. 언질 받는 사람의 측면에서의 수용이 완결된 언질 주기의 요건이다. 그래서 언질 주는 사람은 엄밀히 말해 자신의 언질 주기만으로 특권 보유를 중지하게 만들지 않는다. 언질 주는 사람 A가 정말로 하는 일은, 그저 언질 받는 B에게 A가 특권 보유를 중지하도록 만들 형성권을 주는 것뿐이다. A는 A 혼자서 자신의 특권 보유를 중지하도록 하지 못한다. ― A는 단지 B 쪽에서의 수용이 A의 그 특권 보유를 중지시킬 수 있도록 만들 뿐이다. 그것은 확실히 **일응** 의심쩍다. 내가 수줍어 하면서 당신에게 "원하는 때 언제든 내 무릎을 쓰다듬어도 된다"고 말한다고 해 보자. 당신은 "도대체 내가 왜 그녀의 무릎을 쓰다듬기를 원한단 말인가?"라고 생각한다. 아마도 (i) 단순히 예의를 차리는 의미에서 "참으로 친절하시군요. 무척 감사합니다."라고 말할 수도 있겠다. 그 경우 당신은 내가 한 특권의 제안을 받아들인 것이며, 당신이 그렇게 받아들인 것을 언질 주기 사안에서의 수용과 같은 것으로 생각할 수 있겠다. 어느 견해에서건, 당신은 인제 원하는 때 언제든 내 무릎을 쓰다듬을 특권을 가진다. 이와 달리 (ii) 당신이 그저 나를 쳐다보고는 아무것도 말하지 않거나 (iii) "왜 내가 그런 일을 하길 원한다고 생각하는지 도무지 알 수 없군요!"라고 말한다고 가정해 보자. 그럴 경우에는 당신은 언질 주기 사안의 수용과 같은 것은 하지 않았다. 그럼에도 불구하고 당신이 원하는 때 언제든 내 무릎을 쓰다듬을 특권을 준 것이 아닌가? 그렇다고, 그래서 적어도 언질 주기는 수용을 요하는 반면에 동의 주기는 수용을 요하지 않는다는 차이가 있다고 말할 수도 있겠다. 그렇게 논할 수도 있겠지만, 나는 실제로는 그렇지 않다고 본다. 이를 이해하기 위해서, 당신이 (ii)나 (iii)에서처럼 내가 한 특권 제안에 반응하였다고 가정해 보라. 나중에 당신이 내 무릎을 쓰다듬는 것이 이득이 되겠다는 생각에 압도된다고 해 보자. 그때 내가 비록 당신에게 특권을 제안하긴 했지만 그것을 받아들이지 않았고 그래서 지금 당신이 그 특권을 갖지 못한다고 내가 반대할 수 있지 않겠는가? 나는 내가 그런 반대를 할 수 있으며, 또한 더 일반적으로, A가 B에게 "그렇게 해도 된다"고 말한 경우 A가 하는 일은 특권을 제안하는 것뿐이며, 설사 특권 제안의 수용이 대단히 비형식적일 수 있음에는 의문의 여지가 없다고 하더라도, B가 그 제안을 받아들이지 않으면 그 특권을 얻지 못한다고 생각하는 것이 그럴 법하다고 본다. 내가 블로그에게 인디애나에 있는 내 농장에 관하여 "그것은 당신 것이야"라고 말하는 경우와 비교해 보라. 블로그 측에서 수용하지 않았다면, 그 농장의 소유권은 나로부터 그에게로 이전되지 않으며, 특히 블로그는 — 비록 재산의 일부를 주겠다는 제안의 수용이 대단히 비형식적일 수 있음에는 의문의 여지가 없다고 하더라도 — 그 농장을 사용할 아무런 특권도 얻지 못한다. (나는 여전히 그 농장을 자유롭게 다른 사람에게 주겠다고 제안하거나 아무에게도 그런 제안을 하지 않을 수 있다.)

우리가 이 관념을 받아들인다면, 우리는 동의를 제공할 때 주는 **것**이, 언질을 줄 때와 마찬가지로 엄밀히 말해서 오직 형성권일 뿐이라고 말해야만 한다. 즉, 그 이전에는 보유하지 않았던 권리가 생겨나는 일이 뒤따르는 수용으로 말이다. 그 관념을 거부한다면, 그래서 언질 주는 이는 형성권만 주지만 동의 주는 자는 특권을 준다고 말한다면 우리는 이 측면에서 동의가 언질 주기와 다르다고 말해야만 한다. 나는 그 관념〔동의를 제공할 때 주는 것도 오직 형성권뿐이라는 관념 – 옮긴이〕을 받아들이는 쪽을 선호하긴 하지만, 그 관념을 받아들여야 하는지는 열어 두겠다. 언질 주는 B가 언질 받는 A에게 청구권을 준다고 말하겠다. 비록 엄밀히 말해 B는 A에게 B에 대한 청구권을 A가 스스로 가지게 만들 수 있는 형성권만을 준 것이지만 말이다. 나는 동의 주는 B가 동의 받는 A에게 특권을 준다고 말하겠다. 엄밀히 말해 B가 A에게 A가 스스로 B에 대한 특권을 가지게 만들 수 있는 형성권을 주는 것인지 여부는 열어 두고 말이다.

동의와 언질 주기의 중요한 유사성은, 그러나 그것의 도덕적 함의 (moral import)에 놓여 있다. 언질 주기의 도덕적 함의는 다음 논제로 표현된다.

> 언질 주기 논제(The World-Giving Thesis): 만일 Y가 X에게 어떤 명제가 참이라는 자신의 언질을 준다면, X는 그로써 Y에 대하여 그 명제가 참일 것을 요하는 청구권을 취득한다.

마찬가지로, 동의 제공의 도덕적 함의는 다음 논제로 표현된다.

> 동의 제공 논제(The Consent-Giving Thesis): 만일 Y가 X가 어떤 명제가 참이 되도록 하는 것에 동의한다면, X는 그로써 Y에 대하여 그 명제가 참이 되도록 하는 특권을 취득한다.

언질이 주어질 수 있기 위해 사회적 이해의 배경이 필요치 않은 것과 마찬가지로 동의가 주어질 수 있기 위해 사회적 이해의 배경은 필요치 않다. (언질에 비해 동의의 경우에 그런 배경이 덜 필요하다고 볼 것도 아니다. 〔둘 다 필요치 않다는 점에서 조금도 다르지 않다. – 옮긴이〕)

비록 많은 철학자들이 언질 주기가 청구권을 주려면 사회적 관행이 필요하다고 말하기는 하지만, 그들은 동의 주기가 특권을 주려면 사회적 관행이 필요하다고 말하지는 않는다. ― 언질 주기는 근본적으로 사회적 행위인 반면에 동의는, 두 당사자가 서로 사적 관계에서 하는 전적인 사적 행위라고 널리 생각되는 것 같다. 이것은 언질 주기와 동의 주기의 유사점에 비추어 볼 때 영문 모를 생각이다.)

제2장의 8, 9, 10절에서 언질 주기 논제에 대해 세 가지 반론을 살펴본 바 있다. 동의 주기 논제에 대해서도 이와 비슷한 반론을 살펴보자.

우선 (8절), 언질 주기 논제에 대한 반론이 있었다. 그 반론은 언질 주기가 강박이나 기망(in coercion or fraud)에 그 원천을 갖고 있을 수 있고 원천이 그런 경우에는 언질 주기는 청구권을 부여하지 않는다는 반론이다. (언질 주기 논제는 그런 경우에도 언질 주기가 청구권을 부여한다고 상정한다는 점에서 언질 주기에서 일어나는 일을 과도하게 (excessively) 존중한다.) 그러므로 동의 제공 또한 그 원천으로 강박이나 기망을 가질 수 있다. 내가 무언가를 하는 것에 대한 당신의 동의를 내가 당신의 머리에 총을 겨누거나 당신 아이의 건강 상태에 대하여 거짓말을 함으로써 끌어내는 경우처럼 말이다. 그리고 만일 그렇게 강박이나 기망에 원천을 가진다면, 그 동의는 특권을 부여하지 않는다. (동의 제공 논제는 그런 경우에도 동의 제공이 특권을 부여한다고 상정한다는 점에서 동의 제공에서 일어나는 일을 과도하게 존중한다.) 나는 우리가 언질 주기의 사안에서 다음과 같이 말해야 한다고 주장했다: 강박이나 기망하의 언질 주기는 축소된 적합한 대안이나 축소된 정보하의 언질 주기의 특수한 사안이며, 그러한 조건에 그 원천을 갖고 있는 언질 주기는 언질 받는 이가 그 조건에 대하여 귀책사유가 있다는 것이 참이 **아닌** 경우 오직 그 경우에만 청구권을 부여한다. 축소된 적합한 대안이나 축소된 정보의 조건에 그 원천을 갖고 있는 동의 제공은, 동의 수령자가 그 조건에 대하여 귀책사유가 있다는 것이 참이 **아닌** 경우 오직 그 경우에만 특권을 부여한다고 말하는 것이 동등한 정도로 그럴 법하다. 그 조건이 언질 받는 이나 동의 수령자의 귀책사유 때문에 생긴 것이라면, 우리는 그 청구권이나 특권이 사산된 것(stillborn)으로, 발생 시부터 몰수된 것(forfeit from conception)으로 생각할 수 있다.

둘째 (9절), 언질 주기 논제에 대하여 다음과 같은 반론이 있었다. 즉, 언질 주기는 언질 받는 이에게, 언질 주는 이가 도덕적으로 허용되지 않는 무언가를 하는 것을 요하는 청구권을 줄 수도 있다는 것을 허용한다는 반론 말이다. 마찬가지로 동의 제공 논제는 동의 제공자가 동의 수령자에게, 도덕적으로 허용되지 않는 무언가를 하는 특권을 부여할 수도 있다는 것을 허용한다. 도덕적으로 허용되지 않는 무언가를 하겠다는 자신의 언질을 주는 자가, 모든 경우에 청구권을 부여한다고 말하는 것은 그럴 법하지 않다고 말하였다. 그리고 언질 받는 이가 그 말로 제안된 것을 받아들인 것에 귀책사유가 있지 **않**은 경우 오직 그 경우에만 청구권을 정말로 부여하는 것이라고 말해야 한다고 했다. 어쩌면 언질 주기와 동의 제공의 차이가 여기서 출현하는 것인지도 모른다. 왜냐하면 동의 수령자에게 도덕적으로 허용되지 않는 무언가를 하는 것에 동의를 제공하는 동의 제공자는 어느 경우에나 〔동의 제공자 자신에 대하여-옮긴이〕 정말로 특권을 부여한다고 말하는 것은 그럴 법하지 않은 것이 아니기 때문이다. (나는 당신에게 "나로서는(For my part)", 하고 말한다. "당신이 대통령을 암살해도 된다(you're free to assassinate the President)" 나는 그렇게 말함으로써 어쨌거나 **나에** 대해서는(as regards me) 그렇게 하는 특권을 당신에게 주고 있지 않은가?) 그러나 어쩌면 그렇지 않을지도 모른다.

아마도 동의 제공자는, 오직 동의 수령자가 그 동의 제안을 받아들이는 데 귀책사유가 있지 **않**은 경우에만 특권을 부여하는 것인지도 모른다. 이 노선을 취하는 것은, 물론 완결된 동의(completed consent)는 완결된 언질 주기와 마찬가지로, 동의 수령자의 수용을 요건으로 한다는 관념을 기꺼이 받아들이는 것을 전제한다.

셋째(10절), 언질 주기 논제에 대하여 다음과 같은 반론이 있었다. 즉, 언질 주기를 받아들이는 것이 설사 언질 주는 이가 그 말이 준수되는지를 상관하지 않는다고 할지라도 그래서 그것이 준수되는 것에 의지하지 않는다고 할지라도, 언질 주는 이에 의해 청구권이 주어졌다고 상정하는 것을 요구한다는 반론 말이다. 이것이 수수께끼 같이 보이는 것도 무리가 아니다. 정말로 언질 주기와 동의 제공 사이의 차이는 여기서 출현한다. 동의 수령자가 하는 것에 동의 제공자가 동의하는 것이 무엇인가를 상관하지 않는다 할지라도 동의 제공자가 특권을 준다는 것은 전혀 수수께끼 같은 것이 아니기 때문이다. (내가 당신에게 "당신이 원한다면 언제든 내 무릎을 칠 수 있다"고 말하고 당신이 "친절하시네요, 감사합니다"라고 답한다면, 그 어떤 견해에 의하더라도, 당신은 지금 내 무릎을 칠 수 있는 특권을 갖고 있다. 설사 당신이 그저 예의상 그렇게 말했으며, 이 특권을 행사할 그 어떤 욕구도 결코 갖지 않을 것이라고 하여도 말이다.) 언질 주기와 동의 제공 사이의 매력적인 대칭성을 확보하는 것이, 어쨌거나 언질 주는 이는 언질 받는 이가 설사 상관하지 않는다고 할지라도 그래서 의지하지 않는다 할지라도 청구권을 주는 것이라고 말해야 한다고 제안하는 나의 이유 중 하나였다.

3. 우리가 그렇게 함으로써 특권과 청구권 둘 다 주는 행위가 있다. 그리고 그것은 동의 제공과 언질 제공의 복합 행위로 이해할 수 있

다. 예를 들어 허가(permission)를 주는 것은 전형적으로 특권과 청구권 둘 다 준다. Y가 X에게, Y의 샐러드에 관하여 "자유롭게 드세요"라고 이야기할 때, Y는 전형적으로 X가 샐러드를 먹는 것에 동의하고 있는 것이며 그래서 X에게 그것을 먹을 특권을 주면서, **그러면서 또한** X가 그것을 먹는 것에 자신이 간섭하지 않겠다는 언질을 주는 것이며, 그리하여 X에게 X가 그 샐러드를 먹는 것에 대한 불간섭을 요하는 Y에 대한 청구권을 주는 것이다.

더 흥미로운 것은, 두 번째 종류의 동의가 있다는 것이다. 그 동의에 의해 주체는 특권 이외의 종류의 권리를 준다: 내가 염두에 두고 있는 것은, 그것에 의해 형성권을 주는 동의이다. 앞 절에서 보았듯이, 우리가 거기서 살펴보고 있던 종류의 동의는 엄밀하게 말해서 그 자체가 형성권을 주는 것이라고 이야기될 수도 있다. 우리가 그 관념을 받아들이건 받아들이지 않건, 그 어떤 견해에 의하더라도 형성권을 주는 두 번째 종류의 동의가 있다. 그것은 심지어 대규모의 형성권과 메타형성권을 주는 것을 포함할 수도 있다. 만일 Y가 X에게 Y의 샐러드에 관해 "나는 당신이 원하는 대로 샐러드를 처분하도록 맡깁니다(I leave it to you to dispose of it as you like)"라고 말한다면, Y는 X에게 다른 사람의 권리를 변경할 형성권을 부여한 것이다. 이제 X가 할 수 있는 많은 것들 중에서도, X가 Z에게 그 샐러드를 주는 일이 있기 때문이다: X는 이제 Z 측의 수용이 Z를 그 샐러드의 소유자로 만들어 주게끔 세계를 변화시킬 수 있다. 아마도 형성권 및 특권이라고 말해야 했는지도 모른다. 만일 Y가 X에게 이것을 말한다면, Y는 그로써 X에게 형성권을 주고 그 형성권을 행사하는 특권**도 또한** 부여하는 것이기 때문이다. 그러나 특히 흥미를 끄는 부분은, 그런 말을 하는 사람이 형성권을 부여한다는 사실이다. 그리고 나는 그렇게 형성권을 부여하는 행위를 하는 것이, 매우 자연스럽게 동의로 칭해질 수 있다고 생각한다.

앞 절에서 우리가 살펴본 종류의 동의에서는, 주체는 특권을 부여하며 그리하여 청구권을 갖기를 중지한다. 이 두 번째 종류의 동의에서는, 형성권을 부여하며 따라서 면제권을 갖기를 중지한다. 그래서 동의의 양 종류 모두, 스스로 권리 보유를 중지하게 만드는 방법이다. 나는 또한 동일한 종류의 제약이 동의의 양 종류에 다 성립한다고 생각한다. 이를테면, 이 중 어느 쪽의 동의라도, 강박이나 기망에 의해 끌어낸 것이라면 아무런 권리를 부여하지 않는다는 제약 말이다.

형성권 부여를 "동의"라고 칭하는 것이 매우 자연스럽다는 점이, 많은 정치 이론가들이 정부의 정당성을 창설하는 것이 무엇인가에 대한 그들의 해명에서 동의에 할당한 중심적인 역할을 설명해 준다. 정당성 있는 정부에 의한 일부 행위들은 통치받는 이들로부터 권리를 박탈하며, 정부의 행위는 정부가 통치받는 이들의 권리를 변경할 형성권이 있는 경우에만 그런 권리 박탈을 할 수 있다. 정부는 어떻게 그 형성권을 취득할 수 있었는가? 통치받는 이들의 동의 그리고 오직 통치받는 이들의 동의만이 그렇게 만들 수 있다고 한다. 제11장에서 자유권(the right to liberty)의 심장부에, 우리의 목소리를 낼 권리가 있다고 하였다. 즉, 어떤 행위가 정부에 의해 취해질 것인지, 누가 통치할 것인지, 그리고 우리가 통치되는 정부 형태가 어떤 것인지에 대하여 말이다. 우리가 그러한 권리를 우리에게 귀속시키면서 의미한 것이, 정부는 일정한 조건이 충족되지 않으면 우리의 권리를 변경할 형성권을 결여한다는 것이라고 보는 것은 매우 그럴법하다. 그 문제를 구성하는 매우 자연스러운 방식에서 보면, 그 목소리를 가졌을 것이라는 요건이 바로 동의라는 요건에 해당한다.

통치받는 이들로부터 권리를 박탈하는 정부 행위를 조금 더 자세히 살펴보자.

4. 일부 정부 행위는 정말로 권리를 박탈한다. 앞 장에서 우리가 재산권의 배분(allocation)을 하나의 사례로 여겨야 한다고 제안했다: 정부 행위가 재산권 소유자로부터 재산권을 앗을 수 있고 자주 그렇게 한다고 보는 것이 가장 간단하고 그럴 법하다.

재산권은 그러나 사회적 권리다. 정부 행위가 자연적 권리를 권리 보유자로부터 앗아 갈 수 있는가? 정부 행위는 자연적 권리의 사회적 원천을 제거할 수는 있다. 정부는 자연적 권리를 전적으로 제거할 수 있는가? 분명히 '예'다.

불쾌함(offense)을 야기하는 행동을 살펴보자. 불쾌함은 믿음이 매개하는 괴로움의 한 예(an instance of belief-mediated distress)이다. 제10장에서 논의하였듯이 우리는 사적 공약과 법 없이는 불쾌함을 야기당하지 않을 아무런 청구권도 가지고 있지 않다. 그러니 우리 사회가 불쾌함을 야기하는 행동을 금지하는 그 어떠한 법도 갖고 있지 않으며, 단순성을 위하여 어느 누구도 불쾌함을 야기하는 행동을 하지 않겠다는 사적 공약을 하지 않았다고 가정해 보자. 사태는 얼마간은 잘 진행된다. (각각의 모든 사람은 다른 사람들의 감정을 크게 배려하면서 행동한다) 그러다가 사태가 그리 잘 진행되지 않는다 — 어떤 사람들이 다른 사람들을 크게 불쾌하게 만드는 방식으로 행동한다. 예를 들어, 일부 젊은 사람들이 갑자기 공공장소에서 성관계를 맺기로 마음을 먹었다. (만일 그것이 당신에게 불쾌감을 야기하지 않는다면 다른 사례를 자유롭게 고르길 바란다.[1]) 가정상 그것을 금지하는 아무런 법도 없고 아무런 사적 공약도 장애가 되는 것이 없다. 그러

---

1 가능한 사례들의 아찔할 정도로 많은 목록으로는 *The Moral Limits of the Criminal Law*, vol. 2인 Joel Feinberg, *Offense to Others*의 ch. 7을 보라.

므로 그 젊은 사람들은 특권, 즉 그들이 하고 싶은 대로 행위할 자연적 특권을 갖고 있다. 그러나 우리 나머지 사람들은 그들의 행동을 괴롭히기의 일종이라고 보아 이에 대해 불쾌감을 느끼며 화가 나고, 도덕적으로 모욕을 받은 느낌이며 분개한다. 그리하여 입법부에 접근하여 그들의 행동을 불법으로 만들어 달라고 요구한다. 우리는 다수고 그들은 극소수이므로, 입법부는 우리가 바라는 대로 반응한다. 그래서 그 행동을 금지하는 법이 제정되었다. 이전에는 공공장소에서 성행위를 금지하는 아무런 법이 없었으므로, 그 젊은 사람들은 그때는 그렇게 할 수 있는 법적 특권을 가졌다. 이제는 그런 법이 있으므로, 젊은이들은 그렇게 할 법적 특권이 없다. 여기까지는 명확하다. 더구나 그 젊은 사람들은 이전에는 공공장소에서 성행위를 할 (단순한) 특권을 가졌다. 그것까지도 명확하다. 그들은 이제 그렇게 할 법적 특권만 없는 것이 아니라 또한 그렇게 할 수 있는 (그저 단순한) 특권도 없는가? 어쨌거나 법적 특권은 특권과 동일한 것은 아니다.[2] 그러므로 그들이 지금 법적 특권이 없다고 말하는 것은 그들에게 특권이 없다고 말하는 것과 같지는 않다. 그런데 입법은 그들에게 그들의 법적 특권을 박탈함으로써 그 특권을 박탈**하였는가**? 만일 그렇다면, 의회는 그들이 자연적 권리 보유를 중지하도록 만든 것이다.

다음과 같이 말하는 것은 사소하게 참이다: 입법자가 그렇게 할 형성권이 있었던 경우 오직 그 경우에만 입법자는 법적 특권을 박탈함으로써 그들에게 그 특권을 박탈했다. 입법자는 그 형성권을 가졌나? 입법자가 우리 사회의 정당성 있는 입법자였을 경우에만 그 형성권을 가졌다.〔이것이 첫 번째 조건이다. - 옮긴이〕

---

2 극단적인 반실증주의는 제외하고 말이다. 여기서는 법에 대한 그 견해는 무시하였다.

무언가 더 요구된다고 논해질 수 있다. 즉, 법적 특권의 박탈이 도덕적으로 허용되어야 한다는 요건이 요구되어야 한다고 논해질 수 있다.〔이것이 두 번째 조건이다. ─옮긴이〕 의회가 우리 사회의 정당성 있는 입법자라고 가정해 보자. 그럴 경우 내가 언급한 첫 번째 조건이 충족된 것이다. 나는 두 번째 조건 역시 충족되었다고 가정할 것이다. 의회가 사람들이 공공장소에서 성행위를 할 법적 특권을 박탈하는 것은 허용되는 일로 보이기 때문이다. 그렇다면 의회가 정말로 법적 특권을 박탈함으로써 자연적 특권을 박탈할 형성권을 가졌고 정확히도 그렇게 박탈을 했다고 보는 것이 옳은 것 같다.

그런데 그것은 다른 사례에서도 마찬가지로 참은 아닐 수 있다. 우리 사회의 그 어떠한 흑인과 백인도 공공장소에서 손을 잡고 걸었던 적이 없다고 가정해 보자. 예전에는 그들이 그렇게 하기를 바란 적이 없었기 때문에 그랬다. 그런데 이제는 몇몇 사람들이 그렇게 하기를 원한다. 그것은 많은 사람들에게 불쾌감을 준다. 그들은 그들이 흑인과 백인에 의한 괴롭히기의 한 형태라고 보는 것에 대하여 불쾌감을 느끼고, 분노하고, 도덕적으로 모욕을 받은 느낌이며, 분개한다. 그리고 그들은 의회에 접근하여 그 행위가 불법화되어야 한다는 요구를 한다. 그렇게 요구한 이들은 다수이고 나머지 우리는 극소수이므로, 의회는 그들이 바라는 대로 반응한다. 그래서 이제는 그 행동을 금지하는 법이 제정되었다. 의회가 그 법을 통과시키는 것은 허용되었는가? 나는 당신과 나와 나의 친구들은, 의회가 그 법을 통과시켜서는 안 되었다고 말할 것이라고 확신한다. 나 자신은 의회가 법적 특권을 박탈함으로써 그 특권을 박탈하지 못했다고 결론 내리고 싶다. '특권' 개념은 어쨌거나 도덕적인 개념이며, 도덕적으로 말해서, 법이 이제는 그들이 그렇게 하는 것을 불법으로 만들었다는 사실에도 불구하고 나는 흑인과 백인은 공공장소에서 손을 잡고 걸을 자유가 있다고 생각할 수밖에 없다. 만일 그렇다면 입법자가 법적 특권을 박탈함으로써 어떤 특권을 박탈할 권한을 보유하는 것은, 입법자로서의 정당성만을 갖는 것 이상을 요구한다. 그것은 이에 더하여 법적 특권의 박탈이 도덕적으로 허용되는 행위일 것을 요구한다.

또는 우리의 의회가 흑인과 백인에게 공공장소에서 손을 잡고 걸어갈 법적 특권을 박탈한 것은 허용되지 않는 방식으로 행위한 것이라는 사실은, 그 의회가 정말로, 온전히 우리 사회의 정당성 있는 입법자가 아니었다는 점을 보여주는가? 이것은 매우 의심쩍은 발상이라고 생각하지만,[3] 우리가 그 문제를 결정할 필요는 없다.

만일 우리가

> 자연적 특권에 대한 정부의 형성권 원리: 입법자는 다음과 같은 경우 오직 그 경우에만, 알파를 하는 법적 특권을 박탈함으로써 알파를 하는 자연적 특권을 박탈할 형성권을 가진다.
>
> (i) 입법자가 그 사회의 정당성 있는 입법자이다.(the lawmaker is legitimately the lawmaker of the society) 그리고
>
> (ii) 입법자가 법적 특권을 박탈한 것은 허용되는 방식으로 행위한 것이다.(the lawmaker acts permissibly in depriving of the legal privilege)

를 받아들인다면, 우리는 조건 (i)이 충족되었을 때 (ii) 역시 충족되는지 여부는 열린 채로 그냥 둘 수 있다. 또한 조건 (ii)가 충족되었을 때 (i) 역시 충족되는지 여부도 열린 채로 둘 수 있다.

---

3 그 발상은 정부의 정당성 문제에 관해 극단적인 반실증주의적 견해와 비슷한 것을 취하는 견해라 할 수 있다.

자연적 청구권을 박탈하는 정부 형성권에 대한 유사한 원리도 동등한 정도로 그럴 법하다. 또한 사회적 특권과 청구권을 박탈하는 정부 권리〔형성권－옮긴이〕에 대한 유사한 원리도 그렇다.

그러나 나는 이 이념들은 우리가 조항 (ii)의 '허용성 요건 (permissibility requirement)'이 의회에 의해 내려진 법의 선택이 설사 내려질 수 있었던 최선의 선택이 아니라 할지라도 충족될 수 있다고 볼 경우에만 그럴 법하다는 점을 강조하겠다. 아마도 의회가 공공장소에서 성관계를 하는 법적 특권의 박탈을 더 좁게 재단하는 것이 더 나았을 것이다. 이를테면 센트럴파크에서 이루어지는 자정과 새벽 사이의 성관계는 특권 박탈에서 면제해 주는 것처럼 말이다. 그렇게 하는 것이 더 나았으리라고 가정해 보자. 그런데도 의회는 그런 방식으로 법적 특권 박탈을 좁게 재단하지 않았다. 그럴 경우에는 그럼에도 불구하고 법적 특권을 박탈함으로써 의회가 그 특권을 정말로 박탈하였다고 생각할 수밖에 없다: 젊은이들은 이제 공공장소에서 성관계를 가질 법적 특권을 갖지 않을 뿐만 아니라 자정에서 새벽 사이의 센트럴파크에서조차도 성관계할 수 있는 법적 특권도 갖지 않는다. 이것은 입법자가 그 법을 더 좁게 재단하지 않은 것이 허용되는 일이었다고 볼 수 있을 경우에만 자연적 특권에 대한 정부의 형성권 원리와 양립 가능하다. 그러나 그렇게 좁게 재단하지 않은 것이 불허되는 일은 아니었음은 분명하다. 더 나은 대안이 활용 가능했다는 사실은 실제로 내려진 선택을 불허되는 것으로 만들지 못한다.

법 제정에서 심대한 불의와 그리고 한편으로 최선의 법 제정에 이르지 못하는 것은 다른 문제다. 재산권의 경우를 다시 살펴보자. 앞 장에서 이야기했듯이, 정부는 (단지 법적 재산권을 창설하는 것과 대비하여) 재산권을 오직 그 정부 자체가 자신이 통치하는 사회에 대한 정당성 있는 정부일 때에만 창설할 수 있다. 그리고 심대하게 불의한 재산권 법을 만드는 정부는 정당성이 있는 정부라고 그럴 법하게 간주할 수 없다. 그렇다면 심대하게 불의한 것에 못 미치는 불의한 재산권은 어떤가? 이것은 정도의 문제다. 어떤 불의 정도의 경우에는, 우리는 법의 통과는 정말로 입법자가 정당성이 없다고 말하고 싶어질 수도 있다. 설사 그 법이 **심대하게** 불의하지 않더라도 말이다. 덜한 정도의 불의의 경우에는, 우리는 비록 입법자는 정당성이 있지만, 그 법의 통과는 허용되지 않는 것이었다고 말하고 싶어질 수 있다. 그러나 최선에 이르지 못했다는 것만으로는 그 선택이 허용되지 않는 것이었음을 의미하지는 않으며, 그래서 그 법은 법적 재산권을 생성하면서 재산권을 생성한다. 우리의 법하에서는, 내가 사망한 뒤에 내 집 소유권이 나의 고양이에게 이전되도록 할 수 있는 법적 권리를 보유한다. 그리고 나는 그렇게 할 (그저 단순한) 권리를 갖고 있다고 생각한다. 아마도 동물에게 유언으로 아무것도 넘겨주지 못하도록 하는 점만 제외하고는 우리의 것과 같은 재산권 체계가 우리의 체계보다 더 나을지도 모르겠다. 그렇다고 해 보자. 그렇다고 해서 내가 그 권리를 갖고 있지 않다는 결론이 따라 나오지는 않는다. ─ 우리의 입법자가 나에게 그 권리를 준 것이 허용되지 않는 방식으로 행위한 것이 아니라는 결론이 따라 나오지 않기 때문이다.

앞 장에서 이만큼은 규칙 공리주의와 계약주의의 지지자들에게 동의할 수 있는 지점이라고 하였다. 만일 재산권을 규율하는 규칙 세트가 효율적이라면 (모든 것을 감안할 때 모든 이들에게 선이 되거나, 각각에게 최대한의 선이 되거나, 아니면 당신이 선호하는 목적이 무엇이건 거기에 효율적이라면) 우리가 그것을 채택해야 한다고 논할 수도 있다. 그러나 두 가지에 주목할 필요가 있다. 첫째로, 법의 선택이 가장 효율적이 아니었다는 사실 그 자체로는 그 선택을 허용되지 않는 것으로 만들지 않는다. 법의 선택에는 그것을 채택하여 오는 효율성 이외에도 유관한 다른 것들이 있다. 둘째, 이전 시점에 어떤 법을 선택하는 것이 허용되었다는 점은, 우리가 그 법을 바꾸어야 한다는 것이 지금 참이라는 것과 양립 가능하다. 나는 우리가 자신의 집을 자신의 고양이에게 넘겨주는 유언을 할 법적 권리를 박탈하도록 법을 바꾸어야 한다고 말하는 것이 아니다. 그러나 설사 우리가 그렇게 해야 한다고 할지라도, 그것은 그 법적 권리를 입법자가 주는 것이 허용되었다는 것과 양립 가능하다.

입법부가 법적 권리를 박탈하는 것이 허용되는 조건에 대한 일반적 해명을 제공하려고 하는 이가 직면한 난점을 내가 과소평가하고 있다고 생각되지 않기를 희망한다. 운이 좋게도 (꿰뚫어 보기가 너무도 힘든 쟁점들 때문에[4]) 우리의 논의 목적에서는 이 문제에 대한 일반적 해명에 도달하는 것이 꼭 필요하지는 않다. 우리가 지금 관심을 가지는 것은, 법적 권리에 대한 허용되는 입법적 박탈이 실제로 권리를 박탈시키기도 한다는 사실뿐이다. 법적 권리의 입법적 박탈을 허용되게 하는 것이 정확히 무엇인지와 관계없이 말이다. 나의 두 사례는, 재산권의 박탈을 야기하는 법적 권리의 입법적 박탈과, 일정한 종류의 불쾌함 야기 행동을 할 자연적 권리의 박탈을 야기하는 법적 권리의 입법적 박탈이었다. 권리 박탈을 야기하는 법적 권리의 입법적 박탈이 되는 다른 사례들 중에는 후견주의적인 동기에서 이루어지는 법적 권리에 대한 입법적 박탈과, 사람들이 도로의 어느 쪽으로 운전하는 것이 허용되느냐를 결정할 필요가 있는 경우처럼 관행에 기대어 결정할 필요로부터 발생하는 법적 권리의 입법

---

4 행동을 범죄로 만드는 것에 대한 도덕적 제약에 대한 눈부신 해명은 Feinberg, *The Moral Limits of the Criminal Law* 네 권에 걸쳐 나온다. 다만 한 가지 단서를 달 필요가 있다. 파인버그는 내가 말한 것보다 권리의 영역이 더 넓다고 생각한다.

적 박탈이 있다.

이 모든 것에 비추어 자유지상주의 논제에 관하여 이야기되어야 하는 것은 무엇인가? 이 자유지상주의 논제를 상기하면, 이는 오직 권리 보유자 자신들만이 스스로 권리 보유를 중지할 수 있게 야기할 수 있다고 말한다.

이 논제의 지지자들은, 물론 정부 행위가 권리를 박탈할 수 있다는 점을 단적으로 부인한다. 아마도 무정부주의자는 정의상 이 점을 부인하는 이들일 것이다. 그러나 **그 어떠한** 정부 행위도 권리를 박탈할 수 없다고 생각하는 것이 그럴 법한가? 사람들이 도로에서 운전하는 방향을 규율하는 규칙을 채택하는 문제를 살펴보자. 우리는 영국에서는 좌측으로만 운전할 법적 권리만 있는데 영국인들이 **정말로** 도로의 어느 쪽으로든 운전을 할 권리가 있다고 말해야 하는가? 미국인들은 우측으로만 운전할 법적 권리가 있는데도, **정말로** 어느 쪽으로든 운전할 권리를 갖고 있다고 말해야 하는가?

자유지상주의 논제의 지지자들에게 더 나은 선택지는 앞 절에서 살펴보았던 두 번째 종류의 동의에 호소하는 것이다. 만일 권리를 박탈할 입법자의 형성권이 정당성 있는 입법자임에 기초한다면, 그리고 그것이 정당성 있는 입법자임은 동의에 기초한다면, 그렇다면 이행규칙에 의하여(by transitivity) 입법자의 형성권은 동의, 즉 통치받는 이들 그 자신들이 입법자에게 그 형성권을 준 것에 기초한다. 그리고 입법자가 정말로 권리를 박탈하는 경우에는, ─ 궁극적으로 ─ 통치받는 이들 스스로가 자신들에게서 권리를 박탈하고 있다고 말할 수 있다. 그러므로 자유지상주의 논제는 권리를 박탈하는 정부 행위에 직면하여서도 참으로 남는다. 이것은 실제로 자유지상주의 저술에서 매우 흔하다.

그것은, 꽤나 일반적으로, 매력적인 이념이다. 내가 말했듯이, 동의가 입법자를 정당성 있게 만든다는 이념은 입법자가 권리를 박탈할 수 있다는 사실로부터 나온다. 통치받는 이들이 그것을 주지 않았더라면 입법자가 그 권한을 어디에서 취득할 수 있었단 말인가? 홉스는 인류의 자연상태를 모든 각 사람이 다른 나머지 각각에 대하여 특권을 가지고 있던 상태라고 생각했다. 홉스의 자연상태에서는 Y쪽의 그 어떠한 행위도 X의 그 어떠한 청구권도 제한하지 않는다. 그 견해는 우리에게 타당해 보이지 않는다. 사람들이 자연적 청구권을 갖고 있다고 생각하는 한에서 말이다. 이를테면 해악을 야기당하지 않을 청구권 같은 자연적 청구권 말이다. 우리에게는 인류의 자연상태는 모든 사람 각자가 나머지 모두 각각에 대하여 면제권을 가지고 있던 상태라고 생각하는 것이 훨씬 더 그럴 법하다: 그래서 우리가 자연상태에 대한 더 그럴 법한 관념으로 여기는 것에서는 Y쪽의 그 어떠한 행위도 X의 그 어떠한 권리도 박탈할 수 없다. 그러나 만일 인류의 자연상태가 면제권의 상태라면, 그렇다면 어떻게 정당성 있는 정부가 형성권을 부여하는 것에 해당하는 일종의 동의 제공 과정에 의하여 발생할 수 있단 말인가?

이 이념에 관한 그 심층적인, 그리고 서둘러 매우 익숙하다고 덧붙여 말하고 싶은 난점은, 여기서 수행할 것이 요청된 역할을 동의가 수행할 수 있는가 하는 점이다. 형성권을 주는 것과 같은 것이 확실히 있다. 그리고 그것을 동의라고 칭하는 것이 자연스럽다. 만일 Y가 X에게, Y의 샐러드에 관하여 "나는 당신이 원하는 대로 샐러드를 처분하도록 맡깁니다."라고 말한다면, Y는 X에게 다른 이들의 권리를 변경하는 형성권을 부여한 것이다. X가 이제 할 수 있게 된 많은 것 중에, 샐러드를 Z에게 주는 일이 있기 때문이다. 게다가 또한, 만일 Y가 X에게 "나는 이로써 당신에게 나를 위해 다음 주 경매에서 행위할 형성권을 부여합니다."라고 말한다면, Y는 X에게 다른 사람들의 권리를 변경할 형성권을 부여한 것이다. 특히 Y의 권리를 변경할 형성권 말이다. X는 이제 X가 경매에서 입찰하기로 선택한 그러한 재화에 대하여 대가를 치르는 계약을 Y가 체결한 것이 되게 할 권한이 부여되었기 때문이다. 우리 각자가 명시적으로 정부에 우리의 권리를 변경할 형성권을 부여했다고 생각해야 하는가? 그렇게 말한 기억은 없다.

우리가 살펴본 첫 번째 종류의 동의는, 특권을 부여하는 것에 해당하는 것으로서, 동의일 뿐만 아니라 묵시적일 수도 있었다. 만일 당신이 나의 장미 하나를 뽑을 준비가 된 상태에서 나에게 질문하듯 쳐다보는데 내가 당신을 보고서 '안 돼'라고 말하지 않는다면, 내가 장미를 뽑는 데 묵시적으로 동의하였고 그렇게 함으로써 (암묵적으로) 당신에게 그 장미를 뽑을 특권을 주었다고 생각하는 것은 그럴법하다. 형성권을 부여하는 것인 동의가 명시적일뿐만 아니라 묵시적일 수 있는가? 아마도. 그러나 정부에 형성권을 부여하는 동의가 묵시적 동의라는 관념은 명백하게 받아들일 수 있는 것은 아니다. (어떤 사람이 한 나라에 남아 있는 것이 요구되는 묵시적 동의에 해당하는가? 그것은 왜 그가 남아 있는가에 달려 있다.)

정부에 대한 실제의 동의를 정확하게 찾아내는 것이(locating actual consent)◆ 어렵다고 생각하는 많은 현대 정치철학자들은 가상적 동의에 호소한다. 그렇게 함으로써 권리 박탈에 면제되기를 중지하는 것은 오직 동의에 의해서뿐이라는 우리 느낌의 강점을 보여주려고 한다. 그러나 제7장에서 시사했듯이, 어떤 사람의 어떤 것 ― 행위 지침, 정부 형태 등등 적용하고자 하는 것은 무엇이나 ― 에 대한 가상적 동의에 대한 호소에서 실제로 도덕적 작용을 하는 것은

◆ 구성원의 정확히 어떤 행위가 정부에 형성권을 부여하는 동의에 해당하는지를 특정하는 것이

그 사람이 그것에 동의하였으리라는 것이 아니라, 무엇이 되었건 그 것을 그 사람의 동의를 받을 만한 것으로 만드는 그것에 관한 사실 이다. 그래서 정당성을 정당화하기 위해 정부에 대한 가상적 동의에 호소하는 것은 실제로는 통치받는 이들을 위한 정부의 선함(the goodness)에 호소하는 것이다. 그러나 우리는 특정한 정부가 통치받 는 이들에게 선하다는 사실(그것을 사실이라고 한다면)이, 정당성 있 는 정부로 만들기에는 충분하지 못하다는 점을 깨달을 것이다. 우리 대부분이 느끼듯이, 권리의 박탈에서 면제되기를 중지하는 것은 오 로지 동의에 의해서뿐이라고 느끼는 한에서 말이다. (구성원들이 이 전에 복종하였던 정부보다 더 나은 정부를 찬탈자가 부과할 수도 있지 않은 가? 그러면 새 정부가 그들에게 좋다는 것이 참임은 그들의 정부를 정당성 있는 것으로 만들 것인가?)

이 고려사항들은 어느 정도는 가상적 동의에 대한 호소에서뿐만 아니라 실제의 동의에 대한 호소의 경우에도 등장한다. 당신이 장미 를 뽑을 준비가 된 상태에서 나를 질문을 던지듯 쳐다보고 내가 당 신을 보고는 '안 돼'라고 말하지 않으면, 내가 당신이 장미를 뽑는 것에 묵시적으로 동의했고 그렇게 함으로써 당신에게 그것을 뽑는 특권을 (묵시적으로) 부여했다고 생각하는 것이 그럴 법하다고 말했 다. 그러나 우리는 내가 그 특권을 준 것은 아닐 수도 있다는 점을 기억해야 한다. 특권을 주기 위해서는, 내가 '안 돼'라고 말하지 않 는 것이 일정한 종류의 원천을 가져야 한다. 만일 내가 당신이 단지 "'안 돼'라고 말하기만 해 봐, 다리를 분질러 놓을 테니!"라고 말했기 때문 에 '안 돼'라고 말하지 못했다면, 내가 그 말을 하지 않았다고 해서 특권을 주지 않는다. 이는 명시적 동의에도 마찬가지로 적용된다. 강제로부터 나온 명시적 동의는 아무런 특권을 주지 못한다. 확실히 Y의 그 형성권을 얻는 것이 X에게 나쁘다는 사실은, X의 동의가 실제로는 Y에게 형성권을 주지 않았다고 생각할 좋은 이유다. 그러나 좋은 이유에 **불과할** 뿐이다. 어쨌거나 X는 그 또는 그녀에게 이런저런 방식으로 나쁜 것을 원했을 수도 있으니까 말이다.

이 질문들은 정치 이론의 심장부에 놓여 있다. 그리고 내가 여기서 살펴본 것보다 훨씬 더 주의 깊은 검토를 요구한다. 우리의 관심사는 사람들이 이전에 가졌던 권리를 갖지 않게 되는 방식이었다. 사람들은 몇 가지 방법으로 자신의 권리를 스스로 상실하게(divest themselves of rights) 할 수 있다. 우선 그들은 언질을 줄 수 있다. 이것은 청구권을 부여하는 것이고 그래서 자신의 특권을 상실하는 것이다. 그리고 (그것의 반면(反面; obverse)으로서) 그들은 한 종류의 동의를 줄 수도 있다. 이 종류의 동의는 특권을 주는 것이고 그래서 청구권을 스스로 상실하는 것이다. 둘째로, 그들은 다른 종류의 동의를 줄 수 있다. 이 종류의 동의는 형성권을 주는 것이며 그래서 스스로 면제권을 상실하는 것이다. (대칭성에 대한 사랑은 우리로 하여금, 면제권을 주고 그럼으로써 형성권을 상실하는 그러한 현상 같은 것이 없는가 하고 묻게끔 한다. 그 답은 분명히 '예'이다. 그리고 이 현상 역시 동의의 한 종류라고 칭하는 것이 자연스럽다.) 사람들이 이전에 갖고 있던 권리를 다른 사람에 의하여 갖지 않도록 만들어질 수 있는 한 방식, 즉 정부 행위도 살펴보았다. 정부 행위가 권리를 박탈할(deprive) 때 벌어진 일이 통치받는 이들 스스로가 이행 규칙에 의해 권리를 스스로 상실한 일인지 여부는 열린 질문을 남겨 두도록 하자. 어떤 형태의 동의가 권리를 박탈하는 정부 형성권의 원천으로 이해되어야만 한다고 생각하는 것이 직관적으로 옳아 보인다. 그러나 어떤 형태의 해명을 제시하지는 않겠다. 그 동의가 이행적인 것으로 생각될 수 있는지 여부는 더더욱 차치하고서 말이다. 그래서 정부에 의한 권리의 박탈이 자유지상주의에 대한 치명적인 반론이 되는지 여부는 열린 채로 두고자 한다.

대신에 사람들이 권리를 스스로 상실하게(divest) 할 수 있는 몇몇 다른 방식들을 살펴보자.

5. 예를 들어 권리 포기(waiving a right)를 살펴보자. 포기함으로써 우리는 스스로 자신의 청구권, 특권, 형성권 또는 면제권을 상실할 수 있다.

한층 더 흥미로운 것은 권리의 몰수(forfeiting a right〔제재 내지는 벌로서 박탈되는 것-옮긴이〕)이다. 권리 상실(rights divestiture)의 이 범주는 포기(waiver)와 중첩된다. 권리의 일부 포기도 권리의 몰수라고 불릴 수 있기 때문이다. 우리는 그것을 정확히 의도한 행위로 권리를 포기할 수 있다. 그러나 우리는 그저 '방치(letting it lie)'에 의해서도 권리를 포기할 수 있으며, 그 경우 권리를 몰수당하였다고 말할 수도 있다.

단지 '방치'에 의한 권리 몰수의 가능성을 주목하는 것은 유용하다. 이것은 귀책사유(fault) 없는 권리의 몰수가 있을 수 있다는 사실을 계속 염두에 두게끔 하기 때문이다. 복권 당첨의 특전이 내가 그러기로 선택한다면 부통령과 함께 저녁 식사를 할 수 있는 특권일 경우 나는 그저 아무런 선택을 하지 않을 수 있는데, 그러면 귀책사유 없이 특권을 몰수당할 수 있다.

귀책사유 없는 몰수의 가능성에도 불구하고, 몰수의 가장 두드러지는 사례들은 정말로 귀책사유를 포함하는 사례들이다. B가 악당과 같이, 만일 누구도 간섭하지 않는다면, A의 청구권 침해에 해당할 행위를 한다고 가정해 보자. 그럴 경우 B의 권리에는 다음과 같은 네 가지 결과가 따른다고 보는 것이 **일응** 그럴 법하다.

우선, B가 행위한 대로 행위한 것에 대항하여 (i) 만일 A가 자신의 청구권에 대한 B의 침해에 대하여 B에게 해악을 야기함으로써만 방위할 수 있다면 A는 B에 대하여 그렇게 하는 것이 허용된다. 즉, 그가 한 대로 행위함으로써, B는 A에 대한 자신의 청구권을 조건적으로 상실하게(conditionally divests himself of a claim against A) 하였다.◆ 비례성이라는 추가 요건도 물론 충족되어야 한다: 만일 B가 침해하려고 위협하는 A의 청구권이 매우 약하다면, 그리고 A가 자신을 방위하는 유일한 방법이 B에게 심대한 해악을 야기하는 것이라면, 우리는 A가 B에게 해악을 야기할 특권을 갖지 않는다고 생각하는 것도 무리가 아니다. (만일 A가 B를 총으로 쏨으로써만 자신의 정원 장식을 B가 부수지 못하도록 할 수 있다면, 그것이 청구권을 방위할 유일한 수단이라도, A는 B를 쏠 특권이 없다. 제4장 3절을 보라.) 그래서 그 논지를 다음과 같이 표현해 보자. B가 행위한 대로 행위함으로써 B는 다음을 참으로 만들었다: 만일 A가 자신의 청구권에 대한 B의 침해에 대항하여 B에게 해악을 야기함으로써만 자신을 방위할 수 있다면, **그리고** B가 입는 해악이 A의 청구권의 엄격성과의 비례성이 어긋나지 않다면, A는 B에게 해악을 야기할 특권을 갖고 있다.

A가 B에게 해악을 야기하는 수단 이외의 수단으로 스스로를 방위할 수 있다면 어떻게 되는가? (A가 B에게 해악을 야기하는 방법 **또는** "멈춰. 그러지 않으면 고소할 거야!"라고 외치는 방법 어느 쪽으로든 스스로를 방위할 수 있다면 어떻게 되는가?) 그럴 경우 A는 B에게 해악을 야기할 특권을 갖지 않는다고 보아야 한다. 그렇다면 (i)을 강화하여 A가 그 특권을 갖기 위한 충분조건뿐만 아니라 필요조건도 제시하도록 만들 수 있다. 흥미로운 이 논점은 나중에 다시 살펴볼 것이다. 그러나 당분간은 (i)이 제시하는 충분조건에 초점을 맞추도록 하자.

◆ 여기서의 조건이란 A가 B의 청구권을 제한함으로써만 방위할 수 있다는 조건이다.

둘째, (ii) 만일 A가 자신의 청구권에 대한 B의 침해에 대항하여 오직 C가 B에게 해악을 야기함으로써만 방위될 수 있다면, C는 B에 대하여 그렇게 할 특권을 가진다. 물론, 이 특권은 동일한 비례성 요건을 준수해야 한다. 우리는 자기방위뿐만 아니라 타인방위의 특권도 갖고 있다.

이 두 종류의 사안에서 B는 (조건적으로) 자신의 청구권을 스스로 상실한다는 점이 강조할 가치가 있다. 즉 우리는 B가 그 청구권을 보유하지만 A가 그것을 제한하는 것이 허용된다고 말해서는 안 된다. 청구권에 대한 허용되는 제한의 조건이 충족되지 않았음에도 불구하고, A가 B에게 해악을 야기하는 것이 허용되기 때문이다. ◆ 만일 A가 B의 악의적인 행위로 눈이 멀지 않으려면 취해야 하는 방위 수단이 A가 B를 죽이는 방법뿐인 경우 A가 볼 수 있다는 것이 A에게 좋은 것이 B가 살아 있다는 것이 B에게 좋은 것보다 더 좋지 않다는 사실에도 불구하고, A는 B를 죽이는 것이 허용된다. 마찬가지의 것이 C에 대해서도 성립한다. 만일 A가 B의 악의적인 행위에 의해 눈이 멀지 않으려면 취해야 하는 방위 수단이 C가 B를 죽이는 방법뿐인 경우 C는 B를 죽이는 것이 허용된다. 그러므로 이 두 종류의 사안에서 우리는 B가 (조건적으로) 이전에는 가졌던 자신의 청구권을 스스로 상실하게 했다고 가정해야만 한다: 여기서는 청구권의 허용되는 제한이 있는 것이 아니라 청구권의 몰수가 있다.

우리의 논의 목적에서 질문은 다음과 같다: 왜 몰수가 작동하는가? 몰수가 작동하도록 만드는 것이 B의 귀책사유라고 생각하지 않

◆ 그런 조건 중 하나는 맞교환 이념이다. 즉 청구권을 제한하는 것이 나쁠 이들에게 청구권을 제한하는 것이 나쁜 정도보다, 청구권을 제한하지 않는 것이 나쁠 이들에게 청구권을 제한하지 않는 것이 나쁜 정도가 충분히 훨씬 더 나쁜 경우 오직 그 경우에만, 청구권을 제한하는 것이 허용된다는 것이다.

는다. 그러므로 이 질문은 우리가 귀책사유 없는 몰수를 다룰 때까지 미뤄 두자.

우리는 B가 악의적으로, 아무도 간섭하지 않으면 A의 청구권을 침해하도록 그렇게 행위하고 있다고 가정하였다. 그럴 경우 B의 권리에 네 가지 결과가 뒤따른다고 생각하는 것이 **일응** 그럴 법하다고 말하였다. 다음과 같은 것들이 뒤따르는 것 같다. (i) 만일 A가 B에게 해악을 야기하는 것에 의해서만 A가 방위될 수 있다면 A는 그렇게 할 특권을 가지며, (ii) 만일 C가 B에게 해악을 야기하는 것에 의해서만 A가 방위될 수 있다면 C도 그렇게 할 특권을 가진다. ─ 이 두 경우 모두 비례성 요건이 충족되었다는 것을 전제로 해서 말이다. 두 결과는 우리의 가정으로부터 정말로 따라 나오는 것으로 보인다.

세 번째와 네 번째 결과를 살펴보자. 우리의 가정에서 또한 (iii) B에게 A가 (또는 C가) 해악을 야기하는 것은 B가 (또는 아마도 다른 누군가) 미래에 유사한 공격을 가하는 것을 억지(forestall)한다면, A(또는 C)가 B에 대하여 B에게 그 해악을 야기할 ─ 아마도, 그 행사에 어떤 유사한 비례성 요건을 적용받는 ─ 특권을 가진다는 결과도 따라 나오는 것 같다. 그리고 우리의 가정으로부터 (iv) A(또는 C)가 B의 행위에 대한 처벌의 방식으로 B에게 해악을 야기할 B에 대한 ─ 여기서도 어떤 유사한 비례성 요건을 적용받는 ─ 특권도 가진다는 결론이 따라 나오는 것 같다.

이제 세 번째와 네 번째 조건을 살펴보자. 우리의 가정으로부터 (iii) A가 (또는 C가) B에게 해악을 야기하기가 B의 (그리고 아마도 다른 사람들의) 장래의 비슷한 공격 개시를 저지하는 경우 A(또는 C)는 B에 대하여 그 해악을 야기할 ─ 그 행사에 어떤 유사한 비례성 요건을 적용받는 ─ 특권을 가진다. 그리고 우리의 가정으로부터 (iv)

제2부 어떤 것이 권리인가

A는 (또는 C는) B에 대하여 B의 행위에 대한 처벌의 형태로 그에게 그 해악을 야기할 — 다시금 그 행사에 어떤 유사한 비례성 요건을 적용받는 — 특권을 가진다.

(iii)부터 시작하자. 나는 혼잡한 지하철역에 서 있다. 그리고 소매치기가 나의 호주머니를 털려고 한다. 나는 그의 손을 쳐냈고 그는 나를 단념한다. 여기까지는 괜찮다. 그런데 내가 "그건 충분하지 않아"라고 생각하고는, "이게 그에게 교훈을 주겠지!"라고(아마도 다른 소매치기들에게도 교훈을 주겠지라고) 생각하며 그의 팔을 부러뜨린다면 어떻게 되는가? 내가 그의 팔을 부러뜨릴 특권을 가지고 있었나?

유사한 질문이 (iv)에서도 제기될 수 있다. 내가 "이게 그에게 교훈을 주겠지!"라고 생각한 것이 아니라 "이게 마땅한 대가지!(Serves him right!)"라고 생각하며 그의 팔을 부러뜨린다면 어떻게 되는가? 나는 그렇게 할 특권을 그에 대하여 갖고 있었는가?

여기서 문제되는 것이 비례성 요건이 충족되지 않았다는 것인가? 아마도 (iii)과 연관하여 논지는 팔을 부러뜨리는 것보다 덜 가혹한, 잠재적 소매치기들을 억지하는 방법들이 있으며, **그 사실이** 소매치기의 행위가 나에게 내가 행위한 대로 행위할 특권을 부여하지 않는 이유라는 취지일 것이다. 아마도 그 논지는 (iv)와 연관하여, 팔을 부러뜨리는 것은 소매치기에 대해 부적합하게 가혹한 처벌이며 **그 사실이** 내가 행위한 대로 행위할 특권을 나에게 부여하지 않는 이유라는 취지일 것이다. 그런데 위 사례가 비례성 요건을 충족하지 못하였음은 사실일 수도 있겠지만, 여기서 잘못된 것은 확실히 더 심층적인 원천을 갖고 있다. 억지 또는 처벌에 대한 어떤 견해를 가지고서 해악을 야기하는 것은, 법하에서는 정부에게 귀속된 일이지 사인에게 귀속된 일은 아니다. — 그리고 나는 그 어떤 조직된 사회에서도 사정은 마찬가지라고 생각한다.

우리의 법하에서는 사인이 정부에 대하여, 범법자를 억지하거나 처벌하기 위하여 해악을 야기할 특권을 갖고 있지 않을 뿐만 아니라, 사인은 범법자를 포함한 어느 누구에 대하여도 그 특권을 갖고 있지 않다고 생각하는 것이 분명히 옳다. 그 소매치기의 행위는 나에게 그의 팔을 부러뜨릴 특권을 그에 대하여도 또는 그 어느 누구나 그 어느 것에 대하여도 주지 않았다. 그리고 설사 팔 부러뜨리기가 소매치기에 대한 억지나 처벌에 관한 비례성 요건을 만족하였더라도 그런 특권을 주지 않았을 것이다.

몇몇 정치 이론가들은 억지나 처벌을 위하여 해악을 야기하는 정부의 특권은 자연상태에서 사람들이 보유했던 특권이라고 믿는다. 그리고 정부 형성은 사람들이 그 특권을 잃는 과정이라고 한다. 만일 당신이 정부가 통치받는 이들에 의해 주어지지 않은 권리는 가질 수 없다고 생각한다면, 그리고 정부는 억지하거나 처벌하기 위해 해악을 야기하는 특권을 가지고 있다고 생각한다면, 피치자들이 그들의 정부 형성 이전에 그 특권을 가졌었다고 생각하는 것도 놀라운 일이 아니다. 자연상태의 사람들이 억지하거나 처벌하기 위해 해악을 야기하는 특권을 가진다고 생각하는 것은 그럴 법한가?[5] 억지와 처벌은 꽤나 다른 것처럼 보인다. 만일 우리가 자연상태에 있다면, 그리고 당신이 내 목을 자르려고 한다면, 내가 당신의 현재 나의 목에 대한 공격에 대항하여 나의 목을 방위하기 위해 필요한 것 이상

---

5 여기서 작동하고 있는 '자연상태' 관념이 홉스의 관념이 아님은 명백해질 것이다. 홉스의 자연상태에서는 누구나 무엇이든 할 특권을 가지며, 그래서 **한층 더 강력한 이유로** 그 어떤 해악이라도 야기할 특권을 가지며, 그러므로 **한층 더 강력한 이유로** 억지하고 처벌하기에 충분한 크기의 해악을 야기할 특권도 가진다는 점을 기억하라. 여기서 내가 염두에 둔 것은 로크와 현대에서 로크와 가까운 이론가로 가장 잘 알려진 노직이다. 자연상태에서 처벌에 대한 로크의 견해에 관해서는 *Second Treatise of Government*, secs. 7-13을 보라. 노직의 견해에 관해서는 *Anarchy, State, and Utopia*, ch. 5를 보라.

　　　　　　　제2부 어떤 것이 권리인가

의 해악을 당신에게 야기할 특권을 갖고 있다고 생각하는 것이 옳아 보인다: 나는 당신의 현재 공격뿐만 아니라 미래의 공격에 대하여도 내 목을 방위하기 위해 필요한 만큼의 해악을 야기할 특권을 갖고 있다. 그러나 처벌은 나에게는 달리 보인다. **내**가 누군데 **당신**에게 당신의 마땅한 벌(comeuppance)을 받게끔 한단 말인가? 그러나 우리의 논의 목적에서 그 질문에 답은 중요하지 않다. 어쨌거나 정부는 억지하거나 처벌하기 위해 해악을 야기하는 특권을 스스로에게 귀속시키면서, 억지하기 위해 해악을 야기하는 자연적 특권을 박탈하였다. 그래서 우리는 정부가 통치받는 이들이 자연적 권리를 잃게 만드는 또 다른 사례를 갖는 셈이다.

어쨌거나, 나는 우리가 비록 (i)과 (ii)가 아무도 간섭하지 않으면 A의 청구권 침해가 될 B의 악의적으로 행위하기의 결과라는 점에는 동의하여야 하지만, (iii)과 (iv)는 그렇지 않다고 보아야 한다고 제안한다. — 어쨌든 A와 B가 자연상태가 아니라 사회상태(in a state of society)에 있는 경우에는 말이다. 간단히 말해서 B의 행위는 A가 (그리고 C가) A의 당면한 방위(immediate defense)에 필요한 만큼의 해악을 B에게 야기할 특권을 갖도록 만든다. 그러나 B의 행위는 A가 (또는 다른 어떤 사인도) 그것보다 더 많은 해악을 B에게 야기할 특권을 갖도록 하지 않는다. 설사 그 더 많은 해악을 B에게 야기하는 것이 B나 다른 사람들을 억지하는 데 필수적이라 할지라도, 또는 B에게 가할 처벌로서 알맞은 것이라 할지라도 말이다.

억지나 처벌을 위하여 원하지 않은 결과를 야기할 정부의 특권 논의는 잠시 멈추는 것이 논의 순서에 맞겠다. 여기서 그리고 앞 절에서 다루어진 고려사항들이 그것과 관련이 있기 때문이다. B가 A에 대한 그의 악의적인 공격에 성공한다고 가정해 보자. B가 A의 팔을 부러뜨렸다. 정부는 그 후 B에게 징역형을 선고한다. 적법 절차가 준수되었고 다른 사정이 동일하다면, 이제 정부가 B를 투옥하는 것이 허용된다. 어떻게 그렇게 되는가? 처벌에 대한 정당화에 관한 많은 해명들은 이를 설명하기 위해 B가 권리를 몰수당했다는 점에 호소한다. 그러나 우리는 물어야 한다: B가 몰수당한 권리가 **어떤** 권리이길래, 그가 그 권리를 몰수당한 것이 정부가 B를 투옥하는 것을 허용되게 하는가? 아마도 우리는 B가 몰수당한 권리는, 그를 투옥하지 말 것을 요하는 정부에 대한 그의 자연적 청구권이었다고 생각해야만 할 것이다. 그리고 정부에 대하여 이 청구권을 B가 실제로 몰수당한 것은 A의 청구권에 대한 그의 침해에 의해서라고 할 수 있다. 그러나 어떻게 하여 A의 청구권에 대한 B의 침해가 B로 하여금 정부에 대한 B의 청구권을 몰수당하게 만들었는가? A의 것과 같은 청구권을 침해한 사람이 투옥을 받게끔 정한 형법이 없는 상태에서는, A의 청구권에 대한 B의 침해는 정부에 대하여 투옥되지 않을 것을 요하는 B의 청구권을 B가 몰수당한 것으로 만들지 않았을 것이다. 팔을 부러뜨리는 행위에 대해 투옥의 제재가 없는 형법을 갖고 있는 사회를 상상해 보자. (아마도 그 형법은 벌금, 사회봉사 또는 그 밖에 당신이 생각하고 싶은 제재를 두었을 것이다.) 그 사회에서 B는 A의 청구권에 대한 그의 침해에 의해 그를 투옥하지 않을 것을 요구하는 정부에 대한 그의 청구권을 몰수당하지 않았을 것이다. 그리고 정부가 그를 투옥하는 것은 허용되지 않을 것이다. 여기서 드러나는 것은, A의 것과 같은 청구권을 침해한 사람이 실제로 투옥되게끔 규정한 형법을 정부가 채택했다는 사실(그것을 사실이라고 한다면)이, A의 청구권에 대한 B의 침해를 B가 투옥당하지 않을 것을 요하는 B의 정부에 대한 청구권을 몰수당하게끔 만들었다는 점이다. 즉, 그 형법을 채택하는 정부의 행위가 조건적으로 다음을 참으로 만들었다: 만일 Y가 악의적으로 X의 팔을 부러뜨린다면, Y는 그로써 투옥당하지 않을 것을 요하는 정부에 대한 Y의 자연적 청구권을 몰수당한다. 물론 B가 정부에 대한 그 청구권을 몰수당한 사람은 B다. 그러나 그가 행한 대로의 행위하기에 의해 B가 그 청구권을 몰수당하는 것을 참으로 만든 주체는 정부 그 자체다. 강조하겠다: 그것은 정부가 참으로 만든 무엇인가이며, 정부가 그것을 참으로 만들지 않았더라면 그것은 참이 아니었을 것이다. (우리는 그러므로 정부에 의한 처벌이 포함하는 것이 청구권의 순수 사회적 몰수〔pure social forfeiture of claims〕라고 말할 수 있다.) 그러므로 비록 범법자의 권리 몰수당하기에 호소하여 처벌을 정당화하는 처벌 정당화에 대한 해명에는 아무것도 잘못된 점이 없기는 하지만, 그러한 정당화는 형법의 채택 자체에 대한 정당화를 제공하는 배경을 기반으로 해서만 성공할 수 있다는 점을 기억해야 한다. 정부의 행위는, 정부가 취한 그 행위가 허용되는 것일 경우에만 (법적 권리 박탈에만 한정되는 것과 대비되는 의미에서) 자연적 권리를 박탈하기 때문이다. **한층 더 강력한 이유로**(a fortiori) 정부가 알파를 하는 사람이 투옥되지 않을 **법적** 청구권 보유를 중지시키는 형법을 채택하는 것은, 정부가 그 특정한 형법을 채택하는 것이 허용되는 행위였을 경우에만, 투옥되지 않을 것을 요하는 **자연적** 청구권을 보유하기를 중지한다는 것을 참으로 만든다. 그리고 특정한 형법 채택이 허용되는지는 그저 그 형법 안에 있는 내용뿐만 아니라 또한 그 형법 안에 있지 않은 것에도 달려 있다는 점을 덧붙여야 할 것이다. 약한 권리의 침해에 대해 비례성에 위반하는 강한 처벌을 규정해서는 안 된다는 것은 많은 고려사항 중에서 하나의 고려사항에 불과하다. 엄격한 권리 침해에 처벌을 두지 않아서는 안 된다는 것도 또 하나의 고려사항이다.

6. 귀책사유 없는 권리의 몰수도 있을 수 있다. 그저 '방치'함으로써

권리를 포기할 수 있다. 그리고 그 경우에도 권리를 몰수당했다고 이야기할 수 있다. 우리가 그렇게 하는 데 귀책사유가 있을 필요는 없다.

그러나 귀책사유 없는 몰수는 어디까지 확장되는가? 다음을 고려해 보라.

> 무고한 공격자(Innocent Aggressor): D와 E는 엘리베이터 안에 있다. E는 일시적인 정신이상 발작(a fit of insanity)을 일으켜 D의 급소를 찔러 그를 죽이려고 한다. D는 E를 죽임으로써만 그의 생명을 구할 수 있다.[6]

무고한 공격자 사안에서 D는 E에 대하여 E를 죽이는 특권을 갖는가? D가 E를 죽이는 것은 확실히 허용된다. 그러므로 우리는 D가 그렇게 할 특권을 갖고 있다고 동의할 수밖에 없다. 왜냐하면 이 사안에서는 청구권을 제한하는 것이 허용될 조건이 성립하지 않기 때문이다. 특히, 우리는 E가 사는 것이 E에게 좋은 정도보다 D가 사는 것이 D에게 좋은 정도가 더 크다고 생각할 수 없다. 그러나 D는 E를 죽일 그 특권을 어떻게 취득할 수 있었는가? 우리는 E가 D에 의해 죽임을 당하지 않을 D에 대한 그의 청구권을 몰수당했다고 그럴 법하게 이야기할 수 있는가? E는 D를 공격하고 있다. 그러나 그는 그렇게 하면서 귀책사유가 있지는 않다. 그가 D에 대하여 청구권을 몰수당했다고 하는 것은 기이한 발상으로 보이지 않는가? 그가 자신의 행위로 그렇게 몰수당했다고 말하기에는 꺼려진다. 정신이상(insanity)이 그의 공격의 원천이었기 때문이다.

---

6 이 사례는 George P. Fletcher, "Proportionality and the Psychotic Aggressor", *Israel Law Review*, 8 (1973)에서 인용하였다.

다른 한편으로, E가 D에 대한 그의 청구권을 몰수당하였다고 말하기 꺼려 하는 것은 그저, 귀책사유 없는 권리의 몰수가 있을 수 있다는 점을 잊기 쉬워 생긴 태도일지도 모른다.

"몰수(forfeit)"는 어떤 큰 비중을 두기에는 지나치게 연성(軟性)인 사건(too soft an affair)이다. 나는 우리가, E는 D에 대하여 더 이상 청구권을 갖지 않는다는 점에 동의하는 것이 낫다고 생각한다. 그 경우 우리는 E가 청구권을 몰수당했다고도 말하는 것이 옳은지 아닌지는 열린 채로 둘 수 있을 것이다.

만일 E가 더 이상 D에 대한 청구권을 갖지 않는다면, 분명히 그의 D에 대한 공격이 그가 그 청구권을 잃게 만든 것이다. 그리고 A에 대한 B의 공격은, B가 A에 대한 그의 청구권을 잃게 만들었던 앞 절의 사안들의 범위에 있다고 생각하는 것이 그럴 법하지 않은가? 무고한 공격자 사안을 다음 사안과 비교해 보라.

> 악의적인 공격자(Villainous Aggressor): B와 A는 엘리베이터 안에 있다. B는 A를 항상 미워해 왔으며 그를 제거할 이 기회를 활용한다: B는 A의 급소를 찔러 A를 죽이려 한다. A는 B를 죽임으로써만 자신의 생명을 구할 수 있다.

우리는 B가 지금 A에 대한 청구권을 잃게 만든 것은 그의 공격에 대하여 B가 귀책사유가 있다는 사실이라고 생각했을 수도 있다. (B가 그의 공격에 귀책사유가 있기 때문에, A에 대한 그의 청구권을 몰수당했다고 말하는 것이 우리에게 전적으로 옳아 보인다.) 그러나 E는 그의 공격에 귀책사유가 있지 않은데 E 역시도 D에 대한 청구권을 잃었다. 만일 귀책사유가 필요조건이 아니라면, 악의적인 공격자 사안에서 [청구권을 상실시키는-옮긴이] 도덕적 작용을(moral work) 하는 것은 귀책사유가 아니다. 그리고 나는 꽤나 일반적으로, 공격자 — 그 공격에 대하여 귀책사유가 있건 없건 — 는 그 청구권 보유를 중지하며, 이러한 중지가 일어나게 만든 것은 그들의 공격 그 자체라고 말해야 한다고 생각한다.

앞서 언급한 논지 하나를 살펴보라. 만일 당신이 스스로를 방위하지 않으면 당신에게 해를 야기할 사람에 대항하여, 그에게 해악을 야기하는 것보다 훨씬 덜 과격한 수단으로 방위할 수 있다면, (예를 들어 그에게 "멈추지 않으면 고소할 거야!"라고 외침으로써 그를 꽤나 적절하게 멈출 수 있다면) 그럴 경우 당신은 그에게 해악을 야기하지 않기로 선택해야 한다. 그리고 이것은 그의 공격에 그가 귀책사유가 있건 없건 그렇다. 그래서 해악을 야기하는 것을 허용되게 하는 것은, 당신이 당신을 방위하기 위해 해악을 야기할 **필요**가 있다는 사실이 — 지 공격자의 귀책사유가 아니 — 다. 공격자가 귀책사유가 없는 경우에 비해서 공격자가 귀책사유가 있는 경우에, 더 과격한 수단 (more drastic means) 수단을 사용하는 것이 허용된다고 조금이라도 그럴 법하게 생각될 수 있는가? (더 과격한 수단을 사용하는 것은, 악의적인 공격자가 그의 마땅한 벌(comeuppance)을 받게끔 처리하는 것에 필수적인 것인가?) 그리고 공격이 종료하고 난 이후에 그러한 수단을 사용하는 것은 확실히 허용되지 않는다. (어떤 사람이 이미 넘어지고 난 뒤에 걷어차는 것은, 넘어진 사람의 성품이 얼마나 비열하건 간에 형편없는 일이다.)

이에 더해, 제3자 개입을 살펴보라. 만일 A가 악의적인 공격 사안에서 자신을 방위할 능력이 없는데 C가 A를 방위할 수 있다면, 비록 오직 공격자 B를 죽임으로써만 그렇게 할 수 있다고 하여도, C가 A를 방위하는 것은 허용된다. 그만큼은 우리가 앞 절에서 합의했던 바다. D가 무고한 공격자 사안에서 자신을 방위할 능력이 없을

제2부 어떤 것이 권리인가

때라면 어떻게 되는가? 만일 우리가 D를 방위할 수 있기는 하지만 오직 E를 죽임으로써만 그렇게 할 수 있다면? 그에 대한 답은 명백히 '방위할 수 있다'는 것이다. E는 그의 D에 대한 공격에 귀책사유가 없다. 그리고 이것 때문에 몇몇 사람들은 우리가 누가 살 것인지를 선택한다는 생각에 불편함을 느낄 수도 있다. 그러나 우리는 여기서 그저 두 사람 중 누가 살 것인지에 관하여 선택을 하는 것이 아니다: E는 D를 공격하고 있다 — 만일 우리가 E를 죽이지 않으면 D가 죽을 것이다.

어쨌거나, D 자신이 스스로 방위할 수 없는 경우에 우리가 D를 방위하는 것이 허용되지 않는다면, D가 그렇게 할 수 있을 때 D 자신이 방위하는 것이 왜 허용되겠는가? 일부 견해에서는, 자기방위는 특별한 '행위자 중심적인 허용(agent-centered permission)'을 갖는 덕택에 자기 자신을 위협하는 무고한 생명을 앗아도 된다고 한다. 이 허용은 다른 방위자가 보유하는 것은 아니어서, 다른 방위자는 개입하면 안 된다고 한다.[7] 이것은 틀린 판단일 수밖에 없다. 내가 내 자신의 생명을 방위하기 위해 해도 되는 것은, 분명히 내가 사랑하는 누군가의 생명을 방위하기 위해 해도 되는 것이다. 그리고 내가 사랑하는 누군가의 생명을 구하기 위해 무고한 사람을 죽여도 되지만, 그저 지인이나 낯선 이의 생명을 구하기 위해서는 그렇게 해서는 안 된다는 것은 기이한 발상이다. (공격당하는 사람이 다소 따분한 사람이라는 사실이, 그가 매력적이기만 했더라면 방위가 허용되었을 여건에서 방위가 금지되는 것으로 만든다는 것이 그럴 법할 수 있는가?) 내

---

7   이 절 전반에서 다루어진 주제 및 그 주제들과 낙태 문제와의 관련성에 대한 흥미로운 논의로는 Nancy Davis, "Abortion and Self-Defense", *Philosophy and Public Affairs*, 13 (1984)을 보라. 플레처(Fletcher)도 "Proportionality and the Psychotic Aggressor"에서 제삼자 개입 문제를 살펴본다. 그리고 그의 *Rethinking Criminal Law* (Boston: Little, Brown, 1978), ch. 10, sec. 5를 보라.

가 구하는 것이 — 그저 지인이나 낯선 이의 생명이 아니라 — 나 자신의 생명이라는 것, 또는 내가 사랑하는 누군가의 생명이라는 것은 그렇지 않았더라면 변명 불가능한 그릇된 행위를 변명 가능한 것으로 만든다고 생각할 수는 있지만, 그렇지 않았더라면 그른 행위를 허용되는 것으로 만든다고 생각할 수는 없다.

아마도 다음과 같이 강조해야겠다: 자기방위가 허용되는 경우라면 언제나 타인방위가 허용된다고 주장하고 있는 것이 아니다. 예를 들어, 제4장에서 이야기했듯이 블로그가 자신의 전투에서 스스로 싸우는 법을 배우는 것은 중요할 수도 있다. 설사 누군가를 잃는 대가를 치르고서라도 말이다. 그리고 그렇다면, 우리가 블로그를 방위하기 위해 개입하는 것(to barge in)이 허용되지 않는 경우들이 있을 수도 있다. 여기서 주장하는 것은 단지, 공격자의 죄책이나 무고함은 아무런 차이를 가져오지 않는다는 것이다.

간단히 말해서, 악의적인 공격자 사안에서 A에 대한 B의 공격이, 그리고 무고한 공격자 사안에서 D에 대한 E의 공격이, A와 D로 하여금 〔각각 공격자 B와 E를-옮긴이〕 죽임으로써 자신을 방위하는 것을 허용되게 만든다고, 그리고 공격받는 그들〔A와 D〕이 스스로를 방위할 수 없다면 그들을 제3자가 방위하는 것이 허용되게끔 만든다고 주장하는 것이다. B에게 귀책사유가 있다는 점은 무관하다.

그러나 공격이 자기방위와 타인방위를 허용되게 만들려면, 공격은 공격자가 청구권을 상실하도록 만들어야 한다. 그리고 우리는 왜 그렇게 되는지 해명할 필요가 있다. 그에 대한 답이 간단히 다음과 같다고 보는 발상이 매력적이다. 즉 만일 공격자가 저지되지 않는다면, 그는 피해자의 청구권을 침해하리라는 것. 그 어떤 견해에 의하더라도, B는 저지되지 않는다면 A의 청구권을 침해할 것이다. 그러나 E 역시 저지되지 않는다면 D의 청구권을 침해할 것이다. 왜냐하면 귀책사유가 청구권 제한의 필요조건이 아니라는 점이 상기되어야 하기 때문이다. 그러므로 E가 무고하다는 사실은, 그가 행위로 나아간다면 D의 아무런 청구권도 제한하지 않으리라는 점을 의미하지는 않는다. 공격자가 저지되지 않으면 피해자의 청구권을 침해하리라는 사실이 그 공격자가 피해자에 대하여 청구권을 상실하게 만드는 것이며, **그리고** 만일 피해자가 공격자를 막을 수 없지만 제3자는 막을 수 있는 경우에는 제3자에 대한 청구권을 상실하게 만드는 것이다. (동일한 사실이 공격자가 피해자 또는 제3자의 방위 행위에 대하여 스스로를 방위할 특권을 상실하게 만들기도 한다.)

그러나 이것은 불운하게도 사태의 끝이 아니다. 공격자는 공격당하는 사람에게 위협이 된다. 만일 공격이 아닌 위협이 있다면 어떻게 되는가? 다음을 고려해 보자.

> 무고한 위협(Innocent Threat): 돌풍이 E′을 우물 아래로 빠뜨렸다. D′은 우물 바닥에 있다. 만일 D′이 아무것도 하지 않는다면 E′이 살겠지만 D′은 죽을 것이다. D′은 그의 광선총을 사용하여 E′을 산산조각 낼 수 있다. 그 경우 E′은 죽겠지만 D′은 산다.[8]

무고한 위협 사안에서 D′이 E′을 죽이는 것은 허용된다. 이는 무고한 공격자 사안에서 D가 E를 죽이는 것이 허용되는 것과 꼭 마찬가지다. 그러므로 여기서 우리는, E′은 D′에 대한 그의 청구권을 보유하는 것은 중지하였다고 말해야만 한다. 그러나 비록 E′이 D′에 대하

---

8 이 사례와 다음 사례, 그리고 등장하는 이름은 노직의 것을 변형한 것이다. *Anarchy, Sgtate, and Utopia*, pp. 34-35를 보라. 여기서 다루어진 것 중 일부와 유사한 (단지 가상적인 것이 아니라) 실제의 사례들은 Michael Walzer, *Just and Unjust Wars* (New York: Basic Books, 1977), 특히 pp. 172-175에서 볼 수 있다.

여 위협이기는 하지만 그는 D′을 공격하고 있는 것은 아니며, 그래서 우리는 E′이 멈추어지지 않는다면 E′은 D′의 청구권을 침해한 것(have violated)이 되리라고는 그럴 법하게 말할 수 없다.◆ 무고한 공격자 사안에서 E는 곧 D의 목을 조르려고 한다. 무고한 위협 사안에서 E′은 D′을 향해 그저 떨어지고 있을 뿐이다.

한층 더 곤혹스럽게 하는 것은 다음과 같은 사안이다.

> 위협의 무고한 방패(Innocent Shield of a Threat) F는 무고한 E″을 컴퓨터로 조종되는 탱크 전면부에 묶어 두었다. F는 이 탱크를 D″을 향해 겨냥하여 지금 그를 죽이려고 하고 있다. D″은 오직 하나의 무기, 대전차포(an antitank gun)만 갖고 있다. 만일 D″이 아무것도 하지 않는다면, 그 탱크는 D″에게 사거리가 닿아 D″을 죽일 것이며 E″은 탈출할 시간을 벌 수 있다. D″은 그의 대전차포를 탱크에 쏠 수 있다. 그 경우 그는 탱크와 함께 E″을 죽이게 되지만 D″는 산다.

여기서도 또 다시, D″이 E″을 죽이는 것은 허용된다. (독일인들이 너무나 창의적이어서 탱크 전면부마다 아기를 묶어 놓았다 하더라도, 벨기에인이 독일 탱크에 대항하여 스스로를 방위하는 것은 허용되지 않았겠는가?) 그러나 E″은 D″에게 위협조차 아니다: 그 탱크가 D″에게 위협이다. E″은 단지 그것의 '방패'가 되고 있을 뿐이다.

더군다나, 두 사안 모두에서 만일 D와 D″이 스스로를 방위하는

◆ 침해는 '위반'의 의미, 즉 도덕법에 일치되도록 청구권을 제한하지 아니할 수 있었는데 청구권을 준수하지 아니하고 그 청구권을 부당하게 제한하는 행위로 나아갔다는 의미를 가지므로, 어떤 행위라는 것을 할 여지도 없이 돌풍에 의해 청구권에 위협을 가하는 원천이 되었을 뿐인 E′에 대해서는 설사 E′이 멈추어지지 않아 D′과 충돌하더라도 D′의 청구권을 침해한 것이 되리라고는 말할 수 없다.

것이 불가능한 상황이라면 제3자의 개입이 허용될 것이다. (벨기에인이 스스로를 방위하기 위하여 대전차포를 쏠 능력이 없는 상황이었을 때, 아기가 타고 있는 독일 탱크를 영국인이 격파하는 것은 허용되지 않았겠는가?) 여기서도 또 다시, 무고한 공격자 사안에서와 마찬가지로, 제3자는 두 사람 중 누가 살 것인지에 관하여 그저 선택을 내리게 되는 것이 아니다: E′은 D′에게 위협이 되며, E″은 D″에 대한 위협의 방패막이가 되고 있다.

그럼에도 불구하고 질문은 남는다: **왜** E′과 E″은 D′과 D″에 대한, 또는 D′과 D″이 스스로를 방위할 수 없는 경우에는 제3자에 대한 그들의 청구권 보유를 중지하는가? 우리는 E가 무고한 공격자 사안에서 왜 청구권 보유를 중지하는지 그 이유를 파악했다. 만일 저지되지 않는다면, E는 D의 청구권을 침해하게 될 것이다가 그 이유였다. 그 설명은 E′과 E″의 사안에서는 활용할 수 없다.

곤혹스러운 사실(the puzzling fact)은 자연(무고한 위협 사안에서 바람)과 다른 사람들(위협의 무고한 방패 사안)이 우리가 청구권 보유를 중지하게 만든다는 것이다. 우리는 충분히 운이 나빠서, 우리 자신이 아닌 무언가가, 정부가 아닌 무언가가, 우리가 이전에는 가졌던 권리를 갖지 않게 만드는 그런 상황에 처**할 수도** 있다. 그러므로 만일 자유지상주의 논제에 대해서는 이것만으로도 충분한 반론이 이루어진 것 같다.◆ 그러나 이런 일이 발생할 수 있는 조건들이 정확히 무엇인가, 그리고 왜 그런 일이 발생하는지는 나에게는 심오하고 난해한 질문으로 보인다.

명확해 보이는 유일한 것은, Y가 X에게 위협이 되거나 Y가 X에 대한 위협의 방패막이인 사안들에 그 현상이 제한된다는 점이다. X

◆ 자유지상주의 논제란 권리 보유자 자신만이 스스로 권리 보유를 중지하게 만들 수 있다는 논제이다.

가 자신의 생명을 구하는 데 그렇게 하는 것이 필수적이라는 근거에서 Y를 죽여서는 안 되기 때문이다. 만일 X와 Y가 탄 배가 난파되어 오직 한 사람만을 지탱할 수 있는 구명조끼에 매달려 있다고 하여도, 그 사실은 X가 Y를 밀어내는 것을 정당화하지 않는다. 만일 X가 굶주리고 있고 달리 어떻게 하지 않으면 죽는다고 하여도, 그 사실은 X가 Y를 먹는 것을 정당화하지 않는다. 만일 X가 새로운 심장이 필요하다 하여도, 그것은 X가 Y의 심장을 앗는 것을 정당화하지 않는다. (환자가 심장이 필요하다는 사실은 확실히 장기이식 사안에서 젊은 남자가 청구권을 갖는 것을 중지하게 만들지 못한다.) 그러나 정확히 어떤 것이 이런 차이를 만들어 내는 위협에 해당하는가 또는 위협의 방패에 해당하는가는 알아내기가 매우 어렵다.

7. 동의와 몰수에 관한 마지막 한 논점. 앞서 활용한 원리는 다음과 같았다:

> 악화 원리(The Aggravation Principle): 만일 X가 Y에 대하여 Y가 알파를 할 것을 요하는 청구권을 가지고 있다면, Y가 알파를 하지 않는다면 Y가 X를 더 나쁘게 만들수록, Y가 알파를 할 것을 요하는 X의 Y에 대한 청구권은 더 엄격하다. 그러나 X가 믿음을 매개로 한 괴로움을 야기당하는 것인 '더 나쁘게 만들기'는 제외한다.

동의와 포기에 대한 검토는 이 원리가 정말로 수정을 요한다는 점을 드러내 보여준다. 예를 들어 B가 홧김에 A의 분홍색 플라스틱 정원 홍학(pink plastic garden flamingo)을 부숴 버렸다고 가정해 보자. 끔찍한 행동이다! B는 A의 청구권을 제한하였다. 그 청구권은 얼마나 엄격하였는가? 글쎄, 그 원리는 B가 그렇게 함으로써 A에게 사태를 얼마나 나쁘게 만들었는지를 물어야 한다고 말해 준다. 그러나 A는, B의 그 홍학에 대한 공격을 예상하고는 B의 그것에 대한 공격이 그 홍학뿐만 아니라 A의 다른 재산도 훨씬 더 많이 부수도록 설치를 해 놓았기 때문에, B의 홍학에 대한 공격이 A에게 매우 나빠졌다. (왜 A는 그렇게 설치를 해 놓았나? 아마도 분개 때문이리라. A의 행위는 다른 사람을 위해 슬퍼한다는 명목의 순교자적 고통이라는 속(屬)에 들어가는 것이리라.) B가 플라스틱 홍학을 부순 결과로 A가 겪는 사태를 더 나쁘게 한 데 A가 기여한 것에 비추어, B가 A의 매우 엄격한 청구권을 제한했다고 생각하는 것은 그른 것 같다. 여기서 논점은 B가 그 홍학을 부수면서 사태를 그토록 A에게 나쁘게 만들 것이라는 점을 알지 못했다는 것에 그치는 것이 아니다: 제9장에서 보았듯이, 청구권의 엄격성은 그 청구권 제한이 청구권 보유자에게 얼마나 나쁠지에 대한 청구권 제한자의 앎에 달려 있지 않다고 말할 좋은 이유가 있다. 그 논점은 그렇기보다는, 여기서 청구권 보유자가 그렇지 않았더라면 있었을 사태보다 청구권 제한이 그에게 더 나쁘도록 스스로 만들어 놓았다는 것이다.

그러한 사안에서 그럴 법하지 않은 결과를 낳는 것을 피하기 위하여 악화 원리가, 정확히 어떻게 수정되어야 하는가에 관해서는 많은 논의의 여지가 있다. 우리가 그 수정에 착수하지 않고 그 대신에 그저 대략적인 조건만을 다음과 같이 삽입하는 것을 제안한다.

악화 원리: 만일 X가 Y에 대하여 Y가 알파를 할 것을 요하는 청구권을 가지고 있다면, Y가 알파를 하지 않는다면 Y가 X를 더 나쁘게 만들수록, Y가 알파를 할 것을 요하는 X의 Y에 대한 청구권은 더 엄격하다. 그러나 X가 믿음을 매개로 한 괴로움을 야

기당하는 것인 '더 나쁘게 만들기'와 X가 동의한 '나쁘게 만들기'는 제외한다. (but for 'worsenings' that consist in X's being caused belief-mediated distress, and 'worsenings' that X consents to)

여기서 염두에 두어야 할 것은, 예를 들어 강박과 기망 때문에 한 동의, 그러지 않았더라면 가졌을 도덕적 함의(moral import)를 가지지 않는다는 점이다.

물론 제한된 청구권이 전혀 없을 수도 있다. X 스스로 그 청구권을 상실하게 만들었을 수도 있기 때문이다. 만일 A가 그의 플라스틱 정원 홍학을 B의 차량 운행 경로에 던진다면, B가 그 홍학을 차로 쳐도 A의 아무런 청구권도 제한하지 않은 것이다. B가 그렇게 하여 얼마나 많은 해악을 A에게 야기한다 할지라도 말이다. 해악에 대한 동의의 한 형태가 위험의 인수(Assumption of risk)이다.

8. 이제까지 우리는 주체가 이전에 가졌던 권리를 상실하는 가장 중요한 방식을 살펴본 셈이라고 생각한다. 권리 상실이 일어날 수 있는 모든 방식들을 조사했다는 결론을 직접 도출하는 논증은 갖고 있지 않다. 그러나 이는 우리가 이전에 가졌다가 중지하는 모든 권리들을 조사했다는 결론을 직접 도출하는 논증을 2부에서 갖고 있지 않았던 것과 마찬가지이다. 제11장의 한계 논제가 참이라면 우리의 모든 청구권들을 조사한 것이다. 우리가 주목했던 형성권들과 면제권들이 형성권과 면제권의 전부라면, 그리고 모든 권리가 청구권, 특권, 형성권, 면제권 중 어느 하나이거나 그 권리들의 복합체라면, 우리의 정말로 모든 권리들을 조사한 것이다. 그러나 실제로 그러하다는 점을 보여주는 논증은 갖고 있지 못하다.

제2부 어떤 것이 권리인가

우리가 살펴본 것은 두 가지다. 첫째로, 우리는 권리를 가진다는 것이 무엇**인가**를 살펴보았다. 권리를 가진다는 것은 일종의 도덕적 지위를 갖는 것이다.(To have a right is to have a kind of moral status) 그래서 권리란 무엇인가를 규명하는 것은, 어떤 사람이 권리를 가지고 있다고 했을 때, 사람들이 해야 하거나 하지 않아야 하는 것, 해도 되거나 해서는 안 되는 것을 규명하는 것과 동일하다. 권리의 영역 바깥의 도덕 영역에 관해서는 이야기할 것이 거의 없다. 나의 관심사는 오직 첫째로 다음과 같은 것이었다: 권리의 영역은 도덕 내에서 어디에 위치하는가?

관심 있게 살펴본 두 번째 것은 다음과 같았다: 권리의 영역 안에 무엇이 있는가? 우리가 가장 중요하게 여기는 권리가 왜 그 안에 있는지를 드러내려고 하였다. 그러나 간과한 다른 권리들이 있을지도 모른다. 1부에서 제시된 권리에 대한 해명이 실제로 2부에서 살펴본 권리들과 관련하여 보았을 때 유용한 것으로 드러났다고 생각한다. 그 해명이 우리가 보유한다고 사람들이 말할 수도 있는 다른 권리들과 관련하여 보았을 때도 마찬가지로 유용한 것으로 드러나길 희망한다. 그래서 그런 다른 권리들을 우리가 가지고 있다고 말하는 것이 옳은지를 결정할 때 도움을 주리라 생각한다.

그리고 나는 권리의 영역이 비록 도덕의 모든 영역을 차지하지는 않지만, 권리의 영역은 도덕의 깊은 곳에 있으며, 그리하여 나머지 부분의 윤곽에 제약을 부과한다는 점을 드러내고자 하였다.

찾아보기

THE REALM OF RIGHTS